高等院校新形态教材系列

Operation Management

7th Edition

运营管理

第7版

马风才 谷炜 ◎编著

机械工业出版社
CHINA MACHINE PRESS

本书总结以往运营管理的理论与实践，响应数字化时代运营管理的新要求，系统地介绍了运营管理的理论和方法，共 15 章，分为四个部分：通过运营管理赢得竞争优势、运营系统的规划与设计、运营系统的运行与控制、运营系统的更新与改善。这四个部分相互联系，构成"运营视图"。

本书不仅涵盖了运营管理的经典内容，如新产品开发、能力规划、选址与设施布置、工作研究、质量管理、费用控制、进度安排、供应链管理和项目管理，而且探讨了当今运营管理的一些热点问题并融入了运营管理的新成果，如工业互联网及其对运营管理的重构，智能制造及其应用场景，集成产品开发，区块链、VR、MR、AR、元宇宙等数字化技术给运营管理带来的影响，新版项目管理标准与项目管理知识体系指南，高效供应链的设计与运行，推拉结合的供应链协调解决方案，精益医疗，互联网运营等。

本书可作为高等院校管理类专业本科生、研究生和 MBA 的教材，也可作为企业管理人员的学习和培训用书。

图书在版编目（CIP）数据

运营管理 ／ 马风才，谷炜编著． -- 7 版． -- 北京：机械工业出版社，2024. 12. --（高等院校新形态教材系列）． -- ISBN 978-7-111-76991-0

Ⅰ．F273

中国国家版本馆 CIP 数据核字第 2024MC4840 号

机械工业出版社（北京市百万庄大街 22 号　邮政编码 100037）
策划编辑：吴亚军　　　　　　　　　　责任编辑：吴亚军　徐子茵
责任校对：李可意　张雨霏　景 飞　　责任印制：单爱军
保定市中画美凯印刷有限公司印刷
2025 年 1 月第 7 版第 1 次印刷
185mm×260mm · 27.25 印张 · 671 千字
标准书号：ISBN 978-7-111-76991-0
定价：59.00 元

运营管理与市场营销、财务管理一起构成了企业组织的三大基本职能。

数字化时代已经到来，运营管理正在以前所未有的速度向前发展。本书在系统介绍运营管理经典内容的基础上，触及了运营管理的前沿与热点问题，跟踪了运营管理的新发展，呈现了运营管理的新成果。

一、本书主要内容

本书完整地阐述了运营管理的理论及应用，从通过运营管理赢得竞争优势到运营系统的规划与设计以及运营系统的运行与控制，再到运营系统的更新与改善，形成了一个完整的体系结构——"运营视图"。

全书分为四篇15章。第一篇"通过运营管理赢得竞争优势"，包括运营管理概论以及运营战略与竞争力两章内容。第二篇"运营系统的规划与设计"，包括产品开发与流程管理、运营能力规划、选址与设施布置、工作系统研究四章内容。第三篇"运营系统的运行与控制"，包括质量管理、库存管理、综合计划及其分解、从MRP到ERP、作业计划五章内容。第四篇"运营系统的更新与改善"，包括项目管理、供应链管理、精益生产、互联网运营四章内容。

二、本书特色

1. 系统完整

（1）本书采用了最具特色的"运营视图"。运营视图是一种房子形状的结构，通过运营视图统领全书，整合了运营管理的全部内容。

（2）在第一篇和第二篇中，本书设计了一个系列案例：解决快件发送最开始100米或快件提取最后100米难题的快捷宝。本书把运营战略规划、产品研发、选址与设施布置、工作系统研究等必须解决的运营管理问题整合到了这个系列案例中。一方面，这形成了一条主线；另一方面，达到了让读者带着问题学习运营管理知识的目的。特别地，在本书最后，又回到快捷宝这个系列案例，从互联网运营角度，提出快捷宝用户运营、产品运营、数据运营的问题及解决思路。

（3）在生产计划模块，设计了一个系列算例——手摇铅笔刀。这打通了从 AP 到 MPS，再到 MRP 的脉络，以对应企业计划编制的逻辑。

2. 内容新颖

本书跟踪新的技术应用、新的运营管理实践，介绍了运营管理的新成果，比如：

（1）工业互联网及其对运营管理的重构。

（2）智能制造及其应用场景。

（3）集成产品开发。

（4）区块链、VR、MR、AR、元宇宙等数字化信息技术给运营管理带来的影响。

（5）数字化时代的选址规划、过程控制、库存管理。

（6）新版项目管理标准与项目管理体系指南。

（7）高效供应链的设计与运行。

（8）推拉结合的供应链协调解决方案。

（9）精益医疗。

（10）互联网运营。

与第 6 版相比，本书替换或更新了 8 个与"双碳"或者数字化技术有关的案例，力求体现党的二十大报告提出的"讲好中国故事"这一精神。

3. 深入浅出

本书以明快、质朴的语言风格介绍了运营管理的各部分内容。特别地，对重点内容从不同侧面加以解析，并给出图解式的说明。

4. 配套材料齐备

（1）本书配有学习指导与习题集等。一方面，这方便学生快速掌握本书的知识点并进行课下练习；另一方面，为教师教学提供参考。

（2）本书配套有教学软件《运营管理专家》，方便教师和学生用来解决能力规划、选址规划、质量控制、库存管理、计划编制、项目管理等 6 大类 19 个典型的量化运营管理问题。

（3）为了解决运营管理量化模块难讲、难学的痛点，作者录制了 12 个典型的运营管理优化模型及应用的讲解视频，嵌入了本书的相应章节。 12 个典型的运营管理模型及应用分别如下：排队系统经济分析、学习效应及其应用、运输模型及其应用、质量控制图的应用、经济订货批量模型及其应用、经济生产批量模型及其应用、数量折扣模型及其应用、随机库存模型及其应用、单期库存管理模型及其应用、综合计划的编制、主生产计划的编制、物料需求计划的编制。在教材中嵌入讲解视频是新形态教材的一种具体体现，有助于读者更直观、更深入地理解相关知识。

三、致谢

特别感谢机械工业出版社的编辑。15 年来，本书从第 1 版到第 7 版，无不凝结着他们的心血和汗水。

本书是"北京科技大学 2023 年度校级规划教材建设项目"的成果之一。对学校的资金支持表示感谢。

特别感谢广东外语外贸大学的孟丁教授和对外经济贸易大学的马俊教授对本版修订提出具体建议。

在本书编写过程中，参考了大量国内外有关运营管理的著作，限于篇幅，书后仅列出了其中主要的参考文献。在此，谨向国内外有关作者表示深深的谢意。

衷心感谢广大读者对本书的厚爱！时不时收到读者对本书提出的修改建议，这是对作者最大的鞭策和鼓励。

鉴于作者水平有限，书中肯定有不妥之处，恳请专家、同行以及读者批评指正。

没有数据，就没有管理；

没有正确的数据，就没有正确的管理；

只有正确的数据，也没有科学的管理；

……

马凤才

2024 年 8 月

目 录

第三篇　运营系统的运行与控制

第 14 章 精益生产 / 373

第 15 章 互联网运营 / 408

附录 / 420

参考文献 / 422

第一篇 通过运营管理赢得竞争优势

第 1 章　运营管理概论

◎ 引　例

快捷宝

"亲，您的快件已经存入 USTB 快捷宝 6 号柜 15 号箱，请您扫码或通过输入密码提取。如果您在本信息送达 12 小时之内提取快件，将送给您 20 个积分。如果您超过 12 小时提取快件，自超过时刻起每 24 小时收取您 1.0 元保管费，保管费将直接从您的会员卡中扣除。"

收到上述信息后，你怀着激动的心情，取出了你"双 11"在移动终端上订购的心仪已久的运动水壶。在回家的路上，你陷入了沉思："这把水壶是如何从工厂一步步送过来的？我下单的信息都传递到了哪里？货款从我的手机钱包中支出后是如何进行分配的？……"

讨论题

1. USTB 快捷宝的管理涉及哪些有关运营系统的规划与设计问题？
2. USTB 快捷宝的管理涉及哪些有关运营系统的运行与控制问题？

运营管理致力于实现顾客满意与经济效益，其实质在于对增值转换过程的有效管理，实现技术可行、经济合理基础上的资源高度集成，满足顾客对产品和服务的特定需求。运营系统的"规划与设计"以及"运行与控制"构成了运营管理的两个主要内容。如果不分边界，必然导致"三边工程"甚至"四边工程"；但若完全割断两者之间的联系，又将导致"先天不足、后天失调"。运营管理的发展越来越快，环境、道德与社会责任的归位不仅是社会对企业提出的要求，更是企业生存和发展的基础与内在动力。

1.1　运营管理及其实质

1.1.1　运营系统

运营过程是一个"输入—转换—输出"的过程。在这一过程中，输入的是土地、劳动、资本、信息等资源，经过制造、加工、运输等转换活动，以向顾客提供产品或服务的形式实现输出。在把输入转换为输出的过程中，不可避免地会发生各种各样的变化并出现这样那样的问题，如订单数量或交付日期变动、人员变更、设备故障、供应延迟或中断、工艺方案调整、作业环境变化等。我们需要及时发现这些问题，并采取措施尽快应对或解决，此即反馈机制。管理运营过程的直接目标是实现增值，最终目标是让顾客满意，实现经济效益。引入反馈机制，致力于实现增值且最终达到顾客满意并实现经济效益的"输入—转换—输出"的运营过程构成了完整的运营系统，如图 1-1 所示。

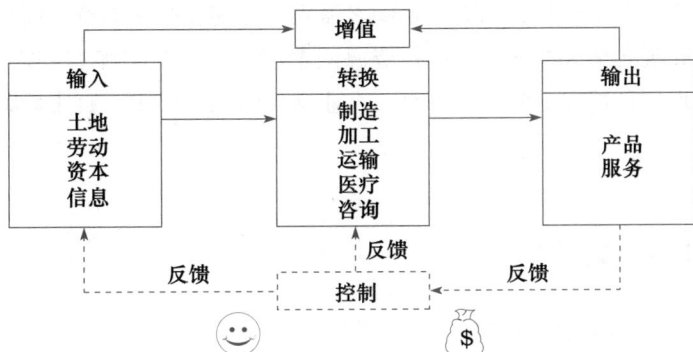

图 1-1　运营系统

运营系统实现的增值反映了输入与输出之间的价值差异。输出的价值由顾客愿意为该组织的产品或服务所支付的价格来衡量。增值越多，运营效率越高。对非营利组织而言，输出的价值（例如，公共交通、治安与消防）是指其所实现的社会价值。

1.1.2　运营管理及其重要性

运营管理可定义为对提供产品或服务的运营系统进行规划、设计、组织与控制。

一个典型的企业组织由多种职能相互配合来实现其目标。企业组织的三个基本职能是运营管理、市场营销和财务管理。此外，还有其他一些辅助职能，如人力资源管理、法律事务、公共关系管理、后勤保障等。其中，运营管理是核心。运营管理旨在实现"输入—转换—输出"过程的增值，这就决定了其核心地位。

企业组织的规划与控制，如选址规划、工作设计、质量控制、库存管理、进度安排等都是通过运营管理职能来实现的。

企业组织的其他所有活动，如市场营销、财务管理、人力资源管理、法律事务、公共关系管理、后勤保障等都与运营管理活动有直接或间接的联系。运营管理职能与其他职能之间的关系如图 1-2 所示。这些职能只有密切配合才能实现组织的目标。例如，如果生产部门与市场营销部门各自为政，那么市场营销部门推销的可能是那些无法实现盈利的产品或服务，或者生产部门正在生产或提供的是

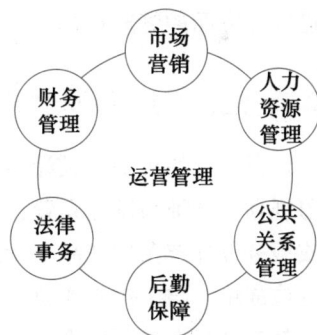

图 1-2　运营管理职能与其他职能之间的关系

那些已经没有市场的产品或服务。同样，如果没有财务部门与生产部门的密切配合，当组织需要扩大规模或更新设备时，就可能因资金无法落实而难以实现。

1.1.3　运营管理的目标和实质

运营管理的直接目标是增值。运营管理的最终目标是让顾客满意，并在此基础上实现经济效益。让顾客满意是前提，只有达到顾客满意才能实现可持续的经济效益。

运营管理的实质可概括为三句话：通过有效管理实现增值，在技术可行、经济合理基础上实现资源的高度集成，满足顾客对产品和服务的特定需求。

我们都知道这样的基本逻辑：只有满足顾客需求，才能让顾客满意；满足了顾客需求，顾客就会满意。但有时现实情况却是，企业把资源配置起来，满足了顾客需求，顾客却不满意，甚至很不满意。出现这种情况的唯一解释是：企业满足的顾客需求与真正的顾客需求存在或多或少的差距。

1.2 运营管理的主要内容

1.2.1 通过运营管理赢得竞争优势

竞争优势就是企业与竞争对手相比所拥有的可持续的优势。企业竞争优势最终体现为更高的质量水平、更低的成本或者更高的准时交货率。

运营管理是企业赢得竞争优势最直接、最有效的途径。企业也可以通过其他途径赢得竞争优势，例如通过人才的引进或培养来保持技术领先地位，通过资本运作来获得规模经济效应。值得注意的是，这些途径都与运营管理有着或多或少的联系。

事实上，只有通过运营管理，企业才能保持所赢得的竞争优势。所以，企业能够赢得并保持竞争优势的根本出路是从战略上重视运营管理，从行动上实现精益运营管理。

从战略上重视运营管理就是要科学地制定运营战略，制定的运营战略要与企业的使命、价值观、愿景、中长期发展战略相匹配。同时，要制定更具体的运营策略和方案来支撑运营战略的实施。

从行动上实现精益运营管理就是要对运营系统进行有效的运行与控制，以实现质量、费用或进度等方面的管理目标。

1.2.2 运营系统的规划与设计

运营系统的规划与设计包括以下内容：新产品开发或服务设计（包括其流程管理）、运营能力规划、选址与设施布置、工作系统研究等。这些决策都要从长计议。事实上，与新产品开发或服务设计有关的产品开发战略、与运营能力规划有关的能力战略、与选址与设施布置有关的区位战略、与工作系统研究有关的战略等都属于运营战略的范畴。

新产品开发或服务设计将回答针对细分市场需要为顾客提供什么样的产品或服务的问题，而流程管理将解决如何生产或者提供新产品或服务的问题。

运营能力规划回答了企业的规模有多大的问题。能力过剩，企业将无法承担过高的固定费用；产能不足，企业又会失去销售机会。

选址与设施布置回答的是将企业建在哪里，以及如何布置生产或服务所需基本设施的问题。

工作系统研究要解决的是标准化工作方法的建立，以及岗位设置和定编定员等问题。工作系统研究与绩效考核有直接的关联。

表1-1给出了运营系统规划与设计的内容及其要解决的基本问题。

表 1-1　运营系统规划与设计的内容及其要解决的基本问题

内　容	要解决的基本问题
新产品开发或服务设计（包括其流程管理）	• 顾客真正需要什么，新产品开发的内在动因是什么 • 产品在其生命周期的不同阶段的特点和管理重点是什么 • 如何开发新产品，有哪些新的开发理念 • 如何结合实际应用质量功能展开设计 • 采用什么样的流程生产或提供所设计的产品或服务 • 服务设计有哪些特殊性，如何进行服务设计
运营能力规划	• 如何定义运营能力 • 运营能力的重要性体现在哪里，规划运营能力有哪些策略 • 规划运营能力时要考虑哪些因素，规划运营能力的程序是什么 • 如何应用实用的方法或技术进行运营能力规划 • 如何进行服务运营能力的规划 • 学习效应在企业中有哪些应用
选址与设施布置	• 选址的重要性体现在哪里 • 影响选址的因素有哪些，工厂、配送中心、医院等应建在哪里 • 如何应用实用的方法或技术进行选址 • 如何应用运输模型来规划物流配送系统 • 产品专业化布置要解决的基本问题是什么 • 工艺专业化布置要解决的基本问题是什么 • 如何应用成组技术 • 如何进行非制造业的设施布置
工作系统研究	• 方法研究与时间研究的背景是什么，两者之间的关系是什么 • 如何通过方法研究提高工作效率 • 时间研究的基本程序是什么 • 如何通过时间研究科学地设置工作岗位

1.2.3　运营系统的运行与控制

运营系统的运行与控制的对象可概括为质量、费用和进度，其主要内容包括质量控制、费用控制和进度控制。

1. 质量控制

质量是企业的生命线。质量控制的任务就是采用先进实用的质量管理方法与工具识别质量问题、分析质量问题、解决质量问题。

如果说从早期的质量检查到后来的统计过程控制实现了"三个转变"，即事后质量检验到事前质量控制、定性质量描述到定量质量分析、产品质量检验到过程质量控制，那么，从统计过程控制到全面质量管理和 6σ 则贯彻了"顾客满意、持续改进"的新理念。

质量管理体系的建立与有效运行是世界经济一体化的现实要求，是质量保证活动成功经验的总结，是质量管理发展的历史必然，是企业在激烈的竞争中求得生存和发展，贯彻实施"顾客满意、持续改进"的必然选择。

2. 费用控制

费用控制就是保证产品的价格既为顾客所接受，同时又为企业带来一定的利润。费用控制既涉及土地、人、物料、设备、能源等资源的合理配置和利用，又涉及企业资金的运用和管理，归根结底是要努力降低产品的生产成本。

运营管理从库存费用控制的视角，说明库存的功能、介绍库存控制的手段与有效方案以及经济订货/生产批量。

3. 进度控制

所谓进度控制，就是把运营中涉及的人员、物料、设备、资金等资源在需要的时候组织起来、筹措到位，以保证适时适量地将产品投放到市场上。也只有控制好进度，才能及时地交付顾客所需要的产品或服务，才能更好地应对顾客在产品种类、数量和交货期上的变化。

表 1-2 具体列示了运营系统的运行与控制的内容及其要解决的基本问题。

表 1-2　运营系统的运行与控制的内容及其要解决的基本问题

内　容	要解决的基本问题
质量控制	<ul><li>质量管理的重要性何在</li><li>如何通过理解质量管理大师的思想来践行质量管理的新理念</li><li>如何应用质量管理方法和工具来发现、分析和解决质量问题</li><li>如何实施统计过程控制</li><li>如何通过质量管理体系的建立和有效运行来提高质量管理水平</li><li>如何通过 6σ 管理来改进或再造流程，如何有效实施 DMAIC 模式</li></ul>
费用控制	<ul><li>费用的基本构成是什么</li><li>库存的功能有哪些</li><li>如何实施有效的库存控制</li><li>何时下订单，订单数量是多少</li></ul>
进度控制	<ul><li>如何实现以销定产，产销平衡</li><li>如何把综合计划逐层分解为主生产计划、物料需求计划和作业计划</li><li>如何制订综合计划</li><li>如何把收益管理用于服务业综合计划的制订</li><li>如何制订主生产计划</li><li>如何制订物料需求计划</li><li>如何制订能力需求计划</li><li>MRP Ⅱ 与 ERP 实现了怎样的功能</li><li>作业排序要解决的问题是什么</li><li>如何进行作业排序</li><li>如何进行作业控制</li><li>服务业作业计划管理有哪些特点</li></ul>

1.2.4 运营系统的更新与改善

任何一个运营系统，不论其规划与设计如何科学，也不论其运行与控制如何精准，都免不了会出现这样那样的问题，即使当时看来已经是最好的，也要不断进行更新。这就带来了运营系统的更新与改善问题。

对系统中的项目而言，其特殊性也决定了企业应采用特殊的方法对其时间、费用、质量、范围等进行规划、建设、运营、更新与改善。

企业总会是某一供应链上的一个节点，毫无疑问，企业的运营管理应是基于供应链的。近年来，供应链管理中涌现出了众多新理论和新方法，企业应积极应用这些新理论和新方法管理运营系统。

精益生产越来越焕发出勃勃生机，已经从传统的制造业延伸到服务业，并尝试在非营利组织中找到应用。

互联网运营不仅是运营管理的新发展方向，而且为有效运营管理提供了新的思路。

把上述四个方面的内容归纳起来，就形成了如图 1-3 所示的"运营视图"。运营视图涵盖了本书的全部内容。

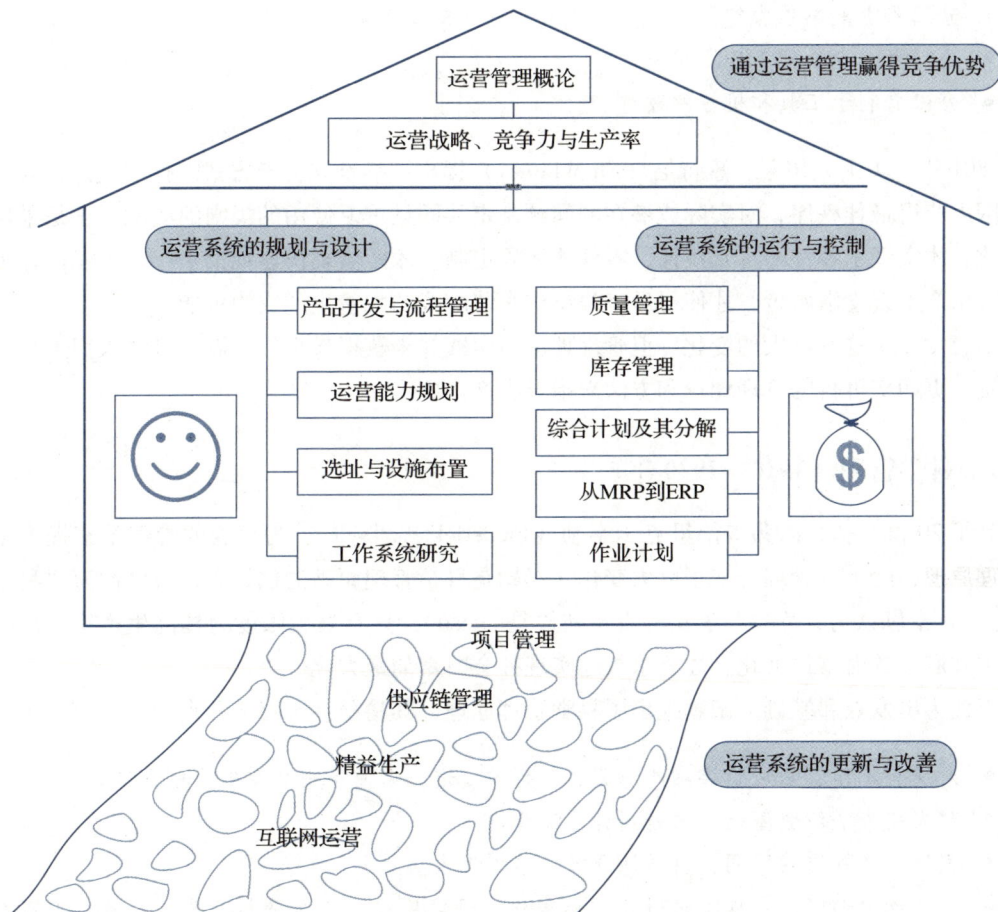

图 1-3 运营视图

1.3　运营管理的发展历程

1.3.1　第一次工业革命（18世纪60年代—19世纪初）

工业革命是以机器取代人力，以工厂大规模生产取代工场个体手工作业的一场生产与科技革命。工业革命始于18世纪60年代的英国，19世纪又扩展到美国和其他国家。在此之前，农业一直都是世界各国的主导产业，制造业则采取的是手工作坊式，产品是由手工艺人和其徒弟在作坊里加工生产出来的。这种手工作坊式的生产方式直到19世纪初才发生变化。在这一时期，许多发明创造改变了生产方式，机器代替了人力。其中，最具重大意义的是蒸汽机的发明、劳动分工概念和标准化生产方式的提出。

18世纪六七十年代，英国人詹姆斯·瓦特（James Watt）发明了蒸汽机，为制造业提供了机械动力，推动了制造业的发展。

1776年，亚当·斯密（Adam Smith）的著作《国富论》出版，其中提出了劳动分工的概念。劳动分工是指让每个劳动者专门从事生产活动的某一部分工作。亚当·斯密提出了如下观点。

- 分工可重复单项操作，提高熟练程度，进而提高效率。
- 分工可减少变换工作所损失的时间。
- 分工有利于工具和机器的改进。

1801年，美国人伊莱·惠特尼（Eli Whitney）提出了**标准化生产方式**。标准化是指为在一定范围内获得最佳秩序，对实际或潜在的问题制定共同且重复使用的规则的活动。正是采用了标准化，才实现了零件的可互换性，零件才无须定制，才能实现快速批量生产，才能以标准化的方式生产上万支滑膛枪，才使得后来福特汽车装配线的大量生产成为可能。

尽管发生了这些巨大的变化，但管理理论与实践并未获得长足的发展，这时人们迫切需要更系统、更切实可行的管理理论和方法来指导生产。

1.3.2　科学管理（1910—1920年）

到了20世纪初，以弗雷德里克·泰勒（Frederick W. Taylor）为代表的管理学家提出了**科学管理原理**，给工厂管理带来了巨大变化。泰勒是科学管理原理的创始人，被尊称为"科学管理之父"。泰勒认为，雇主与雇员的真正利益是一致的，只有最大限度地提高生产率，同时实现雇主和雇员的财富最大化，才能永久地实现社会财富的最大化。

以此为出发点和基础，泰勒提出了科学管理原理，其精髓在于以下几点。

- 对现有工作方法进行详细的观测、分析和改进，以便采用科学的作业方法。
- 建立在方法研究基础上的差别计件工资制。
- 根据工作性质的不同，科学地选择并培训工人。
- 设立计划部门，负责方法研究与标准化、进度安排、成本分析、业绩考核与工资发放以及纪律检查等管理职能，即将管理职能从实际执行业务中分离出来。

- 来一次思想上的革命，即推行科学管理原理，旨在实现雇主和雇员财富的最大化，最终实现整个社会财富的最大化。

泰勒强调的是最大限度地提高生产率，实现整个社会财富的最大化，但其思想并不总是受到工人的欢迎。工人认为采用这些方法后产出增加了，而他们的劳动报酬并未得到相应的提高。当时，确实存在有些企业为追求效率而让工人过度劳动这一问题。最终，美国国会在公众呼声下就此事举行了听证会。1911 年泰勒被要求到会做证，也就是在这一年，他的划时代著作《科学管理原理》⊖（*The Principles of Scientific Management*）出版了。那次听证会事实上促使了科学管理原理在工业领域推广。

除了泰勒以外，还有不少先驱对科学管理做出了重大贡献，下面简要介绍其中的一些学者及其管理思想。

弗兰克·吉尔布雷斯（Frank Gilbreth）是一位工业工程师，被称为"动作研究之父"。莉莲·吉尔布雷斯（Lillian Gilbreth）是一位心理学博士，她把心理学的成果应用于动作研究，我们可以认为这是人际关系学说的萌芽。吉尔布雷斯夫妇（即弗兰克和莉莲）将研究集中在有关工人疲劳方面的问题上，最后提出了**节约动作的 10 个原则**。这些原则至今仍用于操作和动作的改进与优化。

亨利·甘特（Henry Gantt）看到了非物质利益对激励工人的价值，提出了至今仍被广泛使用的甘特图。利用甘特图，能够使计划的编制更加快捷和直观。

亨利·福特（Henry Ford）是一位伟大的实业家，为汽车行业采用大量生产做出了巨大贡献，使汽车进入了美国普通居民的家庭。20 世纪初，汽车在美国开始畅销，福特公司的 T 型车大获成功，供不应求。为提高运营效率，福特组建了汽车装配线。需要指出的是：福特之所以能够使大量生产变成现实，一方面在于他淋漓尽致地发挥了亚当·斯密提出的劳动分工论，并充分采用了惠特尼提出的标准化生产方式；另一方面在于他把泰勒提出的科学管理原理系统地应用于工厂管理。

1.3.3 管理科学与行为科学的进一步发展（1920—1970 年）

管理科学十分强调运营系统的规划和设计以及运行与控制的技术因素，而人际关系学说等行为科学则强调人这一因素的重要性。

1. 数量模型与管理科学

20 世纪 20—70 年代，以美国和欧洲的学者为代表的研究者们创建了运筹学与管理科学，使运营管理真正建立在定量分析的基础之上。

数量模型的提出和应用推动了工厂的发展。早在 1915 年，F. W. 哈里斯（F. W. Harris）就提出了管理科学领域的第一个模型：**库存管理的数学模型**。20 世纪 30 年代，在贝尔电话实验室工作的 H. F. 道奇（H. F. Dodge）、H. G. 罗米格（H. G. Romig）和 W. A. 休哈特（W. A. Shewhart）提出了统计过程控制的**质量管理理论**。

⊖ 泰勒. 科学管理原理［M］. 马风才，译. 北京：机械工业出版社，2013.

在这一时期，以美国和欧洲的学者为代表，包括众多数学家、心理学家和经济学家，相继提出了各种数量模型，如**数学规划**、**对策论**、**排队论**、**库存模型**等，促成了运筹学的创立与发展。这些数量模型为第二次世界大战的后勤组织和武器系统设计提供了有效的解决方案，也在工业生产组织中获得了广泛应用。战后，研究和改进数量方法的工作仍在进行，人们相继提出了**预测技术、项目管理中的计划评审技术**（program evaluation and review technique，PERT）和**关键路线法**（critical path method，CPM）、MRP 等。

2. 行为科学

（1）梅奥霍桑实验。梅奥霍桑实验是由哈佛大学心理学教授梅奥主导，在美国芝加哥西方电气公司所属的霍桑工厂进行的心理学研究。

霍桑工厂的娱乐设施、医疗制度和养老金制度都比较完善，但生产效率不高，工人情绪低落。为了找出原因，美国国家研究委员会组织社会学、心理学、管理学等领域的专家开展了实验研究。整个实验分为四个阶段，即照明实验、福利实验、访谈实验、群体实验。

第一阶段：照明实验。照明实验从 1924 年 11 月开始到 1927 年 4 月结束。实验通过改变照明条件来验证提高照明度是否可以提高生产效率，但实验结果表明：照明度的改变对生产效率并无影响。

第二阶段：福利实验。福利实验从 1927 年 4 月开始到 1929 年 6 月结束。从福利实验开始，梅奥开始参与霍桑工厂所进行的实验。实验通过改变福利条件来探究福利条件与生产效率的关系。实验结果表明：①工资、休息时间、工作条件等因素的变化均不会影响工厂的产量；②被重视的自豪感对工人的积极性有明显的促进作用。

第三阶段：访谈实验。访谈实验从 1928 年开始到 1931 年结束。实验的最初目的在于就工厂的管理制度、工长的态度、工作条件等拟定好的访谈问题征求工人的意见。然而，工人对已经拟定好的访谈问题的兴趣并不大。了解到这一点后，访谈者将访谈计划更改为事先不设定访谈内容，也不设定访谈时间的形式。整个访谈实验进行了两年多。在此期间，工厂的产量有了大幅度提高。实验结果表明：工人的情绪和对工厂的认同感是影响生产效率的主要因素。

第四阶段：群体实验。群体实验从 1931 年开始到 1932 年结束。该实验的具体做法是选择 14 名男工人在单独的房间里从事绕线、焊接和检验工作，并在这个班组实行计件工资制，以此来验证通过此类激励办法是否可以让工人更加努力地工作。实验结果表明：该班组的产量在整个工厂只保持中等水平。同时，实验发现，造成这一结果的主要原因是非正式群体的存在以及它对人的行为所起的重要的调节和控制作用。

总结起来，梅奥霍桑实验得出了以下三个重要结论。

- 工人是"社会人"，而不是"经济人"。
- 社会和心理因素对工作效率有更大的影响。
- 组织应重视工作团体中非正式组织的存在及其作用。

这些成果为行为科学的发展奠定了基础，也为运营管理注入了新的元素。

（2）马斯洛需求层次理论。1943 年，亚伯拉罕·马斯洛（Abraham Maslow）在《调动人的积极性原理》一书中提出了著名的**需求层次理论**，该理论是人本主义心理学派的代表理论。

需求层次理论认为：

- 人的需求从低到高分为生理需求、安全需求、社交需求、尊重需求和自我实现需求五个层次。
- 人对不同层次的需求虽然可以同时存在，但只有低一层次的需求得到满足后，才会注重高一层次的需求，即只有较低层次的需求得到满足后，满足较高层次的需求才能起到激励作用。
- 同一时期内，总有一种需求占主导、支配地位，这种需求称为优势需求，人的行为主要受优势需求驱动。
- 对同一个人来说，环境变化会让其需求层次发生变化。

（3）其他行为科学理论。1957 年，麻省理工学院的道格拉斯·麦格雷戈（Douglas McGregor）教授在《企业的人性面》一书中提出人性假设的 **X 理论**与 **Y 理论**。X 理论坚持消极的一面，假定工人都不喜欢工作，必须经过管制——奖与罚，才能使人们干好工作。这一看法起初在汽车业及其他一些行业得到普遍认同。后来，全球竞争威胁的加大迫使人们不得不重新考虑这一看法。Y 理论与 X 理论的观点正好相反，假定工人很乐意工作，他们认为工作使自己的身心得到发展。到了 20 世纪 70 年代，威廉·大内（William Ouchi）提出了 **Z 理论**。该理论集成了日本的诸如终身雇用、关心雇员及协同一致的观点，以及西方的诸如短期雇用、专门人才以及个人决策与职责的传统观点。

1959 年，弗雷德里克·赫茨伯格（Frederick Herzberg）在《工作的激励》一书中又进一步发展了激励理论，提出了**保健因素和激励因素理论，即"双因素理论"**。

3. 运营管理作为一门学科出现

20 世纪 50 年代到 60 年代初，在工业工程和运筹学领域的研究之外，专家们开始专门研究运营管理方面的问题。1957 年，爱德华·鲍曼（Edward Bowman）和罗伯特·费特（Robert Fetter）的著作《生产与运作管理分析》出版。1961 年，埃尔伍德·布法（Elwood S. Buffa）的《现代生产管理》一书面世。这些专家注意到了生产系统所面临问题的普遍性及把生产作为一个独立系统的重要性。此外，他们还强调了排队论、仿真和线性规划在运营管理中的具体应用。自此以后，运营管理作为一门独立的学科出现。

4. 日本制造商对运营管理的贡献

1973 年 10 月爆发了第一次石油危机，原材料价格上涨，加之工资提高和需求多样化的诉求，给丰田公司提供了向世人展示其独特生产方式的机会。丰田生产方式震慑性地冲击了美国引以为豪的福特生产方式。极具戏剧性的是，福特汽车公司在 20 世纪 80 年代初险些破产，在这种情况下，它只好反过来向过去的学生——丰田公司学习生产管理。

日本汽车公司之所以后来居上，至今仍在全球汽车市场上占据主导地位，是因为有了**丰田生产方式以及以丰田生产方式为核心的精益生产实践这些制胜法宝**。

因其卓有成效的实践，精益生产迅速在世界范围内的制造业中得到推广。同时，这种运营管理方式在服务业和非营利组织中也得到越来越广泛的应用。

乐购（Tesco）曾对其供应链系统进行精益运营实践，形成了一个由消费者需求触发的不间断价值流，供应链从原有的供应商推动变成了由客户需求拉动。以可乐为例，其从罐装线发出到被顾客买走的总运行时间从 20 天降到了 5 天，存货点从 5 个降到了 2 个，与之相关的服务水平从 98.5%上升到 99.5%。

1.3.4　大规模定制的理论与实践（1970 年后）

1. 大规模定制的提出

1970 年，美国未来学家阿尔文·托夫勒（Alvin Toffler）在《未来的冲击》一书中提出了一种新设想：以类似于标准化和大批量生产的成本和效率，提供满足顾客特定需求的产品和服务。1987 年，斯坦·戴维斯（Stan Davis）在他的著作《未来理想》中首次将这种生产方式称为大规模定制（mass customization，MC）。1993 年，约瑟夫·派恩二世（Joseph Pine Ⅱ）在《大规模定制：企业竞争的新前沿》一书中对大规模定制进行了系统的阐述，他认为大规模定制是指以满足顾客个性化需求为目标，在顾客愿意支付的价格的基础上，以能够获得一定利润的成本高效率地对产品进行定制，从而提高企业适应市场需求变化的灵活性和快速响应能力的先进生产方式。

进入 21 世纪以来，随着产品生命周期的缩短、科学技术的长足发展、经济的发展和生活水平的提高，人们对产品多样性的要求越来越突出。同时，如何高质量、低成本地满足顾客多样化的需求这个问题摆在了企业的面前。通过为顾客提供个性化的产品和服务来提高顾客的满意度成为企业获得竞争优势的有效途径。正是在这种形势下，大规模定制呈现出勃勃生机，成为 21 世纪的主流生产方式。

如果说大量生产革了手工作业的命，实现了低成本生产，精益生产革了大量生产的命，实现了高质量生产，那么，大规模定制则是精益生产方式的升华，它让规模化定制得以实现。

2. 大规模定制与其他生产方式的比较

大规模定制不同于标准化。麦当劳取得巨大成功，最主要的原因是其运营系统的设计与管理的标准化。从店面布置到作业流程，从餐品到服务，麦当劳都体现了这种标准化。标准化为大批量生产创造的条件，也极大地节约了成本，提高了效率。作业流程的标准化在任何时候都是正确的，但餐品与服务的标准化牺牲了顾客个性化的用餐需求。试想，如果能够在标准化作业流程的基础上，满足顾客个性化的用餐需求，那将一定是双赢的结果。事实上，麦当劳正在积极做着这样的尝试。

大规模定制也不同于大批量生产，它能够在不牺牲企业经济效益的前提下满足顾客对产品或服务的定制需求。大规模定制综合了大量生产的低成本和精益生产的柔性化的优点，使企业获得新的竞争优势和发展机会。

自然，大规模定制还不同于为满足特殊顾客极端定制需求的产品或服务的设计与生产（即定制化）。一件或少数几件奢侈品的设计与生产有其特殊的管理方法，并不在大规模定制的讨论范畴。

3. 大规模定制的类型

一般认为，大规模定制有四种基本类型。

（1）合作型定制。企业通过与顾客交流使顾客明确表达出对产品的具体要求，依此设计并制造出满足顾客定制需求的产品。

（2）透明型定制。顾客不参与产品的设计过程，企业根据预测或推断不同顾客的需求，为其提供定制产品。

（3）装饰性定制。企业以不同的包装将产品提供给不同的顾客。这种方式适用于顾客对产品本身无特殊要求，但对包装有定制要求的产品。

（4）适应性定制。企业提供有调整空间的标准化产品，顾客根据要求对产品进行调整，以满足其定制需求。

4. 实现大规模定制的策略

（1）困惑与切口。"大规模"与"定制"在概念层面上是对立的。要想满足顾客的定制需求，就不可能采取大批量生产方式。但是，对顾客而言，即使每一种产品都是定制的，产品仍然有共同的结构或功能。这样，制造商就可以通过对产品维度和过程维度的优化，采用先进的制造技术和管理方法，把产品的定制生产全部或部分地转化为批量生产，以大批量生产带来的成本和效率优势生产出定制的产品。

（2）破局。通过上述分析可知，要想突破上述矛盾点，把大规模与定制统一在一起，只能采取设计与制造的模块化以及定制的延迟化。这就是大规模定制的两种策略：模块化与延迟化。

通过模块化与延迟化两种策略，把本来相互对立的大规模生产与满足顾客特定需求的定制统一在了一起：大规模生产所产出的是模块化设计的组件；通过延迟策略，最大限度地满足了顾客的定制需求。在产品设计中，通过采用标准化的模块和零件，减少定制的模块和零件的数量。在生产过程中，采取定制的延迟化，即尽可能地把定制点推迟到生产过程的下游环节。所谓定制点是指这样一个节点，在此之后，生产系统开始实施面向顾客的定制过程；在此之前，生产系统采用大批量生产方式。定制延迟化有助于提高生产效率，降低成本，缩短生产周期。

值得注意的是，通常所说的制造的延迟化和配送的延迟化远非定制延迟化的全部含义。制造的延迟化是指只备好基础模块，待订单确认后再采购定制化的模块。配送的延迟化是指前置仓向中央仓转变。

需求定制的延迟化是指把产品的定制化推迟到产品的最后阶段。以服装为例，色彩的定制比面料材质的定制更延迟，而配件的定制则比色彩的定制还要延迟。

（3）以尽可能少的模块来实现尽可能精准的定制。显而易见，只有以尽可能少的模块来实现尽可能精准的顾客定制需求，才能使大规模定制变得有意义。为此，需要找到顾客真正的定制需求。下面来说明这一管理思路。

某种产品由 A、B 两种模块组合而成。每一种模块各有 3 个选项，这样，就有了 9 种产品：A_1B_1、A_1B_2、A_1B_3、A_2B_1、A_2B_2、A_2B_3、A_3B_1、A_3B_2、A_3B_3。

产品的极简化与需求的定制化并不矛盾。极简的定制化告诉我们，顾客需求的定制化是可以通过为数不多的模块化来实现的。在数字化时代，我们需要找到不同细分市场的极简的定制需求。

例如，经过对消费端的大数据分析得知，A_1B_1、A_2B_1、A_2B_2、A_2B_3、A_3B_1 这 5 种产品都不是顾客心仪的定制化的产品。这就意味着，删除 A_2 和 B_1 这两个选项后产品由 9 种变为 4 种并不会影响顾客对这种产品的定制需求。

对制造商来说，删除 A_2 和 B_1 后，选项由 6 个减少到 4 个，减少了 33%。模块选项的减少带来的效果是极大地降低了设计与制造成本。

这一变化如图 1-4 所示。

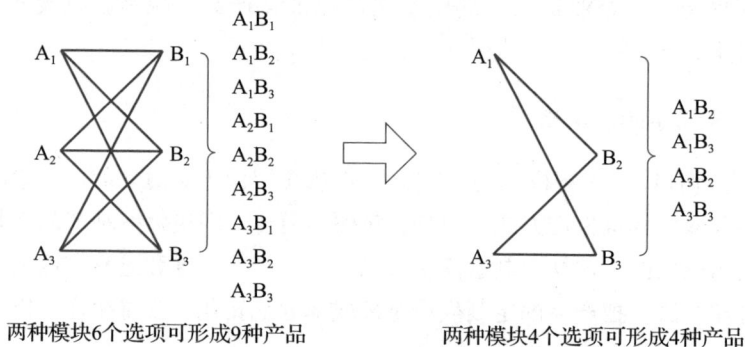

两种模块6个选项可形成9种产品   两种模块4个选项可形成4种产品

图 1-4   随着模块选项的减少，成本会大幅度下降

（4）企业实践。10 多年过去了，戴尔公司在 2008 年第 7 期《读者》杂志上发布的有关 Inspiron™（"灵越"）系列产品的广告至今仍然留在我们的记忆中。这则广告给出了三款"灵越"产品的电话订购价和网上优惠价。其中，"灵越"530 台式机的电话订购价为 9 680 元，网上优惠价为 6 880 元。是因为相对于电话订购，网上订购可以为戴尔节省更多的运营成本才促使戴尔鼓励用户在网上下单吗？我们从高达 2 800 元的大幅优惠应该可以解读出更多、更重要的信息。原来，当用户在网上订购戴尔的产品时，当把它放在购物车后，无论是否结算，是否提交订单，用户的购物信息都已经被戴尔收集到，并用于做数据关联分析。如此一来，就实现了以尽可能少的模块来满足顾客尽可能多的定制需求的目标。这样看来，戴尔早在 10 多年前就把大数据应用在了商务分析中。现在，当登录戴尔的官网，就会发现"定制""选择"这样的链接随处可见。看来，戴尔是要把大规模定制进行到底。

再以运动鞋的设计与制作为例。一双鞋由鞋底、鞋面、鞋跟、内衬、鞋带等诸多部件组成。其中，鞋底涉及材质、颜色、鞋牙形状等，鞋跟涉及材质、厚度、硬度等，鞋面涉及面料、颜色等，内衬涉及材质、厚度、硬度等，鞋带涉及材质、粗细、形状等。如果不通过数据分析来掌握不同细分市场顾客所钟情的运动鞋，就只能以尽可能多的部件来满足顾客定制需求。然而，如果能够分析顾客线上订单的数据并借助嵌入式传感器来跟踪顾客的运动习惯，就可以实现以尽可能少的模块来满足顾客的定制需求的目标。

实际上，在餐饮行业，同样存在着如何以尽可能少的模块来满足顾客定制需求的问题。以快餐为例，麦当劳已经在不断地改革，致力于从标准化走向大规模定制。麦当劳通过对顾客线上点餐数据的分析来不断优化菜单组合方案。麦当劳的菜单由标准化的有限几款套餐到越来越多的组合餐品，再到主推顾客钟情的餐品组合的变化，就是模块化设计与制造管理思想的具体体现。

麦当劳的做法带给中式快餐哪些启发呢？庆丰包子铺 21 元套餐的推出是以尽可能少的模块满足顾客个性化餐饮需求的最佳实践。

当你走进上海老城隍庙小吃店或北京护国寺小吃店，你一定能看到挂在墙上的古色古香的木牌。木牌上分门别类写着小吃店的经典膳食菜品。不错，经常光顾这些小吃店的老主顾能够以最短的时间点到他们心仪的餐品。但是，从远道慕名而来的顾客，看着墙上的木牌肯定会无所适从。特别地，在就餐高峰时段，店面拥挤不但不能给顾客带来美好的用餐体验，而且还会影响小吃店的生意。那么，这些小吃店为什么不可以花点功夫来了解顾客对菜品的评价，进而推出经典套餐呢？

我们再来看看戴尔的做法。如果说在"灵越"530 台式机这样标准化程度较高的产品上实施大规模定制化是小试牛刀，那么，戴尔真正的大规模定制化的主战场是在其服务器上。相对于台式机或笔记本电脑，服务器的价值高、销售数量不大、顾客有更多的定制需求且可以容忍的交货期更长。服务器的上述特征，使戴尔锁定服务器，放开手脚在大规模定制上做足了文章。

顾客在线上平台看到的戴尔服务器多半还没有组装好。戴尔直到顾客提交订单后才开始组装顾客订购的服务器。这时，服务器在处理器、主板、内存、硬盘、网卡、机箱、电源等方面的配置已经得到确认。

采取这种延迟装配方式，最主要的还是能够深度挖掘顾客定制化的需求，从而以尽可能少的模块来满足顾客多样化的需求。当然，这种方式还能为戴尔带来其他的利益。例如，因仓储或配送中心等设施的减少而节约了折旧费用，因不需要保有最终产品，只需要保有配件而节省了更多的库存成本，因延迟组装，就有可能采取最优的运输路径、最优的装箱方案，从而节省更多的运输成本。当然，这种延迟装配方式实现的条件是信息技术的应用。搭建信息平台无疑会增加相关成本，但这些成本的增加相对仓储与物流费用的减少而言就显得微不足道了。

上述有关 IT 行业、制造行业、餐饮行业的故事都在告诉我们同样的事实，以尽可能少的模块来满足顾客定制化的需求远没有想象中的那么容易。最关键的要求是要懂顾客。只有愿意懂得顾客，又确实能够懂得顾客的企业才能用好"设计与制造的模块化"这把金钥匙。

5. 实现大规模定制的条件

要想很好地实现模块化与延迟化这两个策略，实现大规模定制，除了真正掌握顾客的真实需求外，还有赖于以下四个条件。

- 以顾客需求深度调查为基础的客户关系管理。
- 以最先进信息技术为支撑的电子商务。
- 以价值链为核心的供应链管理。
- 基于流程优化或流程再造的精益生产与 6σ 管理的结合。

所谓顾客需求的深度调查就是充分采集、分析、处理顾客的需求信息，把顾客的需求融合到产品或服务中去。直接的方法是邀请顾客参与产品的设计与开发，更多的则是对顾客留下的点滴信息进行归类统计分析，以便设计和制造的模块正是顾客所需要的。

顾客需求的深度调查、对顾客即时需求做出快速反应、生产及配送系统柔性的提高、企业技术创新能力的提高等无一不对最先进信息技术的应用和电子商务的发展提出了要求。

延迟定制点不是单靠哪一个企业能完成的，以价值链为核心的供应链管理是最好的解决方案。

设计与制造的模块化以及定制的延迟化对企业提出的最根本的要求是流程优化。为着同样的流程改进目标，精益生产与6σ管理找到了最好的结合点。从2005年开始，通用电气逐步将精益思想和工作方式与6σ管理相结合，通过提高顾客满意度、降低成本、提高质量，加快流程速度和改善资本投入，实现了企业经济效益最大化。

1.3.1~1.3.4节按时间轴把运营管理的发展历程分为了四大阶段。从管理者关注点的变化上，又可以把运营管理的发展历程分为三大阶段，即关注成本的阶段、关注质量的阶段和关注定制的阶段。关注成本就是通过管理理论的应用从根本上降低成本。福特汽车公司通过组建汽车装配线对关注成本做了最好的诠释。关注质量就是通过管理理论的应用，从根本上提高质量水平。关注定制就是通过管理理论的应用，最大限度地满足顾客的定制化需求。这三个阶段的理论基础（或管理技术）和企业典范如表1-3所示。需要说明的是，企业把管理重点放在质量上并不是不再管控成本，而是其成本管理已经非常到位，有实力把管理重点转移到质量上。同样地，企业把管理重点放在定制上并不是不再提高质量，而是其质量已经达到很高的水平。

表1-3　三个阶段的理论基础和企业典范

	关注成本	关注质量	关注定制
理论基础（管理技术）	• 劳动分工 • 标准化 • 科学管理原理 • 动作研究 • 甘特图 • 库存管理模型 • 运筹学理论 • 统计抽样理论 • 计算机技术 • 物料需求计划（MRP）	• 全面质量管理（TQM） • 卓越质量模式 • ISO 9000系列标准 • 价值工程 • 准时化生产（JIT） • 团队理论与授权 • 计算机辅助设计（CAD）、计算机辅助制造（CAM）、计算机集成制造系统（CIMS）	• 大规模定制（MC） • 供应链管理（SCM） • 互联网与电子商务 • 企业资源计划（ERP） • 精益6σ管理
企业典范	福特汽车公司	丰田汽车公司	戴尔公司

1.4　运营管理的新发展

历史的车轮滚滚向前，运营管理的发展也从来没有停息。运营管理的新发展表现在企业社会责任归位、运营战略正在并越来越受重视、工业互联网及其对运营管理的重构、智能制造等几个方面。

1.4.1 企业社会责任归位

企业社会责任（corporate social responsibility，CSR）是指企业在创造利润、对股东和员工承担法律责任的同时，还要承担对消费者、社区和环境的责任。企业社会责任涉及方方面面。环境污染和资源破坏、会计丑闻、天价医疗费、非法食品添加剂、某些股票经纪人散布有关股票的误导信息、侵犯网络信息的隐私性和安全性、行业欺诈、在金融和电信等企业中传播顾客的个人信息等都属于社会责任问题。这些问题已招致公众的强烈反对并引起各级行政管理部门的关注。

从企业角度来看，越来越多的企业认识到，更多地关注公众和社会的利益、认真履行社会责任虽然短时间内会牺牲企业的经营业绩，但从长期看，会改善企业在公众心目中的形象，可通过吸引大量人才、提高客户的忠诚度等方式弥补短期的损失。令人欣慰的是，越来越多的企业对企业社会责任问题做出了准确的定位：企业首先应该是遵纪守法的法人，然后才是营利组织。

今天，低碳运营模式日益受到社会和各类组织的重视。低碳经济就是以低能耗、低污染、低排放为基础的经济模式。低碳经济的实质是能源效率和能源结构问题，核心是能源技术创新和制度创新，目标是减缓气候变化和促进人类可持续发展。在企业层面，应对企业的碳源进行分析，跟踪碳足迹，测算其排放量，以企业内部小循环为支撑，创新技术和管理，实行低碳运营模式。

像惠普这样的世界顶尖公司已经把对全球公民责任的承诺与公司运营联系起来。在全球范围内，惠普根据对业务、技术和社会的重要性确定了其社会责任的三个战略重点：环境可持续性、隐私和社会投资。每年，惠普都会评估客户需要和发展趋势，据此制定全球社会责任战略。创新、管理、社会责任、产品与服务构成了惠普这一品牌的四大支柱，企业社会责任已经转化为企业的竞争力。

1.4.2 运营战略正在并越来越受重视

20 世纪 70 年代初，哈佛商学院的威克姆·斯金纳（Wickham Skinner）提出了**运营战略**的概念。运营战略可总结为如何通过运营管理赢得组织的竞争优势，其构成要素包括低成本、高质量、准时交货。现在，越来越多的组织认识到了运营战略对其生存和发展的重要性，认识到了运营战略对企业发展战略的支撑作用和对运营策略的引领作用。可以预见，今后，运营战略将越来越受到管理层的重视。

通用电气是世界上最大的多元化服务性公司，同时也是高质量、高科技工业和消费产品的提供者。通用电气致力于通过多项技术和服务为顾客创造"更美好的生活"。众所周知，通用电气通过四大战略获得了数十年的高速增长：全球化战略、服务战略、6σ 质量要求战略和电子商务战略。这四大战略有的涉及服务管理，有的涉及质量控制，有的涉及流程变革。通用电气已经把运营战略提升到公司战略的层次，从这点上足见其对运营战略的重视。

1.4.3　工业互联网及其对运营管理的重构

1. 工业互联网简介

（1）工业互联网概念的提出。"工业互联网"的概念最早由通用电气于 2012 年提出。随后，通用电气、IBM、思科、英特尔、AT&T 五家行业龙头联手组建了工业互联网联盟（industrial internet consortium，IIC）。经过 IIC 的努力，工业互联网这一概念被逐渐推广开来。

（2）工业互联网的内涵。工业互联网是指主体、设施和产品互联互通，以共享工业生产全流程的各种资源要素，实现全流程的数字化、网络化、智能化的一种开放的工业生态。

上述定义中的主体包括产业链上的各种个体或组织，如顾客、零售商、分销商、制造商、供应商等。其中的设施包括各种硬件，如工厂、配送中心、仓库、机器、运输设备、作业场地等。定义中的产品既包括要交付给顾客的最终产品，也包括半成品和原材料（原材料即上游成员企业的产成品）。定义中的互联互通既包括主体与设施或产品的联通，也包括不同主体之间、不同设施之间、不同产品之间的联通。

（3）工业互联网成为第四次工业革命的基石。如果说第一次工业革命让人们进入了蒸汽机时代，第二次工业革命进入电气化时代，第三次工业革命进入信息化时代。那么，第四次工业革命就是让人们进入了智能化时代。

人们普遍认为第四次工业革命发端于 2012 年至 2013 年。2012 年，通用电气发布《工业互联网：打破智能与机器的边界》白皮书。2013 年 4 月，在德国汉诺威举行了规模空前的工业博览会，为期五天的展会中，"工业 4.0"的概念受到了特别关注。

带有智能化的标志，第四次工业革命已经到来了吗？至少，我们真的已经看到了它的潮头。工业互联网和工业 4.0 的构建、发展和应用，都在加速第四次工业革命的到来。传统产业正在被重新定义，人工智能、清洁能源、量子信息、移动互联、物联网、大数据、云计算等新兴产业的真实应用场景越来越多地呈现在我们面前。

（4）工业互联网与工业 4.0。2006 年，在美国国家科学基金会举办的信息物理系统（cyber physical systems，CPS）研讨会上，对 CPS 的概念进行了详细的描述。CPS 是集计算（computation）、通信（communication）与控制（control）于一体的（这构成了其 3C 技术内核），能够实现信息系统与物理系统深度融合的智能系统。

正是在 CPS 理论的指导下，通用电气等行业巨头才提出了工业互联网的概念。

工业 4.0 则发轫于德国联邦教育局与研究部、联邦经济和技术部联合资助德国国家工程院、弗劳恩霍夫协会、西门公司等德国学术界和产业界而启动的一项国家级高科技战略规划。

与美国提出的工业互联网的不同之处在于，德国提出的工业 4.0 是指以信息物理系统为基础，实现企业制造系统的网络化集成以及价值链的数字化集成，进而构建智能工厂，实现智能制造，全面提升生产过程的智能化水平和制造业的商业价值的工业变革。

但是，工业互联网与工业 4.0 的本质是异曲同工的。

2. 工业互联网对运营管理模式的重构

以工业互联网为基础，企业价值取向的重新定位有了可能，组织结构的重构变得更为现实，企业运营体系的重构进而有了保障，产品研发方式的创新变得更为容易，生产过程控制、物流配送与顾客服务等创新解决方案可以更快地被提出。

事实上，以下运营管理模式正在或将要实现。

（1）顾客个性化需求的满足。企业能够直接从顾客那里获取个性化需求，并通过设计与制造的大规模定制来满足这些需求。

（2）柔性化的制造。企业能够更好地响应来自内外部的各种变化。需求管理、设计变更、过程管理、维护更新等变得更灵活。

（3）智能化的运营管理。企业可以实现人、设备、产品的互联互通，对价值链节点企业数据以及市场数据、销售数据、采购数据、研发数据、工艺技术数据、设备数据、生产过程实时数据、产品与服务数据、物流配送数据等进行深度挖掘，以给出更加科学的运营管理方案。

1.4.4　智能制造

1. 智能制造的定义

智能制造这一概念最早出现在怀特（P. K. Wright）和布恩（D. A. Bourne）于 1988 年出版的《制造智能》一书中。

智能制造可以定义如下：通过各种数字化技术与先进制造技术深度融合，实现运营系统研发、采购、加工、储运、售后等全过程的自感知、自适应、自执行、自学习、自决策等功能的新型生产方式。

2. 装备智能化

实现智能制造的关键在装备智能化。那么，什么样的装备才是智能的呢？

如果一台装备仅仅具备自感知、自适应、自执行功能，这台装备顶多是自动的，还算不上智能化。真正的智能化装备必须具备自学习、自决策能力。

举个例子，利用一台机床加工一种零件，可分为以下 4 个基本步骤：首先，在机床上固定好工件，并根据零件规格，安装好符合要求的刀具；然后，根据工艺要求，设置好转速与切削深度等参数；接着，按下启动按钮，机器开始自动加工零件；最后，取下加工好的零件并送检。

在这次机床自动运行过程中，作业场地出现了超标准的振动，于是机床就自动停止了运行，待振动消除后，机床又自动恢复了运行。

经过检验，这次加工的零件达到了一级品标准，机床状况也非常好。

然而，如果这台机床仅仅具备上述功能，还说不上是智能的。

现在，有一台更先进的机床，除了具备刚才那台机床的上述功能外，在零件加工过程中，还会回传一些信息。例如，这台机床可以"告诉"技术人员：当前设置的转速参数需要优化，并给出了相应的优化参数。按照给出的优化参数，加工的零件精度会更高，机床寿命会更长。这台机床之所以能够回传这样的信息，是因为在分析历史数据和当前加工参数的基础上进行了学习，推演。这就是智能机床。

当然，如果这台机床还具备根据优化参数调整设备的自决策能力，那么它就实现了高级智能化。

试想，如果这台机床还有一些更高级的功能：不但会把使用工况实时回传给机床制造商，还能为机床制造商提出一些优化机床性能方面的建议，那么，这台机床就实现了供应链层级的智能化。

从上面的例子可以看出，物联网与人工智能的加持是智能制造的标配。

3. 智能制造的应用场景

智能制造既可应用在制造行业，也可以应用在服务行业。其中，对制造行业来说，工业互联网为智能制造提供了新型基础设施。

下面介绍智能制造的其中一个应用场景。

中车大连公司转向架智能制造示范工厂项目通过装备的自动化、数字化、智能化升级改造，实现了采购、设计、制造、仓储全流程的贯通，建立了产品生命周期管理（product lifecycle management，PLM）、制造执行系统（manufacturing execution system，MES）、仓库管理系统（warehouse management system，WMS）等的数字要素协同联动机制，实现了技术数据和资源数据直达工位、制造过程数据实时采集、质量数据全流程追溯、能源消耗数据实时监控。特别地，通过数字孪生技术，实现了虚拟场景与现实场景实时映射，为工业元宇宙的探索应用奠定了基础。

◉ 习题

1. 什么是运营系统？
2. 什么是运营管理？
3. 如何理解运营管理在企业组织中的核心作用？
4. 运营管理的目标是什么？
5. 运营管理的实质是什么？
6. 谈谈你对"通过运营管理赢得竞争优势"的理解。
7. 运营系统的规划与设计要解决的具体问题有哪些？
8. 运营系统的运行与控制要解决的具体问题有哪些？
9. 谈谈你对"运营视图"的理解。
10. 简述运营管理的发展历程。
11. 简述实施 MC 的必然性。
12. 简述 MC 与标准化、大批量生产、定制化的区别。
13. 简述 MC 的类型。
14. 结合实例说明如何以尽可能少的模块来满足尽可能多的定制需求。
15. 简述实施 MC 的条件。
16. 举例说明企业的管理重点从成本到质量再到定制化转变的必然性。
17. 运营管理有哪些新的发展？
18. 谈谈你对工业互联网的理解。
19. 工业互联网对运营管理的重构体现在哪些方面？
20. 什么是智能制造？
21. 谈谈你对装备智能化的理解。
22. 假如你刚毕业进入一家企业工作，你认为应该如何做才能使自己成为运营管理骨干？请列出你两年内的计划。

案例分析

北水公司的低碳运营模式

近年来，我国水泥行业积极尝试利用水泥窑协同处置废弃物，并取得了显著成果。国内有数家专业公司和水泥生产企业研发出具有中国特色的水泥窑协同处置技术，并已逐步建立起协同处理技术体系，该技术不仅可以实现工业固体废物资源化利用，减少资源浪费，缓解行业产能过剩的问题，还能通过无害化处理减少污染物排放，满足绿色环保的要求。事实上，早在 1998 年，金隅集团下属的北京水泥厂有限责任公司（以下简称"北京水泥厂"）就开始利用 1 条 2 000t/d 的水泥熟料窑进行废弃物处置。为了更好地研究和推广水泥窑协同处置废弃物技术，2005 年 12 月，金隅集团成立了北京金隅红树林环保技术有限责任公司。2006 年之后北京水泥厂积极发展循环经济并将重点放在工业废弃物的处置方面，建设了拥有全国首条无害化处置城市工业废弃物的环保示范线，每年可处置污泥、工业垃圾、废漆渣、废液、飞灰等废弃物 8 万~10 万 t，2016 年更名为北京金隅北水环保科技有限公司（以下简称"北水公司"），也是北京金隅红树林环保技术有限责任公司全资子公司。截至目前，《国家危险废弃物名录》中所列的 46 类中有 29 类危废能够在北水公司被安全处置。

北水公司主要以危险废物、污染土和污泥三大类城市工业废弃物的无害化、资源化处置为主，拥有世界先进的废弃物预处理工艺设备、国内新型回转式焚烧炉系统及氮氧化物（NO_x）超低排放系统。北水公司选用高温高尘 SCR 脱硝工艺作为超低排放脱硝方案，可将窑尾烟囱中 NO_x 排放指标由 $200mg/Nm3$ 降为控制在 $50mg/Nm3$ 以下，将氨逃逸控制在 $5mg/Nm3$ 以下，实现了 NO_x 超低排放，满足北京市水泥窑超低排放的目标要求。

为了全面落实新发展理念，贯彻落实国家"双碳"战略，打造高质量发展绿色新引擎，缓解水泥行业排放的 CO_2 对全球变化的影响，北水公司在 2023 年建设了一条水泥窑协同处置复杂烟气环境下低能耗、高效率捕集二氧化碳示范线。该示范线所用工艺采用先进化学法吸收技术，以水泥窑烟气中的 CO_2 为捕集对象，每年可捕集 10 万 t CO_2 用于食品级干冰和液态 CO_2 的制备，该项技术在水泥窑相关产业发展上处于领先的地位，引领及促进了传统行业的低碳化转型，为金隅集团乃至水泥行业开展碳捕获利用与封存（carbon capture utilization and storage，CCUS）技术提供了重要参考和技术支撑。

北水公司下一步的设想是继续发挥"城市净化器，政府好帮手"的社会作用，进行企业深度转型，拓宽企业发展路径，将节能降耗发展思路走实、走深。为了让企业发展不断增添后劲，增强韧性，推进企业高质量发展，一方面，北水公司调整企业运输结构，将自有闲置铁路系统进行升级，改造成一座 100 万 t/年吞吐量的铁路物流园；另一方面，制定了一套无煤化发展方案，通过提高燃料替代率、引进清洁能源及建设北京北部绿氨供应中心的方式缓解资源瓶颈制约问题，为北京市做好能源保供，以破解传统水泥行业世界难题。

水泥是工业领域中自净能力最强的行业之一，它能够将工业废渣作为原料、混合材料，也可以做到有毒、有害废弃物的解毒和无害化处理，还能把部分废弃物转化为资源循环利用。通过技术、管理和制度创新，在不影响水泥窑产品质量及安全无害化处置的前提下，水泥窑协同处置废弃物，将向无害化、减量化、资源化发展，进而向新能源、低碳环保领域迈进。这一转变路径如图1-5所示。正是通过这种转变，北水公司实现了其低碳运营模式。

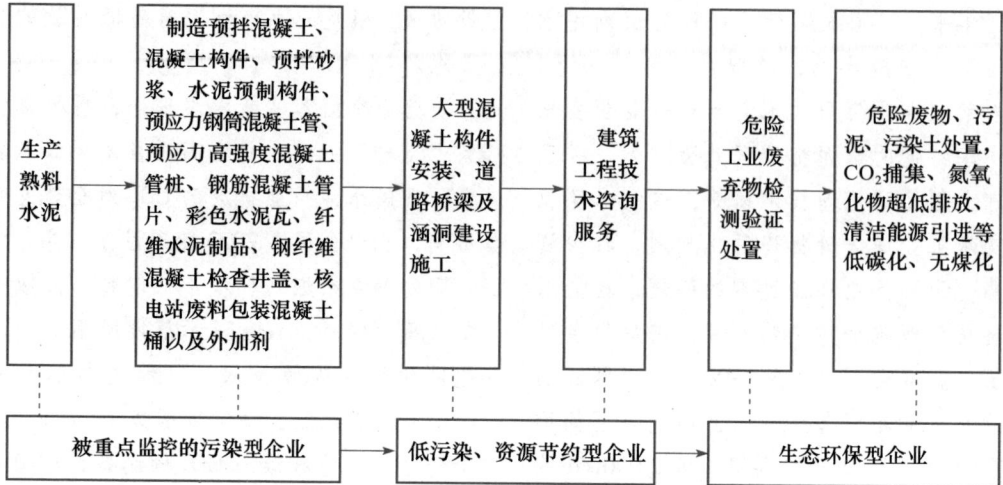

图1-5　北水公司经营转变路径

可以看到，随着北水公司经营业务重点的转移，经过不断的努力，在"与时俱进"的精神鼓舞下，北水公司不断超越自我，建立以高效、绿色、循环、低碳为重要特征的现代化工业体系，正在实现向生态环保型企业的转变。

水泥厂的生产环境得到了显著改善，工业危险废弃物和生活垃圾得到了有效处置。经济效益、环境效益和社会效益在这里得到了有机统一，保证了城市的安全与稳定。北水公司的低碳运营模式为资源消耗型企业履行社会责任树立了典范。

讨论题

1. 北水公司如何改变传统生产方式，实现清洁生产？

2. 水泥厂如何从根本上改变污染型企业的形象？

3. 水泥厂在实现从被重点监控的污染型企业到生态环保型企业蜕变的过程中应得到哪些政策支持？

4. 北水公司的低碳运营模式对其他企业履行社会责任的启发意义何在？

第 2 章　运营战略与竞争力

◑引　例

快捷宝的商业模式及其与运营战略的匹配性

自快捷宝入驻校园以来，饱受师生诟病的快件发送与提取情况有了极大的改观。特别地，他们再也看不到快件像在跳蚤市场里那样被堆放在地上或简陋货架上的场面了。

快捷宝是几个富有朝气的年轻人在获得天使投资后创立的快件收发业务创业项目，从根本上解决了快件发送最开始 100 米或快件提取最后 100 米的老大难问题，其核心之一是智能快递柜。快捷宝的业务规模越来越大，并且已经将其商业模式复制推广到其他大专院校内的快件配送业务中。

讨论题

1. 绘制快捷宝的商业模式画布。
2. 绘制快捷宝的战略金字塔。
3. 分析快捷宝运营战略与其商业模式的匹配性。

从使命、价值观和愿景到发展战略和运营战略，再到策略与方案，是识别和培植企业核心竞争力的过程。战略金字塔明确了组织各层级之间的关系。SWOT 分析、波特五力模型、BCG 矩阵、平衡计分卡是制定运营战略的有效方法和工具。生产率反映了企业对资源的有效利用程度，它是企业竞争力的直接体现。

2.1　运营战略

2.1.1　使命、价值观与愿景

1. 使命

使命是组织存在的原因和基础。不管是营利性组织，还是非营利性组织，都要明确其使命。使命因组织而异，取决于组织的性质。例如，信息和通信公司的使命是构建万物互联的智能世界；建筑公司的使命是打造安全绿色的居住环境；保险公司的使命是保障生命财产安全；餐饮公司的使命是打造大众健康美食；医院的使命是救死扶伤。

准确地定位组织的使命并不是一件容易的事情，使命需要经过组织上下反复讨论才能确定。确立使命要达到以下几个基本要求。

（1）站位要高。使命要体现组织的社会责任。新兴际华集团的使命是"保军、应急、为民"，这一使命以质朴的语言明确了新兴际华的社会责任。再如，可以把中石油的使命定位为"为中国加油"。"为中国加油"一语双关，既反映了石油化工的行业特点，又体现了该公司的社会责任。

（2）呈现行业性。使命要让人一眼就能看出该组织的核心业务。"构建万物互联的智能世界"呈现了华为的行业特征。

（3）简洁明了。组织的使命要简洁明了，以便让全体员工耳熟能详，让客户和社会易懂易记。

2. 价值观

价值观是指组织所坚持和奉行的基本信念和准则。企业价值观是组织对其经营理念所做出的选择，是组织成员对组织是非观的一致判断。价值观为组织的生存与发展确立了精神支柱。

例如，"炮制虽繁必不敢省人工，品味虽贵必不敢减物力"就是同仁堂的价值观。"规格严格、功夫到家"就是哈尔滨工业大学的价值观。

组织应在充分考虑其所处行业及价值主张的基础上确立其价值观，体现区别于其他组织的个性化。例如，IBM 确立的"成就客户、创新为要、诚信负责"的价值观就贴切地体现了该公司创新驱动、成就客户的价值主张。需要强调的是，组织若把空洞无物、"放之四海而皆准"的口号作为价值观，不但会让顾客对组织的诚意表示怀疑，也无助于组织的员工对其是非观做出一致判断。

组织在确立价值观时应上下反复论证，取得全体员工或至少绝大多数员工的认同。

组织的价值观一旦确立下来，就应保持其稳定性，不能因为最高管理者的更迭而随意改变。

价值观与使命的关系可概括如下：使命决定价值观，价值观服从于使命。使命回答了组织存在的意义，体现了组织的社会责任；价值观明确了组织的行为伦理，描述了组织运营的规则。

3. 愿景

愿景是对组织未来的一种期望和描绘。每个组织都应明确自身的愿景，而愿景中要包含明确的目标，即组织为了实现使命而制定的中长期指标。目标需要量化，空洞无物的口号无法指明组织的努力方向，员工也会不知所措。目标可能是未来一定时期内要形成的组织规模方面的，如未来 10 年内进入世界 500 强；也可能是组织定位方面的，如保持同行业第一的位置。

愿景与价值观既有区别又有联系。愿景是对组织未来的一种期盼。价值观是对组织经营理念的定位，是组织成员对组织是非观的判断。愿景与价值观的联系在于愿景的实现有赖于价值观的践行。同时，正是通过逐步接近包含了可观测目标的愿景，才能把组织的价值观体现出来。

让我们看看一些优秀组织的愿景：宝洁公司——成为并被公认为提供世界一流消费品和服务的公司；迪士尼公司——成为全球的超级娱乐公司；戴尔公司——在市场份额、股东回报和客户满意度三个方面成为世界领先的基于开放标准的计算机公司；中山大学——成为教育行业的黄埔军校。可以看出，这些愿景中均包含了可观测的目标：或者成为最好，或者追求世界领先，等等。

2.1.2 发展战略与运营战略

1. 发展战略

发展战略是根据组织的内部条件和所处外部环境的现状与发展趋势，就组织的发展方向、发展目标、发展重点及发展能力做出的全局性、长远性、纲领性的谋划。

发展战略的制定过程一般遵循顶层设计、上下结合的原则。首先，高层决策者要对整个形势做出判断，提出总体思路和总体方向，然后交由各个业务部门展开讨论。经过反复磨合，形成简明扼要的发展战略。比起愿景中所表述的目标，发展战略中所确定的目标更为具体。例如，如果某大学的愿景中确定的目标是成为世界一流的大学，那么发展战略所确定的目标就应该明确未来主要学科在世界同类大学中的具体位置。

发展战略与愿景、价值观、使命的关系可概括如下：通过实施所制定的发展战略来达到所确定的愿景，践行价值观，进而实现组织的使命。

2. 运营战略

运营战略就是在使命、价值观、愿景、发展战略的引领下，对目标市场的定位、价值的主张、核心能力的培养、产品和服务的提供等所做出的中长期谋划。研发战略、区域布局战略、能力战略、质量战略、供应链战略等都是运营战略。例如，某一服装公司制定了如下运营战略："针对高端客户，依靠公司在服装供应链中核心企业的地位和服饰 DIY [⊖] 社群，为顾客提供极具个性化的服饰体验。"根据这一运营战略的定位，可以把这一时期的运营战略称为"产品差异化"战略。

运营战略是职能战略之一。职能战略是对组织相应的职能或业务做出的中长期谋划。除了运营战略外，营销战略、财务战略和人力资源战略等都属于职能战略。运营战略要与营销战略、财务战略和人力资源战略等职能战略相互配合，相得益彰。

运营战略与发展战略的关系可以概括如下：发展战略用于指导运营战略与其他职能战略的制定，而运营战略与其他职能战略一起对发展战略起支撑作用。显然，运营战略比发展战略的时间跨度更短一些，但所确定的内容更为具体。根据这个关系，尽管各个职能或业务不相同，但所形成的运营战略都要指向发展战略，都要有利于发展战略的实施。

组织制定并实施运营战略，就是要通过运营管理提升组织的竞争力。运营战略实施的效果最终体现在质量（quality）、价格（price）或准时交货率（deadline）等指标的改善上。

2.1.3 策略与方案

1. 策略

策略就是与某一职能战略相对应的手段、模式或方法，是对职能战略的细化与落实。运营策略则是针对某一运营战略而形成的运营模式。

⊖ DIY，为"do it yourself"的缩写，意为自己动手做。

例如，某服装公司为实现其"产品差异化"的运营战略，可以考虑以下运营策略。

（1）服饰系列化。规划若干服饰系列，而且同一系列有不同的配置。

（2）服务功能差异化。服饰所承载的功能有差异，而且实现同一功能的配置也有差异。

（3）设计与制作流程差异化。使用不同的面料，或使用同样的面料，采取更具差异化的设计与制造流程。

运营策略与运营战略的关系可概括如下：运营战略为运营策略提供指导，运营策略确定了运营战略的实施模式、路线图或方法。根据这一关系，就运营策略而言，一定是可以落实为具体项目的布局，而不是一般性的想法或谋划，更不是一些空泛的口号或说辞。

2. 方案

方案就是根据某一策略确定的手段、模式或方法而采取的具体行动。仍然以前文所述的那家服装公司为例，针对设计与制造流程差异化策略，到了方案这一层次，其中的一个方案就是服饰网络化设计平台扩容。

方案与策略的关系可概括如下：策略是基础和指导，方案是对策略的具体实施。根据这一关系，到方案这一层级，应该是有明确目标、预算、时限的项目。

2.1.4 战略金字塔

可以看到，从使命、价值观和愿景到发展战略和职能战略（财务战略、运营战略、营销战略等），再到策略和方案，构成了一种层级关系，我们称之为"战略金字塔"，如图 2-1 所示。

这一层级关系自上而下是引领和带动作用，自下而上是保证和支持作用。为此，我们需要一个贯穿各层级的核心元素。

一个组织有一个明确的使命，确立了有别于其他组织的价值观，有一个包含了可观测的中长期目标的愿景，并制定了一个与使命、价值观和愿景相对应的发展战略。

在组织内部，有各种职能战略，比较重要的是对应于财务职能、运营职能和营销职能的财务战略、运营战略和营销战略。而财务职能、运营职能和营销职能构成了组织的黄金搭档。除财务战略、运营战略和营销战略外，还有企业文化战略、人才战略和公共关系战略等职能战略。

图 2-1 战略金字塔

对应于每一个职能，有多个战略。例如，研发战略、运营能力战略、质量战略、供应链战略等都属于运营战略，这些运营战略相辅相成，共同完成运营职能。再如，投资战略、融资战略都属于财务战略，这些财务战略互相支持，协同完成财务职能。而市场战略、品牌战略则属于营销战略，这些营销战略互为犄角，一起实现营销职能。

需要说明的是，不同职能战略之间不是孤立的，而是会有或多或少的联系。例如，属于运营战略的研发战略就与属于营销战略的市场战略有许多的联系。在制定研发战略时要充分考虑

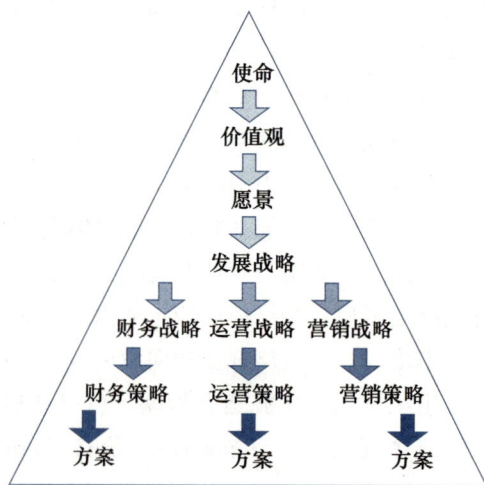

市场战略的定位；同时，在调整市场战略时，也要考虑业已形成的研发战略。

下面给出一个战略金字塔的实例。

香港一家餐饮公司在内地开设有茶餐厅，随着规模的不断增加，公司需要更为准确地定位其使命、价值观与愿景，并制定相应的发展战略。同时，需要对发展战略进行分解，制定出包括运营战略在内的各个职能战略，再把各个职能战略细化为策略和实施方案。

经过公司上下反复讨论，公司的使命最终确定为打造健康美食新生活。这个使命明确了公司的定位，让前来就餐的顾客找到家一般的感觉：吃得健康、安全，吃得美味、舒心。显而易见，"健康美食"是这家餐饮公司使命的核心元素。

根据这一使命，该公司确立了"让您吃得放心，吃出健康"的价值观。该公司在顾客饮食健康与自身利益之间把前者放在了第一位，明确了公司的价值主张，传承了"健康美食"这一核心元素。

进一步，公司规划出这样的愿景："致力于成为茶餐厅连锁第一品牌。"这一愿景就包含了可观测的目标，即成为第一。同时，要想争取第一的位置，必须在健康、美食上有所作为。所以，争取第一就包括了对"健康美食"的追求。

为了达到愿景，兑现其价值观，并最终实现其使命，该公司制定了发展战略，即"以香港小吃原文化为依托，以膳食质量风险管控为根基，在内地开设家一般的连锁经营茶餐厅"。该发展战略明确了餐饮公司的发展方向，即面向内地茶餐市场；发展目标，即连锁经营；发展能力，即香港小吃原文化及膳食质量风险管控。同时，包含了"健康美食"的元素，起到了承上启下的作用。

发展战略需要由各个职能战略来支撑。例如，该公司制定了如下的运营战略："面向内地茶餐市场，管控从田间到餐桌的膳食供应与制作的所有质量风险点，用最安全、最健康、最具香港味道的茶餐装点家一般的餐厅。"这一运营战略所蕴含的"质量风险管控""安全""健康""家一般的"等，全方位地承接了战略金字塔上面四个层级中所包括的"健康美食"这一核心元素。

任一职能战略都需要细化为与之对应的策略或布局。这里制定了三大策略。

- 茶餐文化与香港味道茶餐手工艺传承。
- 果蔬、牛奶、禽类等基本食材供应基地建设。
- 与关键食材供应商建立战略合作关系。

从这三个策略中很容易找到与运营战略相对应的"美食""健康"等要素，自然形成了对运营战略的支撑。

最后，如何传承茶餐文化与香港味道茶餐手工艺？在哪里建设果蔬、牛奶、禽类等基本食材供应基地？与哪些食材关键供应商建立战略合作关系？这些问题需要的是一个个可以落地的方案，即需要给出有明确目标、预算、建设周期的项目。

该公司给出了以下三个方案。

- 投资 5 000 万元启动港式餐饮学院项目建设。
- 投资 1 亿元在两广地区建设若干农商联盟的果蔬种植和奶牛、禽类养殖基地。
- 与肉类（如双汇）和食用油（如金龙鱼）食材供应商建立战略合作关系，年采购金额在 200 万元以上。

至此，就形成了该餐饮公司的战略金字塔，如图 2-2 所示。特别地，"健康美食"这一核心元素在战略金字塔的各个层级都得到了体现。

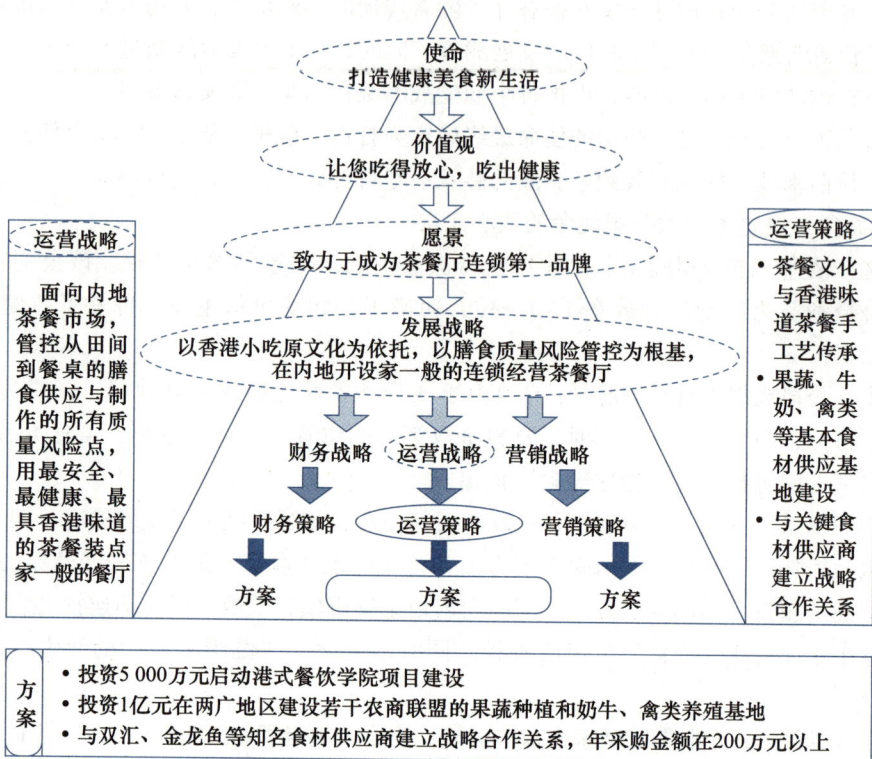

图 2-2 某餐饮公司战略金字塔

2.1.5 运营战略的制定

1. SWOT 分析

为正确地制定运营战略，可应用 **SWOT 分析**。SWOT 分析是基于企业内部条件和外部环境分析的一种战略管理方法。采用这种方法时，首先，以运营部门为主导对内部条件进行分析评估，确定哪些是自身的优势（strength），哪些是自身的劣势（weakness），做到知彼知己，扬长避短；其次，以营销部门为主导，分析企业所处的外部运营环境可能给本企业带来的机会（opportunity）和造成的威胁（threat）；最后，根据内部条件和外部环境的分析结果制定相应的运营战略。

在进行 SWOT 分析时，外部环境分析是关键。分析的主要内容包括以下几点。

- 新的市场潜力。
- 消费者不断变化的需求。
- 经济、政治、文化、法律环境的变化。
- 技术进步。
- 竞争对手的活动。

以下简述 SWOT 分析的基本步骤。

1）在分析外部环境和内部条件的基础上，给出 O、T 和 S、W 两个维度四个方面的清单。

2）绘制 SWOT 矩阵。给出有效的 SO 组合、ST 组合、WO 组合、WT 组合。

3）根据四种组合，制定 SO 战略、ST 战略、WO 战略、WT 战略。

4）以 SO 战略为重点，综合考虑 ST 战略、WO 战略与 WT 战略，制定最终运营战略。

5）根据所制定的运营战略，确定应采取的运营策略，并进一步落实到可以实施的方案。

2. 波特五力模型

波特五力模型由迈克尔·波特（Michael Porter）于 20 世纪 80 年代初提出。他认为行业竞争对手、潜在进入者、替代品生产者、供应商和用户五种力量综合起来影响着行业的吸引力和竞争态势。波特五力模型主要用于运营管理的外部环境分析，如图 2-3 所示。

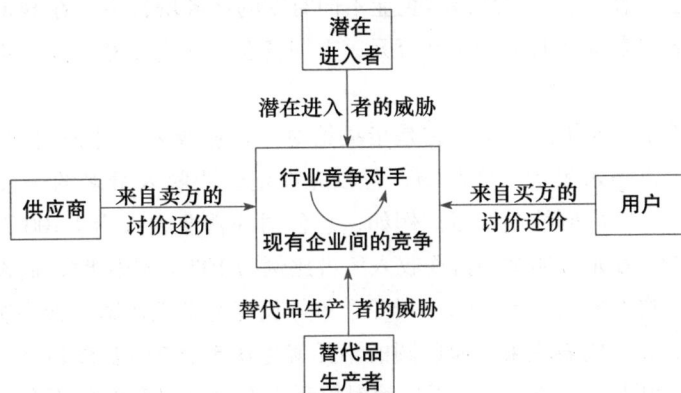

图 2-3　波特五力模型

利用这一模型可以对企业所面临的五个方面的压力进行分析，从而对外部环境中对企业影响最直接的因素有更深入的了解。波特五力模型的分析结果在企业的选址规划、能力规划、新产品开发等很多方面都能得到应用。

3. BCG 矩阵

BCG 矩阵是由波士顿咨询集团首创的一种规划业务组合的战略分析工具。应用 BCG 矩阵时，通常从两个维度进行分析，即"相对市场占有率"（市场份额）和"业务增长率"。根据这两个维度可以把企业的业务分为以下四种类型：高增长低份额为问题型业务；高增长高份额为明星型业务；低增长高份额为金牛型业务；低增长低份额为瘦狗型业务。

为了对决策对象的情况有更多的了解，可对通用的 BCG 矩阵进行扩展，增加"决策对象营业收入占总公司营业收入的百分比"（营业收入所占比例）和"决策对象所得利润占总公司利润的百分比"（利润所占比例）两个维度，这样就得到了如图 2-4 所示的四维度 BCG 矩阵。

（1）维度 1：相对市场占有率。在同类型企业中，把市场占有率最大者设为标杆企业，其相对市场占有率取为 1。把决策对象的市场占有率与标杆企业相比，比值即为决策对象的相对市场占有率，即维度 1。例如，同类型企业中，标杆企业（可以是市场占有率最大者）的市场占有率为 20%，决策对象的市场占有率为 10%，那么，决策对象的相对市场占有率就是 0.5。

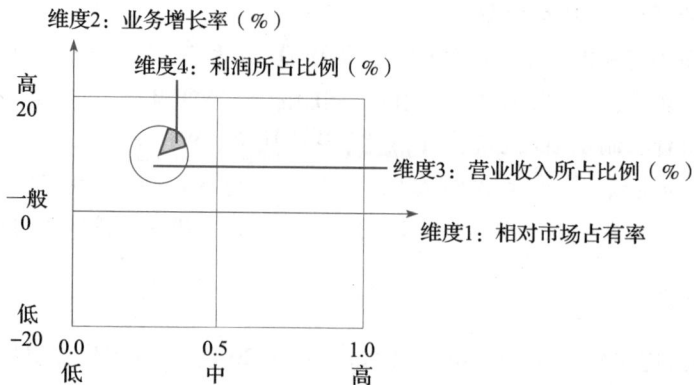

图 2-4　四维度 BCG 矩阵

（2）维度 2：业务增长率。它是指本企业不同时期的业务增长率，在 BCG 矩阵中用纵坐标表示。例如，某企业本期营业收入为 110 万元，上期营业收入为 100 万元，那么该企业业务增长率为 10%。

（3）维度 3：营业收入所占比例。它是指决策对象营业收入占总公司营业收入的百分比。在图形中，它用圆的大小来表示。实际中，可以先设定营业收入最多的子公司所对应圆的大小，其他决策对象按一定比例绘制即可。例如，总公司的营业收入为 1 100 万元，决策对象同时期的营业收入为 110 万元，那么，营业收入所占比例为 10%。作图时，假设营业收入最多的子公司占总公司营业收入的比例为 20%，以 1 个单位长度为半径作圆。如果决策对象营业收入所占比例为 10%，那么，代表决策对象的圆的半径就为 0.5 个单位长度。

（4）维度 4：利润所占比例。它是指决策对象利润占总公司利润的百分比。在图形中，它表示为扇形面积的大小。例如，总公司的利润为 100 万元，决策对象同时期的利润为 25 万元，那么，利润所占比例为 25%，在图形中就以面积为 1/4 圆的扇形来表示。

把通用的 BCG 矩阵扩展后，企业就不但知道了决策对象所处的市场位置，而且知道了决策对象对总公司营业收入和利润的贡献。根据这些变量可精准地确定一个子公司的活动方向：扩大运营能力，维持现状或是清算。

2.1.6　平衡计分卡

组织所确定的使命、价值观、愿景以及所制定的战略需要付诸实施，并最终体现在组织的绩效水平上。平衡计分卡（balanced score card，BSC）就是一种把使命、价值观、愿景和战略转换为策略和方案的战略管理工具。这一战略管理工具由罗伯特·卡普兰（Robert Kaplan）和戴维·诺顿（David Norton）创立。他们先后出版发行了《平衡计分卡：化战略为行动》《战略中心型组织：平衡计分卡的制胜方略》《战略地图：化无形资产为有形成果》三部著作。平衡计分卡从单纯测评财务绩效转变为从过去与未来、结果与驱动、内部与外部三个视角来综合测评财务、顾客、业务流程和学习与成长四个维度的绩效。四个维度密切联系，相互作用，并与企业的愿景与战略直接相关，如图 2-5 所示。

在应用这种方法时，管理者要制订实现特定目标的计划、测评指标以及激励方案，并将测评指标的完成情况与竞争对手进行客观的比较。

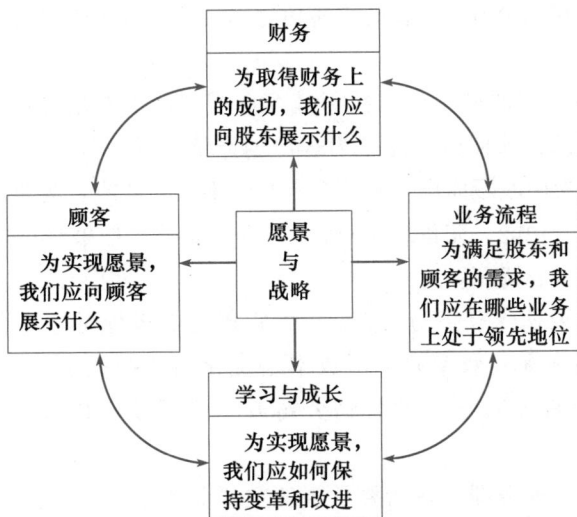

图 2-5 平衡计分卡

2.2 运营战略与商业模式的匹配

2.2.1 商业模式概述

商业模式是指企业针对所细分的客户，利用企业的核心资源，与重要伙伴一起，通过关键业务的开展来解决客户的痛点、难点，从而为他们创造价值，并实现企业可持续经济效益的商业逻辑。

商业模式由九大要素构成，即客户细分（CS）、客户关系（CR）、渠道通路（CH）、价值主张（VP）、核心资源（KR）、重要伙伴（KP）、关键业务（KA）、成本结构（C）、收入来源（R）。九大要素构成了四个模块，即为谁提供、提供什么、如何提供、怎样赢利。在"为谁提供"模块中，需要确定客户细分、客户关系与渠道通路。在"提供什么"模块中，需要明确价值主张。在"如何提供"模块中，明确了核心资源、重要伙伴、关键业务。在"怎样赢利"模块中，描述了成本结构与收入来源。

以下将解析九大要素的含义，并以快件收发最开始 100 米或最后 100 米的智能快递柜为例来说明各个要素的具体内容。

（1）客户细分。客户细分就是企业针对特定的消费者群体，向其提供价值的活动。智能快递柜有两个细分市场，即大学（和职业高中）的学生以及教师、小区居民。

（2）客户关系。客户关系描述了企业同顾客之间的联系。对智能快递柜这种新的业态，可通过创建快递社区来经营同顾客之间的关系。

（3）渠道通路。渠道通路是企业接触顾客的途径和接触点。渠道通路说明了企业如何接触其每个细分市场的顾客，来传递其价值主张。对于智能快递柜，其主要渠道通路是自有 app。

（4）价值主张。价值主张即企业通过其产品和服务为消费者提供的价值。价值主张确定了企业对消费者来说的存在价值。以智能快递柜为例，其价值主张应定位于让顾客收发快件更方便、更安全。

（5）核心资源。核心资源就是公司执行其商业模式所需要的核心资源或能力。事实上，正是企业拥有了核心资源，才使企业能够为客户创造价值并持续赢得收入。就智能快递柜来说，要想在众多的快递柜中脱颖而出，必须要有与众不同的功能。例如，健全、便捷的扫码存件与取件功能，在线支付功能，完备的人-机接口等。此外，如果是布局在校园，与校方良好的关系也是必不可少的核心资源。

（6）重要伙伴。重要伙伴是指为使商业模式得以有效运行而与其他企业所建立的伙伴网络。企业通过创建联盟来提高效率并降低成本是优化商业模式的一个重要途径。就智能快递柜来说，其重要伙伴首先是学校的后勤公司或小区居委会以及各个快递公司及基础运营商。

（7）关键业务。关键业务即企业所要从事的主要业务或活动。智能快递柜的关键业务是快件的收发与提取。当然，平台运营、广告推送等应作为其增值业务。这些增值业务将成为智能快递柜的重要收入来源。

（8）成本结构。成本结构即实施商业模式所引发的所有成本。为培植核心资源或能力，创建渠道通路、完成关键业务、维系重要伙伴都会引发成本。对某些行业而言，成本结构在商业模式中起关键作用。例如，不提供非必要服务（no frills）的航空公司，是完全围绕低成本结构来构建其商业模式的。就智能快递柜而言，其主要成本构成如下：智能快递柜的购置、软件开发费用以及维护费用、人工费、app 运营维护费用、保险与理赔费用等。

（9）收入来源。收入来源是指从每个客户群体中获取的现金收入。收入无外乎有两种形式：因客户一次性支付而获得的交易收入，因客户持续支付而获得的经常性收入。以智能快递柜为例，其先期主要收入来源是快件的分拣配置费；随着增值业务的开展，广告收入与流量收入会逐步增加；此外，顾客支付的超时保管费用也是收入的一部分。

2.2.2　商业模式画布及其绘制步骤

把商业模式的四个模块、九大要素整合在一块画布中，就是商业模式画布，如图 2-6 所示。从图中可以看出，商业模式画布是以价值主张为中心的。这实际上是在强调：无论是成功创业，还是保持企业的永续经营，必须时刻想着企业为客户带来了什么价值。

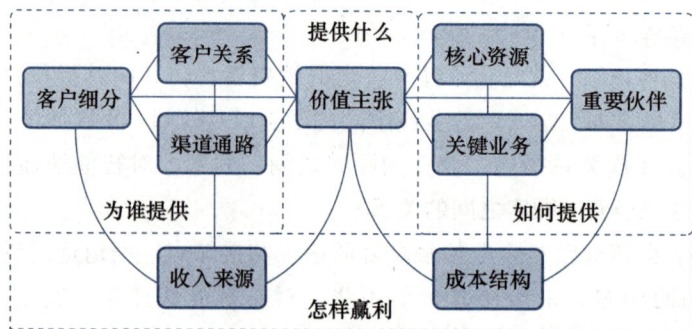

图 2-6　商业模式画布

一般按照以下顺序来绘制商业模式画布：

1）明确客户细分，即确定目标用户。

2）思考如何维系所确定的目标用户，做好客户关系管理。

3）思考如何接触到目标客户，即确定渠道通路。

4）确定目标用户的需求，明确价值主张。

5）明确所拥有的、能够实现价值主张的核心资源。

6）思考企业运营过程中所涉及的重要伙伴，并与之建立良好的关系。

7）思考通过哪些关键业务为目标客户提供产品和服务，以实现价值主张。

8）思考企业运营过程中将引发的成本以及成本结构。

9）思考收入来源，明确价格定位。

根据上述步骤可以绘制快捷宝智能快递柜的商业模式画布（精简版），如图 2-7 所示。

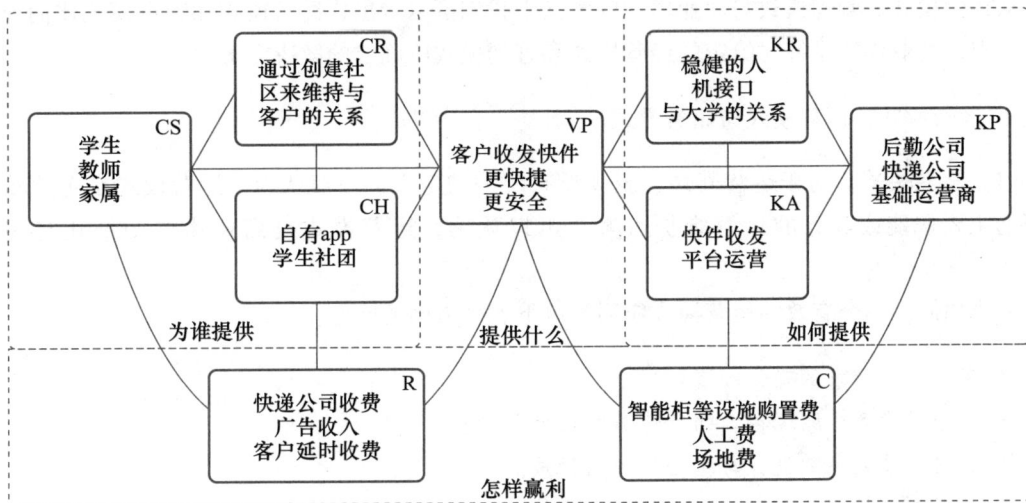

图 2-7　快捷宝智能快递柜的商业模式画布（精简版）

在实际应用中，为了展示不同要素之间的相互影响，并尽可能多地列出初始方案，可以采用头脑风暴法展开广泛的讨论，反复论证、筛选，直到选出最合理的方案。

2.2.3　从经营模式到收入模式

今天的社会经济领域充满了各种各样的模式。发展模式、经营模式、管理模式、商业模式、运营模式、盈利模式、业务模式、收入模式让人目不暇接。

我们通常认为，发展模式的概念比较宏观，本书不去解读或介绍。下面主要说明其他模式的含义及其之间的关系。

首先，尝试找到这些模式的根本性区别的意义并不大，例如你在谈及如何通过为目标顾客创造价值来实现最大的收益，那么你可以说这里讲的是经营模式或管理模式，也可以说谈论的是商业模式，如果你真要说它是盈利模式或收入模式也不能算错，至少不能算大错。其次，在同一个语言环境下，如果同时出现这些令人眼花缭乱的模式，就真的有必要梳理这些模式到底在指什么了。最后，本书不想给这些模式下一个权威的定义，只要厘清它们之间的关系就足够了。

1. 经营模式与管理模式

（1）经营模式。经营模式可以被认为是公司在特定的经营环境下所采取的管理方式。它涉及经营范围、市场定位、资源配置等长期的规划或设想。

（2）管理模式。管理模式通常是指在一定管理理念指导下建立起来的，由管理制度、管理方法、管理流程等组成的管理体系结构。

2. 商业模式

与经营模式和管理模式相比，商业模式给出的是企业的商业逻辑或整体解决方案。商业模式回答了企业必须长期面对的为谁提供、提供什么、如何提供、怎样赢利四大基本问题。这四大基本问题又细分为九大要素。

从经营模式、管理模式与商业模式的含义中我们可以看出，经营模式和管理模式比商业模式更宏观，商业模式是针对给定的经营模式和管理模式所确定的解决方案。

3. 运营模式、盈利模式与业务模式

（1）运营模式。对于运营模式，至今没有统一的定义。一般认为，运营模式是企业较短时期的主要职能或业务的运营维护方案。可以认为，运营模式是商业模式的细化与实施方案。

无论如何，一个有效的运营模式应回答以下五个方面的问题。

- 客户核心需求的确认。
- 包含供应商、顾客在内的价值链的设计与管控。
- 高附加值业务的设计与核心资源的投放。
- 包括订单履行、CRM、资源管理在内的关键流程的识别与设计。
- 包括人力资源支持、财务支持、营销支持、公关支持、技术支持在内的支持系统的创建。

上述五个方面的问题都是对商业模式九大要素的执行。例如，客户核心需求确认是对商业模式中的客户细分的深入。价值链设计与管控则与商业模式中的客户关系、渠道通路、关键业务、价值主张、核心资源、重要伙伴、成本结构、收入来源相联系。高附加值业务设计与核心资源投放是对关键业务与核心资源的深入。关键流程识别与设计直接关系着商业模式中的客户关系、渠道通路、关键业务、重要伙伴、成本结构、收入来源。支持系统创建与商业九大要素均有直接或间接的联系。

（2）盈利模式。从前面对商业模式四大基本问题及其九大要素可以看出，盈利模式是商业模式的一个组成部分。盈利模式要回答的是商业模式中"怎样赢利"的问题。

现在，诱饵与钓钩模式被广泛复制和应用，如打印机与硒鼓、Kindle 与电子读物、芭比娃娃与服饰、剃须刀架与刀片、净水机与桶装水、咖啡机与咖啡罐。其实，诱饵与钓钩模式就是一种盈利模式。它不是经营模式，因为它并没有回答经营范围、资源配置等问题。它也不是商业模式，因为它并没有涉及为谁提供、提供什么、如何提供等问题。

（3）业务模式。业务模式确定了有关业务要素与资源的配置方案、业务功能设计与业务流程的实施方案。业务模式可以被认为是商业模式的一个组成部分，回答了商业模式中"如何提供"的问题。

4. 收入模式

收入模式的概念比较清晰，解决的是非常现实的收入来源问题。显而易见，收入模式也可以被认为是商业模式中盈利模式的一个组成部分。

2.2.4　运营战略与商业模式的联系

显然，商业模式不同于发展战略，也不同于运营战略。商业模式解决的是为谁提供、提供什么、如何提供、怎样赢利等问题。商业模式是对企业的整体布局。发展战略解决的是企业的发展方向、发展目标、发展重点及发展能力问题。运营战略则重点考虑目标市场定位、价值主张、核心能力培养、产品和服务提供等。

但是，因为运营战略所考虑的目标市场定位、价值主张、核心能力培养以及产品和服务提供等均是商业模式中的关键要素，所以，运营战略与商业模式之间有着紧密的联系。这种联系在企业对其商业模式进行创新时表现得尤为突出。

运营战略与商业模式的联系决定了企业在制定运营战略时必须考虑其与商业模式的匹配性。同时，在对所制定的运营战略进行测评时，要以商业模式中所确定的收益结果为依据。

2.3　竞争力

2.3.1　企业竞争力

企业制定并实施运营战略就是要通过运营管理提升竞争力。

竞争力是企业在自由和公平的市场环境下，区别于其竞争对手生产优质产品或提供优质服务，创造附加价值，从而维持和增加企业实际收入的能力。

企业竞争力是决定企业成败的关键因素。企业之间的竞争体现在很多方面，但归根结底表现在质量、价格、准时交货率的差异上。

1. 质量

质量是产品或服务的"一种固有特性满足要求的程度"。质量与原材料、设计和生产过程密切相关。德国的机械制品、日本的家用电器等在世界上享有普遍的赞誉，就是得益于高质量所带来的竞争力。

2. 价格

价格是顾客为了得到某一产品或接受某项服务所必须支付的金额。在其他所有因素均相同的情况下，顾客将选择价格较低的产品或服务。降低价格可能会降低企业的利润，但大多数情况下企业会通过降低产品或服务的价格来赢得竞争优势。沃尔玛以其"天天平价"的策略成为全球零售业的大鳄。

事实上，降低价格也可以倒逼企业降低成本。

3. 准时交货率

准时交货率是在一定时间内准时交货的次数占其总交货次数的百分比。准时交货率反映的是企业在承诺交货的当日提供产品或服务的能力。在某类市场上，企业交货的速度是竞争的首要条件。联邦快递因其"使命必达"而唱响全球。该公司每晚都从位于孟菲斯和达拉斯等地的处理中心向世界上 210 个国家发送超过 500 万份的包裹。由于满足了顾客对快递速度以及可靠的隔夜递送的需求，其资产增至 140 亿美元，成为世界上最大的快递服务公司。

当然，就服务业，准时交换率反映的是服务是否及时，可纳入服务质量中一并测评。

把上面三个因素用公式集成在一起，就构成了下面的竞争力表达式：

$$竞争力 = \frac{质量 \oplus 准时交货率}{价格} \tag{2-1}$$

在式（2-1）中，我们使用了广义的加号，表示综合的意思。每一因素的重要性因产品或服务及顾客的不同而有变化。管理者应根据各个因素的重要性给其分配相应的权重。于是，就有了下面的表达式：

$$竞争力 = \frac{(质量 \otimes w_1) \oplus (准时交货率 \otimes w_2)}{价格 \otimes w_3} \tag{2-2}$$

式中，w_1、w_2、w_3 分别代表质量、准时交货率和价格的权重；广义的加号和广义的乘号表示综合的意思。例如，对某一特定的公司，如其在一定时期内把管理重点放在了提高质量水平上，就需要赋予质量更大的权重。

需要注意的是，随着环境的变化或时间的推移，三个因素的权重可能会发生变化。

理解这一关系式有助于管理者成功地进行战略规划。

2.3.2   订单资格要素与订单赢得要素

2000 年，伦敦商学院的特里·希尔（Terry Hill）教授首先提出了订单资格要素和订单赢得要素的概念。**订单资格要素**是指组织的产品或服务值得购买所必须具备的基本要素。**订单赢得要素**是指组织的产品或服务优于其竞争对手，从而赢得订单所必须具备的要素。

订单资格要素和订单赢得要素会发生转变。例如，20 世纪 70 年代，日本企业进入世界汽车市场时，改变了汽车产品原先的订单赢得要素，从成本导向变成了质量和可靠性导向。美国的汽车厂商就是在产品质量方面输给了日本的汽车厂商。到了 80 年代后期，福特公司、通用汽车公司和克莱斯勒公司提高了产品质量，才得以重新进入市场。现在，汽车的订单赢得要素在很大程度上取决于汽车的个性化。顾客知道他们需要什么样的产品特征（如可靠性、安全性、设计特征、外观和油耗等），然后希望以最低价格购进一辆能满足特定要求的汽车，以实现效用最大化。

2.3.3　KANO 模型

日本学者狩野纪昭根据不同类型的质量特性与顾客满意度之间的关系，把产品或服务的质量特性分为五类：基本型质量、期望型质量、兴奋型质量、无差异型质量、反向型质量。

和五种类型质量对应，可以把顾客需求分为五类，即基本型需求、期望型需求、兴奋型需求、无差异型需求、反向型需求。

就前三类需求，狩野纪昭分析了这些需求与顾客满意度之间的关系，创建了 KANO 模型，如图 2-8 所示。

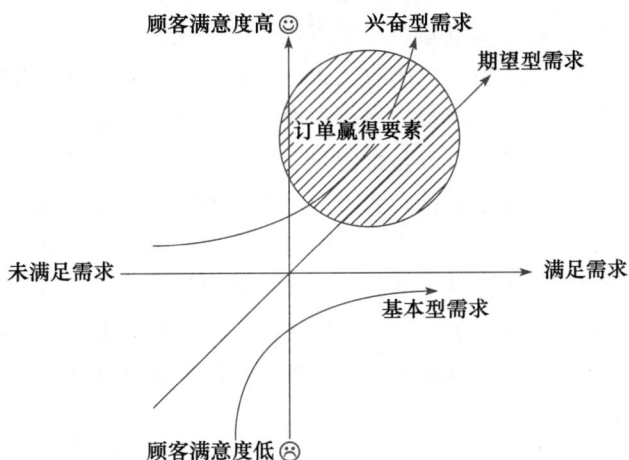

图 2-8　KANO 模型

KANO 模型可以用于识别并培植企业的订单赢得要素，从而增强企业的竞争力。图 2-8 中标明了订单赢得要素的位置。其管理含义是企业应确保满足顾客的基本型需求，即确保具备订单资格要素，然后把关注点集中在满足顾客的期望型需求和兴奋型需求上。

下面通过实例来说明基本型需求、期望型需求和兴奋型需求。

基本型需求是顾客对产品或服务所提出的最基本的要求。顾客不会提及这类需求。例如，去钟表店买闹钟的顾客不会提出这样的问题：定好时间后，闹钟会不会打铃。是的，企业必须保证产品或服务能够满足顾客的基本型需求。但是，把更多的资源配置起来无限地满足这类需求并不明智。

期望型需求是在进行顾客需求调查时，顾客所提出的诉求。企业需要深入了解并确认顾客的期望型需求，把有限的资源配置起来，很好地满足这些需求。例如，生产签字笔的企业应确保签字笔下水流畅且不漏墨。

兴奋型需求是指那些被满足后可以给顾客一些惊喜的需求。例如，现在手机的功能已经强大到可以处理很多种文档。在处理文档时，如果能够有像电脑那样大的屏幕和机械键盘该有多好。但是，顾客通常不会提出这样的需求。企业应该想办法挖掘出顾客的兴奋型需求，并尝试满足这些需求。今天，虚拟现实、全息技术已经非常成熟，生成虚拟屏幕和机械键盘并不困难。那么，为什么不给顾客一个惊喜呢？

值得注意的是，今天的兴奋型需求将成为明天的期望型需求或基本型需求。例如 20 世纪

90 年代，西门子因其经久耐用的手机赢得了雪片般的订单。可今天，人们对手机期望更多的是功能要齐备。"手机就是手机"的年代已一去不复返了。

2.4　生产率

2.4.1　生产率的概念

生产率即投入产出比，它是竞争力的直接体现。生产率反映了产出（产品和服务）与生产过程中的投入（劳动、原材料、能量及其他资源）之间的关系，是一个相对指标。生产率既可以从国家或行业宏观层面上来度量，也可以从企业微观层面上来度量。当从国家或行业宏观层面上来度量时，一般用总产值或国民收入来计量产出。当从企业微观层面上来度量时，一般用企业产量或创造的价值来计量产出。本书主要介绍微观层面的生产率。

投入和产出可以是实物量，也可以是价值量。所以，生产率有多种表现形式。以实物表示投入与产出，生产率所表示的结果直接、明了，可以在不同企业间进行比较，也可以在不同国家之间进行比较。但是，实际中企业所生产的产品或提供的服务不是单一的，这时，通常是选取某一代表产品，利用换算系数把其他产品或服务折算为代表产品。当涉及的投入不是单一的时，只能以价值来统计投入。事实上，当以价值来表示投入与产出时，生产率就与企业的效益建立起了联系。此时，就体现出了计算生产率的意义，即企业可以借助分析生产率水平来改进自身的管理和技术水平。

实际运用中，企业通常使用生产率的倒数来评价资源的利用情况，此即单位消耗。当把单位消耗与劳动定额、机时定额、原材料消耗定额等进行比较时，就在一定程度上反映了企业的管理和技术水平。

生产率对营利性组织、非营利性组织和国家都有重要的意义。对营利性组织，较高的生产率意味着较低的成本及较高的利润；对非营利性组织，较高的生产率意味着利用较少的社会投入为公众提供更好的服务；对国家，提高生产率意味着经济运行状况更加良好，国家的实力增强。美国 20 世纪 90 年代长时期经济持续增长的一个主要原因就是它的生产率提高了。

值得指出的是，生产率不同于效率。

生产率是指单位投入的产出，是对投入产出总体的测评。生产率有单位，例如，"件/小时（或工时）""元/小时（或工时）"等。我们可以说，总体上，某班组的劳动生产率为 100 件/工时。

效率是指给定的系统（工作单元、机器等）在某一给定时间内的实际产出占最大产出的比率。可以看出，效率没有量纲，是一个百分比。例如，我们可以说，某班组所操作的某一台机器在昨天开动期间的效率为 90%。

当然，生产率与效率也有联系。生产率的提高有赖于一个个设备、单元或系统的效率的提高。

2.4.2　生产率的计算

根据生产率的定义，可给出如下生产率的计算公式：

$$生产率 = \frac{产出}{投入} \tag{2-3}$$

生产率可按单一投入、两种以上的投入或者全部投入来度量。与这三种度量方法相对应的是三种生产率，即单要素生产率、多要素生产率和全要素生产率。表 2-1 列举了这些生产率的度量方法。实际运用中，具体选择哪一种度量方法视度量的目的而定。

表 2-1　不同类型生产率度量方法举例

生产率类型	度量方法举例
单要素生产率	产出/工时、产出/机时、产出/资本、产出/能源
多要素生产率	产出/（工时+机时）、产出/（工时+资本+能源）
全要素生产率	生产的产品或服务/生产过程中的全部投入

例 2-1　某机械加工厂，一周内生产出 10 000 单位的产品，产品售价为 5 元/单位。为生产这些产品投入了 500 个工时，工时费用为 8 元/工时。此外，还投入折合价值为 5 000 元的原材料和 1 000 元的管理费用。试计算劳动生产率和多要素（劳动、原材料和管理费用）生产率。

解：根据式（2-3），可计算出劳动生产率和多要素生产率（见表 2-2）。

表 2-2　不同类型生产率计算过程及结果

劳动生产率	10 000÷500=20（单位/工时）；10 000÷（500×8）=2.5（单位/工时费用）
	10 000×5÷500=100（元/工时）；10 000×5×（500×8）=12.5（元/工时费用）
多要素生产率	10 000÷（500×8+1 000+5 000）=10 000÷10 000=1（单位/单位投入费用）
	10 000×5÷10 000=5（元/单位投入费用）

例 2-2　一家公司生产一种平板小推车，现计划购买一种新设备，以提高生产率。当前，用工数为 5 名工人，平均每小时生产 80 台平板小推车。人工费用为 30 元/时，机器加工费用为 120 元/时。经测算，新设备投入后，用工人数将会少一个，加工费用将增加 30 元/时，平均每小时可以生产 76 台小推车。

（1）劳动生产率增加了多少？

（2）这家公司是否应该购买这种新设备？

解：

（1）

购入新设备前后的劳动生产率分别如下：

购入前：80÷5=16（台/人·时）

购入后：76÷4=19（台/人·时）

所以，生产率增加了：

$$（19-16）÷16≈19\%$$

（2）

购入新设备前后的多要素生产率（劳动和设备生产率）分别如下：

购入前：80÷（5×30+120）≈0.296（台/元）

购入后：76÷（4×30+120+30）≈0.281（台/元）

所以，生产率降低了：

$$|0.281-0.296|÷0.296≈5\%$$

本例中，虽然多要素生产率降低了5%，但劳动生产率增加了19%。工人对新设备操作熟练后，产出会有所增加。此外，减少的一位工人还可以调配到其他部门。再考虑全要素生产率，购买新设备后原材料和辅材料、能源动力会减少，合格品率会增加。所以，建议这家公司购买这种新设备。

2.4.3　影响生产率的因素

影响生产率的因素有很多，主要有管理、资本、质量和技术等。除了这四个主要影响因素外，还有其他影响因素，如标准化、工作场所的设计与布置、激励制度等。一个错误观点是：工人是生产率的主要决定因素。照此观点，让工人更卖力地工作是提高生产率的途径。然而，事实上，历史上很多生产率的提高是技术改进的结果。

技术是影响生产率的主要因素，但是，技术本身并不能保证生产率的提高。事实上，如果没有先进的管理，反而会降低生产率。早些年，中国企业在引进外资时就有过沉痛的教训：要么引进了过时的设备和技术；要么只引进了先进的设备和技术，而没有引入软件和管理。如果把管理和技术比作企业发展的两个车轮，那么这两个车轮一定要匹配。否则，企业不可能向前发展，只会原地打转。

2.4.4　提高生产率的步骤

生产率度量可用于很多方面。通过度量生产率，可以评定企业在一定时期内的经营业绩，分析取得的成绩和存在的不足，并针对不足采取改进措施。

企业可采取以下步骤来提高生产率。

- 确定生产率测评指标。
- 识别影响整体生产率的"瓶颈"环节。
- 以管理、资本、质量、技术等为切入点提高"瓶颈"环节的生产率。
- 巩固提高生产率的成果，进行宣传和推广。

2.4.5　设备综合效率及其带来的启示

1. 设备综合效率

如前所述，生产率与效率是完全不同的两个概念，但两者还是有联系的。事实上，只有一个部门的每一个单元、每一台设备或机器的效率提高了，该部门总体上才能获得生产率的提升。

就设备效率而言，一个非常有用的指标是设备综合效率（overall equipment effectiveness，OEE）。OEE是指综合考虑可用率、表现指数、质量指数的设备效率。这一指标不仅关注设备的运行时间，更关注设备的综合表现，既看其出工情况，更看其出力情况。OEE的计算如式（2-4）所示。

$$OEE = 可用率 \times 表现指数 \times 质量指数 \tag{2-4}$$

式中，可用率=实际运行时间/计划运行时间；表现指数=理想作业时间/实际作业时间；质量指数=合格品数/总产量。

例2-3　一台机器每天工作时间为 16h，班前计划停机时间为 20min。某天，该机器发生了一次故障，工厂用 70min 对这台机器进行了检修。另外，用了 20min 对其进行了调试。

这台机器用于加工一种零件，这种零件的标准加工时间为 5min/件。当天共加工了 160 件零件。在加工的 160 件零件中有 15 件是不合格品。

试计算这台机器当天的 OEE。

解：

可用率＝实际运行时间/计划运行时间＝[（16×60−20）−（70＋20）]/（16×60−20）＝850/940≈0.90。

表现指数＝理想作业时间/实际作业时间＝（160×5）/850＝800/850≈0.94。

质量指数＝合格品数/总产量＝（160−15）/160＝145/160≈0.91。

所以，OEE＝可用率×表现指数×质量指数＝0.90×0.94×0.91≈77%。

2. 设备综合效率带来的启示

从 OEE 的计算可以看出，不能只看一台设备是否在运转，还要看这台设备的效率，更要看这台设备加工出来的产品的质量情况。从这个指标，我们可以联想到人力资源效率。同样，我们不能只看一位员工是否出勤，还要看他的效率，更要看他完成的工作的质量情况。依照 OEE，我们不妨设计人力资源综合效率（overall human resource effectiveness，OHRE）这一指标。类似于 OEE，OHRE 也由三部分测算得到，即由可用率、表现指数、质量指数连乘得到。

习题

1. 解释下列概念：使命、价值观、愿景、发展战略、运营战略、竞争力、订单赢得要素、订单资格要素、生产率、设备综合效率。
2. 简述一个企业的使命应具有的特征。
3. 简述价值观的含义。
4. 愿景要回答的基本问题是什么？
5. 简述战略金字塔各层级之间的逻辑关系。
6. 为你熟悉的一家公司绘制战略金字塔。
7. 简述 SWOT 分析的基本步骤。
8. 企业一般面临哪几个方面的压力？
9. 扩展的 BCG 矩阵有哪几个维度？
10. 如何绘制四维度 BCG 矩阵？
11. 简述平衡计分卡四个维度之间的联系。
12. 简述商业模式的含义。
13. 简述商业模式九大要素的含义。
14. 简述商业模式画布的构成。
15. 假设你准备在校园里开一家鲜花店，绘制其商业模式画布。
16. 简述以下概念的含义与联系：经营模式、管理模式、商业模式、运营模式、盈利模式、业务模式、收入模式。
17. 简述运营模式要解决的基本问题。
18. 运营战略与商业模式有何联系？
19. 你是如何理解竞争力表达式的？
20. 如何利用 KANO 模型识别并培植订单赢得要素？
21. 计算生产率的意义何在？
22. 简述生产率与效率的区别。
23. 影响生产率的主要因素有哪些？
24. 简述提高生产率的步骤。
25. 一家包装纸公司一天生产 2 000 箱包装纸产品，产品售价为 100 元/箱。公司为生产这些产品投入了 400 个标准机时，标准机时费用为 5 元/时。此外，还投入折合价值为 1 000 元的原材料和 2 000 元的管理费用。试计算机器的生产率和多要素（机器、原材料和管理费用）生产率。

26. 一位快递理货员，原来工作 9 个小时可整理标准快件 900 件。经过技能培训，该理货员利用 8 个小时的规定上班时间可整理 880 件标准快件。

   试计算该理货员劳动生产率的增长率。

27. 某班组操控一个柔性制造系统加工一组零件，计划开工时间为 8 个小时（不包括班前和班后的设备调整时间）。在设备运行过程中，因为工装损坏，导致系统停车 15 分钟。新的工装到位后，又对系统进行了 5 分钟的试运行。当日该系统共加工 80 套零件。按照工艺规程，这组零件的标准加工时间为 5 分钟/套。该班组交班后，经过验收，当天加工的 80 套零件中有 4 套不合格。

   试计算该柔性制造系统的综合效率。

◉ 案例分析

北汽新能源的运营管理：从战略到行动

1. 北汽新能源的过往：十年磨一剑

北汽新能源是北京新能源汽车股份有限公司的简称。北汽新能源创立于 2009 年，是北京汽车集团有限公司控股的子公司，是中国首家独立运营、首个获得新能源汽车生产资质的新能源汽车企业。公司拥有北京、山东青岛、江苏常州、河北黄骅等整车生产基地和美国旧金山与底特律、德国亚琛、西班牙巴塞罗那等海外研发中心。

北汽新能源的主要业务板块包括新能源汽车整车及核心零部件研发、生产、销售和服务等，同时，已经布局智能制造、能源管理、智慧出行、互联网+等多个战略新兴产业。北汽新能源整车销售蝉联全国第一多年。截至 2018 年年初，北汽新能源的整车累计销量超过 18.3 万辆。

2. 北汽新能源的未来：行稳致远

北汽新能源提出以开放式平台重塑产业结构，联合一切可以联合的力量，共同推进新能源汽车产业的可持续发展。值得关注的是，由北汽集团、北汽新能源牵头发起，全国乃至全球新能源汽车优质资源参与，共同打造了国家新能源汽车技术创新中心。该中心正在成为具有全球影响力的新能源汽车共性、前沿关键技术的集成创新中心，引领全球新能源汽车成为研发、制造、服务、技术、标准、模式的输出高地以及新能源汽车高端创新人才集聚高地，打造国际一流的新能源汽车科研成果转化与产业化平台，面向全球的新能源汽车学术交流、专业咨询、高端人才培养与交流平台，立足北京、面向全球的专注于新能源汽车科研转化的金融创投平台。

3. 北汽新能源的运营管理：只有问题没有答案

是的，唯有管理与技术创新，企业才能行稳致远。那么，作为主要职能战略的技术创新战略的定位是什么？为什么要如此定位？站在更高层面来做顶层设计，公司的发展战略是什么？价值观呢？最为神圣并且至高无上的使命又是什么？这些都是当下北汽新能源高层必须回答的问题。此外，如何让所制定的技术创新战略通过技术创新策略和方案来成功落地，是北汽新能源上下各级管理者都要考虑的问题。

我们的确看到了北汽新能源这样的表述：

"'十三五'期间，北汽新能源将秉持'开放共享'战略，坚持'一个卫蓝梦、两个世界级'品牌愿景和'新·无止境'品牌主张，以建成'世界级新能源汽车科技创新中心'和'世界级新能源汽车企业'为目标，致力于将北汽新能源建设成国内第一、全球前三的纯电动汽车品牌……"

但是，从使命、价值观到愿景，再到发展战略，都未免使人有雾里看花水中望月的感觉。"闲品杯中月，笑看雾里花。"这是诗人才有的雅致。就公司运营来说，我们要的是真真切切的表述。再者，北汽新能源官网上有关"让你我共享绿色、便捷、智慧的出行生活"的品牌愿景与"一个卫蓝梦、两个世界级"的品牌愿景的表述为什么会有这么大的偏差？这对一个世界级公司来说，是难以想象的。你说呢？

讨论题

1. 北汽新能源要想行稳致远，其关键何在？

2. 总结和提炼北汽新能源的使命、价值观、愿景。

3. 制定北汽新能源在较长一段时期内的发展战略。

4. 制定北汽新能源的技术创新战略及策略。

5. 绘制北汽新能源的战略金字塔。

6. 提炼贯穿北汽新能源战略金字塔各层级的核心元素。

第二篇 运营系统的规划与设计

第3章　产品开发与流程管理

◦ 引　例

快捷宝的产品设计方案

快捷宝的核心之一是智能快递柜。对智能快递柜，刚来快捷宝上班的小陈不明白为什么把快件放入柜子要扫两次码：先扫一次快件上的条码，再扫一次柜子上的条码。经过运营主管李先生的解释，小陈终于明白了其中的玄机：第一次扫码的主要作用是提取快件上的手机号码，第二次扫码是把快件、手机号码和智能快递柜三者关联起来。在第二次扫码的同时，包裹送达的信息也即刻发送到了客户的手机端，同时发送给客户一个包含字母和数字的6位密码。

客户取件时，只要对着柜子上输入界面的扫码器扫一下手机上的二维码就可以打开存放快件的柜门。当然，如果没带手机，也可以通过输入6位密码打开柜门。

快捷宝通过两次扫码来存放快件还能实现两个功能，即预防快件放错柜子和计时。关于第一个功能，你可以想象一下这样的场景：你兴致勃勃地通过扫码或输入密码打开了柜门，却发现里面的快件根本不是你的；或者更糟糕的是，你把快件取回打开后才发现快件不是你的。这该是多么令人沮丧的事呀！关于计时功能，按照快捷宝与客户达成的协议，自快件放入智能快递柜起，免费存放12h。若存放时间超过12h，自超过时刻算起每24h收取1.0元保管费，不足24h的则按24h算。保管费将自动从客户的会员卡中扣除。

快捷宝的第二个核心部分是app。快捷宝的app除了具备发送快件与收取快件的功能外，还具有其他诸多功能。技术含量最高的是大数据分析。app利用处于云端的算法，通过对客户发送和收取快件的历史数据进行统计分析，可挖掘出用户最关注的商品或服务的信息，进而向客户推送这些商品或服务的信息。另外，海量的流量也会为快捷宝带来额外的收益。

再先进的技术或硬件仍然少不了人的参与。如何设计人与智能快递柜的接口，如何管控客户发送快件和提取快件的关键流程，成了快捷宝运营主管李先生近期主要思考的问题。

讨论题

1. 试总结快捷宝的智能快递柜及其他组成部分的功能。
2. 组建一个由3~5人组成的团队，绘制快捷宝智能快递柜的质量屋。
3. 设计利用快捷宝发送和提取快件的关键流程。

无数的事实及产品生命周期理论告诉我们：不断开发新产品不仅是企业赢得竞争优势的必然选择，还是对公司发展战略的支撑。企业应根据所在行业类型及自身基础，在技术导向型与需求牵引型两种产品开发动力模式中做出选择。无论以何种开发模式为主，产品的开发与推广都要与公司发展战略相适应。可制造性设计、面向成本的设计、绿色设计等早已不再是时髦的名词，而是明确地指明了企业开发新产品的方向。质量功能展开以充分倾听顾客的声音为内涵，一改闭门造车的产品开发方式，致力于把先进的产品开发理念变成现实。无论是产品还是服务，都必须通过流程来实现。流程是生产产品或提供服务的条件和基础。按照生产的重复性可把工艺流程分为四种，即单件生产、批量生产、大量生产和连续生产。而 P-P 矩阵可用于流程类型选择。企业应从战略高度去管理流程。随着科学技术的进步，自动化技术、信息技术、网络技术的新发展给运营管理带来的影响越来越深远。服务可以被看成一种产品，但因其特殊性，服务的设计流程更为复杂。服务蓝图是服务系统设计的一种强大工具。如果能够识别出最容易出现差错的环节，并制定相应的预防和保证措施，将会更好地为顾客提供服务。

3.1　概述

3.1.1　新产品的概念、分类与发展方向

1. 新产品的概念

新产品是指在产品特性、材料性能和技术性能等方面（或仅一方面）具有先进性或独创性的产品。这里的先进性或独创性，是由于采用了新技术、新材料产生的，或由原有技术和改进技术综合产生的。

2. 新产品的分类

根据对产品的改进程度，可把新产品分为创新产品（breakthrough product）、换代新产品（next-generation product）、改进新产品（derivative product）三类。

（1）创新产品。**创新产品**，即采用新技术、新发明生产的具有新原理、新结构、新工艺、新材料等特征的新产品。成功推出创新产品可以使企业获得先发制人的优势。例如，美国摩托罗拉公司于 1973 年推出了第一部手机，日本东芝公司于 1985 年推出了第一台笔记本电脑。这些革命性的产品深刻地改变了人们的生活和工作方式。创新产品可以使企业拥有持续的竞争力。

（2）换代新产品。**换代新产品**，即在原来产品的基础上，保持基本原理不变，部分采用新技术、新结构、新材料、新元件制造出的性能或经济指标有显著改进的新产品。如从普通电熨斗到自动调温电熨斗，再到无绳人工智能电熨斗；又如从第三代战机到三代半战机，再到第四代、第五代战机。

（3）改进新产品。**改进新产品**，即改进原有产品的性能，提高质量，增加规格型号，改变款式、花色而制造出来的新产品。推出改进新产品需要投入的资源少。改进新产品是对现有产品的补充和延伸，通过不断地改进和延伸现有产品线，企业可在一定时期内维持市场份额。

3. 新产品的发展方向

企业在开发新产品时只有朝着正确的方向才能获得成功。一般地，企业新产品的发展方向有五个，即高效、多能化，复合化，小型、轻便化，智能、知识化，艺术、品位化。

（1）高效、多能化。高效、多能化即在提高产品效率和精度的前提下扩大同一产品的功能和使用范围，如多功能计算器。

（2）复合化。复合化即把功能上相互关联的不同单体产品发展为复合产品。例如，洗衣机和干燥机的一体化，集打字、计算、储存、印刷为一体的便携式文字处理机，集办公（文字处理、电话、传真）、计算、娱乐为一体的多媒体计算机等。

（3）小型、轻便化。小型、轻便化即改进产品结构，减少产品的零部件，缩小产品的体积，减轻其重量，使之便于操作、携带、运输以及安装。产品小型、轻便化可以大量节省资源和能源，降低成本，有利于在低成本条件下扩展产品功能，从而在差别需求中寻找市场机会，聚焦市场缺口，进而扩大市场份额。不少日本企业都采用这种新产品开发策略，取得了极大成功。如丰田的节油小型车，东芝、索尼、松下等的数字电视机，数字照相机、摄像机，超小型笔记本电脑，等等。

（4）智能、知识化。智能、知识化即把一般人需要长期学习才能掌握的知识和技术转化到产品中，使产品"傻瓜化"。这可以使许多专业性产品发展成大众产品，从而显著扩大了这些产品的市场，如海尔的人工智能冰箱，一键解决了复杂的冷藏、变温、冷冻设置难题。

（5）艺术、品位化。艺术、品位化即从产品的造型、色彩、质感和包装等方面使产品款式翻新，风格各异，体现独特的艺术品位。当今对产品艺术、品位化的研究已经成了产品研究与开发中的重要组成部分。不仅汽车、电视机、家具这些具有一定观赏功能的产品，就连洗衣机、盥洗用具甚至螺丝刀、扳手这样的纯实用性产品也在追求外观上的尽善尽美，以在激烈竞争的市场中赢得顾客。

3.1.2　产品开发与服务设计的必要性

1. 科技发展和社会需求变化的必然要求

随着社会的进步，科学技术的长足发展，以及人们可支配收入的增加，自由时间的增多，价值观的改变，消费者对产品或服务的需求日益呈现出多样化特征。追求新颖、时尚已不再是年轻人的专利。这对产品开发和服务设计提出了更高的要求。

2. 企业生存和发展的基本要求

企业生存和发展的基本要求表现在以下三个方面。

（1）企业竞争地位的维持。日趋激烈的市场竞争使企业无不投入大量资源研究和开发新产品，以维持或提高其市场份额。

（2）营业收入和利润的增加。营业收入和利润的增加意味着企业规模与实力不断地扩大和增强，是企业的重要运营目标。企业只有不断地推出新产品，才能持续地增加营业收入。营业收入的增加并不必然带来利润的增加，因而在新产品的研究和开发过程中应做好评价工作，以便在增加营业收入的同时还能提高利润。

（3）法律法规的约束。产品的规格或性能，必须符合安全和环境保护方面的法律法规。一方面，产品责任方面的法规和顾客对产品安全意识的提高促使企业越来越多地注重产品生产和使用过程中的安全性；另一方面，现有产品可能不是环境友好的，为适应环境保护的要求，就必须对这些产品进行改造或研究开发全新的绿色产品。

上面的分析是基于制造业的。非制造业面临着同样的问题，也需要不断提高服务质量，推出新的服务项目。

3. 产品生命周期理论的必然反映

产品生命周期理论是由美国哈佛大学教授雷蒙德·弗农（Raymond Vernon）于 1966 年在《产品周期中的国际投资与国际贸易》一文中提出的。他指出，任何产品都有其生命周期，即从研制成功投入市场至被淘汰退出市场的"生命"历程。

通常，我们把产品生命周期分为投入期、成长期、成熟期和衰退期四个时期。向前延伸还可考虑孕育期，有时人们还在成熟期与衰退期之间加上饱和期。以时期为横坐标，以销售收入或利润为纵坐标，可绘制出产品生命周期曲线，如图 3-1 所示。

从图 3-1 中可以看出，在产品的研发期间和产品投入期初期是亏损的，然后利润随着销售收入的增加而增加，接下来利润会下降，直到利润

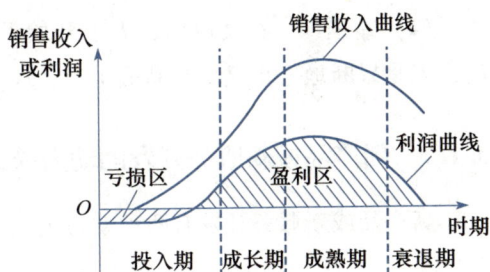

图 3-1　产品生命周期曲线

为零。产品生命周期理论告诉我们，任何产品都不可能永远保持旺盛的生命力，而且总的发展趋势是产品生命周期越来越短，产品的更新换代速度越来越快。根据这一理论，当产品处于成长期时，应着手研制开发新产品；当产品处于成熟期时，应积极推出新产品；当产品处于衰退期时，应果断地终止产品的生产，代之以新产品。

产品在生命周期的不同阶段表现出不同的特点。表 3-1 总结了产品在生命周期四个阶段的销售收入、目标市场、竞争对手数量、产品/服务个性化和订单赢得要素（可能的）。根据表 3-1，运营管理者可正确地判断产品所处的生命周期阶段。

表 3-1　产品生命周期不同阶段的特点

	投入期	成长期	成熟期	衰退期
销售收入	低	快速增长	缓慢增长	下降
目标市场	前卫者	一般顾客	一般顾客	保守者
竞争对手数量	极少	开始增加	相对稳定	开始减少
产品/服务个性化	定制程度高	标准化	主流产品	标准件/日用品
订单赢得要素	产品新颖	配套服务	售后服务	无

运营管理的重点因产品所处生命周期阶段的不同而不同。

（1）投入期。在投入期，顾客对产品了解不够，认为它还不完善，或者认为它在投入期

后价格会下降，因而对它的需求较低。投入期运营管理的重点是做好市场定位，加强广告宣传和产品推介，强调产品的新颖性，同时，还要改进工艺，提高效率，稳定质量，促使产品尽快进入成长期。

（2）成长期。在成长期，生产和设计的改善使得产品更加可靠，成本有所降低，需求旺盛，生产同类产品的厂家开始增加。成长期运营管理的重点是针对各个细分市场做好配套服务，在确保质量的前提下提高生产能力，扩大批量。为了持续获得竞争优势，当产品处于成长期时，就应当着手研制开发新产品。这样做的目的是做到"生产一代、试制一代、研发一代、储备一代"，即所谓"四代同堂"。正如人们形象比喻的"嘴里吃着一个，手里拿着一个，眼睛看着一个，心里想着一个"。

（3）成熟期。在成熟期，营业收入达到最大值，需求增长趋缓，运营管理的重点是最大限度地降低成本，提供更优质的售后服务。同时，适时推出新产品。此时，新旧产品共存，企业应把资源更多地投向新产品。

（4）衰退期。在衰退期，需求开始下降，已无订单赢得要素可以培植。衰退期运营管理的重点是果断地停止这种产品的生产，代之以新产品。

3.1.3 新产品或新服务开发的动力模式

新产品或新服务开发有两种动力模式，即需求牵引型动力模式和技术导向型动力模式。

1. 需求牵引型动力模式

需求牵引型动力模式是指按照被称为"需求理论"（need theory）的方式进行新产品或新服务开发的模式。首先，企业要进行市场调查，了解市场需要什么样的新产品；其次，进行生产技术、价格、性能等方面的研究；最后，根据销售预测决定是否开发这种新产品或新服务。需求牵引型产品以"市场—研发—生产—市场"的形式出现。当今发展迅速的模糊控制洗衣机、电饭煲、空调等家用电器，就是典型的需求牵引型产品。

2. 技术导向型动力模式

技术导向型动力模式是指按照被称为"种子理论"（seed theory）的方式进行新产品或新服务开发，即从最初的科学探索出发开发新产品，以供给的变化带动需求的产生和变化的模式。技术导向型产品以"科研—生产—营销"的模式出现。青霉素是历史上典型的以技术导向型动力模式开发的新产品。青霉素首先是在结核菌的培养过程中发现，进而开发成抗生素的。今天，风靡全球的纳米、微纳米材料也是典型的技术导向型产品，这些产品正广泛应用于军事装备、家电、计量仪器等。

在服务业，同样存在需求牵引型和技术导向型两种动力模式。例如，快餐店向办公楼和学校配送午餐，心理分析专家提供电话咨询服务等，是典型的需求牵引型服务；而银行等金融服务企业推出的24小时柜员机服务、信用卡业务，出版界和新闻界推出的电子读物、电子新闻等，则更多的是技术导向型服务。

3.1.4　产品开发或服务设计的路线图

产品开发或服务设计要与公司发展战略保持一致。公司需要根据发展战略制定相应的产品开发或服务设计战略，进而确定产品开发或服务设计的理念，再根据所确定的理念实施产品开发或服务设计，最后还要进行产品或服务的推介，以实现其价值。

产品开发或服务设计路线如图 3-2 所示。

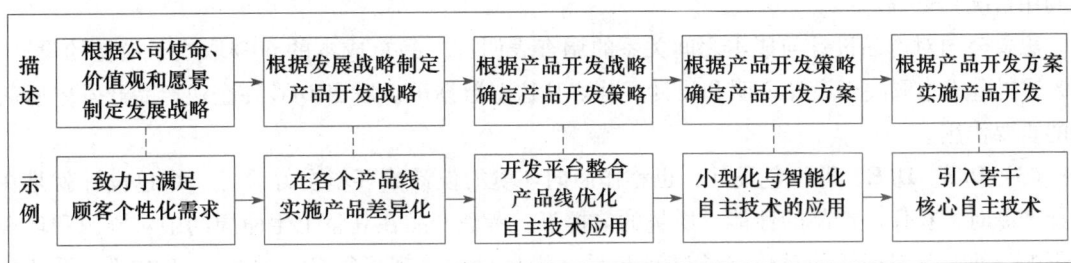

描述	根据公司使命、价值观和愿景制定发展战略	根据发展战略制定产品开发战略	根据产品开发战略确定产品开发策略	根据产品开发策略确定产品开发方案	根据产品开发方案实施产品开发
示例	致力于满足顾客个性化需求	在各个产品线实施产品差异化	开发平台整合产品线优化自主技术应用	小型化与智能化自主技术的应用	引入若干核心自主技术

图 3-2　产品开发或服务设计路线

3.1.5　D*f*X

1. D*f*X 概述

所谓 **D*f*X**（design for X），就是为产品生命周期内某一环节或某一要素而设计。其中，X 可以代表产品生命周期内的某一环节，如制造、测试、使用、维修、回收、报废等，也可以代表决定产品竞争力的某一要素，如质量、成本等。最常用的 D*f*X 有：可采购性设计（design for procurement，D*f*P）、可制造性设计（design for manufacture，D*f*M）、可测试性设计（design for test，D*f*T）、可诊断分析性设计（design for diagnosability，D*f*D）、可装配性设计（design for assembly，D*f*A）、可拆卸性设计（design for disassembly，D*f*D）、可服务性设计（design for serviceability，D*f*S）、为可靠性而设计（design for reliability，D*f*R）、面向成本的设计（design for cost，D*f*C）、绿色设计（design for environment，D*f*E）。

2. D*f*M、D*f*C 和 D*f*E

下面分别介绍 D*f*M、D*f*C 和 D*f*E 三种设计理念。

（1）D*f*M。**D*f*M**，即可制造性设计。威廉·丘伯利（William H. Cubberly）和拉曼·贝克简（Raman Bakerjian）在《加工与制造工程师手册》一书中对此做了如下解释："D*f*M 主要研究产品本身的物理设计与制造系统各部分之间的相互关系，并把它用于产品设计，以便将整个制造系统融合在一起进行总体优化。D*f*M 可以缩短产品的开发周期和降低成本，使之更顺利地投入生产。"

采用可制造性设计，在产品设计阶段就考虑与制造有关的约束，可以指导设计师选择原辅材料和工艺方案，并估计制造周期和制造成本。此外，在产品设计阶段进行可制造性分析，可消除产品开发与制造环节之间的"间隙"，对于提高产品的可靠性、稳定性，减少产品开发和制造成本，增强产品在市场上的竞争力具有重要意义。

（2）D*f*C。**D*f*C**，即面向成本的设计。D*f*C 的出发点是在满足用户需求的前提下，分析和研究产品制造过程及销售、使用、维修、回收、报废等产品全生命周期中的各个部分的成本组成情况，对原设计方案中造成产品成本过高的项目进行修改，以降低设计与制造成本。在 DfC 中，成本是指**全生命周期成本**（life cycle cost），即从产品设计到最终回收利用整个产品生命周期的成本。

与全生命周期成本相关的因素有：产品材质、重量、尺寸、形状、装配操作步数、接触面数、紧固件数、装配路径、检测方法和工具、所用公用工程介质、使用环境、操作方法、可回收利用情况，等等。

惠普公司对产品设计与成本之间关系的调查表明：产品总成本的 60% 取决于最初的设计，75% 的制造成本取决于设计说明和设计规范。从这些数据可以看出 DfC 在企业产品开发中所起到的重要作用。

（3）DfE。**DfE**，即绿色设计，也称作面向环境的设计或环境友好设计。绿色设计就是在设计产品时，在保证产品的性能、质量的前提下，考虑产品在其整个生命周期中对资源和环境的影响，使产品对环境的总体影响减到最低。绿色设计体现了循环经济中企业内部小循环的 3R 原则，即减量化（reduce）、再利用（reuse）、再循环（recycle）。所谓减量化，就是通过消耗最少的物料和能源来生产产品；所谓再利用，就是使废旧产品的某些配件或成分能够得到最大限度的利用；所谓再循环，就是指把本企业的废弃物资源化。

绿色设计有以下 4 个方面的基本要求。

- 优良的环境友好性：要求产品在生产、使用、废弃、回收、处置的各个环节都对环境无害或危害最小化。
- 最大限度地减少资源消耗：尽量减少材料使用量和种类，使产品在其生命周期的各个阶段所消耗的能源最少。
- 排放最小化：通过各种技术或方法减少制造、使用过程中废弃物的排放量。
- 最大化可回收利用：在材料的选择、产品结构、零件的可共用性等方面提高产品的回收利用率。

绿色设计的主要内容如下。

- 绿色设计材料的选择与管理。
- 产品的可拆卸性与可回收性设计。
- 绿色产品成本分析。
- 绿色产品设计数据库与知识库管理。

惠普可称得上 DfE 的典范，它与利益相关者合作，致力于降低产品在设计、制造、配送、使用和回收等整个生命周期内对环境所造成的影响。

设计。早在 1992 年，惠普就提出了为环境而设计的概念，即缩小产品尺寸，降低产品在生产和使用过程中的能源消耗，减少原辅材料使用量，开发环保材料并设计更易回收的产品。

制造。要求供应商遵守供应商行为准则，简化产品组装。

配送。通过设计几何形态规则、体积小、重量轻的产品来增加运输数量，进而减少单位运输成本和二氧化碳的排放量。

使用。采用寿命更长的电池并加强电源管理，以降低能源消耗。设计多功能产品，以降低能源和材料的使用。设计可升级的产品，延长其生命周期，节省开发和运营成本。

回收。提供回收、捐献、租赁、废旧设备处置/翻新等服务。在设计时就考虑拆卸、回收和重复利用的方便性。

3.2 质量功能展开

3.2.1 起源与发展

质量功能展开（quality function deployment，QFD）首创于日本，是一种结构化的产品开发或服务设计管理方法。1972 年，日本三菱重工有限公司神户造船厂首次使用了"质量表"。1978 年 6 月，水野滋和赤尾洋二在其著作《质量功能展开》中从全面质量管理的角度介绍了这种方法的主要内容。经过几十年的推广、发展，质量功能展开的理论和方法体系逐步得到完善，其应用也从产品开发扩展到服务设计。

3.2.2 质量功能展开的内涵

质量功能展开的内涵是在产品设计与开发中充分倾听顾客的声音。为此，企业要首先利用各种技术了解顾客的真正需求，然后把顾客的需求转换为技术要求。

质量功能展开是一种集成的产品开发技术。这里的"集成"有技术集成和职能集成两层含义。

（1）各种技术的集成。各种技术的集成包括顾客需求调查、价值工程和价值分析、FMEA、矩阵图法、层次分析法等。

（2）各种职能的集成。各种职能的集成包括市场调查、产品研发、工程管理、制造、客服等。

3.2.3 质量屋

1. 质量屋的构成

质量屋（house of quality）是实施质量功能展开的一种形似房屋的图形化工具，故称质量屋。质量屋由以下主要部分构成。

- 左墙：顾客需求。
- 右墙：竞争力评价表。
- 天花板：技术要求。
- 房间：关系矩阵。
- 地板：质量规格。
- 地下室：技术评价。
- 屋顶：技术要求之间的相关矩阵。

此外，还有其他一些必不可少的部分，如各项需求对顾客的重要度、技术要求的满意度方向、技术重要度等。

2. 建造质量屋的技术路线

为建造质量屋，可采取以下技术路线：①调查顾客需求→②测评各项需求对顾客的重要度→③把顾客需求转换为技术要求→④确定技术要求的满意度方向→⑤填写关系矩阵表→⑥计算技术重要度→⑦设计质量规格→⑧技术评价→⑨确定相关矩阵→⑩市场评价。建造质量屋的技术路线如图 3-3 所示。

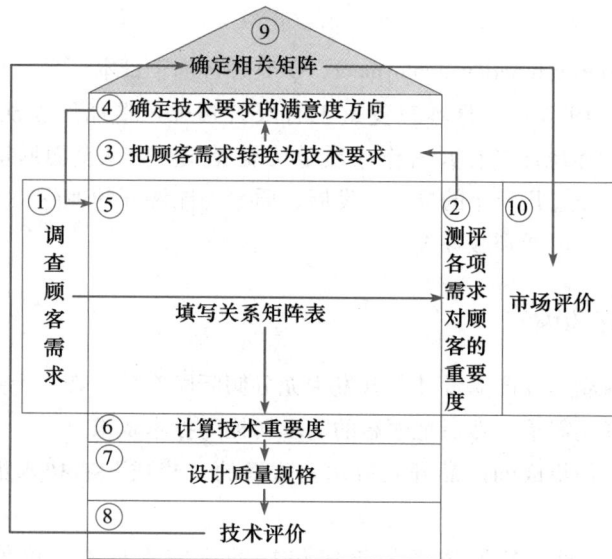

图 3-3　建造质量屋的技术路线

（1）调查顾客需求。这一步是建造质量屋的起点，也是基础。为调查顾客需求，可采用询问法、观察法或实验法。

询问法就是调查人员拟定好调查提纲，以直接或间接的询问方式请顾客回答对产品的需求。

观察法就是跟踪类似产品的生产、包装、运输、消费/使用以及最终处置的部分或全过程，以记录、搜集有关产品需求的信息和资料。

实验法就是采用理化实验方法获得有关产品的可靠性、安全性、可维护性等性能或品质信息，获得可拆卸性、可降解性、能源消耗、噪声、废弃物排放、振动等环境属性信息，以及获得全生命周期成本和可制造性信息。

调查顾客需求是产品开发的第一步，对能否开发出成功的产品至关重要。精妙绝伦的产品设计各有各的精彩，但一定是在调查顾客需求方面做足了功课。而失败的产品设计多半是第一步就没有做好。

（2）测评各项需求对顾客的重要度。各项需求对顾客的重要度不同，即对顾客满意度的贡献不同。顾客满意是"对其要求已被满足的程度的感受"。满意度是实际效果超出事前期望的程度：实际效果与事前期望相符合，则感到满意；超过事前期望，则很满意；未能达到事前期望，则不满意或很不满意。

专家打分法是测评各项需求对顾客的重要度的一种常用方法。值得注意的是，每隔一定时期就要重新进行一次这样的测评。

（3）把顾客需求转换为技术要求。由市场调查人员和工程技术人员共同把顾客的需求转换为对产品提出的技术要求，即把顾客的语言翻译成工程技术人员能够把握的语言，如把"写得清楚"翻译成"笔迹的对比度"。

把顾客需求转换为技术要求是质量功能展开的第三步。如果第一步是确定"是什么"（what），即明确顾客有哪些需求，那么第三步就是确定"如何实现"（how），即明确如何来满足顾客需求。如果说第一步至关重要，那么第三步就极为关键。下面结合垃圾分类的一些错误做法来说明第三步的关键作用。

今天，再去论证垃圾分类的意义实属多余。但很多时候，我们并没有把这件好事办好，从垃圾分类方案到垃圾箱的设计，再到小小垃圾袋都存在或多或少的问题，而且这些问题多半属于把顾客需求转换为技术要求这一步没有做好。也就是说，并没有把"居民投放垃圾便捷"这一对居民来说至关重要的顾客需求有效地转换为技术要求。

先看垃圾分类方案。上海市于 2019 年 7 月 1 日正式启动垃圾分类管理，把垃圾分为四类，即湿垃圾、干垃圾、可回收物、有害垃圾。北京市于 2020 年 5 月 1 日正式启动垃圾分类管理，也把垃圾分为四类，即厨余垃圾、可回收物、其他垃圾、有害垃圾。令人不解的是南北两个超级城市的垃圾分类居然是不一样的。至今没有人说明为什么两个城市的垃圾分类方案是不一样的。这种不一样带给我们的是诸多烦恼：试想想，北京人到上海或者上海人到北京，投放垃圾时一定会不知所措。

再来看看垃圾箱的设计。为了垃圾分类，盛放不同垃圾的容器自然要不一样，并且区分度越大越好。但遗憾的是，我们看到的盛放不同类别垃圾的垃圾箱除颜色上有所区别外，其外形基本上是一样的。在有些地方，甚至盛放不同垃圾的垃圾箱的颜色也是一样的。

最后，我们看看一款厨余垃圾袋的使用说明。为配合于 2020 年 5 月 1 日正式实施的北京市的垃圾分类，北京某环境工程有限公司设计制造了一款用于 10L 容积垃圾桶的厨余垃圾袋。该垃圾袋的规格为 460mm×500mm×0.02mm。所用材料为低压聚乙烯。

这款厨余垃圾袋的使用说明共有以下四条。

第一，仅用于家庭产生的菜帮菜叶、剩菜剩饭、瓜果皮核、腐烂食品等厨余垃圾的收集，切勿用于盛装食品等其他用途。

第二，请勿将食品袋、餐盒、保鲜膜、纸巾、瓶罐等垃圾投入本袋中。

第三，请将厨余垃圾中的水分、油分尽量沥干后投入袋中。

第四，请尽量将厨余垃圾盛装 2/3 以上的量，扎紧袋口后，投放到居住地的垃圾分类收集站点的"厨余垃圾"收集容器中。

这款厨余垃圾袋的第四条使用说明违背了厨余垃圾的投放原则，存在以下两个问题。

第一，厨余垃圾投放的基本要求是，必须把厨余垃圾与垃圾袋分别投放到厨余垃圾箱与其他垃圾箱。使用说明中的扎紧袋口后投放到"厨余垃圾"收集容器中是一个误导信号，会误导居民把垃圾袋连同厨余垃圾一同投入厨余垃圾箱。即使经过一段时间的宣传教育，居民养成了习惯，不会或极少出现把厨余垃圾连同垃圾袋一同投入厨余垃圾箱，但如果把袋口扎紧，也会非常不便于分离垃圾与垃圾袋。

第二，使用说明中的尽量将厨余垃圾盛装 2/3 以上的量，不但不符合厨余垃圾储存时间短的规律，而且有悖于鼓励减少厨余垃圾的初衷。

小中见大，厨余垃圾袋事小，使用说明事大。相关产品甚至可以不标明使用说明，但绝对不能误导居民。

（4）确定技术要求的满意度方向。具体到某一产品，只有通过满足产品的技术要求才能满足顾客需求。有的技术要求的指标值越大，顾客越满意；有的技术要求的指标值越小，顾客越满意；而有的技术要求的指标值越接近一个目标值，顾客越满意。在开发产品时应确定这种方向性，以便为后来调整质量规格提供参考。

（5）填写关系矩阵表。技术要求是由顾客需求转换来的，所以每一项技术要求或多或少与顾客需求有关系，根据关系的紧密程度可分为三个等级：关系紧密、关系一般、关系弱，并分别赋予 9、3、1 三个分值。所填写的关系矩阵表为计算技术重要度提供了依据。

（6）计算技术重要度。通过矩阵表与各项需求对顾客的重要度的加权得到各项技术要求的重要度。很有意思的是，经过这一步之后，顾客所提出的"模棱两可""含糊不清"的需求，就被转变成了一个个量值。毫无疑问，开发人员应把精力集中在技术重要度指标值大的那些技术要求上。

（7）设计质量规格。这一步由工程技术人员和质量管理人员共同完成。设计质量规格就是在技术经济分析的基础上确定各项技术要求的理化指标，即有关"多少"（how much）的问题。

（8）技术评价。技术评价的结果是各项技术要求满足顾客需求的能力。为了进行技术评价，可把已开发出来的样品同市场上知名度较高的几个品牌的产品放在一起比较。技术要求之间会有冲突，所以即使不计成本，也不可能使各项技术要求都达到最高。因此，决策者经常要做些调整。在调整时，应力保技术重要度指标值大的那些技术要求。技术评价由开发人员来主导，顾客参与，通常在研发室里进行。

（9）确定相关矩阵。根据正反强弱关系，把各项技术要求之间的关系分为两类四种，即正相关类的强正相关、弱正相关以及负相关类的强负相关、弱负相关。确定相关矩阵的目的是对顾客满意度方向进行量化处理，结果用于调整质量规格。

（10）市场评价。市场评价的结果是产品满足各项顾客需求的能力。市场评价的方法与技术评价的方法相同，只是这里的评价对象是各项顾客需求。同样地，顾客需求之间往往会有冲突，所以即使不计成本，也不可能使各项顾客需求都得到最大的满足。在调整时，应以各项需求对顾客的重要度为依据，最大限度地满足重要度指标值大的那些顾客需求。市场评价由顾客来主导，开发人员参与，一般在真实环境中进行。

从建造质量屋的技术路线可以看出，上述 10 个步骤的每一步都考虑了顾客需求，体现了"充分倾听顾客声音"的核心理念。特别地，第一步是通过调查来确定顾客需求，最后一步是通过市场评价来了解顾客需求得到满足的情况，体现了在产品开发中把满足顾客需求作为出发点和落脚点的重要思想。因此，只要严格按照建造质量屋的要求去做，所开发的产品就是顾客真正需要的产品。

3. 质量屋实例

图 3-4 是一种带橡皮头的铅笔——仙鹤铅笔质量屋，可以看出，正在研制的仙鹤铅笔，其技术评价与市场评价结果均不大理想。

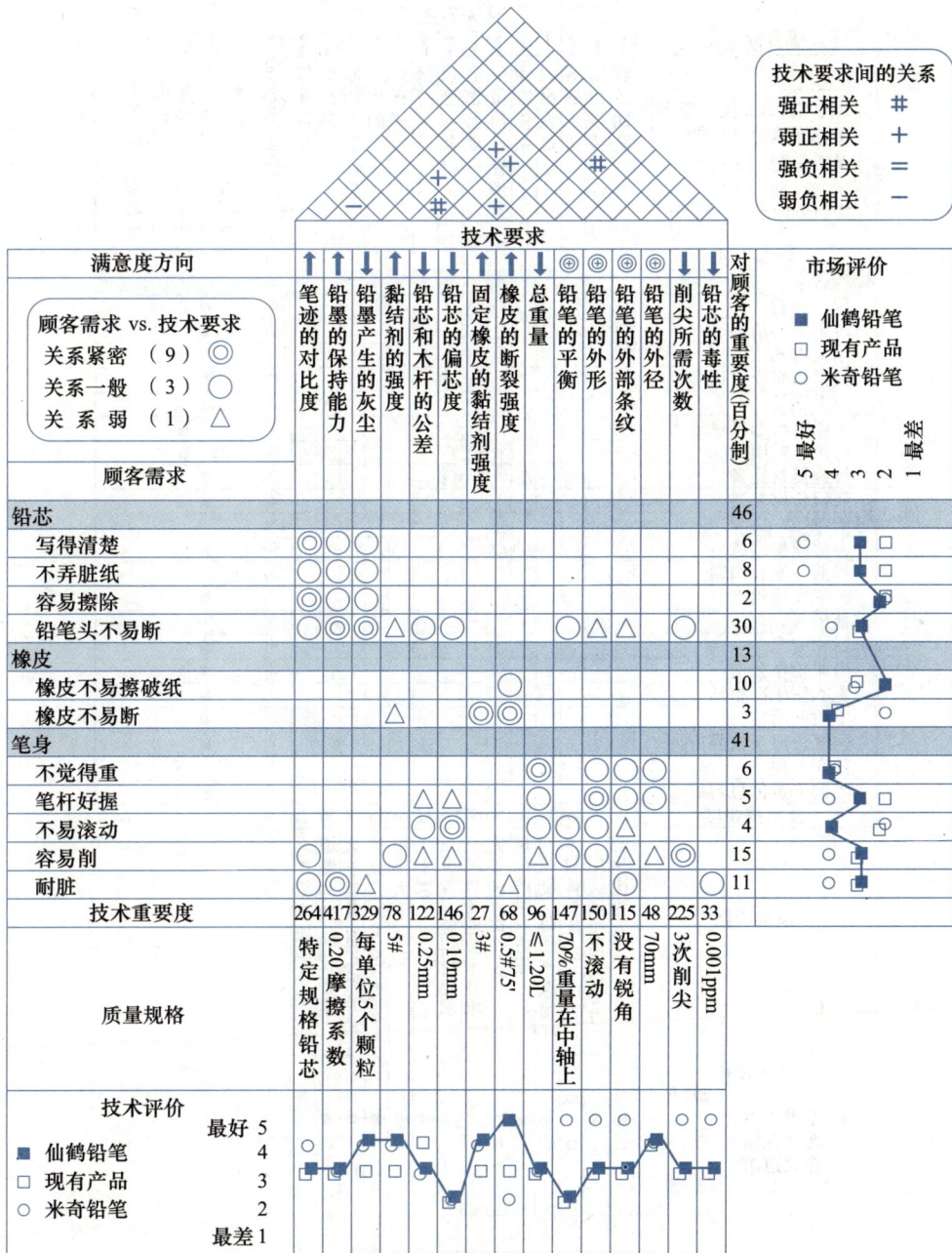

图 3-4　仙鹤铅笔质量屋

卓维道馆是一家专门面向未成年人的跆拳道培训场馆。图 3-5 是其所提供服务的质量屋，从技术评价与市场评价可以看出，其整体水平接近北体武馆，高于德武道馆。

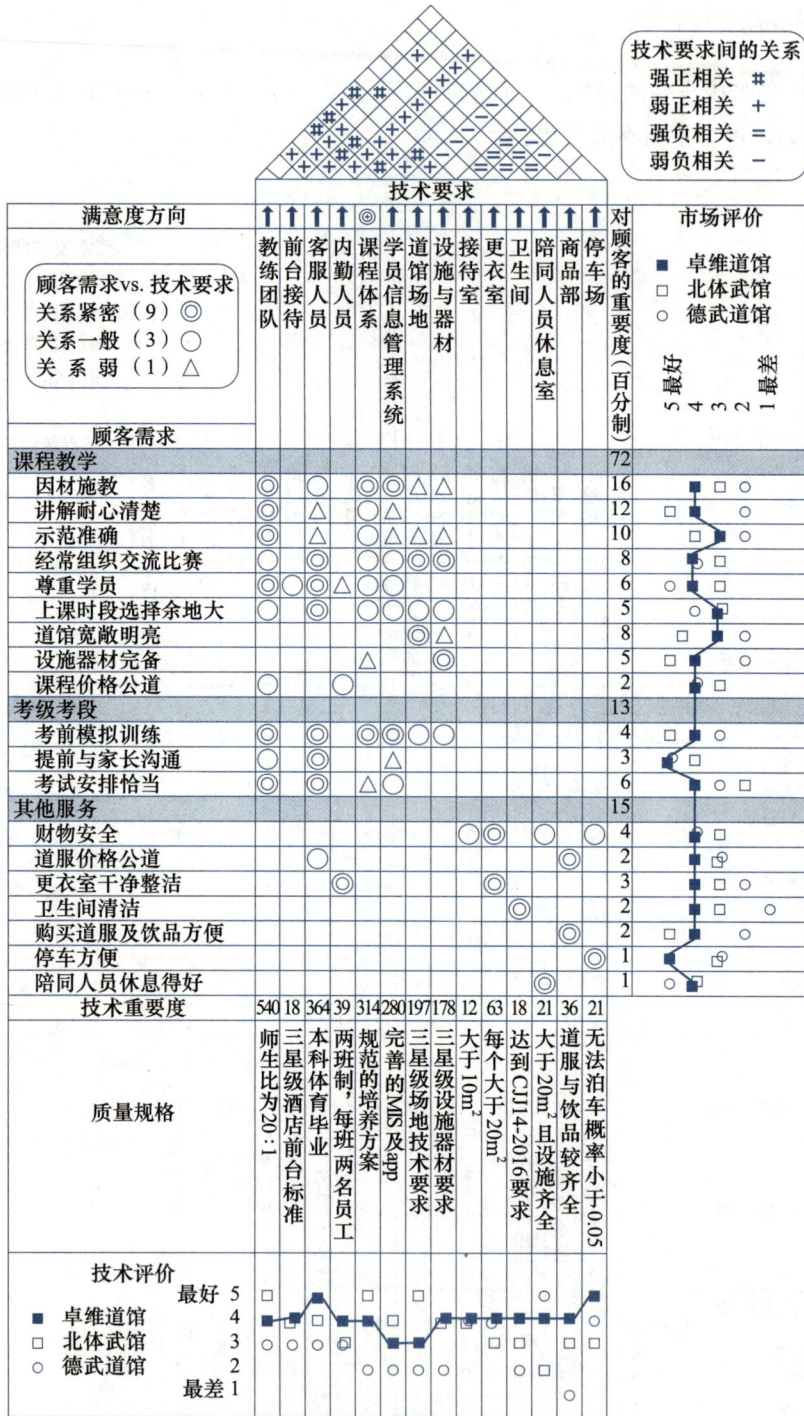

图 3-5　卓维道馆服务质量屋

　　如前所述，QFD 是一种集成的产品开发技术，所涉及的问题很多，用到的定量方法更多，如模糊聚类、层次分析法、线性代数等理论与知识。本节给出了 QFD 的全貌，以便读者掌握 QFD 的起源与发展、内涵及实施步骤。

3.3　集成产品开发

3.3.1　库珀提出的门径管理系统

1. 门径管理系统

集成产品开发的提出要追溯到 20 世纪 80 年代。作为全球有影响力的创新思想领袖，罗伯特·G. 库珀（Robert G. Cooper）长期致力于产品创新与开发管理的研究。库珀的重要贡献是于 20 世纪 80 年代提出了著名的门径管理系统（stage-gate system，SGS）。SGS 可以认为是集成产品开发（integrated product development，IPD）的起源。

SGS 是一种综合考虑产品开发中的各种关键因素，以问题为导向的新产品开发流程的管理技术。

2. SGS 的核心思想

SGS 的核心思想体现在 3 个方面。

（1）坚持以顾客需求为中心。在产品开发过程中，充分倾听顾客的声音（voice of customer，VOC）。

（2）引入管道管理方法。把开发过程划分为一些阶段，设置若干评审点（gate）以筛选有价值的开发项目。

（3）实施高级团队管理。体现在通过项目型组织架构来组建跨部门团队。

3.3.2　PRTM 创立的 PACE

1. PACE 的创立

PRTM（Pittiglio Rabin Todd & McGrath）曾是一家管理咨询公司，成立于 1976 年。1986 年，PRTM 在库珀提出的 SGS 的基础上，创立了有关产品开发的产品生命周期优化法（product and cycle-time excellence，PACE）。PRTM 的突出贡献是为 IBM 公司量身定制了 IBM 的 IPD。

PACE 是一种基于产品生命周期的产品开发流程参考模式。

2. PACE 的核心思想

PACE 的核心思想体现在 6 个方面。

（1）管道管理。沿承库珀的门径管理理论，通过管道管理实现资源的动态平衡。

（2）高层决策。高层必须以适当的方式介入产品开发过程。

（3）产品战略。把产品开发上升到战略层面来布局。

（4）跨部门团队。通过项目型组织架构来组建跨部门团队。

（5）流程结构化。明确流程中每个角色的职责、活动的时间节点与交付件、模板、输入与输出、评审点、作业规范、方法论等。

（6）技术与工具应用。充分应用数字化技术以及战略管理与项目管理等方面的专业工具。

3.3.3　IBM 的 IPD

1. IBM 引入 IPD 的背景

IBM 在 20 世纪 90 年代陷入了财务困境，其主要原因之一就是在产品开发上存在诸多问题。例如产品开发流程缺乏结构化或过结构化，产品包概念不明确，只注意产品性能而忽略了其他属性（如容易使用、优质的配套服务等），没有把商业实现放在突出位置。正是为了解决上述问题，促成了 IBM 从 PRTM 引入 IPD。

2. IBM 引入 IPD 的成效

1993 年郭士纳（Louis Gerstner）出任 IBM CEO，借力 IPD，让 IBM 脱离了险境，就像大象跳起了轻盈的舞步。郭士纳曾说："IBM 公司就是用 IPD 流程来管理的。"从郭士纳的这句话可以看出，在 IBM，IPD 已经超出了产品开发的界限，融合到了公司的所有职能业务中。

IBM 通过 IPD 的实践，具体到产品开发的关键绩效指标，实现了两升两降：产品质量和对客户响应速度大幅上升，产品开发周期和生命周期成本大幅下降。

3. IBM IPD 的独特之处

IBM IPD 的独特之处是通过价格（$：price）、可获得性（A：availability）、包装（P：package）、性能（P：performance）、易用性（E：easiness）、保障（A：assurance）、生命周期成本（L：life cyclecost）、社会可接受程度（S：social acceptability）8 大指标来评估所开发产品的竞争力，这也是其最大的闪光点。事实上，我们可以对这 8 个指标做些微调：考虑到价格不是产品内在的特性，把价格这个维度去掉，由 8 个维度变为 7 个维度；把第一个 P 与第二个 P 对调，即把性能放在包装的前面。这样，7 个维度放在一起正好是有吸引力（APPEALS）的意思。其含义是只要企业开发的新产品有吸引力，就能获得收益（$：profit）：APPEALS→$。

3.3.4　华为的 IPD

1. 华为从 IBM 引入 IPD 的背景

世纪之交，华为在产品和技术创新上存在以下 10 个方面的问题。

（1）业务策略不能支持战略实施。

（2）对顾客需求的关注不够精准。

（3）对系统工程重视程度不够。

（4）项目管理计划失控、版本泛滥。

（5）流程缺乏结构化。

（6）按照职能配置职能部门，本位主义盛行、高墙耸立。

（7）没有应用规范的技术与方法来实施产品开发。

（8）IT 使能器/工具欠缺。

（9）管道管理概念没有得到足够重视。

（10）对开发方案的测评标准不规范。

为了解决这些问题，1997 年年底，任正非带队到美国硅谷学习美国先进企业的管理经验。1998 年，华为正式邀请 IBM 等多家世界著名顾问公司，先后开展了 IT S&P（信息技术战略规划）、IPD、ISC（集成供应链）、IFS（集成财务转型）、CRM 等领域的管理变革。其中，仅 IPD 就花费了 5 000 万美元的咨询费。

就 IPD，通过管理变革，产品研发周期从 1999 年的平均 74 周降低到了 2003 年的平均 48 周。

2006 年，第一阶段 IPD 实践与管理变革完成，取得了显著的成效：产品质量水平更高，客户响应速度更快，研发投资回报更高，产品开发周期更短。

今天，IPD 早已融入了华为创新管理的血脉之中。

2. 华为 IPD 的含义

综合起来，华为 IPD 是指从客户需求到各层级规划、项目任务书（charter），再到产品和技术开发、上市，直到生命周期管理整个过程，打通所有职能部门运营的"超级"产品开发体系。

3. 华为 IPD 的实质

华为 IPD 的实质体现在两个方面。

（1）与顶层设计相匹配，基于流程变革的"超级"产品开发体系。产品研发战略属于运营战略，这一职能战略的制定与执行应有助于发展战略的实施、愿景的实现、价值观的践行、使命的履行。

无数有关产品研发失败的事例告诉我们，隔墙式产品开发行不通，低水平并行工程也不行。为实现 IPD 层级的高阶集成，不仅需要健全的产品开发流程支撑，更需要从产品组合的视角通过集成整个公司的资源来完成产品开发。这里的集成已不仅仅是简单的工具与方法的集成，更是资源与业务的集成。

与顶层设计相匹配，基于流程变革的定位，说明 IPD 不仅仅是一种产品开发体系，它可以说是一种公司治理结构。

（2）响应客户需求，面向商业价值的"超级"产品开发体系。产品是设计与制造出来的，设计和制造出来的产品是用来满足客户需求的，而不是用来自我欣赏的。这说明了一个深刻的道理——必须从响应客户需求出发，实现端对端（E2E）的产品开发，即从客户中来，到客户中去。事实上，只有满足了客户需求，才能让客户满意；满足了客户需求，客户就会比较满意。

任正非说过，IPD 的本质是从机会到商业实现。评价产品开发成败的重要标准是能否通过业务支撑（财务、营销、运营、人力资源……）实现价值创造，即投入回报：从销售线索到带来回款（lead to cash，LTC）。

4. 华为 IPD 的实施

华为 IPD 分为概念、计划、开发、验证、发布和生命周期管理 6 个阶段，如图 3-6 所示。

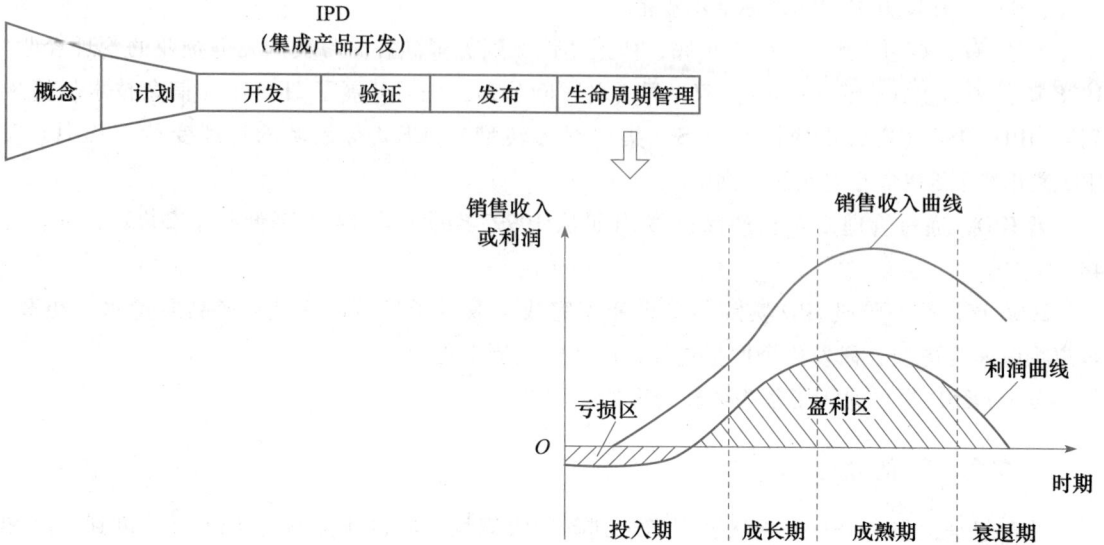

图 3-6　华为 IPD 的 6 个阶段

（1）概念阶段。产品开发团队认领项目任务书后就进入了概念阶段。这一阶段要完成的主要事项包括：对市场机会、资源需求、质量、技术、风险、成本、进度、财务等进行评估，并把评估结果连同各领域端到端的一、二级计划（E2E1、E2E2）归档到产品包的业务计划中。

（2）计划阶段。通过概念决策评审点（concept decision check point，CDCP）并签订相关合同后就进入了计划阶段。这一阶段要完成的主要事项有：根据决策评审材料批准各领域端到端的三、四级计划（E2E3、E2E4），签订作为后续阶段的计划决策评审点（plan decision check point，PDCP）合同，需要时按规定流程进行计划变更。

（3）开发阶段。签订 PDCP 合同后，就进入了开发阶段。经过产品开发，产品开发团队（product development team，PDT）经理宣布 PDT 成员一致认为该阶段所有要做的工作已完成，并通过了技术评审点 5（technology review 5，TR5）后，开发阶段就结束了。

（4）验证阶段。完成内部测试后，即进入验证阶段。这个阶段以通过可获得性决策评审点（availability decision check point，ADCP）为结束标志。其中，ADCP 要确保已做好发布产品包的全部准备工作，并对发货支持进行评估。

（5）发布阶段。产品包发布后即进入发布阶段。在发布阶段，在工程技术上，已做好量产准备；在经济上，已制定生命周期盈利计划。

（6）生命周期管理阶段。发布阶段结束后，产品便实现了一般可用性（general availability，GA），随后即进入产品生命周期管理阶段。产品生命周期通常又分为投入期、成长期、成熟期和衰退期。在生命周期管理阶段，需要持续监控产品的各项经营指标，管理新老产品的切换，对停止生产（end of production，EOP）、停止销售（end of marketing，EOM）或停止服务或支持（end of service/support，EOS），设置生命周期结束时的决策评审点（LDCP），做出评审与决策。

5. 华为实施 IPD 的独到之处

（1）先做技术评审，再做决策评审。不进行详细的技术论证，仅仅根据来自市场部或者研发部的报告，决策者就拍板启动产品开发，结果导致产品开发失败或者虽然投入了巨额研发费用却没能实现巨大断裂带的技术领先优势的实例不胜枚举。

华为吸取了这方面的教训，在产品开发项目论证时，严格执行先做技术评审，再做决策评审的流程。

华为在实施 IPD 时，在整个产品开发过程的 5 个阶段中，要完成的技术评审点通常有 7 个。产品开发事关资源的优化配置，技术评审通过后，需要进行决策评审。华为在实施 IPD 时，在整个产品开发过程中，要完成的决策评审通常有 4 类。决策评审通常在一个阶段的结束前进行。

IPD 实施过程中的技术评审与决策评审过程如图 3-7 所示。

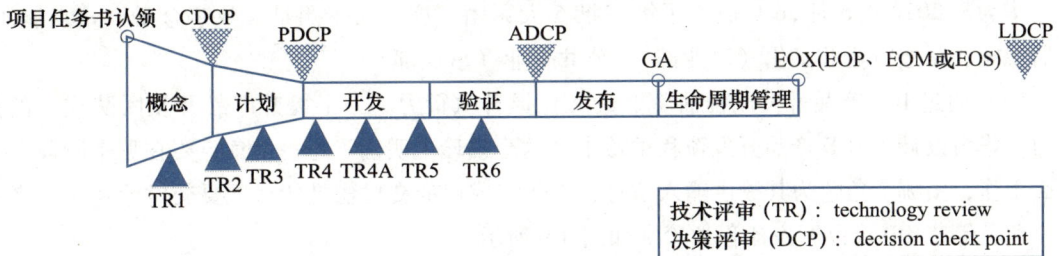

图 3-7　IPD 实施过程中的技术评审与决策评审过程

（2）组建三个层级的跨部门团队或者无部门团队。华为把产品开发团队分为三个层级，即公司级（C）、产品线级（PL）、产品级。三个层级的跨部门团队架构如图 3-8 所示。

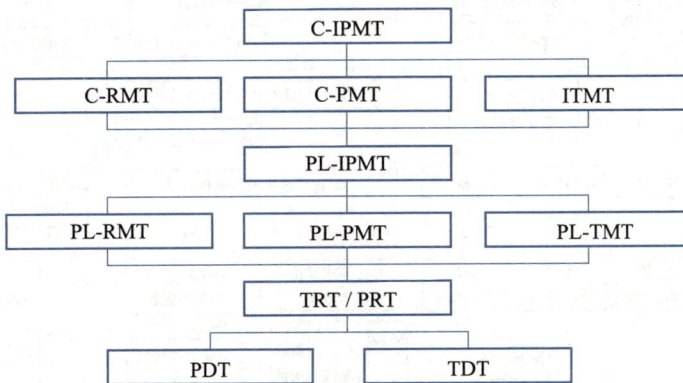

团队名称	英文全称	中文全称
IPMT	integrated portfolio management team	集成组合管理团队
PMT	portfolio management team	组合管理团队
RMT	requirement management team	需求管理团队
ITMT	integrated technology management team	集成技术管理团队
TMT	technology management team	技术管理团队
TRT	technology research team	技术研究团队
PRT	product research team	产品预研团队
PDT	product development team	产品开发团队
TDT	technology development team	技术开发团队

图 3-8　三个层级的跨部门团队架构

华为的三个层级 IPD 团队是在一种超级项目型组织架构下组建的跨部门或者无部门团队。

其表现形式是组建了三批共计 20 个军团。

军团式团队管理源于谷歌（Google）。军团由科学家、技术专家、产品专家、工程专家、营销专家组成。军团打破组织边界，可以实现资源的快速集结，实现灵活机动的穿插作战。

华为的第一批 5 大军团成立于 2021 年 10 月 29 日。这 5 大军团是：煤矿、智慧公路、海洋和港口、智能光伏、数据中心能源。

华为的第二批 10 大军团成立于 2022 年 4 月 4 日。这 10 大军团是：电力数字化、政务一网通、机场与轨道、互动媒体、运动健康、显示新核、园区、广域网络、数据中心底座、数字站点。

华为于 2022 年 5 月 26 日成立了第三批 5 大军团。这 5 大军团是：数字金融、站点能源、机器视觉、制造行业数字化（事业部）、公共事业（事业部）。

（3）通过 IPD 产品开发流程袖珍卡最大化提升执行力。为了提升产品开发团队成员的执行力，华为设计了 IPD 产品开发流程袖珍卡。这个袖珍卡明确了每一个角色要在哪个阶段开展什么工作，由哪个角色为其提供输入信息，工作完成后的交付物是什么，要交付给哪个或者哪几个角色等。IPD 产品开发流程袖珍卡如图 3-9 所示。

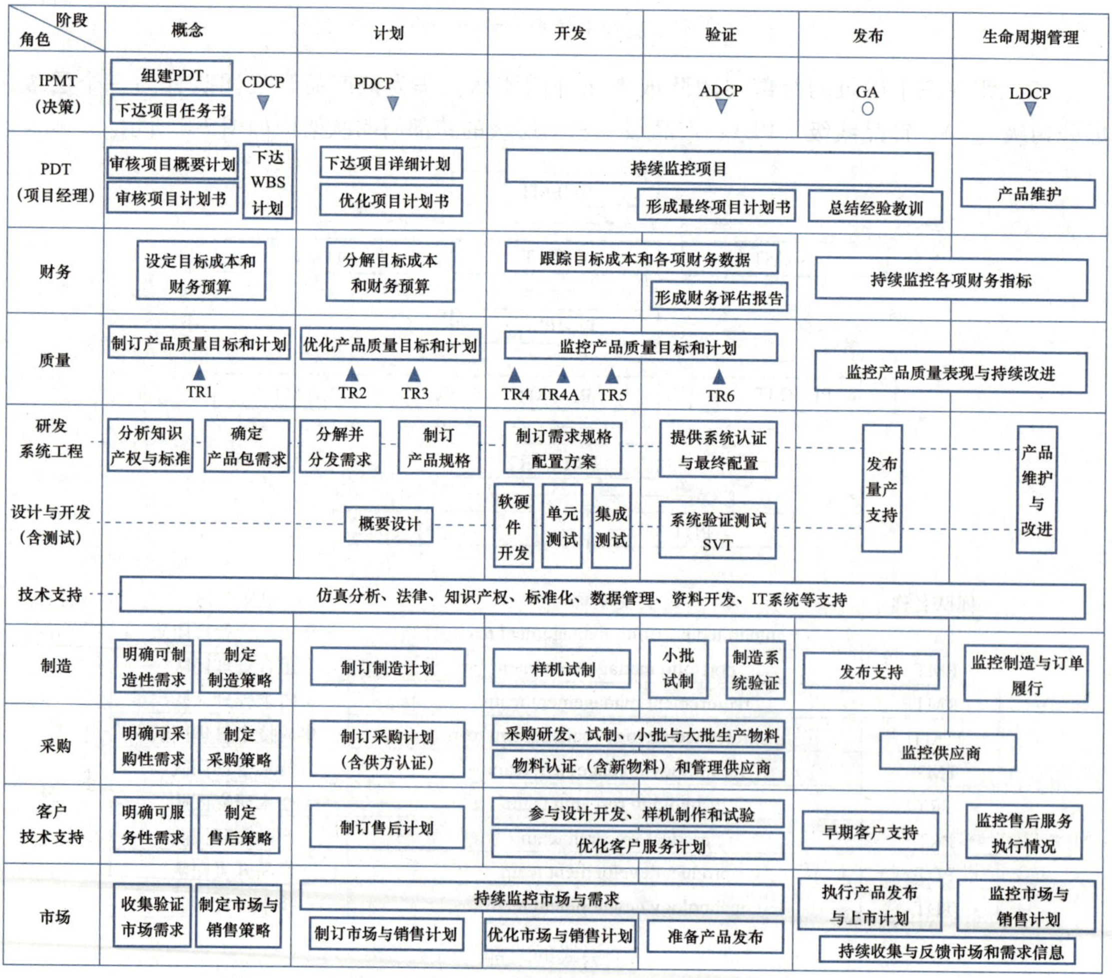

角色＼阶段	概念		计划		开发		验证	发布	生命周期管理
IPMT（决策）	组建PDT 下达项目任务书	CDCP ▽	PDCP ▽				ADCP ▽	GA ○	LDCP ▽
PDT（项目经理）	审核项目概要计划 审核项目计划书	下达WBS计划	下达项目详细计划 优化项目计划书		持续监控项目		形成最终项目计划书	总结经验教训	产品维护
财务	设定目标成本和财务预算		分解目标成本和财务预算		跟踪目标成本和各项财务数据		形成财务评估报告	持续监控各项财务指标	
质量	制订产品质量目标和计划		优化产品质量目标和计划		监控产品质量目标和计划			监控产品质量表现与持续改进	
	TR1		TR2 TR3		TR4 TR4A TR5		TR6		
研发系统工程	分析知识产权与标准	确定产品包需求	分解并分发需求	制订产品规格	制订需求规格配置方案		提供系统认证与最终配置	发布量产支持	产品维护与改进
设计与开发（含测试）			概要设计		软硬件开发	单元测试	集成测试	系统验证测试SVT	
技术支持			仿真分析、法律、知识产权、标准化、数据管理、资料开发、IT系统等支持						
制造	明确可制造性需求	制定制造策略	制订制造计划		样机试制		小批试制 / 制造系统验证	发布支持	监控制造与订单履行
采购	明确可采购性需求	制定采购策略	制订采购计划（含供方认证）		采购研发、试制、小批与大批生产物料		物料认证（含新物料）和管理供应商	监控供应商	
客户技术支持	明确可服务性需求	制定售后策略	制订售后计划		参与设计开发、样机制作和试验		优化客户服务计划	早期客户支持	监控售后服务执行情况
市场	收集验证市场需求	制定市场与销售策略	持续监控市场与需求					执行产品发布与上市计划	监控市场与销售计划
			制订市场与销售计划	优化市场与销售计划	准备产品发布			持续收集与反馈市场和需求信息	

图 3-9　IPD 产品开发流程袖珍卡

3.4　流程管理

3.4.1　流程及其类型

1. 流程

流程是指通过生产产品或提供服务为顾客创造价值的过程。流程由一系列活动组成。组成流程的活动又可分解为更细微的活动，称为子流程。从这个意义上说，流程是由子流程构成的。流程与产品/服务之间的关系如下：产品/服务是流程的处理对象或结果，流程是生产产品或提供服务的条件或基础。

对实物产品，可根据加工产品的工艺路线制定工艺流程图。工艺流程是指利用一定的装备，按照规定的顺序对产品进行加工的过程。图 3-10 是生产果汁的工艺流程简图。从图中可以看到，需要经过八个基本步骤才能利用水果和配料制成果汁成品。

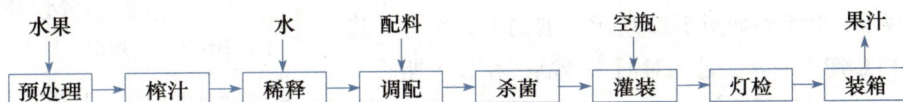

图 3-10　生产果汁的工艺流程简图

对服务或业务，可根据完成某项服务或业务的先后顺序绘制业务流程图。业务流程是指按照规定的顺序完成某项业务的一系列活动。图 3-11 是某大学新生报到业务流程简图。从图中可以看到，在业务流程的某些环节需要做出选择。

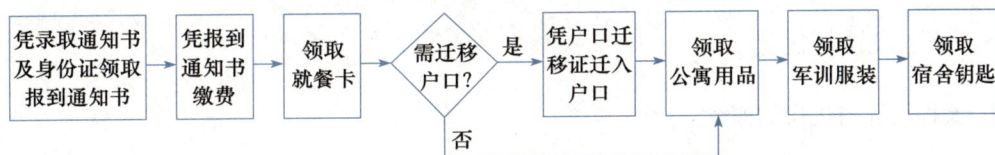

图 3-11　某大学新生报到业务流程简图

2. 流程类型

可以根据一定的分类原则把流程分为不同的类型。以制造业为例，最常见的分类原则是生产的重复性。根据生产的重复性可把工艺流程分为四种，即单件生产、批量生产、大量生产和连续生产。

（1）单件生产。**单件生产**是指一定时期内生产很多种产品，每种产品只生产一件或少数几件的生产组织过程，如制作影视剧、建造大楼、为超级明星定制服装等。单件生产多采用富有柔性的设备，并按照工艺专业化布置设备，要求工人有较高的技术水平。

（2）批量生产。**批量生产**是指一定时期内生产为数不多的几种产品，每种产品生产的数量有限的生产组织过程，如机械加工、书刊印刷等。批量生产的特点是当一批产品或零部件加工完毕改制另一批产品或零部件时，需要重新调整设备和工艺装备。

（3）大量生产。**大量生产**是指一定时期内只生产一种或少数几种产品，每种产品大量重复生产的生产组织过程，如汽车装配线、饮料灌装线上所进行的生产等。大量生产多采用专业化的设备，按照产品专业化布置设备和工艺装备。管理重点是生产线的平衡。

（4）连续生产。**连续生产**是指一定时期内不间断地生产一种产品的生产组织过程，如化工、炼钢、制药、发电等。连续生产组织的刚性强，要求上下游工序之间有非常高的协同关系，一旦某一环节出现问题，将带来极大的损失。

3.4.2　用于流程选择的 P-P 矩阵

P-P 矩阵（product-process matrix）由海斯（Hayes）和惠尔赖特（Wheelwright）首次提出，是一种由产品特性和流程类型两个维度组成的用于流程选择的矩阵。根据 P-P 矩阵，参照所加工产品的特性，即产量大小和品种多少，沿对角线选择和配置流程最为经济；反之，偏离对角线选择和配置流程不能获得最佳效益。在 P-P 矩阵的基础上加上两个箭头，分别代表**产品生命周期**（product life cycle，PLC）和单位可变成本，就得到如图 3-12 所示扩展的 P-P 矩阵。其中，代表 PLC 箭头的含义是：对同一产品，在投入期倾向于采用单件生产或批量生产，在成熟期，则倾向于采用大量生产或连续生产。代表单位可变成本箭头的含义是：当采取单件生产或批量生产时，单位可变成本通常较高，应尽量满足顾客的定制化要求，通过提高价格来弥补较高的单位可变成本。

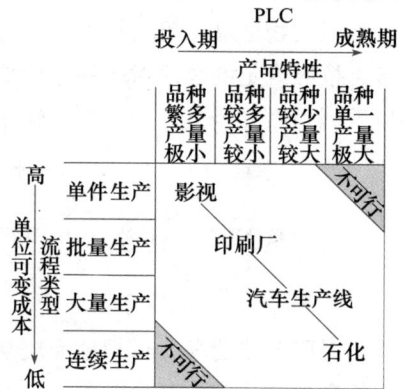

图 3-12　扩展的 P-P 矩阵

3.4.3　流程设计与优化

1. 流程设计与优化的概念

流程设计就是确定一个流程的基本要素并对流程的绩效进行评估。流程的基本要素包括流程的输入、处理、输出，完成流程的作业方法，人-机组合方案，顾客参与流程的界面与程度，关键控制点及控制标准等。流程优化就是对流程进行再设计。

对加工的实物产品，工艺流程设计就是根据产品方案确定全部生产过程的具体内容和顺序。工艺流程设计的主要内容包括：确定产品生产方法与工艺技术路线、工艺参数、设备选型及各种设备之间的连接方案、工艺操作条件、原料和公用工程、安全技术及劳动保护、产品质量、三废处理方案等，并对工艺流程进行技术经济分析。工艺流程设计的主要成果之一是工艺流程图。工艺流程图是用箭头、框图及文字（或代号）描述从原料到目标产品的工艺过程的图形。

企业很少进行全新的工艺流程设计，工艺流程设计通常是对已有方案进行的改进和优化，以此来改善工艺流程效率、提高质量、降低安全风险、降低成本等。即使对创新产品或针对所引进的新的加工设备，也要充分参考已有的工艺流程方案。

对服务或业务，业务流程设计就是根据顾客需求，从实现顾客价值出发，确定某一业务流程的基本模式和具体内容。业务流程优化就是对已有业务流程进行优化。业务流程设计与优化的主要内容包括：确定业务流程的服务对象与核心目标、需要输入的主要资源、中间处理过程与基本步骤、具体输出形式。业务流程设计与优化的主要成果之一是业务流程图。业务流程图是用箭头、框图及文字（或代号）描述从业务起点到业务终点的全过程的图形。

相对于工艺流程来说，企业会面临着更多的全新业务流程设计。另外，相对于工艺流程来说，很少有一成不变的业务流程方案，企业需要经常对其进行优化或重组。本书重点介绍业务流程的设计与优化。

2. 需要进行流程设计与优化的情况

在以下四种情况下必须进行流程设计与优化。

- 运营模式发生了变化，如某些商品由原来的线下交易变为线上交易。
- 引入了新产品、新设备、新技术、新工艺。
- 作业环境发生了变化。
- 体现企业竞争力的质量、成本、交货期等方面表现欠佳，与竞争对手相比，存在明显差距。

3. 业务流程设计与优化的基本原则

在进行业务流程设计与优化时应坚持一些基本原则，最基本的有三项原则。

（1）面向顾客的原则。流程的绩效最终体现在收益上，取得收益的前提是使顾客满意，而顾客满意的前提则是其需求得到满足。所以，在设计与优化流程时，应以满足顾客需求为第一原则。也可能所设计与优化的某一流程与顾客没有直接关系，但它却是整个企业价值链的基本组成单元，因此在这种情况下，也应坚持面向顾客的原则。

（2）战略匹配性原则。流程设计与优化总是与运营战略甚至组织战略联系在一起的，应保持与相应战略的一致性。以下以产品配送流程为例进行说明。如果企业确定了致力于为顾客提供个性化的产品或服务这样的运营战略，那么在设计产品配送流程时也应体现个性化这一核心元素。反之，如果企业定位于提供标准化的产品或服务，那么产品配送流程就应更多地体现标准化：操作步骤标准化、配送车辆和人员标准化、配送时间标准化等。

（3）跨职能协调原则。企业的流程往往需要由多个职能部门协作才能完成。为此，需要明确流程经过不同职能部门的边界，并设计相应的协调机制。对于与客户关系管理、订单履行、供应商管理等有关的核心流程，必须把流程的执行效果纳入员工的绩效考核体系。

4. 业务流程设计与优化的一般步骤

业务流程设计与优化包括四个步骤：组建团队，对现有或类似流程的调查与分析，流程设计与优化，流程绩效测评。

（1）组建团队。流程优化的组织保证至关重要，对于局部流程，企业只需要成立一个临时的流程设计与优化小组，人员来自负责实现流程的部门。例如，支付流程设计与优化由财务管理部门来完成。如果局部流程还多少涉及其他部门，则由所涉及的部门派出人员参加即可。例如，医院的交费与取药流程设计与优化就需要由药房、会计室来协同完成。

对于涉及多个部门的全局性流程，企业需要组织一个项目团队。项目负责人由总经理助理或战略规划部的人员担任，相关部门派人参加。例如，订单履行流程设计与优化，就需要市场部、生产部、财务部、物流运输等多个部门的人员参加。

（2）对现有或类似流程的调查与分析。在对现有或类似流程的调查与分析这一阶段，首先要确定流程所涉及的部门，并访谈所涉及的关键人员。然后，在访谈的基础上确认现有流程的阶段和任务、各项活动的风险、关键控制点、流程的目标等。

（3）流程设计与优化。这一阶段的主要工作就是在对现有或类似流程的调查与分析的基础上，优化流程的结构或构造，改善流程的物质流和传递的信息流。企业所要完成的主要工作有两项。

第一，明确流程的目的。流程存在的必要性取决于其要实现的目的。实现了流程设计与优化的目标才能实现流程的目的，进而才能最终达到客户满意。以客户投诉处理流程为例，这一流程的目的是能够快速地解决客户的投诉，最小化投诉的负面影响，防止"次生灾害"的发生。

第二，确定流程的输入事项、处理过程、输出事项。结合访谈，在分析现有或类似流程的基础上，通过团队论证来明确实现该流程所需要的输入、处理过程以及输出。其中，在输入端要明确必需的资源，处理过程要明确流程的基本步骤和节点事项，在输出端要明确要提交的成果。仍以客户投诉处理流程为例进行说明：这一流程的输入端就是客户提交的质量信息；这一流程的处理过程可分为接收投诉信息、登记并分析质量信息、给出解决方案、向客户反馈处理结果四个基本步骤，而节点事项包括何时接到投诉、何时给出解决方案、何时向客户反馈处理结果；这一流程的输出是投诉处理报告。

（4）流程绩效测评。毫无疑问，流程设计与优化是为了实现流程目的，所以最终要对流程绩效进行测评。流程绩效测评指标的设置要遵循 SMART（specific，measurable，attainable，relevant，time-bound）原则。其中，specific 是指明确性，measurable 是指可衡量性，attainable 是指可达成性，relevant 是指相关性，time-bound 是指时限性。流程绩效测评包括两部分内容。

第一，结果指标与过程指标的设置。流程绩效测评指标通常包括结果性指标和过程性指标。结果性指标是指业务目标本身。例如，对于产品开发流程而言，其结果性指标应该是新产品上市成功率。

结果性指标是经由过程性指标来实现的。流程时间、在制品数量、所需步骤、所涉及的部门或人员、移动距离和差错率等都是非常直观的过程性指标。

以下介绍流程时间和在制品数量两个过程性指标。

1）流程时间。对于一项业务，其流程时间是指从提交业务申请到业务办结的时间。流程时间越短，作业成本越低。对服务业来说，这意味着顾客在服务系统中的停留时间越少。仍以产品开发流程为例，"平均新产品开发周期"就是该流程的流程时间。企业应该树立标杆，缩短新产品平均开发周期。

2）在制品数量。在制品（work in process，WIP）是指流程中的作业对象，在制品数量越少，资金和场地的占用就越少，拥挤程度就越低。

如果用 R 表示需求率，即单位时间需要处理的业务数量；用 T 表示流程时间，那么平均在制品数量可以计算如下：

$$WIP = R \times T \tag{3-1}$$

式（3-1）所描述的关系即为利特尔法则。利特尔法则由麻省理工学院约翰·利特尔（John

Little）教授于 1961 年提出并证明。可以看到，在需求率给定的情况下，减少在制品数量的途径就是缩短流程时间。而缩短流程时间会受到技术、人员能力的限制，因此企业需要综合权衡缩短流程时间带来的利益和提高生产率要增加的投入。

例 3-1　一位应收账款经理每个工作日要受理 100 份支票，平均处理时间为 2 个工作日。试计算在其办公室正在接受处理的支票的平均数目。如果通过信息技术将支票处理时间由 2 个工作日减少到 1.5 个工作日，每天需要处理的支票份数不变，那么，在其办公室正在接受处理的应收账款支票的平均数目又是多少？

解：根据式（3-1），可计算出改进前在该经理办公室正在接受处理的支票的平均数目：

$$WIP = R \times T = 100 \text{ 份/日} \times 2 \text{ 日} = 200 \text{ 份}$$

而通过信息技术提高产率后，该经理办公室正在接受处理的支票的平均数目则减少为

$$WIP = R \times T = 100 \text{ 份/日} \times 1.5 \text{ 日} = 150 \text{ 份}$$

值得注意的是，信息技术的应用会增加投入，同时会改变相关业务的办理流程，所以应权衡利弊。

第二，绩效测评与分析改进。在流程及其测评指标确定并发布执行以后，就要进入动态的管理过程，即对流程绩效进行定期的测评、分析与改进。首先，统计计算指标现状值；其次，分析指标现状值与标杆之间存在偏差的原因；最后，设置先进、可行的目标，并力求达到目标。这样持续不断地循环，可逐步提高流程绩效。

5. 业务流程设计与优化的常用方法

业务流程设计与优化的方法众多，下面主要介绍最常用也最有效的五种方法。

（1）作业流程图。作业流程图是一种借助操作（operation）、搬运（transportation）、检查（inspection）、延迟（delay）、存储（storage）五种特殊符号来系统地描述一个作业过程的系统化工具。作业流程图不但可用于已有流程的优化，也可用于设计一项新的流程。在应用这种方法时，应使用通行的符号来表示各种作业，详见表 3-2。

表 3-2　作业流程图常用符号、含义及示例

符　号	含　义	示　例
○	操作	钉钉子、钻孔、打字、装配、做手术、记笔记
⇨	搬运	用小车搬运物料、用传送带运送物料、用手携带物料
□	检查	检查质量或数量、阅读计量表、检查信息公告牌
▭	延迟	等待电梯、材料等待加工、文件等待处理
▽	存储	堆放大宗原料、成品存放在库房内、文件归档保管

下面以某大型医院的门诊流程为例，说明这种方法的应用。

假设患者的病情在社区医院没能确诊，被转到一家大型医院。大型医院通常的做法是：患者在挂号窗口前排队（以线下挂号为例），患者在挂号窗口出示就医卡挂号，患者拿着号到相应科室，患者排队候诊，主治医生听诊，主治医生开具检查单，患者拿着检查单到检验科，患者排队

候检，做检查，检验科留存检验结果，患者到检验结果领取处，患者领取检验结果，患者到主治医生处，主治医生查看检验结果，主治医生根据检验结果开具处方，患者拿着处方到收费处，患者交费，患者拿着盖有现金收讫章的处方到药房，患者等候配药，患者取药。

这一作业流程如图 3-13 所示。可以看到，整个流程包括 20 个步骤。其中，有 8 次操作、6 次搬运、1 次检查、4 次延迟和 1 次存储。

对某一具体医院，可以根据其楼层布局、科室位置来统计 6 次搬运各自的距离。同时，还可以统计患者 4 次延迟的时间。

大型医院门诊流程图	绘图：赵瑞锋 日期：9月21日	第1页 共1页	频数统计					搬运距离	延迟时间
			操作	搬运	检查	延迟	存储		
作业详细说明（优化前）			8	6	1	4	1		
患者在挂号窗口前排队			○	⇨	□	■	▽		
患者在挂号窗口出示就医卡挂号			●	⇨	□	□	▽		
患者拿着号到相应科室			○	➡	□	□	▽		
患者排队候诊			○	⇨	□	■	▽		
主治医生听诊			●	⇨	□	□	▽		
主治医生开具检查单			●	⇨	□	□	▽		
患者拿着检查单到检验科			○	➡	□	□	▽		
患者排队候检			○	⇨	□	■	▽		
做检查			●	⇨	□	□	▽		
检验科留存检验结果			○	⇨	□	□	▼		
患者到检验结果领取处			○	➡	□	□	▽		
患者领取检验结果			●	⇨	□	□	▽		
患者到主治医生处			○	⇨	□	□	▽		
主治医生查看检验结果			○	⇨	■	□	▽		
主治医生根据检验结果开具处方			●	⇨	□	□	▽		
患者拿着处方到收费处			○	➡	□	□	▽		
患者交费			●	⇨	□	□	▽		
患者拿着盖有现金收讫章的处方到药房			○	➡	□	□	▽		
患者等候配药			○	⇨	□	■	▽		
患者取药			●	⇨	□	□	▽		

图 3-13　大型医院常规门诊的作业流程图

显然，这一常规的流程存在巨大的优化空间。考虑到互联网与信息技术的应用，至少可以在以下 7 个方面做出改进。

第一，通过增加线上挂号名额分流一部分在挂号窗口排队的患者，并且，可以进行改进前后的对比分析。

第二，在患者排队候诊这一环节，可以在数据分析的基础上，根据患者所挂序号预测大概在几点几分该患者能够进入诊室。在排队候诊这段时间，患者可以完成其他事务。同时，候诊室也不会拥挤不堪。

第三，可以通过楼层优化布局来确定检验科的位置，以最小化患者移动的距离。这对一个新建医院尤其重要。

第四，在排队候检环节，根据检查项目，预测每位患者的等待时间。如果患者有多个检查项目，把检查的优先顺序推荐给患者。

第五，在领取检验结果环节，增加自助终端的数量。一方面可减少等待时间，另一方面可减少医务人员，还节约了作业空间。

第六，在交费环节，可以考虑在每层都设收费窗口，并且，每个窗口都可以自助刷卡交费。

第七，在最后 3 个环节，可以考虑将收方与取药分在两个相邻的区域。同时，设置等待区，安装叫号显示系统。这样就可以有效地避免由于人多拥挤造成的患者取错药品现象的发生。同时，此举可大幅地减少患者排队等候的时间。

本书并未给出优化后的作业流程图。但是，我们完全可以相信，只要做好上述 7 个方面的工作，移动距离会大大缩短，等待时间会大大减少，最终将大幅度地提高患者的满意度，也为医院带来实实在在的好处。

（2）ECRS 分析法。通过取消（eliminate）、合并（combine）、重排（rearrange）、简化（simplify）四项技术对现有流程进行优化，这种方法俗称 ECRS 分析法，其具体内容如表 3-3 所示。

表 3-3　ECRS 分析法的具体内容

技术	内容
取消	对任何工作，首先要问为什么要干，能否干。其中包括取消所有可能的工作、步骤或动作（其中包括身体、四肢、手和眼的动作）；减少工作中的不规则性，比如确定工件、工具的固定存放地，形成习惯性机械动作；除必要的休息外，取消工作中一切怠工和闲置时间
合并	如果工作不能取消，则考虑能否与其他工作合并，将多个方向突变的动作合并，形成一个方向的连续动作；实现工具的合并、控制的合并和动作的合并等
重排	对工作的顺序进行重新排列
简化	指工作内容、步骤方面的简化，动作的简化，能量的节省，也包括自动化技术的应用

（3）SIPOC 图。SIPOC（supplier，input，process，output，customer，SIPOC）图是由质量管理大师戴明提出的，是基于供应商、输入、处理、输出、顾客五个维度分析的流程设计与优化的方法。事实上，任何一个流程都是由供应商、输入、处理、输出、顾客这样相互关联的五个部分组成的系统。

供应商（supplier），即向流程提供关键原材料、信息或其他资源的实体。对于在企业内部就可以完成的局部流程，供应商实际上指的是上一个工序或上一个环节。

输入（input），即供应商所提供的资源。要明确各项输入及必须满足的标准。

处理（process），即把输入转换为输出的一组活动。正是通过这些活动对输入进行整合，进而增加价值。

输出（output），即过程结果，通常是产品和服务包。对流程的输出，要明确所要测评的关键指标以及必须达到的标准。

顾客（customer），即接受输出的实体。对于在企业内部就可以完成的局部流程，顾客实际上指的是下一个工序或下一个环节。

SIPOC 图说明了信息和原材料等资源来自哪一个或哪几个供应商，所提供的资源对生产过程有什么影响，包括哪些主要处理过程，过程的结果是什么，谁是这个过程的顾客。图 3-14 是 SIPOC 示意图。

（4）标杆瞄准法。标杆瞄准法又称对标分析，也称基准管理。标杆瞄准法就是把企业的某一方面或某几方面的经营状况与同行业一流的企业进行对照分析，并把奋斗目标确定为赶超一流企业。就某一方面或某几方面所确定的同行业的一流企业通常称为对标

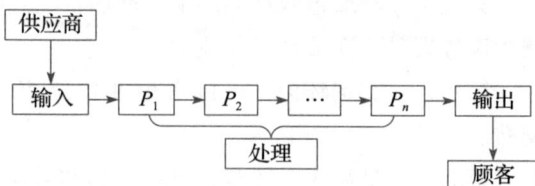

图 3-14 SIPOC 示意图

企业。按照这种方法，在制定目标时，要求把眼睛从盯住企业内部转向盯向外部。例如，在新产品开发流程管理中，企业认为把新产品研发周期从 10 个月缩短到 6 个月就已经是极具挑战性的目标了。可是，通过标杆瞄准法，很可能发现对标企业早已把同类产品的开发周期缩短到了 4 个月。

标杆瞄准法是一个强大的管理工具。它提供了一个客观、有效的测评标准，用来判断企业在人员、质量、成本、设备、流程等方面究竟还能走多远。它让企业彻底丢弃以往的思维方式，认识到重大的改善活动在企业中是完全可以获得成功的，认识到如何才能推动重大的改善活动在企业中获得成功，并认识到重大的经营改善活动是企业生存和发展所必需的。

在应用标杆瞄准法时，企业不自觉地就要深入了解对标企业的具体做法。所以，标杆瞄准法不仅有助于企业制定极具挑战性的目标，还为企业领导层提供了实现这一目标的切实有效的实施办法。

（5）DMAIC 方法。DMAIC 方法是 6σ 管理中系统的质量改进方法，可以有效地应用于业务流程的设计与优化。DMAIC 由定义（define）、测量（measure）、分析（analyze）、改进（improve）、控制（control）五个阶段构成。每个阶段都有一系列专业统计工具支持该阶段目标的实现。

为了实现业务流程的改进，首先要确认并描述这一业务流程，即定义。然后利用量化的指标来测评该流程，即测量。进一步，针对所存在的不足，分析背后的原因，即分析。接下来根据所确定的原因，特别是主要原因，提出改进方案，并实施改进方案，即改进。最后，巩固所取得的成果，并以此作为下一次改进的起点，即控制。这五个阶段前后衔接，不断循环。每一次循环都可以在很大程度上改进业务流程，进而不断提高业务流程绩效。

3.4.4 业务流程再造

1. 业务流程再造产生的背景

随着信息化时代的到来，顾客的需求呈现出越来越多的个性化；同时，产品生命周期越来越短，竞争日趋白热化，企业所处的政治、经济环境瞬息万变。为了适应这种新的格局，在快速变化的环境下求得生存和发展，不少企业不惜投入巨资引入计算机技术和信息技术，却未得到所期望的结果。经过冷静思考，人们认识到，造成这种局面的原因不在于计算机技术和信息技术不够先进，而在于在引入这些先进技术时，没有对企业的业务流程进行同步变革。

在这一背景下，结合美国企业为应对来自日本、欧洲的威胁而展开的探索，美国麻省理工

学院教授迈克尔·哈默（Michael Hammer）和 CSC 管理顾问公司董事长詹姆斯·钱皮（James Champy）于 1993 年合作出版了《企业再造》（*Reengineering the Corporation*）一书。1995 年，钱皮又出版了《再造管理》。哈默与钱皮提出应在新的企业运行环境下，从根本上改造原来的业务流程，以使企业更好地适应未来的生存空间。这一全新的思想震动了管理学界，一时间"企业再造""流程再造"成为人们广泛谈论的热门话题。业务流程再造（business process reengineering，BPR）理论在短短的时间里便成为全世界学术界和企业界研究与实践的热点。

2. 业务流程再造的核心思想

（1）BPR 的内涵。BPR 就是为降低成本，增加效益，提升质量，提高效率，利用先进的信息技术和管理方法，对现有业务流程进行根本性的再设计。

不同于渐近式的业务流程设计与优化，BPR 将打破传统的面向职能的组织结构，建立面向流程的组织结构，从而实现业务绩效根本性的改善，最终大幅度地提升顾客满意度。

可以看到，BPR 的对象是业务流程，其目标是实现质量、成本和准时交货率等的根本性改善，其驱动力来自组织使命、价值观、愿景、发展战略的实现。BPR 的基本任务是对业务流程进行根本性的反省，并进行彻底的再设计。BPR 的基本保障是信息技术的应用和组织管理的变革。

（2）实施 BPR 的时机。当企业的内外部经营条件出现以下三种情况的巨大变化时，实施 BPR 就变得非常必要了。

- 顾客需求发生了显著变化，例如，摄影从胶片时代走向数码时代，网上购书的逐步超过到实体店购书的消费者。
- 企业的投资战略、市场战略、能力战略、供应链战略、质量战略等方面有了重大调整。
- 竞争态势发生了重大变化，竞争对手在质量、成本或准时交货率方面拥有了显著优势。

（3）实施 BPR 的原则。为有效实施 BPR，应坚持以下四个基本原则。

第一，与组织的使命、价值观、愿景和发展战略相匹配的原则。BPR 要有利于实现组织的发展战略，进而实现其愿景、价值观与使命。

第二，面向流程的原则。组织结构的设置应从面向职能转向面向流程。不是流程服务组织部门，而是组织部门服务流程。

第三，局部最优服从整体最优的原则。应从流程的整体绩效考核所涉及的部门与人员。

第四，上下结合的原则。为了有效地推进 BPR，从设想、动员到实施测评，企业管理层与员工之间要不断地沟通交流。一方面，中高层管理者要真正了解一线的实情；另一方面，要让一线员工了解公司的总体设想。

3. 业务流程再造的实施步骤

（1）构思设想。在构思设想阶段主要完成三项任务：发现机会、得到承诺、规划远景。BPR 的机会来自顾客、内部战略或竞争态势的重大变化。BPR 的组织者要争取到有关权力与利益方面的承诺，还要能获取到包括人力资源在内的各种资源。规划远景就是初步拟定业务流程未来的运行模式，确定绩效指标的大致范围。

（2）启动项目。在启动项目阶段主要完成两项任务：成立团队、制订计划。为了从组织上保障 BPR 的实施，需要成立领导小组来制订计划并协调各部门的工作。同时，还要成立工作小组来具体完成各项任务。在启动项目阶段需要明确流程的范围与界面，对工作进度做出安排，做出全面预算，分解落实责任。

（3）诊断流程。在诊断流程阶段主要完成两项任务：描述现有流程、分析现有流程。对现有流程进行诊断至关重要，只有找到了流程中存在的问题，特别是不增值的环节，才能有针对性地再造流程。描述现有流程要客观、完整。分析现有流程要基于事实和数据。

（4）再造流程。在再造流程阶段主要完成四项任务：建立流程架构、设计组织结构及其运行机制、引入信息技术、新旧业务流程切换。其中，在流程架构中要说明流程的范围及清晰的边界、并行或串行处理模式、与其他流程的层级关系、流程的输入—处理—输出、处理过程的控制点及关键控制指标、输入的提供者与输出的使用者、成功的关键因素、信息流及其管理等。

（5）绩效评估。在绩效评估阶段主要完成两项任务：绩效测评、成果推广。新的业务流程试运行一段时间后就要对其绩效进行测评。一般来说，应先从四个方面来评估：组织关注的目标、顾客关注的目标、相关组织的标杆信息、员工的目标。最后，从总体上测评流程价值的提升。在成果推广上，应强调流程再造前后绩效的差异性，这样更直观、更生动。

（6）持续改进。BPR 方案的实施并不意味着业务流程再造的终结。企业总是不断面临新的挑战，这就需要对 BPR 方案进行持续改进。

3.5 技术与运营管理

企业的竞争力归根结底体现在质量、成本、准时交货率三者的差异上。一定时期内，企业总是在三者之间找到平衡，即存在一个竞争力"等势面"。这个面上的任何一点都体现了企业在一定时期内的竞争力水平。该理论的管理含义是，在一定时期内，企业很难在提升质量水平、降低成本和提高准时交货率三个方面均取得较大的突破。

然而，在管理创新的匹配下，应用先进技术可以打破这个局限，从根本上改变这种态势，使整体竞争优势得以提升，即从一个较低的竞争力等势面提升到一个较高的竞争力等势面。

3.5.1 自动化技术及其对运营管理的影响

自动化技术是指使机器设备、系统或过程在没有人或较少人直接参与的情况下，按照人的要求，经过自动检测、信息处理、分析判断、操纵控制，实现预期目标的综合性技术。自动化技术与控制论、信息论、系统工程、计算机技术、电子学等都有着十分密切的关系，而其中控制论和计算机技术对自动化技术的影响最大。

下面介绍几种标志性的自动化技术，并总结其对运营管理的影响。

1. 数控机床与工业机器人

（1）数控机床与工业机器人简介。数控机床是由装有程序的控制系统通过数字代码信号控制机床的动作，按图纸要求的形状和尺寸，对零件进行自动加工的机床。数控机床由输入与输出装置、数控装置、可编程逻辑控制器（PLC）、伺服系统、检测装置、驱动装置、机床本体等组成。

工业机器人是面向工业领域的，由多关节机械手或多自由度装置组成的，按照预先编排的控制程序来完成各种功能的一种机器。今天，工业机器人技术正逐渐向着具有行走能力、具有多种感知能力、具有较强的对作业环境的自适应能力的方向发展。工业机器人由主体、驱动系统和控制系统三个基本部分组成。

（2）数控机床与工业机器人给运营管理带来的影响。数据机床和工业机器人是早期自动化技术在制造业应用方面的典型例子。数控机床和工业机器人给运营管理带来的影响表现在以下几个方面。

第一，实现了快速、连续加工，提高了生产效率。数控机床通过移动部件的快速定位与刀具的高速切削，实现了快速加工。同时，在数控机床上可进行多道工序的连续加工，缩短了半成品工序间的周转时间，提高了生产效率。

第二，增强了加工系统的柔性。数控机床和工业机器人较好地解决了复杂、精密、小批量、多品种的零件加工问题，实现了柔性化制造。

第三，实现了程序控制，提高了质量水平。数控机床和工业机器人通过程序控制，实现了加工精度高、零件的一致性高，质量稳定。

第四，实现了快速换模，缩短了作业时间。与传统机床相比，数控机床通过快速更换模具、夹具，缩短了生产准备周期。

第五，减少了人工参与，降低了成本。数控机床和工业机器人减少了直接参与加工过程的人员，节省了人工费用。同时，也节省了工艺装备费用。

第六，操作者从程序化的操作中解放出来，降低了劳动强度。数控机床和工业机器人把操作人员从重复性、危险性的操作中解放出来，劳动强度大为降低。同时，工作环境也大为改善。

第七，促进了生产管理现代化。数控机床和工业机器人集精密化、柔性化、智能化于一体，通过对加工过程实施检测、控制、优化、调度、管理和决策，促进了现代化集成制造。

2. CAX

（1）CAX 简介。CAX 是计算机辅助设计（computer-aided design，CAD）、计算机辅助工程（computer-aided engineering，CAE）、计算机辅助工艺规划（computer-aided process planning，CAPP）、计算机辅助制造（computer-aided manufacturing，CAM）的统称。由于 CAD、CAE、CAPP、CAM 的前两个字母都是 CA，用 X 表示不同功能，就有了 CAX。

CAD 是指在计算机上通过特定软件完成产品设计过程。CAE 是通过计算机辅助求解，分析复杂工程和产品的结构力学性能，并优化结构性能。CAPP 是指借助计算机软硬件技术和支撑环境，通过数值计算、逻辑判断和推理等功能来制定零件加工工艺。CAM 是指借助计算机软硬件系统，实现从设计、测试、加工、装配、检验乃至物料运输等职能活动的物流、信息流和价值流集成，并加以自动化的监视、控制和管理。

在产品设计领域，美国参数技术公司（PTC）推出的 Pro/Engineer 是 CAD、CAE、CAM 一体化的软件系统，是参数化技术的成功应用，在目前的三维造型软件中占有重要地位。

　　计算机集成制造系统（computer integrated manufacturing system，CIMS）是综合运用制造技术、系统工程技术、自动化技术、信息技术、现代管理技术，形成与企业生产全过程中有关的人、技术、经营管理三要素及其信息与物流有机集成并优化运行的复杂大系统。CIMS超越设计与制造的界限，把企业的经营管理也纳入了制造系统中。

　　（2）CAX对运营管理的影响。CAX将多元化的计算机辅助技术集成起来，综合考虑产品生命周期的各种因素，实现了复合化、协同性工作，能够对各阶段的功能、进度、费用做出评估。同时，可以对外部需求做出响应，不断优化设计和制造方案，从而获得显著的经济效益。例如，CAE既可以解决线性问题，也可以解决非线性问题；既能做静态结构分析，也能做动态分析。借助CAPP系统，可以解决手工工艺设计效率低、一致性差、质量不稳定、不易实现优化等问题。而CAM则可以实现从设计、加工、装配、测试、检验乃至物料运输等职能活动的物流、信息流和价值流集成和自动化的监视、控制和管理。CIMS更是对设计、制造、经营管理进行了有效集成。

3. 三层六级企业管控一体化体系

　　如今自动化技术已经不仅仅局限于制造业加工过程的应用，还应用于企业整体管理，对工艺类型的连续生产或者大量生产的企业，形成了从底层的过程控制系统（process control system，PCS），到中间层的制造执行系统（manufacturing executive system，MES），再到管理层的企业资源计划（enterprise resources planning，ERP）的企业管控一体化体系。这个三层面企业管控一体化体系由六级构成，即L0级的参数检测与传动、L1级的基础自动化、L2级的过程控制、L3级的生产控制、L4级的职能管理、L5级的经营管理。三层六级企业管控一体化体系结构如图3-15所示。

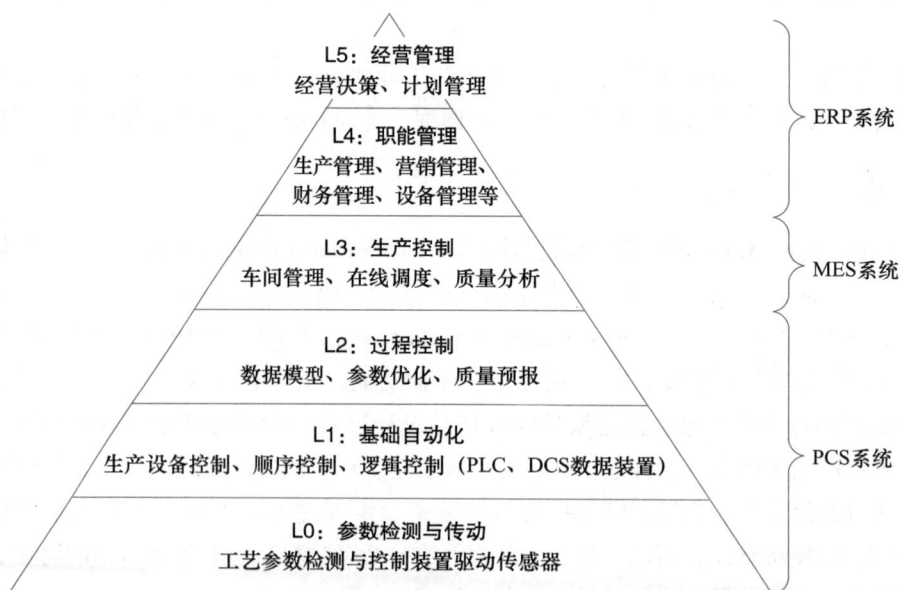

图3-15　三层六级企业管控一体化体系结构

4. 柔性制造系统

（1）柔性制造系统简介。柔性制造系统（flexible manufacturing system，FMS）是指由数控加工设备、物料储运装置和计算机控制系统组成的，能根据制造任务或生产环境的变化迅速进行调整的，能适应多品种、中小批量生产的自动化制造系统。

与 FMS 相关的有柔性制造模块（flexible manufacturing module，FMM）、柔性制造单元（flexible manufacturing cell，FMC）、柔性制造线（flexible manufacturing line，FML）、柔性制造工厂（flexible manufacturing factory，FMF）。

其中，FMM 相当于功能齐全的，具有一定柔性的加工中心。FMC 是指由单台数控机床、加工中心、工件自动输送及更换系统等组成的，实现单工序加工的可变加工单元。FML 是指由自动化加工设备、工件输送系统和控制系统等组成的，可以对生产节拍进行调整的制造线。FMF 把柔性制造扩大到全厂范围，配以自动化立体仓库，通过计算机网络，实现从订货、设计、加工、装配、检验、运送至发货的全过程柔性化、自动化制造。

（2）柔性制造给运营管理带来的影响。FMS 给运营管理带来的影响集中体现在其柔性上。首先是机床加工的柔性。在 FMS 中，通过配置相应的刀具、夹具、NC 程序等即可加工给定零件族中的零件。当生产需求发生变化时，FMS 可以方便地扩展、收缩或重构，从而能够以不同的加工工序加工一个零件，或在给定的工艺规划下以不同的路线加工零件。其次是产品及生产批量的柔性。FMS 能够经济、快速地切换不同产品的生产，降低了生产批量的刚性。最后是扩展的柔性。FMS 能够在需要时快捷、经济地扩展系统。

FMS 给运营管理带来的这些影响达到的效果有：提高了制造系统的快速响应能力，提高了设备利用率，减少了设备投资，缩短了生产准备时间，减少了在制品数量，减少了工时费用，提高了产品质量水平。

5. 3D 打印

3D 打印是使用 3D 打印机，根据计算机事先建好的模型，把打印材料制作成 3D 物体的过程。今天，在 3D 打印的基础上，又增加了一个维度，即 4D 打印。4D 打印是指把智能材料集成到 3D 打印出来的物体中，以预期的方式响应来自外部环境的刺激或通过人为干扰实现形状或物理性质的改变。

2020 年 5 月 5 日，在中国新一代载人飞船试验船上开展了连续纤维增强复合材料的 3D 打印实验，验证了微重力环境下复合材料 3D 打印的科学实验目标。

3D 打印不但为私人定制提供了无限可能，而且通过快速 3D 样件打印与测评，最大化地缩短了批量产品的上市时间。

3.5.2　信息技术及其对运营管理的影响

信息技术（information technology，IT）是用于管理和处理信息所采用的各种技术的总称，也称信息和通信技术（information and communication technology，ICT）。信息技术主要包括传感和识别技术、信息传递技术、信息处理技术、信息施用技术几类。信息技术、新能源技术、新材料技术、生物技术、空间技术和海洋技术构成了第三次工业革命的基石。第三次工业革命在本质上就是一次关于信息控制的技术革命。

下面介绍几种标志性的信息技术，并总结其对运营管理的影响。

1. 射频识别

射频识别（radio frequency identification，RFID）是一种非接触式的，利用射频信号和空间耦合（电感或电磁耦合）或雷达反射的传输特性，实现对被识别物体自动识别的信息技术。RFID 又称电子标签。

RFID 在运营管理中的应用意义可以说是划时代的，它给运营管理带来的影响最为深远。在制造业、零售业、交通运输、医疗卫生、出版发行等诸多行业改变了仓储与物流的管理形态。它让物料的出入库管理、盘存管理、物流信息追踪能够以快捷、准确、经济的方式得到有效实施。今天，其应用已经从库存与物流管理扩展到商品防伪、安全防护、质量管理、生产计划等领域。

2. GPS 与 BDS

（1）GPS。全球定位系统（global positioning system，GPS）是美国 20 世纪 70 年代初推出的，具备全方位实时三维导航与定位能力的卫星导航与定位系统。GPS 由空间星座、地面控制与监控系统、GPS 信号接收机三个主要部分组成。

GPS 的主要目的是为陆、海、空三大领域提供实时、全天候和全球性的导航服务，用于情报收集、核爆监测和应急通信等。今天，GPS 的应用已经从军事发展到汽车导航、大气观测、地理勘测、海洋救援、载人航天器防护探测等领域，实现导航、定位、授时等功能。通过 GPS 可以引导飞机、船舶、车辆以及个人安全、准确地沿着选定的路线，准时到达目的地。

GPS 给企业运营管理带来的影响主要体现在物流配送路线优化及实时跟踪上。通过接入GPS，可以实现运单信息化、车辆实时监控、人员定位、调度与导航。GPS 的经济效果是通过配送线路、运输设备、人员的优化，实现了更快捷的物流配送、更高的资源利用率、更低的运营成本。

（2）BDS。北斗卫星导航系统（Beidou navigation satellite system，BDS）是中国自行研制的全球卫星导航系统，是继美国 GPS、俄罗斯格洛纳斯卫星导航系统之后第三个成熟的卫星导航系统。BDS 已成功应用于测绘、电信、水利、渔业、交通运输、森林防火、减灾救灾和公共安全等诸多领域，产生了显著的经济效益和社会效益。

3. 无人机

无人机是由电池或汽油作为动力驱动，无人驾驶，可重复使用的航空飞行器的统称。其广泛用于执行地质勘探、消防、安保、电力、农业等行业中的危险、环境恶劣、操作枯燥的作业任务。智能化与网络化是无人机未来的发展方向。

需要注意的是，无人机的应用面临着来自法律、安全、伦理等方面的挑战。

4. GIS

GIS（geographic information system）是在计算机硬件和软件系统的支持下，对整个或部分地球表层（包括大气层）空间中的有关地理分布数据进行采集、储存、运算、分析、显示和描述的技术系统。

GIS 在企业运营管理中的应用是商业与市场分析。GIS 可以提供进行商业规划时要考虑的商圈内其他商场的分布、周围居民区的分布和人口结构等信息。再具体一些，GIS 通过强大的空间分析和可视化功能，提供选址规划中要考虑的地理环境特征、交通条件、公共设施、人口结构等信息，使得选址规划更具科学性和直观性。

此外，GIS 还广泛用于农业、林业、城市基础设施等资源的规划、配置与管理，以及生态环境的管理与模拟。GIS 与虚拟现实技术结合，以数字地形模型为基础，通过建立城市、区域或大型建筑工程、著名风景名胜区的三维可视化模型，可以实现城市区域规划、大型工程管理、旅游景点的仿真等。

5. BIM

在建筑行业，建筑信息建模（building information modeling，BIM）的发展可谓如日中天。BIM 是以建筑工程项目的各项相关信息数据作为基础，通过建立三维的建筑模型，用数字信息仿真模拟建筑物所具有的真实信息的一种建筑设计解决方案。BIM 具有信息完备性、信息关联性、信息一致性、可视化、协调性、模拟性、优化性和可出图性这八大特点。

BIM 技术在建筑行业的规划、设计、运维方面的应用早已不再是设想，其应用越来越成熟，甚至成了建筑行业的标准配置。

6. 区块链

（1）区块链的定义。区块链是指利用块链式数据结构来验证与存储数据，利用分布式节点共识算法来生成和更新数据，利用密码学的方式来保证数据传输与访问的安全，利用自动化脚本代码的智能合约来编辑与操作的一种全新分布式基础架构与计算范式。

（2）区块链的六个层次。区块链有数据层、网络层、共识层、激励层、合约层和应用层 6 个层次。

数据层。数据层封装了底层数据区块的链式结构，与非对称公私钥数据加密技术和时间戳技术的可追加、不可更改的分布式数据库系统有关，是作为分布式账本形式存在的。

网络层。网络层建立在 IP 通信协议和 P2P 网络的基础上，包括分布式组网机制、数据传播机制和数据验证机制。

共识层。共识层封装网络节点的各类共识机制算法（区块链的核心技术，决定整个系统安全与可靠的记账者选择方法），如工作量证明机制算法、权益证明机制算法、股份授权证明机制算法等。

激励层。激励层集成经济因素，主要包括经济激励的发行机制和分配机制，该层出现在公有链中，激励更多的遵守规则的节点参与记账。

合约层。合约层封装各类脚本、算法和智能合约，是可编程特征的基础。

应用层。应用层封装区块链的各种应用场景和案例，提供可编程的环境，通过智能合约将业务规则转化成平台自动执行的合约。

（3）区块链的特点。区块链有以下六个特点：去中心化，其实质是实现中心的多元化；

去信任，其实质是信任是可保证的；开放性，即除私密信息外需公开所有信息；自治性，即所有节点可自由安全地交换数据；不可篡改，即信息一旦经过验证并添加至区块链便无法修改；匿名化，即交易的非实名制确保了匿名化。

（4）区块链的应用场景。区块链技术已经从概念发展到应用，其应用场景越来越多。现在比较成熟的应用场景包括：金融、保险、经贸、资产管理、医疗保健、房屋租赁、物流配送、法律事务、教育、餐饮、慈善公益、智慧城市、社会管理等。

7. 从 VR、MR 到 AR

（1）VR。2016 年是虚拟现实（virtual reality，VR）元年。到今天，虚拟现实已经得到快速发展，其应用场景也越来越多。

虚拟现实就是综合利用各种方法，来创建虚拟三维环境，并实现人在虚拟环境中进行沉浸式、交互式、构思式活动的数字化技术。

为了实现虚拟现实，首先，需要有针对性地使用图像、视频、模型等素材，利用计算机、仿真、3D 成像、多媒体等技术建立虚拟环境。

然后，利用智能传感、近眼显示等先进技术，让人们沉浸到所设计的虚拟环境中。

最后，实现人在虚拟环境中的交流互动。

现在，虚拟现实已经在商业贸易、文化旅游、娱乐游戏、教育培训、建筑设计等诸多行业得到应用，给这些行业的运营管理带来了深刻的影响。一方面，为这些行业增加了新的业务增长点；另一方面，已有业务也实现了深层次的数字化转型。例如，线上商铺的商品展示由原来的平面化、静止化、不可触摸，变得像线下一样可以由顾客进行全方位的体验。

（2）MR。混合现实（mixed reality，MR）是指通过把虚拟场景和相关信息叠加到真实场景，实现虚拟场景与真实场景的融合，以创建虚实结合的环境，并实现人在虚实结合的环境中进行沉浸式、交互式、构思式活动的数字化技术。

下面举一个混合现实应用在旅游行业的例子。

一条鲨鱼正在海洋馆里优雅地游动着。这时，你走了过来，你离这条鲨鱼越来越近。它看到了你，开始快速向你游过来。突然，一个巨浪打来，你才发现封闭的馆舍门竟被打开了，鲨鱼游出了馆舍。天呀，它咬着了你的手臂，并开始撕扯。一阵疼痛传来，鲜血喷涌而出。

好在那条鲨鱼没有进一步伤害你，它叼着你手臂上的一块肉游回了馆舍。

全身湿透的你惊魂未定。这一切到底是真的还是假的？

在这个场景中，馆舍外的巨浪是真实的。让你感到疼痛的"牙齿"是真实存在的。馆舍内的鲨鱼的后半身是真实的，馆舍外的鲨鱼的前半身则是虚拟的。鲜血是真实的食品级的颜料。游回馆舍的鲨鱼口中的那块肉则是虚拟的。

从混合现实的这个应用场景，我们看到混合现实已经不再是设想、概念，而是早已能够落地实施了。而且，混合现实的应用可以极大地提升顾客的体验。

（3）AR。增强现实（augmented reality，AR）是指在虚实融合的基础上，利用虚拟场景、真实场景、虚实结合场景来创建没有预先设定的新场景，并实现人在虚实结合的环境中进行沉浸式、互动式、构思式活动的数字化技术。

能够创建新场景是增强现实与虚拟现实和混合现实最大的不同。

需要说明的是，虽然新场景不是预先设定的，但是，创建新场景的规则通常是预先设定的。

如果创建新场景的规则也不是预先设定的，而是根据人的互动式、构思式活动实时生成的。那么，这种增强现实就具备了人工智能的特征。

下面是一个具备人工智能特征的增强现实应用在消防培训方面的例子。

一幢大楼燃起了大火。消防员抵近火场开始灭火。火势很快被控制了。消防员念叨着："今天运气不错，没有刮风"。可他的话音刚落，现场居然突然刮起风来。已被压制着的火势瞬间失控。长长的火舌向消防员卷来。

在这个例子里，风、热浪、烧焦的味道都是真实的，并且都是预先设定的。火舌则是虚拟的，但也是预先设定的。刮风后火舌的形态却是没有预先设定的新场景。特别地，刮风后火势如何发展这样的规则也不是预先设定的，而是根据消防员的构思式活动即时生成的。

8. ChatGPT

ChatGPT（Chat generative pre-trained transformer）是由 OpenAI 推出的一种智能自然语言处理工具，目前演化到 GPT-4 Turbo。ChatGPT 使用 Transformer 算法架构，经过大量文本数据训练，能够通过理解和学习人类语言与人类进行多轮互动。此外，ChatGPT 可以根据用户需求生成文字、图片、音视频等。

ChatGPT 的实际应用场景包括：智能客服、代码编写、语言翻译、个人助手、娱乐休闲、教育培训、专业咨询等。

"文心一言"是一种基于自然语言处理技术的人工智能系统，它在语言处理和生成式对话方面都有不俗的表现。

9. 元宇宙

元宇宙是指综合利用各种数字化技术创建的，与现实世界平行或者超越现实世界，并与现实世界融合的数字空间。

不同于虚拟现实、混合现实和增强现实，人工智能的加持是元宇宙的标配。

2021 年是元宇宙元年。今天，元宇宙虽然还处于萌芽和起步阶段。但是，随着它的演化和发展，它将给企业的运营管理带来深刻的变革，也必将影响着我们日常生活的方方面面。

下面举一个元宇宙应用在教育行业的例子。课堂上，教师就一道经典的高等数学题目请一位同学陈述两种公认的解法。

让在场的真实的师生或者师生的数字人都感到意外的是，借助 ChatGPT，这位学生居然给出了第三种解法，并且在黑板上书写了这种解法的详细步骤。特别地，这种解法比已知的两种解法都简捷明了。

那么，元宇宙会如何影响我们的日常生活呢？

设想一下，你在北京的家里，看到了你的一位朋友正在美国夏威夷海滩上悠闲地晒着阳光。实然，他来到了你的身边。你们拉起了家常，欢声笑语。在这个场景下，在美国夏威夷海滩上的他或者来到你身边的他可能是真实的他，也可能是他的数字人。

3.5.3　网络技术及其对运营管理的影响

网络技术是把互联网上分散的资源融为有机整体，实现包括高性能计算机、网络、传感器、存储资源、数据资源、信息资源、知识资源、专家资源等在内的资源全面共享和有机协作，使人们能够透明地利用资源的整体能力并按需获取信息的综合性技术。

今天，企业运营与人们的日常生活已经离不开互联网。人们早已习惯了远程组织与管理。面对面变成了面对屏幕，固定时间与地点变成了随时随地，标准化变成了个性化。而互联网+则正在改变传统的产业，商业模式正在得到重构，业务体系正在得到更新，生产要素正在得到优化。随着移动互联网、物联网、5G 通信技术、大数据与云计算、在线支付技术的应用，原本无法想象的共享单车、共享电动车、共享汽车已进入我们的生活。可以想象，即使美容美发这类顾客必须与美容师直接接触的服务，也可以通过先进信息技术与网络技术的应用来减少顾客与美容师面对面接触的程度。顾客完全可以通过远程互动平台商定美容项目及每一个细节，并且借助 VR 技术了解美容效果。

值得注意的是，自动化技术、信息技术、网络技术之间呈现出越来越多的交叉与融合。事实上，今天以智能制造为显著特征的工业互联网正是这种交叉与融合的结果。

当然，在应用包括自动化技术、信息技术和网络技术在内的先进技术时，还应对可能产生的风险进行管控。安全管理永远在路上。

3.6　服务设计

3.6.1　服务设计概述

1. 服务及其特点

（1）服务与服务包。**服务**是指为满足顾客需求，在顾客和服务提供者之间发生的具有更多无形特征的交互活动、过程或表现。服务可看作特殊的产品，它由服务系统提供。该系统包括提供服务所需要的设施、人员、技术和流程，等等。现实中，很少有纯粹的服务，更多的是服务包。

所谓**服务包**，是指包括用于提供服务的硬件、辅助物品、显性服务和隐性服务在内的统一体。硬件是指提供服务所必需的场所、设施、设备等，如候机室、客机、商品部、手推车、行李转盘等；辅助物品即实物产品，如宣传材料、快餐等；显性服务即可以用感官感觉到的服务的本质或核心特征，如航班准时、办理登机手续快捷有效、引导清晰明了等；隐性服务即服务的附属或非本质特征，如适时的问候、得体的服饰、服务人员彬彬有礼等。

（2）服务的特点。与产品相比，服务有以下三个特点。

第一，服务是无形的。通常，产品可以触摸，服务无法触摸，如气氛、态度等，只可感受。

第二，服务需求更具不确定性。例如，你很难预计明天会有多少人光顾王府井百货大楼。

第三，顾客会在一定程度上介入服务过程。一般地，接受服务与提供服务是同时进行的。这是服务与产品的最大不同之处。产品可以单独生产，单独销售；人们却很少能单独生产出服务，然后在另外的时间出售。这一特点决定了接受服务与提供服务的同时性，如教学、就诊、美容美发等。

2. 服务设计的基本要求

服务的上述特点，决定了服务设计比产品设计更复杂、更困难。服务设计要满足以下四个基本要求。

（1）与组织的使命、价值观和愿景相一致。所设计的服务或服务系统要有利于实现组织的使命、价值观和愿景。

（2）有统一的服务宗旨。例如，社区便民店应从各个方面达到便民效果，如为行动不便的老人送货上门。

（3）所设计的服务对顾客来说是有价值的。所设计的服务是否有价值要以顾客的评判为准。豪华的装饰对到高档饭店就餐的顾客来说，是身份的体现；而对快速解决午餐的顾客来说，并没有什么价值。

（4）所设计的服务是稳健的。无论是超市、医院，还是书店、高尔夫球场，至少要有与平均服务能力相匹配的设施、人员或其他资源。以民康大药房在华北地区的旗舰店为例，半年来其平均每天售出的某品牌儿童感冒药为 100 盒左右，但为了保证患者需要，配货量还是保持在150 盒以上。

3. 服务设计的有效性

为保证和提高所设计服务的有效性，应注意以下六个方面的问题。

- 一旦开始进行服务设计，管理者应立即介入并支持服务设计活动。
- 确定服务标准，尤其是那些感受、气氛等难以度量的标准。
- 确保服务人员的招聘、培训和薪酬制度与服务设计的目标相一致。
- 建立可预测事件的处理流程和不可预测事件的紧急预案。
- 建立监控、维持和改进服务的管理体系。
- 确定每一个关键时刻（moment of truth，MOT）是正确的、稳健的。

3.6.2 服务设计的一般方法

1. 服务流水线

制造系统因采用流水线生产方式而使制造成本大为降低，在服务业也可以进行分工并通过工具和设备专业化来建立类似的流水线，这里不妨称之为"服务流水线"。

为了使服务流水线方法获得成功，必须坚持以下四个原则。

- 劳动分工，把整个过程分为若干简单而具有重复性的工作。
- 服务标准化，尽可能把服务设计成事先设定好的常规工作，以便稳定服务质量。
- 用技术代替人力，在与顾客接触程度低的环节用机器代替原来的手工作业，不但可以提高效率，而且可以减少差错。
- 充分授权，服务一线的员工有紧急情况处置权。

2. 把顾客作为服务主体

在服务过程中，不应把顾客作为被动的服务对象。当需要的时候，应把顾客作为服务主体，即尽可能地提高顾客参与服务系统的程度。自助餐的盛行证明了这种方式的优越性。技术进步也促进了顾客的参与，我们对银行系统的 24 小时自动柜员机早已司空见惯，电子机票取代纸质机票实际上在某种程度上提高了顾客的参与程度。事实上，最低工资的提高也促使服务公司积极采取这种策略。今天，宾馆的门童越来越少，航空公司鼓励旅客使用便携的行李。

3. 预约与预订

顾客到达服务系统的随机性导致服务能力难以与顾客需求完全匹配。为此，常采用预约或预订的方法，以减少顾客的等待时间。此外，也可在需求处于淡季时，通过价格刺激来吸引顾客消费，这实际上也是一种预约，即把顾客"预约"到淡季，以平衡服务能力。

3.6.3 服务场景设计

服务场景就是为顾客留下印象的环境。例如，麦当劳标志性的金色双拱门，其内部标准化的布置、菜单、包装、员工制服、"得来速"餐厅等。麦当劳服务场景和服务过程的标准化强化了其运营绩效；快捷和食品的高品质，塑造了其品牌形象。

一般而言，服务场景包括以下三个方面的要素。

1. 环境氛围

环境氛围主要通过视觉、听觉、触觉、嗅觉、味觉等来体现。例如，在银行营业大厅里配置舒适的沙发，摆放时令鲜花来营造环境氛围。

2. 空间布置

空间布置包括合理划分办公室、会客厅、会议室、活动室等。同时，还包括接待室、停车场、内部餐厅等的布局。

3. 符号、标志和器物

符号、标志和器物包括悬挂在墙上的使命书、喷涂在车辆上的公司标志、摆放在走廊里的荣誉证书、印有公司名称的信笺、统一的公司制服等。

3.6.4 服务流程设计

1. 服务蓝图

根据服务的特点，顾客或多或少地会参与到服务过程中，所以只是简单地绘制业务流程图是不够的。经过理论研究和实践活动，人们提出了一种描述服务过程的有效工具，即服务蓝图。

服务蓝图就是用箭头线把服务过程中的各项作业（用矩形框或菱形框表示）按其前后顺序连接起来的作业顺序图。服务蓝图是对业务流程图的细化和扩展。从横向上可把服务蓝图分为四个层次，即顾客层、前台、后台和支持层。第一个层次描述顾客的活动，第二个层次描述前台服务人员的活动，第三个层次描述后台服务人员的活动，第四个层次描述支持单位或其他部门的活动。从纵向上，根据特定的服务项目，划分为若干阶段。

图 3-16 是典型的饭店聚餐服务蓝图，从四个层次描述了聚餐过程。同时，把整个聚餐过程分为界限比较清晰的四个阶段，即顾客到达、顾客候餐、顾客就餐和顾客离开。

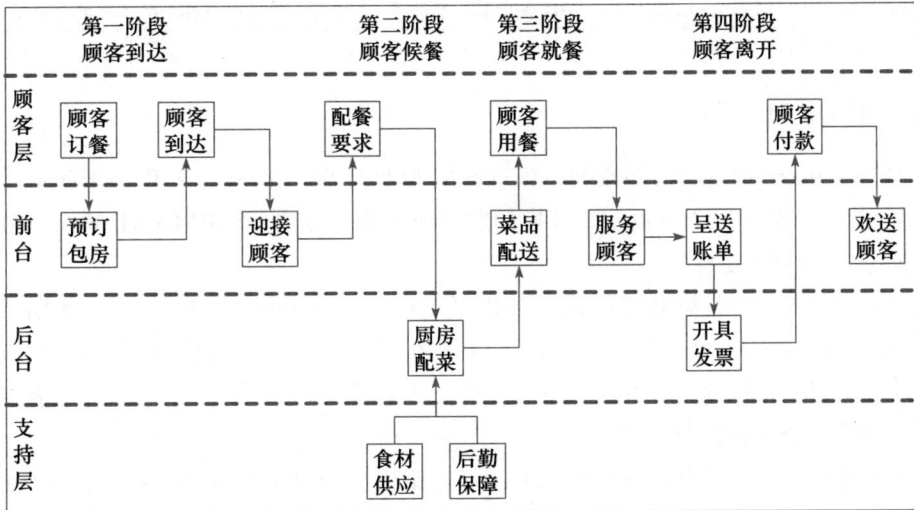

图 3-16　饭店聚餐服务蓝图

下面结合饭店聚餐说明绘制服务蓝图的基本要求。

（1）站在顾客的角度，把从顾客接触服务系统到完全离开服务系统的整个过程分为若干步骤。例如，饭店聚餐相关服务就可分为 15 个步骤。

（2）根据每个步骤的先后顺序，用箭头线把每个步骤连起来。

（3）判断每一步骤的主导者，是顾客层、前台、后台还是支持层。例如，顾客订餐、顾客到达和配餐要求等的主导者是顾客，预订包房、迎接顾客和菜品配送等的主导者是前台服务人员，厨房配菜的主导者是后台厨师，而食材供应和后勤保障的主导者是支持层的员工。然后，把相应的步骤放在对应的层次。

2. 服务质量控制

为确保向顾客提供更好的服务，需要对服务质量进行控制。为此，可在绘制服务蓝图的基础上，用图表形式标明整个服务过程中容易出现的差错并给出预防措施。必要时，就出现差错给顾客以相应的承诺。通常，把容易出现差错的地方叫作"质量控制点"。为最大限度地提高顾客的满意度，可采用防差错设计来避免差错的发生。**防差错设计**（poka-yoke）是一种在作业过程中采用自动作用、报警、提醒等手段，使作业人员不需注意或不需特别注意也不会失误的方法。防差错设计是一种用途非常广泛的技术，如防止接入错误的特殊 USB 接口，自动柜员机提醒顾客取卡的声光信号装置，确保"微笑服务"而安装在电话机上的镜子，机场登记处自助式测量行李箱尺寸的设施等。

表 3-4 列举了饭店聚餐过程中，最容易出现的差错、预防措施以及就出现差错对顾客的承诺。

表3-4　饭店聚餐过程中最容易出现的差错、预防措施以及就出现差错对顾客的承诺

最容易出现的差错	预防措施	就出现差错对顾客的承诺
房间不满足基本要求	电话回访,并保留电话录音	由顾客任意选择房间或免除包间费
没注意到顾客到达	增加门童,确保每个入口有一位候客门童	由顾客拿走门童手中预备的10元人民币
菜单错误	点菜后复述菜单,送达厨房时询问是否复述	错误的菜品以及补上的正确的菜品均免费
配餐错误	复验菜品,交服务员时核对菜单	错误的菜品以及补上的正确的菜品均免费
菜品配送错误	对餐桌和菜品编号,关联餐桌和菜品编号	错误的菜品以及补上的正确的菜品均免费

3.6.5　SERVQUAL 理论

SERVQUAL 为 service quality 的缩写,该理论是 20 世纪 80 年代末由 A. Parasuraman、Zeithaml 和 Berry 最早提出的基于服务质量差距管控的服务质量管理方法。SERVQUAL 的核心是"服务质量差距模型"(5GAP 模型)。

所谓服务质量差距,是顾客感知的服务水平(perception service,PS)与顾客期望的服务水平(expectation service,ES)之间的差距。当顾客感知的服务水平接近顾客期望的服务水平时,顾客才会满意;越接近,顾客越满意。当然,如果顾客感知的服务水平超过顾客期望的服务水平,将会出现令人惊喜的结果。

那么,服务质量差距来自哪里呢?服务质量差距模型给出了系统的解释。5GAP 模型是指通过对调研、设计、一致性、沟通四个方面的差距进行测评来最终评价顾客感知与顾客期望之间差距的一种服务质量管理方法。首先,在调研阶段,由于对顾客的了解程度不同,服务质量就可能已存在差距,即没有识别出顾客的真正需求。其次,在设计阶段也可能存在服务质量差距,即在设计方案中并没有把所识别出来的顾客需求完全体现出来。再次,在把设计方案转化为服务时,也可能存在服务质量一致性方面的差距,即并没有完全根据所设计的服务标准来提供服务。接下来,在沟通方面存在服务质量差距,即服务提供者对顾客对服务满意程度的判断与顾客的真实满意程度存在差距。最后,导致顾客感知质量与期望质量存在差距,即 PS 与 ES 之间的差距。5GAP 模型如图 3-17 所示。

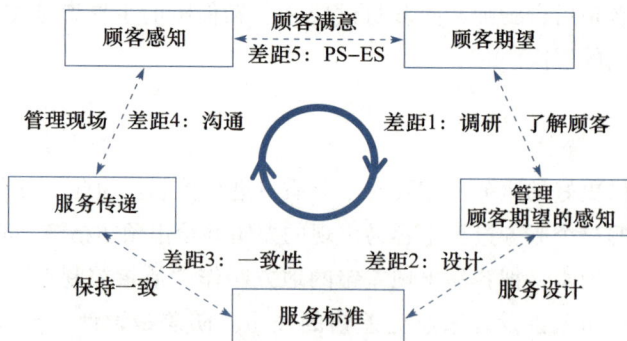

图 3-17　5GAP 模型

下面是一个有关差距 3 的事例。

在倡导以人为本的今天,仍然时不时在银行、医院甚至个别政府部门出现"蹲式服务窗口"的奇特现象。

　　有人会说："你可能误解了。这不是不考虑顾客的感受，恰恰相反，是一种人性化的设计方案，是想让顾客舒适地坐在椅子上办理业务，之所以出现顾客蹲着办理业务，是当天有人把顾客坐的椅子挪到了其他地方，这只是极个别的现象。"这种理直气壮的辩解完全经不起推敲。如果服务部门真的为顾客考虑，那么，为什么不在服务开始之前确认顾客是有椅子可坐的？

　　在这个事例中，服务标准的建立是没有太大问题的。关键是根据服务标准来提供服务时出现了大的偏差。

　　5GAP 模型告诉我们，为了提高服务质量水平，即最大限度地缩小感知服务水平与期望服务水平之间的差距，就应该减少调研、设计、转化、沟通四个阶段的差距。

　　五维度服务质量测评模型将服务质量分为有形性、可靠性、响应性、保证性、移情性五个维度，分别测评其服务质量差距，如图 3-18 所示。

　　五个维度所包含的调查项目共 22 个，如表 3-5 所示。通过调查问卷的方式，让顾客就每个调查项目的期望值、实际感受值及最低可接受值进行评分。通常，赋予不同调查项目不同的权重，通过综合计算得出服务质量的分数。

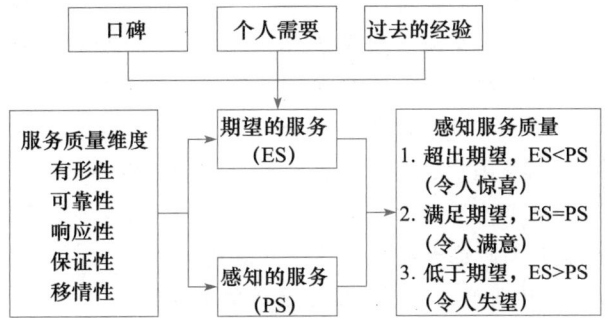

图 3-18　五维度服务质量测评模型

表 3-5　五个维度所包含的调查项目

维度	所包含的项目
有形性	1. 有现代化的服务设施 2. 服务设施具有吸引力 3. 员工有整洁的服装 4. 公司的设施与其所提供的服务相匹配
可靠性	5. 公司向顾客承诺的事情都能及时完成 6. 顾客遇到困难时，能表现出关心并帮助 7. 公司是可靠的 8. 能准时地提供所承诺的服务 9. 正确地记录相关事项
响应性（反向题）	10. 不能指望员工告知顾客提供服务的准确时间 11. 期望员工提供及时的服务是不现实的 12. 员工并不总是愿意帮助顾客 13. 员工因为太忙一直无法立即提供服务，满足顾客的需求
保证性	14. 员工是值得信赖的 15. 在从事交易时，顾客会感到放心 16. 员工是礼貌的 17. 员工可以从公司得到适当的支持，以提供更好的服务
移情性（反向题）	18. 公司不会针对顾客提供个别的服务 19. 员工不会给予顾客个别的关心 20. 不能期望员工了解顾客的需求 21. 公司没有优先考虑顾客的利益 22. 公司提供的服务时间不能满足所有顾客的需求

习题

1. 什么是新产品？
2. 根据对产品的改进程度，新产品可分为几类？
3. 开发新产品应该朝着哪些方向发展？
4. 新产品开发或服务设计的必要性体现在哪些方面？
5. 为什么说能否不断开发出新产品关系着企业的生存和发展？
6. 何为产品生命周期规律？
7. 产品在投入期、成长期、成熟期和衰退期分别具有哪些特点？
8. 如何根据产品生命周期理论确定产品在不同时期的运营管理重点？
9. 简述新产品开发的两种动力模式。
10. 简述新产品开发或服务设计的路线图。
11. 分别简述 D*f*M、D*f*C 和 D*f*E 技术。
12. 简述质量功能展开的内涵。
13. 如何理解质量功能展开是一种集成技术？
14. 简述建造质量屋的技术路线。
15. 为什么说严格按照质量屋的技术路线开发的新产品正是顾客真正需要的新产品？
16. 就你熟悉的某一产品，建造其质量屋。
17. 就你熟悉的某一服务项目，建造其质量屋。
18. 某项技术要求与三项顾客需求有关系。关系程度分别为一般、紧密、弱。这三项顾客需求对顾客的重要度分别为 20、10、15。试计算这项技术要求的重要度。
19. SGS 的核心思想体现在哪些方面？
20. PACE 的核心思想体现在哪些方面？
21. IBM 为什么要从 PRTM 引入 IPD？
22. IBMIPD 的独特之处何在？
23. 简述华为 IPD 的实质。
24. 简述 IPD 5 个阶段分别要完成的主要事项。
25. 华为实施 IPD 的独特之处何在？
26. 简述华为的产品开发跨部门团队的表现形式。
27. 什么是流程？
28. 产品与流程的关系是什么？
29. 按加工作业的重复程度，可把工艺流程分为哪几种？
30. 试说明如何应用 P-P 矩阵来选择工艺流程。
31. 流程设计与优化的主要内容是什么？
32. 什么情况下需要对流程进行设计与优化？
33. 简述业务流程设计与优化的基本原则。
34. 简述业务流程设计与优化的一般步骤。
35. 简述设置流程绩效测评指标的 SMART 原则。
36. 流程绩效测评的结果指标有哪些？
37. 流程绩效测评的过程指标有哪些？
38. 简述利特尔法则及其应用。
39. 经过一段时间的观察，一家银行的营业大厅里平均有 20 位顾客在等待或办理手续。又知道平均每分钟有 5 位顾客到达这家银行办理业务。
    (1) 试计算每位顾客在这家银行办理业务的平均时间。
    (2) 给出减少在这家银行等待办理业务的顾客人数的思路。
40. 业务流程设计与优化的常用方法有哪些？
41. 就日常生活中的某一个流程，应用作业流程图进行优化设计。
42. 简述流程设计与优化的 ECRS 分析法。
43. 简述流程设计与优化的 SIPOC 图。
44. 简述流程设计与优化的标杆瞄准法。
45. 简述流程设计与优化的 DMAIC 方法。
46. 简述业务流程再造产生的背景。
47. 简述业务流程再造的内涵。
48. 说明业务流程再造的实施时机及原则。
49. 说明业务流程再造的实施步骤。
50. 简述应用先进技术与提升企业竞争力的关系。
51. 选择某一项自动化技术，说明它给运营管理带来的影响。
52. 选择某一项信息技术，说明它给运营管理带来的影响。

53. 简述区块链的含义、层次、主要特点，举例说明其应用场景。

54. 以实例来分别说明什么是 VR、MR、AR。

55. 简要说明 ChatGPT 及其应用场景。

56. 结合实例描述元宇宙。

57. 举例说明网络技术给运营管理带来的影响。

58. 服务有哪些特点？

59. 服务设计的基本要求是什么？

60. 如何提高服务设计的有效性？

61. 结合实例说明如何进行服务场景设计。

62. 实务题：选择一个你熟悉的服务项目，用服务蓝图描述它，确定其中的质量控制点，并给出控制措施。

63. 简述 5GAP 模型，并说明如何利用这一模型提高顾客满意水平。

64. 简述五维度服务质量测评模型。

📍 案例分析

联想通过 ThinkPad X300 打造品牌形象

引子

2008 年 1 月上旬的一天，一台崭新的 ThinkPad X300 放在了彼得·霍腾休斯（Peter D. Hortensius）的面前，这是联想经过一年半时间研发出来的最新款超薄笔记本电脑。伴随着 ThinkPad X300 来到霍腾休斯跟前的是一则令人深感焦虑的消息：苹果时任 CEO 史蒂夫·乔布斯把其最新发布的铝外壳超轻超薄笔记本电脑 MacBook Air 从一个大信封里拿了出来，并且乔布斯宣称这是全球最薄的笔记本电脑。

要知道，ThinkPad X300 的上市时间定在 2008 年 2 月，如果 MacBook Air 比它还要优秀，那就意味着这款产品还没推出就已经过时了。如果真是这样的话，这个后果对于联想不亚于一场灾难。

霍腾休斯急不可耐地让他的秘书菲利斯找来了一个大号信封。当霍腾休斯小心翼翼地把 X300 塞进信封时，他兴奋地大叫："装下了！装下了！"

联想对 ThinkPad X300 寄予的厚望

今天，人们对产品生命周期理论已耳熟能详，该理论及实践表明：对于任何一家企业，如果未能不断地开发新产品，终将被无情的市场所淘汰。

可是，值得人们深思的是，在 IT 行业，耗时一年半开发一款笔记本电脑，这可真是犯了大忌，而且联想方面表示，ThinkPad X300 不是一款畅销产品。那么，究竟联想对 X300 寄予了怎样的厚望呢？

让我们把日历翻回 2005 年 5 月 1 日。当天下午 3 点，联想正式宣布完成对 IBM 全球 PC 业务的收购。至此，这桩在国内外影响深远的 IT 行业的"蛇吞象"收购案尘埃落定。

无论联想对这次收购是多么信心满满，但是，当局者也好，旁观者也好，都不得不思考这样的问题：美国 IBM 的金牌产品 ThinkPad 到了中国联想手里，原来的客户会不会流失？潜在的客户会不会举棋不定，甚至调转船头？首先，IBM 每年可以从美国政府及其他官方组织得到约 10 亿美元的固定订单，这笔业务占 IBM PC 业务的 10% 左右。谁能保证这部分订单不会流失？其次，IBM 原个人计算机用户中有很大一部分是企业客户，谁又保证这些客户在 IBM 出售其 PC 业务后不会转而购买惠普或戴尔的产品？最后，一直以来，IBM 以其高品质在个人客户群中保持了极佳的口碑，更有对"小黑"（指 ThinkPad）解不开的情结。这个情结除来自产品过硬的品质外，还来自对 IBM 品牌的崇拜。赢得顾客的崇拜绝非一朝一夕可以成就的。

为应对客户流失的风险，联想进行了周密的策划。根据协议，联想此次收购的不仅是 IBM PC 业务的办公机构、场所等，IBM 原来属于 PC 业务的员工也被统一打包，整合到联想。此外，生产线不变，研发中心也不变。由于宣传到位、计划周密，同时得到了IBM 很好的配合，因此联想在稳定客户方面还是取得了一定的成功。

铁打的营盘流水的兵。在 IT 行业，员工跳槽司空见惯，更何况，每个人都有退休的那一天。产品要改进，技术要创新。当联想推出新产品时，如何延续 ThinkPad 原有的品质呢？这个问题实实在在地摆在了联想的面前。毫无疑问，这是联想历时一年半研发ThinkPad X300 的主要动因。

推出 X300 的时机选择

联想把 ThinkPad X300 的上市时间选在2008 年，这个年份耐人寻味。2008 年对于中国来说注定是不平凡的一年，南方 50 年不遇的雪灾、汶川特大地震让全国人民守望相助、上下同心。也正是在这一年，北京举办了一届无与伦比的奥运会。2004 年 3 月，联想与国际奥委会签约，成为 2008 年北京奥运会的顶级赞助商。联想绝不会失去这个千载难逢的好机会。联想希望 ThinkPad X300 在 2008年北京奥运会上大放异彩。

但是，如果奥运会提前或推迟两年举办，联想还会把 ThinkPad X300 的上市时间选在奥运年吗？在思索这一问题之前，我们还是先回顾一下 ThinkPad X300 的开发历程吧。

ThinkPad X300 开发历程回顾

（1）公司战略布局。IBM ThinkPad 曾经一直是商务人士的至爱。看到它的光芒逐渐淡去，联想董事会主席杨元庆表示："我们想传递这样一个信息，如果有哪家企业能够不断研发出最具创新性和高品质的产品，那它一定是联想。"

（2）产品开发战略。产品开发战略是对公司发展战略的支撑。根据高层传达的信息，需要制定相应的产品开发战略。事实上，企业的形象也好，品牌也好，一切都要落实到产品/服务上。没有高品质，没有有持续影响力的产品/服务，企业所谓的良好形象、高端品牌只能是昙花一现。

为了制定产品开发战略，需要确定产品定位和目标、开发产品平台、确定产品线、规划产品开发项目。

产品定位和目标要解决的是"瓜种"问题。联想推出 X300 的目的就是要重现 Think-Pad 昔日的辉煌，为联想在全球市场上赢得声誉。ThinkPad 定位于精品，而非畅销产品，这就明确了产品的定位和目标，解决了"长什么样的藤，结什么样的瓜"的问题。

产品平台是"瓜的主藤"，是企业核心技术的集合，是使企业所有产品线和产品根植于此的公共平台。联想的选择必然是在巩固原有技术优势（如日本大和实验室）、人力资源等的基础上，投入更多的资金强化产品平台的开发。

产品线是"瓜的支藤"，是基于产品平台的同类产品的集合。ThinkPad X300 连同其他产品构成了 ThinkPad X 系列产品线。

产品项目是"藤上的瓜"，是基于产品线规划的单项新产品。联想的产品开发战略是把 ThinkPad X300 打造成 ThinkPad X 系列上的一个硕果。

制定产品开发战略的重任理所当然地落在了霍腾休斯的肩上，因为他是联想集团负责笔记本业务的高级副总裁。

（3）产品的设计方案与技术应用。该是大卫·希尔、理查德·萨帕、项目经理及设计人员登场的时候了。希尔是联想公司企业形象综合战略和设计主任，以笔记本电脑传统的继承者为世人所知。萨帕是 ThinkPad 笔记本的原创人之一，他曾主导设计了 ThinkPad 700C 系列笔记本电脑，奠定了 ThinkPad 笔记本的经典设计风格。

对于笔记本电脑，轻小便是价值。如何将重量、价格和功能完美地结合在一起，使用什么样的新技术是最重要的问题。也只有研制出 ThinkPad 史上最薄、最轻、最优雅的笔记本电脑才符合杨元庆的要求。

2006 年 6 月，希尔提出两个基本设计方案：一是把简朴发挥到极致，笔记本表面上只保留联想的标志和前面的弹簧锁，以往笔记本侧面的各种接口和底部的各种标签都通过一种金属壳隐藏起来。二是努力将笔记本做到最小，长度不超过 10in $^{\ominus}$，厚度小于 1in，为此需要使用折叠式键盘。

经过调查论证，时下 13in 屏幕正大受欢迎。同时，隐藏接口和标签等的金属壳也将大大增加笔记本的重量。于是，希尔放弃了原来的想法。

那么最后的方案是什么呢？2006 年 10 月，经过反复论证，通过把希尔的设计理念与可能的技术相结合，确定这款新产品的代码为 Kodachi，意即小武士刀。这款高端笔记本电脑囊括了三种新兴技术：固态存储，即当笔记本电脑被摔时不会支离破碎；LED 背灯照明显示器，以增强电影观感；超薄 DVD 驱动器，厚度仅为 7mm。

（4）实施与试生产。2007 年 1 月，Kodachi 获得联想高层批准，正式进入项目计划阶段。

Kodachi 项目的产品研发人员热情高涨，不停地探索和试验任何可能用到的先进技术和工艺。希尔更是每天通过电话和邮件同日本项目组紧密联系，时刻关注着项目的进展。

但是，市场营销人员得出的预测结论是：Kodachi 的销售前景不被看好，还不到目标销售量的一半。尽管如此，霍腾休斯还是决定以铁腕继续推动 Kodachi 项目。他认为，营销人员过于保守，Kodachi 并不是一款普通的高端笔记本电脑，它与以往任何产品都不同。

2007 年 4 月，Kodachi 项目进入实际研发阶段。即刻起，所有设计人员和工程人员都陷入深深的担忧：没准明天一上班就看到竞争对手抢先推出一款更加轻薄的新机器。别无选择，只有抢时间。而联想高层给研发人员定下的时间表更如战鼓催征，最后期限及等待审查的鼓声一直在耳边敲着。多年来，Kinoshita 闲暇时间一直热衷于航海，但是，当 Kodachi 项目步入正轨时，别说航海了，他在玩命工作：通常从早上 9 点开始，一直工作到晚上 10 点或 11 点。

2007 年 9 月上旬，推出机械原型。9~10 月，原型和组件的性能测试。11 月，推出定型样机。12 月上旬，生产前测试。12 月，审查委员会小组一行六人计划在大和实验室会面，共同决定 Kodachi 能否投入试生产。Kodachi 机器原型顺利通过了包括最为残酷的"自由坠落"在内的一系列压力测试。可是在 10 月 1 日，问题出现了：从两家亚洲供应商那里订购的固态存储驱动器没有通过质量检测。作为霍腾休斯的得力干将，马克·科恩凭借其超人的自信和技术才干，决定在没有固态存储驱动器的情况下继续下一阶段的研发。事实上，任何研发过程都会遇到这样那样的问题，能有效地解决这些问题才是实力的体现。

2007 年 12 月 10 日，位于深圳的 ThinkPad 生产线上的员工开始装配最初的 25 台 Kodachi 试验产品。他们的工作就是发现问题并为流水

$\ominus$ 1in≈2.54cm。

生产线的工作人员提供操作指南，从而为 1 月 25 日开始的大规模生产做好准备。

2008 年 1 月上旬的一天，第一台具有联想徽标的 ThinkPad 笔记本电脑 ThinkPad X300 放在了霍腾休斯面前。

没有结束的故事

霍腾休斯的"信封实验"着实令人后怕。霍腾休斯成功了，希尔开心地笑了。但故事并没有结束。北京时间 2010 年 1 月 28 日凌晨 2 点，还是那个不怎么招人喜欢的乔布斯，在加州旧金山前卫艺术中心举行发布会，正式发布了传闻已久的平板电脑，型号是 iPad。iPad 虽然与 iPod 只有一个字母之差，外观风格与 iPhone 相似，但 iPad 却装备了苹果自主设计的 1GHz 的 Apple A4 芯片，这是至今为止苹果所用的最高端的芯片产品，内部集成了处理器核心、GPU 核心、I/O 核心和内存控制器。

面对苹果的咄咄逼人，故事的另一个主角发力了。北京时间 2010 年 10 月 5 日，霍腾休斯表示，联想将推出 ThinkPad 商用平板电脑。时至今日，我们并没有看到商用平板电脑的正式发布。不过，2011 年 1 月，在美国拉斯维加斯国际消费电子展（CES）上，联想向全球首次推出了乐 Pad 平板电脑。三个月后的 3 月 28 日，联想乐 Pad 正式上市。但这已比第一代 iPad 正式推出晚了一年多。更何况 2011 年 3 月 3 日，苹果正式发布了其第二代 iPad。iPad 2 采用 A5 Chip 芯片组，更轻更薄、速度更快且有前后置摄像头。2011 年 8 月 25 日乔布斯辞去苹果 CEO，由库克接任。同年 10 月乔布斯逝世。这位传奇人物去世后不久，苹果于 2011 年 10 月 5 日发布 iPhone 4S。不到一年，2012 年 7 月 20 日由库克主持发布了顾客关注已久的 iPad 3。故事似乎又有了一个新的高潮：9 月 12 日由库克主持发布了 iPhone 5。但是第二天就有外媒报告："没有乔布斯，苹果逐渐沦为平庸。"iPhone 5 没有一个动人的故事，只有速度更快的处理器，只有更大、更亮、更薄的显示屏，库克还能延续苹果的创新基因吗？10 月 24 日，苹果在美国加州圣何塞的加利福尼亚剧院召开发布会，推出 Retina 版 13 英寸 MacBook Pro、新款 iMac 和 Mac mini、第四代 iPad 和 iPad mini 等多款产品。

面对苹果的这套组合拳，2013 年新年伊始，联想在内部宣布将公司业务分为两大集团：Lenovo 业务集团和 Think 业务集团，分别针对个人与移动用户、高端与企业用户。联想集团董事局主席杨元庆说："Think 是联想最好的品牌资产，也是唯一可以在高端市场与苹果一争高下的品牌。"就智能手机，联想也要与三星和苹果一拼高下。靠的是什么呢？价格、销售渠道、生产制造毫无疑问是联想的优势。此外，联想已在"用户体验"上有了更多的谋划。关于用户体验，杨元庆这样描述："如果你的手机丢了或被偷了，这种情况下联想的智能机首先可以保护你的手机上的数据，然后还可以恢复到你的新的智能终端上面。另外，协同也很重要，比如在手机上下载一个东西，你觉得屏幕太小，只要一划就可以到电视上面去看。"

联想业务重组及产品创新可能都不足以给苹果带来危机感。例如，苹果早已实现了手机丢失后的补救及屏幕转移功能，而且处于领先地位。但是，2012 年对于苹果来说，一定是不愿回首的一年。智能手机的销量冠军宝座被三星夺去，Galaxy 成为人们热议的焦点，重点产品 iPhone 遭遇口碑滑铁卢，苹果地图频频出现问题，iPad 市场份额创历史最低，还有持续低迷、让人痛心的股价。我们好像看不到那个曾经创意满满、意气风发、笑傲江湖的苹果了，取而代之的只是"增量式"的升级。虽然一再被否认，仍然不断有人传言，苹果将推出廉价的 iPhone！

作为世界级 IT 巨头，真的会出现泰坦尼克号一样的悲剧吗？无论是消费者还是业界，相信还有苹果自身，都依然怀有信心地期待着，期待着能够"改变世界"的苹果的回归。重新走上时代的巅峰，当然不只是靠信心，实实在在能够吸引人的产品才是王道。

北京时间 2013 年 9 月 11 日，苹果在位于美国加州的苹果总部召开新闻发布会，iPhone 5S 和 iPhone 5C 两款全新手机同时亮相，定价也相继公布，国内版本 iPhone 5S 售价为 5 288 元，iPhone 5C 售价为 4 488 元，中国也第一次成为首批上市国家。其中，iPhone 5S 因使用苹果 A7 处理器，搭载最新 iOS 7 操作系统，HOME 键附带指纹识别而成为新一代 iPhone 的闪光点。

2014 年 9 月 10 日，顺应顾客的需求，看到三星在大屏幕手机上的成功，苹果推出了其大屏幕 iPhone 6 及 iPhone 6 Plus。iPhone 6 与 iPhone 6 Plus 配备了处理性能更加强劲的 64 位台式电脑级架构——A8 处理芯片，并加入了 M8 运动协处理器。与 iPhone 6 及 iPhone 6 Plus 一同发布的还有坊间传言已久的 iWatch。

2015 年 9 月 10 日，在美国旧金山比尔·格雷厄姆市政礼堂（Bill Graham Civic Auditorium），苹果召开新品发布会。iPhone 6S 与 iPhone 6S Plus 如约而至。作为最大升级之一，新 iPhone 加入了基于 iOS 9 才能实现的 3D 触控技术，可感应不同压力度触控。在硬件方面，iPhone 6S 搭载了苹果第三代 64 位 A9 芯片，CPU 速度提升 70%。区分是不是最新的 iPhone 6S/iPhone 6S Plus 最直观的标志是什么？玫瑰金！从土豪金到玫瑰金，是苹果任性还是"果粉"任性？此次发布会，苹果还一口气推出了二代 Apple TV、iPad Pro 等多款产品。

让我们再把时钟拨到 2016 年 9 月 8 日，苹果如约推出了 iPhone 7 与 iPhone 7 Plus。2017 年是 iPhone 推出十周年。看吧，苹果 2017 年推出的 iPhone 8 一定有很好的故事要说给"果粉"听。

这些年来，联想在做些什么呢？

北京时间 2013 年 11 月 1 日，联想在北京国家会议中心举行盛大发布会，发布全球首款多模式平板电脑 Yoga。发布会上除 Yoga 让人耳目一新外，国家会议中心这块宝地、刘谦的开场白、"乔布斯"的扮演者库彻"加盟"联想都无疑让联想赚足了眼球。

2014 年 1 月 23 日，联想集团正式对外宣布，以 23 亿美元收购 IBM X86 服务器硬件及相关服务维护业务。"我们绝对有信心让它（IBM X86 服务器）赚钱，这个领域的竞争不如 PC 激烈，主要的玩家就那么几个。我们觉得首先要把 IBM 的技术优势以及与高端客户的关系承接过来，再加上联想在效率上的优势，这会是一个非常成功的业务。"联想集团董事长兼 CEO 杨元庆如是说。7 天后，1 月 30 日，中国农历年三十，一个举家团圆的日子，联想集团宣布将以 29 亿美元的价格收购摩托罗拉移动业务，其中包括 3 500 名员工、超过 2 000 项专利、品牌和注册商标。杨元庆表示："收购这样一块业务将加速联想成长为全球性的移动设备厂商，凭借联想的高效运营平台和生产制造能力，相信摩托罗拉品牌在联想手中会有更好的业绩结果。"这两招可绝对是联想在资本运作上的大手笔。产品和技术创新呢？

2015 年 6 月 1 日晚间，联想集团宣布：联想集团执行副总裁、移动业务集团总裁、摩托罗拉移动管理委员会主席刘军离职，神奇工场原 CEO 陈旭东接替刘军的岗位，负责整个移动业务。就高层换帅，杨元庆与移动业务部门的高管们进行了沟通。他表示，这次调整无关乎责任，而关乎机遇。"我去年跟你们说了几次，要醒一醒，我甚至还说了你们拿榔头敲都敲不醒，你们太慢了，在错失机会。"杨元庆如是说。

2015 年还未过完，当联想疲于应付老对手苹果时，半路杀出华为来，而且大有山雨欲来风满楼之势。高手过招，两三个回合下来，胜败已成定局。

2016 年，联想明确了其发展战略，希望通过三波战略布局扭转其在各个战线上的颓势。三波战略放眼未来 10~20 年。第一波战略是保持其核心业务个人电脑与智能设备（PCSD）业务的全球领先地位和盈利能力。第二波战略是把数据中心业务和移动业务逐步建设成新的增长、利润引擎。第三波战略是实现业务转型，增加软件和服务收入，提高客户参与度，加速建设智能物联网+云、基础架构+云的扩展。

让我们来看看联想的移动业务吧。2017 年年底，我在很多地方都看到了 MOTO Z 的巨幅广告。但关于它搭载的哈苏相机模块的介绍并没有打动我，LENOVO 也没有引起我太多的注意，我在左上角一个不起眼的地方找到了那个熟悉的、极具张力的"M"型 LOGO。我盯着这个标志，足足有 10 分钟没有挪动脚步，我真的希望曾经的它又回来了！我真的希望摩托罗拉能够在联想这里凤凰涅槃，浴火重生。

故事一讲就是 10 年。燃情 4 月，放飞梦想，2018 年的 4 月，联想 2018 全球誓师大会在美国罗利站揭幕，在希腊雅典站、中国北京站接力，最后在日本东京站顺利落下帷幕。在誓师大会上，杨元庆用"一个联想，两大转型，三波战略，四场战役，五个小目标"的组合拳，为联想 2018—2019 新财年开篇谋局，并称要让智能化嵌入到联想价值链的每一个环节中，以打造联想智能化新标签。

一年后的 4 月，联想 2019—2020 财年誓师大会的最后一站在联想全球总部北京举行。杨元庆在誓师大会上表示，联想未来将全面发力三大战略领域的转型——智能物联网、智能基础架构和行业智能，致力于成为智能化变革时代的引领者和赋能者。

然而，事实似乎有些令人失望。时间转眼到了 2024 年，在移动互联网和云计算领域，华为成功地进行了跨界。联想呢？五年前确定的智能物联网、智能基础架构和行业智能三大战略定位似乎是为大模型技术应用量身定制的。但是，它眼睁睁看着 ChatGPT 带来的商机却未能有任何作为！这究竟是为什么？

讨论题

1. 联想为什么历时一年半来开发 ThinkPad X300？

2. 联想为什么选择在 2008 年推出这款笔记本电脑？

3. 简述开发 ThinkPad X300 的路线图。

4. 联想在资本运作上的大手笔能否为其自身注入原动力？

5. 联想如何定位其产品开发战略，才能在刀光剑影的 IT 行业立于不败之地？

资料来源：根据 Steve Hamm, Kenji Hall《打造完美笔记本电脑——专访 X300 设计师》整理。

第4章 运营能力规划

● 引 例

快捷宝的能力规划

近年来，网上购物越来越盛行。特别是对年轻人而言，网上购物已经成为其主要的购物方式。随着客户快件数量的急剧增加，加上更多的快递公司与快捷宝达成了合作协议，快捷宝在USTB分站的智能快递柜已经告急，快件不能及时放入智能快递柜的情况时有发生。

这已经成了快捷宝老板心中的一个痛点：如果不增加柜子，明摆着空间越来越不够用；如果增加柜子，破坏了原来的整体设计格局，而且为了与软件系统匹配，还要再找原来的系统供应商，花一笔不小的钱是免不了的。

讨论题

1. 确定智能快递柜数量（运营能力）要考虑的因素有哪些？
2. 应采取什么方法来确定智能快递柜的数量？

组织能否获得利润，取决于实际能力和需求，而实际能力取决于有效能力。通过建设安装提高有效能力，通过运营管理最大化实际能力无疑是运营能力规划与管理的重点。运营能力规划的重要性要求我们在增强运营能力时，必须采用适当的策略及调整方案。在规划运营能力时，要综合考虑相关因素对规划运营能力的影响，并按照一定的程序去实施。定量化的运营能力决策方法的应用将使企业的运营能力规划建立在更科学的基础之上。事实上，决策论、盈亏平衡分析在运营能力规划中已经得到广泛的应用。服务能力规划问题困扰着不知多少管理人员，逐步寻优的排队经济分析方法为解决这些难题提供了一个有效途径。学习效应的作用不可低估，它已在运营能力规划中得到有效应用。需求预测和管理是能力规划的基础。

4.1 概述

4.1.1 运营能力的定义与度量

1. 运营能力的含义

运营能力可定义为组织接收、持有、容纳或给付的能力。运营能力从形成阶段可分为设计能力、有效能力和实际能力。运营能力的表示方式因企业类型的不同而不同，可能是最大原料加工能力、最大产量（产值），也可能是最大运输量、最大库存量、最大床位数、最大就餐人数等。表 4-1 列出了一些常见行业表示运营能力的方法。

表 4-1　运营能力的表示方法举例

行业	投入	产出	行业	投入	产出
汽车制造	人工工时，机器工时	每班生产汽车数	餐厅	餐桌数，座位数	每天招待的客人数
冶金	炉膛尺寸	每天生产钢铁吨数	剧院	座位数	每天的票房收入
石油精炼	精炼炉尺寸	每天生产燃油升数	超市	营业面积	每天的营业收入

2. 运营能力的度量

（1）工程项目建设的基本阶段。一项工程项目（新建或改扩建）的建设与运行维护通常包括三大阶段，即论证设计阶段、建设安装阶段、运营维护阶段。

论证设计阶段一般又细分为策划决策和勘察设计两个小阶段。在策划决策阶段要编制项目建议书和可行性研究报告。在勘察设计阶段要编制初步设计方案和施工图设计方案。比较复杂的工程项目还需要在编制施工图设计方案之前编制技术设计方案。

在建设安装阶段要完成基建施工、设施安装，并进行竣工验收。更详细一点，建设安装阶段还可以再细分为建设准备、施工、生产准备、竣工验收等小阶段。

在运营维护阶段需要按照正常的生产秩序进行生产运营，并对运营系统进行维护与更新。

（2）设计能力、有效能力与实际能力。设计能力是指策划设计阶段完成后所确定的能力，即建厂或改扩建后运营系统理论上达到的最大能力。

有效能力是在建设安装阶段完成后，竣工验收所确定的能力，即在比较理想的运营条件下能够达到的能力。这里的运营条件包括原料、动力的正常供应，设备的正常维修，工作制度和人员出勤等。有效能力通常是把最佳工况下在试生产的实际时间（一周或一个月等）内的产出折算成正常生产周期后的产出计算出来的。有效能力总是小于设计能力。

实际能力是在正常生产周期内，在运营系统的实际运营条件下能够实现的产出。实际能力总是小于有效能力。

三种能力形成的阶段如图 4-1 所示。

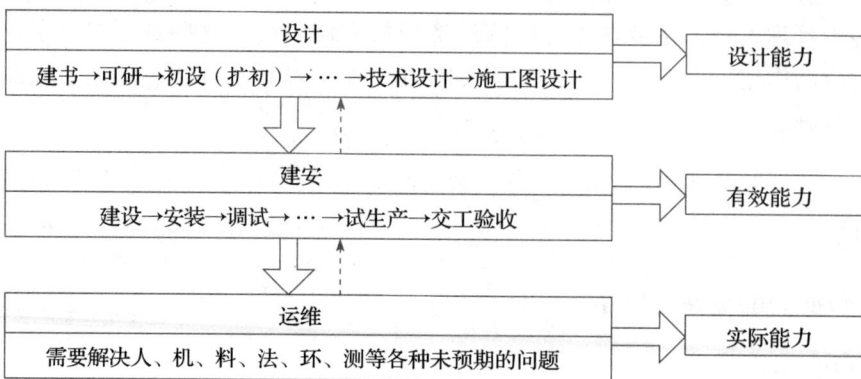

图 4-1　三种能力形成的阶段

实际中，上述三大阶段的边界并不是那么清晰，但无论如何应避免出现违背工程建设基本程序的"三边工程"（边勘察、边设计、边施工），甚至"四边工程"（边设计、边施工、边生产、边整改）。

考虑到正常生产后会有合理增加负荷甚至改扩建情况，设计能力通常会比较大。如果实际能力在各种规范允许的情况下比设计能力大，只能说明给出的设计能力是不正确的；如果考虑了各种规范下最大的设计能力，却出现了实际能力大于设计能力的情况，这显然是一种不正常的情况，特别在某些行业，迟早会发生安全事故。

（3）利用率与效率。为测评运营系统的能力，根据设计能力、有效能力和实际能力的定义，引入利用率和效率两个指标。利用率是实际产出与设计能力的比率，效率是实际产出与有效能力的比率，即

$$利用率 = \frac{实际产出}{设计能力} \tag{4-1}$$

$$效率 = \frac{实际产出}{有效能力} \tag{4-2}$$

3. 通过运营管理最大化实际能力

运营管理的一个主要目的是在设计能力给定的情况下，最大化实际能力。图 4-2 对这个问题进行了描述，并给出了解决思路。

从图中步骤①可以看出，要想提高实际能力，需要在给定设计能力的前提下，通过提高建设安装管理水平来提高有效能力。但如果仅限于此，其结果是利用率得到提高。效率却有三种情况：当实际能力提高的幅度大于有效能力提高的幅度时，效率得到提高；当实际能力提高的幅度等于有效能力提高的幅度时，效率保持不变；当实际能力提高的幅度小于有效能力提高的幅度时，效率反而降低。我们的目标是在设计能力给定的前提下，显著地提高实际能力，使利用率和效率都得到提高。为此，需要在有效能力提高的基础上，加强日常运营管理，大幅度地提高实际能力，如图中步骤②所示。

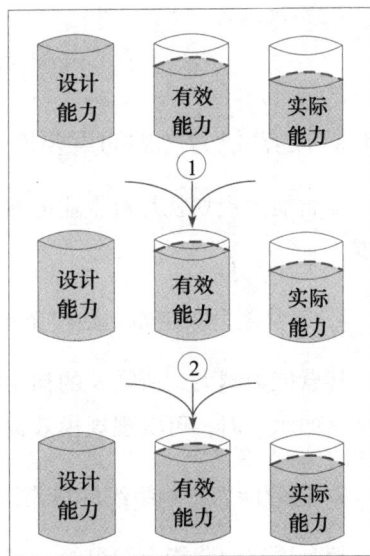

图 4-2　通过运营管理最大化实际能力

例 4-1　位于北京市学院路的一家小型中式比萨快餐店每周营业 7 天，采用两班制，每班工作 5 小时。比萨制作流水线的设计能力是每小时 400 个标准中式比萨。根据快餐店配置的设备及人员，其有效能力是每周制作 25 000 个标准中式比萨。平均起来，由于个别员工缺勤，加上设备偶尔出现故障，这家快餐店只制作了 20 000 个标准中式比萨。试计算：（1）这家快餐店的设计能力；（2）利用率和效率。

解：

（1）设计能力 =（7×2×5）×400 = 28 000（个）

（2）根据式（4-1）和式（4-2）得：

$$利用率 = 20\,000/28\,000 = 71\%$$
$$效率 = 20\,000/25\,000 = 80\%$$

从例4-1可以看出，这家快餐店的效率只达到了80%，而利用率刚刚超过70%。因此，可以考虑提高有效能力，并在提高有效能力的前提下提高实际能力，进而提高利用率与效率。

例4-2　接续例4-1，开学以后，学院路周边几所大学的教师和学生陆续到校，对中式比萨的需求量大为增加。为满足这种快速增长的需求，这家快餐店招聘了若干名技术水平高的比萨制作人员，从而使每周的有效能力达到26 000个标准中式比萨。同时，该快餐店严格考勤制度，奖勤罚懒，并加强了对设备的维护，从而使实际能力从原来的20 000个提高到22 460个。试计算：（1）利用率；（2）效率。

解：

（1）根据式（4-1）得

$$利用率 = 22\,460/28\,000 = 80.2\%$$

（2）根据式（4-2）得

$$效率 = 22\,460/26\,000 = 86.4\%$$

4.1.2　运营能力规划的重要性

运营能力规划就是对企业的规模（俗称"盘子"）做出决策，它对任何一个组织都至关重要。

1. 运营能力决定着初始投资与运营成本

运营能力越大，所需要的初始投资就越多，并涉及其他资源的投入。此外，当运营能力达到适宜的水平时，可实现规模效益。

2. 运营能力影响组织的日常运营管理

拥有适宜运营能力的组织，其日常运营管理更加容易。经济全球化和复杂的供应链使得运营能力规划更加重要，也更加复杂。

3. 运营能力事关长远

运营能力关系着企业产量的增长，从而决定企业能否满足未来潜在的需求。形成运营能力往往需要多年的时间，需要从长计议。例如，建造一家新的发电厂并运营可能需要多年的时间，其间又会有各种各样的风险。

4. 运营能力影响组织的竞争力

如果组织拥有足够的运营能力，或能迅速增加运营能力，就会阻碍其他组织的进入。运营能力通过影响交货速度来影响组织的竞争力。

4.2　能力战略与实施

运营能力战略就是在综合考虑内部条件与外部环境的基础上，对运营能力的构建与改变、能力柔性的建立所做出的长期谋划。

4.2.1　运营能力规划要考虑的因素

1. 规模经济效应

所谓规模经济效应，是指所有生产要素按同方向增加（或减少）对产量变动的影响。在生产技术水平不变的前提下，当所有生产要素的投入量都按同比例增加时，要素投入量增加与产出量增加之间的关系有下列三种情况。

（1）规模报酬递增（increasing returns to scale）是指报酬增加的幅度大于规模扩大的幅度。规模报酬递增是规模经济的结果，规模扩大后，相对地减少了生产、销售费用，减少了管理人员的比重，添置新型机器设备等；再如规模扩大后，专业化协作发展，从而使单个厂商都降低了总成本费用。

（2）规模报酬不变（constant returns to scale）是指报酬增加的幅度与规模增加的幅度相等，即生产要素增加一倍，产量也增加一倍。

（3）规模报酬递减（decreasing returns to scale）是指报酬增加的幅度小于规模扩大的幅度。规模报酬递减是规模不经济的结果。由于规模过大引起管理效率下降，各项费用增加。

在一定科学技术水平条件下，随着运营能力的扩大，最初往往是规模报酬递增的；当扩大到一定程度后，就出现规模报酬不变的现象；如果继续扩大，超过一定的限度，会出现规模报酬递减的现象。因此，运营能力规划应坚持适度规模原则：尽可能使规模报酬递增，至少应使规模报酬不变，避免规模报酬递减。

2. 需求与资源

（1）需求。无论是运营能力的构建还是运营能力的改变，都是为了更好地匹配需求。因为运营能力事关长远，所以，要预测市场对运营能力的中长期需求。例如，中国钢铁产业的产能曾严重过剩，这主要是某一时期政府巨大投资规模的拉动造成的，但也与每一个钢铁企业不能做好长期的钢材需求预测而盲目增加产能有很大关系。这一点对固定资产投资大、经营业务调整难的行业尤其重要。

某些行业的需求具有典型的季节性或时段性。例如，对城市公交系统运力的需求就具有很强的时段性。工作日早晚两个高峰的需求最大，中间时段的需求则急剧下降。对于这种特殊的行业，必须配备足够的运力，以保证在上下班两个高峰时段乘客走得了、走得快。在非高峰时段，把富余的运力用于短途旅游、会务或商务用车等。

（2）资源。需求是外在的，资源是内生的。企业的运营能力一方面要尽量与外在的需求相匹配，另一方面还要考虑本身所能动用的资源，尤其要考虑特殊设备、特殊工种等关键资源。

在规划能力时，不但要考虑特殊设备或特殊工种等关键资源，还要考虑各种资源的整合与配套性。

在制造业，在规划主体生产线的能力时，应考虑对水、电、汽（气）管网、桥架、仓储面积、运输专用线、水处理、配电站等公用工程或辅助设施的运营能力。

在服务业，在确定主要业务的运营能力时，应考虑其他配套设施的运营能力。例如，当增加汽车旅馆的房间数量时，必须同时考虑停车场、餐饮、娱乐设施等的容量和能力。

3. 选址与设施布置

选址与设施布置方案决定了运输成本、与市场的距离、劳动力和能源的供应等，直接影响着运营能力的发挥。以消防站的选址为例，合理的选址不仅会极大地方便消防车辆的通行，而且能以较少的车辆配置达到预期的需求。

占地面积、厂区布局以及是否为以后扩大规模预留余地等都是在规划运营能力时要考虑的因素。

选址还影响着运营能力的集中程度与能力的分配。地址越少，运营能力越集中；反之，运营能力越分散。

4. 产品及其生命周期的阶段性

产品和服务特征对运营能力有重要影响。产品或服务的关联性越强，实现标准化的可能性则越大，同样的投资所形成的运营能力就越大。例如，品种单一的快餐店，比品种繁多的快餐店能更快捷地为顾客提供服务。

产品会经历其生命周期的不同阶段，在规划运营能力时，要考虑其生命周期的阶段性。

（1）在投入期，市场规模尚不明朗，产品销售尚不稳定，所形成的运营能力一般应小于需求。

（2）在成长期，市场规模迅速扩大。多数企业倾向于快速扩大运营能力。但是这种策略是否有效，取决于本企业的相对市场占有率、营业增长率、竞争对手采取的策略等。如果市场上多数公司都迅速扩大其运营能力，其结果是整个市场上运营能力的过剩。当这种情况发生时，更理智的做法是增加在工艺和技术改进方面的投资强度，在产品性能、功能或柔性等方面获得竞争优势。

（3）在成熟期，市场已经饱和，企业的市场份额趋于稳定。此时，应充分利用已有运营能力，并通过降低运营成本来提高盈利能力。如果产品的成熟期持续的时间较长，就适当增加运营能力。

（4）在衰退期，由于需求下降，企业面临运营能力过剩。此时，可转卖多余的运营能力或推出新的产品或服务，也可以把运营能力转移至劳动力成本较低的地区，以此来延长企业在该产品上的获利时间。

5. 供应链方面的因素

如果在运营能力规划中涉及运营能力大幅度的变化，就必须考虑供应链的影响。如果提高了运营能力，而供应商、分销商或零售商没有对此做出反应或反应滞后，就会使运营能力的提高落空。

6. 特殊场景

在急救、消防等特殊场景中，需要以"备而不用，以防万一"（just in case）的方式来创造能力。在面临重大灾害时，综合考虑社会责任和企业权益，需要快速、超常规地创建某种能力。例如，新冠疫苗产能创建、防疫物资产能形成、应对汛情、地震等自然灾害所需物资产能形成等。同样基于社会责任和企业权益的考虑，在创建产能时，应采取科学的策略。其中，最重要的是考虑能力的柔性，即能力用于不同产品生产的可能性。

4.2.2　运营能力决策

运营能力决策就是确定运营能力的总体规模及在不同地点的能力分配方案。毋庸置疑，所构建或改变的能力要与需求相匹配，但从战略层面上考虑，构建或改变运营能力的策略、能力缓冲、外部能力的利用都是需要重点解决的问题。

1. 构建或改变运营能力的策略

构建或改变运营能力有三种基本策略：先于需求建立能力，即超前策略；等需求到来之后再建立能力，即滞后策略；与需求同步建立能力，即同步策略。

（1）超前策略。超前策略就是比需求提前建立或改变运营能力，以应对即将到来的需求，如图 4-3a 所示。对需求增加的情况，采取这种策略时，会有一些能力富余，甚至先期投入无法完全收回。但是，这种策略可使销售损失最小化。超前策略比较适合技术密集型企业。这类企业的能力构建或改变需要一定的时间。如果滞后于需求来构建或改变运营能力，就会失去市场机会。就产品生命周期阶段来说，对处于成长期的产品也倾向于采取这种策略。

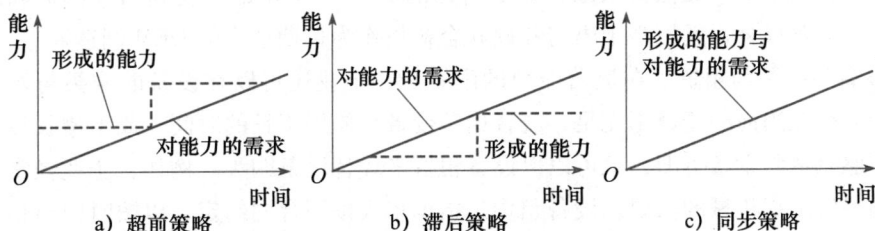

图 4-3　运营能力构建或改变的三种策略

（2）滞后策略。滞后策略是比需求延后一段时期构建或改变运营能力，如图 4-3b 所示。这种策略的目标是使运营成本最低，保证企业始终按照最大负荷生产。滞后策略适合劳动密集型企业。这类企业的能力构建或改变相对容易。

（3）同步策略。同步策略介于超前策略和滞后策略之间，与需求同步构建或改变运营能力，如图 4-3c 所示。采用这种策略时，需要做好中长期的需求预测。

值得注意的是，运营能力的构建或改变不可能一蹴而就，需要一定的时间。而未来的需求又具有一定程度的不确定性，所以即使采取同步策略，构建或改变后形成的运营能力也不可能正好在时间上和数量上与需求相吻合，采取超前与滞后策略更是如此。因此运营能力的构建或改变必然存在能力过剩或能力不足的风险。如果小幅度地构建或改变运营能力，会在一定程度上减少这种风险，但又涉及因频繁改变运营能力而带来的风险。所以，企业应在这两种风险之间找一个平衡点。

2. 能力缓冲

能力缓冲是指所构建或改变的运营能力超过了需求。任何运营系统都不可能达到百分之百的效率，更不可能达到百分之百的利用率，所以必须建立能力缓冲。

建立能力缓冲总是要有付出的。对固定投资大、经营范围不易改变的企业，可以实行能力预留策略来减少能力缓冲。能力预留策略的做法是基础建设方面形成足够的能力，如足够大的标准厂房、足够的运输专用线、足够的水处理设施、足够的配电站，但只开动需要的负荷。主体生产装置则只建成一定的规模，待企业资金充足，而市场需求足够大时再扩大生产能力，并相应地提高运输专用线、水处理设施、配电站的负荷。

3. 外部能力的利用

企业在构建或改变运营能力时，不但要善于利用自身的资源，还要最大可能地利用外部的资源来形成自己的运营能力。通常，企业在配置运营能力时应在自制与外包，或者设备购买与租赁之间进行利弊权衡，做出选择。

（1）自制与外包。如果企业的资源充足，且利用起来具有良好的经济性和技术性，就可以自制产品。反之，就可以考虑外包。外包的另外一种考虑是，企业专注于自己的核心竞争力，而将非核心业务委托给外部的专业公司，以降低营运成本，提高品质。

生产外包（original equipment manufacturer，OEM）是外包的一种，是企业利用自己的核心技术专注于产品的设计和开发，控制销售渠道，以合同订购的形式把加工任务委托给其他厂家，再将所委托加工的产品低价买断，贴上自己的品牌。OEM 是企业利用外部资源的重要途径之一。例如，苹果公司就把富士康与和硕联合科技作为长期合作的 OEM 制造商。

（2）设备的购买与租赁。在运营能力的配置上，企业还可以在设备的购买与租赁之间做出选择。如果企业当前的资金不充足，或者这种设备只使用不长的时间，或不擅长设备的维护保养，或不愿意承受设备折旧，就可以以设备租赁来代替设备购买。例如，企业经常利用租赁的形式来满足对工程机械的需要。设备租赁是指承租人按照合同约定，以按时向出租人支付租金的方式，在一定的时期内拥有设备使用权，但不拥有所有权的资金信贷形式。

设备共享可以看作一种特殊的设备租赁形式。对某些关键且昂贵的设备，可以建立共享机制。例如，对一些大型专项医疗设备，可以由几家医院共享使用。

4.2.3　能力柔性

能力柔性（capacity flexibility）是指企业所具备的快速增加或降低某种运营能力的本领，也指快速地从一种运营能力转换为另一种运营能力的本领。一般地，企业可以从柔性制造系统的创建、培养多面手和建立机动灵活的聘用制度三个方面建立企业的能力柔性。

1. 柔性制造系统的创建

对完成多品种加工的企业来说，应建设标准厂房而不是定制化厂房，在标准厂房中创建柔性制造系统。

如果能够利用同样的设备生产具有互补性的产品或服务，将是提高能力柔性最理想的方法。例如，可以考虑在同一设施上生产冬季用的铲雪机和春、夏、秋三季用的割草机。

当然，这种理想的情况并不多。这时，形成能力柔性的有效途径是创建柔性制造模块（FMM）、柔性制造单元（FMC），甚至创建柔性制造工厂（FMF）。

2. 培养多面手

培训员工掌握多种技能，以便员工随时从一个工种转换到另一个工种。这在服务业应用起来更有效。例如，酒店服务员可在入住客人比较少的晚间进行房客信息统计工作。

3. 建立机动灵活的聘用制度

如果加班或外包仍然不能满足对能力增加的需要，可采取招聘实习生或兼职人员来增加运营能力。短时期内减少运营能力时，只需要减少工作时间即可。需要长期减少运营能力时，则可解聘实习生或兼职人员。

4.2.4　运营能力规划的步骤

1. 估算对运营能力的需求

如果以所需设备台数表示运营能力，就可以根据产品需求预测、每种产品所需台时定额以及设备可提供的总台时来计算所需的运营能力。

例4-3　某饮料公司需配置若干台饮料装瓶机，这种装瓶机可用于灌装草莓、樱桃、杏仁三种口味的饮料。根据市场预测，三种口味饮料的需求预测及台时如表4-2所示。表4-2还给出了三种口味饮料的台时定额。如果该公司的工作日历是每年240个工作日，作业制度是每天工作8小时，试估算所需装瓶机的台数。

表 4-2　三种口味饮料的需求预测及台时

饮料	年需求量/万瓶	台时定额（小时/万瓶）	所需台时/小时
草莓口味	30	80	2 400
樱桃口味	40	120	4 800
杏仁口味	10	200	2 000
合计			9 200

解：所需设备=9 200/（8×240）≈5（台）。

根据计算结果，至少需要配置5台饮料装瓶机。

2. 核算现有运营能力与所需运营能力之间的差距

两者之差为零表示运营能力需求与供给平衡，为正数表示运营能力过剩，为负数表示运营能力不足。

每一个投入—转换—产出过程都会涉及几个环节或步骤，并且需要多种资源。在核算现有运营能力与所需运营能力的差距时，应首先确定瓶颈环节在特殊设备、特殊工种等关键资源方面的差距。

3. 调整运营能力

根据现有运营能力与所需运营能力之间的差距，采取超前、滞后或同步策略对运营能力做出相应调整，并给出若干候选方案。

对于暂时或短期的能力需求，加班、招聘临时工或签订外包合同是首先考虑的方案；能力过剩时，则减少工作时间、解聘临时工或终止外包合同。

4. 评价运营能力方案

对候选方案以定量分析为主，辅以定性分析，选择经济可行的方案。定性分析主要考虑方案与相关业务的适应性、需求的不确定性、竞争对手的反应程度、技术创新的可能性等。定量分析以收益分析为主。常用的评价方法有盈亏平衡分析法、回收期法、现值法、内部报酬率法以及决策论。

5. 实施方案

对所确定的最优运营能力方案，从资金、技术、人员等方面给予保障，并确定实施进度。

6. 测评实施效果

把实施效果同期初目标进行对比。如果存在差距，分析所存在的问题并进行整改。

4.3 决策论及其在运营管理中的应用

4.3.1 决策论概述

所谓决策，是指组织或个人为了实现某种目标而对未来一定时期内有关活动的方向、内容及方式所做的选择或调整过程。

决策遵循的是满意准则，而不是最优准则。要想使决策方案达到最优，必须具备以下三个条件。

- 能够获得与决策有关的全部信息。
- 真实了解全部信息的价值所在，并据此制订所有可能的方案。
- 准确知道每个方案在未来的执行结果。

现实中，上述条件往往得不到满足。所以，决策者难以做出最优决策，只能做出相对满意的决策。

决策者在做出决策时，要获取适量的信息。这里的"适量"有两个含义：其一，决策者在做出决策时要尽可能地通过多种渠道收集信息，信息的数量和质量直接影响着决策水平；其二，决策者在决定收集什么样的信息、收集多少信息以及从何处收集信息等时，要进行成本-

收益分析，不计代价地收集信息是不可取的。

1. 决策要素

决策有四个基本要素，即决策目标、自然状态、决策方案和收益值。

（1）决策目标。决策要实现的目的，如利润最大、成本最低、时间最短、距离最近等。

（2）自然状态。一组影响决策结果的经济状态，如产品需求旺盛、一般或低迷，车市"遭遇严冬"或"春天来了"，股票的牛市或熊市等。自然状态是决策者无法控制的。

（3）决策方案。一组可供决策者选择的决策方案，如建设大型、中型或小型设施等。

（4）收益值。每一个决策方案在每一种自然状态下的收益，如盈利 50 万元、成本降低 10 万元等。

2. 决策环境

根据决策者对决策环境的认知程度，可把决策环境分为确定型决策环境、风险型决策环境和不确定型决策环境三种。

（1）在确定型决策环境下，决策者对信息的了解最充分，自然状态完全确定，因此决策结果完全肯定。确定型决策环境很少。

（2）在风险型决策环境下，决策者对信息的认识比较充分，尽管自然状态是不确定的，但每种自然状态发生的概率是已知的。风险型决策环境不多。

（3）在不确定型决策环境下，决策者对决策环境知之甚少，只能判断未来有几种自然状态，但没有足够的信息给出每种自然状态发生的概率。决策更多的是在不确定型决策环境下进行的。

3. 决策过程

（1）识别问题，确定目标。并非每个决策者都能正确地判断所要解决的问题。个人知识、经验、本单位利益的局限性，或无法控制的因素等使得某些决策者不能正确地识别所要解决的问题。为此，必须大量获取并解释信息，在此基础上识别所要解决的问题，进而确定决策目标。

（2）确定自然状态。确定何种自然状态要根据决策问题而定。例如，为确定是否扩建汽车交易市场，就需要确定未来 2~3 年的汽车需求状况。

（3）提出若干决策方案。为提高决策的科学性，一般需要提出多个备选方案。当然，什么都不做也是一种选择。在提出决策方案时，需要进行经济、技术等方面的可行性分析。

（4）估算收益值。决策方案在每一种自然状态下的收益值是由销售部门及经济师和会计师根据销售情况、成本信息估算出来的。

（5）评价并选择决策方案。在确定型决策环境下，可借助确定型模型（如线性规划、非线性规划等）评价决策方案，进而做出选择。

在风险型决策环境下，可采取最大期望值准则，即把每一个方案看作离散型随机变量，然后计算其**数学期望**（expected value，EV）。数学期望是可能结果乘以可能结果发生概率的总和。如果决策目标是收益值最大，那么选择数学期望值最大的方案；反之，选择数学期望值最小的方案。

数学期望的计算公式如下：

$$EV = \sum_{i=1}^{n} p(x_i) x_i \qquad (4-3)$$

式中，x_i 表示方案在第 i 种自然状态下的收益；$p(x_i)$ 表示第 i 种自然状态发生的概率。

在不确定型决策环境下，并不知道每种自然状态发生的概率，为了做出决策，首先要选定决策准则。通常有乐观准则、悲观准则、折中主义准则、等概率准则、后悔值准则等。

乐观准则（optimistic criterion）。乐观准则即大中取大准则，也称**赫维斯准则**（Hervis criterion）。按照这种准则，决策者从最乐观的角度出发，先计算每个方案在不同自然状态下的最大收益值，再从这些收益值中选取最大值，所对应的方案即最佳方案。

悲观准则（conservative criterion）。悲观准则即小中取大准则，也称**沃尔德准则**（Wald criterion）。按照这种准则，决策者从悲观角度出发，先计算每个方案在不同自然状态下的最小收益值，再从这些收益值中选取最大值，所对应的方案即最佳方案。

折中主义准则。折中主义准则即 α 准则，也称**霍尔威兹准则**（Hurwicz criterion）。按照这种准则，决策者首先设定一个 α 值，以此作为收益最大的自然状态的概率，$1-\alpha$ 作为收益最小的自然状态的概率。通过这种折中方式把不确定型决策环境转化成风险型决策环境，再根据最大期望值准则选择最优决策方案。

等概率准则。等概率准则即平均主义准则，也称**拉普拉斯准则**（Laplace criterion）。按照这种准则，决策者把每一种自然状态发生的概率视为相等的，通过平均方式把不确定型决策环境转化成风险型决策环境，再根据最大期望值准则选择最优决策方案。

后悔值准则。后悔值准则即**最大最小后悔值准则**（minimax regret criterion），也称**萨维奇准则**（Savage criterion）。按照这种准则，首先计算各个方案的最大后悔值，然后从这些最大后悔值中选择最小值，所对应的方案即为最优决策方案。

4. 完全信息价值及其应用

在风险型决策环境的基础上，如果通过对经济发展态势的进一步了解，能够获得关于自然状态的完全信息（perfect information），就确切知道了未来哪种自然状态一定发生，可以认为是风险型决策环境转化成了确定型决策环境。

此时，决策问题变成了是否有必要掌握完全信息。这类决策的基本思路是：首先，计算确定状态下的最大期望收益值（expected value under certainty，EVC）；其次，计算 EVC 与 EV 的差值，这个差值就是完全信息价值（expected value with perfect information，EVPI）；最后，比较完全信息价值与掌握完全信息所付出的代价，差值高于代价就有必要掌握完全信息，否则，放弃掌握完全信息。

以下利用一个算例来说明完全信息价值及其应用。

兴业投资公司正在考虑新一轮投资计划，有两种投资方案可供选择。投资回报取决于未来国家宏观经济政策的走向，即是利好还是利差。根据公关部的预测，这两种自然状态发生的可能性分别是 0.55 和 0.45。经济师已经测算出每一种方案在每一种自然状态下的收益值。相关信息如表 4-3 所示。

表 4-3　投资方案收益

（单位：万元）

方案	顾客对本超市商品的需求及概率		
	利好（0.55）	利差（0.45）	期望收益值
方案一	1 000	-500	325
方案二	400	100	265

根据最大期望值准则，兴业投资公司应选择方案一，预期投资回报为 325 万元。但是，如果未来国家出台不利于本行业投资的政策，企业将蒙受 500 万元的损失。这是投资者最不愿意看到的。因此，决策者自然想到通过占有完全信息来确定未来到底哪种情况会发生。为此，他必须为占有这些信息付出代价，如市场调查费用、信息处理费用等。换言之，这些信息是有价值的。那么完全信息的价值是多少呢？下面就来分析这一问题。

如果决策者通过占有完全信息确切知道未来的自然状态是利差，他必然选择方案二。这样，他不仅不会损失 500 万元，相反还会得到 100 万元的投资回报。根据决策者最初所掌握的信息，出现利差的可能性是 0.45，所以决策者从方案二中获得的预期收益为 $100 \times 0.45 = 45$（万元）。同样的道理，在利好情况下，决策者会选择方案一，从中获得的预期收益为 $1\,000 \times 0.55 = 550$（万元）。因此，如果决策者能够知道未来哪种自然状态一定会发生，那么，总的预期收益是 $550 + 45 = 595$（万元）。这就是确定状态下的最大期望收益值。

如前所述，如果决策者不愿意付出代价去占有完全信息，将选择方案一，获得 325 万元的预期投资回报，因此，缺乏完全信息的后果是导致了 $595 - 325 = 270$（万元）的机会损失。显然，这 270 万元就是完全信息价值。

计算完全信息价值的意义在于：企业在投入人力、物力和财力进行市场调查、分析处理信息之前，要对占有信息的渠道、难度及代价做出预测，如果占有完全信息的代价不高，低于完全信息价值，就付诸行动，把未来的情况调查清楚；反之，不如选择维持现有状态，按照风险型决策环境下的最大期望值准则选择方案。

4.3.2 决策论在运营能力规划中的应用

以下通过例子说明如何在三种决策环境下评价并选择运营能力规划方案。

例 4-4 位于亚奥商圈的观澳家园已经整体封顶，底商招租全面启动。美廉集团决定在观澳家园底商新开一个超市。公司市场部利用观澳家园入住人口及周边人口作为主要参考指标，把未来两年内顾客对本超市商品的需求分为三种情况，即需求旺盛、需求一般和需求低迷。针对这三种市场前景，公司提出三种可选方案，即新建大型、中型或小型超市，并最终选择一个方案。

财务部门根据初始投资、竞争对手的布局和运营成本，分别估算出了每一种决策方案在需求旺盛、需求一般和需求低迷下的收益值（详见表 4-4）。表中 180 表示新建大型超市每年将会给公司带来 180 万元的收益，余者类推。

表 4-4 收益（1） （单位：万元）

方案	顾客对本公司新建超市商品的需求		
	需求旺盛	需求一般	需求低迷
新建大型超市	180	20	-40
新建中型超市	140	120	70
新建小型超市	80	130	100

根据上述数据，在确定型决策环境下，选择最优建设方案。

解：在未来市场前景确定的前提下，可根据收益值最大的原则做出选择。

（1）如果能够确定未来需求旺盛，与 80 万元或 140 万元相比，180 万元的收益值最大，所以应该选择新建大型超市。

（2）如果能够确定未来需求一般，与 20 万元或 120 万元相比，130 万元的收益值最大，所以应该新建小型超市。

（3）如果能够确定未来需求低迷，与-40万元或70万相比，100万元的收益值最大，所以也应该新建小型超市。

例4-5　接续例4-4，美廉集团市场部的调研结果显示，在未来两年内，虽然知道顾客对本公司新建超市商品的需求有需求旺盛、需求一般和需求低迷三种情况，但不知道哪种情况一定发生。幸运的是，根据对小区入住人口及周边人口的初步调查，掌握了三种情况发生的可能性，即概率（详见表4-5）。

试根据上述数据，选择最优建设方案。

解：这是风险型决策环境。利用所给数据，根据式（4-3）可分别计算出三种方案对应的数学期望。

表4-5　收益（2）　（单位：万元）

方案	顾客对本公司新建超市商品的需求及概率		
	需求旺盛（0.2）	需求一般（0.5）	需求低迷（0.3）
新建大型超市	180	20	-40
新建中型超市	140	120	70
新建小型超市	80	130	100

（1）新建大型超市：EV（大）= 180×0.2+20×0.5+（-40）×0.3 = 34（万元）。

（2）新建中型超市：EV（中）= 140×0.2+120×0.5+70×0.3 = 109（万元）。

（3）新建小型超市：EV（小）= 80×0.2+130×0.5+100×0.3 = 111（万元）。

根据最大期望值准则，应该新建小型超市。

例4-6　接续例4-4，美廉集团市场部的调研结果显示，在未来两年内，虽然知道顾客对本超市商品的需求有需求旺盛、需求一般和需求低迷三种情况，但不知道哪种情况一定发生，更不幸的是连每种情况发生的概率也不知道。财务部门估算的收益值如表4-4所示。此外，商机稍纵即逝，如果选择了建设小型超市，因为公司入驻底商，届时即使需求旺盛，美廉集团也将无法对超市进行扩建。

试分析：在乐观准则、悲观准则、折中主义准则（以 $\alpha=0.4$ 为例）、等概率准则和后悔值准则下分别应该选择哪种方案？

解：

（1）乐观准则。新建大型、中型和小型超市所获得的最大收益值分别是180万元、140万元和130万元。所以，应该新建大型超市，预期收益为180万元。

（2）悲观准则。新建大型、中型和小型超市最少也能获得的收益值分别是-40万元、70万元和80万元。所以，应该新建小型超市，预期收益为80万元。

（3）折中主义准则（以 $\alpha=0.4$ 为例）。当 $\alpha=0.4$ 时，$1-\alpha=0.6$。此时，新建大型、中型和小型超市的期望收益值分别是EV（大）= 180×0.4+（-40）×0.6 = 48（万元），EV（中）= 140×0.4+70×0.6 = 98（万元），EV（小）= 130×0.4+80×0.6 = 100（万元）。所以，应该新建小型超市，预期收益值为100万元。

（4）等概率准则。本例有三种自然状态，每一种自然状态发生的概率为1/3。所以，新建大型、中型和小型超市的期望收益值分别是 EV（大）=（180+20-40）×1/3 ≈ 53（万元），EV（中）=（140+120+70）×1/3 = 110（万元），EV（小）=（80+130+100）×1/3 ≈ 103（万元）。所以，应该新建中型超市，预期收益为110万元。

（5）后悔值准则。本例中，三种方案的收益与后悔值如表 4-6 所示。

表 4-6　三种方案的收益与后悔值　　　　　　（单位：万元）

方案	顾客对本超市商品的需求及概率					
	需求旺盛		需求一般		需求低迷	
	收益值	后悔值	收益值	后悔值	收益值	后悔值
新建大型超市	180	0	20	110	−40	140
新建中型超市	140	40	120	10	70	30
新建小型超市	80	100	130	0	100	0

从表中可以看出，新建大型、中型和小型超市的最大后悔值分别是 140 万元、40 万元和 100 万元。取其中最小者，即 40 万元。所以，应该新建中型超市，预期后悔值为 40 万元。

4.4　运营能力规划方案的盈亏平衡分析

为了客观地评价运营能力规划方案，需要引入一些定量技术或方法。其中，盈亏平衡分析法是一种便捷且行之有效的方法。

4.4.1　盈亏平衡分析法简介

盈亏平衡分析法就是通过分析产量-成本-利润之间的关系，确定保本产量，即**盈亏平衡点**（break even point，BEP）的一种方法。盈亏平衡点即损益分界点，其含义是：当产量达到盈亏平衡点时，正好持平，不亏不盈；当产量小于盈亏平衡点时，只亏不盈；当产量大于盈亏平衡点时，才有盈利。

盈亏平衡分析的关键是确定各项成本。成本可分为固定成本与变动成本两大类。固定成本是指在一定范围内不随产品产量或商品流转量的变化而变动的成本，包括管理费用、租金、财产税、固定资产折旧、部分修理费等。总的固定成本以 F 来表示。变动成本是指在一定范围内随产品产量或商品流转量的变化而变动的成本，包括原料、包装物成本和直接人工费用等。单位变动成本以 v 来表示。

1. 盈亏平衡分析的前提条件

（1）仅涉及一种产品。
（2）生产的产品全部销售出去。
（3）单位变动成本是不变的。
（4）单位价格保持不变，设为 p。
（5）单位价格大于单位变动成本。

2. 盈亏平衡点的计算

根据上述前提条件，假设某一时期生产 x 单位的产品，那么，这一时期的销售收入为

$$R = px$$

总成本为

$$C = F + vx$$

达到盈亏平衡时，$R = C$，于是有

$$px = F + vx \tag{4-4}$$

解之，得

$$x = \frac{F}{p - v} \tag{4-5}$$

式（4-5）的计算结果即盈亏平衡点。

上述分析过程可用图形方法直观表示出来（见图 4-4）。图中 BEP 即盈亏平衡点，产量低于该点为亏损区，高于该点为盈利区。

根据盈亏平衡点和最大产能就可以测算企业的经营安全率，如式（4-6）所示。

$$经营安全率 = 1 - \frac{\text{BEP}}{Q} \tag{4-6}$$

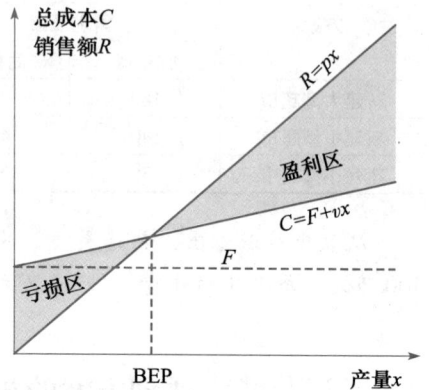

图 4-4　盈亏平衡分析图

式中，BEP 表示盈亏平衡点产量；Q 表示预计销售量，在企业所占市场份额足够大时，即最大产能。

从式（4-6）中可以看出，盈亏平衡点占有效能力的比例越小，越安全；反之，越不安全。我们通常认为经营安全率应大于 30%。

3. 实际应用盈亏平衡分析要注意的问题

在实际中，为了进行盈亏平衡分析，还要注意以下一些问题。

（1）现实中，产品销量和产量常常不同。在利用盈亏平衡分析时，应使用可预期的销售量。

（2）在某一范围内，单位变动成本是不变的，但超过某一范围，单位产品的变动成本会随着生产规模的变化而变化。如果产品的变动成本随生产规模的变化会有较大的变动，应确定相应的总变动成本函数。

（3）实际中，产品的价格常随市场供求的变化而变化。如果产品价格随销售量的变化发生较大的变动，应确定相应的总销售收入函数。

（4）实际生产经营中，许多不确定性因素的变动具有相关性。例如，固定资产投资增加可能表示购买了先进的机器设备，代表方案技术水平的提高，其结果是增加产量、降低了单位产品变动成本；而产品成本下降也会使企业得以降低产品售价，增加产量等。

（5）式（4-6）采用的是某一正常生产年份的数据，以盈利为零作为盈亏平衡状态，应确保已经考虑了资金的时间价值。资金的时间价值是指资金在时间推移中所具备的增值能力。

万变不离其宗，盈亏平衡分析法的基本原理就在于，在某一时点，总收入正好等于总成本。

4.4.2　盈亏平衡分析在运营能力规划中的应用

下面举例说明如何利用盈亏平衡分析法进行运营能力规划。

例 4-7 健力饮料公司欲在北京的亦庄开设一家新厂，以满足市场对该公司某种饮料产品的新增需求。运营能力规划方案有三个：A、B 或 C。

测算结果表明：三个方案所对应的固定成本分别是 960 万元、1 500 万元和 2 000 万元人民币。成本-收益分析显示，单位变动成本为 10 元/箱，单位价格为 40 元/箱。

产量规模与生产线的数量呈简单的线性关系，三种方案的最大产能分别是 30 万箱、60 万箱和 90 万箱。

根据销售部的调查结果，市场对健力饮料公司的这种饮料的需求不会超过 65 万箱。

试根据上述信息对三种运营能力方案做出评价，并选出最优方案。

解：

（1）A 方案，BEP = 960/(40−10) = 32（万箱）。

（2）B 方案，BEP = 1 500/(40−10) = 50（万箱）。

（3）C 方案，BEP = 2 000/(40−10) = 66.67（万箱）。

根据计算结果，当选择 A 方案时，盈亏平衡点为 32 万箱。但是，A 方案的最大运营能力只能达到 30 万箱，小于盈亏平衡点，这就意味着即使开到满负荷也没有利润。所以，应放弃这一方案。

当选择 B 方案时，盈亏平衡点为 50 万箱，而运营能力可达到 60 万箱，小于市场需求。所以，只要公司精心管理，把负荷开到 84% 以上，即产量达到 50 万箱以上，就有利润可得。因此，B 方案是一种可行的方案。容易算得最大利润为

$$60×40−1 500−60×10 = 300（万元）$$

当选择 C 方案时，盈亏平衡点为 66.67 万箱，虽然小于 C 方案的最大产能 90 万箱，却大于市场对健力饮料公司这种饮料的最大需求 65 万箱。因此，C 方案没有利润可得，这一方案不可行。

根据以上盈亏平衡分析，健力饮料公司应该选择 B 方案，并且，按照这一运营能力规划方案，公司每年最多可赢得 300 万元的利润。

例 4-7 还说明运营能力规划必须以产品需求预测为出发点。

4.5 排队论及其在服务运营能力规划中的应用

4.5.1 排队论概述

1. 排队论要解决的问题

排队论（queuing theory）是 1909 年由丹麦工程师爱尔朗（A. K. Erlang）在研究电话系统时创立的。排队论的应用领域越来越广泛，理论也日渐完善。特别是自 20 世纪 60 年代以来计算机技术的飞速发展，更为排队论的应用开拓了广阔的前景。

排队论又称随机服务系统理论（random service system theory），是一门研究拥挤现象（排队、等待）的科学。具体地说，它是在研究各种排队系统概率规律性的基础上，解决相应排队系统的最优设计和最优控制问题。

排队是日常生活和运营中经常遇到的现象。例如，上下班搭乘公共汽车，顾客到商店购买

物品，患者到医院看病，旅客到售票处购买车票，学生到食堂就餐等就常常出现排队和等待现象。除了上述有形的队列，还有大量"无形"的队列，如若干顾客打电话给快餐公司要求送餐，如果快餐公司没有足够的送餐人员，顾客就只好等待。他们分散在不同的地方，形成了一个看不见的队列。排队的不一定是人，也可以是物。例如，生产线上等待加工的原料或半成品、等待修理的机器、等待装卸货物的船只、等待着陆的飞机等。

2. 排队系统

一个完整的排队系统由顾客源、到达特性、排队规则和服务机构四个部分组成。这四个部分之间的关系如图4-5所示。

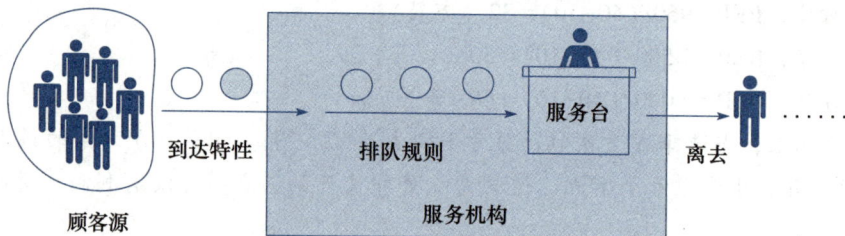

图 4-5　排队系统的组成部分

（1）顾客源。到达服务系统的顾客源分为有限总体和无限总体两类。有限总体是指顾客数量是有限的，其增减会影响到为其他顾客提供服务。无限总体是指顾客数量足够大，其增减不会显著影响为其他顾客提供服务。

（2）到达特性。多数情况下，顾客到达是随机的。在排队系统中，最常见的随机分布是泊松分布。泊松分布是指一个事件以固定的平均瞬时速率随机且独立出现时，这个事件在单位时间内出现的次数所呈现出的一种分布。泊松分布满足以下三个条件。

第一，平衡性。平衡性就是在长度为 t 的时段内，恰好到达 k 个顾客的概率仅与时段长度有关。

第二，无后效性。无后效性就是在任意几个不相交的时间区间内，各自到达的顾客数是相互独立的。也就是说，以前到达的顾客的情况对以后顾客的到达没有影响。

顾客到达服务系统后的耐心程度也对运营管理产生影响。这里假设有些顾客有足够的耐心，即到达服务系统、等待、接受服务；有些顾客则没有足够的耐心，如果等待时间过长，他们会因失去耐心而离开，如果到达后发现队列过长，他们就不再加入。

第三，单个性。单个性就是在充分小的时段内最多到达一个顾客。

（3）排队规则。排队规则是指决定顾客接受服务次序的准则。最常用的准则有先到先服务准则（first come first service，FCFS）。对某些情况，则要遵守业务时间最短者优先准则。有时甚至要遵循后到先服务准则（last come first service，LCFS），如后进入电梯间的乘客总是先出来，最后放到料堆上的钢材总是先运出，刚刚到达的军事情报需要优先处理等。

（4）服务机构。描述服务机构特征的主要指标是服务时间分布。一般对每个顾客的服务时间是相互独立的，概率分布是负指数分布。

4.5.2 排队系统的主要数量指标及基本关系

以下只介绍最基本的排队模型，即满足泊松分布到达、负指数分布服务时间、一个服务机构、系统容量无限、顾客源无限、先到先服务排队准则。

为方便介绍排队系统的数量指标，首先列出一些常用符号，详见表4-7。

表 4-7 排队模型常用符号及含义

符号	含义	符号	含义
λ	平均到达率	W_q	平均等待时间
μ	平均服务率（其倒数为顾客接受服务的平均时间）	W_s	平均逗留时间
ρ	服务系统利用率	P_0	服务系统中没有顾客的概率
L_q	排队长	P_n	服务系统中有 n 个顾客的概率
L_s	队长	—	—

1. 服务系统利用率（ρ）

服务系统利用率是服务能力利用的百分比，即平均到达率与平均服务率之比。虽然提高服务系统利用率是运营管理的目标之一，但是，刻意地追求100%的利用率并不明智。利用率过高会导致服务强度、平均逗留时间和平均等待时间增加。

对于单个服务机构的情况，利用率为

$$\rho = \frac{\lambda}{\mu} \tag{4-7}$$

对单个服务机构，该指标也表示了正在接受服务的顾客平均数，用 r 表示。

对于多个服务机构的情况（设为 M 个），利用率为

$$\rho = \frac{\lambda}{M\mu} \tag{4-8}$$

2. 服务系统中没有顾客的概率（P_0）

对于平均到达率为 λ，平均服务率为 μ，服务机构数为 M 的服务系统，服务系统中没有顾客的概率为[一]：

$$P_0 = \left[\sum_{k=0}^{M-1} \frac{\left(\frac{\lambda}{\mu}\right)^k}{k!} + \frac{\left(\frac{\lambda}{\mu}\right)^M}{M!\left(1-\frac{\lambda}{M\mu}\right)} \right]^{-1} \tag{4-9}$$

特别地，对于服务机构数为1的服务系统，服务系统中没有顾客的概率为：

$$P_0 = 1 - \frac{\lambda}{\mu}$$

3. 排队长（L_q）和队长（L_s）

排队长是指系统中排队等候服务的顾客数。队长是指服务系统中的顾客数，包括正在接受

一 参见运筹学教材中有关排队论的内容。

服务的顾客数和排队等候服务的顾客数。排队长和队长的分布影响服务系统的设计。如果知道了排队长和队长的分布，就能确定排队长超过某个数的概率，从而确定合理的等待空间。平均排队长与平均队长是排队系统中的两个重要指标。平均排队长是任一时刻等待服务的顾客数的期望值。平均队长是任一时刻所有顾客数的期望值。

服务系统排队长与队长可用以下公式求得：

$$L_q = \frac{\left(\frac{\lambda}{\mu}\right)^M \cdot \frac{\lambda}{M\mu}}{M! \left(1 - \frac{\lambda}{M\mu}\right)^2} \cdot P_0 \tag{4-10}$$

$$L_s = L_q + \frac{\lambda}{\mu} \tag{4-11}$$

其中，P_0 为服务系统中没有顾客的概率，由式（4-9）求得。

特别地，对于单个服务机构的情况，公式为

$$L_q = \frac{\lambda^2}{\mu(\mu - \lambda)} \tag{4-12}$$

$$L_s = \frac{\lambda}{\mu - \lambda} \tag{4-13}$$

4. 平均等待时间（W_q）和平均逗留时间（W_s）

平均等待时间是从顾客到达服务系统起到其开始接受服务止的时间间隔的期望值。平均逗留时间是从顾客到达服务系统起到其接受服务完成止的时间间隔的期望值。平均等待时间与平均逗留时间是排队系统的另外两个重要指标。平均等待时间是任意时刻进入服务系统的顾客等待时间的期望值。平均逗留时间是任意时刻进入服务系统的顾客逗留时间的期望值。

$$W_q = \frac{L_q}{\lambda} \tag{4-14}$$

$$W_s = \frac{L_s}{\lambda} \tag{4-15}$$

对于单个服务机构的情况，公式为

$$W_q = \frac{\lambda}{\mu(\mu - \lambda)} \tag{4-16}$$

$$W_s = \frac{1}{\mu - \lambda} \tag{4-17}$$

例4-8   某航空公司在一家新开张的 5A 级写字楼里开办了售票处，由一名服务生负责预订机票。根据历史数据分析，订票请求服从泊松分布，且均值为每小时 15 次请求。服务时间服从指数分布，且均值为每次请求 3 分钟。试求：

（1）服务系统利用率。

（2）服务生的空闲时间比例。

（3）等待服务的平均顾客数。

（4）顾客在服务系统中的平均逗留时间。

解:

$$\lambda = 15 \text{ 次/小时}$$

$$\mu = \frac{1}{\text{服务时间}} = \frac{1 \text{ 次}}{3 \text{ 分钟}} \times 60 \text{ 分钟/小时} = 20 \text{ 次/小时}$$

(1) $\rho = \dfrac{\lambda}{M\mu} = \dfrac{15}{1 \times 20} = 0.75$。

(2) 服务生的空闲时间比例 $= 1-\rho = 1-0.75 = 0.25$，即服务生有 25% 的时间是空闲的。

(3) $L_q = \dfrac{\lambda^2}{\mu(\mu-\lambda)} = \dfrac{15^2}{20 \times (20-15)} = 2.25$（位），即 100 个单位时间有 225 位顾客。

(4) $W_s = \dfrac{1}{\mu-\lambda} = \dfrac{1}{20-15} = 0.2$（小时）。

4.5.3　基于排队系统经济分析的服务运营能力规划

1. 与排队有关的两类成本

与排队有关的成本可分为两类：与服务能力有关的成本和与等待服务有关的成本。前者是指因创建服务能力而产生的费用，后者是指因顾客等待而给服务系统带来的费用。与服务能力有关的成本包括：服务人员的工资、服务设施（如收款台、售票窗口、交通工具等）的折旧费、维修费、管理费等。与等待服务有关的成本包括：支付给等待服务员工（如等待工具的修理工、等待卸货的卡车司机等）的工资；与预设等待空间（如银行的大厅、机场的候机室等）有关的费用；顾客在接受服务前离开队列，甚至拒绝等待所导致的业务流失；商誉的降低；排队对其他业务所造成的干扰。显然，与服务能力有关的成本是服务水平的增函数，而与等待服务有关的成本是服务水平的减函数，两者之和是一条 U 形曲线，如图 4-6 所示。

排队系统
经济分析

2. 排队系统经济分析

从图 4-6 可以看出，服务机构数越多，服务水平越高，与服务能力有关的成本越高，但与等待服务有关的成本越低；服务机构数越少，服务水平越低，与服务能力有关的成本越低，但与等待服务有关的成本越高。因此，总成本是服务机构数的函数，并且存在一个最佳服务机构数，此时，总成本最低。

设目标函数为：

图 4-6　服务水平与成本关系示意图

$$C(M) = c_M M + c_W L(M) \tag{4-18}$$

式中，$C(M)$ 表示排队系统平均总成本；c_M 表示给定时间内与服务能力有关的平均单位成本，可根据服务人员、设施的投资和管理费用估算出来；M 表示服务机构数；c_W 表示给定时间内与等待服务有关的平均单位成本，可根据历史数据统计得到；$L(M)$ 表示队长，它是关于服务机构数的函数。

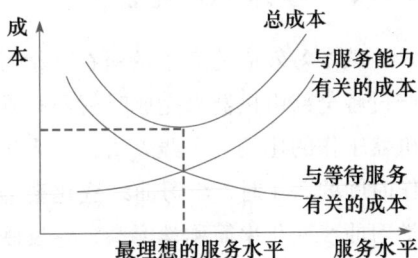

要确定最佳服务机构数 M^*，使

$$f(M^*) = \min f(M) = \min \left[c_M M + c_w L(M) \right]$$

在实际应用中，一般通过仿真方法得到最佳服务机构数，进而确定服务运营能力。

值得注意的是，这里确定的最佳服务机构数只是考虑了成本这一个因素，但在实际中还要考虑收入、场地、未来拓展等因素。像火车站、机场闸机的配置，则需要考虑顾客到达的峰值。

4.6　学习效应

4.6.1　学习效应的发现与学习曲线

人们早就注意到了这样的现象：随着操作者熟练程度的提高，即使在不增加设备和人员数量的情况下，企业的生产能力也会不断提高。换言之，随着工人熟练程度的提高，加工单位产品所需的劳动时间呈现出递减的趋势。这种现象就是学习效应。系统地分析和研究学习效应起于 20 世纪 20 年代。当时，在美国的一家飞机制造厂，人们发现生产每架飞机所需的直接劳动时间随着飞机累计数量的增加而有规律地减少。生产第 4 架飞机所需的人工工时比第 2 架减少了 20% 左右，生产第 8 架只花费了生产第 4 架飞机 80% 的工时。第 $2n$ 架飞机的直接劳动时间是第 n 架飞机的直接劳动时间的 80%。直接劳动时间曲线在开始阶段下降很快，以后逐渐变得平坦。而后，在其他产业，如汽车制造业、石油化工业、人造纤维织物加工业等都发现了类似的现象。当把单位产品直接劳动时间和累计产品数量之间的关系绘制成图形时，得到了后来人们所称的**学习曲线**（learning curves），如图 4-7 所示。

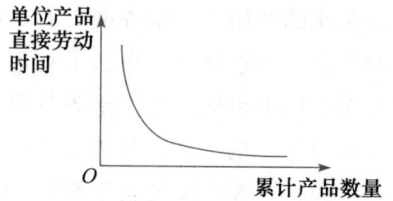

图 4-7　学习曲线

4.6.2　学习曲线的建立

从学习效应的产生过程看，学习效应主要是操作者提高了熟练程度之后产生的现象。当生产过程全部由机器来完成时就不存在学习效应了。因此，学习曲线的变化率取决于人工工作与机器工作的比例。实践表明：当人工工作时间与机器工作时间的比例为 3∶1，即人工占总工作时间的 3/4 时，学习曲线变化率为 80% 左右；当两者基本接近时，这一变化率为 85% 左右。学习曲线变化率简称学习率，它反映了学习效果。

给定第一件产品的直接劳动时间和学习率，就可以用下面的数学表达式来描述学习效应：

$$T_n = T_1 \cdot n^b \tag{4-19}$$

式中，T_n 表示生产第 n 件产品的直接劳动时间；T_1 表示生产第 1 件产品的直接劳动时间；n 表示累计生产数量；b 表示 lgr/lg2（r 为学习率）。

利用式（4-19），根据对数函数的性质，可以推导出：第 $2n$ 件产品的直接劳动时间是第 n 件产品的直接劳动时间的 r 倍。这表明式（4-19）客观地反映了学习效应。

为方便使用，可事先计算出学习曲线的时间因子，并制成表格。表 4-8 是部分学习曲线的时间因子。表中，对应于每一个学习率，有单位时间和总时间两个因子。单位时间因子是表示单位时间与第 1 件产品的直接劳动时间关系的参数。总时间因子是表示总时间与第 1 件产品的直接劳动时间关系的参数。例如，当学习率为 85% 时，生产第 10 件产品的单位时间因子是 0.583，其含义是，生产第 10 件产品的直接劳动时间是生产第 1 件产品的直接劳动时间的 0.583 倍；总时间因子是 7.116，其含义是生产前 10 件产品的直接劳动时间是生产第 1 件产品的直接劳动时间的 7.116 倍。

表 4-8　部分学习曲线的时间因子

产品序号	70%		75%		80%		85%		90%	
	单位时间	总时间	单位时间	总时间	单位时间	总时间	单位时间	总时间	单位时间	总时间
1	1.000	1.000	1.000	1.000	1.000	1.000	1.000	1.000	1.000	1.000
2	0.700	1.700	0.750	1.750	0.800	1.800	0.850	1.850	0.900	1.900
3	0.568	2.268	0.634	2.384	0.702	2.502	0.733	2.623	0.846	2.746
4	0.490	2.758	0.562	2.946	0.640	3.142	0.723	3.345	0.810	3.556
5	0.437	3.195	0.513	3.459	0.596	3.738	0.686	4.031	0.783	4.339
6	0.398	3.593	0.475	3.934	0.562	4.299	0.657	4.688	0.762	5.101
7	0.367	3.960	0.446	4.380	0.535	4.834	0.634	5.322	0.744	5.845
8	0.343	4.303	0.422	4.802	0.512	5.346	0.614	5.936	0.729	6.574
9	0.323	4.626	0.402	5.204	0.493	5.839	0.597	6.533	0.716	7.290
10	0.306	4.932	0.385	5.589	0.477	6.315	0.583	7.116	0.705	7.994
15	0.248	6.274	0.325	7.319	0.418	8.511	0.530	9.861	0.663	11.384
20	0.214	7.407	0.288	8.828	0.381	10.485	0.495	12.402	0.634	14.608
25	0.191	8.404	0.263	10.191	0.355	12.309	0.470	14.801	0.613	17.713
30	0.174	9.305	0.244	11.446	0.335	14.020	0.450	17.091	0.596	20.727
35	0.161	10.130	0.229	12.720	0.318	15.640	0.435	19.290	0.583	23.670
40	0.150	10.900	0.216	13.720	0.305	17.190	0.421	21.430	0.571	26.540
45	0.141	11.620	0.206	14.770	0.294	18.680	0.410	23.500	0.561	29.370
50	0.134	12.310	0.197	15.780	0.284	20.120	0.400	25.510	0.552	32.140

例 4-9　玉林柴油机车厂生产某种机车产品，其第一台的直接劳动时间是 4 000 小时，根据以往的经验，生产这种机车的学习率是 85%。试计算：（1）第 30 台机车的直接劳动时间；（2）前 30 台机车的平均直接劳动时间。

解：

（1）第 30 台机车的直接劳动时间计算如下：4 000×0.450 = 1 800（小时）。

（2）前 30 台机车的平均直接劳动时间计算如下：（4 000×17.091）÷30 = 2 278.8（小时）。

例 4-10　家美装饰公司承接了一家高档饭店的精装修业务，其中一项作业是豪华套间的地坪作业，主要包括在客厅铺设木地板，在房间铺设地毯，在卫生间铺设地砖。公司先在样板房里做试验。试验表明铺设一个豪华套间的木地板、地毯和地砖需要 8 个工时。这家饭店共有 50 个这样的豪华套间。参考以前类似的作业，公司管理人员估计这种地坪作业的学习率为 75%。试计算完成全部豪华套间的地坪作业需要多少工时。

解：根据式（4-19），完成全部 50 个豪华套间的总作业时间计算如下：

$$8×15.780 = 126.24（小时）$$

根据结果，装饰公司就可以根据进度要求来合理地配置现场作业人员，也可以根据已有作业人员来承诺工程进度。

学习效应及其应用

4.6.3   学习率的估计

对于某一特定的行业，如果生产了一定数量的产品，就很容易从学习效应的表达式中推算学习率。根据式（4-19），可得

$$r = 2^{\frac{\lg T_n - \lg T_1}{\lg n}} \tag{4-20}$$

因此，只要知道了第 1 件产品的作业时间和第 n 件产品的作业时间，就可以根据式（4-20）计算出该行业的学习率。当用式（4-20）估算学习率时，产品生产量越大，作业时间受到随机性因素的干扰越大。

对于一项全新的作业，或作业累计时间不长，可参考类似行业的学习率，然后根据本行业的具体情况做出相应的修正。表 4-9 给出了一些特定行业的学习率范围。在修正学习率时，可以把具体作业过程中手工与机械加工的比例作为一个考虑因素。一般手工比例越大，学习效应越明显，即学习率越小；反之，学习效应越不明显，即学习率越大。如 75% 的手工作业，对应80% 的学习率；25% 的手工作业，对应 90% 的学习率。

表 4-9   一些特定行业的学习率范围

行业	学习率范围（%）	行业	学习率范围（%）
航空航天	80~85	机械制造	90~95
造船	80~85	电线和电路板的制造	75~85
复杂工具的加工	75~85	焊接作业	85~90
电子元器件的制造	90~95	零部件的装配	85~90

4.6.4   学习效应的应用

学习效应的应用体现在以下几个方面。

（1）规划运营能力。如果企业在规划运营能力时考虑了学习效应，就可以避免过多的富余能力。如果企业在制订生产计划时考虑了学习效应，就可以更科学地预测未来的生产能力，估计成本和编制预算。

（2）制定劳动定额。科学地制定劳动定额是学习效应的直接应用。劳动定额是指在一定的生产和技术条件下，生产单位产品或完成一定工作量应该消耗的劳动量。在制定劳动定额时，只有充分考虑学习效应，才能制定出先进合理的劳动定额。所谓先进合理，就是制定的定额要在已经达到的实际水平的基础上有所提高，在正常生产条件下，经过一定时期的努力，大多数职工可以达到，部分先进职工可以超过，少数后进职工也能够接近以至达到。这样的劳动定额才能保证劳动生产率的提高。

（3）控制工程进度。利用学习曲线可以估计生产周期，进而帮助企业制订相应的生产计划和安排作业进度。

（4）新产品定价。当新产品的工艺过程与某类产品的工艺过程相同或相似时，可利用这类产品的学习率来估计新产品的生产周期，估算直接劳动成本，从而为新产品的定价提供依据。

（5）采购谈判。对于大型设备的采购，供货商总会提出工程造价。其中，工时费用是工程造价的组成部分，学习效应为降低报价提供了依据，使采购商在谈判中处于主动地位。对供货商来说，其可以确定招标底价。

总之，利用学习效应，公司能够推动运营战略的实施，比如运营能力提升、价格和成本控制等。

4.6.5　应用学习效应注意的事项

根据学习效应的表达式，产品结构复杂、手工作业占比较大、加工数量少的作业，学习效应较为明显；反之，学习效应不显著。这是在应用学习效应时首先要注意的事项。

在应用学习效应时，还应注意新产品、新工艺或新设备的投入对学习效应的影响。此时，作业时间会有大幅度的增加。

此外，学习曲线如应用不当也会带来一定的风险。环境变化中的不可测因素有可能影响学习规律，如果管理人员忽视环境动态变化的特性，就可能会给企业带来损失。一个著名事例是道格拉斯飞行器公司被麦克唐纳飞行器公司兼并的事例。道格拉斯飞行器公司曾经根据学习曲线估计它的某种新型喷气式飞机的成本能够降低，于是对顾客承诺了价格和交货日期。结果由于低估了飞机制造过程中的工艺修改对学习曲线的影响，导致对顾客承诺的价格和交货日期不能实现，遭到严重的财政危机，这是它不得不接受兼并的重要原因之一。

4.7　需求预测与管理

4.7.1　需求预测

需求预测是对未来可能发生的情况的估计与推测。需求预测是考虑市场的各种影响因素，对未来的产品或服务需求进行的估计与推测。需求预测为企业生产经营决策提供产品和服务的需求信息，是规划能力和编制生产计划的依据。

1. 预测的基本特征与步骤

预测有以下四个基本特征。

（1）预测总是根据过去的数据或经验推断未来。脱离过去信息的预测只是臆断，人们总是根据过去的数据或经验加上对未来走向的判断做出预测。

（2）由于存在随机性因素，预测总会有一定的误差。预测正好与实际结果完全一致只是一种偶然。预测不可能百分之百准确，当然，不预测更谈不上准确。

（3）群体预测的精度高于单个人的推测精度。因个人能力、经验的局限性，个人预测偏差比群体预测更大。

（4）预测的精度随时间跨度的增加而降低。根据上午的天气预测当天下午的天气肯定会比预测明天下午或下个月同一天下午的天气更为准确。预测经济变量也服从同样的规律。

一般而言，需求预测包括以下四个步骤。

- 明确预测目的。
- 搜集和整理数据资料。
- 选择预测方法进行预测，给出预测结果。
- 计算、分析预测误差，改进预测方法。

2. 常用的预测方法

需求预测的方法可分为两大类：定性预测与定量预测。

（1）**定性预测方法**。定性预测方法又称主观预测方法，是指依靠熟悉业务知识、具有丰富经验和综合分析能力的专家，根据已掌握的历史资料和直观材料，考虑各种影响需求的因素，综合各方面的意见，对未来需求的发展趋势与变化做出推断。这类方法常用于对预测对象的历史销售数据掌握不多或影响需求的因素比较复杂的情况。这类方法不采用复杂的数学公式，简便易行。定性预测方法的缺点是预测的准确程度取决于人的经验和主观判断，缺乏数量上的准确描述。常用的定性预测方法有：德尔菲法、用户调查法、部门主管讨论法和销售人员集中法等。

1）**德尔菲法**。德尔菲法由海曼（O. Helmen）和德尔基（N. Delkey）于20世纪40年代首创，经过 T. J. 戈尔登和兰德公司进一步发展而成。德尔菲（Delphi）是古希腊传说中的神谕之地。传说太阳神阿波罗成为德尔菲的新主人之后常派人到各地搜集聪明人的意见。借用这一集中智慧和灵验的地名，寓意德尔菲法具有高超的预见力。

这种方法以预先选定的专家作为征询意见的对象。预测小组以匿名的方式给各位专家发放调查问卷，函询专家的意见，然后汇总整理收集到的专家意见。在参考反馈意见的基础上，预测小组重新设计出新的调查问卷，再向每个专家发放。专家可以根据多次反馈的信息做出判断。如此反复多次，专家的意见逐步趋于一致，即得出预测结果。

德尔菲法通常在采集数据成本太高或不便于进行技术分析时采用，适用于对长期趋势和新产品的预测。这种方法的主要优点有：预测速度较快，预测成本较低；消除了群体压力或某些主导性个体对预测结果产生的负面影响；预测过程中，不断反复调查，使专家意见逐渐趋于一致。其主要缺点是专家的选择没有明确的标准，预测责任分散。

应用德尔菲法时，应注意以下四个要点。

- 要预测的问题单一、明确。一次最好预测一个具体问题。
- 以匿名方式进行。专家背靠背地提出各自的意见，以避免专家之间相互影响。
- 反复多次。预测结果一般是在多次调查、不断反馈、反复综合整理、归纳和修正的基础上形成的。
- 考虑可能出现的偏差。在预测中，应考虑各个专家所具有的经验、对预测问题的熟悉程度以及判断能力。实际中，可采用对不同水平的专家赋予不同权数的方法，对他们的回答结果进行加权处理，以使预测结果更趋准确。

2）**用户调查法**。用户调查法是指通过信函、电话或访问的方式对现实的或潜在的顾客购买意图进行调查，得到预测结果。这种方法常用于预测新产品或缺乏销售记录的产品的需求。这种方法的主要优点有：预测直接来源于顾客购买意图，较好地反映了市场需求情况；可获得丰富的信息，如顾客对产品优缺点的看法，这有利于企业改善产品，有利于开发新产品和有针对性地开展促销活动。其主要缺点有：有些顾客不愿或不能正确地表明看法；顾客购买意图容易随着一些新的情况（如办展销会）出现而发生变化；调查费用高。

3）**部门主管讨论法**。部门主管讨论法是指一些中高层管理人员，如营销部、运营部、财务部等的管理人员，聚集在一起通过集体讨论预测对产品的需求。这种方法常用于制定长期规划以及对新产品的预测。其应用前提条件是参与预测的部门主管具有专门的知识、较丰富的经验以及对市场的洞察能力和分析能力。这种方法的主要优点有：预测简单、经济易行；不需要准备和统计历史资料；汇集了各主管的丰富经验与聪明才智；如果市场情况发生变化，可以立即进行修正。其不足之处有：个别人（权威）的观点可能左右其他人的意见；预测的责任分散，会导致管理者草率地发表意见。

4）**销售人员集中法**。销售人员集中法是指把每个销售人员对需求情况的预测进行综合而得出预测结果。预测时，首先由每个销售人员估计自己所负责的销售区域的产品销售额和总的市场需求，然后汇总各销售区域人员所估计的销售额，得到预测结果。这种方法的主要优点是，由于销售人员直接接触经销商和客户，最了解消费者的购买计划，得出的预测结果更准确。这种方法的缺点是容易受个人偏见的影响。

（2）**定量预测方法**。定量预测方法是指利用统计资料和数学模型来进行预测。定量预测的优点是注重事物发展变化程度的数量描述。预测主要依据历史统计资料，较少受主观变化因素的影响，可以采用计算机辅助处理预测数据。缺点是不够灵活，对信息资料的质量和数量要求较高。常用的定量预测方法有时间序列模型和因果关系模型。本书只介绍最基本的定量预测方法，要了解更多的预测方法可参考预测专业书籍。

1）**时间序列模型**。**时间序列**是指某种观测变量的数据按时间先后顺序排列起来的数列。时间序列往往是在多种不同因素的综合作用下形成的。通常可以把作用于时间序列的各种因素分为四类，即长期变动因素、季节变动因素、循环变动因素和随机变动因素。**长期变动**是数据随时间推移所表现出的一种趋向，或保持稳定，或上升，或下降。**季节变动**是指与诸如天气、节日和假日等变量有关的，在短期内所呈现出的规律性变动趋势。**循环变动**是指需求在较长的时间内所呈现的周期性波动。**随机变动**是指由众多细微的不可控因素引起的、没有规则的上下波动。

时间序列模型预测方法就是在对时间序列本身及其影响因素分析的基础上找出内在变化规律，通过建立数学模型进行预测的方法。下面主要介绍常用的简单移动平均法、加权移动平均法和指数平滑法。

①**简单移动平均法**。简单移动平均法是在对时间序列数据进行分段的基础上，按照数据点的顺序逐步推移计算其平均数，并据此做出预测的方法。简单移动平均法适用于短期的、产品需求波动不大且不存在季节变动的情况。简单移动平均法的计算公式为

$$F_t = \frac{\sum_{i=t-n}^{t-1} A_i}{n} \tag{4-21}$$

式中，F_t 表示第 t 期的预测数据；A_i 表示第 i 期的实际数据；n 表示移动数组中数据的个数，其值小于 t。n 的大小取决于数据分布，如果较长时期的数据仍然对预测值有显著的影响，n 就取得大一些；反之，则取得小一些。

例 4-11 表 4-10 是某公司某一种产品在某年 1~10 月的销售数据。试利用简单移动平均法（取 $n=4$）预测其第 11 期的销售量。

表 4-10　某公司某一种产品在某年 1~10 月的销售数据

时期	销售量/台	移动平均值	时期	销售量/台	移动平均值
1 月	400		7 月	410	422.5
2 月	410		8 月	440	425.0
3 月	400		9 月	430	427.5
4 月	430		10 月	450	430.0
5 月	420	410.0	11 月	—	432.5
6 月	440	415.0			

解：根据式（4-21）可得

$$F_{11} = \frac{\sum\limits_{i=11-4}^{11-1} A_i}{4} = \frac{410 + 440 + 430 + 450}{4} = 432.5(台) \approx 433(台)$$

同样的方法，可求出该公司 5~10 月销售数据的移动平均值（见表 4-10）。与实际数据比较可以看出，通过移动平均，数据变动的幅度减小了，即移动平均平滑了数据的变动，使长期趋势更加明显。简单移动平均法的优点是便于计算，结果易于理解。但是，时期不同对预测期数据所造成的影响是不同的。简单移动平均法没有考虑这一影响，这也是简单移动平均法的不足之处。

②**加权移动平均法**。在求移动平均值时，为表示不同时期的数据对预测期数据所造成的影响，可对各时期时序数据赋予不同的权重。一般近期数据的权重大，较远期数据的权重小。考虑了权重的移动平均法即加权移动平均法，其计算公式为

$$F_t = \sum_{i=t-n}^{t-1} w_i A_i \tag{4-22}$$

式中，w_i 是第 i 期的权重，其余符号与式（4-21）相同，并且满足条件

$$w_i > w_j; \quad i > j; \quad \sum_{i=t-n}^{t-1} w_i = 1 \tag{4-23}$$

③**指数平滑法**。指数平滑法是根据本期的实际值和过去对本期的预测值，预测下一期数值的方法，它反映了最近时期的数值对预测值的影响。这是在简单移动平均法和加权移动平均法基础上发展起来的特殊的加权平均法，考虑了所有的历史数据，并且赋予近期数据更大的权重。指数平滑法的计算公式为

$$F_t = F_{t-1} + \alpha(A_{t-1} - F_{t-1}) \tag{4-24}$$

式中，α 是平滑系数，其余符号与式（4-21）相同。平滑系数决定了对预测值与实际结果之间差异的响应速度。

α 的取值原则是：当需要敏感地反映最近时期的数据变动时，取较大的值；当用指数平滑值代表该时间序列的长期趋势时，取较小的值；当观察值的变动较小时，取 0.1~0.4；当观察值的变动不大时，取 0.4~0.6；当观察值的变动较大，或呈现明显的季节性变动时，取 0.6~0.9。

当利用式（4-24）进行预测时，通常使用相对时间，并且规定初值 $F_2 = A_1$，其余各期平滑值按公式计算。

例 4-12　给出如表 4-11 所示的实际值，分别使用 0.1 和 0.4 的平滑系数，预测 12 月的数据，并给出其他月份的平滑值。

解： 根据式（4-24）可得预测值（见表 4-11）。

表 4-11 实际值与预测值

月份	实际值	预测值($\alpha=0.1$)	预测值($\alpha=0.4$)	月份	实际值	预测值($\alpha=0.1$)	预测值($\alpha=0.4$)
1	42.00			7	46.00	41.39	40.25
2	40.00	42.00	42.00	8	44.00	41.85	42.55
3	43.00	41.80	41.20	9	45.00	42.07	43.13
4	40.00	41.92	41.92	10	38.00	42.36	43.88
5	41.00	41.73	41.15	11	40.00	41.92	41.53
6	39.00	41.66	41.09	12		41.73	40.92

2）**因果关系模型**。因果关系模型是利用变量之间的相互关系，根据历史统计数据，在测定分析变量之间相互关系的基础上推断未来变化情况的方法。常用的因果关系模型是回归预测模型。在回归预测中，需要预测的变量为因变量，如销售量、订单数量等；与因变量有密切关系、影响其变化的为自变量，如价格、可支配收入等。下面介绍应用广泛的一元线性回归法。

一元线性回归法也叫最小二乘法，适用于两个变量之间存在线性关系，根据一个变量对另一个变量进行中短期预测的情况。一元线性回归法的应用步骤如下所述。

首先，根据两个变量 x 与 y 的实际数据，判断其相互之间的关系，如果呈现近似的线性关系，就利用下式求解回归系数 a 与 b

$$a = \frac{\sum y - b \sum x}{n} \tag{4-25}$$

$$b = \frac{n \sum (xy) - (\sum x)(\sum y)}{n(\sum x^2) - (\sum x)^2} \tag{4-26}$$

其次，根据回归系数确定回归方程

$$y = a + bx \tag{4-27}$$

最后，根据回归方程做出预测。

当一元线性回归模型中的自变量是年份、季度、月份、周次等时间时，一元线性回归模型实质上是一种时间序列预测方法。

①**趋势模型**。当随着时间推移，需求呈现出持续上升或持续下降趋势时，可以直接运用回归方程对未来的需求进行预测。这种模型即趋势模型。

下面举例说明趋势模型的应用。

例 4-13 表 4-12 记录了永华制药公司某种片剂三年来共 12 个季度的销售量。试预测该公司第四年各个季度的销售量。

表 4-12 永华制药公司某种片剂销售情况统计

季度（相对值）	销售量/箱	季度（相对值）	销售量/箱	季度（相对值）	销售量/箱
1	600	5	2 400	9	3 800
2	1 500	6	3 100	10	4 500
3	1 500	7	2 600	11	4 000
4	1 500	8	2 900	12	4 900

解： 根据式（4-25）和式（4-26）可得：$a = 427.27$，$b = 361.19$。

把 a 和 b 代入式（4-27），即得回归方程

$$y = 400 + 382x$$

于是，第四年各季度的预测销售量分别为

第一季度：$y = 427.27 + 361.19 \times 13 = 5\ 123$（箱）。

第二季度：$y = 427.27 + 361.19 \times 14 = 5\ 484$（箱）。

第三季度：$y = 427.27 + 361.19 \times 15 = 5\ 845$（箱）。

第四季度：$y = 427.27 + 361.19 \times 16 = 6\ 206$（箱）。

②**季节性模型**。许多经济变量呈现出一定的趋势，并表现出季节性。此时，当用一元线性回归法进行预测时，需要考虑季节性对预测结果的影响。这种考虑了季节性的预测方法即为季节性波动模型。

下面举例说明如何对呈现出一定的趋势，并表现出季节性的经济变量做出预测。

例 4-14　一家公司生产某种产品，统计出最近四年各季度的销售量数据，如表 4-13 所示。试预测明年（第五年）各季度的销售量。

表 4-13　某种产品销售量统计

时间	第一季度/台	第二季度/台	第三季度/台	第四季度/台
第一年	1 000	800	1 300	1 100
第二年	1 200	1 000	1 500	1 200
第三年	1 300	900	1 600	1 200
第四年	1 300	1 100	1 800	1 300

解：从表 4-13 可以看出，销售量总体呈现上升趋势。由此，确定出一元线性回归模型如下：

$$y_t = 995 + 27t$$

但每一年的第二季度和第四季度是淡季，其销售量分别比第一季度和第三季度低。如果简单地利用回归模型进行预测，其结果必然是第五年第四季度的销售量比第三季度高，第三季度比第二季度高，第二季度比第一季度高。这显然与实际情况不符。此时，可以计算四个季度的季节系数，即实际值与回归预测结果的比率，然后根据季节系数对预测结果进行修正。

为此，利用回归方程回归预测四年各季度的销售量，每年四个季度的实际值、回测值（回归预测结果）及季节系数如表 4-14 所示。

表 4-14　每年四个季度的实际值、回测值及季节系数

时间	第一季度			第二季度			第三季度			第四季度		
	实际值/台	回测值/台	季节系数	实际值/台	回测值/台	季节系数	实际值/台	回测值/台	季节系数	实际值/台	回测值/台	季节系数
第一年	1 000	1 022	0.98	800	1 049	0.76	1 300	1 076	1.21	1 100	1 103	1.00
第二年	1 200	1 130	1.06	1 000	1 157	0.86	1 500	1 184	1.27	1 200	1 211	0.99
第三年	1 300	1 239	1.05	900	1 266	0.71	1 600	1 293	1.24	1 200	1 320	0.91
第四年	1 300	1 347	0.97	1 100	1 374	0.80	1 800	1 401	1.28	1 300	1 428	0.91

于是，可得每一季度的季节系数的平均值，$S_1 = 1.02$，$S_2 = 0.78$，$S_3 = 1.25$，$S_4 = 0.95$。

最后，建立预测模型，进行预测

$$y_t = (995 + 27t) S_i$$

把 t = 17、18、19、20 代入上式，得

$$y_{17} = (995 + 27 \times 17) \times 1.02 = 1\,483 \text{ （台）}$$

$$y_{18} = (995 + 27 \times 18) \times 0.78 = 1\,155 \text{ （台）}$$

$$y_{19} = (995 + 27 \times 19) \times 1.25 = 1\,885 \text{ （台）}$$

$$y_{20} = (995 + 27 \times 20) \times 0.95 = 1\,458 \text{ （台）}$$

3. 预测误差监控及预测方法选择

由于受许多不确定因素的影响，不可避免地会存在预测误差。所谓**预测误差**，是指预测值与实际值之间的差异。当预测值大于实际值时，误差为正；反之，误差为负。预测误差反映了预测的精度。同时，为了更准确地做出预测，需要监控预测的有效性。

（1）**预测精度**。预测精度是指预测误差分布的密集程度。评价预测精度最常用的指标有平均绝对误差和平均平方误差。以下分别予以介绍。

平均绝对误差（mean absolute deviation，MAD）即预测值与实际值的绝对偏差的平均值，计算公式为

$$\text{MAD} = \frac{\sum\limits_{t=1}^{n} |A_t - F_t|}{n} \tag{4-28}$$

式中，A_t 表示第 t 期的实际数据；F_t 表示第 t 期的预测数据；n 表示预测次数。

这一指标与标准差相似，但比标准差计算简单，能较好地反映预测精度，但无法衡量无偏性。

平均平方误差（mean square deviation，MSD）即预测值与实际值的平方偏差的平均值，计算公式为

$$\text{MSD} = \frac{\sum\limits_{t=1}^{n} (A_t - F_t)^2}{n} \tag{4-29}$$

式中，A_t、F_t 和 n 的意义与式（4-28）相同。与平均绝对误差相似，这一指标能较好地反映预测精度，但无法衡量无偏性。

（2）**预测监控与预测方法的选择**。一定形式的需求模式在过去、现在和将来起着基本相同的作用。根据这一原理，可通过两种方法对预测效果进行监控：将实际值与预测值进行比较，看偏差是否在可以接受的范围以内；应用跟踪信号进行监控。

所谓**跟踪信号**（tracking signal，TS），是指滚动预测误差和与平均绝对误差的比值，计算公式为

$$\text{TS} = \frac{\sum\limits_{t=1}^{n} (A_t - F_t)}{\text{MAD}} \tag{4-30}$$

式中，各符号意义同前。

每当实际需求发生时，就计算 TS，只有当 TS 在一定范围内时，才认为预测模型可以继续使用；否则，就应该重新选择预测方法。

4.7.2　需求管理

在实践中，即使运用了系统的预测方法，运营能力仍然难以与实际需求相吻合：运营能力要么超过需求，要么低于需求。因而，在经济有效地调整运营能力的前提下，管理需求就显得非常重要。需求管理是指确定顾客在哪里、他们的真正需求是什么、需要多少、何时需要。通常采取以下四种方法来管理需求。

1. 利用营销策略平滑需求

在淡季到来时，可以通过产品打折、送购物券等手段来增加需求。在旺季到来时，则取消相应的优惠策略。这种手段还可应用在影剧院、体育场馆等。例如，体育馆可以把17:00~19:00时段的场地费定得比其他时间高很多，以此把一部分顾客分流到其他时间段。航空公司、酒店则可以通过引入收益管理来调节需求。

2. 利用需求的相关性来确定需求的数量与时间

对于相关需求，企业需要掌握与其关联的独立需求及比例关系。再在考虑提前期的基础上，确定需求数量和需求时间。

3. 通过预约和预订来调节服务需求

在服务业，可通过预约和预订来主动安排需求。例如，医院（尤其是口腔门诊）可以通过预约来分散到医院的患者，酒店或航空公司可以通过预订来平衡顾客对客房或航班的需求。

4. 提高供应链的协同性以共享需求与能力信息

一方面，成员企业应争取分享下游客户的销售点（point of sales，POS）信息。另一方面，成员企业应分享上游供应商的能力信息。此外，当下游有促销活动或上游调整运营能力时，都应保持上下游信息的互通。对计划外的需求或运营能力变化也要第一时间彼此告知。

◉ 习题

1. 何为运营能力？
2. 解释以下五个概念：设计能力、有效能力、实际能力、利用率和效率。
3. 设计能力、有效能力、实际能力分别是在哪个阶段形成的？
4. 有人说实际能力有时会大于有效能力，甚至会大于设计能力。你怎样看待这种说法？
5. 简要说明如何在设计能力给定的基础上最大化实际能力，从而提高利用率和效率。
6. 一家小型金矿，设计方案确定的开采量是每天开采1 000t矿石，经过矿山建设，形成了每天800t开采量的生产能力。近年来的统计结果表明，每天实际开采矿石720t。试计算这家小型金矿的利用率和效率。
7. 运营能力规划的重要性体现在哪些方面？
8. 简述规划运营能力时要考虑的因素。
9. 举例说明规模经济效应的原理。
10. 举例说明如何在规划运营能力时考虑需求因素与资源因素。
11. 简述选址与设施布置如何影响运营能力。

12. 为什么在规划运营能力时要考虑产品生命周期的阶段性？

13. 为什么在规划运营能力时要考虑供应链方面的因素？

14. 简述构建或改变运营能力的三种基本策略。

15. 构建或改变运营能力要考虑哪两个方面的风险？

16. 简述能力缓冲的概念及应用。

17. 举例说明企业为什么要利用外部能力。

18. 企业如何在自制和外包之间做出选择？

19. 企业如何在设备的购买与租赁之间做出选择？

20. 简要说明企业建立能力柔性的重要性。

21. 企业可以通过何种手段来建立能力柔性？

22. 简述运营能力规划的步骤。

23. 决策有哪些基本要素？

24. 试比较确定型决策、风险型决策和不确定型决策环境的区别。

25. 结合实例说明决策的基本过程。

26. 简述不确定型决策环境下的五种决策准则。

27. 何为完全信息价值？

28. 如何利用完全信息价值辅助决策？

29. 某企业打算生产一种换代新产品，据市场预测，产品销路有三种情况：销路好、销路一般和销路差。生产该产品有三个方案：改进生产线、新建生产线和与其他企业协作。财务部门测算的收益值如表 4-15 所示。如果采用后悔值准则，企业应选择哪一种方案？

表 4-15　各方案在不同情况下的收益
（单位：万元）

方　案	顾客对本企业商品的需求		
	销路好	销路一般	销路差
改进生产线	180	120	-40
新建生产线	240	100	-80
与其他企业协作	100	70	16

30. 试结合实例说明在一定生产规模范围内，单位固定成本是不变的，单位变动成本是不变的。

31. 某企业建设了一条生产线，用于生产一种电子产品。该产品售价为 210 元/件，单位变动成本为 160 元/件。每年分摊的固定费用为 180 万元。

(1) 试计算盈亏平衡点产量及销售额。

(2) 根据预测，该产品的市场容量为 25 万件/年。如果该企业的市场占有率为 40%，企业的最大税前利润是多少？

(3) 试计算企业的经营安全率。

32. 实际生产中，在利用盈亏平衡分析法时应注意哪些问题？

33. 试举例说明日常生活中的排队现象。

34. 一个完整的排队系统由哪几部分组成？

35. 何为排队系统的利用率？

36. 某普通门诊一次只能诊治一位患者，诊治时间服从指数分布，每位患者平均需要 12 分钟。患者按泊松分布到达，平均每小时到达 4 人。试求：

(1) 该门诊的利用率。

(2) 医生空闲时间的比例。

(3) 等待就诊的平均患者数。

(4) 患者在门诊的平均逗留时间。

37. 排队系统经济分析的目的何在？

38. 何为学习效应，何为学习曲线？

39. 当学习率接近 100% 时，可以看到生产第 n 件产品所用的直接劳动时间近似等于生产第 1 件产品所用的直接劳动时间。对此，有两种说法：①工作太难了，总也学不会，所以没有改进；②工作太容易了，一学就会，不用改进。你同意这两种说法吗？更准确的说法是什么？

40. 某公司生产一种无人侦察机。在最后的组装阶段，组装第 1 架无人侦察机的直接工时为 500 个小时。经估算，组装这种无人侦察机的学习率为 80%。试求：

(1) 组装第 15 架侦察机的直接工时。

(2) 组装全部 15 架侦察机的直接工时。

（3）组装全部 15 架侦察机的平均直接工时。

41. 简述如何估算某一特定行业的学习率。
42. 结合实例说明学习效应在运营管理中的应用。
43. 结合实例说明应用学习效应时应注意的事项。
44. 预测有哪些基本特征？
45. 预测有哪些步骤？
46. 简述应用德尔菲法的要点。
47. 试分析用户调查法、部门主管讨论法和销售人员集中法的优缺点。
48. 什么是简单移动平均法？
49. 试比较简单移动平均法与加权移动平均法的特点。
50. 指数平滑法所体现的思想是什么？
51. 试述如何利用回归方法进行需求预测。
52. 饮料的销售量与气温关系很大，相关数据如表 4-16 所示。试用回归方法预测当气温为 35℃ 时的销售量，并说明销售量与气温的相关程度。

表 4-16　饮料销售量与气温数据表

销售量/箱	气温/℃
430	30
335	21
510	35
480	40
470	37
210	20
190	8
260	17
400	35
480	25

53. 简述周期性波动时间序列预测法的基本思路。
54. 何为平均绝对误差？
55. 何为平均平方误差？
56. 试述如何监控预测效果。
57. 何为跟踪信号？
58. 管理需求的意义何在？
59. 管理需求应做好哪几方面的工作？
60. 站在供应链的视角，如何管理好需求？

案例分析

共享单车的能力规划与管理

高铁、网购、移动支付、共享单车被称为中国的"新四大发明"。其中，共享单车是指企业在公共交通站点、校园、商业区、社区、开放性公园等公共场所为出行者提供的一种新型分时租赁自行车单车的服务模式。

共享单车的突出优点是方便快捷、绿色环保，使用它还能强身健体。出行者可以在手机上完成找车、开锁、锁车、支付等所有操作。共享单车在路程较短、交通拥堵时成了出行者的重要选项，从而减少了汽车的使用，进而降低了 $PM_{2.5}$ 的排放量。此外，出行者使用共享单车在解决短途出行问题的同时，还起到了锻炼身体的作用。

由于解决了城市短途出行的痛点，共享单车迅速成为投资风口，摩拜、ofo 两大先行者迅速壮大起来。此外，一众品牌你方唱罢他登场。赤、橙、黄、绿、青、蓝、紫七色集齐，"神龙"呼之欲出。春秋纷争，大浪淘沙。真可谓风口之下猪飞起来了。然而，风口过后，却是一片狼藉。这不，自 2017 年 6 月以来，悟空、町町、酷骑等先后倒下。最让人不解的是，悟空单车仅运营 5 个多月就因为 90% 的单车不知去向而不得不退出市场。

对这种你死我活的争霸，一般公众看得并不真切。但另一种乱象则活生生地呈现在我们面前。看吧，目之所及，有长达 500 米的一字长蛇阵，有进不去出不来的八门金锁阵，有东倒西歪的十面埋伏阵，有的占据了整个休闲广场，有的则堆成了小山。毫无疑问，这是各个品牌的共享单车以投放量比拼这种简单而原始的手段进行攻城略地所造成的后果。经过春秋纷争，大多数共享单车在竞争中阵亡，依靠大量投放单车这样近似野蛮的手段，共享单车巨头碾压了其他一众品牌，形成了摩拜、ofo、哈啰三足鼎立之势。

残酷的"三国大战"背后是资本运作的较量。几个回合下来，ofo 已是灰飞烟灭，新的博弈之势业已形成。共享单车巨头之间的较量是一般看客所不能理解的，毕竟一切还要靠实力来说话。

展现真正实力的时候到了。哈啰通过接入北斗定位系统，获取一辆单车的实时位置和行动轨迹，形成了正常出行大数据，根据正常出行大数据以及因体育赛事、演出活动等特殊事件产生的特殊出行数据，哈啰能够提前预估骑行需求，对路面的运维团队发送填补车辆需求缺口智能调度指令，实现了运营能力规划与管理的智能化。

讨论题

1. 总结共享单车的优点。

2. 以共享单车以例，说明运营能力规划在企业成长、生存、发展中的重要意义。

3. 给出共享单车通过运营能力规划与管理获取并保持竞争优势的综合解决方案。

第5章 选址与设施布置

● 引 例

快捷宝的选址与设施布置

近来，一个令人不安的消息使快捷宝的老板很困惑。据可靠消息，快捷宝 USTB 分站目前所在位置要建一个高分子材料研究基地。这个项目一旦落地，USTB 分站就必须搬迁。

凡事预则立，不预则废。近来，老板时不时会在校园里东转转，西看看，琢磨着哪个地方更适合设置智能快递柜。

经过一段时间的考察，老板看中了两个地方，一个是位于学校宿舍区中央的小花园。这个小花园近似呈圆形，大约有900平方米。如果把快捷宝建在这里，最大的好处是学生在发送或提取快件时最为方便。当然，花园里有一些有年头的柏树，是绝对不可以砍伐或移走的。如果把快捷宝建在这里，只能把智能快递柜设置在小花园四周。这无疑会破坏景观。但是，如果在智能快递柜的设计上下点功夫，多投点钱，把智能快递柜做成近似艺术品的样子，也是一个不错的选择。

老板看中的另一个地方是留学生楼北面的一块空地。这块地目前没有其他用项，处于闲置状态。快捷宝设在这个地方肯定会得到学校的支持。同时，这里离学生宿舍也不是太远，应该是一个不错的选择。美中不足的是，这个空地面积不够大，总共只有600平方米。这将制约着以后业务的扩展。当然，可以通过增加智能快递柜的高度来解决场地面积小的问题。

在考虑快捷宝 USTB 分站新地址的同时，老板还在考虑另一个无法回避的问题，即智能快递柜的布置方案。

为了布置快捷宝的智能快递柜，必须考虑以下几个问题：智能快递柜的摆放是直排好，还是带点"艺术范"的弧形好？智能快递柜是布置两排好，还是三排或更多排好？不同规格柜子的摆放顺序是什么？智能快递柜的高度不能超过多少？最后，接待室是设置在智能快递柜的一头好，还是放在智能快递柜靠中间的位置好？

讨论题

1. 对于解决快件配送最开始100米或最后100米的快捷宝，在选址时要考虑哪些影响因素？
2. 如何确定各个影响因素的权重？
3. 用什么方法可以使快捷宝的选址更科学、更合理？
4. 在进行智能快递柜的空间布局时，要考虑哪些影响因素？
5. 尝试给出一个智能快递柜的布置方案。

　　选址成败的关键在于能否找到影响企业选址的主要因素。多因素评分法的科学性在于它综合考虑了影响选址的主要因素。重心法引人入胜，不仅可用于配送中心、仓储中心的选址，也可用于超市、医院等的选址。运输模型为物流优化配送提供了定量方法，也为选址提供了有效手段。企业在确定了工厂或服务设施的位置后就要解决设施布置问题了。选址也好，设施布置也好，影响着企业的运营成本和效率，进而影响着企业的竞争力，最终影响着企业的生存和发展。

5.1　选址概述

5.1.1　选址及其重要性

1. 选址的概念

　　选址就是确定工厂或服务设施的位置，涉及两个层面：第一个层面是选位，即选择一定的区域，如国家、地区、省市等；第二个层面是定址，即选择工厂或服务设施的具体地址。

　　不但采矿业、原木采伐业、渔业等必须把企业地址选在资源所在地，其他企业也经常面临选址的问题。例如，随着经营规模的扩大，企业原来的地址缺乏足够的扩展余地，就必须选择新的地址。服务业市场的转移带来的必然是服务设施的迁移。有时，选址规划是企业的一种战略举措，如银行、快餐店、超市等常把争取区位优势看作运营战略的一个组成部分。时至今日，随着全球运营的出现，选址问题已经跨越国家、地区界限，而要在全球范围内予以考虑了。

　　我们看看麦当劳是如何进行选位定址的。

　　麦当劳在进行餐厅选址时，分为两个层次，即商圈选择和点位选择。

　　（1）商圈选择。商圈选择即选址。

- 商圈确定，以商场或大型超市附近、学校附近、医院附近某一点为中心，以 1.5 千米为半径画圆；
- 商圈特征考察，要考察的特征包括人口特征、消费倾向、交通、桥梁、城市规划等；
- 最佳商圈选择，综合以上各种因素，选择最佳商圈。

　　（2）点位选择。点位选择即定址。

　　第一，点位筛选。根据点位基本特征，筛选符合条件的点位。要考虑的特征包括：地理位置、已有业态转租的可能性、门前是否有坡、门前是否有大树、门前是否有正对的马路等。

　　第二，人流量分类分时段统计。对选定商圈内不同点位的门前人流量进行分类统计。门前人流量是指从本侧马路经过的行人和骑单车的人，也包括宽度不超过 10 米的马路对面的行人和骑单车的人。按工作日、周末、节假日分别统计不同年龄段的人流量，每天从早 7 点到晚 11 点，每 2 个小时作为一个时段。统计完每时段的人流量后，再换算成每 15 分钟的人流量。

　　第三，销售额估算。销售额＝人流量×捕捉率×客单价。捕捉率是根据行业数据结合自身门店数据确定的。

　　第四，以销售额为主要指标，选择最佳点位。

企业在以下三种情况下会面临选址问题。

第一，新建。无论是制造业还是服务业，当需要开展新的业务时，就面临着为新业务选址的问题。

第二，保留现址并增加新址。零售业经常做出这样的选择。增开新的工厂或店面可作为一种保护性策略，以维持市场份额或防止竞争对手进入市场。

第三，放弃现址而迁至新址。市场的转移、原材料的消耗以及原址运营成本过高等经常促使企业做出这种选择。

2. 选址的重要性

选址的重要性表现在以下两个方面。

（1）直接影响运营成本并决定运营管理的难度。地理布局决定直接成本的高低，如原材料和产品的运输成本、劳动力成本及其他辅助设施的成本等。

（2）影响企业的竞争力。选址影响企业的产品或服务的成本、生产效率以及投资收益。选址直接影响供需关系，影响员工的情绪，甚至影响公共关系等。此外，选址还影响企业所在供应链的绩效。

5.1.2 影响选址的因素

影响选址的因素很多，下面介绍其中主要的 11 项。行业不同，同一行业内企业不同，这些因素对其选址影响的程度也不同。制造业更多地考虑选址对其运营成本的影响，而服务业更多地考虑选址对其营业收入的影响。

（1）劳动力。应确保厂址所在地区劳动力的供应，数量和技术水平都要满足企业的要求。对于劳动密集型企业，劳动力成本占总成本的比例较大，还应考虑劳动力的工资水平。正是沿海地区工资水平的逐年大幅上升促使富士康在中原和西部地区布点建厂，并在境外的印度、越南建厂。

（2）原材料。冶金、煤化工、建材、电厂、制药、造纸等需要大宗原材料的企业，其厂址要尽可能地靠近原材料供应地。肉类加工、奶制品等以易变质原材料为加工对象的企业，其厂址也应尽可能地靠近原材料供应地。宝钢集团把厂址选在上海宝山，占尽天时、地利、人和，不但通过海洋拉近了同铁矿和煤矿的距离，而且大量的钢材可通过水路运往世界各地。

（3）基础设施。便利的基础设施不但可以降低运营成本，而且可以高质量、快捷地为顾客提供服务。基础设施包括交通、信息、市政等基础条件。

- 交通基础设施，如交通网、货运和客运枢纽，仓储运输周转和公共客运平台等。
- 信息基础设施，如闭路视频系统、高速信息网络、5G 基站等。
- 市政基础设施，如电力、燃气、供热、供水、废弃物排放与处理设施和条件等。

（4）自然环境。地势和地质条件影响投资额度和建设进度。在平地建厂比在丘陵或山区建厂施工要容易得多，造价也低。在有滑坡、流沙或沉降的地面上建厂，还需有防范措施，这会增加额外的投资。气候对需要控制温度、湿度和通风的工厂有直接的影响。

（5）生活设施。健全的生活条件为员工及其家属提供良好的生活环境。具体包括住房、超市、文化娱乐设施、健身设施、医院、学校、公园等。

（6）科技条件。高新技术企业应建在科技人才聚集之地，例如，中关村地区高校林立，生活水平高，发展机会多，为企业招聘高层次人才提供了便利。

（7）环境约束。企业的经营范围应符合该地区环境保护的法律法规的要求。

（8）优惠政策。发展中国家或地区为了吸引外商投资，出台了各种优惠政策，如土地使用费和税收的减免或返还等。这些优惠政策为企业先期投入大开方便之门。

（9）当地居民的态度。如果新企业的入驻带来了环境问题或者降低了社区生活水平，当地居民会极力排斥这类公司。新建小区则对超市和医院的入驻翘首以待。

（10）客流量。服务业因其特殊性，在选址时应更多地考虑客流量、当地收入水平和生活习惯等。

（11）竞争对手的位置。靠近竞争对手可能会损失一些顾客。但是，对某些行业，与竞争对手毗邻而居则会因顾客聚集而受益。例如，旅游胜地的特色商品店就总是聚集在一起。

5.1.3　选址的程序

选址包括以下几个步骤。

（1）确定选址总体目标。选址的总体目标是通过选址给组织带来最大化的收益。

（2）收集与选址有关的信息。比如组织类型、运营能力、工艺流程、运输要求等。

（3）识别选址的主要影响因素。对于特定企业，要能从诸多影响因素中识别出主要影响因素。

（4）根据选址总体目标和主要影响因素确定候选区域。

（5）收集各候选区域的信息，确定可供选择的具体地址。

（6）采用定性与定量相结合的方式对备选地址进行评价。

（7）根据评价结果，选择最佳地址。

5.1.4　全球化选址

随着经济全球化的不断推进，全球化选址问题越来越多地摆在了我们面前。全球化选址要考虑的因素远比本地选址要多得多。供应链的稳定性、汇率、关税、法律、政治局势或文化差异等是全球化选址必须要考虑的因素。

下面以沃尔玛为例，说明文化差异如何影响其全球化选址。

沃尔玛在全球的扩张可谓如日中天，例如，其在中国的门店已超过 400 家，员工超过 3 万人。2020 年 4 月 8 日，在武汉举办的"云招商大会"上，当时的沃尔玛中国总裁兼 CEO 陈文渊宣布，沃尔玛在未来 5 年内将在武汉投资 30 亿元，新开设 4 家山姆会员商店、15 家沃尔玛购物广场及更多社区店。

但是沃尔玛在德国和韩国却遭遇败绩，其中的原因何在？调查表明，沃尔玛的文化与德国和韩国的文化习俗格格不入。

在德国，微笑并非制胜法宝，一些男子认为微笑有调情之嫌。班前高颂公司歌曲也令当地居民不悦。虽然沃尔玛已不再要求员工微笑服务，班前也停止了颂歌，但似乎为时已晚。沃尔玛的小包装鲜肉带来的不是滚滚利润，而是库存积压。与沃尔玛市场部人员的想象不同的是：德国人更多地去肉食店购买鲜肉。此外，选址远离市中心给部分不开车的德国人带来了不便。

在韩国，人们在购物时不习惯攀登高高的梯子或踮着脚尖拿取货物，与沃尔玛比起来，韩国本地超市低矮的货架使顾客购物更舒心。

值得注意的是，在全球化选址时，仅考虑汇率、关税、文化差异等仍然远远不够，还要进一步考虑一个国家或地区消费市场的规模、经济动力、供应链生态系统、营商环境、海陆空综合基础设施的完备性、各层级人力资本的可获得性等。

在世界面临的史无前例的新冠疫情期间，美国政府提议美国企业撤离中国，美国白宫首席经济顾问甚至表示：对于美国企业迁回美国的所有支出，美国政府应该百分之百报销。那么，美国企业真的会这样做吗？作为世界上咖啡行业翘楚的星巴克，石化巨头的埃克森美孚在全球疫情蔓延期间在中国巨额投资的落地响亮地回答了这一问题。

2020 年 3 月 13 日，星巴克中国"咖啡创新产业园"签约仪式在江苏昆山举行。该项目坐落于长三角经济圈毗邻上海的昆山经济技术开发区，规划占地面积 8 万 m²。"咖啡创新产业园"的主要功能包括：咖啡豆进出口、烘焙、包装、储存、物流配送、分销及咖啡烘焙综合培训等。星巴克中国"咖啡创新产业园"是星巴克在美国以外的产能最大的投资项目，首期投资就高达 1.3 亿美元。

2020 年 4 月 22 日，国际石化巨头埃克森美孚百亿美元级别广东惠州乙烯项目在中国北京、广东惠州，美国达拉斯两国三地举行了"云开工"仪式。该项目落子世界级城市群和参与全球竞争的重要空间载体的粤港澳大湾区。项目的一期工程包括 160 万 t 乙烯装置和中下游茂金属聚乙烯、高端聚丙烯等生产装置。

在特殊背景下，两个来自美国巨无霸企业的巨额投资，再加上对中国情有独钟的沃尔玛，离不开中国的苹果，搬不走的富士康，从中让我们深刻地认识到了全球化选址必须遵从的商业逻辑。

5.1.5　数字化时代的选址

1. 新型基础设施的选址

新型基础设施建设（简称"新基建"）是指以 5G 基站、工业互联网、大数据中心、人工智能等为代表的新型基础设施的建设。新基建包括信息基础设施、融合基础设施和创新基础设施三个方面。与传统基建相比，新基建的内涵与外延更加丰富，更能体现数字经济的特征。

2018 年和 2019 年，国家层面提出了要开展并加强 5G、工业互联网、人工智能等新型基础设施建设。2020 年 3 月，更是在中共中央政治局常务委员会会议上提出，要加快 5G 网络、数据中心等新型基础设施建设进度。

随着新基建的全面铺开，5G 基站、新能源充电桩、城际高铁站点、特高压、大数据中心等硬件设施的选址成了当务之急。

就 5G 基站而言，在选址时要考虑的因素有：周围用户分布及使用基站的强度，周围已有基站布局情况、周围是否有高层建筑物、周围是否有干扰源、施工难度、电力供应等。

2. 数字化时代诸多行业选址的新思考

如果数字化给工厂的选址带来的影响还不够大，那么对服务业选址的影响将是颠覆性的。在数字化时代，可能不需要过多地讲究"金角、银边、草肚皮"的老理儿了。金角可能不再是首选，草肚皮可能也不再是禁区。

对餐饮业来说，随着 O2O 商业模式的普及、线上平台的功能扩容、app 的广泛应用，综合考虑租金、餐厅门面装饰、后厨操作面积等，传统的金角未必就是餐厅最好的选择，对以供应团餐为主的餐厅来说尤其如此，对于定位于中央厨房非前店、外卖非堂食、半熟非成品、快餐非正餐的餐厅也更是如此。

干洗店、鲜花店、咖啡馆、面包房、打印社等选址在街区黄金地段，确实可以因门前客而带来随机销售机会。但考虑到黄金地段的高租金，如果有功能完善的社群管理平台，相对欠繁华的地段则可能是门店地址最好的选择。

5.2 选址方法

5.2.1 因素评分法

因素评分法就是对影响决策问题的主要因素进行评分，并根据其影响决策问题的重要性，对备选方案进行综合评分，在此基础上选择最佳决策方案。因素评分法的内涵在于，它不但综合考虑了影响选址的主要因素，而且考虑了这些因素对选址影响的重要程度，从而使选址建立在科学的基础之上。

因素评分法应用于生活和工作的各个方面，如购房、职业规划、旅游路线选择、新产品评价等。这里介绍其在选址中的应用。

因素评分法一般有以下几个步骤。

（1）识别影响选址的主要因素（为叙述方便，以下简称因素），如市场位置、原材料供应、基础设施等。

（2）根据所确定的影响因素对选址的重要性，给每个因素赋予权重，并做归一化处理，即让所有因素权重之和等于 1。确定权重的具体方法有专家评价法（如德尔菲法）、层次分析法等。

（3）确定一个统一的分值，如 100 分。

（4）对每一个备选地址的每一个因素给出评分。

（5）将每一个因素的评分与其权重相乘，计算出每一个备选地址的每一个因素的加权评分值。

（6）把每一个备选地址的所有因素的加权评分值相加，得到各个备选方案的综合评分值。

（7）综合评分值最高的地址就是最佳选址方案。实际中，为了使决策更加客观，也可以设置最低综合评分值，对超过最低评分值的少数几个备选方案再结合经济技术分析进行优选。

例 5-1 一家图片社打算开一家分店，表 5-1 是两个备选地址的信息。试用因素评分法进行选址决策。

表 5-1 备选地址信息

主要因素	权重	得分（总分100）		加权得分	
		地点1	地点2	地点1	地点2
邻近已有分店	0.10	100	60	0.10×100＝10.0	0.10×60＝6.0
交通流量	0.30	80	80	0.30×80＝24.0	0.30×80＝24.0
租金	0.40	70	90	0.40×70＝28.0	0.40×90＝36.0
发展空间	0.20	70	92	0.20×70＝14.0	0.20×92＝18.4
合计	1.00			76.0	84.4

解：从上表可知，地点1和地点2的综合评分值分别为76.0和84.4。所以，应把这家分店选在第二个地点。在本例中，如果能够结合其他方法进行评价，会使选址更加科学。

5.2.2 重心法

重心在物理上的意义是物体各部分所受重力的合力的作用点。选址的重心法就是根据重心在物理上的这种含义，借助重心来辅助选择经济中心（如物流配送中心、仓储中心、销售中心、社区医院、中央厨房、5G基站、充电桩等）的地理位置，使从该经济中心到各个配送目的地的总的配送成本最低。

采用重心法的前提条件是已知目的地的地理位置和配送到各个目的地的经济量。这一经济量可以是重量，也可以是数量。例如，当应用重心法为医院选址时，这一经济量就是入住附近各个小区的居民数。

重心法一般有以下几个步骤。

（1）绘制表示配送目的地相对位置的地图。

（2）添加坐标系，并标明各个配送目的地的坐标。

（3）计算重心位置的坐标，计算公式为

$$\bar{x} = \frac{\sum\limits_{i=1}^{n} x_i Q_i}{\sum\limits_{i=1}^{n} Q_i}$$
$$\bar{y} = \frac{\sum\limits_{i=1}^{n} y_i Q_i}{\sum\limits_{i=1}^{n} Q_i} \qquad (i = 1, 2, \cdots, n) \qquad (5\text{-}1)$$

式中，$\bar{x}$ 表示重心的横坐标；$\bar{y}$ 表示重心的纵坐标；x_i 表示第 i 个目的地的横坐标；y_i 表示第 i 个目的地的纵坐标；Q_i 表示向第 i 个目的地配送的货物量。

（4）根据重心位置周边的具体情况，综合考虑其他因素确定经济中心的位置。

以下举例说明重心法的应用。

例5-2 某服装公司旗下有四家奥特莱斯名品折扣店，分别位于美国的芝加哥、匹兹堡、纽约和亚特兰大，其月平均销售量如表5-2所示。截至目前，这四家折扣店由位于匹兹堡的一个仓储中心集中配货。由于该仓储中心所在的位置即将被政府征用，建设社区医院，因此必须建设一个新的仓储中心。试利用重心法辅助这家公司进行仓储中心选址。

表 5-2 各折扣店月平均销售量

折扣店	月平均销售量/集装箱	折扣店	月平均销售量/集装箱
芝加哥	2 000	纽约	1 000
匹兹堡	1 000	亚特兰大	2 000

解：

（1）绘制表示芝加哥、匹兹堡、纽约和亚特兰大相对位置的地图，如图 5-1a 所示。

（2）添加坐标系，并标明各个配送目的地的坐标，如图 5-1b 所示。

（3）计算重心位置的坐标，根据式（5-1）求得重心坐标：

$$\bar{x} = \frac{\sum_{i=1}^{n}(x_i Q_i)}{\sum_{i=1}^{n} Q_i} = \frac{30 \times 2\,000 + 90 \times 1\,000 + 130 \times 1\,000 + 60 \times 2\,000}{2\,000 + 1\,000 + 1\,000 + 2\,000} \approx 67$$

$$\bar{y} = \frac{\sum_{i=1}^{n}(y_i Q_i)}{\sum_{i=1}^{n} Q_i} = \frac{120 \times 2\,000 + 110 \times 1\,000 + 130 \times 1\,000 + 40 \times 2\,000}{2\,000 + 1\,000 + 1\,000 + 2\,000} \approx 93$$

重心位置如图 5-1c 所示。

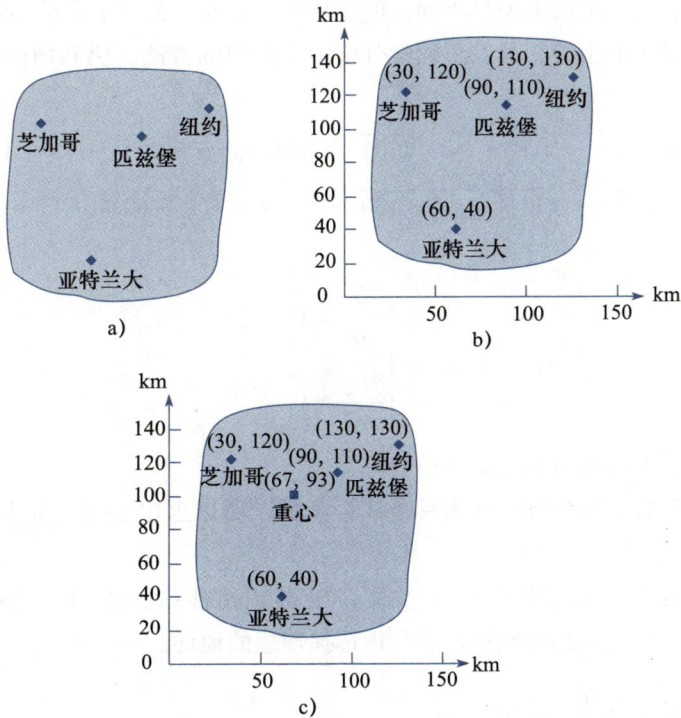

图 5-1 重心法示例

采用欧氏距离法可求得重心位置到四个城市的负荷，即加权距离

$$L_{芝} = 2\,000 \sqrt{(67 - 30)^2 + (93 - 120)^2} \approx 91\,600$$

$$L_{匹} = 1\,000\sqrt{(67 - 90)^2 + (93 - 110)^2} \approx 28\,600$$

$$L_{纽} = 1\,000\sqrt{(67 - 130)^2 + (93 - 130)^2} \approx 73\,100$$

$$L_{亚} = 2\,000\sqrt{(67 - 60)^2 + (93 - 40)^2} \approx 107\,000$$

于是，重心位置的总负荷为

$$L_{总} = 91\,600 + 28\,600 + 73\,100 + 107\,000 = 300\,300$$

根据总负荷和单位距离的运输费用就可以求得从重心位置向四个折扣店配送服装的总费用。

需要指出的是，欧氏距离法对公路运输特别是市区内短途运输并不可行。这时，可采用"折线"距离。本例中，如果采用折线距离，重心位置到芝加哥的负荷为

$$L_{芝} = 2\,000 \times (|67 - 30| + |93 - 120|) = 128\,000$$

到其余三个城市的负荷及总负荷可用相同的方法求出。

（5）根据重心位置周边的具体情况，综合考虑其他因素确定经济中心的位置。

有趣的是，重心位置的总负荷并不是最小的。例如，以坐标（64，97）为参照，用与上述完全相同的方法，可以计算出该位置的总负荷（采用欧氏距离）为 299 240，比 300 300 要小。接下来的问题是，既然重心位置的总负荷不是最小的，为什么还要用重心法去进行选址呢？答案是：虽然重心位置的总负荷不是最小的，但总负荷最小的位置一定在重心附近。

为求出总负荷最小的位置，可以用数学分析中求最值的方法。仍利用例 5-2 的数据，设总负荷为

$$L_{总} = 2\,000\sqrt{(\overline{x} - 30)^2 + (\overline{y} - 120)^2} + 1\,000\sqrt{(\overline{x} - 90)^2 + (\overline{y} - 110)^2} +$$
$$1\,000\sqrt{(\overline{x} - 130)^2 + (\overline{y} - 130)^2} + 2\,000\sqrt{(\overline{x} - 60)^2 + (\overline{y} - 40)^2}$$

令

$$\begin{cases} \dfrac{\partial L_{总}}{\partial \overline{x}} = 0 \\[2mm] \dfrac{\partial L_{总}}{\partial \overline{y}} = 0 \end{cases}$$

解这个方程组，即可求得总负荷最小的位置。

实际中，总负荷最小的位置往往不具备建厂条件，所以求出总负荷最小的位置不但烦琐，而且没有必要。

采用重心法，可以快速地计算出重心位置，在重心位置附近选择几个具备建设工厂或服务设施条件的城市或位置，再结合经济技术分析选择理想的地址。

5.2.3　运输模型及其在选址中的应用

1. 运输模型及其求解

典型物流配送要解决的问题是：如何把某种产品从若干个产地配送到若干个销地才能使总的运输费用最低。解决这类问题的前提条件是每个产地的供应量、每个销地的需求量以及各地

之间的单位运输费用已知。运输模型是解决这类问题的一种有效方法。

运输模型是一种特殊的线性规划模型，由以下三个部分组成。

（1）决策变量。设有 m 个产地，n 个销地，运输模型的决策变量为 $x_{ij}(i=1，2，\cdots，m$；$j=1，2，\cdots，n)$，表示从第 i 个产地配送到第 j 个销地的物资量。

（2）目标函数。设从第 i 个产地配送到第 j 个销地的单位费用为 $c_{ij}(i=1，2，\cdots，m$；$j=1，2，\cdots，n)$，则运输模型的目标函数为

$$\min Z = \sum_{i=1}^{m} \sum_{j=1}^{n} c_{ij} x_{ij} \tag{5-2}$$

（3）约束条件。设第 i 个产地的供应量为 S_i，第 j 个销地的需求量为 D_j，则运输模型的约束条件为

$$\text{s. t.} \begin{cases} \sum_{i=1}^{m} x_{ij} = D_j & (j=1，2，\cdots，n) \\ \sum_{j=1}^{n} x_{ij} = S_i & (i=1，2，\cdots，m) \\ x_{ij} \geqslant 0 & (i=1，2，\cdots，m；j=1，2，\cdots，n) \end{cases} \tag{5-3}$$

物资配送方案往往不是唯一的，但最低运输费用只有一个。

求解运输模型最常用的是表上作业法，其思路是从最低的单位运输费用出发，在满足供应量和需求量两个约束条件的前提下，求得可行解，然后用最小费用法寻找最优解，即最低运输费用所对应的配送方案[○]。当决策变量较多时，可利用专业软件求解运输模型。

2. 运输模型在物流配送系统规划中的应用

（1）物资配送方案。运输模型最广泛的应用是给出费用最低的物资配送方案。对物流配送系统来说，运输成本是运营成本的主要组成部分。下面举例说明运输模型在物流配送系统中的应用。

例 5-3　路路通物流公司把一种化工原料从位于沈阳、武汉、西安和济南的四家化学制剂厂配送到位于重庆、太原和郑州的三个物流中心，四家化学制剂厂的供应量、三家物流中心的需求量以及各化学制剂厂到各物流中心的单位配送费用如表 5-3 所示。表中第一行第一列的数字"14"是从位于沈阳的化学制剂厂向位于重庆的物流中心配送化工原料的单位费用，余者类推。试给出路路通物流公司化工原料的配送方案。

表 5-3　供需量与单位配送费用

物流中心	化学制剂厂				
	沈阳	武汉	西安	济南	需求量/t
重庆	14	6	5	12	700
太原	10	8	5	9	400
郑州	10	2	3	1	900
供应量/t	300	600	500	600	2 000（供需平衡）

解：下面利用《运营管理专家》软件求解这一问题。运算结果如图 5-2 所示。

○　参见运筹学教材中有关运输问题的内容。

图 5-2　路路通物流公司配送方案

运算结果是：将沈阳的 300t 化工原料配送到位于太原的物流中心，将武汉的 600t 化工原料往重庆和郑州各配送 300t，将西安的 500t 化工原料往重庆和太原各配送 400t 和 100t，将济南的 600t 化工原料全部配送到郑州。按这个配送方案，总的运输费用达到最小，为 8 500（金额单位）。

（2）物流中心选址。运输模型不但可用于现有物流系统中物资配送方案的优化，而且可以直接用于工厂或物流中心的选址。随着企业的发展，企业可能需要建设新的工厂或物流中心（或配送中心、仓储中心或分销中心）。此时，可借助运输模型进行新的工厂或物流中心的选址。例如，路路通物流公司为了满足化学制剂厂日益扩大的需求，需要新建一个物流中心。通过多因素评分法初步确定备选地址为长治和洛阳。为此，可应用运输模型分析计算出增加长治或洛阳后总的运输费用。这样，就可以选择较低的运输费用所对应的城市作为新建物流中心的地址。

运输模型
及其应用

5.3　设施布置概述

5.3.1　设施布置及其重要性

企业在确定了工厂或服务设施的具体位置后，接下来要解决的是设施布置问题。设施布置就是确定各个部门、部门内部各工作站、机器设备等的相对空间位置。设施布置的目标在于使企业内部的物流畅通，内部人员和外部顾客出入便利，工作效率高，运输成本低。

设施布置影响企业的运营成本和效率，事关企业长期运营目标的实现。

5.3.2　设施布置的基本类型

设施布置有两种基本类型，即产品专业化布置和工艺专业化布置。以下分别介绍这两种基本布置的含义和特点。

1. 产品专业化布置

产品专业化布置就是按照产品的工艺流程（即加工路线或加工顺序）安排生产单位或设备，如汽车厂的装配线、玩具生产线等。

产品专业化布置有以下特点。

- 对品种变换的适应能力差，仅适合大量、连续生产。
- 物流连贯性强，节约了生产面积，缩短了运输距离。
- 在制品少。
- 按节拍组织生产，易于管理。

2. 工艺专业化布置

工艺专业化布置就是按照生产工艺特征安排生产单位或设备。在这种方式下，相似的生产单位或设备被布置在一起。例如，机械制造厂将车床、锻床、磨床等设备分别放置，形成车工车间（或工段）、锻造车间（或工段）、磨工车间（或工段）；医院按所提供的服务、功能进行布置，形成内科、外科等部门。

工艺专业化布置有以下特点。

- 对产品品种变换的适应性强，适合多品种、小批量生产。
- 产品的物流比较复杂，生产过程连续性差。
- 在制品库存量较高。
- 生产周期较长。

实际中，经常遇到加工对象固定不动的情况。例如，建造一座大楼，大楼本身固定不动，由不同工种的工人按照工程进度顺序来到大楼所在地从事各种作业，如打地基、砌外墙、铺设管道、内装饰等。这种情况可以看作产品专业化布置，即大楼相对于不同工种的工人来说在移动。当然，这种布置有其特殊性，即在作业期间，将会有大量的物料、人员、设备聚集在一起，对时间组织、空间安排、资源协调都提出了较高的要求。

5.3.3　成组技术

1. 成组技术的概念

所谓**成组技术**，就是建立在工艺相似性原理的基础上，合理组织生产过程的方法。

自 20 世纪 50 年代成组技术在机械制造业中推广应用以来，其应用范围已由单纯的成组加工延伸到产品设计、制造工艺及生产管理等整个生产系统。成组技术已不再是单纯的工艺组织方法问题，它涉及产品设计、工艺设计、标准化工作、计划管理等许多方面。从实质上讲，成组技术是一种生产组织管理技术。

由于成组技术扩大了零件的生产批量，因此为在单件、中小批量生产的企业中采用先进的工艺方法、应用高效率的自动机床和数控机床，以及为采用成组生产单元和成组流水线等先进的生产组织形式创造了重要条件。

2. 成组技术的主要内容

由于工艺相似性与被加工零件的几何形状、尺寸大小、精度要求、材料等密切相关，因此，成组技术包含以下主要内容。

（1）企业生产的所有零件，按照几何形状、尺寸大小、加工方法、精度要求、材料的相似性，依据一定的分类系统进行零件的编码归类分组，达到"以码代形"的作用。

（2）根据划分的零件组，将同类型的零件组建为成组生产单元、成组生产线或成组流水线。成组生产单元按完成一组零件全部工艺过程来配置设备和工艺装备，并按典型的工艺过程布置设备。成组生产单元形式上与流水线相似，但它不受节拍时间的限制。

下面举例说明如何根据零件加工路线的相似性来组建成组生产线。一家小型机械加工厂主要生产 A、B、C、D、E、F 6 种零件，各自的加工路线即工艺专业化布置方案如图 5-3 所示。显然，A 和 F 的加工路线完全相同，B 和 D 的加工路线完全相同，C 和 E 的加工路线完全相同。根据成组技术原理，可以把 A 和 F 看成一个零件家族，B 和 D 看成一个零件家族，C 和 E 看成一个零件家族。因此，可以组建如图 5-4 所示的成组生产线方案来生产全部零件。

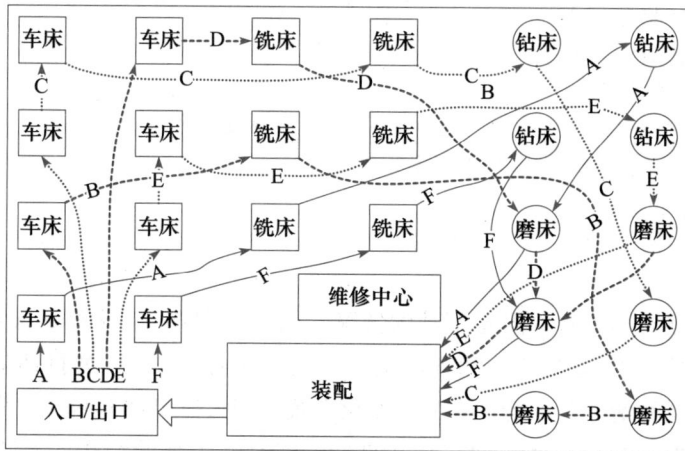

图 5-3　工艺专业化布置方案

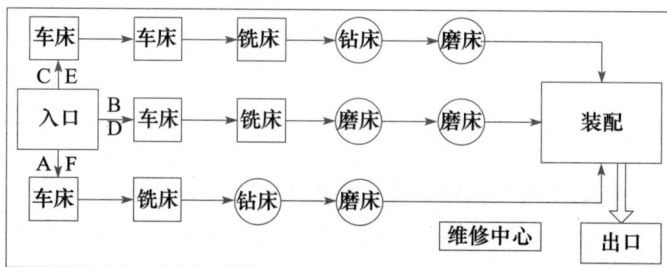

图 5-4　成组生产线方案

对照两图可以看出，通过成组生产线，大幅度减少了所需要的设备数量，而且节约了作业面积。此外，内部物流更为合理，入口与出口分开，避免了逆向运输和交叉运输。

（3）按照零件的分类编号，为设计新产品选用类似零件，并把零件的分类编号同标准化、通用化工作结合起来。工艺技术人员按照成组工艺的要求，使用典型的工艺规程和相应的工艺装备。在生产管理上，按成组零件组织生产。

（4）组建成批生产单元。成批生产单元将成为多品种、中小批次生产的理想组织形式。它兼有工艺专业化与产品专业化两者的优点，既富有柔性，能适应多品种生产的要求，又按一定的零件分类后形成的零件组进行布置，具有对象专业化的特征。

3. 成组技术的技术经济效果

成组技术的技术经济效果体现在以下四个方面。

（1）减少生产技术准备工作量，缩短生产技术准备周期，降低生产技术准备费用，而且可以使设计、工艺人员从大量的重复性工作中解脱出来，从事创造性的技术工作。

（2）增加生产同类零件的生产批量，有利于采用先进的加工方法。成组技术具有"通用性""可调性"，并能使工序的生产批量大大增加，为合理利用高效率设备、建立可调整的多品种流水线创造了条件，为中小批次生产自动化开辟了广阔的前景。据统计，成组技术一般可使设备调整时间缩短 60%~70%，设备负荷可提高 30% 左右。

（3）缩短产品的生产周期，为按期交货提供有利条件。由于简化了设计和工艺工作，扩大了零件生产批量，因此减少了设备调整时间和提高了劳动生产率，也减少了物料的运输和等待时间。

（4）简化生产管理工作。成组技术的工艺方法、设备、工艺装备和生产作业计划，都是按零件统一的加工要求确定的，有可能实现标准化。

但我们也应该看到，采用成组技术组织生产，由于许多零件合并成一组，集中在一批加工，可能造成某些零件提前生产的情况，产生了额外的库存，会增加库存费用；而另一些零件又可能晚于交付日期，因而影响零件配套或向外销售。但是，只要合理安排计划，根据企业全部产品的装配、交付期限，选择一个适当的成组零件加工顺序，这种缺点是可以弥补的。

5.4 产品专业化布置与工艺专业化布置

5.4.1 流水生产线的平衡与优化

1. 流水生产线及其基本特征

流水生产线是典型的产品专业化布置方式。流水生产线是按照产品（零件）生产的工艺顺序布置工作站，使产品（零件）连续、协调、均衡地在各个工作站进行加工或装配，直到生产出成品的一种先进的生产组织形式。所谓工作站，就是由工人在不重新调整设备的情况下，对劳动对象连续进行加工的场所。

流水生产线具有以下四个基本特征。

- 工作站的专业化程度高，在流水生产线上固定地生产一种或少数几种产品。
- 工作站按工艺顺序排列，劳动对象在工作站之间做单向移动，所谓工序是指工人在工作站上对劳动对象进行加工的过程。

- 各个工作站的加工时间相等或成简单的倍数关系。
- 按统一的节拍进行生产，所谓节拍是指相邻两件产品的出产时间间隔。需要正确理解这里"件"的含义。考虑上下游工序加工时间的差异、品种转换、空间位置，完全按单件划分并不现实。所以，这里的"件"可能是一个标准容器，里面含有若干件产品。

流水生产线的上述特征，决定了它有以下优点。

（1）整个生产过程是连续、协调和均衡的。所谓连续性，是指劳动对象始终处于运动状态，不是在加工中，就是在检验、运输中，没有或很少发生各种不必要的停顿或等待现象。平行性是连续性的一种有效措施，能进行平行作业的就尽可能地组织平行作业。协调性是指各个生产过程在生产能力上保持适合产品生产要求的相应比例关系。均衡性又叫节奏性，是指在规定的时期内出产相等或递增数量的产品，而不是忙闲不均。

（2）有利于机器设备和人力充分发挥作用。

（3）最大限度地缩短生产周期。

（4）缩短运输路线，工序间的在制品数量很少。

（5）工作站专业化程度高，便于采用专业设备、工具，有利于提高劳动生产率。

总之，流水生产线能满足合理组织生产过程的要求，使企业许多技术经济指标得到改善。

2. 流水生产线的设计与平衡

（1）组织流水生产线的条件。组织流水生产线的基本条件有以下三个。

第一，产品的结构和工艺相对稳定。产品的结构和工艺的先进性是稳定性的前提。产品的结构和工艺落后，将很快被淘汰，所组成的流水生产线也将随之被淘汰，造成浪费。

第二，有足够大的产量需求。只有产量足够大才能保证流水生产线各工作站有充分的负荷。

第三，能把产品加工过程细分成若干作业。流水生产线各工作站的时间定额应与流水生产线的节拍相等或成简单的倍数关系。要达到这一要求，产品加工过程必须能够细分成若干作业。

（2）流水生产线的平衡。流水生产线的平衡通常包括四个步骤。

第一，计算流水生产线的节拍。流水生产线节拍的计算公式为

$$CT = \frac{OT}{D} \tag{5-4}$$

式中，CT 表示流水生产线的节拍；OT 表示计划期内有效作业时间；D 表示计划期内产量。

有效作业时间是计划生产的时间，是指制度工作时间减去必要的停歇时间。

计划期内产量包括计划产量和预计的废品量。

第二，计算最少工作站数。最少工作站数的计算公式为

$$N_{\min} = \left\lceil \frac{\sum_{i=1}^{n} t_i}{CT} \right\rceil \tag{5-5}$$

式中，$N_{\min}$ 表示最少工作站数；t_i 表示第 i 项作业的加工时间；CT 表示流水生产线的节拍。

第三，为工作站分配作业。把细分后的作业分配到各个工作站，分配原则如下。

- 所有的先行作业已经分配完毕。
- 该作业的加工时间不能超过该工作站的剩余时间。

当不止一个作业满足分配条件时，可采用两种优先准则进行挑选：加工时间长的优先；后续作业数多的优先。

第四，流水生产线的效率测评。流水生产线的效率就是工作站时间的利用效率，计算公式为

$$效率 = \frac{\sum_{i=1}^{n} t_i}{N_{\min} \times CT} \tag{5-6}$$

例 5-4 某企业加工一种电动玩具，加工这种玩具共有 8 项作业。8 项作业的先后顺序及时间如表 5-4 所示。

根据市场预测及历史订单数据，每天需要加工这种玩具 150 只。这家企业的工作制度为两班制，每班工作 8 小时，每班有 20 分钟的休息时间。已知生产线的废品率为 3%。企业采用流水线生产这种产品。试进行流水生产线的平衡。

解：根据表 5-4 给定的各项作业的先后关系，绘制电动玩具简明工艺流程，如图 5-5 所示。

表 5-4 电动玩具各项作业的先后顺序及时间

作业	紧前作业	作业时间/分
A	—	5
B	A	3
C	B	4
D	B	3
E	C	6
F	C	1
G	D, E, F	4
H	G	2
合计		28

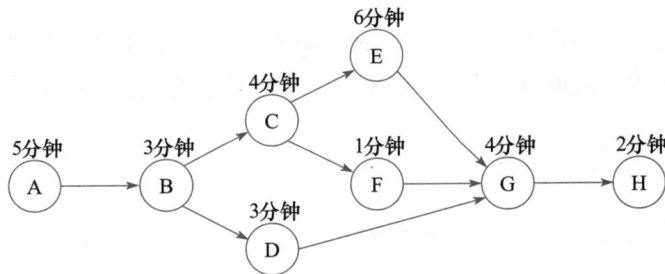

图 5-5 电动玩具简明工艺流程

（1）计算节拍。

根据式（5-4）

$$CT = \frac{OT}{D} = \frac{2 \times 8 \times 60 - 2 \times 20}{\dfrac{150}{1 - 3\%}} = 5.95 \approx 6.00(\text{分钟})$$

即节拍为 6 分钟。

（2）计算最少工作站数。

根据式（5-5）

$$N_{\min} = \left\lceil \frac{\sum_{i=1}^{n} t_i}{\text{CT}} \right\rceil = \left\lceil \frac{28}{6} \right\rceil = \left\lceil 4.67 \right\rceil = 5$$

得到最少工作站数为 5。

（3）为工作站分配作业。

按照分配作业的原则，并且当有两个可供分配的作业时，首先分配后续作业数多的作业。分配结果如图 5-6 所示。

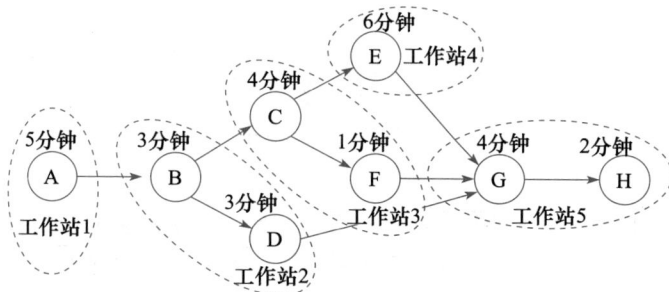

图 5-6　工作站作业分配结果

（4）流水生产线的效率测评。

根据式（5-6）

$$效率 = \frac{\sum_{i=1}^{n} t_i}{N_{\min} \times \text{CT}} = \frac{28}{5 \times 6} = 93\%$$

3. 流水生产线的优化

流水生产线的优化就是在流水生产线平衡的基础上，通过作业的优化组合来提高流水生产线的效率。从效率测评公式可以看出，提高流水生产线效率的途径有以下几种。

- 减少实际工作站数。
- 缩短流水线的节拍。
- 在减少实际工作站数的同时缩短节拍。

减少工作站数的前提是减少作业时间，这就需要进行工艺改革。在工艺方案不变的情况下，减少节拍也可以提高效率。受制于作业时间，通常需要通过对作业进行再细分来减少节拍。细分作业可以重新组织工作站，使得缩短节拍成为可能。

值得注意的是：在细分作业和重新组织工作站时，应满足工艺技术条件。例如，在制药行业，为防止染菌，多数作业就不能细分成更小的作业。再如，打磨人造石和刷漆这两个作业就不能分配到同一个工作站。

4. 柔性和 U 形布置

传统的流水生产线总是笔直的，看起来非常美观。但日益流行的 U 形布置方式富有柔性，让人们重新审视原来流水生产线空间布置的合理性。U 形生产线的优点体现在三个方面。

（1）空间布置紧凑。如图 5-7 所示，与图 5-7a 相比，图 5-7b 节约了作业面积。

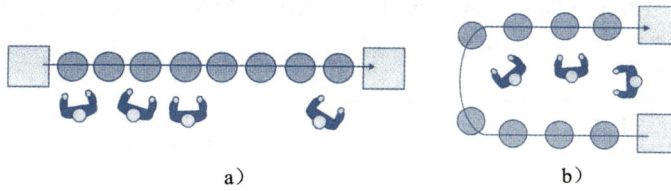

a）　　　　　　　　　　　　　　b）

图 5-7　U 形布置减少了所占据的空间和操作人员

（2）减少操作人员。如果能在 U 形生产线分配数个多面手，就可以减少现场的操作人员。与图 5-7a 相比，图 5-7b 少用了一个操作人员，减少了 25%。

（3）增进了工人的交流和协同作业。U 形生产线上的工人是在一起的，不仅可操作就近的作业，还可操作对面的作业，因此工作指派的弹性更大。在图 5-8a 中，两个操作人员几乎没有什么沟通与协作。而在图 5-8b 中，两个操作人员就有了交流和协作的机会，从而增加了流水生产线的柔性。

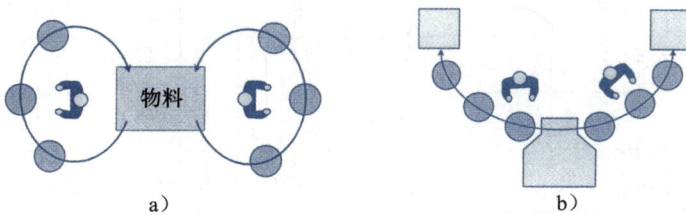

a）　　　　　　　　　　　　　　b）

图 5-8　U 形布置增加了操作人员之间的交流和协作

在非制造业，也有 U 形布置的例子。例如，在大型宴会上，对餐桌采用 U 形布置就可使主人有机会接触更多的客人。

当然，并非所有的情形都适用于 U 形布置：在自动化程度很高的生产线上一般不需要协同作业；医药行业总是避免将物料入口与产品出口设在一起；由于噪声或污染因素，需要将一些作业分开。

5.4.2　工艺专业化布置

工艺专业化布置的任务就是使物流量大的设施（设备或加工中心）尽可能地靠近，从而使运输成本最低；或者将与其他部门联系多、关系紧密的部门布置在中心位置，从而使工作效率最高。以下介绍两种最常用的工艺专业化布置方法，即从-至表法和活动关系图法。

1. 从-至表法

从-至表法是一种逐步寻找最短加权移动距离的设施布置方法，即经过有限次的试验和改进，求得最短加权移动距离的设施布置方案。

从-至表法有两个基本假设条件：各相邻设施之间的距离相等，设为一个单位距离；不考虑零件的重量和数量差异。事实上，如果各相邻设施之间距离不等，或需要考虑零件的重量和数量差异，通过增加权数也可以应用这种方法。从-至表法特别适用于设施数量较少的情况。

采用从-至表法的具体步骤如下。

（1）绘制零件工艺路线图。如图 5-9 所示，这是一个小型机械加工厂 17 种零件的工艺路线图。

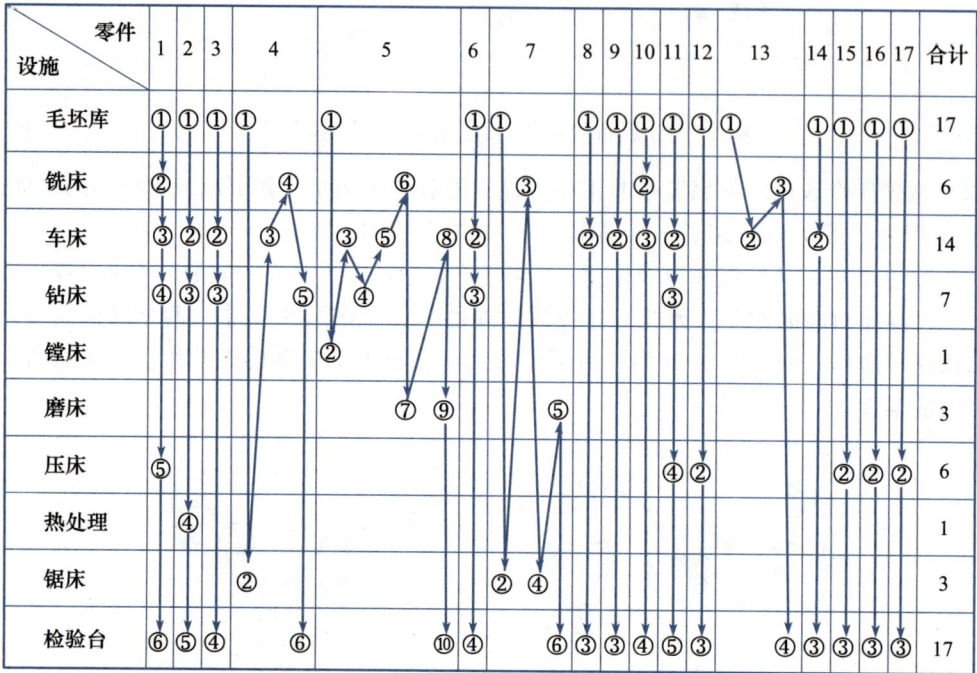

图 5-9　零件工艺路线图

（2）给出设施初始布置方案，编制初始零件从-至表，如表 5-5 所示。计算零件从一个设施到另一个设施的移动次数。

表 5-5　初始零件从-至表

布置顺序号		1	2	3	4	5	6	7	8	9	10	顺　行		
布置顺序号 / 移动次数 / 从	至 / 总计(58)	毛坯库	铣床	车床	钻床	镗床	磨床	压床	热处理	锯床	检验台	移动距离（单位）	移动次数（次数）	移动量（次数×单位）
		0	6	14	7	1	3	6	1	3	17			
1	毛坯库 17		2	8		1		4		2				
2	铣床 6			2	1		1			1	1	9	0	0
3	车床 14		3		6		1				4	8	3	24
4	钻床 7			1				2	1		3	7	5	35
5	镗床 1			1								6	7	42
6	磨床 3			1							2	5	0	0
7	压床 6										6	4	5	20
8	热处理 1										1	3	9	27
9	锯床 3		1		1		1					2	10	20
10	检验台 0											1	10	10
倒行 移动距离（单位）		9	8	7	6	5	4	3	2	1		合计		178
倒行 移动次数（次数）		0	0	1	1	0	0	2	1	4				
倒行 移动量(次数×单位)		0	0	7	6	0	0	6	2	4		25		203

（3）分析并改进初始零件从-至表，计算总的移动量。靠近对角线的方格表示两个设施的距离近，改进时应让移动次数多的设施靠近对角线的方格，如此可使总的移动量减小。

（4）比较不同的布置方案，在逆向移动量没有大幅度增加的前提下，总移动量越小，方案越好。表 5-6 是改进后的从-至表。

表 5-6　改进后的从-至表

布置顺序号		1	2	3	4	5	6	7	8	9	10	顺　行		
布置顺序号	移动次数 至 从	毛坯库	车床	钻床	铣床	压床	检验台	锯床	镗床	热处理	磨床	移动距离 （单位）	移动次数 （次数）	移动量 （次数×单位）
	总计 （58）	0	14	7	6	6	17	3	1	1	3			
1	毛坯库　17		8		2	4		2	1					
2	车床　14			6	3		4			1		9	0	0
3	钻床　7		1			2	3		1			8	1	8
4	铣床　6		2	1			1	1		1		7	1	7
5	压床　6						6					6	4	24
6	检验台　0											5	0	0
7	锯床　3		1		1					1		4	8	32
8	镗床　1											3	7	21
9	热处理　1						1					2	6	12
10	磨床　3		1				2					1	20	20
倒行	移动距离（单位）	9	8	7	6	5	4	3	2	1		合计		124
倒行	移动次数（次数）	0	1	0	1	1	2	2	2	2				
倒行	移动量（次数×单位）	0	8	0	6	5	8	6	4	2		39		163

对比表 5-5 和表 5-6 可以看出，经过优化布置，总移动量减少了 40，减少的移动量接近 20%。

2. 活动关系图法

活动关系图由默泽（R. Muther）提出。活动关系图法是指通过图解方法描述组织各组成部分之间的关系，然后根据关系的密切程度加以布置，从而得出较优的平面布置方案。组织各组成部分之间的关系密切程度用 A、E、I、O、U、× 等 6 个符号表示，并给出相应的分值，如表 5-7 所示。组织各组成部分之间的关系密切程度的原因通过 9 个数码表示，如表 5-8 所示。

表 5-7　关系密切程度的分类代号及分值

代号	关系密切程度	分值	代号	关系密切程度	分值
A	绝对必要	6	O	普通	3
E	特别重要	5	U	不重要	2
I	重要	4	×	不可接近	1

表 5-8　关系密切程度的原因

代号	关系密切程度的原因	代号	关系密切程度的原因
1	使用共同的记录	6	工作流程的连续性
2	共用人员	7	做类似的工作
3	共用工作场所	8	使用共同的设备
4	人员接触	9	其他
5	文件接触		

图 5-10 是一个活动关系图的示例。该图表明了 6 个部门相互之间的关系密切程度。在使用这种工具时，首先计算出每个部门的积分。如图 5-10 所示，根据表 5-7 容易计算出部门 5 的积分为 25。然后按积分高低对部门进行排序，把积分高的部门布置在中心位置或容易到达的位置。

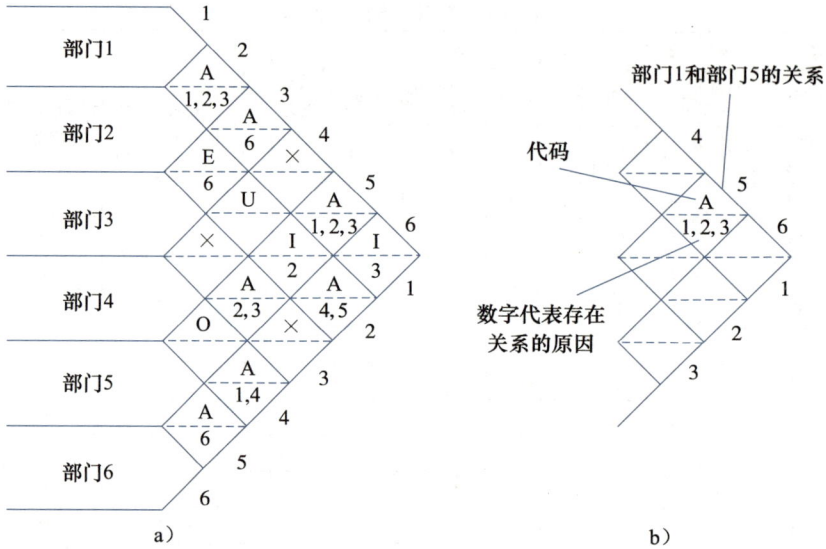

图 5-10   活动关系图示例

5.5   非制造设施布置

5.5.1   银行厅堂空间布局与动线设计

1. 银行厅堂空间布局

银行厅堂通常分为五个主要功能分区，即咨询引导区、智能服务区、现金服务区、非现金服务区、等候休息区。

下面分别说明上述五个功能分区的空间布局。

（1）咨询引导区。咨询引导区的主要功能包括：确认客户要办理的业务，以便对客户进行分流；为客户提供业务咨询；解决客户在使用智能机具时遇到的问题；受理客户的投诉。根据咨询引导区要完成的上述功能，这个区域应布置在营业网点厅堂入口的区域。

在优化咨询引导区的空间布局时，应对该区域内必须配备的咨询引导台、排队叫号机、业务引导提示牌等机具或设施进行优化布置。其中，咨询引导台应摆放在以 45°斜对着营业网点入口的位置。排队叫号机应摆放在前台咨询人员不用大幅移动就能使用的位置。业务引导指示牌则应摆放在醒目但不影响客户行走的位置，如果能以 LED 标识牌的方式呈现出来就更好了。

（2）智能服务区。智能服务区的主要功能是通过智能柜员机、自助打印机、自助回单机、产品领取机等实现客户自助办理业务。

该区域应布置在咨询引导区的侧后方并与其相邻的一个相对独立的区域。一方面，把智能服务区布置在离营业网点入口不远处，可以更好地引导客户以自助方式办理业务；另一方面，与咨询引导区临近，可以方便大堂经理第一时间进行授权或者帮助客户解决在使用智能机具时遇到的问题。

（3）现金服务区。现金服务区通常称为高柜服务区。现金服务区是银行营业网点的现金交易场所，也是银行的必设区域。其主要功能是为客户提供现金存取、汇款、现金缴费、外币兑换等现金服务，以及办卡、开网银、挂失等常见业务。

现金服务区柜台窗口外配置的主要机具或设施有电子显示屏、密码输入器、同步麦克风、服务态度评价器、监控设备、客户座椅等。

为减少业务办理时间，方便客户在等候时填写好单据，必须在现金服务区配置填单台。除了在填单台放置数量充足的业务单据外，还需要放置单据样单、签字笔、老花镜等，并在填单台下面放置废纸箱或碎纸机。为保证填单台的稳固，同时减少对客户行走的影响，填单台应靠墙体或柱子摆放。

（4）非现金服务区。非现金服务区通常称为低柜服务区。非现金服务区的主要功能包括：开立对公结算账户、办理对公转账业务、办理资信证明、为公司员工开户、提供理财服务等。我们注意到，有的银行把理财服务区与非现金服务区划分为两个区域。

非现金服务区应采取开放式布局，以方便与客户面对面地接触交流。为了方便向客户推荐银行的产品，可以在柜台桌面上放置银行理财方面的资料。

（5）等候休息区。等候休息区的主要功能是为客户提供等候、休息、饮水、阅读等服务。为此，需要在等候休息区配置等候座椅、饮水机、挂墙式智慧屏、银行产品宣传资料架、报刊架等。

除非在营业面积上有限制，否则通常为非现金服务区和现金服务区分别配置等候服务区。智能服务区与现金服务区的客户则通常共用同一个等候休息区。无论如何，等候服务区应尽量布置在大堂经理或者客户经理的视线范围内，以便大堂经理或者客户经理及时掌握客户等候时的动态。同时，等候服务区应避免正对着工位、窗口或智能机具，以减少客户的焦虑感。

2. 银行厅堂动线设计

银行厅堂动线设计是指在厅堂的咨询引导区、智能服务区、现金服务区、非现金服务区、等候休息区等各个功能分区空间布局的基础上，借助通道、绿植、玄关、标识等优化客户在厅堂里的行走路线，以最大化地提升客户的体验，进而促成客户在银行更多地选择各类金融产品。

所以，银行厅堂的动线设计不仅要从客户在各个功能分区办理的业务上，更要从整个厅堂的视角来考虑客户的行走路线。

为此，可以对客户在厅堂里的实际行走路线和在各个位置停留的时间进行统计分析。借助意大利面条图 $^{\ominus}$ 来分析哪些行走路线和驻留位置既为客户创造价值，又会给银行带来额外的价

$\ominus$　意大利面条图用于描绘在一项实际的操作或流程里面，产品等移动的空间和距离。之所以叫这个名字，是因为描绘的路径常常比较复杂，就像一盘意大利面条。

值；哪些行走路线和驻留位置只为客户创造价值，但不会给银行带来额外的价值；哪些行走路线和驻留位置虽然不创造价值，但是必不可少的；哪些行走路线和驻留位置既不创造价值，也不必要。

可以看到，动线设计是在各个功能分区空间布局的基础上进行的，与此同时，动线设计又反过来影响功能分区的空间布局。考虑到功能分区的空间布局涉及场地面积的确定和机具的配置，所以，对一个新的营业网点或对已有营业网点进行装修时，可借助计算机辅助设计（computer-aided design，CAD）对功能分区空间布局和动线设计进行同步优化。可能的话，借助虚拟现实，利用人物模型的运动对功能分区的空间布局和动线设计方案进行模拟仿真，以评估空间布局与动线设计的效果。

3. 银行厅堂空间布局与动线设计效果测评

银行厅堂空间布局与动线设计追求的目标是最大化客户体验与银行产品销售。这又体现在以下 3 个具体指标上。

（1）客户在银行厅堂里的等候时间或者单位时间内银行厅堂里等候的客户数。

（2）银行希望客户使用机具的频次。

（3）银行产品，特别是新产品的销售额。

5.5.2　办公室布置

无论是制造业还是服务业，非一线员工的主要工作场所是办公室。随着自动化技术的广泛应用，非一线员工占全部员工的比例越来越大，如何布置他们的办公场所变得越来越重要了。随着互联网的普及，办公模式也在发生重大变化，这就需要对办公室布置进行重新思考。

办公室布置的出发点是通过快捷的信息交流提高工作效率。因此，有利于提高工作效率是办公室布置的首要原则。此外，办公室布置还应考虑对公司文化的适应性。

以下介绍办公区域划分和办公室内部布局。

1. 办公区域划分

办公区域划分就是合理安排不同业务部门或管理人员的位置。公司决策层的主要领导，由于其工作对公司的生存和发展有重大影响，因此应有一个相对独立的办公环境。办公室的位置一般选在办公大楼的最高层或在六层或八层的最深处，目的就是创造一个安静、安全、少受干扰的环境。这类人员通常有一人一间的单独的办公室，而且，办公室宽敞明亮，辅以较矮的办公家具，来最大化视觉空间。

对于一般管理人员和行政人员，通常采用大办公室集中办公的方式，以便提高效率、利于监督、节约空间。在这种大办公室里，再根据所属事业部划分出更小的办公区域。

像客服中心或接待室这样的部门，会频繁接触顾客或经常接待来访者。可以将其布置在公司大门附近的一个单独区域，使来访者办事方便、快捷，还可以避免对其他部门的员工造成影响。

20 世纪 80 年代，出现了一种叫"活动中心"的新型办公室布置。每一个活动中心包括接待处、会议室、研究室、资料室等，而且活动中心拥有电视、电话、传真机、复印机、投影仪等进行一项完整的商务活动所需的各种设备。这种比较特殊的布置形式，更适用于项目型的工作。

20 世纪 90 年代以来，随着信息技术的迅猛发展，一种更加新型的办公形式——远程办公也正在从根本上冲击着传统的办公区域划分。所谓远程办公，是指利用信息网络技术，将处于不同地点的人们联系在一起，共同完成工作。例如，人们可以坐在家里办公，也可以在出差地的另一个城市或飞机、火车上办公等。可以想象，当信息技术进一步普及，其使用成本进一步降低以后，办公方式和对办公室布置的要求也会发生更大的变化。

2. 办公室内部布局

尽管办公室内部布局根据行业的不同、工作任务的不同而有多种形式，但仍然存在几种基本的模式。一种是传统的封闭式办公室，办公楼被分割成多个小房间，伴之以一堵堵墙、一个个门和长长的走廊。显然，这种布局可以保持工作人员足够的独立性，但不利于人与人之间的信息交流和传递，使同事之间产生疏远感，也不利于上下级之间的沟通，而且，调整和改变布局的余地不大。另一种模式是近 20 多年来发展起来的开放式办公室布局，一间很大的办公室同时容纳一个或几个部门的十几人、几十人甚至上百人共同工作。这种布局方式不仅方便了同事之间的交流，也方便了部门领导与一般职员的交流，在某种程度上消除了等级的隔阂。但这种方式的弊病是，有时会相互干扰，有时则不可避免地造成职员之间的闲聊等。针对这些缺点，后来发展出了一种带有半截屏风的组合办公布局方式。这种布局方式采用高度为 1.5m 左右的隔断，既利用了开放式办公室布局的优点，又为每一名员工创造了相对封闭和独立的工作空间，减少相互间的干扰，而且，这种模块式布局有很大的柔性，可随时根据情况的变化重新调整和布局。有人曾估计过，采用这种形式的办公室布局，建筑费用比传统的封闭式办公建筑节省 40%，改变布局的费用也低得多。

在进行办公室内部布局时，还要注意与公司的管理思路和企业文化的适应性。在蒙牛，以架空的形式把办公室布局在生产线的上方，这体现了靠前指挥的管理思路。在美国思科，无论员工的级别高低，办公面积相差无几。级别高的人坐在中间地带，临窗向阳的地方则全部留给普通员工。这反映了思科相信和尊重每一个员工的企业文化。

5.5.3 零售店布局

零售店布局的目的是使店铺的单位面积的净收益达到最大。零售店布局应尽可能提供给顾客更多的商品。商品展示率越高，销售和投资回报率越高。零售店布局涉及的问题很多，空间布局、顾客行走路线的设计以及商品陈列是零售店布局必须考虑的主要问题。

1. 零售店空间布局

零售店空间布局就是合理安排不同品类商品的位置。无论是大型商场还是连锁超市，无一例外地把首饰和化妆品布局在一层。这样做有以下几个原因。

（1）增加单位面积销售额。一层是黄金位置，需要靠利润率高的首饰和化妆品来增加单位面积销售额。

（2）强化视觉效果。首饰和化妆品美不胜收，加上年轻漂亮的导购人员，不但可以彰显顾客的高贵，而且可极大地增加视觉效果。

（3）增加随机销售机会。对于首饰和化妆品，消费者一般会到专门的珠宝店或化妆品专卖店购买。把首饰和化妆品放在百货商场或超市增加的是随机销售机会。多数男士不喜欢逛商场或超市，如果不得已陪伴夫人或女友逛街，通常会在一层或顶层等候。如果男士想给对方惊喜，那么随机销售的机会就来了。

商场一般把服装布置在二层和三层，百货则布置在三层或四层。这样做的目的也是增加销售机会。当购买百货的顾客穿行二层或三层时，会增加服装的销售机会。

同样是服装，体育专业品牌则通常布置在比较偏僻的一角，原因是这类商品的销售有典型的定向性。凭着顾客对体育专业品牌的钟爱，无论把这些商品放在哪里，他们都能找到。

如果一家商场有咖啡厅或影视播放厅，那么多数会设在顶层。顾客无论是乘观光电梯，还是步行到顶层，商场光彩夺目的装饰一定会给他们留下深刻的印象。返回时，视觉会再一次受到冲击。

此外，零售店的空间布局还涉及收款台的规划、展示橱窗设计和摄像头或监视镜的布置等。有些面向社区的中小型超市在货架上方的三面墙壁上安装监视镜，其主要目的是在无导购员或导购员很少的情况下，随时观察顾客，当顾客东张西望寻求帮助时，及时走到他们的身边。

2. 顾客行走路线设计

顾客行走路线设计的目的就是要给顾客提供一条路径，使他们能够尽可能多地看到商品，并沿着这个路径按需要程度安排各项服务。行走路线设计包括决定通道的数量和宽度，它们影响服务流的方向。另外，还可以布置一些吸引顾客注意力的标记，使顾客沿着预设的路线行进。

3. 商品陈列

顾客进入商场后，将直接面对商品，能不能买到称心如意的商品，能不能增加偶然销售机会，都与商品陈列有关。对不同的零售店，在商品陈列上会有不同的要求。例如，商场与超市不同，百货店与家具店不同。同样是超市，大卖场与社区便利店也不同。以下简要介绍商品陈列的一些基本要求。

（1）显见易取。一般把重要商品陈列在水平视线上下 20°的范围内。在超市，需要抬头或低头才能看见的地方摆放备货。

（2）整齐而不缺乏生动。为保持整洁，可采用商品群陈列方式，将某些相关的商品集中在一起，成为商场中的特定群落。同群落中的商品整齐划一。结合色彩、照明、音乐、绿化等多种形式营造生动活泼的气氛。

（3）按价格梯度分布。同一品牌或同类商品，按价格梯度摆放。这样便于顾客在同类商品中对不同价格的商品进行简单比较，不仅方便了对质量敏感的顾客，也方便了对价格敏感的顾客。精明莫过商家，但拿钱袋子的是顾客。在价格上"捉迷藏"，最终损失的一定是商家。

习题

1. 何为选址？
2. 企业在哪几种情况下会面临选址问题？
3. 试结合实例说明选址的重要性。
4. 企业在选址时通常要考虑哪些影响因素？
5. 结合实例说明制造业与服务业选址的不同之处。
6. 结合实例说明全球化选址要考虑的主要因素。
7. 说明数字化时代会面临的选址问题。
8. 说明数字化时代给选址带来的影响。
9. 何为选址的因素评分法？
10. 因素评分法的内涵何在？
11. 简述因素评分法的程序。
12. 某企业拟在两个中等城市新建一座工厂，表 5-9 给出了该企业在选择新的厂址时所考虑的三个主要因素、这些因素对选址的重要程度以及评价分值。试用因素评分法进行选址决策。

表 5-9　选址三因素表

主要因素	权重	得分（总分 100）	
		城市 1	城市 2
原料供应	0.50	20	40
劳动力成本	0.30	10	30
运营成本	0.20	50	10
合计	1.00		

13. 何为选址的重心法？
14. 应用重心法的前提是什么？
15. 为方便已经建成的相邻的几个小区居民购物，某公司欲在附近新建一个大型超市，如果采用重心法进行选址，此时应考虑的经济量是什么？
16. 试述重心法的操作步骤。
17. 重心法常用的距离有两种：欧氏距离和"折线"距离。试说明这两种距离分别适应于哪些场合的选址。
18. 有反例可以说明重心位置的总负荷未必是最小的。既然如此，为什么还要应用重心法进行选址？

19. 一家处理危险品垃圾的公司希望降低其将垃圾从五个中转站运到处理中心所产生的运输费用。中转站的位置坐标和日装运量如表 5-10 所示。试用重心法为处理中心选址。

表 5-10　垃圾中转站坐标及日装运量

中转站坐标 (x, y)	日装运量/t
(10，5)	26
(4，1)	9
(4，7)	25
(2，6)	30
(8，7)	40

20. 试说明运输模型所要解决的管理问题。
21. 运输模型的前提条件是什么？
22. 简述运输模型的三个组成部分。
23. 如何理解物资配送方案的"唯一性"？
24. 说明如何把运输模型用于物流系统的物资配送方案的优化。
25. 简述如何把运输模型用于物流中心的选址。
26. 四季鲜公司现有三个生鲜水果冷库，向其三个批发市场配送果蔬产品。为满足对公司产品日益增长的需求，该公司拟在沿海新建一个储藏量为每年 160 个标准集装箱的大型生鲜水果冷库。经过初步考察，营口和青岛这两个城市入围。财务人员已经测算出从这两个城市到该公司已有的三个主要批发市场的单位运输费用。上述数据连同现有冷库的库容量、批发市场的需求量以及单位运输费用如表 5-11 所示。试进行选址决策。

表 5-11　批发市场及冷库供需情况

冷库	批发市场			
	批发市场一	批发市场二	批发市场三	供应量/标准集装箱
现有冷库一	10	14	10	210
现有冷库二	12	17	20	140

（续）

冷库	批发市场			
	批发市场一	批发市场二	批发市场三	供应量/标准集装箱
现有冷库三	11	11	12	150
营口冷库（待定）	18	8	13	160
青岛冷库（待定）	7	17	13	160
需求量（标准集装箱）	220	220	220	660（供需平衡）

27. 结合实例谈谈你对设施布置重要性的理解。

28. 何为产品专业化布置？其特点有哪些？

29. 何为工艺专业化布置？其特点有哪些？

30. 何为成组技术？

31. 成组技术的主要内容有哪些？

32. 组建成组生产线的基本思路何在？

33. 成组技术的技术经济效果体现在哪些方面？

34. 何为流水生产线？

35. 流水生产线的基本特征有哪些？

36. 试述节拍与生产周期的区别。

37. 采用流水生产线组织生产有哪些优点？

38. 组织流水生产线的条件有哪些？

39. 试述流水生产线平衡的步骤。

40. 某一项加工过程的作业关系如表 5-12 所示。如果每天工作 8 小时，日产量为 400 个单位（包括不合格品），试进行流水生产线的平衡。

表 5-12　作业关系表

作业	紧后作业	作业时间/min
a	b	0.2
b	e	0.2
c	d	0.8
d	f	0.6
e	f	0.3
f	g	1.0
g	h	0.4
h	—	0.3
总计		3.8

41. 流水生产线优化的途径何在？

42. U 形生产线布置有哪些优点？

43. 试述利用从-至表法进行工艺专业化布置的步骤。

44. 简述如何利用活动关系图法进行设施平面布置。

45. 从-至表法与活动关系图法的出发点有什么不同？

46. 在银行办理业务时，观察一下这家银行厅堂的空间布局。总结其做得好的地方或者需要改进之处。

47. 如何在不大幅度改变银行厅堂空间布局的基础上优化设计银行厅堂的动线？

48. 银行厅堂空间布局与动线设计的目标是什么？有哪些测评指标？

49. 分别考察一家百货商场和连锁超市。分别介绍其空间布局、顾客行走路线的设计以及商品的陈列。

50. 结合实例说明如何进行办公区域的划分。

51. 结合实例说明如何进行办公内部布局。

⦿ 案例分析

自然鲜超市（宝盛里店）的门店布置

　　自然鲜超市是一家经营蔬菜、水果、肉、蛋、海鲜、粮油等农副产品的连锁店。自然鲜将"让百姓生活得更加健康，更具活力"作为其神圣使命，致力于成为中国果蔬生鲜零售行业第一品牌。

　　今年，自然鲜超市宝盛里加盟店盛大开业，为附近 10 余个小区的居民购买新鲜蔬菜、水果提供了极大的方便。有意思的是，正是自然鲜宝盛里店的开张，直接导致了位于宝盛里社区的已有 20 年历史的两个大型地摊式蔬菜早市（福厅）和水果早市（财厅）停业。毫无疑问，是公平的价格、蔬菜与水果等的新鲜以及童叟无欺让周围的居民选择了自然鲜。

自然鲜宝盛里店的面积并不大，只有 $460m^2$。其中，临街门面宽 20m。整个店面分为营业区、仓库和行政生活区三大部分。自然鲜宝盛里店的营业区占门店总面积的 73% 左右。营业区又分为水果区、海鲜区、主食厨房、拌菜与豆制品区、肉品、时鲜蔬菜区、米面粮油等分区。为方便顾客，每个分区上面都挂有明亮的 LED 灯牌。门店的平面布置如图 5-11 所示。

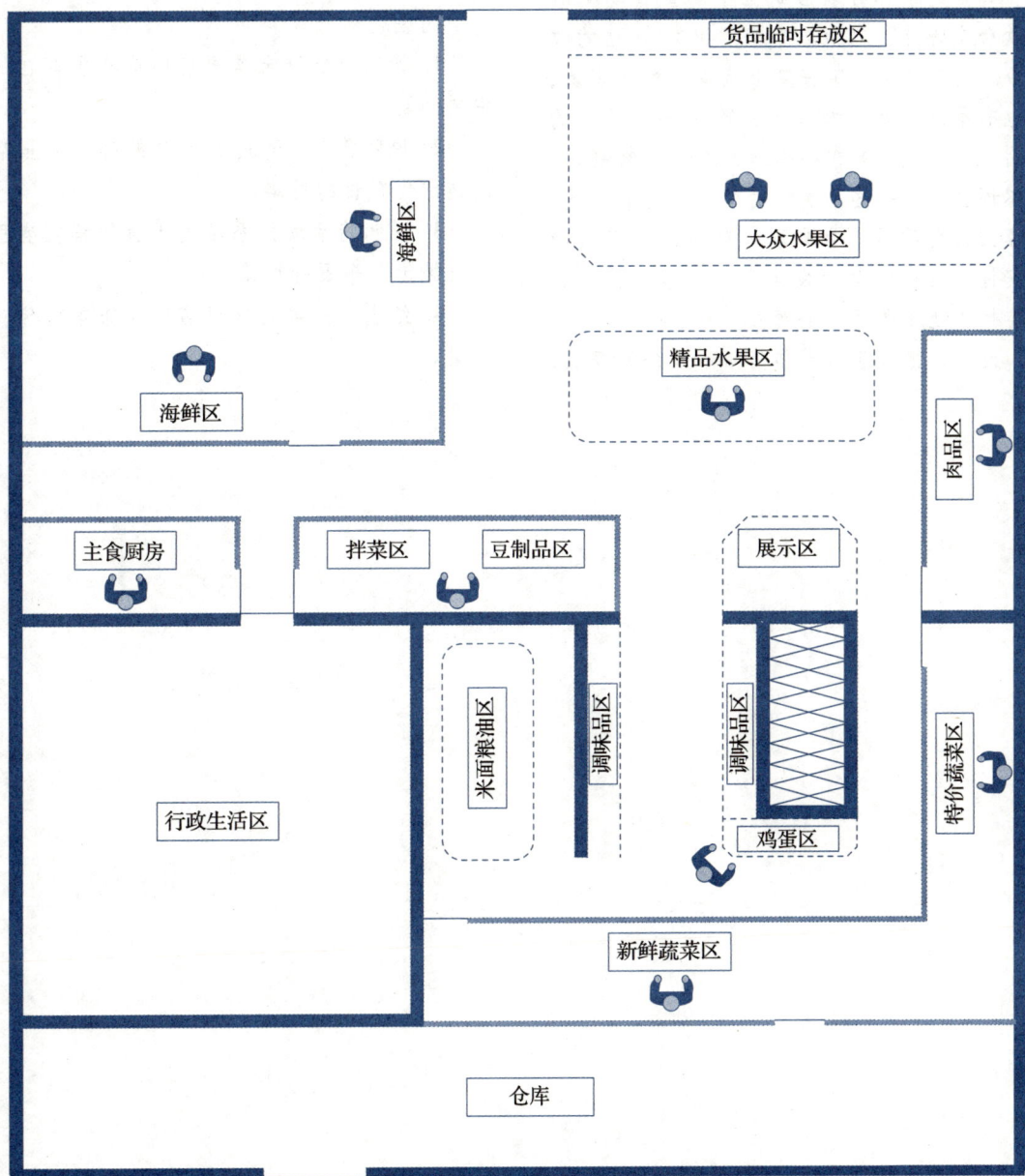

图 5-11 自然鲜超市（宝盛里店）门店平面布置

从图中可以看到，临街门面中间是宽敞的大门，左边是明亮的落地玻璃幕墙。进门右手则是海鲜区，门店中间位置售卖各种水果。大众水果和精品水果分开摆放。时鲜蔬菜位于超市营业区的最深处，分为新鲜蔬菜和特价蔬菜两个区域。其他品类错落有致地分布在门店里。如果不走进门店，你还真的不知道自然鲜的水果、蔬菜、海鲜等农副产品原来是如此丰富多彩、如此鲜亮诱人。

在自然鲜宝盛里店，除了米面粮油、调料、鸡蛋是顾客自取后到位于鸡蛋售卖处的收款台交费外，其他各个分区均有独立的收款台。这确实在一定程度上减少了排队现象，但也有不便之处。如果顾客购买多个品种的农副产品，就需要在多个地方交款。特别地，偶尔还会发生一些不愉快的事情。曾有一次，顾客因为交款后没有拿取收款条，出门时被保安怀疑没有交款而发生争执。最后，经查验监控才还了顾客一个清白。

此外，把大众水果和精品水果分开摆放，把蔬菜分为新鲜蔬菜和特价蔬菜，并且挂上灯牌以示区别确实方便了顾客选择，但是，这个做法是否有不妥之处呢？当然，自开业半年多以来，倒真的没有人思考过这样的问题。有这么一句话："事物之所以存在，必然有其存在的理由。"你同意这个说法吗？

讨论题

1. 指出自然鲜宝盛里店门店布置存在的主要问题。

2. 说明将从-至表用于自然鲜宝盛里店设施优化布置的思路。

3. 说明将活动关系图用于自然鲜宝盛里店设施优化布置的思路。

4. 给出自然鲜宝盛里店门店布置的优化方案。

第6章 工作系统研究

◉ 引 例

快捷宝的工作研究

快捷宝快件投递与提取的 app 极大地减少了物流配送最后 100 米人员的介入。尽管如此，仍然有不少环节离不开人员的操作。例如，迎接投递快件的客户，收取快件，快件打包，打印收据，从快递员手中接收快件，出具签收凭证，把快件存入智能快递柜，等等。显而易见，快件处理人员的业务水平直接影响快捷宝的服务质量和声誉。

最近还发生了一起严重的质量事故。起因是一位 USTB 的大四学生赵化文向就读于 TJU 的李琛同学邮寄考研复习资料。赵化文同学把对方的手机号码输错了，但接件员没有执行信息核实与复述这两个关键流程，致使快件上的手机号码没能更正过来。结果，李琛同学迟迟没有收到急需的复习资料，而其他人却莫名其妙地收到了这套复习资料。

这件事让快捷宝的王老板感到，是该对快捷宝进行工作研究的时候了。为此，不但需要确定快捷宝的关键流程，还要制定每个流程的标准作业规范。有了标准作业规范，一方面就做到了有章可循，另一方面处理快件更快捷。同时，也为对员工进行绩效考核奠定了基础。

讨论题

1. 请确定快捷宝的关键流程。用服务蓝图绘制所确定的关键流程，识别流程中的质量控制点，给出预防措施以及出现质量问题时的补救方案。

2. 选择某一流程，尝试确定其标准作业时间。

工作系统研究是确定工作标准的基础，也是设置岗位和进行绩效评价的基础。工作研究坚持以内涵方式提高工作效率。工作研究中的方法研究是时间研究的基础，而时间研究又是选择和比较工作方法的依据。今天，方法研究与时间研究更多地融合在一起。在方法研究与时间研究中，人类工效学受到了越来越多的重视，并更多地考虑了人的行为对工作效率的重要影响。在方法研究中，通过操作研究和动作研究，操作方法才能变得越来越科学。只有按照科学的作业测定方法才能制定科学合理的标准作业时间。预定时间标准设定法既有其科学的成分，又有其局限性，若能灵活应用，不但可以制定出更精准的标准作业时间，而且可以使烦琐的工作研究本身变得轻松。作为预定时间标准设定法的改进，模特法 ⊖ 是一种简单而且具有广泛适用性的工具。

　　⊖　在人机工程学实验的基础上，以手指的动作时间为动作时间单位，根据操作时人体动作的部位、动作距离和工作物的重量等，通过分析计算，确定标准操作方法的技术。

6.1 工作研究

6.1.1 工作研究概述

1. 工作研究的基本概念

工作研究是指运用系统分析的方法，在现有工作条件下，详尽地分析某一特定的操作或动作，排除其中不合理、不经济、混乱的因素，寻求更简捷、更经济、更有效的作业方法，建立工作标准，确定标准作业时间。工作研究的目标是消除时间、人力、物力、资金等方面的浪费，提高工作效率。

提高工作效率的途径有多种，例如可以通过购买先进设备、提高劳动强度来实现。工作研究则遵循以内涵方式提高效率的原则，在既定的工作条件下，不依靠增加投资，不增加工人劳动强度，只通过重新组合生产要素、优化作业过程、改进操作方法、整顿现场秩序等方法，消除各种浪费，节约时间和资源，从而提高工作效率、增加效益。同时，由于作业规范化、工作标准化，产品质量可以得到提高。因此，工作研究是组织提高工作效率和经济效益的一个有效方法。

工作研究的基本技术是方法研究与时间研究。方法研究是指对现有的作业方法进行系统分析，从中发现不合理的因素，并加以改善。时间研究又叫作业测定，是指对实际完成作业的时间进行测定，以确定标准作业时间。工作研究中的方法研究和时间研究是相互关联的，方法研究是时间研究的基础，制定工作标准的前提，而时间研究又是选择和比较工作方法的依据。

2. 工作研究的产生与发展

工作研究发端于泰勒在钢铁厂所开展的搬运生铁块实验与铲运实验，以及吉尔布雷斯在建筑行业所从事的砌砖方法研究。后来，统计学的应用奠定了工作抽样的基础。今天，人们越来越重视研究人类工程学和行为科学对减少疲劳、提高效率的影响。

（1）泰勒的搬运生铁块实验与铲运实验。泰勒是工作研究的开拓者。在此之前，工人的工作标准及定额是凭管理者的经验制定的。泰勒运用了一套科学的方法，对工人的操作过程和操作内容进行精确的研究，设计合理的操作内容和程序，规定相应的作业时间标准。这些标准是控制劳动费用的基础，也是安排生产作业计划和确定价格的主要依据。

从1881年开始，泰勒在米德维尔钢铁厂进行了一项"金属切削实验"，由此研究出每个金属切削工人每个工作日的合适工作量。经过两年的初步实验之后，给工人制定了一套工作量标准。可以说，米德维尔的实验是工时研究的开端。1898年，泰勒受雇于伯利恒钢铁公司期间，进行了著名的搬运生铁块实验和铲运实验。因为泰勒在科学方法研究及管理理论建立方面所做出的杰出贡献，他被人们尊称为"科学管理之父"，其传世之作《科学管理原理》被称为管理史上的里程碑之作以及古典科学管理运动的巅峰之作。

①搬运生铁块实验。19世纪末20世纪初，美国伯利恒钢铁公司一处料场上放有大约8

万 lt [⊖] 的生铁块。随着美西战争的爆发，生铁价格上涨，这些生铁变得紧俏起来。当时，由大约 75 名工人组成的搬运小组来搬运这些生铁。他们由一个工长带领。一条铁路的岔道引到这处料场，一块木板搭在火车车厢上。每个工人从生铁堆上搬起一块重约 42kg 的生铁，走上木板，把生铁撂在车厢里。起初，这个小组平均每天每人搬运 12.5lt 生铁。经过观察发现，极个别的头等搬运工一天能搬运 47~48lt 的生铁。为了验证这一结论，并找到让多数搬运工也能搬运 47~48lt 生铁的方法，泰勒进行了系统的研究。

首先，泰勒找到了一个"爱财如命"而且精力旺盛的工人，他的名字叫施密特。告诉他以后每天完全按照监工的吩咐行事，让搬起生铁就搬起生铁，让移动就移动，让坐下休息就坐下休息，而且不准顶嘴。泰勒在监工的帮助下，全程记录施密特的搬运过程，细到分秒。在此基础上，把整个搬运过程分解成一些基本动作，研究这些动作最合理、最省力的方法，进而计算采用正确操作方法所用的时间。结果，施密特每天的搬运量达到 47.5lt，每天的收入提高到 1.85 美元。

这样，一个接一个的工人被选出来，公司对他们进行培训，直到所选出工人的搬运量都达到 47.5lt，当然，他们的收入也提高到 1.85 美元。

②铲运实验。在铲运实验中，泰勒主要进行了人的负荷和铲运工具改进方面的研究。

首先，泰勒找到三个熟练铲运工，进行相关实验。逐渐改变每一铲的负荷，从每一铲 5lb [⊜] 逐渐增加到 30lb。收工时，统计每天完成的铲运总量，进行对比分析。结果表明，当平均每一铲的负荷为 21lb 时，一个头等铲运工每天完成的铲运总量最大。

其次，对铲运工具进行改进。泰勒发现，工人都有一把自己专用的铁锹，既用来铲运矿石，又用来铲运煤屑。铲运矿石时，每一铲的负荷达到 30lb，而铲运煤屑时，每一铲的负荷还不到 4lb。这显然有悖于铲运负荷的研究结果。因此，泰勒建议建设一个大型工具库，工具库里配备 10 种左右的铁锹，用于铲运不同的物料，以便使每一铲的负荷保持在 21lb 左右。例如，铲运矿石时，使用小规格铁锹；铲运煤屑时，使用大规格的铁锹。

最后，泰勒还进行了有关铲运动作的研究。借助秒表，他进行了数千次的观察，分析了铁锹插入物料堆的角度，找到了工人以最快速度把铁锹插入物料堆的方法，研究了如何更快地清理物料堆的边缘部分和堆底。同时，还研究了铁锹的抛送角度和移动距离与铲运量之间的关系。

一段时间后，因为工人采用了合适的铁锹并运用了科学的作业方法，其平均铲运量也有了大幅度的提高。

在搬运生铁块实验和铲运实验以及其他作业方法研究的基础上，结合管理方法的改进，泰勒提出了著名的完成作业任务的四个准则。

- 按照科学的方法完成每一项作业，而不是凭经验。
- 科学地挑选工人，并进行培训和教育，使之成长成才，而不是由工人自己选择工作，并且自由行事。
- 与工人密切合作，同时在工资制度上体现按劳取酬。
- 管理者与工人各司其职，而不是把管理方面的职责推给工人。

⊖　lt，重量单位，1lt = 1.016t。
⊜　lb，重量单位，1lb = 0.453 6kg。

（2）吉尔布雷斯的砌砖方法研究。吉尔布雷斯专注于动作研究，取得了影响久远的成果，因此被人们尊称为"动作研究之父"。

在建筑行业，砌砖很常见。多少年来，所使用的工具和原料以及作业方法，都没有什么实质性的改进。然而，在看似简单的作业背后却包含着深刻的科学原理。吉尔布雷斯的动作研究最早就是从砌砖作业开始的。

首先，吉尔布雷斯认真地分析了砌砖过程中的每一个动作。一般的砌砖过程是这样的：右手（对左利手来说是左手）拿着灰铲；探身由左手拿起一块砖；将每块砖翻过来倒过去地检查哪一面比较平整；右手用灰铲从灰浆箱里铲出灰浆；把灰浆涂抹在砌好的砖上；如果铲出的灰浆不够，就再来一次，如果铲出的灰浆太多就刮掉一些；把砖对齐放在灰浆上面；用灰铲手柄轻轻地敲击，压实砖块。

其次，吉尔布雷斯对这些貌似合理的动作进行了仔细分析，发现有许多地方都可以进行改进，列举如下。

- 探身拿砖。吉尔布雷斯观察到，多数情况下工人需要弯腰去拿砖，这一环节最需要改进。考虑到墙、灰浆箱和砖堆的位置，他确定了砌砖工人每只脚应该站立的精确位置。这样，工人就不必每砌一块砖就要在砖堆之间来回移动一两步的距离。他还确定了灰浆箱和砖堆的位置。设计了一个脚手架，上面铺上平板，所有的材料都放置在上面，从而使砖、灰浆、砌砖工人和墙处于相对合适的位置。这些脚手架由专门人员来管理。随着墙的升高，他们就为所有砌砖工人调高脚手架。这样，砌砖工人就不至于为取一块砖或一刀灰浆而俯下身，然后再直起身来砌砖。试想一下，体重约150lb的砌砖工人每天重复上千次这样的动作，就是一块砖不砌也会极度疲劳！
- 灰铲形状与大小。应该根据灰浆的稀稠度，设计灰铲的形状和大小，以便每次铲出的灰浆不多不少，正好够一次使用，以免太少需要再铲一次，或太多需要刮掉一些。
- 寻找砖的平整面。作为他的研究成果，吉尔布雷斯要求在砖块从车上卸下、运给砌砖工人之前，先由一名小工进行分拣，并使这些砖块最平整的一面向上。这样在高空作业的砌砖工人就不需要去重复这一工作了。
- 敲击砖块。吉尔布雷斯发现，只要把灰浆调得稀稠正好，那么放上砖后，只需用手往下一压，砖就能达到合适的位置。这就省去了砌砖时敲打砖块的时间。

最后，吉尔布雷斯把这些改进方案在工人中进行推广应用。统计结果表明，工作效率提高了近三倍。当然，工人的工资也有显著的提高。

在砌砖方法研究的基础上，吉尔布雷斯出版了《砌砖方法》一书，书中对砌砖的科学方法进行了总结，归纳为以下三个要点。

- 消除了经仔细研究和实验证明没有什么用处的动作，把通常的18个动作压缩为5个。
- 设计了一些简易工具，如可调整高度的脚手架和放置砖块的框架，借助这些工具，只需一名廉价的辅助工做一些配合，就可省去砌砖工人大量繁重而又费时的动作。
- 教会了砌砖工人在做简单动作时，要双手并用。

（3）统计学在工作研究中的应用以及工作研究的新发展。20世纪30年代以后，随着统计学的广泛应用，英国纺织业首先采用抽样方法调查设备的利用情况，以后逐步形成了工时抽样的理论和方法。同一时期，美国的魁克在动作研究的基础上，提出了对每一细微动作预先制定标准时间的设想。以后许多人经过长期研究，分别提出了工作因素系统、方法时间测定系统等。这些系统总称为**预定动作时间系统**（predetermined motion time system，PTS）。这些系统的共同特点是广泛分析各种作业的共同动作，选定其中最基本的动作，按照动作的距离、负荷重量、难度等因素进行时间测定，并制定出相应的作业时间标准。这样，无须经过现场测评，就能事先制定出标准作业时间。

如今，工作研究有了更进一步的发展，越来越重视人类工程学、行为科学对工作效率的影响。同时，普遍实行了以增加员工工作内容为主要特征的横向扩大化，以增加员工职责为主要特征的纵向扩大化，强调了团队作业的重要性。

6.1.2　工作研究的步骤

工作研究通常包括以下五个步骤。

1. 确定研究对象

一般应把运营系统中的关键环节、薄弱环节或带有普遍性的问题确定为工作研究的对象。从实施角度考虑，容易开展、见效快的环节或方面也应作为工作研究的重点。研究对象可以是一个运营系统或者是其中的一部分，如某一职能部门、生产线上的某一车间、工序、某一工作岗位，甚至某一具体作业、动作等。

2. 制定研究目标

为了便于评价工作研究的效果，在确定了研究对象之后还要制定具体的目标。其中，定量指标有：作业时间的减少、人员的节约、物料或能源消耗的降低以及产品质量的提高等。定性指标有：职员工作兴趣和积极性的提高，工作环境与条件的改善，安全性的增加和疲劳的减轻等。

3. 现行方法写实

现行方法写实就是真实、全面地将现在采用的工作方法或工作过程如实、详细地记录下来。现行方法写实的手段众多，方法各异，如录音、拍照、摄像，并借助各类专用表格记录。尽管方法各异，但都是工作研究的基础，而且记录的详尽、正确程度直接影响着下一步对原始记录资料所做分析的效果。目前，已有不少规范的专用图表工具。借助这些工具，工作研究人员可准确、迅速、方便地记录所研究对象的真实情况。

4. 现行方法分析

现行方法分析的目的是确定现行工作方法中的每一作业是否必要，顺序是否合理，哪些可以去掉，哪些可以合并，哪些需要改变，需要添加哪些作业。

现行方法分析可以采用简明有效的"5W1H"分析方法。"5W1H"分析方法是指以寻找减少、合并、调整顺序等机会为出发点，从 why、what、how、who、where、when 六个方面反复提出有关工作过程是否合适的问题，从而优化工作方案的工作研究方法。

表6-1给出了"5W1H"分析方法的具体内容。其中，why 最为重要。一般认为，要想能够由现象触及本质，彻底解决某个问题，必须至少提问 5 个"为什么"。

表 6-1   "5W1H"分析方法的具体内容

项目	内容	项目	内容
why	为什么这项工作是必不可少的	what	这项工作的目的何在
	为什么这项工作要以这种方式、这种顺序进行	how	这项工作如何能更好地完成
	为什么为这项工作制定这些标准	who	何人为这项工作的恰当人选
	为什么完成这项工作需要这些投入	where	何处开展这项工作更为恰当
	为什么这项工作需要这种人员素质	when	何时开展这项工作更为恰当

5. 新方法的设计、评价和实施

这一步骤是工作研究的核心部分，具体包括设计新方法、评价新方法和实施新方法三项主要内容。

（1）设计新方法。设计新方法多数情况下不是推倒重来，而是在现有工作方法的基础上对其进行改进。

（2）评价新方法。评价新方法的优劣主要从经济性、安全程度和管理方便程度三个方面考虑。评价指标可以是定量的，也可以是定性的。

（3）实施新方法。正如物体具有惯性一样，当某种变化不被人了解或理解，而且改变了人们多年的习惯时，就会遇到一定的阻力。所以，工作研究成果的实施往往要比对工作的研究本身困难得多。因此，在实施过程中要认真做好宣传、培训、试点和示范工作，切勿急于求成。

6.2   方法研究

方法研究有一个基本假设，即现行运营系统中的每一个作业，只要加以客观、细致的分析，一定能够发现许多可以改进的地方。有时会发现其中有许多不必要和不合理的动作，并且这些无效动作所占的时间和精力往往会超过有效动作所占时间和精力的一倍甚至几倍。通过方法研究，可以消除不必要的动作，减少体力消耗，缩短操作时间，进而拟订更简单、更易行、更有效的工作方法，提高工作效率。

本节介绍操作研究与动作研究及其实用方法。

6.2.1   操作研究

操作研究就是仔细研究工人和机器的每一个操作，研究如何使工人的操作更经济、更有效以及工人和机器的配合更协调。操作研究的目的是在作业流程设计与改进的基础上，分析具体操作，并加以改进，以减少疲劳、提高效率。

人-机活动图（man-machine chart）是一种把人与机器在工作时间上的配合关系描述出来的图形化工具。在使用这种方法时，通常利用条形图的长度来表示时间。图 6-1 是人-机活动图的一个示例。图中用不同的条形区域标明了工人手工操作时间、设备自动工作时间和工人或设备的空闲时间。

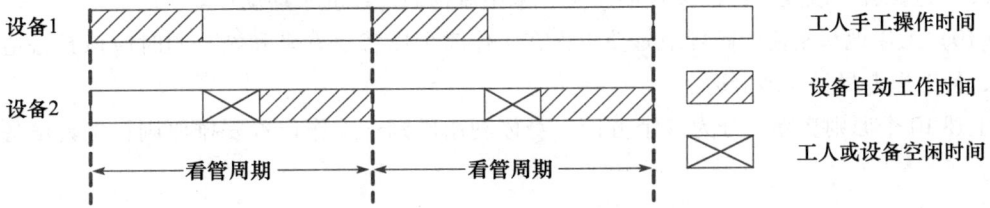

图 6-1 人-机活动图

借助人-机活动图，管理人员可以分析人和设备的工作及空闲时间，以此来确定实行多设备看管或同一设备为多个操作人员共用的可能性，最终达到有效利用人力、设备或工作地的目的。在图 6-1 的人-机活动图中，一个工人就可以同时看管两台设备。

6.2.2 动作研究

动作研究是对工人在执行一项操作任务时涉及的动作所进行的系统研究，其目的是减少不必要的动作，确认最好的操作顺序以取得最大的效率。可以看出，动作研究是操作研究的继续和深化。

弗兰克·吉尔布雷斯被公认为"动作研究之父"。莉莲·吉尔布雷斯是美国第一个获得心理学博士的女性，与丈夫弗兰克·吉尔布雷斯一道从事动作研究。吉尔布雷斯夫妇通过对动作进行科学的研究和分析，提出了经济动作原则和动素的概念。

1. 经济动作原则

经济动作原则最初由吉尔布雷斯夫妇提出，它是指导人们如何节约动作，如何提高动作效率的原则，经不断研究和补充，归纳为 10 个原则。

（1）双手的动作应该是同时的和对称的。合理地利用双手同时工作，能提高劳动效率。心理学实验证明，右手疲劳后，左手参加工作，可以迅速解除右手疲劳，反之亦然，甚至脚参加工作也可以帮助解除手的疲劳。另外，双手（或双脚）交替或对称运动可以使人体保持平衡，减少身体的摇晃。由于平衡作用，在一定程度（指负重）内双手运动比单手运动更能减少身体的紧张程度，消除疲劳，所以不能不加分析地认为双手操作比单手操作的劳动强度大。为了实现双手操作，应该相应地布置工作地和工位器具。

（2）工具和物料应该放在近处和操作者面前，使它处在双手容易拿到的位置。手的移动距离应该越短越好，移动次数越少越好。

（3）所有的工具和物料必须有明确的和固定的存放地点。

（4）为了将物料送到靠近使用的地点，应该利用重力式的送料盒或容器。

（5）只要条件允许，工具和物料应该放在预先设定的位置。

（6）尽可能采用"下坠式传送"方式。

（7）所有的工作，只要用脚来做更为有利，就应该避免用手来做；只要经济合算，就应采用动力驱动的工具和设备；只要可能，就应该采用虎钳或夹具来固定工作物，以便腾出双手来进行其他操作。

（8）物料和工具摆放应能使操作流畅并富有节奏。

（9）避免骤然改变方向的动作的发生，采用流畅而连续的手动动作。

（10）工作地和座椅的高度最好使工人在工作时可以替换着坐和站，同时应该具备适宜的光线，使工作者尽可能地舒适。

上述 10 个原则实际上分为三个方面：身体利用原则；工作位置安排原则；工具设备设计原则。

2. 动素分析

动素（therbligs）就是完成一个动作的基本元素。therbligs 是吉尔布雷斯的姓名 Gilbreth 从后往前拼写（th 两字母拼写顺序不变），再加上 s 形成的。这也是为了纪念"动作研究之父"吉尔布雷斯。而动素的基本思想就是吉尔布雷斯奠定的。他认为虽然人所进行的作业千变万化，但分解以后的基本动作不超过 17 种，即每一个动作都是由种类少于 17 个的动素构成的，只不过这些动素的组合顺序不同罢了。后来，美国机械工程师学会增加了"发现"（find）这个动素，用 F 表示，这样就有了 18 种动素。这 18 种动素都用专门的象形符号来表示。

下面简要介绍这 18 种动素。

（1）伸手（transport empty，用 TE 表示），即空手移动，伸向目标，又称运空。起点是手开始伸出的瞬间，终点是手刚触及目标物的瞬间。该动素之前常有"放手"，之后常有"握取"。

（2）移物（transport loaded，用 TL 表示）。用手持物从一处移至另一处的动作称为移物，又称运实。起点是手带负荷并开始朝向目的地移动的瞬间，终点是带有负荷的手抵达目的地的瞬间。该动素前常有"握取"，后常有"定位"及"放手"。

（3）握取（grasp，用 G 表示），即利用手指充分控制物体。起点是手指或手掌环绕一物体，欲控制该物体的瞬间，终点是物体已被充分控制的瞬间。该动素常发生在"伸手"与"移物"之间，其后常有"持住"。

（4）装配（assemble，用 A 表示），即为了组合两个以上的物件而完成的动作。起点是两个物件开始接触的瞬间，终点是两个物件完全组合的瞬间。该动素之前常有"定位"或"预对"，其后常有"放手"。

（5）使用（use，用 U 表示），即利用器具或装置所做的动作。起点是开始控制工具进行工作的瞬间，终点是工具使用完毕的瞬间。在某项操作内，常可连续发生多次"使用"。

（6）拆卸（disassemble，用 DA 表示），即对两个以上组合的物体，施以分解动作。起点是两个物体开始分离的瞬间，终点是两个物体完全分离的瞬间。该动素之前常有"握取"，之后常有"移物"或"放手"。

（7）放手（release load，用 RL 表示），即从手中放掉东西。起点是手指开始脱离物体的瞬间，终点是手指完全脱离物体的瞬间。

（8）检查（inspect，用 I 表示），即将产品和所制定的标准相比较的动作。起点是开始检验物体的瞬间，终点是判定出产品质量优劣的瞬间。

（9）寻找（search，用 Sh 表示），即确定目标物的位置的动作。起点是眼睛开始致力于寻找的瞬间，终点是眼睛找到目标物的瞬间。

（10）选择（select，用 St 表示），即在同类物件中，选取其中一个。起点是寻找的终点，终点是物件被选出。

（11）计划（plan，用 Pn 表示），即在操作进行中为决定下一步骤所做的考虑。起点是开始考虑的瞬间，终点是决定行动的瞬间。

（12）定位（position，用 P 表示），即以将物体放置于所需的正确位置为目的而进行的动作，又称对准。起点是开始放置物体至一定方位的瞬间，终点是物体已被安置于正确方位的瞬间。该动素之前常有"移动"，之后常有"放手"。

（13）预对（pre-position，用 PP 表示），即物体定位前，先将物体安置到预定位置。起点和终点与定位的起点与终点相同。

（14）持住（hold，用 H 表示），即手握物体并保持静止状态，又称拿住。起点是用手开始将物体定置于某一方位的瞬间，终点是物体不必再定置于某一方位上为止的瞬间。该动素之前为"握取"，之后为"放手"。

（15）休息（rest，用 R 表示），即因疲劳而停止工作。起点是停止工作的瞬间，终点是恢复工作的瞬间。

（16）迟延（unavoidable delay，用 UD 表示），即不可避免的停顿。起点是开始等候的瞬间，终点是开始工作的瞬间。

（17）故延（avoidable delay，用 AD 表示），即可以避免的停顿。起点是开始停顿的瞬间，终点是开始工作的瞬间。

（18）发现（find，用 F 表示），即东西已找到的瞬间动作。起点是眼睛开始寻找物体的瞬间，终点是眼睛已找到物体的瞬间。

上述 18 种动素又分为三类。第一类为有用的动素。它们虽非最有效的，却是完成操作所必要的，如伸手、移物、握取、装配、使用、放手、检查、定位等。对这些动素，应根据节约动作原则，采取减少疲劳、提高效率的措施。第二类常常是减缓第一类操作的动素，如拆卸、寻找、选择、计划、预对、持住等。对这些动素，应研究改进工作地布置，事先加强指导和准备，尽可能减少它们发生。第三类是对完成操作并没有促进作用的动素，如休息、迟延、故延、发现等动素。对这些动素，应尽量消除。

动素分析是把作业分解成动素，从而把改进作业建立在减少动素和重新组合基础上的一种方法。具体地讲，就是对每一个作业进行分解，通过手、足、眼、头等的活动，把动作的顺序和方法与双手、眼睛等的活动联系起来，进行详尽的分析，用动素符号记录下来，找到动素组合的不当之处以及作业中存在的多余动作，进而加以改善。

吉尔布雷斯夫妇把电影技术应用到动作研究中，进行了微动作研究。他们当时使用 35mm 摄影机，将被观测对象的全部动作完整地拍摄下来，形成影片，再进行慢放，为动作改进提供原始数据。微动作研究不仅应用于工业领域，在运动和健康护理等方面也得到了广泛的运用。此外，动作研究的胶片不仅为微动作研究和培训工人提供了可以参照的永久性记录，也可用于解决工作方法方面的争执。

3. 对动图及其在动作研究中的应用

动作研究人员经常利用图表工具来分析和记录动作过程和结果。下面介绍在研究双手动作时常用的对动图（simultaneous motion chart，SIMO chart）。图 6-2 是分析一种美甲套装组装操作的对动图（部分）。这种图在分析需要双手同时动作的操作中非常有用，旨在寻找双手动作同时对称的最佳方案，以提高动作的稳定性，减少疲劳，提高效率。需要注意的是，对动图中用到的动作元素与 18 种动素的定义有一定的区别。

		操作员：凯恩 日期：5月21日 操作：组装				零件：美甲套装 方法：手工组合 制图：约瑟夫			

时刻	净时间	左手描述	符号	动作级别 1 2 3 4 5 5 4 3 2 1	符号	右手描述	净时间	时刻
4548 4560	12	伸手	RE		RE	伸手	12	4548 4560
4579	19	握取	G		G	握取	19	4579
4610	31	微小移动	M		M	微小移动	31	4610
	75	定位并放手	P RL		P RL	定位并放手	75	
4685 4700	15	固定住	RE		RE	固定住	15	4685 4700
4715	15	用力握	G		G	用力握	15	4715
7541	12	组装	G		G	组装	12	7541
7559	18	移动并放手	M RL		M RL	移动并放手	18	7559

汇总

%	时间	左手合计	符号	右手合计	时间	%
8.56	249	伸手	RE	伸手	245	8.4
7.49	218	握取	G	握取	221	7.6
12.16	354	移动	M	移动	413	14.2
30.47	887	定位	P	定位	1124	38.6
39.33	1145	使用	U	使用	876	30.1
1.03	30	空闲	I	空闲	0	0.0
0.96	28	放手	RL	放手	32	1.1
100.0	2911	总计			2911	100.0

图 6-2 一种美甲套装组装操作的对动图（部分）

资料来源：[美] 威廉·J. 史蒂文森. 运营管理：原书第 13 版 [M]. 张群，张杰，马凤才，译. 北京：机械工业出版社，2019：157.

6.3 人类工程学

1. 概述

人类工程学（ergonomics）是研究人-机-环境系统中人、机、环境三大要素之间相互作用和相互结合的关系，为解决该系统中人的效能问题、安全健康提供理论与方法的科学。人类工程学通过分析人在某种工作环境中的解剖学、生理学和心理学等方面的因素，实现人-机-环境的最佳结合，从而实现安全、健康、舒适、高效的工作与生活。

人类工程学是 20 世纪 40 年代后期在欧美发展起来的一门科学。1960 年，创建了国际人类工程学协会。ergonomics 出自希腊文"ergo"，有"工作"的意思，而"nomos"有"自然规律"的意思。人类工程学最早探求制造行业人与机械之间的相互作用；后来，用于分析军事上如何使战斗员在狭小的作战舱内有效地操作武器装备；今天，广泛应用于研究工业生产、建筑及室内设计、空间技术等各行各业的生产活动及日常生活中人-机-环境之间的协调关系。

限于篇幅，本书主要介绍人-机-环境系统中的环境因素及其对人的效能的影响。

2. 工作环境及其对人的影响

工作环境设计是工作系统设计中很重要的一个方面。工作环境中的照明、色彩、温度与湿度、噪声、振动、$PM_{2.5}$ 等因素严重影响着人的健康与安全、工作效率、产品质量等。

（1）照明。合适的照明是人们生产与生活的必要条件。照明亮度不足会引起眼睛和头部疼痛，降低注意力，增加疲劳，从而降低生产率。

不是在所有的地方，对任何工作都采用同样的照明度，而且这样做也不经济。工作越精细，要求区分的作业对象越小，作业对象同周围空间颜色对比越小，材料越暗，曝光时间越短，周围所含灰尘量越大，所需照明强度就越高。从安全角度看，楼道及危险地段需要有良好的照明。

人工光的方向应接近日光的方向。最佳方向是来自背后的左上方。应注意避免射向眼睛的直射光或反射光。

（2）色彩。人们生活在五彩缤纷的环境里，各种色彩对人的心理、生理有着不同的影响。研究表明：红色、橙色、黄色为暖色，能给人以温馨、和谐、温暖的感觉，使人愉悦兴奋。在阴冷的环境中，对体力负荷不大的作业，暖色可以使人激动和兴奋，从而提高工作效率。绿色、蓝色、紫色为冷色，能给人以宁静、典雅、冷静、宽广的感觉，使人安静祥和。在炎热的环境中，对体力负荷较大的作业，冷色可以使人镇静和舒适，从而提高工作效率。

（3）温度与湿度。人的正常体温范围为 $36.0 \sim 37.0℃$。在这个范围内，达到人体热平衡，人感到最舒适。当环境温度低于人的体温时，人体散热过多，人就会感到寒冷。环境温度过低，人会出现注意力不集中、反应不灵敏，甚至还会导致人冻伤。当环境温度高于人的体温时，人就会感到闷热难忍。环境温度过高，而且相对湿度大，空气流动不够，人会出现头昏、胸闷，机体严重脱水，甚至会造成积热中暑。

低温作业环境的主要改善和防护措施有：穿戴低温防护服、配置采暖室和休息室。高温作业环境的主要改善和防护措施有：调温、隔热、通风、配备防护设施、调整作息时间。

（4）噪声。噪声是发声体做无规则振动时发出的声音。噪声是一种污染，其主要来源有交通运输、车辆鸣笛、工业噪声、建筑施工、高音喇叭、早市和人大声说话等。噪声对人的作用取决于噪声级、声谱、作用时间、共振现象等，也取决于人的健康状况、个体差异性等。

噪声对人的不良作用主要表现在：干扰听觉、引起烦躁不安，严重时还会损伤听力，恶化神经系统和整个机体状态。

降低声源的噪声辐射、控制噪声传递途径和对噪声接收者采取防护措施等，都可以有效地降低或消除噪声的影响。

（5）振动。振动的主要来源有：风镐、铆钉机等风动工具，电钻、养路捣固机等电动工具，内燃机车、摩托车等运输工具。

振动会引起皮肤感觉功能和听觉下降，破坏骨骼和肌肉组织，严重的还会导致骨骼和关节病变。

防护措施主要有：将产生振动的区域和工作区隔开，通过自动化或半自动化取消或减少手持风动、电动工具，使用缓冲器、填充垫圈、橡皮等减振材料，穿戴防振护具。

（6）$PM_{2.5}$。$PM_{2.5}$是指环境空气中空气动力学当量直径小于等于 2.5 微米的颗粒物，也称可入肺颗粒物。空气中的 $PM_{2.5}$ 含量过高不但直接破坏空气质量，降低能见度，还对人的呼吸系统造成危害。

减少 $PM_{2.5}$ 的根本是绿色生产、绿色出行。当出现严重的 $PM_{2.5}$ 污染时，就取消或减少户外作业，如果不得不进行户外作业，应当戴上 $PM_{2.5}$ 防护口罩。室内作业时，则应当关闭门窗，只在污染物较少的时候短时间开窗换气。

6.4 时间研究

时间研究的主要目的是确定标准作业时间。此外，时间研究的目的还包括：把实际作业时间与标准作业时间进行对比，寻找改进的方向；减少工人空闲和等待物料的时间。

6.4.1 时间研究的基本方法和步骤

实施时间研究需按照一定的步骤。一般可分为以下几个步骤：①工作分解；②测时；③确定样本数；④制定标准作业时间。

下面结合一组餐具包装的例子来说明时间研究的步骤。该例要求操作人员把一套 36 头餐具装入包装盒，封口并码放。

1. 工作分解

工作分解即把要进行时间研究的工作分解成多个作业单元或动作单元。在餐具包装例子中，按照操作的先后顺序，可将这一工作分解成以下四个作业单元：①准备餐具并拿取包装盒；②将衬垫放入包装盒；③将 36 头餐具放入包装盒；④包装盒封口并码放。

在进行工作分解时要坚持以下两个原则。

（1）为了测量作业单元所需的时间，要求分解成的每一个作业单元都应有明确的开始和结束标志。

（2）一般 3s 以内就可完成的动作不宜作为一个单独的作业单元。例如，上述例子中的动作单元②，如果再细分，还可以分成三个单元：a. 左手拿起衬垫；b. 将衬垫打开；c. 将衬垫放入包装盒。由于这三个动作都非常快，难以精确测量各自所需的时间，所以不宜作为作业单元处理。

2. 测时

测时即用秒表或其他工具观察和测量每一个作业单元，确定其所用时间。选择一名训练有素的人员，测量其在正常发挥的条件下在各个作业单元上所花费的时间。常用的测时方法有连续测时法与循环测时法。连续测时法是指研究人员在每个作业单元的动作结束时，记下该时刻，然后根据两个作业单元结束时刻的差计算得出第二个作业单元所花费的时间，依此类推，直至计算出所有工作单元所花费的时间。

对于有连续多个时间较短的作业单元（0.1min 以内）的工作，则可采用循环测时法，即人为地去掉一个作业单元后再观测其时间。按照循环计算法计算出各作业单元所耗费的时间。每次记录时都不记录所要测量的那个作业单元，而只记录其余作业单元所花费的时间之和。然后从全部工作时间中减去每次所得时间，即得所要观测的那个作业单元所花费的时间。

例如，某项工作由 a、b、c、d 四个作业单元组成，完成该项工作的全部时间和四个作业单元的时间分别记为 T、T_a、T_b、T_c 和 T_d，又设

$$T_A = T_b + T_c + T_d$$

$$T_B = T_c + T_d + T_e$$

$$T_C = T_d + T_e + T_a$$

$$T_D = T_e + T_a + T_b$$

于是

$$T_a = T - T_A$$

$$T_b = T - T_B$$

$$T_c = T - T_C$$

$$T_d = T - T_D$$

则全部工作时间为

$$T_t = T_a + T_b + T_c + T_d$$

表面上看，循环测时法似乎自相矛盾：最终要计算的是 T_t，但为计算这一时间，又用到全部时间 T。事实上，可以认为用到的 T 是初始时间，通过测定、分析 T_a、T_b、T_c 和 T_d，找到其中不合理的成分，最后找到客观、真实的 T_t。所以，这一方法恰好体现了工作研究的内涵，即通过优化操作方法来提高工作效率。

下面结合餐具包装的例子，说明连续测时法的应用。表格式测时记录如表 6-2 所示。在第一个工作循环中，第一个作业单元结束时秒表显示为 "0.23"，第 2 个结束时间为 "0.34"，则第一个作业单元耗费的时间为 0.23min，第 2 个为 0.11min，依此类推。

假设在进行初始测时共包装了 10 盒餐具。记录的数据都填入表 6-2 中。

表 6-2　时间研究数据记录表

作业单元		观测记录（min）										$\bar{t}$
		1	2	3	4	5	6	7	8	9	10	
准备餐具并拿取包装盒	t	0.23	0.25	0.24	0.22	0.26	0.28	0.25	0.24	0.26	0.25	0.25
	r	0.23	2.43	4.63	6.72	8.86	11.10	13.29	15.38	17.58	19.74	
将衬垫放入包装盒	t	0.11	0.13	0.09	0.10	0.11	0.13	0.08	0.12	0.10	0.09	0.11
	r	0.34	2.56	4.72	6.82	8.97	11.23	13.37	15.50	17.68	19.83	

（续）

作业单元		观测记录（min）										$\bar{t}$
		1	2	3	4	5	6	7	8	9	10	
将36头餐具放入包装盒	t	0.74	0.68	0.71	0.69	0.73	0.70	0.68	0.74	0.71	0.72	0.71
	r	1.08	3.24	5.43	7.51	9.70	11.93	14.05	16.24	18.39	20.55	
包装盒封口、码放	t	1.10	1.15	1.07	1.09	1.12	1.11	1.09	1.08	1.10	1.13	1.10
	r	2.18	4.39	6.50	8.60	10.82	13.04	15.14	17.32	19.49	21.68	

对观测得到的数据取平均值，记在表中最后一列。

3. 确定样本数

确定样本数就是根据经验公式来确定为了达到所需要的精度，必须重复观测的次数。在本例中，观测次数是10个工作循环。那么，该样本数是否满足要求？为此，首先要给出期望的置信度。表6-3是常用的几个置信度及其对应的正态分布的分位数。通常情况下，时间研究期望的置信度达到95%，就基本上满意。如果要达到更高的精度，那么样本数会急剧增大。

表6-3　常用的置信度及其对应的分位数

期望的置信度（%）	对应的分位数（z）	期望的置信度（%）	对应的分位数（z）
90.00	1.65	98.00	2.33
95.00	1.96	99.00	2.58
95.45	2.00	99.97	3.00

样本数 n 可按下式[一]计算

$$n = \left(\frac{z \times s}{\alpha \times \bar{t}} \right)^2 \tag{6-1}$$

式中，n 表示所需样本数；z 表示与置信度对应的分位数；s 表示某作业单元样本标准差（根据已有观测数据计算）；α 表示估计精度，以与真正时间值（未知）的偏离程度（%）来表示；$\bar{t}$ 表示对某作业单元观测得到的时间平均值。

样本标准差 s 可按下式计算

$$s = \sqrt{\frac{\sum_j (t_j - \bar{t})^2}{\hat{n} - 1}} \tag{6-2}$$

式中，t_j 表示第 j 个工作循环的观测时间值；$\hat{n}$ 表示观测次数。

在餐具包装一例中，取95%的置信度，并设与真正时间值（未知）的偏离程度不超过4%，即 $\alpha = 0.04$，利用表6-2的数据，根据式（6-1）可计算出样本数 n（见表6-4）。

表6-4　样本数据计算结果

作业单元	s	$\bar{t}$	n	作业单元	s	$\bar{t}$	n
1	0.0170	0.25	12	3	0.0226	0.71	3
2	0.0171	0.11	58	4	0.0241	1.10	2

㊀　根据正态分布推出。

计算出的 n 通常不是整数，为保证数据精度，向上取整。因为用的是连续测时法，所需样本数应取该表中的最大值，即 58。因此，需要在原来观测的基础上再追加 48 次观察和测量。

4. 制定标准作业时间

制定标准作业时间即根据对作业单元的实测时间来确定研究对象的标准作业时间。标准作业时间是一个熟练工人按照标准作业方法生产单位产品所消耗的时间。现假定进行 58 次观察和测量后，所得到的四个作业单元的样本平均值分别为 0.27、0.10、0.75、1.08。为得出研究对象准确的时间标准，还要对有关数据进行修正。一般还要考虑在一个工作循环内各作业单元平均发生的频数和操作人员的熟练程度。

（1）作业单元发生的频数。决定正常作业时间需要考虑的一个因素是，在一个工作循环内各作业单元平均发生的频数 F。本例中，每个作业单元在每个循环内都发生一次，即每个作业单元的 $F=1$。

（2）操作人员的熟练程度。所观察的操作人员在技术熟练程度、工作速度、产品（工作）质量等方面不可能都一样。因此，需要给出一个修正系数，对观测的时间进行修正。修正系数通常称为绩效评价因子（performance rating factor，RF）。RF 主要依据经验得到。对具体工作，可通过对各评定要素的系数值进行加总得到。表 6-5 是一些评价因素及可供参考的系数范围。

表 6-5　评价因素及其参考系数范围

等级	评价因素			
	技巧性	努力程度	质量	均匀性
最优	+0.12 ~ +0.15	+0.12 ~ +0.15	+0.06	+0.04
优秀	+0.06 ~ +0.11	+0.06 ~ +0.11	+0.04	+0.02
良好	+0.01 ~ +0.05	+0.01 ~ +0.05	+0.02	+0.01
一般	0	0	0	0
较差	−0.10 ~ −0.05	−0.07 ~ −0.06	−0.03	−0.02
很差	−0.22 ~ −0.11	−0.17 ~ −0.07	−0.07	−0.04

在餐具包装一例中，假设测量时操作人员的 RF 为 1.05，即该操作人员的熟练程度高于平均水平。

现把各作业单元的测量平均值、发生频数以及绩效评价因子记录在表 6-6 中。

表 6-6　58 次观察样本数据

作业单元	$\bar{t}$	F_i	RF_i	作业单元	$\bar{t}$	F_i	RF_i
1	0.27	1.00	1.05	3	0.75	1.00	1.05
2	0.10	1.00	1.05	4	1.08	1.00	1.05

将测量值的平均值、发生频数以及绩效评价因子三者相乘，即可得出一个作业单元的正常时间 NT_i 和一个工作循环所需的正常时间 N_T（即全部正常作业时间），可用下面两式表示

$$NT_i = \bar{t}_i \cdot F_i \cdot RF_i \tag{6-3}$$

$$N_T = \sum_i NT_i \tag{6-4}$$

就餐具包装一例，根据式（6-3）和式（6-4），利用表6-6中的数据，可得

$$NT_1 = 0.27 \times 1.00 \times 1.05 = 0.28(\text{min})$$

$$NT_2 = 0.10 \times 1.00 \times 1.05 = 0.11(\text{min})$$

$$NT_3 = 0.75 \times 1.00 \times 1.05 = 0.79(\text{min})$$

$$NT_4 = 1.08 \times 1.00 \times 1.05 = 1.13(\text{min})$$

$$N_T = 0.28 + 0.11 + 0.79 + 1.13 = 2.31(\text{min})$$

为确定正常作业时间，还要考虑人的休息时间，以及由于不可避免的延误所占用的时间。因此需要在全部正常作业时间的基础上再加宽放时间（allowance time）。这样才能得出切合实际的标准作业时间。标准作业时间（standard of time，ST）可表示为

$$ST = N_T(1 + A) \tag{6-5}$$

式中，A 表示宽放系数，通常取值为 10%~20%。

A 的选取是有一定规则的。A 通常由两部分构成，一部分是固定宽放系数 9%，包括人的生理需要 4% 和疲劳恢复 5%；另一部分是变动的，即根据工作位置的舒适程度、用手转移作业对象的重量、光线的好坏、空气条件、注意力的集中程度、噪声大小、精神压力大小、工作的单调性等进行设定。

假定上例中的宽放系数取值为 15%，则 36 头餐具包装的标准作业时间可计算如下：

$$ST = 2.31 \times (1 + 15\%) = 2.66(\text{min})$$

6.4.2　工作抽样

1. 工作抽样的基本原理

一台机器要么处于忙碌状态，要么处于空闲状态；一名秘书或在打字、整理文件、接电话，或空闲等；一个木工或在运送木料、测量、锯木头，或空闲等。所有的"行为"都会占用一定的时间。那么某种行为占用的时间是多少呢？工作抽样的做法不是去观察所占用的时间，而是估计在某时刻人或机器发生这种行为的比率。根据这个比率来推定这种行为所占用的时间。显而易见，置信度的高低、样本数的大小都将影响估计的精度。实际中，可采用 95.45% 的置信度。对于大样本，最大允许误差为

$$E = 2\sqrt{\frac{p(1 - p)}{N}} \tag{6-6}$$

求得

$$N = \frac{4p(1 - p)}{E^2} \tag{6-7}$$

式中，E 表示最大允许误差；p 表示所调查事件出现的比率；N 表示观测次数（抽样样本的大小）。

2. 工作抽样的用途

工作抽样主要有以下二个方面的用途。

（1）测定机器设备或人员在工作中作业（负荷）和停歇（空闲）的时间比率，以提供分

析工时利用情况的资料。

（2）测定工作人员在工作班中各类工时消耗的比例，以提供制定定额时所用的各种标准资料。

（3）在一定条件下，测定工作人员完成任务所需时间，用于制定工序的标准时间。

3. 工作抽样的步骤

工作抽样主要有以下四个步骤。

（1）确定特定的行为，如设备运转、工人切削零件、消防车在火灾现场、护士查病房等。

（2）估计特定行为占全部时间的比例。通常有两种方法来进行估计：一是根据工作研究人员的经验、以前的数据；二是先设定一个大概比例，再逐步逼近真实数据。下面举例说明如何使用第二种方法估计特定行为占全部时间的比例。

为研究某车间机床停工占全部时间的比例，设工作抽样的置信度为 95%，最大允许误差为 ±3%，实地调查 100 次，机床有 25 台次停工，则得

$$p = \frac{25}{100} = 0.25 = 25\%$$

所以

$$N = \frac{4 \times 0.25 \times (1 - 0.25)}{(0.03)^2} = \frac{0.75}{0.0009} \approx 833(次)$$

若继续抽样观测 400 次，连同开始的 100 次共 500 次，其中有 150 次停工，则

$$p = \frac{150}{500} = 0.30 = 30\%$$

照此方法，可按一定的时间间隔（一天或几天）进行，直到计算出的 p 值比较稳定为止。

（3）确定观察次数。当估计的 p 值比较稳定时，需要对其验证，为此需要计算观察次数。例如在上例中，认为 30% 比较稳定时，根据式（6-7），可得

$$N = \frac{4 \times 0.30 \times (1 - 0.30)}{(0.03)^2} = \frac{0.84}{0.0009} \approx 933(次)$$

即需要观察 933 次，才能达到预设的置信度和精度要求。

事实上，人们已经制定了当置信度为 95% 时，不同事件发生比率及所要求的绝对误差下的抽样次数表，实际运用中查表即可。

（4）计算标准时间。根据预设的宽放系数，计算特定行为标准时间。

4. 工作抽样的优点与局限性

归纳起来，工作抽样具有以下几个主要优点。

- 观测者不需要受专门训练。
- 节省时间、节省费用，据相关资料介绍，这种方法的费用仅为其他时间研究方法所产生费用的一半。
- 与其他的时间研究方法相比，更容易使被观测人员合作。
- 观测时间可自由安排，可长可短，可随时中断，随时继续，而不影响其结果。

工作抽样的局限性主要表现在所需观察的样本数较大；只能得出平均结果，得不出导致个别差异数值的资料。

6.4.3   时间研究的 PTS 法

预定时间标准设定法（pre-determined time standards，PTS）是时间研究中常用的一种方法。其基本做法是将构成工作单元的动作分解成若干个基本动作，对这些基本动作进行详细观测，然后制作基本动作的标准时间表。当要确定实际工作时间时，只要把工作任务分解成这些基本动作，从基本动作的标准时间表上查出各基本动作的标准时间，将其加总就得到工作的正常时间，然后再加上宽放时间，就可以得到标准工作时间。

PTS 法有许多种，因基本动作的分类和使用时间单位的不同而不同。其中，MTM 法（methods of time measurement）是使用最广泛的一种。在 MTM 法中，也有若干种基本动作标准数据，这里介绍其中最精确的一种：MTM-1。这种方法将基本动作分为伸手（reach）、施压（apply pressure）、放置（position）、放手（release）、移动（move）、抓取（grasp）、解开（disengage）和转动（turn）八种要素。

这些基本动作的标准时间是用微动作研究方法，对一个样本人员在各种工作中的动作加以详细观测，并考虑到不同工作的变异系数而制定的。表 6-7 是美国 MTM 标准研究协会制作的其中一个动作"移动"的标准时间。表中，1TMU = 0.000 01h。

表 6-7   MTM 法中的动作"移动"的标准时间数据表

移动距离 （in. ⊖）	时间（TMU）			重量允许值			不同移动情况
	A	B	C	重量 （lb）	动态因子	静态常数 （TMU ⊖）	
更小 1	2.0 2.5	2.0 2.9	2.0 3.4	2.5	1.00	0	A. 移动物体至另外一只手
2 3	3.6 4.9	4.6 5.7	5.2 6.7	7.5	1.06	2.2	
4 5	6.1 7.3	6.9 8.0	8.0 9.2	12.5	1.11	3.9	
6 7	8.1 8.9	8.9 9.7	10.3 11.1	17.5	1.17	5.6	B. 移动物体至一个大致位置
8 9	9.7 10.5	10.6 11.5	11.8 12.7	22.5	1.22	7.4	
10 12	11.3 12.9	12.2 13.4	13.5 15.2	27.5	1.28	9.1	
14 16	14.4 16.0	14.6 15.8	16.9 18.7	32.5	1.33	10.8	
18 20	17.5 19.2	17.0 18.2	20.4 22.1	37.5	1.39	12.5	C. 移动物体至一个精确位置
22 24	20.8 22.4	19.4 20.6	23.8 25.5	42.5	1.44	14.3	
26 28	24.0 25.5	21.8 23.1	27.3 29.0	45.5	1.50	16.0	
30	27.1	24.3	30.7				

⊖　1in. = 0.025 4m.

⊖　TMU 为时间衡量单位，全称为 time measurement unit，1TMU = 0.036s.

这个表中的标准时间考虑了重量、移动距离以及移动情况三种因素，每个因素不同，所需的标准时间也不同。例如，有这样一个动作，需要用双手将一个 18lb 的物体移动 20in.，移到一个确切的位置上，在该动作发生前两手无动作。为了得到这个动作的标准时间，首先应该根据对移动情况的描述确定该动作属于哪种情况。从表中的三种情况描述中可知，属于 C。然后，根据移动距离为 20in.，在 20in. 的行和 C 列的交叉处，找到该动作所需时间为 22.1TMU。再根据重量对刚才所查出的时间做一些调整。因为该动作是用两手移动 18lb 的物体，每只手为 9lb，在表中的重量允许值中，处于 7.5~12.5，因此，动态因子为 1.11，静态常数为 3.9TMU。这样该动作的标准时间为

$$TMU 表格值 × 动态因子 + 静态常数 = 22.1 × 1.11 + 3.9 = 28TMU$$

每一种基本动作都有类似的表格。这些标准数据是经严格测定、反复实验后确定的，其科学性、严密性都很高，而且有专门的组织制定这样的数据。

从上述所介绍的 PTS 方法的特点可以看出这种方法的一些优点，总结起来有以下三项。

- 可以用来为新引进生产线的新工作设定工作时间标准，并可对不同的新方法进行比较，对全新工作来说，其标准时间无法使用通常的时间研究方法确定。
- 因为这种方法大大减少了时间研究中常见的读数错误等引起不正确结果的可能性，所以用这种方法设定时间标准的一致性很高。
- 这种方法不需要对标准时间进行绩效评价，而绩效评价总是带有主观性。

当然，这种方法也有一些局限性。

（1）所使用的时间单位过小，致使这种方法在实际中很难被采用。

（2）对于进行多品种小批量生产，以工艺对象专业化为生产组织方式的企业来说并不实用。在这样的企业中，工作种类繁多，而重复性较低，要把每项工作都分解为基本动作难度太大。

（3）PTS 法的标准数据有时不能反映具有某些特殊性的企业的情况。同时，作为样本被观测的人员也许不具有代表性。

（4）需要考虑、调整的因素过多，像表 6-7 那样的表格很难制作。另外，在某些情况下，移动物体所需的时间也许与物体的形状有关，但是表 6-7 并没有考虑这个因素。

（5）在采用这种方法时有一个基本假设：整个工作时间可用基本动作时间加总得到，但它忽略了这种可能性，即实际工作时间也许与各个动作的顺序有关。

（6）这种方法的使用需要一定的技能，尤其在分解基本动作和确定调节因素方面更是如此。这就限制了该方法的使用。

6.4.4　模特法

澳大利亚的 G.C. 海德长期研究与预定时间标准设定相关的各种方法，结合人类工程学的知识和技术，于 1966 年创立了更简单且精度不低于传统 PTS 的新方法，即模特法（modular arrangement of predetermined time standards，MODAPTS），也称为第三代 PTS。

模特法把动作分为移动、终止、身体和其他 4 大类共计 21 个。每个动作都被赋予一个时间值，以 MOD[⊖]为单位，共有 8 个时间值，最短的时间值是 0MOD，最长的时间值是 30MOD。

　⊖　1MOD 代表手指移动 2.5cm 的时间，1MOD = 0.129s。

这种方法具有以下三个显著特点。

（1）把手指的动作时间作为一个单位，其他动作以手指动作时间的整数倍来表示。

（2）简单、易用，使用直观的基本图形，动作的代表符号中包含着时间值，方便分析动作和计算标准作业时间。

（3）应用广泛，适用于制造、设计、技术、管理、服务等各领域的动作分析和时间测定。

表 6-8 说明了每类动作的动作名称、符号、时间值及含义。

表 6-8　模特法的动作名称、符号、时间值及含义

动作分类	动作名称	符号	时间值（MOD）	含义
移动动作	手指动作	M1	1	以手指关节为轴心的动作
	手的动作	M2	2	以手腕关节为轴心的动作
	前臂动作	M3	3	以肘关节为轴心的动作
	上臂动作	M4	4	以肩关节为轴心的动作
	肩动作	M5	5	肩部的动作
终止动作	触碰动作	G0	0	用手接触对象物的动作
	简单抓握	G1	1	用手指或手掌握、抓握对象物的动作
	复杂抓握	G3	3	在注视的前提下抓握
	简单放下	P0	0	不需注视即放下
	注意放下	P2	2	在注视的前提下放下，只允许一次修正
	特别注意放下	P5	5	把对象物精确地放置在指定的位置
身体动作	踏板动作	F3	3	足颈摆动进行踏地的动作
	步行动作	W5	5	步行或转动身体的动作
	向前探身动作	B17	17	以站立状态弯曲身体、弯腰、单膝跪地再还原
	坐和站起动作	S30	30	坐在椅子上，站起后再坐下
其他动作	校正动作	R2	2	改变原来抓握方式的动作
	施压动作	A4	4	向对象物施以 10 牛顿以上的推、拉、压等动作
	曲柄动作	C4	4	以手腕或肘关节为轴心画圆形轨迹的动作
	眼睛动作	E2	2	眼睛移动或对准对象物的动作
	判断动作	D3	3	判断下一个要做何种动作的行为
	重量修正	L1	1	单手负重 2 千克以下，超过时需修正时间

⊙ 习题

1. 何为工作研究？

2. 方法研究的目的何在？

3. 工作研究是通过什么途径提高效率的？

4. 方法研究与时间研究之间的关系是什么？

5. 简述你从泰勒的搬运生铁块实验与铲运实验中所受到的启发。

6. 简述你从吉尔布雷斯的砌砖方法研究中所受到的启发。

7. 试述工作研究的步骤。

8. 如何确定工作研究的重点？

9. 现行方法写实的基本要求是什么？

10. 简述现行方法分析的"5W1H"方法。

11. 应从哪几个方面评价改进后的工作方法？

12. 为什么实施新方法往往比工作研究本身更困难？

13. 操作研究的目的何在？

14. 人-机活动图的用途是什么？

15. 动作研究的目的何在？

16. 试述吉尔布雷斯提出的经济动作原则。

17. 简述 18 种动素的含义。

18. 简述动素分析的意义。

19. 利用对动图描述一项需要用双手同时动作的操作。

20. 何为人类工程学？

21. 分别举例说明照明、色彩、温度与湿度、噪声、振动、$PM_{2.5}$ 对人的作业的影响。

22. 时间研究的目的何在？

23. 试述时间研究的步骤。

24. 在进行工作分解时要坚持哪两个原则？

25. 试分别说明如何使用循环测时法和连续测时法对作业单元进行测时。

26. 在时间研究中，确定样本数要考虑哪些因素？

27. 一名时间分析员想估计出某一项作业所需时间，预先研究得出了 6.4min 的均值和 2.1min 的标准差，期望的置信度为 95%。如果期望与真正时间值（未知）的偏离程度不超过 10%，那么，包括那些已经进行过的观察，他最少应该进行多少次观察？

28. 制定标准作业时间要考虑哪些因素？

29. 绩效评价因子取决于哪些因素？

30. 简述工作抽样的基本原理。

31. 工作抽样的用途何在？

32. 总结工作抽样的主要优点。

33. 简述工作抽样的局限性。

34. 如何使用 PTS 法进行时间研究？

35. 假如有这样一个动作：用双手把一个 20lb 的物体移动到 14in. 外的一个精确位置上。试利用 MTM 标准时间数据表的数据计算这个动作的标准时间。

36. MTM 法的优缺点分别有哪些？

37. 简述 MODAPTS 方法中 21 个动作的含义。

⊚ 案例分析

发球落点控制专项训练的科学方法

1. 乒乓球发球的极端重要性

乒乓球运动是一项充满挑战性的竞技运动项目。乒乓球运动的发球、接发球、拉球、快撕、快拨、快带、拧拉、搓球、削球、摆短、快点、劈长等每一个单项都包含丰富的技战术。当然，乒乓球运动还是一种老少皆宜的强身健体的项目。

在乒乓球的各个单项技术中，发球对发球方来说尤其重要。对发球方来说，发球是每一个回合的第一拍，也是发球方唯一能自主控制的击球动作。高质量的发球可以限制对方技术特长的发挥，为自己抢攻创造有利条件，甚至可以直接得分。

2. 发球落点控制的训练真的需要科学方法

归纳起来，发球水平的高低体现在旋转、速度和落点的变化上。相对于旋转和速度的变化，落点的变化更容易掌握一些。但是，就是这种相对简单的落点控制训练的背后，却存在着科学的方法。遗憾的是，多数乒乓球选手并没有掌握发球落点控制训练中的科学方法，甚至有些选手认为乒乓球发球就是"熟练工种"，不存在所谓的科学训练方法。这在非专业乒乓球爱好者中尤为普遍。在非专业乒乓球爱好者中，进行乒乓球落点控制专项训练通常的做法是，在对方球台特定的位置画一个 5~10cm 的圆，当以 90% 的概率把球发到指定位置（直径 5~10cm 的圆内）后，再换一个位置继续练习。通常需要 300h 的专项训练，才能达到以 90% 的概率把球发到任意指定位置的水平。

事实上，乒乓球发球落点控制与射击运动比较相似。那就是首先固定好枪支位置，然后使弹着点逐步逼近靶心。那么，我们能不能从射击的训练中得到一些启发呢？能否用 100h，甚至更短的时间就达到以 90% 的概率把球发到任意指定位置的水平？

讨论题

1. 做一项简单的调查：统计一下开球网积分为 1 500~1 600 分的乒乓球业余爱好者中，进行过落点专项训练者的比例，并询问其训练方法。

2. 联想射击运动，给出乒乓球落点控制的训练方法。

3. 选择一项作业，观察存在的问题，提出改进的作业方法。

第三篇 运营系统的运行与控制

第 7 章　质量管理

● 引　例

从 Hello Moto 到 Bye Moto，再到 Back Moto

1. 6σ 在摩托罗拉公司的精心培植下生根发芽、开花结果

20 世纪 70 年代，一家日本公司从摩托罗拉手中买走摩托罗拉在美国的一家电视机工厂后，在很短时间内，像变魔术一样，该工厂电视机的缺陷率降到了原来在摩托罗拉管理下的 1/20。1974 年，世界上最早生产电视机的厂家摩托罗拉正式告别了电视机的生产。之后，通用电气也放弃了电视机的生产，甚至整个美国都放弃了电视机的生产。难道电视机的市场已经饱和，无利可图了吗？显然不是。东芝、索尼等公司在电视机市场上赚得（并将继续赚得）盆满钵满。中国的电视机也因其物美价廉而销往印度和越南，甚至大洋彼岸。难道危机只来自电视机市场吗？显然不是。20 世纪 70 年代初期，摩托罗拉已经成为全球无线通信产品的领导者，并与德州仪器公司以及英特尔公司一起争夺半导体产品的最大销售商的位置。1974 年，8 个最大的半导体厂商有 5 个来自美国，3 个来自欧洲，但很快半导体市场的竞争变得异常激烈起来，仅仅在 5 年后的 1979 年，8 个最大的芯片生产商中就有 2 个来自日本。

面临危机四伏的市场环境，面对自身的业务危机，摩托罗拉的领导者把眼光转向了企业内部，并疾呼："我们的质量糟透了。"正是在这一背景下，在摩托罗拉公司首席执行官鲍勃·高尔文（Bob Galvin）的领导下，启动了一项质量管理创新计划，这一计划有以下四个要点。

（1）提升全球竞争力。与竞争对手进行对比，设计面向全球市场的产品，确保企业的竞争地位。

（2）开展顾客完全满意活动。吸取全面质量管理之精华，将质量循环的原则和方法引入摩托罗拉的企业文化。

（3）质量改进。将改进目标定为 5 年内提高 10 倍，将质量改进目标与所有管理人员的奖励挂钩，这一创意播下了六西格玛（6σ）理念的种子。

（4）成立摩托罗拉培训与教育中心。使员工适应质量管理流程与管理方式巨大变化的要求。培训与教育中心形成了摩托罗拉大学的雏形。

与此同时，摩托罗拉的高级工程师比尔·史密斯（Bill Smith）提出了 6σ 的概念，并在通信业务部由乔治·费希尔（George Fisher）组织实施 6σ 改进计划。

随后，在高尔文的大力支持下，6σ 在全公司范围内得到了推广和实施。6σ 产生的强大动力为摩托罗拉带来了巨大的成果：1988 年美国政府把第一个鲍德里奇国家质量奖颁发给了摩

托罗拉，从 1987 年到 1997 年这 10 年间，公司的销售额增长了 5 倍，利润每年增加 20%，通过实施 6σ 管理所带来的收益累计达到 140 亿美元，股票价格平均每年上涨 21.3%。

从 1983 年推出全球第一部商务手机 DynaTAC——"大哥大"，到 2012 年发布最后一款里程碑式的智能手机 MT788，在将近 30 年的时间里，摩托罗拉创造了一个又一个辉煌。而最让人们不能忘却摩托罗拉的一点就是其首创的到今天仍在被广泛应用的 6σ 管理方法。

2. 经典的"Hello Moto"铃声曾经风靡世界各地

"Hello Moto"铃声至今仍回响在我的耳畔。经过那个时代的人们都清晰地记得，都市的大街小巷到处是手拿摩托罗拉手机匆匆而过的年轻人。特别是到了 2004 年，要是谁手里拿着一款刀锋 V3，那种自豪感，那种优越感，那种意气风发便会油然而生。

曾经，作为摩托罗拉的员工是何等自豪！遍布在全球的 7 000 个摩托罗拉 TCS 团队（小组）为摩托罗拉带来了积极向上的活力。在那个辉煌时期的夏天，当你走在一个城市的街头，没准就看到有人穿着印有"TCS"（Total Customer Satisfaction）字样的 T 恤。这些 T 恤是摩托罗拉员工的竞赛服装或参加小组活动的纪念品。

3. Bye Moto，我真的不想说出口

然后，摩托罗拉江河日下。公司高管在移动通信领域看错时间表以及押宝 CDMA，让摩托罗拉最终走下了移动市场的神坛。顾客可能没有在通话结束时亲口说出"Bye Moto"，但移动市场却无情地演绎了这幕悲剧。

2011 年 8 月 15 日，谷歌宣布以 125 亿美元收购摩托罗拉的移动业务。摩托罗拉无奈地投入了谷歌的怀抱。

谷歌为什么收留这个时代的弃儿？一个说得过去的理由是通过收购摩托罗拉的移动业务，谷歌可以获得摩托罗拉移动业务的专利，谷歌需要通过这些专利来捍卫 Android 系统以及使用 Android 系统的厂商。但是，后来的故事就有点让人读不懂了！谷歌搬起石头砸了自己的脚？

2014 年 1 月 30 日，中国农历大年三十，一个举家团圆的日子，联想集团宣布将以 29 亿美元的价格从谷歌手中收购摩托罗拉的移动业务，其中包括 3 500 名员工、超过 2 000 项专利、品牌和注册商标。杨元庆表示，"收购这样一块业务将加速联想成长为全球性的移动设备厂商，凭借联想的高效运营平台和生产制造能力，相信摩托罗拉品牌在联想手中会有更好的业绩"。

4. Back Moto——情怀多于关怀

2014 年 10 月 30 日晚间，联想正式宣布完成摩托罗拉移动业务收购。虽然按照联想集团的计划，摩托罗拉移动会按照独立子公司的模式运营，独立研发和设计产品，但是在市场拓展上，回归中国是非常重要的一环。联想集团已经成立专门的销售队伍，负责摩托罗拉品牌的产品在中国市场上的销售。

2015 年 1 月 26 日，联想宣布在国内正式预约销售 Moto 手机。整整 3 年了，被联想收购的摩托罗拉手机正式重返中国市场。首批确定重返中国市场的 Moto 品牌的手机共有 3 款：新 Moto X、新 Moto G 以及 Moto X Pro。

2015 年 4 月 30 日，距联想宣布正式预约销售 Moto 新手机已 3 个月了。在京东商城上，

Moto X Pro（XT1115）64GB 雅典黑的标价是 4 699 元，可是大街上却看不见有几个人在用 Moto 手机。

某天，我在北京市的一个公交车站看到了 MOTO Z 的巨幅广告。关于它搭载的哈苏相机模块的介绍并没有打动我，LENOVO 也没有引起我太多的注意，我在左上角一个不起眼的地方找到了那个熟悉的、极具张力的"M"型 LOGO。我盯着这个标志，足足有 10 分钟没有挪动脚步。基于对摩托罗拉的情怀，我确实希望它真的回来了！

讨论题

1. 摩托罗拉曲折的故事说明了质量管理的什么道理？
2. 只靠人们的恋旧情怀能够重塑一个已经黯然失色的品牌吗？
3. 简述顾客需求、顾客满意、持续改进三者之间的逻辑关系。

为了保卫人民生命财产安全，持续 700 多年，荷兰建成了现在长达 1 800 多千米的拦海大堤。如果说荷兰的拦海大堤是为了保卫荷兰的国家安全，那么企业的产品和服务质量则是保卫企业生存和发展的质量大堤，生死攸关。朱兰、桑德霍姆、戴明、费根鲍姆、克劳士比等大师阐明了质量与质量管理的深刻内涵：满足甚至超过顾客需求，实现顾客满意。多种多样的方法和工具，如 QFD、顾客满意度测评、新旧七种工具等把大师的思想落到了实处。统计过程控制、过程能力分析已经、正在并将永远发挥其在质量控制与质量保证中的作用。ISO 9000：2015 族标准枝繁叶茂：有基础，有要求，有指南。6σ 管理的 DMAIC 模式提供了一种持续改进质量的有效途径。卓越绩效模式为那些追求高标准质量水准的企业提供了参考模式。

7.1　质量管理原理

7.1.1　质量与质量管理

1. 质量

质量就是一组固有特性满足要求的程度。

直到 20 世纪末，质量仍被定义为"产品或服务满足规定或潜在需要的特性的总和"。随着人们质量意识的提高，这一概念的外延得到扩大，被重新定义为"一组固有特性满足要求的程度"。这一定义反映了质量管理原则的要求，尤其反映了以顾客为关注点的要求。其核心是满足要求的程度，强调在固有特性与要求之间，要求是主导的、第一位的。

2. 质量管理

质量管理是组织为了使产品质量能够满足不断更新的质量要求，达到顾客满意而开展的策划、组织、实施、控制、检查、审核和改进等所有相关管理活动的总和。概括起来，质量管理主要包括以下四个方面的内容：质量方针和质量目标的制定，质量策划，质量控制与质量保证，质量改进与持续改进。

（1）质量方针和质量目标的制定。**质量方针**是由组织的最高管理者正式发布的该组织总的质量宗旨和方向。质量方针是组织全体成员开展质量活动的准则，为质量目标的制定提供了框架和方向。质量目标即组织在质量方面所追求的目的，依据组织的质量方针而制定。通常对组织的相关职能和层次分别制定相应的质量目标。

（2）质量策划。**质量策划**致力于规定必要的运行过程和相关资源以实现质量目标。其内容之一是编制质量计划。质量计划是质量策划的结果之一，是质量策划活动所产生的一种书面文件。

（3）质量控制与质量保证。**质量控制**是指为满足质量要求而对产品质量形成全过程中上述两方面的诸因素进行控制，其实质是致力于满足质量要求。质量控制的工作内容包括专业技术和管理技术两个方面。

质量控制的具体方式或方法取决于组织的产品性质，也取决于对产品质量要求的改变。同时，在实际中应明确具体的控制对象，如工序质量控制、外协件质量控制、公司范围的质量控制等。

质量保证是指组织针对顾客和其他相关方要求，为自身在产品质量形成全过程中某些环节的质量控制活动提供必要的证据，以取得信任。

质量保证分为外部质量保证和内部质量保证。前者向组织外部提供保证，以取得用户和第三方（质量监督管理部门、行业协会、消费者协会）的信任；后者是使组织的管理者确信组织内各职能部门和人员对质量控制的有效性。

质量控制与质量保证之间的关系可理解为：质量控制是基础，是具体操作过程，如检验过程本身；质量保证是目的，着重在质量策划，最终取得信任，如质量方针和计划的制订。

（4）质量改进与持续改进。**质量改进**是指组织不断增强在满足质量要求方面的能力。

就质量改进而言，要求可以是多方面的，如有效性、效率或可追溯性。其中，有效性是指完成策划的活动和达到策划结果的程度；效率是指达到结果与所使用的资源之间的关系；可追溯性是指追溯所考虑对象的历史、应用情况或所处场所的能力。

持续改进是增强满足要求的能力的循环活动。这体现了诸多质量管理大师的思想：顾客满意，持续改进。

3. 提升质量水平的意义

在国家振兴层面上，提升质量水平是满足人民日益增长的美好生活需要和增强国家综合实力的需要。

在企业发展层面上，一方面，提升质量水平可以增加市场占有率，带来更多的收入；另一方面，提升质量水平可以实现优质优价，可以降低成本，进而实现更好的经济效益。总之，提升质量水平是提高企业竞争力，促进企业发展的重要途径。

7.1.2　从质量管理大师的思想理解质量管理基本原理

1. "质量三部曲"与"质量螺旋"

（1）"质量三部曲"。约瑟夫·朱兰是举世公认的现代质量管理专家，提出了著名的"质量三部曲"，即质量计划、质量控制和质量改进。

质量计划。朱兰认为，质量管理从质量计划开始，具体包括：①设定目标；②确定顾客；

③发现顾客需求；④根据顾客需求设计产品；⑤制订作业流程；⑥根据运行情况制订控制方案。

朱兰提出的质量计划有别于传统的计划。它不但强调不同部门的协同，而且强调专业计划方法的应用。

质量控制。朱兰列出了实施质量控制的七个步骤：①选定控制对象；②配置测量设备；③确定测量方法；④建立作业标准；⑤判断操作的正确性；⑥分析与现行标准的差距；⑦针对差距采取行动。

朱兰认为，判定质量控制是否有效的标准是质量目标是否达成。

质量改进。朱兰认为，质量改进有以下步骤。

- 证实改进的必要性，争取立项。
- 确立改进项目，设立项目组。
- 领导对项目进行指导。
- 组织诊断，确认产生质量问题的原因，并找出主要原因。
- 对发现的质量问题进行补救。
- 验证补救措施的有效性。
- 保持已有成果，实现更高水平上的质量控制。

朱兰指出，质量计划是质量管理的基础，质量控制是为了实现质量计划，质量改进是质量计划的一种飞跃。

（2）"质量螺旋"。除了"质量三部曲"，朱兰还提出了"质量螺旋"，形象地说明了产品质量的产生、形成和完善过程，如图 7-1 所示。

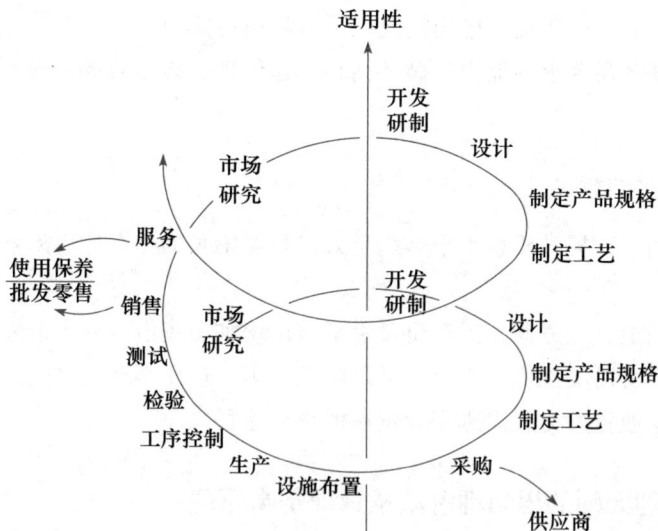

图 7-1　朱兰"质量螺旋"

从朱兰"质量螺旋"可以得出以下结论。

第一，产品质量形成的全过程包括市场研究、开发研制、设计、制定产品规格、制定工艺、采购、设施布置、生产、工序控制、检验、测试、销售、服务共 13 个环节。这个过程以市场研究为起点,体现了满足需求,以便让顾客满意的理念。这是一个循序进行的工作过程,一环扣一环,互相依存,互相促进,不断循环,持续改进。

第二,产品质量的形成过程是一个不断上升、不断提高的过程,每一次循环到达服务环节之后,又以更高的水平进入下一次循环的起点——市场研究。

第三,产品质量的形成过程是各环节质量管理活动落实到各部门及其有关人员的过程,因而产生了产品质量全过程管理的概念。

第四,在"质量螺旋"中,有三个箭头分别指向供应商、批发零售和使用者,这说明产品质量的形成过程还要涉及组织以外的单位、部门和个人。所以,质量管理也是一项社会系统工程。

2. 桑德霍姆"质量循环"

瑞典的质量管理专家桑德霍姆(L. Sandholm)提出"**质量循环**",表述产品质量的形成过程,如图 7-2 所示。

桑德霍姆的"质量循环"和朱兰的"质量螺旋"异曲同工,都是用来说明产品质量形成过程的。可以把质量循环看成质量螺旋曲线的俯视图,只是它从 13 个环节中选择了 8 个主要环节来构图,也称八大质量职能。

图 7-2 桑德霍姆"质量循环"

3. 戴明"PDCA 循环"

1939 年,休哈特提出了标准、生产、检验三个步骤,构成了获取知识的动态科学流程的观点。受这一观点的启发,戴明于 1950 年提出了解决问题的 PDCA 管理思想,即著名的戴明PDCA 循环或戴明环。1993 年,戴明对 PDCA 进行了修改,提出 PDSA 循环。比较而言,戴明PDCA 循环比戴明 PDSA 循环的叫法更为流行。PDCA 循环给出了质量管理的工作步骤。质量管理同生产活动、科学研究以及我们日常生活、工作和学习等所有过程的活动一样,应该分为四个阶段。这四个阶段是计划(plan)、实施(do)、检查(check)和处理(act)。四个阶段构成一次完整的循环过程。在 PDCA 循环的四个阶段中共有八个步骤。

属于计划阶段的步骤有四个。

(1)找出所存在的问题。

(2)寻找问题存在的原因。

(3)找出其中的主要原因。

(4)针对主要原因,研究、制订措施。一般通过 5W1H 分析来制订改进措施。

why:为什么要制订这个计划。

what:达到什么目标。

where:在哪里执行。

who:由谁来执行。

when:什么时间完成。

how：如何实施。

属于实施阶段的步骤如下。

（5）贯彻和执行措施，即按规定的目标和方法实实在在地去做。

属于检查阶段的步骤如下。

（6）调查执行效果，即检查计划实施的结果是否与计划阶段所制定的目标相一致。

属于处理阶段的步骤有两个。

（7）巩固措施，即总结成功的经验和失败的教训，形成标准（制度化和规范化），指出应该怎样做和不应该怎样做。

（8）将遗留问题提交到下一个循环解决。

PDCA 循环可以使质量管理工作更加条理化、形象化和科学化。

PDCA 循环像车轮一样，不断地转动，而且每转动一次就提高一步。PDCA 循环的四个阶段不是孤立的，而是密切联系的，它们互相推动，互相促进，使组织不断向前发展，如图 7-3 所示。

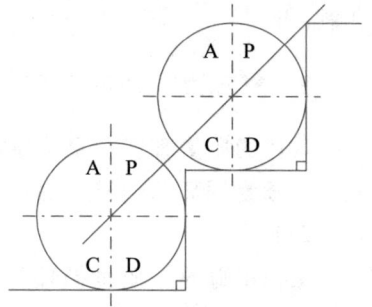

图 7-3　戴明 PDCA 循环

4. 克劳士比"零缺陷"

20 世纪 60 年代，克劳士比在马丁·玛丽埃塔公司（Martin Marietta）工作。在那里，他提出了**零缺陷**的概念，并以名言"开头就开好"而闻名。他强调预防，并对"总会存在一定程度的缺陷"的说法提出相反的看法。70 年代，他成为 ITT 公司主管质量的副总裁并说服公司总裁在公司中树立质量意识。1979 年，他的《质量是免费的》（*Quality Is Free*）一书出版。书名是根据 ITT 公司执行总裁的授意确定的。这本书以通俗易懂的语言解释了质量概念。

按照零缺陷概念，克劳士比认为任何水平的质量缺陷都不应存在。为了有助于公司实现共同目标，必须制订相应的质量管理计划。下面是他的一些主要观点。

- 高层管理者必须承担质量管理责任并表达实现最高质量水平的愿望。
- 管理者必须持之以恒地努力实现高质量水平。
- 管理者必须用质量术语来阐明其目标是什么以及为实现这一目标基层人员必须做什么。
- 第一次就做对最经济。
- 每个人都尽到自己的工作职责。
- 企业应当追求零缺陷质量水平。

可以从以下几个方面来理解克劳士比提出的零缺陷。

（1）免费。在高质量上的投入总会有好的回报，即使这个回报不是立竿见影的。

（2）追求。追求是一种愿景，未必已经达到，或非达到不可。

（3）零缺陷。正是因为"质量是免费的"，所以要追求零缺陷，但这并不意味着在一定时期内不计代价地投入。在一定时期内，为了企业的生存与发展，应有一个最适宜的质量水平区域。然而，随着时间的推移，这个区域一定会向更高水平发展。终极但永远也达不到的目标是零缺陷。

5. 费根鲍姆"全面质量管理"

20 世纪 60 年代初，全面质量管理（TQM）理论形成，首创者是美国学者费根鲍姆（A. V. Feigenbaum）博士。费根鲍姆把**全面质量管理**定义为"在充分满足顾客要求的条件下，在最经济的水平上，进行市场调研、设计产品、制造产品、销售产品和售后服务等活动，并把企业各部门有关质量管理的活动构成一种有效的体系。"

全面质量管理有两个核心：其一是追求用户满意的目标，要不断地满足或超出用户的期望；其二是永无止境地推进质量改进，即持续不断地改进质量。其特点体现在"三全一多样"，即全方位的管理、全过程的管理、全员参加的管理、多种多样的方法和工具。

概括起来，全面质量管理有以下内涵。

（1）持续改进。持续改进就是追求投入产出过程中的所有因素都持续不断地得到改善。投入产出过程中的因素包括人员（man）、机器设备（machine）、原材料（material）、方法（method）、测量（measurement）和环境（environment），即 5M1E。

（2）树立榜样。树立榜样就是把在某一方面做得最好的组织作为本组织的榜样，学习其经验，以提高自己的经营管理水平。

（3）授权给职员。让一线员工承担一定的质量改进责任，并赋予其为完成改进任务采取必要行动的权力。

（4）发扬团队精神。在组织内部不但要倡导全员质量管理，而且要最大限度地实现目标和行动的一致，即发扬团队精神。

（5）基于事实的决策。管理的任务之一就是收集和分析数据及资料，并依此做出决策。这里要强调的是，为了实现有效的质量管理，在做出决策时，需要依据事实而不是个人的主观判断。

（6）活学活用质量管理工具。对组织的成员尤其是管理人员进行质量管理技术培训。在质量管理实践中，运用科学的质量管理技术。进一步，结合本组织的实际，对已有质量管理工具加以改进。

（7）供应商的质量保证。质量管理必须向前延伸到供应商，即选择那些实行了质量保证制度，并努力实现质量改进的组织作为本组织的供应商，以确保其生产过程能够及时制造出满足本组织要求的零部件或原材料。

（8）强化"源头质量"观念。就是要让组织的每一位成员都忠于职守：一方面把工作做好，另一方面如果出现偏差能够及时发现并主动纠正。事实上，组织的每个成员都是自己工作的质量检查员。当所完成的工作成果传递到下一个环节，或者作为整个过程的最后一步传递到最终用户时，必须保证其达到质量标准。

6. 产品生命周期质量管理

从五位质量管理大师的理论可以看到，他们无不重视产品生命周期的质量管理，即从顾客需求调查到设计过程质量管理，从生产过程控制到抽样验收，再到顾客满意度调查的生命周期中集成人员、技术等要素实施有效的质量控制。这种**产品生命周期质量管理**如图 7-4 所示。

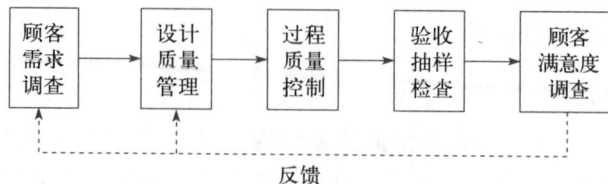

图 7-4 产品生命周期质量管理

顾客需求调查的主要目的是确定顾客的真正需求。可采用的方法包括询问法、观察法和实验法。

设计质量管理的主要目的是针对顾客的需求，进行产品开发或服务设计，即开发出顾客真正需要的产品。可采用的方法包括质量功能展开、可靠性设计、健全设计等方法或技术。

过程质量控制的主要目的是保证生产过程中影响质量差异的人员、设备、原材料、加工工艺、作业环境、测量等处于受控状态。最有效的方法是统计过程控制。

验收抽样检查的主要目的是把好产品放行的最后一关，使交付顾客或流向市场的产品的不合格率降到最低。可根据验收项目分别设计计量特性值抽样方案和计数特性值抽样方案。

顾客满意度调查的主要目的是评价顾客使用产品后的满意程度。顾客满意是主观的、相对的，需要采用一定的方法进行量化处理。一个有效的方法是顾客满意度指数测评。

通过五个阶段的质量管理工作，会发现或多或少地存在一定的质量问题，这就需要进行反思，判断是哪一个或哪几个阶段出现了问题，分析出现问题的原因，采取纠正措施，以便在下一步生命周期循环中得到改进。

产品生命周期质量管理的第一阶段是输入，是出发点，最后一个阶段是输出，是归宿。同时，这些活动互相依存，互相促进，周而复始，持续改进，最终实现顾客满意。

7.1.3　质量管理新发展

1. 质量管理体系与卓越绩效模式正在各类组织中达成共识

1987 年，国际标准化组织（International Organization for Standardization，ISO）正式颁布了 ISO 9000 系列标准第 1 版（即 1987 版）。自此，在全球范围内掀起了 ISO 9000 热潮，它迅速被各国标准化机构及企业认同和采用，并广泛应用于各种类型的组织。

经过 1994 版、2000 版、2008 版几次改版，该组织 2015 年 9 月正式发布 ISO 9001：2015 标准，形成了 ISO 9000：2015 族标准。

在 ISO 9000 标准制定、修订和完善的过程中，企业认识到质量管理体系建立与有效实施的重要性，在许多国家和地区则建立和发展了若干卓越绩效模式。除了美国、英国、法国、德国、日本、加拿大、新加坡等发达国家之外，一些新兴的工业化国家和发展中国家也都建立了国家质量奖计划。目前，世界上共有 60 多个国家实施了类似的计划。在这些质量奖计划中，最为著名、影响也最大的当推日本戴明质量奖、美国鲍德里奇奖和欧洲质量管理基金会卓越奖。

日本戴明奖设立于 1951 年。奖励范围为符合标准的任何国家的任何组织，分为戴明奖（个人奖）、戴明应用奖和戴明控制奖三类，奖励的重点是组织统计过程控制的有效性。戴明应用奖的评定内容分为：方针、组织及其运营、培训和推行、信息收集、沟通及利用、分析、标准化、控制（管理）、质量保证、效果、远期计划。现在，戴明奖已成为享誉世界的质量奖项。

美国鲍德里奇奖设立于 1987 年，用以表彰美国在 TQM 和提高竞争力方面做出杰出贡献的组织。该奖项引导企业通过持续的质量改进，并达到卓越的业绩标准而获得顾客满意。鲍德里奇奖评定标准的总分为 1 000 分，分为 7 个方面：领导，战略规划，对顾客和市场的关注，测量、分析和知识管理，对人力资源的关注，过程管理，经营结果。

欧洲质量管理基金会卓越奖设立于 1992 年。评定标准分为能力和绩效两大方面 9 个细项。两大方面即手段标准和结果标准；9 个细项包括：领导作用、人员、方针与战略、资源、过程、人员结果、顾客满意、社会结果、经营业绩。

随着经济全球化进程的加速，国际竞争日趋激烈，各类组织（包括营利性和非营利性组织）都认识到致力于满足甚至超越顾客及相关方的需求和期望是组织生存和发展的基础。为此，必须建立能够有效运行的质量管理体系，实践卓越绩效模式，实现"顾客满意，持续改进"。

2. 企业质量文化建设得到了前所未有的重视

（1）企业质量文化的内涵与外延。企业质量文化是指以社会经济发展为背景，在企业长期生产经营活动中，由企业管理层特别是主要领导倡导、员工普遍认同而逐步形成的有关质量的价值观和意识、管理思想和道德规范、技术知识、管控手段、环境装备等因素的总和。

企业质量文化是企业文化的重要组成部分，也是企业文化的核心内容。只有实现了以企业质量文化为导向，才能有效地优化和提升企业文化。

企业质量文化由物质层、行为层和精神层三个层面组成。

物质层是企业质量文化的物质基础，包括生产运营环境和条件、生产运营技术等，也包括业已形成的企业形象、标识等。企业为了达到质量目标，必须具备相应的物质条件，如运营场所、设施、作业方法等。

行为层是以物质层为载体所形成的规范，包括规章制度、标准、准则等。这些规章制度、标准、准则共同构成了质量管理体系，是达到质量目标最直接的保证。

精神层明确了企业的使命、价值观、愿景等的定位。其中，使命明确了企业存在的原因，价值观明确了企业的是非判断标准，愿景明确了企业未来的状态。为了贯彻质量方针，达成质量目标，企业使命与价值观以及愿景中都要包含明确的质量方面的元素。

（2）企业质量文化建设的必要性。企业质量文化决定着企业产品或服务的质量水平，决定着能否达到或超越顾客满意，是实现卓越绩效的基础，是企业履行社会责任的保证。

1）社会经济发展的必然要求。质量文化的形成与演变是以社会经济发展为背景的。随着社会进步和科学技术的长足发展，必须不断优化和提升企业质量文化。

目前，部分企业质量文化建设仍集中在质量理念或意识的探索中，缺乏科学的、系统的规划与实施。具体表现如下：重理念探索，轻物质建设；重口号标语，轻实际操作；重结果检验，轻过程控制；重定性描述，轻定量分析。企业质量文化建设的这种现状与国际社会经济发展现状和现代企业发展水平不相匹配。

2）企业生存和发展的必然要求。今天，随着人们可支配收入和自由时间的增多以及价值观的改变，人们对产品或服务的需求日益呈现出多样化，同时对产品或服务的质量提出了越来越严格的要求。企业要想满足甚至超越顾客的需求，从而赢得生存和发展空间，就必须重塑企业质量文化。

不少中国企业存在的典型问题是：重现实效益，轻长期磨炼；重被动满足，轻主动超越。现实效益的逐利性使得改变企业的经营方向具有太大的随意性。同时，也正是由于现实效益的导向性，不少企业只愿意满足已知的顾客需求，不愿意挖掘潜在的顾客需求。

7.2　质量管理方法与工具

7.2.1　质量管理的几种常用方法

1. 质量功能展开

如前所述，质量功能展开（QFD）是在产品或服务设计阶段一种非常有效的方法，是一种旨在提高顾客满意度的"顾客驱动"式的质量管理方法。这种方法实现了技术和人员的集成，是一种系统的设计与决策方法。按照质量功能展开的技术路线，可以识别、获取和度量顾客需求，并将顾客需求转化为与之相对应的产品或服务开发和制造各阶段的工程要求。

2. 顾客满意度测评

顾客满意度测评就是对顾客满意度进行测评。顾客满意度就是"顾客对其要求已被满足的程度的感受"。顾客满意度测评的实施步骤如下。

- 由组织自行调查或委托咨询、调查机构进行顾客满意度调查，收集顾客满意度的大量信息。
- 对调查结果进行预处理，分析调查的可信度。
- 对顾客满意度进行对比分析（与历史数据比，与竞争对手比），找出差距，发现改进的机会。
- 通过分析确定不能满足顾客要求的关键所在，反馈给有关部门，实施改进。
- 确认并巩固改进成果，不断提高顾客满意度水平。

根据调查数据对比分析，顾客满意度是顾客满意度测评的重点和难点，可用的定量方法有回归分析技术和结构方程模型。

利用多元回归分析技术，可以计算出满意度驱动要素对满意度的具体影响，即分析满意度驱动要素每提升1分，满意度在现有基础上可以提升多少分。

当满意度驱动要素不多，而且这些要素之间的关联性不强时，这种方法不失为一种简单有效的方法。

结构方程模型是一种因果关系模型，通过要素间的因果关系/准因果关系来体现现实生活中的相互关系，是国际上流行的顾客满意度分析评价定量模型。

目前，占主导地位的美国用户满意指数模型（ACSI，1994年）和欧洲用户满意度指数模型（ECSI，2000年）都是采用结构方程模型构建关系，通过偏最小二乘法（PLS算法）进行计算分析。由于这些指数模型较为复杂，一般借助专业软件进行处理。

3. QC 小组

QC 小组是由来自不同岗位的员工围绕组织的经营战略、方针目标和现场存在的问题，以改进质量、降低消耗、提高经济效益为目的组织起来的，运用质量管理的理论和方法开展活动的小组，是组织群众性质量管理活动的一种有效组织形式。

根据所要解决的质量问题涉及的范围可划分为班组 QC 小组、部门 QC 小组和大型专题 QC 小组。根据所要解决的质量问题的类型可划分为"现场型""服务型""攻关型""管理型"和"创新型"QC 小组。

一般 QC 小组的主要工作步骤或内容如下。

（1）采用质量管理工具及时发现质量问题或质量改进机会。

（2）采用"头脑风暴法"，并充分听取来自 QC 小组外部的意见，寻求改进方法。

（3）以表单形式列出可能的问题及相应的解决方案。根据拟解决质量问题及相应解决方案的必要性及可行性对其进行排序。一定时期内着重解决一个或少数几个问题。

（4）对选定项目进行质量改进的策划、组织、协调和监督。

（5）负责向组织申报质量改进成果。

4. 田口方法

田口方法是日本著名质量工程专家田口玄一博士在 20 世纪 60 年代提出的一种设计质量工程方法。

（1）田口方法强调质量管理在源头的理念。开发设计阶段是保证产品质量的源头，制造和检验阶段是下游。若设计质量水平不高，则很难生产制造出高质量的产品。

（2）田口方法是三次设计方法，即系统设计、参数设计、容差设计。其中，参数设计是核心。田口方法通过分析质量特性与元部件之间的非线性关系（交互作用），找出使稳定性达到最佳水平的组合。

（3）田口方法注重质量与成本的平衡性。引入质量损失函数这个工具，使工程技术人员可以从技术和经济两个方面分析产品在设计、制造、使用和报废等过程中的性能与费用，使产品在整个生命周期内社会总损失最小。

（4）田口方法的正交试验设计技术较为新颖、实用。使用综合误差因素法、动态特性设计等先进技术，用误差因素模拟各种干扰（噪声），使得试验设计更具有工程特色，大大提高了试验效率，增加了试验设计的科学性和经济性，并且使产品在制造和使用过程中达到最优。

7.2.2　质量管理工具

在实际质量管理中，常用的质量管理工具有七种，即"质量管理七种老工具"，包括核查表、分层法、帕累托图、因果分析图、直方图、散布图和控制图。

1. 核查表

核查表是用表格形式来进行数据整理和概要分析的一种方法。

不合格品分项核查表是一种最常见的核查表，将不合格品按其种类、原因、工序、部位或内容等情况进行分类记录，能简便、直观地反映出不合格品的分布情况。图 7-5 是一个不合格品分项核查表的实例。

日期	时段	缺陷类型					合计
		遗漏标签	贴偏标签	字迹不清	标签卷曲	其他	
星期一	08:00~09:00		II	IV			6
	09:00~10:00		III				3
	10:00~11:00	I	III	I			5
	11:00~12:00		I		I	I（撕裂）	3
	13:00~14:00		I				1
	14:00~15:00		II	III	I		6
	15:00~16:00	IV	II	II			8
合计		5	14	10	2	1	32

图 7-5　不合格品分项核查表

2. 分层法

在实际生产中，影响质量变动的因素很多，如果不把这些因素区别开来，难以得出变化的规律。**分层法**就是把性质相同、在同一条件下收集的数据归纳在一起，以便进行比较分析的一种方法。依实际情况，可进行以下分层。

- 对操作人员，可按工人的技术级别、工龄、性别、班次等进行分层。
- 对使用的设备，可按不同型号、不同工具、不同使用时间等进行分层。
- 对工作时间，可按不同班次、不同日期等进行分层。
- 对原材料，可按不同材料规格、不同供料单位等进行分层。
- 对工艺方法，可按不同工艺、不同加工规程等进行分层。
- 对工作环境，可按不同工作环境、使用条件等进行分层。

3. 帕累托图

任何事物都遵循"少数关键，多数次要"的客观规律。这一规律是 19 世纪意大利经济学家帕累托（Vilfredo Pareto）在进行财富和收益模式研究时发现的。他发现 20% 左右的人口占有 80% 左右的社会财富，进而提出了著名的"80/20 法则"。这一规律在其他领域也有体现。例如，20% 左右的 VIP 客户为企业带来了 80% 左右的利润，20% 左右的原因导致了 80% 左右的质量问题。帕累托图就是根据"80/20 法则"而设计的。

根据图 7-5 可以绘制出如图 7-6 所示的不合格品帕累托图。

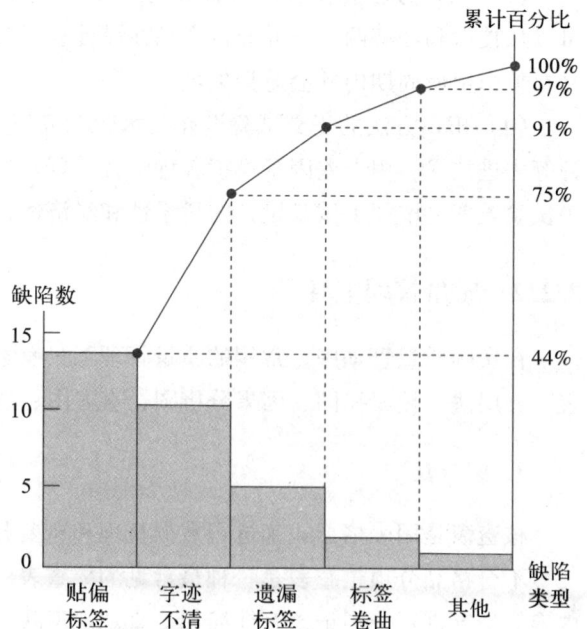

图 7-6　不合格品帕累托图

4. 因果分析图

因果分析图也称为鱼刺图或石川图，是日本质量管理学者石川馨于 1943 年提出的。因果分析图以质量特性作为结果，以影响质量的因素作为原因，在它们之间用箭头联系表示因果关系。下面结合实例说明因果分析图的应用。

某打字复印社接到众多顾客的反映："复印不清楚。"为此，打字复印社运用因果分析图，通过 5 个步骤来解决这一问题。

第一步，把复印不清楚作为最终结果，在它的左侧画一个自左向右的粗箭头，参见图 7-7。

第二步，把复印不清楚的原因分成操作人员、机器设备（复印机）、原材料（复印纸）、方法（复印方法）、测量（药液）和环境六类，即 5M1E（man、machine、material、method、measurement、environment），放在方框内，并用线段与第一步画出的箭线连接起来，具体原因参见图 7-7。

第三步，对每一类原因做深入细致的调查分析，每一类原因由若干个因素造成，而某一因素可能又受到更细微因素的影响，逐层细分，直至能采取具体可行的措施为止，参见图 7-7。

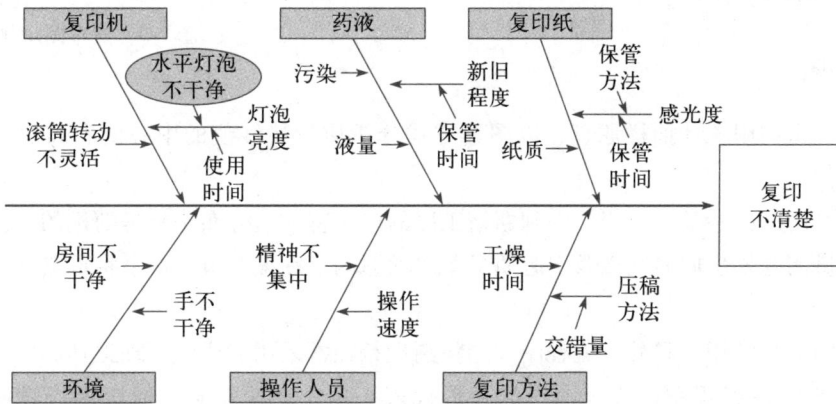

图 7-7　复印不清楚因果分析图

第四步，应用帕累托图找出主要原因，并给出改进方案，在本例中，水平灯泡不干净是主要原因。

第五步，实施改进方案，并测评实施效果。

5. 直方图

直方图的形式如图 7-8 所示，它是描述数据变化的一种主要工具。使用这一工具的步骤如下。

（1）分组，计数，绘图。

（2）形态分析。通过直方图可以比较直观地看出产品质量特性的分布状态以及工序是否处于受控状态，进一步还可对总体质量情况进行判断。对直方图的分析主要侧重于其分布是否对称、数值的变化范围是什么以

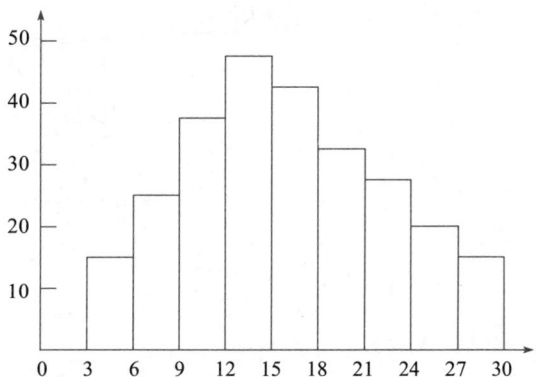

图 7-8　直方图的形式

及有无异常的数值。

（3）对异常分布，在分析原因的基础上给出解决方案。

6. 散布图

散布图是描述两个变量之间关联性的图形。图 7-9 是一个散布图的例子。该散布图表明每小时出现的差错数和环境湿度之间存在正相关关系，湿度越大则差错数越多；反之亦然。相反，负相关关系则意味着当一个变量减小时，另一个变量增大；反之亦然。

在线性相关关系中，两个变量间的相互关联性越强（正的或负的），图中的点就越趋于集中在一条直线附近。相反，如果两个变量间相关性很弱或没有相关性，那么点将完全散布开来。在如图 7-9 所示的例子中，湿度和差错数间的关联性很强，因为点分布在一条直线附近。

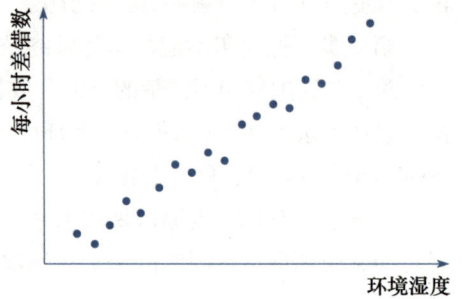

图 7-9　散布图示例

7. 控制图

控制图是指利用统计抽样原理，以图形方式分析质量特性值的中心值和离散程度的管理工具。

控制图可用来检验某一工序，以判断该工序的产品特性值分布是不是随机的。控制图还可用来确定质量问题发生的时间以及引起质量差异的原因。在下一节，本书将重点介绍控制图的原理及应用。

除了上面七种常用工具外，流程图和趋势图也是经常采用的质量管理工具。

图 7-10 是一种**流程图**。流程图中的菱形代表工序中的决策点，而矩形代表操作。箭头表明工序中各步骤发生的先后顺序。

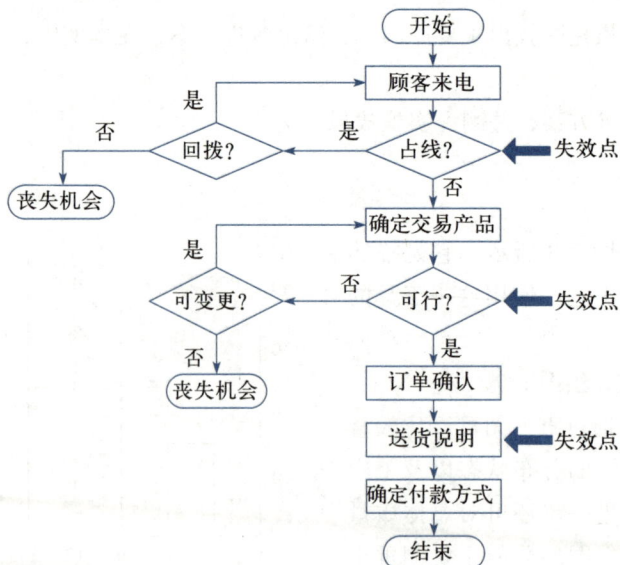

图 7-10　流程图示例

　　在绘制流程图时，首先列出工序中的各个步骤，然后把这些步骤按操作或决策（检查）点进行分类，最后按发生的先后顺序把各步骤用箭头连接起来。值得注意的是，不要把流程图画得过于详细，否则它可能使分析人员不知所措，但也不能因此而遗漏工序中的任意一个关键步骤。失效点的标示是绘制流程图的关键。

　　趋势图是用来跟踪一段时间内变量变化的质量管理工具。趋势图可用于确认可能发生的趋势或分布。图 7-11 给出了趋势图的一个例子。从图中可以看出，从 1 月到 8 月，出现问题的次数呈下降趋势。但是，以 8 月为转折点，出现问题的次数又开始增加，直到 11 月，经过整改才得到改观。趋势图的主要优点是便于绘制、直观、易于理解。

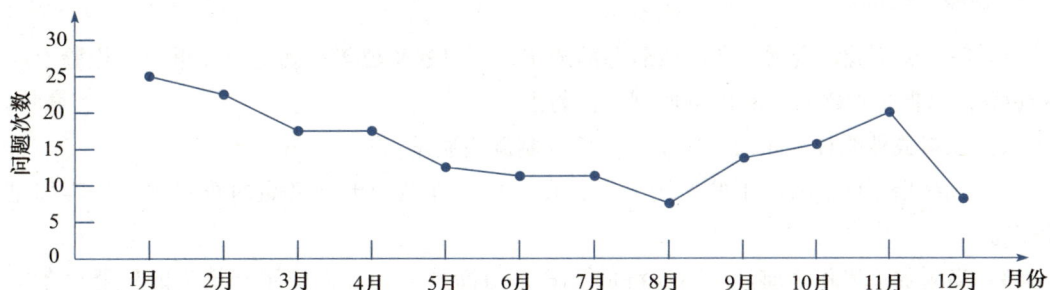

图 7-11　趋势图示例

　　此外，日本科学技术联盟的"质量管理研究会"经过多年的研究和实践，于 1979 年提出了"质量管理七种新工具"，即关联图法、亲和图法（KJ 法）、系统图法、过程决策图法（PDPC 法）、矩阵图法、矩阵数据分析法和箭条图法。质量管理七种新工具把统计方法和思考过程结合起来，建立了思考型 TQM，这些工具和七种老工具互相补充，相辅相成。

7.3　统计过程控制与过程能力分析

　　本节介绍三个方面的内容：质量检验、统计质量控制和过程能力分析。质量检验就是检查生产过程中的产品，以判断其可否接受。统计质量控制着眼于根据统计数据判断生产过程的非随机性差异，并分析背后的原因。过程能力分析是判断过程的固有差异是否在规定范围内。

7.3.1　质量检验

1. 检验数量和检验频度

　　（1）产品检验数量的确定。**检验数量**就是检验产品的数量，依产品的不同而异。对量大且成本低的产品如回形针、爪钉和木杆铅笔等，因漏掉不合格品所造成的损失非常低，同时生产这些产品的过程通常相当可靠，以致废品很少，所以一般只需进行少量检验。对量小且价值高的产品如飞机、大型舰船和运载火箭等，因某一部件的失效不但会导致产品功能的失效和惊人的财产损失，还会给人类带来灾难性的危害，所以对这类产品要进行大量检验，甚至是逐件检验。除了上述两种情况，对自动生产线上的产品，可选择自动检验。

　　在实际质量控制中，检验数量根据检验费用和预期的漏检不合格品所产生的费用来决定。

显然，随着检验数量的增加，检验费用会随之增加，而因漏检不合格品所产生的费用就会减少。传统的观点认为与总费用最低所对应的检验数量就是最优检验数量。目前的观点认为，只要减少不合格品，就会降低成本，所以检验数量越多越好。

（2）检验频度的确定。**检验频度**就是检验的频率程度，主要依赖于生产过程处于非受控状态的比例和拟检查批量的大小。对一个稳定的生产过程，就不需要进行频繁的检验，而对一个非稳定的或近期有质量问题的生产过程，就要加大检验频度。对小批量的生产过程需要抽取大量样本，而对大批量生产过程，可相应地减少抽取的样本。

2. 检验点的确定

因为每一项检验都会增加产品或服务的成本，所以**检验位置**的确定至关重要。检验点就是检验位置。就制造业而言，有以下典型的检验点。

（1）原料或外购件入库前。这是因为要控制源头质量。

（2）成品出厂前。就产生的费用来说，在工厂内部处理不合格品的费用比在顾客那里要低得多。

（3）高附加值操作之前。最不经济的方式是由高技能的工人使用高精尖的机器设备去加工不合格的半成品。

（4）在不可逆转工序之前。例如，陶器在烧制之前可返工，一旦烧结，不合格品就只能被弃掉或作为次品降价处理。

（5）在覆盖性工序开始之前。油漆、电镀和安装往往会掩盖产品的某些缺陷，所以必须在这些工序开始之前对产品进行一次检验。

在服务领域，检验点通常是采购的原材料和物资的入库点、服务窗口和已经完成的服务项目（如已修理好的设备、汽车等）。表7-1给出了一些实例。

表 7-1　服务业质量检验点示例

业务类型	检验点	检验项目或标准
快餐	出纳员	准确
	服务区	外观，效率
	就餐区	清洁，不杂乱
	建筑和地面	外观，安全无危险
	厨房	清洁，食物富含营养，食物储存，健康条例
	停车场	安全性，采光好
旅馆/汽车旅馆	会计/开票	准确，快捷
	建筑和地面	外观和安全性
	主服务台	外观，等待时间，票据准确
	服务人员	业务完成情况，效率，外表，待人接物
	预订/住宿	过度预订/预订不足，住宿率
	饭店	厨房，菜单，膳食，账单
	房间服务	等待时间，食物质量
	供应免费用品	订货，验收，入库

（续）

业务类型	检验点	检验项目或标准
超级市场	出纳员	准确，礼貌，效率
	提货	质量，数量
	商品	新鲜，货物充足
	走廊和仓库	安排不杂乱
	库存控制	不缺货
	储存架	供应充足，易腐货物的周转
	展示架	外观
	付款离开	等待时间
	购物小车	运行良好，数量充足，偷窃/损坏少
	停车场	安全性，采光好
	工作人员	外表，工作效率

3. 检验地点的确定

在某些情况下需要进行现场检验。例如，当检查船身的裂缝情况时，就要求检查人员到船上检查。而当进行药品实验、食物样品分析、金属强度测试、润滑剂的流动黏性测试时，在实验室里进行效果更好。

下面是集中检验（通常为实验室检验）和现场检验各自的特点，检验人员可以参考这些特点，并根据具体要检验的产品来确定检验地点。

集中检验的特点有以下六项。

- 可进行一些特殊项目的检验，如可进行药品的毒理和药理分析。
- 设备精良。
- 检验环境良好，低噪声、无振动、无粉尘。
- 按事先制定好的检验规程进行操作，结果更为准确。
- 由训练有素的检验人员进行检验。
- 等待检验结果的时间较长，有时为了等待检验结果可能会使生产中断一段时间。

现场检验的特点有三个。

- 可避免外来因素对检验结果的影响，如样品损坏或样品在被带到实验室的过程中所发生理化性质的变化。
- 可以很快得到检验结果，以便迅速做出决策。
- 检验设备、试剂、操作规程或人员等有一定的限制。

7.3.2　统计质量控制

1924 年，来自贝尔实验室的美国数理统计专家休哈特制定了第一张控制图。1930 年，同样来自贝尔实验室的数学家道奇与罗米格编制了第一批抽样数表。1931 年休哈特的《工业产品质量的经济控制》一书问世，统计质量控制理论逐步形成。**统计质量控制**就是应用统计抽样原理，抽取一部分产品（零件），对这些产品的主要质量特性给予数量测定，并经过统计分析来判断产品质量的情况和趋向，借以预防和控制不合格品的产生。它的主要特点是，从质量管理的指导思想上看，由事后把关变为事前预防；从质量管理的方法论上看，广泛深入地应用了数理统计的原理和方法。

1. 质量散差的原因

质量散差是指按一定标准制造出来的大量同类产品的质量所存在的差异。

质量散差有下列几个来源：人员、机器设备、原材料、方法、环境及测量等。要求上述条件绝对保持不变是不可能的，因此产品质量散差就必然存在。这几个来源的散差原因还可以归为两大类：偶然性原因和必然性原因。

偶然性原因又称随机性原因或不可避免的原因。这种原因所造成的质量散差比较小，如机床的微小振动、原材料性质的微小差异、刀具的正常磨损、夹具的微小松动、工人操作技术的微小变化等。这些因素的出现是带有随机性的，一般不易识别，且难以消除，即使勉力消除，往往在经济上也是不合算的。

必然性原因又称系统性原因或可以避免的原因。这种原因往往突然发生，对产品质量影响较大，且前后是一致的，如机床、刀具严重磨损，设备调整不准，夹具严重松动，或者材料中混入了不同材质、规格的原材料等。这类原因一般容易识别和查找，并且易于采取措施进行消除。

一般说来，偶然性原因引起的误差往往表现为产品质量特征值分布的离散性，而必然性原因引起的误差则反映在质量特征值分布的离散性与集中性，并且更多地表现在分布的集中性上。

假如生产过程中影响产品质量发生变化的原因全部属于偶然性原因，就称生产过程处于统计控制状态。在这种情况下，不仅是已在这个稳定过程中制造出来的产品，而且正在制造和将要制造的产品的质量都有可靠的保证；反之，若有必然性原因在起作用，影响着产品质量的变异，那么就表示生产过程脱离了统计控制状态，应该及时发出警报，分析原因，采取措施，确保生产过程重新回到统计控制下的稳定状态。

划分偶然性原因与必然性原因是相对的。随着科学技术的进步，某些偶然性原因的机理或规律一旦被人们准确地掌握，就被当作必然性原因对待了。

2. 控制图

统计质量控制的主要工具是控制图。控制图是按样本序号或时间顺序绘制的有关产品质量的样本统计量图形。在图上有中心线及上下两条控制界限。中心线是产品质量特性的分布中心，其值即均值，上下控制界限是允许产品的质量特性在此间变动的范围。如果要求产品的合格率为 99.7%，那么就可以选择平均数加减 3σ 作为上下控制界限。图 7-12 是控制图的一个示例。按数据性质，控制图可分为计量特性值控制图和计数特性值控制图。

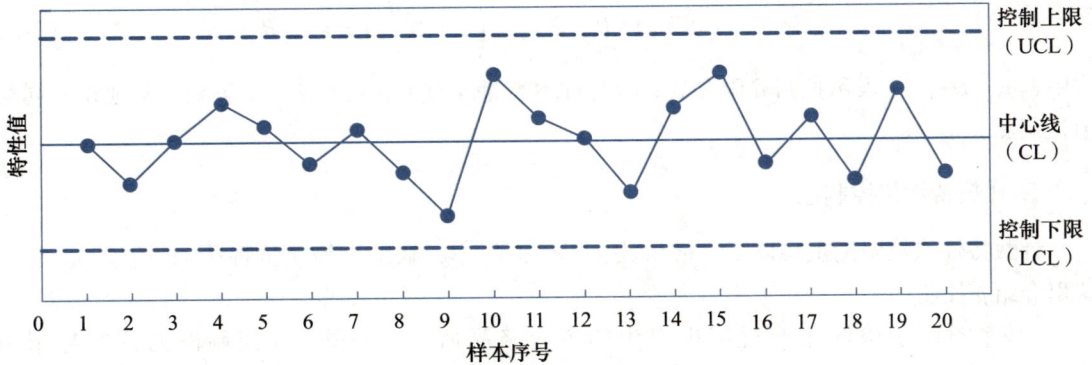

图 7-12 控制图示例

3. 计量特性值控制图

计量特性值控制图的管理和控制对象为长度、重量、时间、强度、成分及收缩率等连续量。这里介绍两种计量特性值控制图，即均值控制图和极差控制图。

（1）均值控制图。**均值控制图**也叫 $\bar{x}$ 控制图，用于检查生产过程的中心变动趋势。$\bar{x}$ 控制图的控制界限由式（7-1）~式（7-3）确定

$$中心线（CL_{\bar{x}}）=\bar{\bar{x}} = \frac{\sum\limits_{i=1}^{k} \overline{x_i}}{k} \tag{7-1}$$

$$控制上限（UCL_{\bar{x}}）=\bar{\bar{x}} + 3\sigma_{\bar{x}} =\bar{\bar{x}} + 3\frac{\sigma}{\sqrt{n}} =\bar{\bar{x}} + 3\frac{\frac{\overline{R}}{d_2}}{\sqrt{n}} =\bar{\bar{x}} + \frac{3}{d_2\sqrt{n}}\overline{R} =\bar{\bar{x}} + A_2\overline{R} \tag{7-2}$$

$$控制下限（LCL_{\bar{x}}）=\bar{\bar{x}} - 3\sigma_{\bar{x}} =\bar{\bar{x}} - A_2\overline{R} \tag{7-3}$$

式中，$\bar{x}$ 表示各样本的平均值（$i=1$，2，$\cdots$，k）；k 表示组数；d_2、A_2 表示控制界限参数，只与样本容量 n 有关，可查表 7-2 得到；$\overline{R}$ 表示样本极差的平均值。

表 7-2　控制界限参数表

n	2	3	4	5	6	7	8	9	10	11	12	13	14	15
A_2	1.880	1.023	0.729	0.577	0.483	0.419	0.373	0.337	0.308	0.285	0.266	0.249	0.235	0.223
D_4	3.267	2.575	2.282	2.115	2.004	1.924	1.864	1.816	1.777	1.744	1.716	1.692	1.671	1.652
D_3	0	0	0	0	0	0.076	0.136	0.184	0.223	0.256	0.284	0.308	0.329	0.348
d_2	1.128	1.693	2.059	2.326	2.534	2.704	2.847	2.970	3.078	3.173	3.258	3.336	3.407	3.472
d_3	0.853	0.888	0.880	0.864	0.848	0.833	0.820	0.808	0.797	0.787	0.778	0.770	0.762	0.755

（2）极差控制图。**极差控制图**也叫 R 控制图，用于检查生产过程的散差。R 控制图的控制界限由以下公式确定。

$$中心线（CL_R）=\overline{R} \tag{7-4}$$

$$控制上限（UCL_R）=\overline{R} + 3\sigma_R =\overline{R} + 3d_3\sigma =\overline{R} + 3d_3\frac{\overline{R}}{d_2} =\left(1 + 3\frac{d_3}{d_2}\right)\overline{R} = D_4\overline{R} \tag{7-5}$$

$$控制下限(LCL_R) = \overline{R} - 3\sigma_R = \left(1 - 3\frac{d_3}{d_2}\right)\overline{R} = D_3\overline{R} \tag{7-6}$$

式中，d_3、D_3、D_4 表示控制界限参数，只与样本容量 n 有关，可查表 7-2 得到。其他符号同均值控制图。

4. 计数特性值控制图

计数特性值控制图主要以不合格品数、不合格品率、缺陷数等质量特性来控制产品质量。这里介绍 p 控制图。

p 控制图用于检测生产过程中产生的不合格品所占百分数。p 控制图的控制界限由式（7-7）~式（7-9）确定。

$$中心线(CL_R) = \overline{p} \tag{7-7}$$

$$控制上限(UCL_p) = \overline{p} + 3\sqrt{\frac{\overline{p}(1-\overline{p})}{n}} \tag{7-8}$$

$$控制下限(LCL_p) = \overline{p} - 3\sqrt{\frac{\overline{p}(1-\overline{p})}{n}} \tag{7-9}$$

式中，$\overline{p}$ 表示总体不合格率平均值。

5. 控制图的观察与分析

绘制控制图的目的就是根据控制图中样本点的分布形态推断生产过程是否处于受控状态。如果生产过程中只有偶然性因素在起作用，那么样本点就呈现出随机性分布。否则，生产过程就处于失控状态。

人们根据经验总结出来一些典型失控状态的表现形式，大致分为 10 类。要特别说明的是，不属于这 10 类，并不表示生产过程处于受控状态。一个总的原则就是：只要样本点的分布破坏了随机性，生产过程中就有必然性因素在起作用，因而生产过程就处于失控状态。下面对其中的 6 类进行详细介绍。

（1）样本点出界。只要在连续 25 个样本点中有样本点出界，就应视为生产过程失控。样本点出界是生产过程失控最直接的反映。超出控制界限的样本点越多、偏离越远，生产过程中的必然性因素的影响越严重。此时，应立即采取纠正措施，甚至停产整顿。

在图 7-13 中，第 3 号样本点超出控制上限，第 18 样本点超出控制下限。生产过程处于严重失控状态，其所生产的产品将存在大量不合格品。

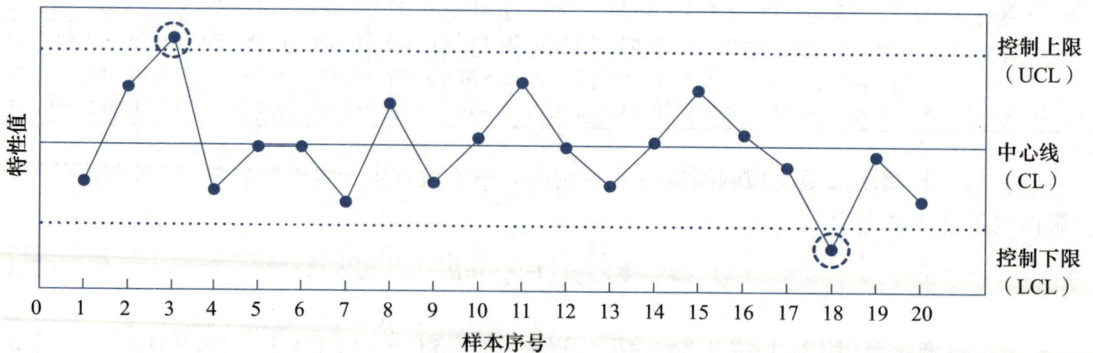

图 7-13　样本点出界

（2）多个样本点接近边界。虽然没有样本点出界，但有多个样本点接近控制上限或控制下限，也说明生产过程有失去控制的趋势。特别是当以下几种情况发生时，可以认为生产过程已经处于失控状态，应予以纠正。

- 连续 3 个样本点中有 2 个及以上接近边界。
- 连续 7 个样本点中有 3 个及以上接近边界。
- 连续 10 个样本点中有 4 个及以上接近边界。

如图 7-14 所示，在 8~14 号连续 7 个样本点中，第 8、第 11 和第 14 号样本点接近控制上限，表明生产过程已经处于失控状态。

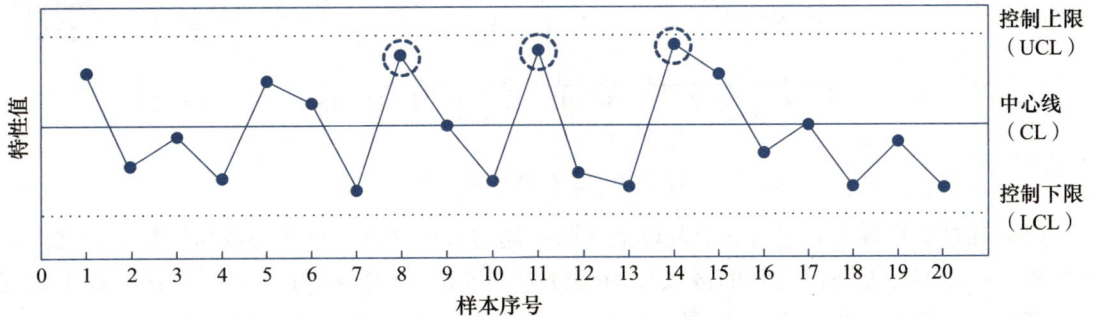

图 7-14　多个样本点接近边界

（3）样本点明显单侧分布。当有较多的样本点出现在中心线的一侧时，生产过程处于失控状态，或有失控的趋势。特别是当出现以下情况时，应立即查明原因，采取措施解决。

- 连续出现 7 个样本点出现在中心线一侧。
- 连续 11 个样本点中有 10 个及以上出现在中心线一侧。
- 连续 14 个样本点中有 12 个及以上出现在中心线一侧。
- 连续 17 个样本点中有 14 个及以上出现在中心线一侧。
- 连续 20 个样本点中有 16 个及以上出现在中心线一侧。

如图 7-15 所示，5~14 号连续 10 个样本点出现在中心线的下侧，应立即分析造成这种现象的原因，采取纠正措施使生产过程回到控制状态。

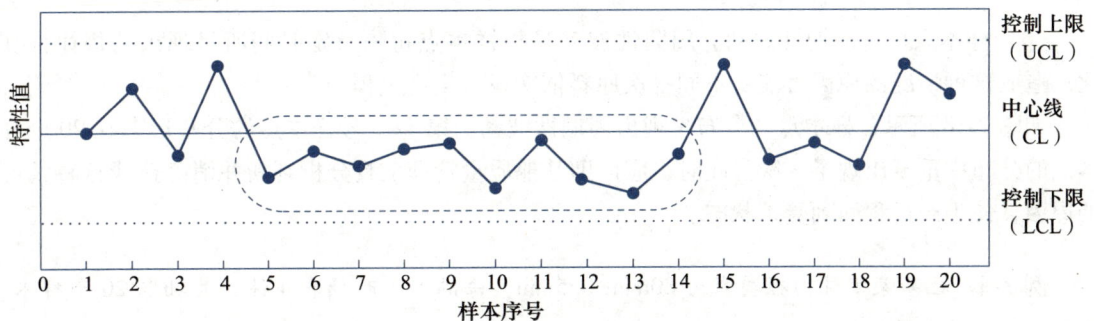

图 7-15　样本点出现单侧分布

（4）样本点连续上升或下降。样本点连续上升或下降表明生产过程正在或已经脱离正常状态。特别是当出现 7 个及以上样本点连续上升或下降时，可判定生产过程已处于失控状态。

如图 7-16 所示，在 6~12 号中，有 7 个样本点连续呈现上升趋势，应立即采取纠正措施。

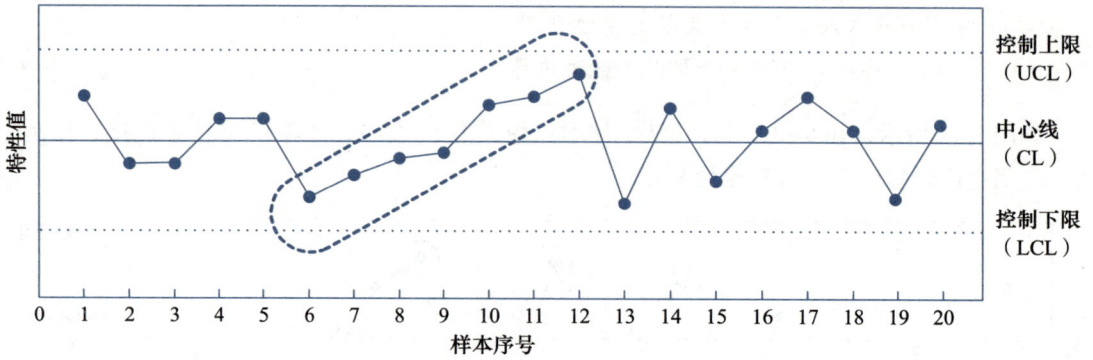

图 7-16　样本点连续上升

（5）连续 5 个样本点中有 3 个及以上在同一侧的 C 区之外。把中心线与控制上限之间的区域和中心线与控制下限之间的区域分别等分为三等份，分别称为 A、B、C 区。如果出现了连续的 5 个样本点中有 3 个在同一侧的 C 区之外，可判定生产过程处于失控状态。如图 7-17 所示，11~15 这 5 个样本点是连续的，其中第 11、13、15 号三个样本点在同一侧的 C 区之外。

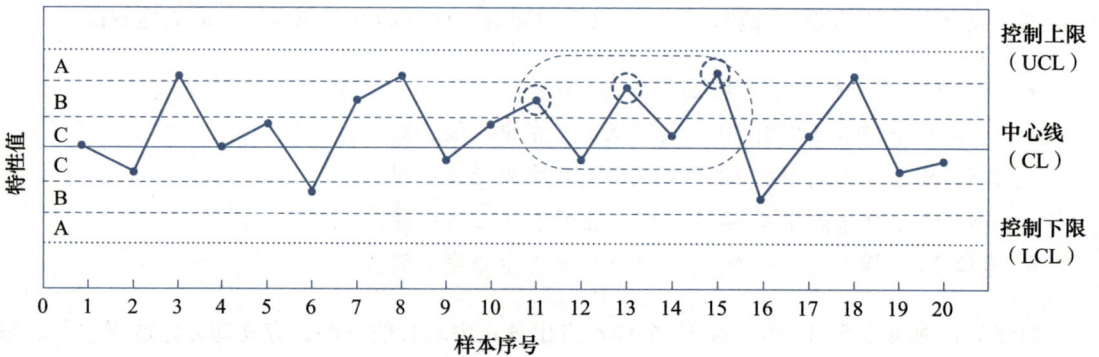

图 7-17　连续 5 个样本点中有 3 个在同一侧的 C 区之外

（6）样本点呈现周期性波动。**周期性波动**是指样本点每隔一定时间所呈现出的规律性变化。造成这种情况的原因可能是不同批次原料依次投入生产过程。

如图 7-18 所示，样本点的分布呈现出周期性波动。第 1~5 号样本点的分布形态在 20 个样本点的分布中重复出现了 4 次。此时，应借助其他质量管理工具分析判断并消除造成这种情况的原因，使生产过程回到受控状态。

例 7-1　已知某零件内径要求为 80mm±0.5mm，每隔 1 小时抽取 4 件，共抽取 20 个样本，测得数据列于表 7-3。

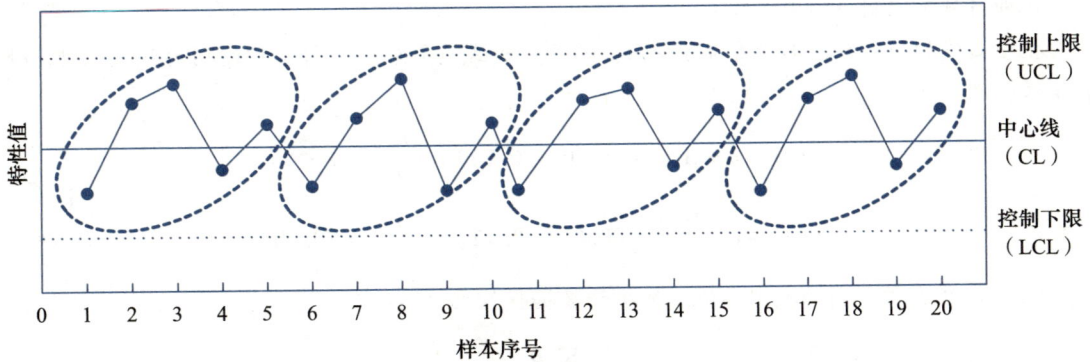

图 7-18 样本点呈现周期性波动

表 7-3 某零件内径观测数据　　　　　　　　（单位：mm）

样本序号	测定值				平均值 $\bar{x}$	极差 R
	x_1	x_2	x_3	x_4		
1	79.9	80.1	79.2	79.9	79.78	0.9
2	80.4	80.1	79.9	80.6	80.25	0.7
3	80.4	80.2	80.0	80.4	80.25	0.4
4	80.0	80.5	80.1	80.0	80.15	0.5
5	79.8	80.1	79.7	79.8	79.85	0.4
6	80.1	79.9	79.5	80.1	79.90	0.6
7	79.6	80.5	79.9	79.6	79.90	0.9
8	79.5	80.2	79.9	79.5	79.78	0.7
9	80.0	79.9	80.1	80.0	80.00	0.2
10	80.2	80.4	80.8	80.2	80.40	0.6
11	80.2	80.0	80.5	80.2	80.23	0.5
12	79.6	80.4	80.3	79.6	79.98	0.8
13	80.0	80.1	80.1	80.0	80.05	0.1
14	80.4	79.9	80.2	80.4	80.23	0.5
15	80.3	80.0	80.0	80.3	80.15	0.3
16	80.0	79.6	80.3	80.0	79.98	0.7
17	80.6	80.4	80.5	80.7	80.55	0.3
18	80.1	80.4	80.0	80.1	80.15	0.4
19	79.9	80.0	80.3	79.9	80.03	0.4
20	79.7	80.1	80.2	79.6	79.90	0.6
总计					1 601.51	10.5

试计算 $\bar{x}$ 控制图和 R 控制图的控制界限，并绘制 $\bar{x}$-R 控制图。

解： 根据观测数据，计算样本的平均值与极差，列于表 7-3 右侧两列。因 $n=4$，查表 7-2 可知，$A_2=0.729$，$D_3=0$，$D_4=2.282$。

（1）计算 $\bar{x}$ 控制图的控制界限。将统计数据代入式（7-1）得

$$\mathrm{CL}_{\bar{x}} = \bar{\bar{x}} = \frac{\sum_{i=1}^{k} \bar{x}_i}{k} = 80.08$$

此即得到 $\bar{x}$ 控制图的中心线。

把中心线的值和相应参数分别代入式 (7-2) 和式 (7-3)，可得 $\bar{x}$ 控制图的控制上限和控制下限，即

$$\text{UCL}_{\bar{x}} = \bar{\bar{x}} + A_2\bar{R} = 80.08 + 0.729 \times \frac{10.5}{20} = 80.46$$

$$\text{LCL}_{\bar{x}} = \bar{\bar{x}} - A_2\bar{R} = 80.08 - 0.729 \times \frac{10.5}{20} = 79.70$$

（2）计算 R 控制图的控制界限。把统计数据代入式 (7-4) 得

$$\text{CL}_R = \frac{\sum\limits_{i=1}^{k} R_i}{k} = 0.53$$

此即得到 R 控制图的中心线。

把中心线的值和相应参数分别代入式 (7-5) 和式 (7-6)，可得 R 控制图的控制上限和控制下限，即

$$\text{UCL}_R = D_4\bar{R} = 2.282 \times 0.53 = 1.21$$

$$\text{LCL}_R = D_3\bar{R} = 0$$

（3）绘制 $\bar{x}$-R 控制图。根据计算出来的控制界限及样本数据绘制 $\bar{x}$-R 控制图，如图 7-19 所示。其中，上半部分为 $\bar{x}$ 控制图，下半部分为 R 控制图。

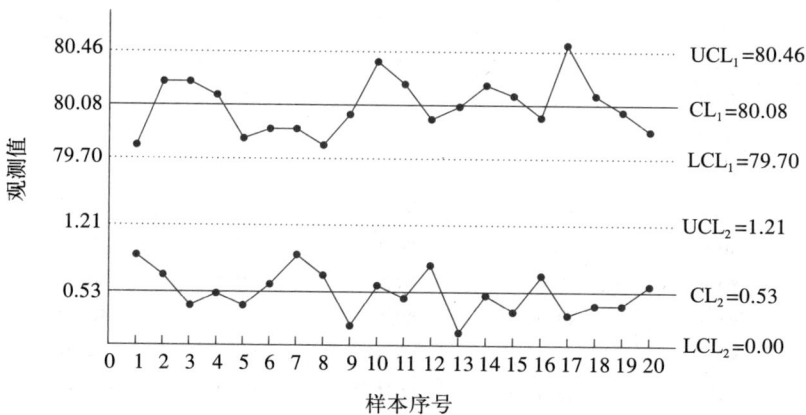

图 7-19   某零件内径 $\bar{x}$-R 控制图

6. 数字化时代控制图的设计与应用

数字化时代已经到来。可以通过云计算、大数据、物联网、移动互联、人工智能等数字化技术来赋能企业的数字化转型。

例如，中央空调无论是夏季制冷还是冬季采暖，通过物联网和云计算，利用移动互联都可以实时检测室内温度指标。利用这些数据可以绘制出实时控制图。当实时控制图中的样本点出现异常时，系统第一时间报警，进一步通过远程调控或指导现场人员进行调控。

对有些质量指标，当检测到时为时已晚，例如卷烟的吸阻这个质量指标就是如此。考虑到现场湿度与温度直接影响着卷烟的吸阻，可以通过回归分析找到湿度与温度与吸阻质量指标的

关系。这样，只要生产线不停止，湿度与温度指标就一直产生。通过绘制实时控制图就可以实时在线监控湿度与温度这类工艺指标，从而达到对吸阻这一质量指标进行事前和事中控制的目的。

7.3.3　过程能力分析

1. 过程能力

过程能力是指过程的加工质量满足技术标准的能力，它是衡量过程加工内在一致性的指标。过程能力取决于影响质量的六大因素：5M1E。

过程能力测定十分重要，这不仅对于加强质量管理，而且对于产品设计、工艺制定、计划安排、生产调度和经济核算等方面的作用都很大。只有在设计、工艺及计划等工作中，一方面考虑用户要求，另一方面考虑加工过程的过程能力，改善工艺水平，合理组织生产，才能提高企业的生产经营效果。例如，分析过程能力后，合理使用设备，可以尽可能减少废品和返修品的产生，又不至于让高精尖的设备生产质量要求不高的产品，即可以减少两种不同类型的浪费和损失。就质量管理本身而言，过程能力的确定是质量管理的一项基础性工作。通过测定，掌握薄弱环节，开展革新与改造活动，可以提高过程能力。

2. 过程能力指数

过程能力指数表示过程能力满足产品技术标准（产品规格、公差）的程度，以 C_p 表示，其数学表达式为

$$C_p = \frac{T}{6\sigma} \tag{7-10}$$

式中，T 表示公差幅度；σ 表示总体标准差（实际中用样本标准差 S 来估计）。

C_p 的计算，根据是否为双向公差要求以及质量特性值分布中心 μ 与标准规格中心（公差中心）M 是否重合而分为三种情况。

（1）双向公差要求，μ 与 M 重合的情况。过程能力指数计算公式为

$$C_p = \frac{T}{6\sigma} = \frac{T_U - T_L}{6S} \tag{7-11}$$

式中，T_U 表示公差上限；T_L 表示公差下限。

（2）双向公差要求，μ 与 M 不重合的情况。此时，过程能力指数的计算公式为

$$C_{p_k} = C_p(1 - k) \tag{7-12}$$

式中，k 表示相对偏移系数，其计算公式为

$$k = \frac{|M - \mu|}{\dfrac{T}{2}} = \frac{E}{\dfrac{T}{2}} \tag{7-13}$$

式中，E 表示偏移量。在实际运用中，常用 $\bar{x}$ 来估计 μ。

（3）单向公差要求的情况。在某些情况下，对产品质量只有上限要求，如噪声、形位公差（同心度、平行度、垂直度、径向跳动等）、原材料所含杂质等，只要规定一个上限值就可以了；而在另外一些情况下，对产品质量只有下限要求，如机械产品的表面光洁度，机电产品

的机械强度、耐电压强度、寿命、可靠性等，要求不低于某个下限值。

单向公差要求 C_p 的计算公式由双向公差要求 C_p 的计算公式推导而来，即

$$C_p = \frac{T}{6\sigma} = \frac{T_U - T_L}{6\sigma} = \frac{T_U - \mu}{6\sigma} + \frac{\mu - T_L}{6\sigma} \tag{7-14}$$

因为正态分布是对称分布，所以

$$T_U - \mu = \mu - T_L$$

所以，只有上偏差要求时，C_p 值为

$$C_{p_U} = 2 \times \frac{T_U - \mu}{6\sigma} = \frac{T_U - \mu}{3\sigma} \tag{7-15}$$

同理得

$$C_{p_L} = 2 \times \frac{\mu - T_L}{6\sigma} = \frac{\mu - T_L}{3\sigma} \tag{7-16}$$

3. 不合格品率计算

当质量特性值的分布服从正态分布时，一定的过程能力指数对应着一定的不合格品率。如，当 $C_p = 1$ 时，$\pm 3\sigma$ 与公差上下限重合，此时，有 99.73% 的质量特性值落在公差界限以内，因此不合格品率为 0.27%。根据这个原理，可以计算任意 C_p 所对应的不合格品率。

（1）双向公差要求，μ 与 M 重合。根据正态分布函数 $\Phi(x) = P(X \leqslant x)$，进行变量替换，在 T_U 和 T_L 之间的分布函数值为

$$P(T_L \leqslant x \leqslant T_U) = \Phi\left(\frac{T_U - \mu}{\sigma}\right) - \Phi\left(\frac{T_L - \mu}{\sigma}\right) \tag{7-17}$$

而

$$T_U - \mu = \mu - T_L = \frac{T}{2}$$

所以

$$P(T_L \leqslant x \leqslant T_U) = \Phi\left(\frac{T}{2\sigma}\right) - \Phi\left(-\frac{T}{2\sigma}\right) = \Phi(3C_p) - \Phi(-3C_p) = 1 - 2\Phi(-3C_p) \tag{7-18}$$

因此，不合格品率为

$$P(x \leqslant T_L \text{ 或 } x \geqslant T_U) = 1 - P(T_L \leqslant x \leqslant T_U) = 2\Phi(-3C_p) \tag{7-19}$$

当给定 C_p 值时，通过查正态分布表即可得到相应的不合格品率。

（2）双向公差要求，μ 与 M 不重合。根据式（7-18）

$$
\begin{aligned}
P(T_L \leqslant x \leqslant T_U) &= \Phi\left(\frac{T_U - \mu}{\sigma}\right) - \Phi\left(\frac{T_L - \mu}{\sigma}\right) \\
&= \Phi\left(\frac{T_U - M}{\sigma} - \frac{\mu - M}{\sigma}\right) - \Phi\left(\frac{T_L - M}{\sigma} - \frac{\mu - M}{\sigma}\right) \\
&= \Phi\left(\frac{T}{2\sigma} - \frac{E}{\sigma}\right) - \Phi\left(-\frac{T}{2\sigma} - \frac{E}{\sigma}\right)
\end{aligned}
\tag{7-20}
$$

根据式（7-13），得

$$\frac{E}{\sigma} = \frac{\frac{T}{2} \times k}{\sigma} = \frac{T}{2\sigma} \times k = 3kC_p$$

于是

$$P(T_L \leqslant x \leqslant T_U) = \Phi\left(\frac{T}{2\sigma} - \frac{E}{\sigma}\right) - \Phi\left(-\frac{T}{2\sigma} - \frac{E}{\sigma}\right) = \Phi[3C_p(1-k)] - \Phi[-3C_p(1+k)]$$

$$= \Phi(3C_{P_k}) - \Phi[-3C_p(1+k)] \qquad (7\text{-}21)$$

因此，不合格品率为

$$P(x \leqslant T_L \ 或 \ x \geqslant T_U) = 1 - P(T_L \leqslant x \leqslant T_U)$$

$$= 1 - \Phi(3C_{P_k}) + \Phi[-3C_p(1+k)] \qquad (7\text{-}22)$$

这样，给定一个 C_p 值和相对偏移系数 k，通过查正态分布表就可得到相应的不合格品率 p。

事实上，根据 C_p、k 及 p 这种确定的关系，人们制定了 $C_p\text{-}k\text{-}p$ 数值表，以方便使用，如表 7-4 所示。

表 7-4　根据过程能力指数 C_p 和相对偏移系数 k 求总体不合格品率 p 的数据表　　（%）

C_p	k												
	0.00	0.04	0.08	0.12	0.16	0.20	0.24	0.28	0.32	0.36	0.40	0.44	0.48	0.52
0.5	13.36	13.43	13.64	13.99	14.48	15.10	15.86	16.75	17.77	18.92	20.19	21.58	23.09	24.71
0.6	7.19	7.26	7.48	7.85	8.37	9.03	9.85	10.81	11.92	13.18	14.59	16.81	17.85	19.69
0.7	3.57	3.64	3.83	4.16	4.63	5.24	5.99	6.89	7.94	9.16	10.55	12.10	13.84	15.74
0.8	1.64	1.67	1.89	2.09	2.46	2.94	3.55	4.31	5.21	6.28	7.53	8.98	10.62	12.48
0.9	0.69	0.73	0.83	1.00	1.25	1.60	2.05	2.62	3.34	4.21	5.27	6.53	8.02	9.75
1.0	0.27	0.29	0.35	0.45	0.61	0.84	1.14	1.55	2.07	2.75	3.59	4.65	5.94	7.49
1.1	0.10	0.11	0.14	0.20	0.29	0.42	0.61	0.88	1.24	1.74	2.39	3.23	4.31	5.66
1.2	0.03	0.04	0.05	0.08	0.13	0.20	0.31	0.48	0.72	1.06	1.54	2.19	3.06	4.20
1.3	0.01	0.01	0.02	0.03	0.05	0.09	0.15	0.25	0.40	0.63	0.96	1.45	2.13	3.06
1.4	0.00	0.00	0.01	0.01	0.02	0.04	0.07	0.13	0.22	0.36	0.59	0.93	1.45	2.10
1.5			0.00	0.00	0.01	0.02	0.03	0.06	0.11	0.20	0.35	0.59	0.96	1.54
1.6					0.00	0.01	0.01	0.03	0.06	0.11	0.20	0.36	0.63	1.07
1.7						0.00	0.01	0.01	0.03	0.06	0.11	0.22	0.40	0.72
1.8							0.00	0.01	0.01	0.03	0.06	0.13	0.25	0.48
1.9								0.00	0.01	0.01	0.03	0.07	0.15	0.31
2.0									0.00	0.01	0.02	0.04	0.09	0.20
2.1										0.00	0.01	0.02	0.05	0.18
2.2											0.00	0.01	0.03	0.08
2.3												0.01	0.02	0.05
2.4												0.00	0.01	0.03
2.5													0.01	0.02
2.6													0.00	0.01
2.7														0.01
2.8														0.00

4. 过程能力等级及工序能力评价

根据过程能力指数可把过程能力划分为五个等级，如表 7-5 所示。

表 7-5　过程能力等级表

过程能力指数范围	过程能力等级	过程能力评价
$C_{p_k} > 1.67$	特级	过程能力很高，应视具体情况而定
$1.67 \geqslant C_{p_k} > 1.33$	一级	过程能力充分
$1.33 \geqslant C_{p_k} > 1.00$	二级	过程能力尚可，但接近 1.0 时要注意
$1.00 \geqslant C_{p_k} > 0.67$	三级	过程能力不足，需要采取措施
$0.67 \geqslant C_{p_k}$	四级	过程能力严重不足

根据过程能力等级，可以对现在和将要生产的产品有所了解，进而有重点地采取措施加以管理。当发现过程能力过高，例如过程能力等级为特级，即 $C_{p_k} > 1.67$ 时，意味着粗活细做，或用一般工艺方法可以加工的产品，采用了特别精密的工艺进行加工。这势必影响工作效率，增加产品成本，应该考虑改用精度较低但效率高、成本低、技术要求低的设备和工艺。当过程能力不足，例如过程能力等级为三级，即 $1.00 \geqslant C_{p_k} > 0.67$ 时，意味着所采用的设备、工艺精度不够，产品质量无保证，一部分产品不合格，这时要制订计划、采取措施、努力提高设备精度，并使工艺更为合理有效，使过程能力得到提高。必须指出，当发现过程能力不足时，为保证出厂产品质量，一般要对产品进行全数检验。

应当指出，表 7-5 中给出的过程能力指数及相应的评价不是一个统一的模式。通常所谓过程能力不足或过高都是针对特定生产制造过程、特定产品的特定过程而言的。例如，化工、电子、机械等工业生产过程都具有自身的特点。同时需要说明的是，随着时代发展及科技进步，摩托罗拉公司率先采用了高质量、高可靠性的 6σ 质量标准。这一标准是以质量特性平均值加减 6σ 作为质量的上下控制界限，此时，过程能力指数等于 2。因此，表 7-5 所列的当 $C_p > 1.67$ 时过程能力过高是相对的。从不断满足用户的需求及持续不断地改善质量水平这一点出发，企业应当不断地提高生产过程的过程能力。

例 7-2　一种零件，其公差要求为 $\Phi 5^{-0.05}_{-0.10}$ mm，现从生产线上随机抽取一批产品进行检测，结果如下：$\bar{x} = 4.915$ mm，$S = 0.007$。试计算过程能力指数及总体不合格品率。

解：

（1）计算 C_p 及 C_{p_k}。

$T_U = 4.95$，$T_L = 4.90$，$T = (T_U - T_L) = 0.05$，$M = (T_U + T_L)/2 = 4.925$，因此

$$C_p = \frac{T}{6\sigma} = \frac{T_U - T_L}{6S} = \frac{4.95 - 4.90}{6 \times 0.007} \approx 1.19$$

$$k = \frac{|M - \bar{x}|}{\frac{T}{2}} = \frac{|4.925 - 4.915|}{\frac{0.05}{2}} = 0.4$$

$$1 - k = 0.6$$

$$C_{p_k} = 0.714$$

（2）计算过程不合格品率。

把 C_p 及 k 值代入式（7-22），得

$$P(x \leqslant T_L \text{ 或 } x \geqslant T_U) = 1-\Phi(3\times0.714)+\Phi[-3\times1.19\times(1+0.4)]$$

$$= 1-\Phi(2.142)+\Phi(-4.998)$$

$$\approx 1-0.9838+0 = 0.0162$$

所以，总体不合格品率为 1.62%。事实上，查表 7-4 也可以得到近似结果，本例中，$C_p=1.19$，在表 7-4 中介于 1.1 和 1.2 之间，更靠近 1.2。所以总体不合格品率应比表中结果 1.54% 略取大一些，与计算结果 1.62% 相吻合。

从本例中可以看出，虽然生产这种零件的指数加工精度达到了一定的程度，即 $C_p=1.19$，但由于加工中心偏离了公差中心，导致实际过程能力仅为 0.714，而总体不合格品率高达 1.62%。

质量控制图
的应用

7.4 ISO 9000：2015 族标准

7.4.1 ISO 9000：2015 族标准概述

1. ISO 9000：2015 族标准的产生

20 世纪 90 年代以来，科学技术进步和生产力水平提高的客观条件已经成熟，有了用质量保证活动成功的经验和实践基础，具备了质量管理学的理论基础，提出了适应经济一体化和在世界范围内进行贸易往来的现实要求，同时，日益激烈的市场竞争也提出了企业生存和发展保障方面的要求。正是在这些背景下，产生了 ISO 9000 族标准。

1986 年 6 月，国际标准化组织发布了 ISO 8402《质量——术语》标准。1987 年 3 月，ISO 正式发布了 ISO 9000《质量管理和质量保证标准——选择和使用指南》，ISO 9001《质量体系——设计开发、生产、安装和服务的质量保证模式》，ISO 9002《质量体系——生产和安装的质量保证模式》，ISO 9003《质量体系——最终检验和试验的质量保证模式》，ISO 9004《质量管理和质量体系要求——指南》等 5 项标准。这 5 项标准与 ISO 8402：1986 一起统称为"ISO 9000 系列标准"。ISO 9000：1987 系列标准发布以后，很快得到了世界各国工业界或其他行业的广泛认同和推广，在全球掀起了 ISO 9000 热潮。

根据 ISO 的有关规则，每隔 5~8 年要对标准进行修订或修正。到 2020 年，ISO 9000 族标准已经完成了三次大的修正，即 1994 年对 1987 版的修正，2000 年对 1994 版的修正，2015 年对 2000 版的修正。

ISO 9000：2015《质量管理体系——基础和术语》于 2015 年发布实施。等同采用的国家标准于 2016 年 12 月 30 日发布，2017 年 7 月 1 日实施。

ISO 9001：2015 标准修正的主要目的是更加明确地表述其内容，并加强与 ISO 14001：2015 的兼容性。这次修正的基本要求为：标题、范围保持不变；继续保持过程方法；修正的标准仍适用于各行业不同规模和类型的组织；尽可能地提高与 ISO 14001：2015《环境管理体系——要求及使用指南》的兼容性；ISO 9001：2015 标准和 ISO 9004：2018 标准仍然是一对协调一致的质量管理体系标准；使用相关支持信息协助识别需要明确的问题；根据设计规范进行

修正，并经验证和确认。

ISO 9004：2018 标准经过修订于 2018 年发布实施。等同采用的国家标准于 2020 年 11 月 19 日发布，2021 年 6 月 1 日实施。与 ISO 9004：2000 标准相比，无论是内容上还是结构上都发生了较大的变化。标准的名称由原来的《质量管理体系——业绩改进指南》更换为《质量管理——组织的质量：实现持续成功指南》。新标准旨在通过一种质量管理途径，为所有处于复杂与不断变化环境下的组织持续地取得成功提供指南。

ISO 19011 标准于 2018 年完成了修改，等同采用的国家标准于 2021 年 8 月 20 日发布，2021 年 12 月 1 日实施。标准的名称由《质量管理体系——质量和（或）环境管理体系审核指南》更换为《管理体系审核指南》。

2. ISO 9000：2015 族标准的构成和特点

ISO 9000：2015 族标准延续了此前一些标准的基本体系结构和特点。下面分别介绍 ISO 9000：2015 族标准的体系结构和特点。

（1）ISO 9000：2015 族标准的体系结构。ISO 9000：2015 族标准由一系列关于质量管理的标准、指南、技术规范、技术报告、小册子和网络文件组成。

其中，由 4 项密切相关的质量管理体系标准构成了 ISO 9000：2015 族标准的核心标准，如表 7-6 所示。

从用途上，ISO 9000：2015 族标准又分为三类标准，即 A 类、B 类和 C 类。

表 7-6 ISO 9000：2015 族标准的核心标准

编号	名称
ISO 9000：2015	《质量管理体系——基础和术语》
ISO 9001：2015	《质量管理体系——要求》
ISO 9004：2018	《质量管理——组织的质量：实现持续成功指南》
ISO 19011：2018	《管理体系审核指南》

A 类标准为管理体系要求标准，向市场提供有关组织的管理体系的相关规范，以证明组织的管理体系是否符合内部和外部要求（例如，通过内部审核和外部审核予以评定）的标准，如管理体系要求标准，专业管理体系要求标准。

B 类标准为管理体系指导标准，通过对管理体系要求标准各要素提供附加指导或提供不同于管理体系要求标准的独立指导，以帮助组织实施或完善管理体系的标准，如使用标准的指导，建立、改进和改善管理体系的指导，专业管理体系指导标准。

C 类标准为管理体系相关标准，就管理体系的特定部分提供详细信息，或就管理体系的相关支持技术提供指导的标准。

目前，ISO 9000：2015 族标准如表 7-7 所示。

表 7-7 ISO 9000：2015 族标准

编号	名称	类型
ISO 9000：2015	《质量管理体系——基础和术语》	C
ISO 9001：2015	《质量管理体系——要求》	A
ISO 9004：2018	《质量管理——组织的质量：实现持续成功指南》	B
ISO 10001：2007	《质量管理——顾客满意——组织行为规范指南》	C
ISO 10002：2004	《质量管理——顾客满意——组织处理投诉指南》	C

（续）

编号	名称	类型
ISO 10003：2007	《质量管理——顾客满意——组织外部争议解决指南》	C
ISO/TS 10004：2010	《质量管理——顾客满意——监视和测量指南》	C
ISO 10005：2005	《质量管理——质量计划指南》	C
ISO 10006：2003	《质量管理——项目质量管理指南》	B
ISO 10007：2017	《质量管理——技术状态管理指南》	C
ISO 10012：2003	《质量管理体系——测量过程和测量设备的要求》	B
ISO/TR 10013：2003	《质量管理体系文件指南》	C
ISO 10014：2006	《质量管理——实现财务和经济效益指南》	B
ISO 10015：1999	《质量管理——培训指南》	C
ISO/TR 10017：2003	《质量管理 ISO 9001：2000 统计技术指南》	C
ISO 10019：2005	《质量管理体系咨询师的选择及其服务使用指南》	C
ISO/TS 16949：2009	《质量管理体系——汽车生产部件及相关维修部件组织应用 ISO 9001：2008 的特殊要求》	A
ISO 19011：2018	《管理体系审核指南》	C
ISO 手册：2008	《ISO 9000 族标准的选择和使用》	C
ISO 手册：2000	《质量管理原则及其应用指南》	C
ISO 手册：2002	《小型组织实施 ISO 9001：2000 指南》	C

（2）ISO 9000：2015 族标准的特点。第一，体现质量管理大师的质量理念与管理思想。ISO 9000：2015 族标准以朱兰、戴明、费根鲍姆等质量管理大师的质量理念和管理思想为自身注入了新的内涵，强调"顾客满意，持续改进"。

顾客满意是指"顾客对其期望已被满足的程度的感受"。顾客满意是顾客的一种主观感受，是顾客期望与实际感受之间对应程度的反映，具有相对性，随着时间、地点和其他条件的改变而变化。正是顾客满意的这种主观性和相对性，对组织提出了持续改进的要求。顾客满意是归宿，是动力；持续改进是基础，是条件。

ISO 9000：2015 族标准确立了质量管理的七项原则，构成了 ISO 9000：2015 族质量管理体系标准的基础。这七项原则分别为："以顾客为关注焦点""领导作用""全员积极参与""过程方法""改进""循证决策""关系管理"。第一项原则明确指出："组织应当理解顾客当前和未来的需求，满足顾客需求，并努力超越顾客期望"。第五项原则认为"成功的组织持续关注改进"。其他原则也在不同方面说明了"顾客满足，持续改进"的重要意义。

ISO 9000：2015 族标准引入过程方法，致力于把"顾客满意，持续改进"落到实处。标准要求把顾客和其他相关方的需求作为组织的输入，通过产品实现、资源管理和过程监测来测评组织是否满足顾客或其他相关方的要求。

第二，适应组织所面临的新环境和组织自身的新特征。当今社会已由工业社会转向信息社会，经济体系已由工业经济转向以信息和知识为基础的服务经济。组织正面临着市场全球化、竞争激烈化、企业国际化、需求个性化的环境。企业自身正越来越多地呈现出组织扁平化、管理过程化、运营虚拟化的特征。

与之前的版本相比，ISO 9000：2015 族标准的通用性更强，是适用范围最广的国际标准之一。一方面，消除了偏重于制造业的倾向，而且考虑了对小型组织的适用性，从而适用于生产所有产品和提供所有服务的所有行业和各种规模的组织。另一方面，为了防止将 ISO 9000 族标准发展成为质量管理百科全书，ISO 9000：2015 族标准简化了其本身的文件结构，取消了应用指南标准，强化了标准的通用性和原则性。

第三，结构简化，可操作性更强。可操作性是标准得到推广和应用的基本条件之一。ISO 9000：2015 族标准的结构得到简化，从而增加了可操作性。

ISO 9000：2015 族标准强调了质量体系有效运行的证实和效果，体现了新标准注重组织的实际控制能力、证实能力和实际效果，而不是用文件化来约束组织，取消了《质量手册》《程序文件》这类难以理解和应用的文件形式，统一用"形成文件的信息"来代替。

7.4.2 ISO 9000：2015 族标准的核心标准

1. ISO 9000： 2015《质量管理体系——基础和术语》[⊖]

ISO 9000：2015 由引言（阐明了标准的定位）、范围、基本概念和质量管理原则、术语和定义四个主要部分组成。为方便和帮助使用者正确理解术语的定义和术语之间的相互关系，该标准给出了资料性附录，在附录中首次利用概念图来说明术语之间的相互关系。

（1）范围。ISO 9000：2015 标准是 ISO 9000：2015 族标准的基本标准。

本标准表述的质理管理基本概念和原则一般适用于以下对象。

- 通过实施质量管理体系寻求持续成功的组织。
- 对组织稳定提供符合其要求的产品和服务的能力寻求信任的顾客。
- 对在供应链中其产品和服务要求能得到满足寻求信任的组织。
- 通过对质量管理中使用的术语的共同理解，寻求促进相互沟通的组织和相关方。
- 依据 ISO 9001 的要求进行合格评定的组织。
- 质量管理的培训、评价和咨询的提供者。
- 相关标准的起草者。

（2）基本概念。本标准就质量、质理管理体系、组织环境、相关方、支持（人员能力、意识、沟通）等基本概念做出了说明。这些说明充分考虑了组织所面临的环境表现出来的以下新的特征：变化加快、市场全球化、知识作为资源出现、相关方的影响力在增强等。标准强调，没有哪一个概念比另一个更重要。

（3）七项质量管理原则。为了成功地领导和运作一个组织，需要采用一种系统和透明的方式进行管理。针对所有相关方的需求，实施并保持持续改进其业绩的管理，可使组织获得成功。质量管理是组织各项管理的内容之一。七项质量管理原则已得到确认，最高管理者可运用这些原则，领导组织进行业绩改进。这些原则的确定也充分考虑了组织所面临的环境表现出来的新特征。

⊖ GB/T 19000—2016/ISO 9000：2015《质量管理体系——基础和术语》[S]：1-8。

第一，以顾客为关注焦点（customer focus）。质量管理的首要关注点是满足顾客要求并且努力超越顾客期望。

第二，领导作用（leadership）。各级领导者建立统一的宗旨及方向。并创造全员积极参与实现组织的质量目标的条件。

第三，全员积极参与（engagement of people）。整个组织内各级胜任、经授权积极参与的人员，是提高组织创造和提供价值能力的必要条件。

第四，过程方法（process approach）。将活动作为相互关联、功能连贯的过程组成的体系来理解和管理时，可更加有效地得到一致的、可预知的结果。

第五，循证决策（factual approach to decision making）。基于数据和信息的分析与评价的决策更有可能产生期望的结果。

第六，关系管理（relationships management）。为了持续成功，组织需要管理与相关方（如供方）的关系。

与 ISO 9000：2000 标准相比，ISO 9000：2015 修改版在质量管理原则上有所变化。主要的变化是：由八项原则变更为七项原则，去掉了"管理的系统方法"这一原则，把"持续改进"更改为"改进"，把"与供方互利的关系"更改为"关系管理"。

（4）运用基本概念和原则建立质量管理体系。

首先，质量管理体系模式。组织由相互作用的系统、过程和活动组成。为了适应变化的环境，组织需要具备应变能力。组织需要通过创新来实现组织的突破性改进。不是所有的体系、过程和活动都可以被预先确定。在复杂的组织环境中，质量管理体系需要具有灵活性和适应性。

组织试图理解内外部环境，以识别相关方的需求和期望。这些信息被用于质量管理体系的建立，从而实现组织的可持续发展。一个过程的输出可能成为其他过程的输入，并联结成整个网络。不同组织的质量管理体系通常看起来由类似的过程所组成，但每个组织及其质量管理体系都是独特的。

组织拥有可被确定、测量和改进的过程。这些过程相互作用以产生与组织的目标相一致的结果。过程具有相互关联的活动和输入，以实现输出。

组织人员在过程中协调配合，开展日常活动。依靠对组织目标的管理，某些活动可被预先规定。而另外一些活动则通过对外界刺激的反应来确定其性质并予以执行。

其次，质量管理体系的建立。质量管理体系是随着时间的推移而进化的动态系统，无论其是否经过正式策划，每个组织都有质量管理活动。本标准为如何建立正规的体系，以管理这些活动提供了指南。

正规的质量管理体系为策划、完成、监视和改进质量管理活动的绩效提供了框架。质量管理体系策划不是一劳永逸的，而是一个持续的过程。质量管理体系的计划随着组织的学习和环境的变化而逐渐完善。

定期监视和评价质量管理体系的计划执行情况及其绩效状况，对组织来说是非常重要的。经过关键指标测评，更有利于监视和评价活动的开展情况。

审核是一种评价质量管理体系有效性的方法，以识别风险和确定是否满足要求。为有效地进行审核，需要收集有形和无形的证据。在对所收集的证据进行分析的基础上，采取纠正和改进的措施。

最后，质量管理体系与其他管理体系。当质量管理体系与组织的其他管理体系整合后，可以更加有效地利用资源，并实现质量、成长、资金、盈利、环境、职业健康和安全、能源、安保等目标。

（5）术语和定义。ISO 9000：2015 标准共给出 138 个术语，分为 13 个方面，即有关人员的术语，有关组织的术语，有关活动的术语，有关过程的术语，有关体系的术语，有关要求的术语，有关结果的术语，有关数据、信息和文件的术语，有关顾客的术语，有关特性的术语，有关确定的术语，有关措施的术语，有关审核的术语。表 7-8 给出了全部 138 个术语的名称。

表 7-8　ISO 9000：2015 的 138 个术语

所属类别	术语数量	术语名称
人员	6	最高管理者、质量管理体系咨询师、参与、积极参与、技术状态管理机构、调解人
组织	9	组织、组织环境、相关方、顾客、供方、外部供方、调解过程提供方、协会、计量职能
活动	13	改进、持续改进、管理、质量管理、质量策划、质量保证、质量控制、质量改进、技术状态管理、更改控制、活动、项目管理、技术状态项
过程	8	过程、项目、质量管理体系实现、能力获得、程序、外包、合同、设计和开发
体系	12	体系、基础设施、管理体系、质量管理体系、工作环境、计量确认、测量管理体系、方针、质量方针、愿景、使命、战略
要求	15	客体、质量、等级、要求、质量要求、法律要求、法规要求、产品技术状态信息、不合格、缺陷、合格、能力、可追溯性、可信性、创新
结果	11	目标、质量目标、成功、持续成功、输出、产品、服务、绩效、风险、效率、有效性
数据、信息和文件	15	数据、信息、客观证据、信息系统、文件、成文信息、规范、质量手册、质量计划、记录、项目管理计划、验证、确认、技术状态记录、特定情况
顾客	6	反馈、顾客满意、投诉、顾客服务、顾客满意行为规范、争议
特性	7	特性、质量特性、人为因素、能力、计量特性、技术状态、技术状态基线
确定	9	确定、评审、监视、测量、测量过程、测量设备、检验、试验、进度评价
措施	10	预防措施、纠正措施、纠正、降级、让步、偏离许可、放行、返工、返修、报废
审核	17	审核、多体系审核、联合审核、审核方案、审核范围、审核计划、审核准则、审核证据、审核发现、审核结论、审核委托方、受审核方、向导、审核组、审核员、技术专家、观察员

ISO 9000：2015 族标准使用术语概念图描述术语之间的逻辑关系，并以此作为术语分类的基础和依据。

概念之间的关系有三种主要形式：属种关系、从属关系和关联关系。属种关系用一个没有箭头的树形图表示，例如"信息""客观证据"与"数据"的关系。从属关系用一个没有箭头的耙形图绘出，例如"质量策划""质量保证""质量控制""质量改进"等是"质量管理"的一部分。关联关系用一条在两端带有箭头的线表示，例如"方针""愿景""使命""战略"与"管理体系"呈现出关联性。

有关 138 个术语的具体定义可参阅 ISO 9000：2015 标准条文的第 3 章"术语和定义"。

（6）ISO 9000：2015 标准条文。关于标准条文，读者可参阅 ISO 9000：2015《质量管理体系——基础和术语》。

2. ISO 9001：2015《质量管理体系——要求》[⊖]

（1）ISO 9001：2015 标准概述。质量管理体系的建立与运行是组织的一项战略决策，能够帮助其提高整体绩效，为推动其实现可持续发展奠定良好基础。

组织根据本标准实施质量管理体系可获得四个方面的潜在益处：可稳定提升提供满足顾客要求以及适用的法律法规要求的产品和服务的能力；可增加顾客满意度；可应对与组织环境和目标相关的风险和机遇；可以用来证实组织具备了符合质量管理体系规定的要求的能力。

本标准采用过程方法，使组织能够策划过程及其相互作用。过程方法使组织能够对其体系的过程之间相互关联和相互依赖的关系进行有效管理，以提高组织整体绩效。

过程方法结合了 PDCA 循环和基于风险的思维。

PDCA 循环使组织能够确保其过程得到充分的资源并管理资源，发现改进机会并采取行动。PDCA 循环管理思想如图 7-20 所示。该图也呈现了本标准第 4~10 章共 7 章主体内容之间的逻辑关系。对 PDCA 可做出如下解读。

- 策划（plan）：根据顾客要求和组织方针，建立体系的目标及其过程，确定实施结果所需的资源，并识别和应对风险和机遇。
- 实施（do）：执行所做的策划。
- 检查（check）：根据需求、方针、目标和所策划的活动，对过程以及形成的产品和服务进行监视与测量，并报告结果。
- 处置（act）：必要时，采取措施提高绩效。

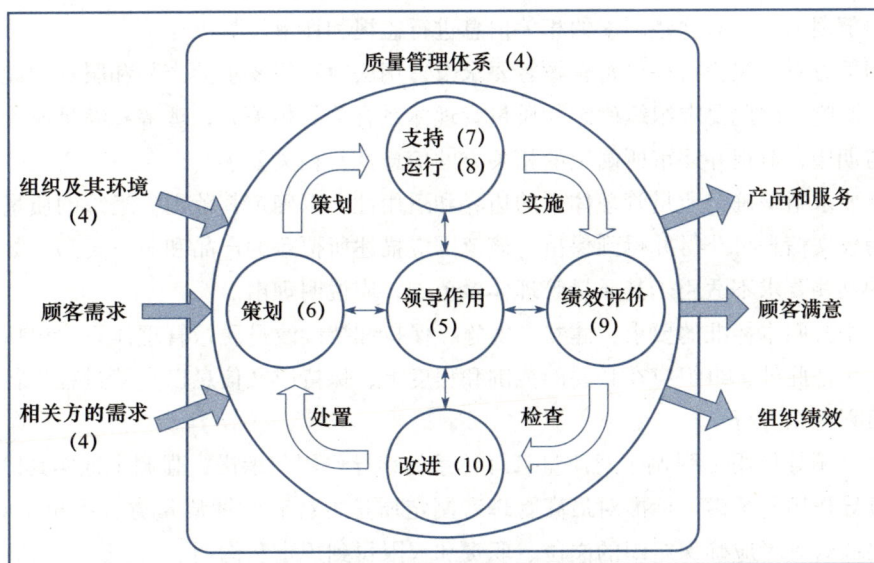

图 7-20 PDCA 循环管理思想示意图

注：括号中的数字表示本标准中相应章的序号。

⊖ GB/T 19001—2016/ISO 9001：2015《质量管理体系——要求》[S]：1-14.

　　基于风险的思维是实现质量管理体系有效性的基础，可以使组织确定可能导致其过程和质量管理体系偏离策划结果的各种因素，采取预防控制方法，最大限度地降低不利影响，并尽可能实现化危为机。

　　本标准是在 ISO 9001：2015《质量管理体系——基础和术语》所阐述的以顾客为关注焦点、领导作用、全员积极参与、过程方法、改进、循证决策、关系管理 7 项质量管理原则的基础上制定的。

　　本标准采用 ISO 制定的管理体系标准框架，以提高与其他管理体系标准的协调一致性。

　　从范围上，本标准为下列组织规定了质量管理体系要求：

　　①需要证实具有稳定提供满足顾客和适用的法律法规要求的产品和服务的能力的组织。

　　②通过体系的有效应用，包括体系改进的过程以及保证符合顾客要求及适用的法律法规的要求，旨在增强顾客满意度的组织。

　　本标准规定的所有要求是通用的，旨在适用于各种类型、不同规模和提供不同产品和服务的组织。

　　（2）ISO 9001：2015 标准的主要内容。除前言和引言外，ISO 9001：2015 标准条文共分为 10 章内容：第 1 章 "范围"，第 2 章 "规范性引用文件"，第 3 章 "术语和定义"，第 4 章 "组织环境"，第 5 章 "领导作用"，第 6 章 "策划"，第 7 章 "支持"，第 8 章 "运行"，第 9 章 "绩效评价"，第 10 章 "改进"。

　　第 4 章 "组织环境" 对组织理解环境、理解相关方的需求和期望、确定质量管理体系的范围、建立质量管理体系提出了具体要求。

　　强调组织应确定与其宗旨和战略方向相关并影响其实现质量管理体系预期结果的能力的各种外部和内部因素，并对这些因素的相关信息进行监视和评审。

　　鉴于相关方对组织稳定提供符合顾客要求及适用法律法规要求的产品和服务的能力具有直接或间接的影响，因此要求组织确定与质量管理体系有关的相关方，理解和满足所确定的相关方的需求与期望，监视并评审所确定的相关方的信息及其相关要求。

　　本标准要求组织确定质量管理体系的边界和适用性，以确定其范围。组织的质量管理体系范围应作为成文信息可获得并得到保持。该范围应描述所覆盖的产品和服务类型，如果组织确定本标准的某些要求不适用于其质量管理体系范围，应说明理由。

　　要求组织按照本标准的要求，建立、实施、保持和持续改进质量管理体系，包括所需过程及其相应作用。此外，组织应在必要的范围和程度上，保持成文信息以支持过程运行，并确信其过程按策划得以实行。

　　第 5 章 "领导作用" 强调了对质量管理体系的领导作用与承诺，强调了证实其以顾客为关注焦点的领导作用与承诺。标准对最高管理者制定质量方针和沟通质量方针提出了具体要求。标准要求最高管理者应确保组织的岗位、职责和权限得到规定和沟通。

　　就最高管理者对质量管理体系的领导作用与承诺，提出以下 10 项具体要求。

　　1）对质量管理体系的有效性负责。

　　2）确保制定质量管理体系的质量方针和质量目标，并与组织环境相适应，与战略方向相一致。

　　3）确保质量管理体系要求融入组织的业务过程。

4）促进使用过程方法和基于风险的思维。

5）确保质量管理体系所需的资源是可获得的。

6）沟通有效的质量和符合质量管理体系要求的重要性。

7）确保质量管理体系实现其预期结果。

8）促使人员积极参与，领导和支持他们为质量管理体系的有效性做出贡献。

9）推动改进。

10）支持其他相关管理者在其职责范围内发挥领导作用。

第 6 章 "策划" 要求组织在策划质量管理体系时，就理解组织及其环境，理解相关方的需求和期望应确定需应对的风险和机遇，并给出具体措施，以确保质量管理体系能够实现其预期结果。

标准对组织策划质量目标及其实现、策划质量管理体系变更提出了具体要求。要求质量目标与质量方针保持一致、可测量、考虑适用的要求、与产品和服务合格以及增强顾客满意相关、予以监视、予以沟通、适时更新。要求组织在策划目标实现时给出资源配置方案及实现结果评价方案。要求组织在确定需要对质量管理体系进行变更时，所做的变更应按所策划的方式实施。

第 7 章 "支持" 对组织在资源、能力、意识、沟通和成文信息四个方面提出了要求。

要求组织应确立并提供所需的资源，以建立、实施、保持和持续改进质量管理体系。就组织的人员、基础设施、过程运行环境、监视和测量资源、组织的知识等方面的资源配置提出了具体要求。

鉴于组织控制下的人员从事的工作会影响质量管理体系绩效，要求组织确保在其控制下工作的人员具备相关的能力，并保留适当的成文信息，作为人员具备相关能力的证据。

标准要求组织确保在其控制下工作的人员知晓质量方针、相关的质量目标、改进质量绩效的益处、不符合质量管理体系要求的后果。

要求组织确定与质量管理体系相关的内部和外部沟通，具体包括：沟通什么、何时沟通、与谁沟通、如何沟通、谁来沟通。

就成文信息，要求组织的质量管理体系应包括：本标准要求的成文信息，组织所确定的、为确保质量管理体系有效性所需的成文信息。同时，对成文信息的创建与更新、成文信息的控制提出了具体要求。

第 8 章 "运行" 从 7 个方面对组织提出了要求，即运行的策划与控制、产品和服务的要求、产品和服务的设计与开发、外部提供的过程、产品和服务的控制、生产和服务提供、产品和服务放行、不合格输出的控制。

就运行的策划与控制，要求组织应通过以下措施对所需的过程进行策划、实施与控制。

- 确定产品和服务的要求。
- 建立有关过程、产品和服务接收的准则。
- 确定所需的资源以使产品和服务符合要求。
- 按照准则实施过程控制。
- 在必要的范围和程度上，确定并保持、保留成文信息，以确信过程已经按策划进行、证实产品和服务符合要求。

在产品和服务的要求方面，提出了顾客沟通、产品和服务要求的确定、产品和服务要求的评审、产品和服务要求的更改四个方面的具体要求。

在产品和服务的设计和开发方面，提出了策划、输入、控制、输出和更改五项具体要求。强调组织应建立、实施和保持适当的设计和开发过程，以确保后续的产品和服务的提供。

标准要求组织应确保外部提供的过程、产品和服务符合要求，并对控制类型和程度以及提供外部供方的信息提出了要求。强调在下列情况下，组织应确定对外部提供的过程、产品和服务实施了怎样的控制。

- 外部供方的产品和服务构成组织自身的产品和服务的一部分。
- 外部供方代表组织直接将产品和服务提供给顾客。
- 组织决定由外部供方提供过程或部分过程。

在生产和服务提供方面，标准对组织提出了有关生产和服务提供的控制、标识和可追溯性、顾客或外部供方的财产、防护、支付后活动和更改控制六个方面的要求。

标准就产品和服务的放行对组织提出了明确的要求。要求组织应在适当阶段实施策划的安排，以验证产品和服务的要求已得到满足。除非得到有关授权人员的批准，适用时得到顾客的批准，否则在策划的安排已圆满完成之前，不应向顾客放行产品和交付服务。同时，要求组织应保留有关产品和服务放行的成文信息。

标准对不合格输出的控制提出了严格的要求。组织应确保对不符合要求的输出进行识别和控制，以防止非预期的使用或交付。组织应根据不合格的性质及其对产品和服务符合性的影响采取适当措施。这一要求也适用于在产品交付之后，以及在服务提供期间或之后发现的不合格产品和服务。此外，组织应保留以下成文信息：描述不合格、描述所采取的措施、描述获得的让步、识别处置不合格的授权。

第9章"绩效评价"除要求组织监视、测量、分析和评价质量管理体系外，还特别提出了有关内部审核与管理评审两个方面的要求。

组织应确定需要监视和测量的事项，进行监视、测量、分析和评价的方法，实施监视和测量的时间，对监视和测量的结果进行分析和评价的时间。要求组织应监视顾客对其需求和期望已得到满足的程度的感受，应确定获取、监视和评审该信息的方法。要求组织应分析和评价通过监视和测量获得的适当的数据和信息。

组织不但应按照策划的时间间隔进行内部审核，还应该按照策划的时间间隔对其质量管理体系进行评审。

第10章"改进"从不合格和纠正措施与持续改进两个方面对组织就改进要求。

标准要求组织应确定和选择改进机会，并采取必要措施，以满足顾客要求和增强顾客满意，具体包括以下几点。

- 改进产品和服务，以满足要求并应对未来的需求和期望。
- 纠正、预防或减少不利影响。
- 改进质量管理体系的绩效和有效性。

标准就组织对不合格发生时应采取的纠正措施提出了具体要求。此外，还对有关不合格及解决措施的成文信息的保留提出了具体要求。

标准要求组织应持续改进质量管理体系的适宜性、充分性和有效性。强调组织应考虑分析和评价的结果以及管理评审的输出，以确定是否存在需求或机遇，这些需求或机遇应作为持续改进的一部分加以应对。

（3）ISO 9001：2015 标准条文。关于标准条文，读者可参阅 ISO 9001：2015《质量管理体系——要求》。

3. ISO 9004：2018《质量管理——组织的质量：实现持续成功指南》⊖

（1）ISO 9004：2018 标准概述。本标准适用于各种规模、不同类型和从事不同活动的任何组织。

本标准基于 ISO 9000：2015 阐述的质量管理原则，为组织提供了在复杂、多变、严峻的环境中实现持续成功的指南。

ISO 9000：2015 关注对组织的产品和服务提供信心，本标准则关注对组织实现持续成功的能力提供信心。

最高管理者对组织满足顾客和其他有关相关方需求和期望的能力的关注，将增强组织实现持续成功的信心。

本标准倡导自我评价，并提供了用于评审组织采用本标准中概念的程度的自我评价工具。

本标准结构（第 5~10 章）如图 7-21 所示。该图包含了本标准所涉及的组织实现持续成功的必要要素。

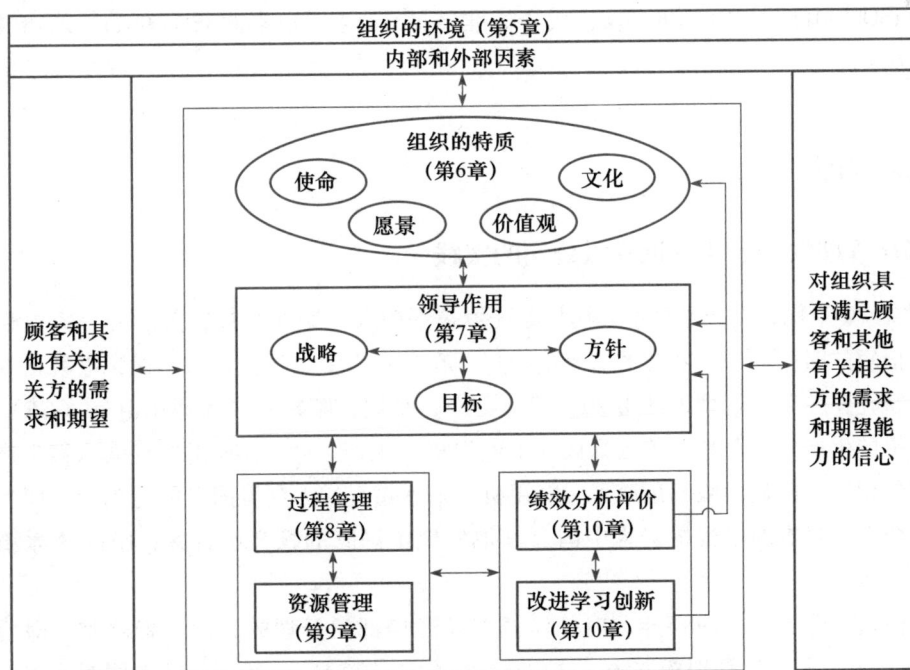

图 7-21　ISO 9004：2018 结构（第 5~10 章）示意图

⊖　引自《质量管理　组织的质量　实现持续成功指南》（GB/T 19004—2020/ISO 9004：2018）。

（2）ISO 9004：2018 标准的主要内容。除前言和引言外，ISO 9004：2018 标准条文共分为第 1 章"范围"，第 2 章"规范性引用文件"，第 3 章"术语和定义"，第 4 章"组织的质量和持续成功"，第 5 章"组织的环境"，第 6 章"组织的特质"，第 7 章"领导作用"，第 8 章"过程管理"，第 9 章"资源管理"，第 10 章"组织绩效的分析和评估"，第 11 章"改进、学习和创新"等 11 章内容。作为资料性附录，本标准给出了基于成熟度模型的自我评价工具。

（3）ISO 9004：2018 标准条文。关于标准条文，读者可以参阅 ISO 9004：2018《质量管理——组织的管理：实现持续成功指南》。

4. ISO 19011：2018《管理体系审核指南》[⊖]

（1）ISO 19011：2018 标准概述。本标准提供了管理体系审核的指南，包括审核原则、审核方案管理和管理体系审核实施，以及评价参与审核过程的人员能力的指南。这些活动涉及审核方案管理人员、审核员和审核组。本标准适用于需要策划和实施管理体系内部审核、外部审核或需要管理审核方案的所有组织。只要对于所需的特定能力予以特殊考虑，本标准也可应用于其他类型的审核。

（2）ISO 19011：2018 标准的主要内容。除前言和引言外，ISO 19011：2018 包括标准条文第 1 章"范围"，第 2 章"规范性引用文件"，第 3 章"术语和定义"，第 4 章"审核原则"，第 5 章"审核方案的管理"，第 6 章"实施审核"，第 7 章"审核员的能力和评价"等 7 章内容。

（3）ISO 19011：2018 标准条文。关于标准条文，读者可以参阅 ISO 19011：2018《管理体系审核指南》。

7.5 6σ 管理

7.5.1 6σ 管理的兴起及在世界级公司的实践

20 世纪 70 年代，当一家日本公司从摩托罗拉手中买走摩托罗拉在美国的一家电视机制造厂后，在很短的时间内摩托罗拉的这个电视机厂在日本人手里像变戏法一样，电视机的缺陷率降到原来摩托罗拉公司管理下的 1/20。正是在这一时期，摩托罗拉和通用电气（GE）先后放弃了电视机的生产，甚至整个美国都放弃了电视机的生产。今天 GE 仍然有电冰箱生产线，但与中国海尔相比，已显得微不足道了。电视机、电冰箱真的无利可图，成为鸡肋了吗？显然不是，直至今天，日本的电视机仍为中国及其他发展中国家的顾客所青睐，中国的冰箱则畅销欧美。

正是在这个背景下，1987 年，时任摩托罗拉通信部门经理的乔治·费歇尔，即后来柯达的 CEO 创立了一种质量管理新方法，这种革新性的改进就是 6σ 管理。就在同时，美国政府为了提高国内产品的质量，于 1987 年设立了马尔科姆·鲍德里奇奖。

⊖ 引自《管理体系审核指南》（GB/T 19011—2021/ISO 19011：2018）。

在随后的几年时间，摩托罗拉在全公司范围内推行 6σ 管理，鲍勃·高尔文提出初始目标：未来 5 年中，使质量提高 10 倍。当然摩托罗拉公司的绝对目标是产品质量达到 6σ 的标准。生根发芽，开花结果，摩托罗拉公司于 1989 年赢得了马尔科姆·鲍德里奇国家质量奖。该公司取得了以下成就：所带来的节约额累计达到 140 亿美元；股票价格平均每年上涨 21.3%；销售额增长 5 倍；利润每年增加 20%。

1996 年年初，杰克·韦尔奇领导的 GE 实施三大战略举措：6σ 管理、全球化和服务。GE 认识到：GE 的生存有赖于顾客满意，顾客满意度决定于产品或流程的质量、价格和交付期。6σ 管理是解决质量问题既治标又治本的方法。

事实上，正是 GE 真正把 6σ 管理这一高度有效的质量管理战略变成了管理哲学和实践，从而形成一种企业文化，首创并培养了"冠军""黑带大师""黑带""绿带"等不同层次的骨干。

除摩托罗拉、GE 等先行者，其他世界级公司也先后推行了 6σ 项目，这些公司有：德州仪器（1986）、ABB（1993）、霍尼韦尔（1994）、西屋（1996）、西门子（1997）、诺基亚（1997）、亚马逊（1999）、索尼（1997）。

归纳起来，6σ 管理就是致力于降低成本、提高生产率和质量，进而提高顾客满意度的过程分析与改进的方法。

7.5.2　6σ 管理理念

6σ 管理追求的是最完美的质量水准：百万机会缺陷数（defect per million opportunity，DPMO）为 3.4，即 3.4DPMO。根据可靠性理论，由可靠性是 99.99% 的 1 000 个零件组成的一台笔记本电脑的可靠性至多达到 90%，更何况任何一台笔记本也不会仅由 1 000 个零件组成。所以，实施 6σ 管理就是追求最完美的质量水准。事实上，任何企业系统或流程总会存在这样那样的问题。追求最完美的质量水准就意味着要敢于面对存在的问题。6σ 管理的核心理念就是不怕问题。

世界级公司的经验表明：6σ 管理是一种回报丰厚的投资，依照 6σ 管理原则配置资源，企业将获得如下成就：质量水准每提高 1σ，产量提高 12%～18%，资产增加 10%～36%，利润提高 20% 左右。

6σ 管理是一种商业战略和哲学：顾客的实际效用意味着产品或服务必须具有相应的价值；企业的实际效用意味着在交易过程中必须为公司创造价值。6σ 管理"以顾客为中心，超越顾客期望"的理念使顾客满意度大为提高，提升了客户价值。6σ 管理使商家与顾客利益达到高度统一。

7.5.3　6σ 质量水平的测算与度量

根据统计学的常识，在 3σ 范围内，包括了 99.73% 的质量特性值，而在 6σ 范围内，包括了 99.999 999 98% 的质量特性值，即达到 6σ 质量标准时，将只有 $2/10^9$ 的不合格品出现。出于种种原因，任何流程在实际运行中都会产生偏离目标值或者期望值的情况，此即漂移。美国学者本德尔和吉尔森经过近 30 年的独立研究得出结果：漂移量为 1.49σ，通常取为 1.5σ。考虑漂移后，3σ 与 6σ 下的不合格品率分别为 66 807ppm[⊖] 和 3.4ppm，产品质量数据呈正态分布，如图 7-22 所示（图中箭头上面的数字代表对应范围内正态分布曲线下的面积，即合格品率）。

"借用"上面的计算结果，对于标准差为 σ 的生产过程，如果过程结果的缺陷率减少到 3.4ppm，因为这一指标是质量特性值落在 $[-6\sigma, +6\sigma]$ 之外的量值，就认为该生产过程的结果达到了 6σ 质量水平。显而易见，在均值不变的情况下，生产过程的标准差越小，质量水平越高。对于给定的规格范围，当生产过程的标准差小到使质量特性值在规格范围之外的量值减少到 3.4ppm 时，就认为该生产过程的结果达到了 6σ 质量水平。

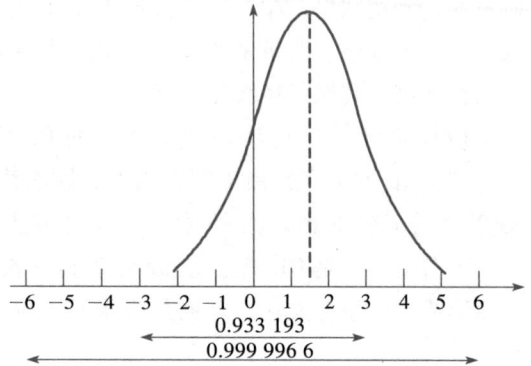

图 7-22　3σ 与 6σ 的产品质量数据的正态分布

1. 单位缺陷数与百万机会缺陷数

单位缺陷数（defect per unit，DPU）是测算 6σ 的一个重要指标，是指每个检查单位的缺陷数。其计算公式为

$$DPU = \frac{缺陷数(在所有检查点发现的缺陷数)}{单位数(通过该检查的单位数)} \tag{7-23}$$

测量 DPU 的意义在于：不但能够知道有多少缺陷产品，而且能够知道每个缺陷产品上有多少个缺陷项。

在进行 6σ 测算时，另一个重要指标是**百万机会缺陷数**，即每个百万出错机会中的缺陷数。其计算公式为

$$DPMO = \frac{DPU \times 1\,000\,000}{每单位出错机会} \tag{7-24}$$

引入百万机会缺陷数强调了把质量管理重点放在过程控制上。此外，该指标为比较不同业务的质量水平提供了可能，排除了性质、复杂程度等因素给评价带来的影响，因此是对具有不同复杂程度的产出进行公平测评的通用尺度。其中，出错机会是在每一个单位工作中可能发生的且最终导致客户不满意的最大错误个数。对一项业务，确定其出错机会并不是一件容易的事，而这又是 6σ 测量中的一个重点。也许 6σ 质量项目的内涵正在于此：准确把握每一项关键业务，其本身就是对业务流程的改进。

有了百万机会缺陷数，就可以对任一业务进行评价。当某项业务的每百万出错机会中有不多于 3.4 次缺陷时，可以认为这项业务达到了 6σ 质量水平。而当某一公司所有关键业务都达到了 6σ 质量水平时，可以认为该公司的总体质量水平达到了 6σ。虽然直到今天，没有哪一家公司的总体质量水平在真正意义上达到了 6σ，但世界级公司正在朝着这一目标前进，致力于达到顾客满意，实现持续改进。

DPMO 与 σ 水平的对应关系如表 7-9 所示。

⊖　即百万分之一（parts per million）。

表 7-9 DPMO 与 σ 水平对应关系（考虑了 1.5σ 的漂移）

DPMO	σ	DPMO	σ	DPMO	σ	DPMO	σ
274 253.1	2.10	15 386.3	3.66	3 072.0	4.24	171.8	5.08
241 963.7	2.20	13 552.6	3.71	2 717.9	4.28	159.1	5.10
211 855.4	2.30	12 224.5	3.75	2 477.1	4.31	147.3	5.12
184 060.1	2.40	9 641.9	3.84	2 186.0	4.35	141.7	5.13
158 655.3	2.50	6 755.7	3.97	1 988.4	4.38	131.1	5.15
135 666.1	2.60	6 209.7	4.00	1 807.1	4.41	121.3	5.17
115 069.7	2.70	5 867.7	4.02	1 588.9	4.45	116.6	5.18
96 800.5	2.80	5 703.1	4.03	1 489.0	4.47	107.8	5.20
80 756.7	2.90	5 386.1	4.05	1 394.9	4.49	99.6	5.22
66 807.2	3.00	5 084.9	4.07	1 144.2	4.55	92.0	5.24
54 799.3	3.10	4 798.8	4.09	935.4	4.61	85.0	5.26
44 565.5	3.20	4 661.2	4.10	762.2	4.67	72.4	5.30
35 930.3	3.30	4 269.2	4.13	597.6	4.74	59.1	5.35
31 442.8	3.36	4 145.3	4.14	375.8	4.87	50.1	5.39
30 054.0	3.38	3 792.6	4.17	232.6	5.00	37.5	5.45
22 750.1	3.50	3 681.1	4.18	224.1	5.01	29.1	5.52
21 691.7	3.52	3 567.0	4.20	207.8	5.03	17.4	5.64
19 226.2	3.57	3 364.2	4.21	192.2	5.05	9.8	5.77
17 429.2	3.61	3 166.7	4.23	178.5	5.07	3.4	6.00

2. 首次产出率与流通产出率

首次产出率（first time yield，FTY）是指过程输出一次达到顾客要求或规定要求的比率，也就是一次提交合格率。

流通产出率（rolled throughput yield，RTY）是指构成过程的每个子过程的首次产出率的乘积。设某过程由 n 个子过程构成，那么，$RTY = FTY_1 \times FTY_2 \times \cdots \times FTY_n$。

用 FTY 或 RTY 度量过程，可以揭示由于不能一次达到顾客要求而造成的报废和返工返修，以及由此而产生的质量、成本和生产周期的损失。这与通常采用的产出率的度量方法不同。在很多企业中，只要产品没有报废，在产出率上就不计损失，因此掩盖了由于过程输出没有一次达到要求而产生的返修费用和生产周期的延误。

在实际中，有企业利用全过程中一次合格的产品数占总投入数的比率来计算流通产出率，这一做法强调了过程控制的重要性，值得推荐。

例 7-3 某加工过程由 5 道工序构成，各道工序及质量关键点（critical-to-quality，CTQ）如图 7-23 所示。其中，第 1 道工序（P_1）形成的半成品经过第 2 道工序（P_2）加工后附加值会大幅度增加。特别是经过第 2 道工序加工后，会形成一项重要质量特性。第 3 道工序（P_3）是一项不可逆的作业，即一旦出现废品，将不可修复。此外，经过第 3 道工序加工后会形成另一项重要质量特性。第 4 道工序（P_4）的后续工序（即第 5 道工序）是一项覆盖性的作业，需要确保其形成的半成品达到基本质量要求。第 5 道工序（P_5）完成后，需要对产品外观进行判定。

投入100件 → $\boxed{P_1}$ → $\boxed{P_2}$ → $\boxed{P_3}$ → $\boxed{P_4}$ → $\boxed{P_5}$ → 产出95件

　　　　CTQ　　　CTQ　　　CTQ　　　CTQ　　　CTQ

6件不合格　4件不合格　3件不合格　5件不合格　4件不合格
全部修复　　3件修复　　全部报废　　4件修复　　全部修复

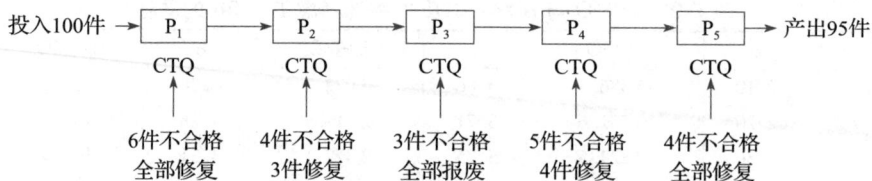

图 7-23　某加工过程的工序及质量关键点

　　根据生产计划部门的安排，某一工作日投料 100 件。根据设定的质量标准，在 5 道工序经过检验后发现不合格的数量分别为 6 件、4 件、3 件、5 件、4 件。其中，经过返工，在 5 道工序产生的不合格半成品或成品分别有 6 件、3 件、0 件、4 件、4 件得到了修复。这样，总共有 95 件产品是合格的，可以交付顾客使用。

　　试计算每道工序的首次产出率（FTY）以及整个加工过程的流通产出率（RTY）。

　　解：由图 7-23 可知，5 道工序的首次产出率分别为

$$FTY_1 = \frac{100 - 6}{100} \times 100\% = 94.0\%$$

$$FTY_2 = \frac{100 - 4}{100} \times 100\% = 96.0\%$$

$$FTY_3 = \frac{99 - 3}{99} \times 100\% \approx 97.0\%$$

$$FTY_4 = \frac{96 - 5}{96} \times 100\% \approx 94.8\%$$

$$FTY_5 = \frac{95 - 4}{95} \times 100\% \approx 95.8\%$$

于是，整个加工过程的流通产出率为

$$RTY = 94.0\% \times 96.0\% \times 97.0\% \times 94.8\% \times 95.8\% \approx 79.5\%$$

　　在本例中，按照传统的统计方法，产出率为 95%（＝95/100×100%）。传统的产出率掩盖了中间环节存在的返修问题，而返修必然增加了生产成本和延长了生产周期。

　　本例中只有 5 道工序，如果有 10 道或更多的工序，可以想象，如果不注重每个环节的质量控制，流通产出率会大幅度下降。在 6σ 管理中，引入首次产出率和流通产出率符合菲利普·克劳士比提出的"第一次就做对最经济"的质量管理思想。

7.5.4　6σ 质量项目的团队架构

　　6σ 质量项目的成功实施有赖于 6σ 团队的建设。6σ 团队的关键成员包括冠军、黑带大师、黑带和绿带。

　　冠军是 6σ 计划的领导者，负责批准 6σ 的项目计划，对项目做出预算，排除一切妨碍计划执行的障碍。

　　黑带大师是 6σ 项目的中坚力量、教练，负责培训、指导黑带和绿带，参与项目的讨论与评价，并能提出建议及要求。黑带大师具备丰富的统计方法与技术知识。

　　黑带是专职从事 6σ 项目的骨干力量，负责实现 DMAIC 模型中的具体步骤及方法。

绿带是半专职的 6σ 项目成员，职责与黑带类似，接受过 DMAIC 程序的培训，兼任其他业务职位。

6σ 团队的架构如图 7-24 所示。

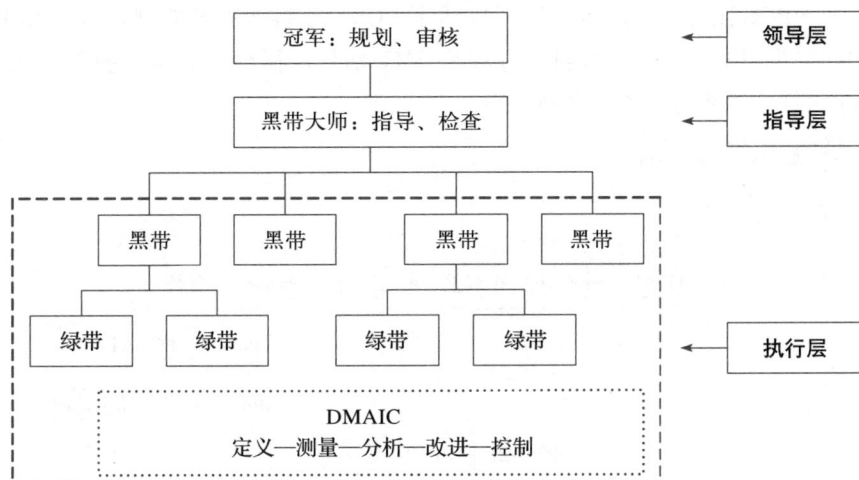

图 7-24 6σ 团队的架构

7.5.5 实施 6σ 管理的 DMAIC 模式

1. 定义阶段

定义阶段的主要任务是利用 SIPOC 图、工艺或业务流程图、过程绩效测评、排列图等质量管理方法确定需要改进的产品和服务及相关的核心流程，识别顾客心声（voice of customer，VOC），确定质量控制点及关键质量特性，确定 6σ 项目实施所需要的资源。

（1）项目选择。选择项目时，应以生产过程中的薄弱环节为切入点，这些薄弱环节包括以下几点。

- 经常出现返工、返修，甚至残次品的生产过程或作业流程。
- 一直存在的影响资源利用效率，从而影响经营业绩的障碍。
- 对提高顾客满意度至关重要，但与标杆企业相比存在明显差距的业务。

找到这些薄弱环节并不是一件容易的事情，只有经过深入细致的调查分析才能确定，为此需要搜集、分析信息。这些信息来源于顾客反馈意见（如顾客报怨、投诉甚至索赔），市场占有率，竞争对手的策略和行动计划，企业内部的质量分析报告、财务分析报告和企业计划、方针、目标的执行报告等。

（2）项目描述。项目被界定后，应以文件的形式予以表达，使领导层和项目中的所有成员都能了解项目的背景、关键问题、预期的目标、团队成员的职责等。

SIPOC 图是描述项目的一个非常有用的工具。它以简洁直观的形式描述一个流程的结构和概况。

SIPOC 图说明了信息和物料来自何处，谁是供应商（supplier），供应商会向你提供即输入（input）什么，所提供的物料对生产过程和关键质量特性（CTQ，critical-to-quality）有什么影响，包括有哪些主要处理过程（process），过程的结果，即输出（output）的是什么，谁是这个过程的顾客（customer）。值得指出的是，这里的"供应商"可能是外部的供应商，也可能是上一道工序；"顾客"可能是最终顾客，也可能是下一道工序。

图 7-25 是 SIPOC 图的一个示例。该图描述了 PCBA 来料加工的典型过程。其中，供应商为主要物料供应商，输入为电子物料，过程为 SMT 贴片、插件、焊接、装配、测试、包装，输出为 PCBA 组件，顾客为电子产品制造商。

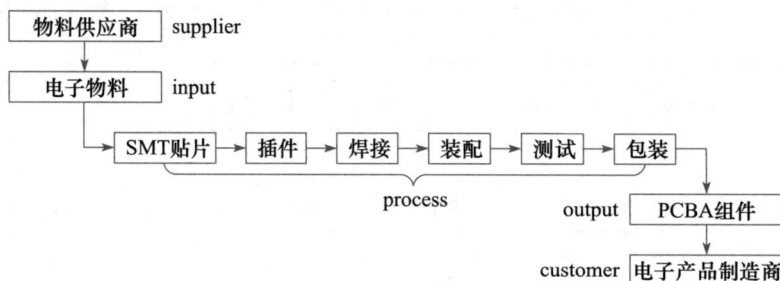

图 7-25　SIPOC 图示例

绘制完 SIPOC 图后，还需要进一步绘制工艺流程图（产品）或业务流程图（服务），并确定流程中的控制点。

（3）顾客需求分析。6σ 管理是一种以追求顾客满意为驱动的管理方法，顾客决定了组织的生存和发展。为达到甚至超过顾客满意，必须识别顾客需求，尤其是关键顾客需求。关键顾客需求即顾客心声（VOC），是顾客对产品在功能、性能、外观、操作等方面的要求或潜在要求。

顾客需求分析就是通过识别 VOC，确定产品或服务的技术要求，进而确定关键质量特性（CTQ）的过程。这一过程可通过 CTQ 树的方法来实现。图 7-26 是 CTQ 树的一个实例。

（4）过程绩效测评。通过项目选择、项目描述、顾客需求分析，我们对所发现的问题就有了一个初

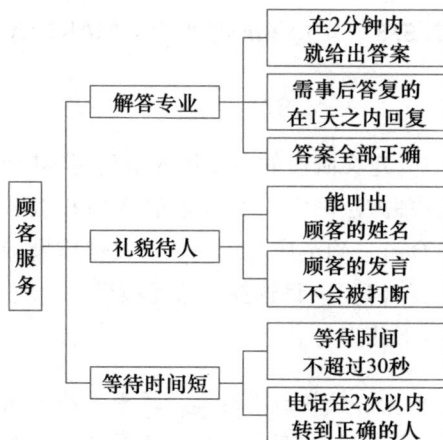

图 7-26　CTQ 树实例

步的判定。为了更准确地描述所存在的问题，需要测评过程绩效，例如 RTY 或 DPMO。虽然 RTY 测评的是输出的结果，但是，不同于传统产出率，RTY 揭示了过程中存在的一切问题。DPMO 则超出不合格品数的局限，更多地关注有几个出错机会以及每个不合格品有几个缺陷项。所以，这两个指标的测评都有助于我们从量化、客观的角度对存在的问题进行定位，使得 6σ 项目要解决的问题更加明确。

2. 测量阶段

就所明确的问题，测量阶段的主要任务是通过对现有过程的测量，确定过程的基线以及期望达到的目标，识别影响过程输出 Y 的输入 X_s，并对测量系统的有效性做出评价，根据所获得的数据计算反映现实质量水平的指标。

该阶段一般要用到的质量管理方法有：测量系列验证、时间序列分析、描述性统计分析、过程能力分析等。

（1）数据收集和整理。为正确收集数据，需要对数据收集进行策划，包括数据收集的要求、测量对象、测量指标、测量装置及方法等。策划的结果应形成文件，如"数据收集计划""数据收集表单"，并发放到有关人员，使测量和记录人员有章可循，同时，也有助于保持记录和测量结果的一致性。数据收集应遵循数据抽样的原则和方法。

整理数据的目的是为查找原因提供线索，可采用直方图、排列图、散布图、分层图、趋势图等统计工具分析数据。

（2）测量系统验证。数据是通过测量得到的。测量中涉及测量对象、测量人员、测量器具、测量方法、测量环境。这些因素都会对测量结果造成或多或少的影响。如果造成的影响比较大，所获得的数据就达不到预期的精度。

测量系统验证就是用统计学的方法来分析影响数据波动的各个测量因素，以及它们对测量结果的影响，最后给出明确的判定：该测量系统是否达到使用要求。

总之，测量系统必须具有良好的准确性（accuracy）和精确性（precision）。准确性是指多次测量结果的平均值与测量对象真值之间的差异性。精确性是指多次测量结果的波动大小。图 7-27 直观地描述了准确性与精确性的概念。

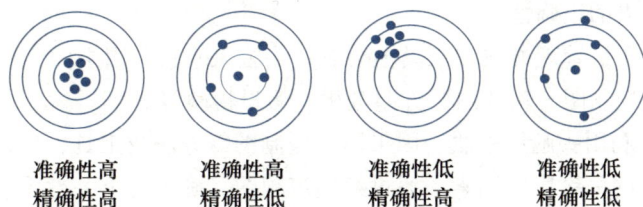

| 准确性高 | 准确性高 | 准确性低 | 准确性低 |
| 精确性高 | 精确性低 | 精确性高 | 精确性低 |

图 7-27　准确性与精确性示意图

测量系统的准确性由偏倚、线性和稳定性三个统计指标来表征。下面介绍这三个统计指标的具体含义如下。

- 偏倚是指多次测量的平均值与被测对象真值之间差异的大小。
- 线性是指在测量系统量程范围内，偏倚与真值之间是否存在线性关系。
- 稳定性是指测量系统的偏倚随时间变动的情况。

测量系统的精确性由重复性、再现性和分辨力三个统计指标来表征。下面介绍这三个指标的具体含义。

- 重复性是指同一测量员使用同一量具对同一被测对象多次测量的结果的差异，这一指标反映了量具的固有波动。
- 再现性是指不同测量员使用同一量具对同一被测对象多次测量的结果的差异。
- 分辨力是指测量系统识别并显示被测对象最微小变化的能力。

以上介绍的是连续型数据的测量系统分析。对于非连续型数据的测量系统的有效性，一般用测量结果的一致性来验证。其基本原理类似于对连续型数据测量系统的重复性与再现性的评价。

（3）时间序列分析。时间序列分析简单实用，可以帮助使用者发现数据随时间变化的规律。时间序列分析所用的工具是时间序列图，又称为趋势图，是将收集到的数据按时间先后顺序在坐标图中直观地展示出来。6σ 项目团队收集到过程输出 Y 的数据后，就可以绘制时间序列图。为了能够充分展现数据随时间变化的规律，需要尽可能多地收集数据。当数据量大时，可借助计算机辅助绘制时间序列图。

（4）描述性统计分析。当 6σ 项目团队收集到过程输出 Y 的数据后，还需要进一步分析数据分布的集中程度与分散程度以及数据分布的形状。

描述集中程度的指标有均值、中位数、众数等。描述分散程度的指标有方差、标准差、极差等。描述分布形状的指标有偏度、峰度等。

（5）过程能力分析。6σ 项目团队收集到过程输出 Y 的数据后，应对 Y 的中心位置与波动情况进行综合分析，而过程能力分析是能够把两个方面放在一起进行综合评估的有效工具。同时，过程能力分析也是确定过程改进的基线和改进目标的重要工具。有关过程能力分析的内容在前面的章节已做了详细介绍，这里不再赘述。

3. 分析阶段

分析阶段的主要任务是识别影响过程输出 Y 的输入 X，通过数据分析确定影响输出的关键因素，并验证分析结果的正确性。

分析阶段用到的质量管理方法和工具主要有：头脑风暴法、因果图、排列图、散布图、多变量图、回归分析、控制图、箱线图、方差分析、假设检验等。

（1）原因分析。利用头脑风暴法、因果图、控制图等方法或工具，分析确定影响输出 Y 的关键 X_s，即确定过程的关键影响因素。通过绘制流程图，确定每个关键质量特性的可追溯变量 X_s，确定每个变量的能力，对 CTQ 与 X_s 之间的关系做出描述。

（2）结论验证。为确保所找到的关键因素是正确的，还要验证分析结果。为此，可用散布图来确认 Y 与 X_s 之间的相关程度，即通过计算相关系数来确定 Y 与 X_s 之间的密切程度。通过假设检验或方差分析则可以验证所找出的关键因素是否对特性结果有重大影响。

图 7-28 是一个利用头脑风暴法分析机器停止运行原因的例子。最后发现，设备停止运行的真正原因是所安装过滤器的目数不够。可以想象，在找到这一真正原因之前，一定经历了很长的曲折与摸索。

值得注意的是，分析阶段既是关键阶段，也是困难阶段。一方面，要找到造成质量问题的原因；另一方面，还要对所得出的结论进行验证。为了真正找到那些造成质量问题的少数的关键原因，就需要大量运用统计学的理论与方法。

4. 改进阶段

改进阶段的主要任务是针对分析阶段所确定的关键问题，给出有效的解决方案，并实施解决方案。

改进阶段是最具创新性的一个阶段。改进可以是在原

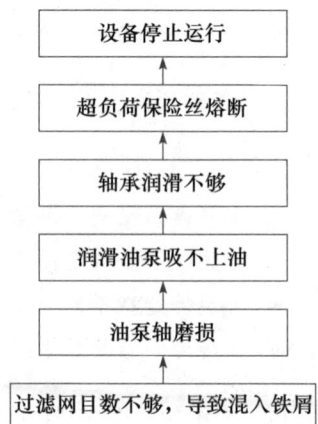

图 7-28　设备停止运行原因分析

有方案的基础上进行优化，也可以是提出全新的方案。正是由于在这一阶段将提出创新性的改进方案，所以，一方面需要验证方案的有效性；另一方面，需要对改进方案的风险做出全面评估。

改进阶段用到的主要质量管理方法有：实验设计、精益管理方法、田口方法、FMEA、响应面分析、流程再造、甘特图等。

（1）改进方案的提出和选择。提出若干可行方案，通过实验设计等工具描述 CTQ 与 X_s 之间的关系，经过对比分析选择那些能够显著提高 CTQ 水平的方案。根据 6σ 总体目标，确定使 CTQ 达到最优的 X_s 的水平。

（2）改进方案的评估。失效模式与影响分析（failure mode and effects analysis，FMEA）是用来分析在产品或服务及其实现过程中存在风险的有效方法。当进入分析阶段时，6σ 项目团队应评估将要实施的改进方案是否解决了原有问题，还要评估在解决原有问题后是否会带来新的问题（风险）。

FMEA 分析的核心是 FMEA 分析表，如表 7-10 所示。

表 7-10　FMEA 分析表

功能	潜在失效模式	潜在失效后果	S	失效机理	O	现行控制方法	D	RPN	措施	S	O	D	RPN

下面逐项介绍 FMEA 分析表中的内容。

功能。功能是指改进方案要实现的质量目标。一个改进方案对应一个 FMEA 分析表。

潜在失效模式。潜在失效模式是指分析对象未达到预期功能所表现出来的失效形式。

潜在失效后果。潜在失效后果是指失效后对系统、过程、顾客等所带来的不良影响。分析应包括对当前过程、后续过程及整体所造成的不良影响。

严重度（S）。严重度（severity）是指对失效所造成影响的严重程度，从 1 到 10 分为 10 个等级。没有任何后果为 1，无警告造成严重后果为 10，中间分为 8 个等级。

失效机理。失效机理是指失效模式发生的原因、影响因素。

频度（O）。频度（occurrence）是指失效原因发生的可能性，从 1 到 10 分为 10 个等级。失效不大可能发生为 1，失效几乎不可避免为 10，中间分为 8 个等级。

现行控制方法。现行控制方法是指当前采取的用以防止失效或发现失效原因的措施。

不可探测度（D）。不可探测度（detection）是指用当前方法发现失效原因的可能性，从 1 到 10 分为 10 个等级。几乎肯定可以发现失效原因为 1，几乎不可能发现失效原因为 10，中间分为 8 个等级。

风险优先级别数（RPN）。风险优先级别数（risk priority number，RPN）是 S、O、D 三者相乘的结果。RPN 的取值范围为 1~1 000。实际应用时，对照所在行业 S、O、D 的标准，给出每个风险监控点的 S、O、D 值，并计算出 RPN 值。通常，对标行业标杆企业或按 20% 的少数关键原则设置重点风险监控点。注意，除了关注 RPN 值外，还应关注 S、O、D 单项值。有时，即使 RNP 值不是很高，当某一单项值很高时也应重新设计改进方案，当涉及与生命有关的安全事项时尤其如此。

措施后面的 S、O、D 值及 RPN 值是实施预防措施后预计的数值。它们应比实施措施前有所降低。当然，也会出现降低某一风险监控点的 RPN 而导致另一风险监控点的 RPN 增加的可能性。

（3）改进方案的实施。确定好改进方案后，就要采取强制措施推行改进方案。为此，需要确定要达到的具体目标、实施的具体内容、行动计划、资源配置、时间要求等。可以利用网络图法确定各项作业的先行后续关系、时间进度，并找出关键路径，进而从质量、费用、时间、资源等方面优化 6σ 项目计划。

5. 控制阶段

控制阶段的主要任务是确认改进成果，通过有效的措施保持改进成果，并推广应用改进成果。

控制阶段用到的质量管理方法有：控制图、防错方法、标准操作规程等。

（1）成果证实。从统计学角度，对改进前后的质量特性数据的分布进行分析比较，证实改进成果的真实性。此外，还要从经济学角度，验证 6σ 项目投资回报的显著性，在评估报告中说明由于减少缺陷而带来的浪费的减少、质量成本的降低、效率的提高，创造的直接和间接效益。

为了确保 6σ 管理的信度和权威，应结合具体情况，建立有关 6σ 改进项目实施情况的评价与检查制度，以定期评审 6σ 改进项目的进展情况。

（2）成果巩固。对证实的成果，建立保持成果的管理、技术和工程措施，使其文件化、标准化和制度化，并将改进结果应用到类似项目中。

在整个公司范围内，对改进项目的成果提出表扬，在物质和精神上对为 6σ 项目做出突出贡献的人员予以奖励，以确保成果得到认可。

显然，当质量水平上升到一个台阶后，正好是下一次质量改进的起点，此时，应及时提出下一阶段的工作重点和方向。

7.6　卓越绩效模式

日本戴明奖、美国鲍德里奇奖以及欧洲质量管理基金会卓越奖是当今世界上最有影响的三大质量奖。这些奖项的设立与实施在全球刮起了卓越绩效模式的旋风。而量化评分的方法使得卓越绩效模式更直观，更具有可操作性。

卓越的结果来自卓越的过程，而通过结果又让人们反思过程中存在的不足。结果不仅在于组织的经济效益，更在于为员工创造发展的空间，为顾客创造价值，为社会做出贡献。

7.6.1　卓越绩效模式及框架

卓越绩效模式是当今国际上广泛认同的一种组织综合绩效管理的有效方法。这种系统的绩效管理方法通过领导作用（leadership），战略规划（strategic planning），对顾客和市场的关注（customer and market focus），测量、分析和知识管理（measurement，analysis and knowledge management），对人力资源的关注（human resource focus），过程管理（process management），经营结果（business results）等 7 个方面的集成来改变组织形象（organization profile）。这 7 个方面之间的关系构成卓越绩效模式框架，如图 7-29 所示。其中，领导作用、战略规划、对顾客和市场的关注构成了"领导—战略—市场"循环；对人力资源的关注、过程管理、经营结果构成了"资源—过程—业绩"循环。两个循环以测量、分析和知识管理为基础和纽带相互促进，最终通过组织形象的提升来实现组织整体绩效和竞争力的大幅度提升。

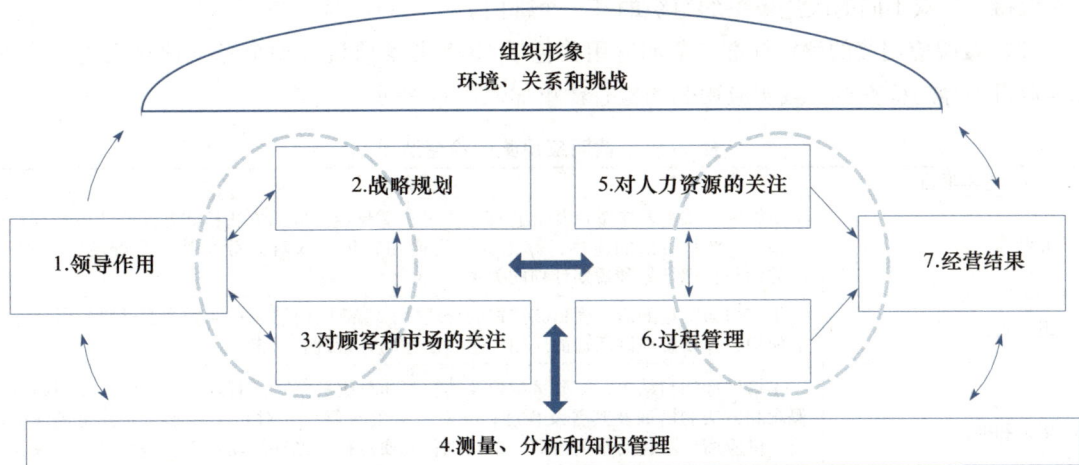

图 7-29　卓越绩效模式框架

卓越绩效模式的核心是引导企业满足甚至超越顾客需求，达到顾客满意，实现卓越经营绩效。朱兰认为，卓越绩效模式的本质是对全面质量管理的标准化、规范化和具体化。对于任何一个致力于追求卓越的企业，卓越绩效模式提供了评价准则，企业可以采用评价准则所集成的现代质量管理的理念和方法，不断评价自己的管理业绩，从而走向卓越。

因此，卓越绩效模式是手段，提升市场竞争力和卓越绩效是目的。实现目的的路径是利用卓越绩效评价准则定期对组织进行系统的诊断，识别存在的不足，实施持续改进，取得预期的绩效水平。

卓越绩效模式是世界级成功企业公认的提升企业竞争力的有效方法，也是中国企业在竞争日益激烈的环境中不断提高管理水平、实现卓越经营的努力方向。

7.6.2　三大著名质量奖

在全世界所有国家质量奖中，最为著名、影响最大的当属日本戴明奖（Deming Prize）、美国鲍德里奇国家质量奖（Baldrige Award）和欧洲质量管理基金会卓越奖（European Excellence Award），这三大质量奖被称为卓越绩效模式的典型代表和经济奇迹的助推器。

1. 日本戴明奖

为了纪念美国质量管理大师威廉·爱德华兹·戴明（William Edwards Deming）博士对日本人民的友情和对当时正处于幼年期的日本工业的持续发展所做出的重要贡献，1951 年，日本国家质量最高奖——戴明奖设立。

（1）戴明奖的种类。戴明奖分为以下三类。

戴明个人奖。戴明个人奖授予在质量管理研究、统计方法在质量控制中的应用以及 TQM

推广等方面做出突出贡献的个人。

戴明应用奖。戴明应用奖授予在规定年限内通过应用 TQM 而取得了与众不同的改进的组织或部门。自 1984 年开始，其他国家的组织或部门也可以申请戴明应用奖。

戴明控制奖。戴明控制奖授予在规定的年限内通过应用 TQM 中的质量控制和质量管理方法而取得了与众不同的改进效果的组织的某一个部门。

（2）戴明应用奖的评审标准。戴明应用奖包括 10 个考察项目。每个考察项目又进一步细分为数目不等的检查点。戴明应用奖的检查清单如表 7-11 所示。

表 7-11 戴明应用奖的检查清单

考察项目	检查点
1. 方针	①管理、质量及质量控制（管理）方针；②形成方针的方法；③方针的适应性与连续性；④统计方法的应用；⑤方针的沟通与宣传；⑥对方针及其实现程度的检查；⑦方针与长期计划和短期计划的关系
2. 组织及其运营	①权力与责任的清晰度；②授权的合适性；③部门内协调；④委员会活动；⑤员工的使用；⑥质量控制活动的应用；⑦质量控制（管理）诊断
3. 培训和推行	①培训计划与结果；②质量意识及其管理和对质量控制（管理）的理解；③对统计概念和方法的培训及其普及程度；④对效果的理解；⑤对相关企业（尤其是集团公司、供应商、承包商及销售商）的培训；⑥质量控制循环活动；⑦改进建议系统及其地位
4. 信息收集、沟通及利用	①外部信息收集；②部门内沟通；③沟通速度（计算机使用）；④信息处理（统计）分析与信息应用
5. 分析	①重要问题与改进主题的选择；②分析方法的正确性；③统计方法的应用；④与产业专有技术的联系；⑤质量分析与过程分析；⑥分析结果的利用；⑦就改进建议所采取的行动
6. 标准化	①标准系统；②建立、修改和废除标准的方法；③建立、修改和废除标准的实际绩效；④标准的内容；⑤统计方法的应用；⑥技术积累；⑦标准的运用
7. 控制（管理）	①质量与其他相关因素的管理系统，诸如成本与运输；②控制点与控制项目；③统计方法与概念的运用；④质量控制循环的贡献；⑤控制（管理）活动的地位；⑥控制中的情境
8. 质量保证	①新产品和服务的开发方法；②产品安全与可靠性的预防性活动；③顾客满意的程度；④流程设计、流程分析、流程控制与改进；⑤过程能力；⑥设备化与检查；⑦设施、销售商、采购和服务的管理；⑧质量保证系统及其诊断；⑨统计方法的运用；⑩质量评估与审计；⑪质量保证的地位
9. 效果	①效果的测评；②诸如质量、服务、运输、成本、利润、安全与环境的有形效果；③无形效果；④实际绩效与计划的一致性
10. 远期计划	①对当前情况的具体理解；②解决缺陷的方法；③远期的推动计划；④远期计划与长期计划的关系

2. 美国鲍德里奇国家质量奖

1987 年 8 月 20 日，美国总统里根签署了国会通过的美国 100-107 号公共法案《马尔科姆·鲍德里奇国家质量改进法》。依据该法案，设立鲍德里奇国家质量奖，用以表彰美国在 TQM 和提高竞争力方面做出杰出贡献的企业。美国国家质量奖以马尔科姆·鲍德里奇（Malcolm Baldrige）的名字命名是为了表彰鲍德里奇在促进美国国家质量管理的改进和提高上所做出的突出贡献。

（1）鲍德里奇国家质量奖的评审标准。鲍德里奇国家质量奖从 7 个方面对组织进行评审，即领导作用，战略规划，对顾客和市场的关注，测量、分析和知识管理，对人力资源的关注，过程管理，经营结果。这 7 个方面相互联系形成了一个框架。这一框架就是后来被广泛应用的卓越绩效模式框架，参见图 7-29。

对上述 7 个方面，评价的具体内容如下。

- 领导作用：检查高层管理的各项能力以及组织社会责任的定位及履行措施。
- 战略规划：检查组织战略的定位以及重大决策的实施。
- 对顾客和市场的关注：检查组织对顾客需求的定义以及与客户建立关系的方式。
- 测量、分析和知识管理：检查组织为了对关键的组织流程和组织绩效提供支持而管理、有效利用、分析和改进数据和信息的方式。
- 对人力资源的关注：检查组织促进成员充分拓展其潜能并激励他们调整到与组织目标相一致的轨道上的方式。
- 过程管理：检查组织的运营和支持等各个关键流程的设计、管理和改进。
- 经营结果：检查组织的各关键业务领域的绩效和改进措施，以及客户满意程度、财务和市场表现、人力资源表现、供应商和合作伙伴表现、运营表现、公共和社会责任，此外，还检查组织与其竞争对手关系的处理。

（2）鲍德里奇国家质量奖的实施。鲍德里奇国家质量奖的评审和奖励由美国商务部负责，具体管理机构是美国国家标准和技术研究院（National Institute of Standards and Technology，NIST）。美国质量协会（American Society of Quality，ASQ）协助 NIST 从事对申请者的评审、准备相关文件和具体政策以及各类信息的发布等工作。

鲍德里奇国家质量奖的评奖过程包括自我评审与申请、专家评审、信息反馈、奖励与经验推广四大阶段。

1）自我评审与申请。各类组织可以根据公开发布的标准进行自评。完成自评工作后，如果组织希望获得该奖项，可以向 NIST 提出申请，接受评审委员会的严格审查。在提交的申报材料中应着重说明所取得的卓越绩效。

2）专家评审。所提交的申报材料由鲍德里奇奖评审部门的专家进行审查和评定。评审分为 4 个步骤。

- 第一步，由评审部至少 5 位专家对申报材料进行独立的审查和评定。
- 第二步，对第一步评分高的申请单位进行一致性审查和评定。
- 第三步，对第二步评分高的申请单位进行现场考察。
- 第四步，由仲裁委员会最终评审，推荐获奖者名单。

3）信息反馈。在评审结束后，每一个申报单位都会收到评审部门的反馈报告。报告由评审部门的美国高级专家签署评定意见。反馈报告根据评定准则逐项列出申请者的强项和需要改进的薄弱环节。反馈报告是申请单位改进业绩的指南，也是未能获得奖励者继续申请该奖项的一个重要指南。

4）奖励与经验推广。获奖单位可以公开发布获奖信息或通过媒体宣传所获得的奖项。获奖者要与其他美国机构分享其取得成功业绩的经验，但不要求分享其专利信息。分享经验的主要途径是美国一年一度的追求卓越（Quest for Excellence）大会。

3. 欧洲质量管理基金会卓越奖

日本戴明奖和美国鲍德里奇国家质量奖在推动和改进制造业和服务业方面所取得的质量成效使欧洲企业管理者有所感悟。他们认为欧洲有必要建立一个能与之相媲美的欧洲质量改进的框架。时任欧盟委员会主席的雅克·戴勒指出："为了企业的成功，为了企业竞争的成功，我们必须为质量而战。"1990年，在欧洲质量组织和欧盟委员会的支持下，欧洲质量管理基金会（EFQM）开始策划欧洲质量奖。1991年10月，在法国巴黎召开的EFQM年度论坛上，由欧洲委员会副主席马丁·本格曼正式提出设立欧洲质量奖（European Quality Award，EQA），以表彰卓越的企业，并帮助所有申请者追求卓越。1992年，由西班牙国王首次向获奖者颁发了欧洲质量奖。自此，每年颁发一次。欧洲质量奖后更名为欧洲质量管理基金会卓越奖。

（1）欧洲质量管理基金会卓越奖的奖励范围及颁奖类别。申请欧洲质量管理基金会卓越奖的组织可以分为4类：大企业、公司运营部门、公共组织和中小型企业。前三类申请者要具备以下4个基本条件。

- 雇员不少于250人。
- 至少有50%的活动已经在欧洲运营了5年以上。
- 前3年内申请者没有获得欧洲质量管理基金会卓越奖。
- 同年同一母公司，其独立运营分部申请者不得超过3家。

（2）欧洲质量管理基金会卓越奖的评审标准。欧洲质量管理基金会卓越奖从手段和结果两大方面对组织进行评审。欧洲质量管理基金会卓越奖的总分为1 000分，手段和结果各占500分。

手段标准。欧洲质量管理基金会卓越奖从5个要素来评审组织手段的有效性，即领导作用（100分）、人员（90分）、方针与战略（80分）、资源（90分）、过程（140分）。从手段上可以评审组织做了什么。

- 领导作用要素考察领导者如何促成任务和远景目标的实现，如何制定长期成功所需要的战略，并通过适当的行动和行为予以实施。
- 人员要素考察组织如何在个人、团体和组织高层上管理、开发和释放员工的知识和潜能，如何制订活动计划来支持方针与策略和过程的有效运行。
- 方针与战略要素考察组织如何通过明确的战略，并由相关的方针、计划、目的和过程支持，来实现组织的使命和远景目标。
- 资源要素考察组织如何计划和管理其外部合作关系和资源来支持其方针与战略以及过程的有效运行。
- 过程要素考察组织如何设计、管理和改进其过程来支持方针与战略，使顾客和其他受益者满意。

结果标准。欧洲质量管理基金会卓越奖从4个要素来评审组织结果的有效性，即人员结果

（90 分）、顾客满意（200 分）、社会结果（60 分）、经营绩效（150 分）。从结果上可以评审组织获得了什么。

- 人员结果要素考察就员工而言，组织取得了什么成果。
- 顾客满意要素考察就顾客而言，组织取得了什么成果。
- 社会结果要素考察就地区、国家和国际社会而言，组织取得了什么成果。
- 经营绩效要素考察就企业经营而言，组织取得了什么成果。

两大方面九个要素之间的关系，即欧洲质量管理基金会卓越奖模式如图 7-30 所示。

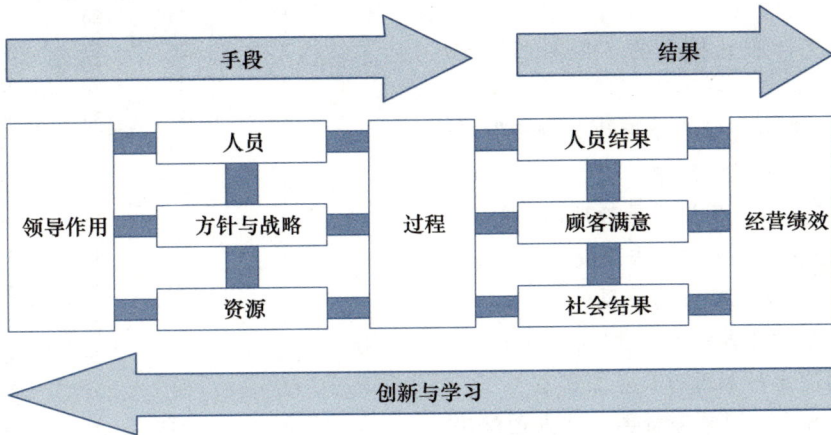

图 7-30　欧洲质量管理基金会卓越奖模式

从图中可以看出，结果来自手段，手段通过结果的反馈而得到改进。图中箭头强调了欧洲质量管理基金会卓越奖模式的动态性，表明创新与学习能够改变手段，进而改进结果。

（3）欧洲质量管理基金会卓越奖的评审过程。

1）自我评估并提交申请。申请者首先根据评审标准自我评估，然后在每年的 2 月或 3 月以申请文件的形式将评估结果提交给欧洲质量管理基金会。

2）专家评审并选出入围者。评审委员会的评审小组对申请者的申请文件进行审查，然后评分选出入围者。

3）现场考核。被选出的入围者将接受现场考核。现场考核由以前获奖者的代表和欧盟委员会、欧洲质量管理基金会以及欧洲质量管理组织的代表执行。他们将对申请文件的内容和不确切的地方进行现场验证。现场考核对申请者而言是学习卓越模式的好机会。

4）选定欧洲质量管理基金会卓越奖单项奖获得者。现场考核结束后，基于评审小组的最终报告，评审委员会选定单项奖获得者。获得单项奖意味着组织已经在卓越绩效经营中取得了显著的成绩。

5）产生欧洲质量管理基金会卓越奖获得者。欧洲质量管理基金会卓越奖获得者产生于单项奖获得者。获奖者都将参加声望很高的欧洲质量论坛，媒体将对此进行广泛深入的报道，在整个欧洲获奖者都将得到认可，成为其他组织的典范。获奖当年，将举行一系列的会议，邀请获奖者与其他组织分享他们达到优秀的历程与经验。

📍 习题

1. 解释下列术语：质量、质量管理、质量方针、质量策划、质量控制、质量保证、质量改进、持续改进。
2. 简述提高质量水平的意义。
3. 简述朱兰"质量三部曲"和"质量螺旋"所反映的质量管理思想。
4. 简述戴明"PDCA 循环"所反映的质量管理思想。
5. 谈谈你对克劳士比提出的"零缺陷"的理解。
6. 试述如何把费根鲍姆"全面质量管理"应用到企业质量管理实践中。
7. 谈谈你对产品生命周期质量管理的理解。
8. 简述企业质量文化的内涵与外延。
9. 简述企业质量文化建设的重要性。
10. 常用的质量管理方法有哪些？
11. 质量管理的七种常用工具是指哪些？
12. 分别用核查表、因果分析图、直方图解决一个实际生产或生活中的质量问题。
13. 用帕累托图分析从一个印刷电路板生产线收集到的数据（见表 7-12）。

表 7-12 印刷电路板生产线数据

缺陷	缺陷发生数
部件材质有问题	217
部件未插牢	146
黏结剂过量	64
装错半导体	600
线路板尺寸不当	143
标错固定孔	14
测试中电路出问题	92

（1）画出帕累托图。
（2）你能从中得出什么结论？

14. 如何确定检验数量？
15. 如何确定检验频度？
16. 如何确定检验点？
17. 简述集中检验与现场检验各自的特点。
18. 举例说明产生质量散差的原因。
19. 简述区别偶然性原因与必然性原因的意义。

20. 表 7-13 是一批轴承轴径的测量数据，共 25 个样本。试计算 $\bar{x}$ 控制图和 R 控制图的控制界限，绘制 $\bar{x}-R$ 控制图，并根据样本点的分布判断生产过程是否处于受控状态。

表 7-13 轴承轴径测量数据

样本序号	x_1	x_2	x_3	x_4
1	23	26	24	21
2	26	27	28	27
3	29	42	35	32
4	32	33	30	26
5	20	30	22	24
6	32	22	28	27
7	33	35	23	30
8	36	43	38	32
9	32	42	26	30
10	21	20	30	27
11	24	29	32	23
12	24	39	28	27
13	32	31	32	29
14	35	23	27	25
15	22	33	35	24
16	28	39	26	27
17	36	27	35	32
18	39	24	28	35
19	32	30	30	42
20	40	33	27	26
21	33	36	37	30
22	25	20	36	30
23	32	40	30	30
24	23	27	22	34
25	17	27	27	31

21. 当控制图中的样本点呈现出何种分布时，我们就可以判定生产过程是失控的？
22. 当控制图中样本点的分布破坏了随机性时，可以初步判断生产过程出现了问题，其中的道理何在？
23. 简述在数字化时代，如何应用控制图对生产过程进行实时控制。
24. 何为过程能力？
25. 何为过程能力指数？
26. 华乐联公司为杰普特公司生产一种高档

乐器上用的螺钉。杰普特公司对华乐联公司近来的交验批进行了检验。统计结果表明，螺钉的平均外径为 1.251mm，标准差为 0.001 3mm。杰普特公司要求螺钉的外径规格为 1.25±0.005 5mm。试分析华乐联公司的生产过程能否满足杰普特公司需求。该生产过程的产品合格品率如何？

27. 简述 ISO 9000：2015 族标准产生的背景。

28. ISO 9000：2015 族标准的核心标准由哪几个标准组成？

29. 从用途上看，ISO 9000：2015 族标准分为哪几类？

30. 简述 ISO 9000：2015 族标准的特点。

31. 说明 ISO 9000：2015 标准的适用范围。

32. 简述 ISO 9000：2015 标准所确定的七项基本原则。

33. 简述 ISO 9000：2015 标准就基本概念所做出的说明。

34. 简述 ISO 9000：2015 标准所确定的质量管理体系模式。

35. ISO 9000：2015 标准确定的 138 个术语之间的关系有哪几种？

36. 简述 ISO 9001：2015 标准的主要内容。

37. 简述 ISO 9004：2018 标准的主要内容。

38. ISO 19011：2011 标准提供了什么指南？

39. 简述 ISO 19011：2018 标准的主体结构。

40. 简述 6σ 管理的起源和发展。

41. 简述 6σ 管理所体现的管理理念。

42. 假定你校对了某公司的员工电话号码簿，共有 1 200 个条目。你发现办公室编辑出现了 12 个错误（缺陷），承印车间出现了 42 个错误（假设姓名加电话有 11 个出错机会）。编辑的工作质量比印刷车间的工作质量高吗？为什么？

43. 引入首次产出率和流通产出率有何管理意义？

44. 某电子元器件需要经过 6 道主要工序才能加工完成。在整个加工过程中，分别在第 2、4、6 道工序设置了质量检验点。其中，第 2 道工序为高附加值作业，第 4 道工序为不可逆转作业，第 6 道工序为覆盖性作业。根据生产计划，投料 100 件。经过第 1 个检验点，发现有 3 件不合格品，其中 1 件报废，另外 2 件经返修处理后送往下一道工序继续加工。因此，连同合格半成品有 99 件半成品进入了后续的加工过程。这 99 件产品经过第 2 个检验点，发现有 2 件不合格，由于这道工序为不可逆工序，无法进行修复，因此，有 97 件半成品送往下一道工序继续加工。这 97 件半成品经过第 3 个检验点，发现有 2 件不合格品，其中 1 件报废，另外 1 件经修复后达到质量规格要求。最后，共有 96 件产品交付顾客。试计算第 2、4、6 三道工序的首次产出率（FTY）以及整个加工过程的流通产出率（RTY）。这种电子元器件的加工过程如图 7-31 所示。质量管理没有最好，只有更好。就本例，结合流通产出率说明如何不断提高质量水平。

45. 简述 6σ 团队的体系架构。

46. 简述实施 6σ 的 DMAIC 模式。

47. 描述卓越绩效模式 7 个方面之间的关系。

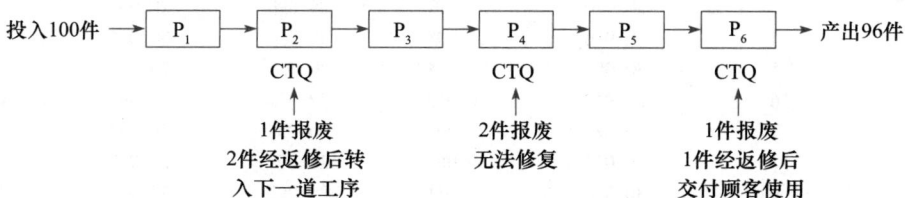

图 7-31 某种电子元器件的加工过程

48. 简述卓越绩效模式的核心。

49. 戴明奖有哪三类？

50. 简述戴明奖的评审标准。

51. 简述鲍德里奇国家质量奖7个方面的评审标准。

52. 简述鲍德里奇国家质量奖的实施过程。

53. 简述设立欧洲质量管理基金会卓越奖的背景。

54. 简述欧洲质量管理基金会卓越奖的奖励范围及颁奖类别。

55. 简述欧洲质量管理基金会卓越奖的评审标准。

56. 从欧洲质量管理基金会卓越奖模式说明过程与结果的关系。

57. 简述欧洲质量管理基金会卓越奖的评审过程。

◎ 案例分析

润通管件有限公司走上质量管理的快车道

润通公司生产一种房屋装饰用高档管件。润通公司作为供应商同东方家园签署了一项合同。东方家园是一家大型建材批发零售商，服务定位于北京地区写字楼和高档住宅区。

近来，润通公司在向东方家园配送这种管件不久后，收到了一些关于内丝公差太大的投诉。这让润通公司有点震惊，因为正是由于它作为优质管件生产商的良好信誉，才被选为东方家园的A级供应商。由于拥有训练有素、尽职尽责的优秀员工，润通公司对其制造能力一向很有自信。在查看了近期的投诉之后，公司总裁王林怀疑是因为产量的激增和轮班的增加导致了质量的下降。

在总经理的建议下，王林聘请了一名质量顾问来帮助查找引起这类质量问题的根本原因。质量顾问以切割内螺纹加工为突破口进行调查分析。切割操作的理想指标是30.000 mm，公差是0.125 mm，因此规范上限 TU＝30.125 mm，规范下限 TL＝29.875 mm。顾问建议在一个月内，随机抽取每班的5个产品，并记录实际尺寸。表7-14汇总了所采集到的数据。

讨论题

1. 根据表7-14中的数据，绘制质量控制图，判断生产过程是否受控。如果生产过程失控，可能的原因是什么？

2. 润通公司切割内螺纹加工的过程能力如何？该公司如何从根本上解决这类质量问题？

表7-14　润通公司某管件统计数据

轮班	样本	观测值/mm				
		1	2	3	4	5
1	1	30.002	29.940	29.928	29.967	29.907
2	2	30.047	29.987	29.910	30.022	29.962
3	3	29.970	30.017	29.898	29.937	29.992
1	4	29.986	29.908	29.954	30.036	30.040
2	5	30.052	29.974	30.032	29.958	30.090
3	6	29.947	30.013	29.993	29.997	30.079
1	7	30.086	29.995	30.035	29.963	30.081
2	8	30.014	30.067	29.998	29.927	30.009
3	9	30.050	30.031	29.999	29.963	30.045
1	10	30.090	29.971	30.061	29.961	30.051
2	11	30.019	30.016	30.089	29.996	30.086

（续）

轮班	样本	观测值/mm				
		1	2	3	4	5
3	12	30.064	30.061	30.016	30.041	30.006
1	13	29.981	29.976	29.995	29.929	30.012
2	14	29.915	30.042	30.023	29.957	29.946
3	15	29.948	30.009	29.962	29.990	29.979
1	16	29.947	30.031	29.981	30.023	29.939
2	17	29.953	30.037	29.910	30.059	29.975
3	18	29.995	29.989	29.939	29.981	30.017
1	19	29.991	29.901	30.037	30.018	29.910
2	20	30.092	30.012	29.947	29.928	30.000
3	21	29.946	30.057	29.992	29.973	29.955
1	22	30.020	29.953	30.021	29.954	29.950
2	23	29.942	29.984	30.062	30.031	29.902
3	24	29.981	30.023	29.992	29.991	29.941
1	25	30.076	29.952	30.047	29.953	29.967
2	26	30.010	30.018	29.981	30.019	30.033
3	27	30.043	29.985	30.044	29.986	30.042
1	28	29.971	30.088	30.088	29.933	30.061
2	29	30.055	30.004	30.054	30.017	29.977
3	30	30.013	30.046	30.096	29.975	30.019
1	31	30.073	29.973	30.092	29.995	30.053
2	32	30.013	30.033	30.032	30.055	29.993
3	33	30.043	30.003	30.062	30.025	30.023
1	34	29.958	30.092	29.997	30.047	29.984
2	35	30.030	30.020	30.069	29.975	29.912
3	36	29.994	30.056	30.033	30.011	29.948
1	37	30.034	29.975	30.057	29.927	29.961
2	38	29.956	30.053	29.979	30.005	30.039
3	39	29.995	30.014	30.018	29.966	30.012
1	40	30.048	29.952	30.058	30.059	29.999
2	41	29.988	30.012	29.998	30.074	30.014
3	42	30.018	29.982	30.028	30.029	30.044
1	43	30.063	29.973	30.040	29.950	30.079
2	44	30.039	29.949	30.074	29.984	29.989
3	45	30.018	29.994	29.995	30.029	30.034
1	46	29.992	29.984	29.918	30.042	29.976
2	47	30.058	30.071	30.005	30.052	29.986
3	48	30.025	29.951	30.038	30.009	30.019
1	49	30.087	30.085	30.034	29.956	30.004
2	50	30.009	30.007	30.092	30.014	30.082
3	51	30.048	30.046	29.995	30.053	30.043
1	52	29.988	30.096	29.955	29.951	30.052
2	53	30.072	30.012	30.039	30.035	29.968
3	54	30.030	30.054	29.997	29.993	30.010
1	55	30.027	29.955	30.077	30.005	30.028
2	56	30.037	29.965	30.072	30.008	29.956
3	57	29.991	30.001	30.041	30.036	29.992
1	58	30.052	29.992	30.052	29.993	30.049
2	59	30.051	29.991	30.038	29.978	29.989
3	60	30.022	30.021	29.990	30.008	30.019

第8章　库存管理

● 引　例

科益精密有限公司的铸模备货管理

科益精密有限公司是某品牌乘用车驱动后桥的核心供应商。公司时不时会接到客户对某驱动后桥的紧急订单。为此，公司会对驱动后桥成品进行一定的备货，同时，还会储备一些铸造后桥用的铸模。但储备这些成品或铸模必然会占用一些资金。特别地，储备铸模还要产生一定的维护费用。

为此，公司采购部的赵经理在思考以下问题：公司应该如何应对紧急订单，公司到底储备多少铸模才是最经济的。

为了解决上述问题，不但要了解客户的正常需求和紧急需求，也要掌握本公司供应商供货提前期的信息。同时，还要综合考虑因为多余的铸模储备所产生的费用，以及因为安排紧急订单而产生的费用。最后，要在接受紧急订单所造成的损失和拒绝客户的订单所带来的间接损失之间做出权衡。

讨论题

1. 请从技术应用与管理创新两方面给出该公司解决客户紧急订单问题的基本思路。
2. 请给出该公司铸模备货管理整体解决方案。

有关库存有两个"显而易见"的结论：必不可少，多了不好。事实上，任何企业都离不开库存，库存有其存在的理由。问题的关键是要在给定服务水平下，使与库存有关的成本达到最低。有效库存控制有赖于软硬件条件的创建。经济订货（生产）批量模型以其简明的假设、广泛的应用展现了旺盛的生命力，使得管理者在权衡订货批量时找到了科学依据。数量折扣的作用不仅在于使采购商增加了订货批量，而且科学地设计数量折扣区间和价格策略可使供货商增加收益。现实中，需求和提前期更多地呈现出不确定性。随机库存要解决的问题是：在给定的缺货水平下，订货批量应该多大，订货点应该多少才能使包括缺货费用在内的总成本最低。

8.1　库存及其作用

8.1.1　库存问题的提出

物料的存储现象由来已久，但是把存储问题作为一门学科来研究，还是进入 20 世纪以后的事情。早在 1915 年，哈里斯对银行货币的储备进行了详细的研究，建立了一个确定性的库存费用模型，并确定了最优解，即最佳批量。后来，威尔逊（R. H. Wilson）在把这一结果纳入存储管理系统方面做了积极的工作。所以，人们常把**经济订货批量**（economic order quantity，EOQ）的计算公式称为威尔逊-哈里斯模型。经济订购批量研究了如何从经济的角度确定最佳订货数量，从根本上改变了人们对库存问题的传统认识，是库存理论研究的一个重大突破，可以说是现代库存理论的奠基石。

第二次世界大战之后，由于运筹学、数理统计等理论与方法的广泛应用，特别是 20 世纪 50 年代以来，人们开始应用系统工程理论来研究和解决库存问题，从而逐步形成了系统的**库存理论**，亦称"存储论"。随着计算机在管理中的普遍应用以及供应链管理理论的发展，库存理论不断完善与成熟起来。

8.1.2　库存及其分类

1. 库存的概念

库存（inventory or stock）就是存货，即暂时处于闲置状态的用于满足将来需要的资源。闲置的资源可以是在仓库里、生产线上或车间里，也可以是在运输途中。库存的存在主要是由于供需双方在时间、空间和数量上的不确定性或者矛盾所引起的。

2. 库存的分类

可从不同角度对库存进行分类，以下从四个方面介绍库存的分类。

（1）按在输入—转换—输出过程中所处的状态分类，可将库存划分为原材料库存、在制品库存、维修库存、成品库存。**原材料库存**包括原材料和外购零部件。**在制品库存**包括处在产品生产不同阶段的半成品。**维修库存**包括用于维修与养护的经常消耗的物品或部件。**成品库存**是准备销售给用户的产成品所形成的库存。

（2）按库存的作用分类，可将库存划分为周转库存、安全库存和调节库存。**周转库存**是指为保证正常经营必须保有的库存。**安全库存**（safety stock，SS）是为了应对需求的不确定性、生产周期或供应周期内可能发生的不测变化而设置的一定数量的库存。**调节库存**是由于调节需求或供应的不均衡，生产速度与供应速度不均衡，各个生产阶段的产出不均衡而设置的，如为满足季节需求而设立的库存。

（3）按物品需求的重复程度分类，可将库存划分为单周期库存和多周期库存。单周期库存用于满足单周期需求。单周期需求的特征是偶发性或物品的时效性很强，因而很少重复订货。有两种情况：一种是针对特定节日或特殊事件的需求，如对端午节的粽子和中秋节的月饼或周年纪念品及节日贺卡等的需求；另一种是对时效性很强的物品的需求，如对杂志、报纸等的需求。对于单周期需求物品的库存控制称为单周期库存问题，如报童问题就是典型的单周期库存问题。多周期库存用于满足多周期需求。多周期需求反复发生。对多周期需求物品的库存控制称为多周期库存问题。与单周期库存相比，多周期库存问题更为普遍。

（4）按对库存的需求特性分类，可将库存划分为独立需求库存与相关需求库存。**独立需求库存**是指用户对某种库存物品的需求与物资无关，表现出对这种库存需求的独立性。从库存管理的角度来说，独立需求库存是指那些随机的、企业自身不能控制而由市场所决定的需求。

独立需求库存无论在数量上还是时间上都有很大的不确定性，但可以通过预测方法粗略地估算。**相关需求库存**是指与其他需求有内在相关性的库存，根据这种相关性，企业可以精确地计算出它的需求量和需求时间，是一种确定型需求。例如，顾客对某一商品（如汽车）的需求，对于生产该产品的企业来说，就是独立需求，因为这种需求与其他种类物品的需求无关，而且是随机的，企业不能控制。对于汽车厂商，构成汽车的零部件及原材料（如轮胎、车门等）的需求，便是相关需求，一旦这种产品需求确定了，生产该产品所需的零部件及原材料的数量就确定了。本章主要介绍独立需求库存管理问题。

8.1.3　库存的作用

一般来说，库存是维持正常生产、保持连续、应付意外需求所必需的。库存的作用至少表现在以下六个方面。

（1）满足不确定的顾客需求。顾客对产品的需求在时间与空间上均有不确定性，库存可以满足随时发生的顾客需求。这种情况在超市最为常见，特别是那些质量普通而销路广的商品，总会上架足够数量的货物，以满足随时到来的需求。

（2）平滑对生产能力的要求。当需求与生产能力不平衡时，企业可以利用库存来调节需求的变化。特别是对于季节性需求，如中秋月饼、圣诞树、新年贺卡、开学时的学生用品等可以在淡季建立库存，以供旺季时销售。这样通过预设库存使生产能力保持均衡，能够更好地利用生产能力。

（3）缓解运营过程中不可预料的问题。供应商缺货、运输中断、机器故障、质量问题等都可能造成生产中断。为此，需设置一定的库存（安全库存）来缓解运营过程中这些不可预料的问题。

（4）降低单位订购费用或生产准备费用。订购一批物资的订购费用与订购物资的数量无关或关系不大。生产一批产品的生产准备费用与生产的数量无关或关系不大。因此，增大订购批量会降低订购费用。增加生产批量会降低单位产品的生产准备费用。同时，大批量生产还会减少单位产品的生产准备时间，从而使生产能力得到充分利用。这一点对于瓶颈环节尤为重要。

（5）利用数量折扣。通常供应商为了刺激需求，会对达到一定采购量的采购方提供一定的价格优惠。一次订货量越大，折扣幅度越大。这种情况在大宗原料的供销中最为常见。作为采购方，当数量折扣带来的好处大于增加的保管费用时，就会利用这种数量折扣。

（6）避免价格上涨。存储价格即将上涨的物资。因避免价格上涨而保有的库存称为投机性库存。这种情况常见于稀缺资源，如石油、铁矿石等。当然也有反例，如 1996 年春季，美国的石油公司预计伊拉克的石油会重新进入国际市场，从而抛售了大量石油储备。

8.2　有效库存管理系统

8.2.1　库存管理的目标

库存管理的目标是在给定的服务水平下，使与库存有关的成本达到最低。库存管理要考虑两个基本指标：一个是服务水平，即在适当时间、适当地点、以适当的数量供应所需的物资；

另一个是与库存有关的成本，包括订货成本、持有成本、缺货成本。

实际中，企业总是用库存周转率或库存周转次数来测评库存管理的绩效。另一个更直观的绩效指标是库存周转天数。库存周转天数可以通过库存周转率计算得到。

8.2.2 有效库存控制的必要条件和基本思路

1. 适当的库存盘存系统

（1）定期盘存系统。**定期盘存系统**就是每隔一个相同的时间间隔，就发出一次订货，每次的订货量是预设的目标库存与实际库存差额的库存盘存系统，如图 8-1 所示。从图中可以看出，发出订单的时间间隔相同，但每次订货量不同。定期盘存系统的优点是可以在一次订货中购得许多物资，以降低订货处理成本与运输成本。定期盘存系统的缺点是无法对盘存间隔期内的物资进行控制，为防止缺货，需要保持额外的库存。

定期盘存系统比较适用于价值比较低的物资。

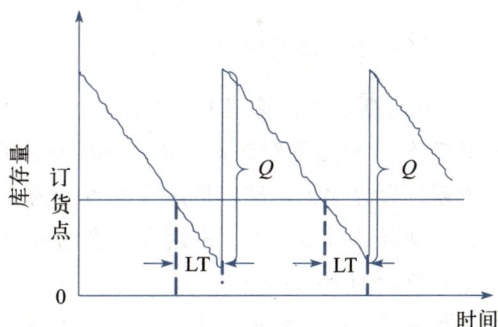

（2）定量盘存系统。**定量盘存系统**就是每次以相同的订货点和订货量发出订货，订货间隔不固定的库存盘存系统，如图 8-2 所示。采用定量盘存系统要解决的基本问题是订货点和订货批量的确定。在这种盘存系统下，需要设置订货点并持续跟踪物资的库存情况。所谓订货点是指必须发出下一次订货订单时的库存水平。这种系统的优点是持续监控库存，有利于库存控制，及时发现缺货，减少缺货风险；此外，固定批量一般采用经济订货批量。这种系统的缺点是连续记录库存水平增加了成本，而且仍然需要定期盘存实际库存水平。

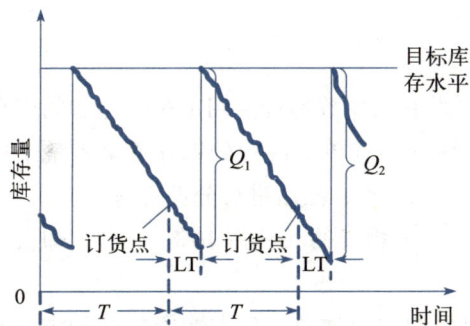

图 8-1　定期盘存系统　　　　图 8-2　定量盘存系统

定量盘存系统比较适用于价值比较高的物资。

定量盘存系统可采用双堆法或两仓法进行控制。用两个"容器"存放库存，先从第一个"容器"领用，当第一个"容器"用完时，就发出订货。第二个"容器"的库存满足订货期的需求。这种方法的优点是不必记录每笔库存领用情况。双堆法是一种简单的即时库存记录系统。更准确的做法是采用通用条形码和读码机自动记录物资出入库情况，以便随时提供现有库存情况，以大大改善库存管理。

2. 需求预测与提前期信息

库存是用来满足需求的，所以科学地预测需求数量至关重要。此外，还需要掌握订货提前期信息。所谓订货**提前期**是指订单发出与物资到达之间的时间间隔。提前期越长，潜在的变化越大，缺货或过量储存的风险就越大。事实上，掌握提前期信息也是确定订货点的前提条件。订货点就是需要下达订单时的库存水平。

需求数量和提前期都是随机变量，难以准确预测，但应该把握它们的变化规律，以使库存管理更加有效。

3. 成本信息

与库存有关的成本有以下四个。

（1）**持有费用**（holding costs）。持有费用包括因库存资金占用所产生的资金费用、保管费用和保险费。其中，资金费用即机会成本，保管费用具体包括材料（如防腐剂、杀虫剂等）费、动力（供热、供电、供水）费、人工费、修理费、折旧费（或租金）、移仓费等，保险费包括为防止老化、变质、损坏或被盗的发生而支付的保险费。在库房等固定资产折旧所占比重较低的情况下，总的持有费用与平均库存水平成正比。

（2）**订货费用**（ordering costs）。订货费用包括信息通信费、商务洽谈费、运输费、检验费等。每次订货费用受订货批量的影响不大，总的订货费用与发生的订货次数有关。

（3）**缺货费用**（shortage costs）。缺货费用就是因需求量大于持有的库存量，失去了销售机会或导致供应中断而造成的损失，包括替代品与原有产品比较超出的费用、因不能按合同交付产品支付的罚金、失去的销售机会造成的损失等。

（4）**库存物资成本**（product costs）。库存物资成本与物资价格和订货数量有关，是所采购物资的价值。

4. 库存 ABC 分类管理法

80/20 法则在库存管理中也有体现，表现为 20% 左右的少数物资占用了 80% 左右的库存资金。**库存 ABC 分类管理法**就是依据 80/20 法则，以库存物资单个品种的库存资金占整个库存资金的累计百分比为基础，把库存物资分为 A、B、C 三大类，然后进行分类管理。

A 类物资是指品种少、占用资金多的重要物资。A 类物资的品种占 10%~20%，却占用了全部库存资金的 70%~80%。

C 类物资是指品种多、占用资金少、采购较容易的次要物资。C 类物资的品种占 40%~50%，但只占用全部库存资金的 5%~10%。

B 类物资是指介于 A 类和 C 类之间的物资。B 类物资的品种占 30%~40%，占用了全部库存资金的 15%~20%。

表 8-1 总结了 A、B、C 三类物资的特点与管理重点。

表 8-1　A、B、C 三类物资的特点与管理重点

类别	占品种总数量的百分比（%）	占总金额的百分比（%）	安全库存水平	订货策略	管理要求
A	10~20	70~80	低	经常检查，按需订购	全面、及时、精确
B	30~40	15~20	中等	正常订货	一般
C	40~50	5~10	高	周期订货，保有余量	简化

库存 ABC 分类管理方法的步骤如下。

（1）列出所有物资及其全年使用量，将年使用量乘以单价求得其价值（资金占用量）。按价值从高到低排序。

（2）计算累计年资金占用量和资金占用的累计百分比。当一部分物资的累计百分比达到 70% 且不超过 80%（划分标准也可能根据实际情况有所调整）时，这部分物资即为 A 类物资。划分出 A 类物资后，继续按价值排序计算累计百分比，累计百分比达到 80% 且不超过 95% 的物资即为 B 类物资，累计百分比在 95% 以上的物资即为 C 类物资。

（3）根据企业的实际，制定 A、B、C 三类物资的管理办法。

例 8-1 表 8-2 是一家小型企业 10 种常用物资的资金占用情况，试对其进行 ABC 分类。

表 8-2 某小型企业 10 种常用物资的资金占用情况统计表

物资编号	年使用量/件	单价/（元/件）	年资金占用量/万元
001	10 000	4.8	48 000
002	10 000	1.4	14 000
003	14 000	28.0	392 000
004	7 000	8.0	56 000
005	8 000	32.5	260 000
006	10 000	3.4	34 000
007	10 000	1.5	15 000
008	2 000	4.5	9 000
009	1 000	3.0	3 000
010	10 000	3.2	32 000
合计			863 000

解：将 10 种物资进行 ABC 分类，得到如表 8-3 所示的结果。

表 8-3 某小型企业 10 种常用物资 ABC 分类结果表

物资编号	年金额/万元	累计年资金占用量/万元	累计资金占用百分比（%）	分类
003	392 000	392 000	45.42	A
005	260 000	652 000	75.55	
004	56 000	708 000	82.04	
001	48 000	756 000	87.60	B
006	34 000	790 000	91.15	
010	32 000	822 000	95.25	
007	15 000	837 000	96.99	
002	14 000	851 000	98.61	C
008	9 000	860 000	99.65	
009	3 000	863 000	100.00	

上述分类结果可用图形方式直观表示出来，如图 8-3 所示。

库存的 ABC 分类管理方法简单实用，通过这种方法可以达到压缩库存总量，减少资金占用，简化库存管理流程，提高库存管理水平的效果。

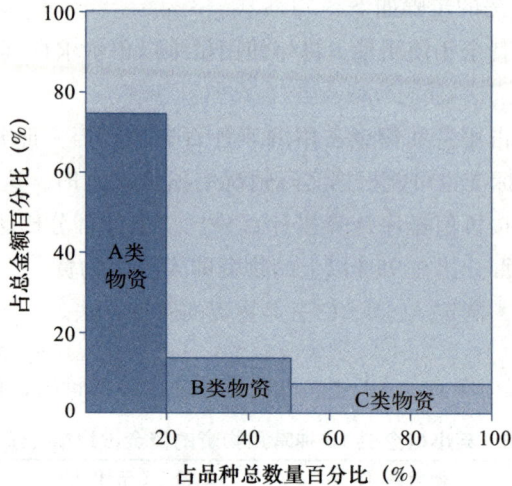

图 8-3　某小型企业库存物资 ABC 分类图

5. 规范的库存物资收发存管理流程

库存物资一般经过验收入库、保管与盘存、调拨出库三个主要环节。这三个环节构成了库存物资的收发存管理，是有效库存管理系统的基础。

（1）验收入库。办理物资验收入库主要的依据是验收入库单，其中登载的主要内容有：供货单位、物资的品名、代号、规格型号、供货单位、运输方式、数量、质量检验结果、拟保管仓库等。仓库管理人员对上述内容进行核对，登载信息无误则在验收入库单上签字，确定收货，登录收发存台账，并安排物资存放的库位。

（2）保管与盘存。物资入库后要安全、经济地保持好物资原有的质量水平和使用价值，防止因保管不善所引起的物资破损、变质或者流失。

除日常保管工作外，还要经常或定期盘点清查，随时掌握每种物资的库存水平，并按要求进行报亏或报盈。当库存量降到订货点时，通知采购部门订货。当开始动用安全库存时，发出警报，以便物资供应部门和生产单位及早采取措施，避免因缺料而影响生产。

此外，仓库管理人员还要对物资使用情况进行分析，掌握超储和短缺物资的需求与供货的变动规律。保障供应，压缩不必要的库存，加速物资和资金的周转。

目前，在装配线上普遍采用开放式仓库，节约了存储空间，缩短了运输距离，但应防范配件的损坏与丢失。

（3）调拨出库。办理调拨出库的主要依据是内部转移单或对外调拨单。内部转移单用于内部单位如分厂或车间领用物资；对外调拨单则用于外部单位，如其他公司或子公司调拨物资。这些调拨凭证登载的主要内容有：调拨单位、物资品名、代号、规格型号、数量、验收入库时的质检结果等。在办理物资调拨出库时，仓库管理人员核对调拨凭证上的全部内容，准确无误时，配货出库，登录收发存台账。

除了上述三个主要环节，对大宗原材料或低值易耗品，一般设置二级库，以方便用料单位领料。二级库库存水平是进行物资采购决策的重要信息之一。为节省采购资金，应在一级库和所有二级库之间对物资进行物资平衡。但是，由于要对二级单位生产责任制进行考核，经常会出现二级库实物库存与账面库存不一致的情况。例如，某分厂为了完成当月的成本考核指标，可能会把已经消耗掉的物资挂账；另一个分厂则可能会把还没消耗掉的物资摊入材料成本。这两种情况都会导致实物库存与账面库存不一致的结果。避免这种情况发生的有效办法是在企业全流程实施条码技术。当企业还不具备在全流程实施条码技术时，可参照内部转移单的实发数量、上年度产量和材料消耗定额或装机定额等核算 A 类或 B 类物资二级库的实有库存。

6. 呆滞物料及其处理

（1）呆滞物料产生的原因。呆滞物料是指超过规定时间不流动的物料。

归纳起来，呆滞物料的产生无外乎外部和内部两个原因。外部原因包括：顾客退货或更换订单、供应物料的质量问题；内部原因包括：过量采购或错误采购、试生产余材、设计变更或产品终结。

（2）呆滞物料的处理方案。应根据发生呆滞的原因分别处理。对订单变更导致的呆滞，按以下类别进行统计造表：在库、WIP、在途、外委。对此类呆滞，优先在其他客户订单中消化，无法消化的，分类统计造表，提出变卖申请。对供应商原因造成的呆滞，协调退换货。对采购过量或错误采购造成的呆滞，造表并提出退换货申请。对试生产、设计变更或产品终结导致的呆滞，提出替换使用或改造（拆分、修整等）后使用的方案。

（3）呆滞物料的预防。为最大限度地减少呆滞物料，应着重做好以下 6 个方面的工作。

1）基于信息共享的科学的需求预测分析。

2）缩短订货或生产提前期。

3）对客户专用料，在供销合同中明确退换货条款。

4）对新订单分析与已有订单的关联性。

5）对 A 类物资，实施精准化采购。

6）加强产品生命周期管理。

7. 快速消费品供应链的协同制造

（1）快消品行业的典型特征。快消品（fast moving consumer goods，FMCG）即时效性强的快速消费品。归纳起来，FMCG 行业具有以下 10 个典型特征。

1）单价低。

2）总销售收入高。

3）产品同质化程度高。

4）可替代品多。

5）购买频次高。

6）销售终端数量巨大。

7）时效性强。

8）需求更具不确定性。

9）顾客黏性低。

10）最小存货单位（stock keeping unit，SKU）种类繁多。

以下以调味品为例，介绍快消品行业 SKU 的复杂性。

假如某企业生产 5 种口味、2 种规格的调味品。这样，就有了 10 种基本组合。但是考虑到单瓶、三联装、标准箱、组合箱、促销装、礼盒装、家庭装等包装，就有了近百种 SKU。再考虑可能会有上百个零售商，在终端零售环节，就可能会有上万个 SKU。

（2）快消品行业通常的做法及其他后果。快消品行业通常的做法并不科学，导致了不良后果。

通常的做法。由于快消品行业具有上述典型特征，制造商总是处于强势地位。在供需上，通常的做法是制造商通过铺货把库存或库位推向终端零售。

后果。上述做法的结果是制造商的出货量大。但这种推式的铺货方式，必然会加大终端持有的库存。加上牛鞭效应的影响，在供应链的下游，商品要么积压，要么缺货。积压时，终端零售承受了巨大的库存压力，这种库存压力可能是库存资金的占有，也可能是产生了更多的保管费用。缺货时，消费者的体验欠佳。无论何种情况，最终的后果是出货量大，但收益指标不理想。

（3）解决方案与可期待的收益。创新快消品管理可获得良好的收益。

解决方案。为破解快消品行业绩效低下的难题，实施快消品供应链的协同制造就是必要的了。快消品供应链的协同制造方案具体表现在以下几个方面。

- 引入供应商管理库存（vendor managed inventory，VMI）、联合库存管理（jointly managed inventory，JMI）、第三方物流（three party logistics，3PL）、第四方物流（fourth party logistics，4PL）等库存管理模式。
- 实施多批次、小批量补货。
- 最大化缩短提前期。
- 基于历史数据的理性化、上下游协同的预测。
- 对客户实施分级管理，为白金客户优先配置货品。
- 降低终端销售环节的安全库存水平。
- 实现基于需求拉动的需求管理、设计、采购、制造、仓储、配送的协同。

可期待的收益。通过上述快消品供应链协同制造方案的实施，将会带来以下几个方面的预期收益。

- 可更好地满足终端客户对快消品及服务越来越多的个性化需求。
- 可减少牛鞭效应（供应链上的需求变异放大现象）的影响。
- 最终可提升包括库存成本在内的供应链整体绩效。

（4）实现条件。当然，为实施快消品供应链协同制造方案，必须创建一些条件。

第一，终端消费的深度数据挖掘。以调味品为例，一方面，对终端零售店的细分市场进行深入分析；另一方面，基于关联食材供需分析来预测餐饮客户的需求。

特别地，还可以在深度数据挖掘的基础上，向顾客推介创新产品方案。以调味品为例，根据顾客的喜好，可以向顾客推介孜然粉，也可以向顾客推介香辣粉。这样，就可以在保证快消品供应链供需关系协调的前提下，更好地满足顾客的个性化需求。

第二，供应链全链条信息共享。为顺利实施快消品供应链的协同制造，供应链全链条的信息共享是必要条件。

第三，利益共享与风险分担机制的建立。快消品供应链实现协同制造，必然带来更可观的整体收益，但收益总是与风险相伴相生的。所以，为激励成员企业实施快消品供应链的协同制造，不但要建立利益共享机制，还要建立风险分担机制。

8. 数字化时代库存管理模式创新

学校、医院、酒店、写字楼等都会大规模安装中央空调。传统的做法是使用单位经过咨询、招标选中一家中央空调供应商，采取总承包的方式由供应商来安装、调试中央空调，然后交付给使用单位。

为了保证中央空调的正常运行，使用单位都会配置一个规模或大或小的维修团队。同时，采购一定数量的空调配件，并购买一定数量的检修工具或仪表等。这都会增加使用单位的运营成本。其中的一项是备品、配件的持有费用，具体包括资金费用、保管费用、保险费用。

在数字化时代，完全可以通过云、大、物、移、智等数字化技术赋能企业库存管理创新。

就中央空调，使用单位完全可以不再配置这部分资产，而是只提供安装中央空调的空间。不但空调资产是供应商的，而且电费及所有的维护保养都交给供应商来负担和完成。简单地说就是，使用单位不再购买中央空调，只购买冷风或暖气。

这种库存管理创新方案的优点至少体现在 3 个方面。首先，使用单位不需要再配置中央空调维修团队；其次，节省了因维护中央空调所产生的持有费用；最后，把专业的事交给专业的人。供应商借助其得天独厚的技术优势，可以通过上述数字化技术对中央空调进行实时监控，并进行动态调整。其结果是实现了多赢：供应商获得了实实在在的可持续的业务订单；使用单位节省了持有费用；以最经济、最绿色的方式使用中央空调，为社会创造了财富。

8.3　经济批量模型

8.3.1　经济订货批量模型

所谓**经济订货批量**，就是使与库存有关的成本（以下简称总成本）达到最小的订货批量。经济订货批量模型最早由哈里斯于 1915 年提出。该模型有以下基本假设。

- 总需求量已知。
- 对库存的需求率为常数。
- 提前期不变。
- 订货费用与订货批量无关。
- 持有费用是库存量的线性函数。
- 全部订货一次交付。
- 无数量折扣。

在以上假设条件下，库存量的变化如图 8-4 所示。

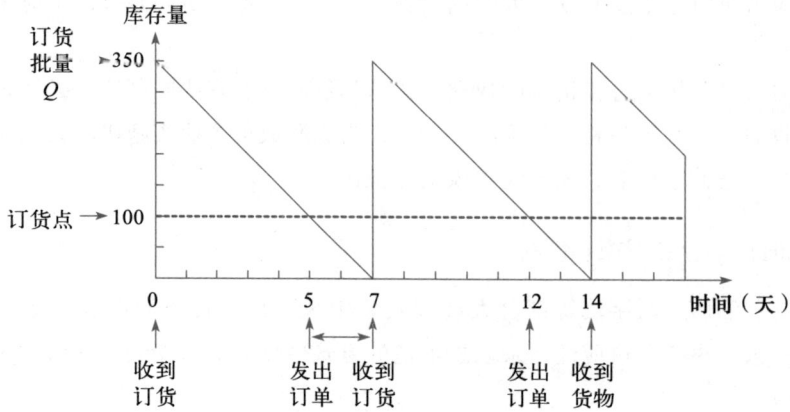

图 8-4　一定假设条件下库存量的变化

如图 8-4 所示的库存系统的特点是：系统的最大库存量为订货批量，最小库存量为 0；对库存的需求率为常数；库存系统不存在缺货；当库存量降到订货点时，按固定批量 Q 发出订货；经过一个固定的订货**提前期**（lead time，LT），刚好在库存变为 0 时，新的一批数量为 Q 的订货到达。

与库存有关的成本包括持有费用和订货费用。持有费用随订货批量 Q 增加而增加，是 Q 的线性函数；订货费用与 Q 呈反比，Q 越大，订货次数越少，订货费用越小。

设总成本为 C_T，持有费用为 C_H，订货费用为 C_O，单位库存物资的持有费用为 H，每次订货费用为 S，年总需求量为 D，基于对库存的需求率为常数和全部订货一次交付的假设，库存管理周期内平均库存水平为 $Q/2$，则总成本为

$$C_T = C_H + C_O = \frac{Q}{2} \times H + \frac{D}{Q} \times S \tag{8-1}$$

把式（8-1）以图形表示就得到库存成本曲线，如图 8-5 所示。其中总成本曲线是持有费用曲线与订货费用曲线的叠加。

从图中可以看出，存在一个订货批量 Q^*，此时总成本最低。Q^* 即经济订货批量。为求得经济订货批量，式（8-1）对 Q 求一阶导数，并令一阶导数等于零，可得

$$Q^* = \sqrt{\frac{2DS}{H}} \tag{8-2}$$

把式（8-2）代入式（8-1），可得经济订货批量下的总成本

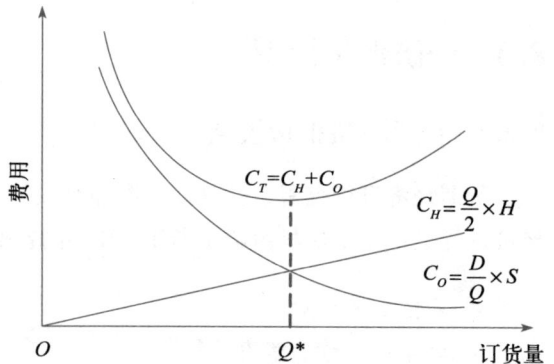

图 8-5　库存成本曲线

$$C_T(Q^*) = \sqrt{2DSH} \tag{8-3}$$

订货次数为

$$n = \frac{D}{Q^*} = \sqrt{\frac{DH}{2S}} \tag{8-4}$$

在经济订货批量模型中，订货点只与年需求量 D、全年制度工作日 m 和提前期 LT 有关，计算公式为

$$\text{ROP} = \frac{D}{m} \times \text{LT} \tag{8-5}$$

例 8-2　一家机床厂对某种齿轮的年需求量为 15 000 件。每次订货费用为 200 元，单位库存持有费用为 1.5 元。又知该厂制度工作日为 300 天，订货提前期为 20 天。试计算经济订货批量、相应的总成本、订货次数和订货点。

解：

（1）根据式（8-2），可得经济订货批量

$$Q^* = \sqrt{\frac{2DS}{H}} = \sqrt{\frac{2 \times 15\,000 \times 200}{1.5}} = 2\,000 \,(件)$$

（2）根据式（8-3），可得全年总成本

$$C_T(Q^*) = \sqrt{2DSH} = \sqrt{2 \times 15\,000 \times 200 \times 1.5} = 3\,000 \,(元)$$

（3）根据式（8-4），可得订货次数

$$n = \sqrt{\frac{DH}{2S}} = \sqrt{\frac{15\,000 \times 1.5}{2 \times 200}} = 7.5 \,(次)，取整数，为 8 次。$$

（4）根据式（8-5），可得订货点

$$\text{ROP} = \frac{D}{m} \times \text{LT} = \frac{15\,000}{300} \times 20 = 1\,000 \,(件)$$

经济订货批量
模型及其应用

8.3.2　经济生产批量模型

实际中，经常会采用成批生产方式。成批生产的特点是轮番生产少数几种产品。每次重新生产前，都要做生产准备工作，因此会产生生产准备费用。生产准备费用包括设备清理与调整费用、停机损失、因切换品种致使产品不合格或质量下降等带来的损失。

成批生产方式的一个关键问题是确定生产批量的大小。批量越大，库存水平越高，持有费用越高，但一定时期内生产准备的次数越少，生产准备费用低；批量越小，库存水平越低，但一定时期内生产准备次数越多，生产准备费用越高。为确定合理的生产批量，可采用经济订货批量的思想，建立**经济生产批量模型**（economic production lot，EPL；或 economic production quantity，EPQ）。所谓经济生产批量是指使持有费用和生产准备费用之和最小的生产批量。

经济生产批量模型的基本假设如下。

（1）产品按生产速率逐渐生产出来，连续补充库存。

（2）生产准备费用替代订货费用。

（3）其他假设条件与经济订货批量模型相同。

成批生产方式下的库存量变化如图 8-6 所示。

设生产速率为 p，使用速率为 u（显然 $p>u$），生产批量为 Q，则把批量为 Q 的产品生产出来需要 Q/p 天。其间，库存量以 $p-u$ 的速率递增。在最后时刻达到最大库存，记为 $I_{\max}$。生产停止后，库存水平按使用速率 u 递减。假设生产提前期为 LT，当库存水平降低到 $\text{RPP}=u \times \text{LT}$ 时，就要下达新的生产指令。RPP 即再生产点。这样，当库存减少到 0 时，就开始了新一轮的生产。

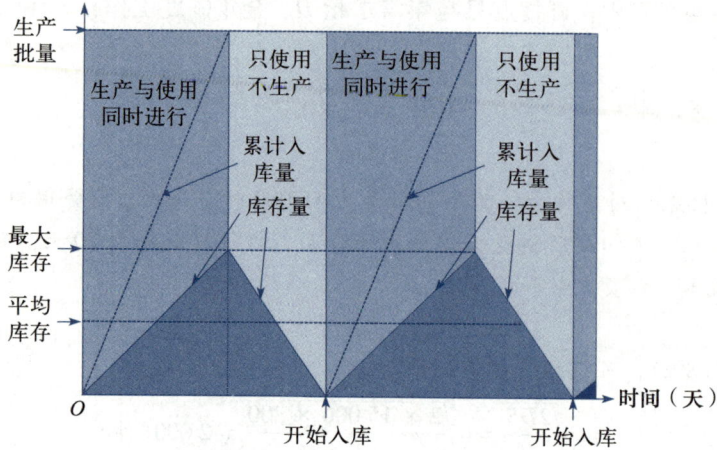

图 8-6 成批生产方式下的库存量变化

设总成本为 C_T, 单位产品的持有费用为 H, 每次生产准备费用为 S, 年需求量为 D, 则总成本为

$$C_T = \frac{I_{\max}}{2} \times H + \frac{D}{Q} \times S = \frac{\dfrac{Q}{p} \times (p-u)}{2} \times H + \frac{D}{Q} \times S = \frac{Q}{2}\left(1 - \frac{u}{p}\right) \times H + \frac{D}{Q} \times S \qquad (8\text{-}6)$$

用与求经济订货批量相同的方法, 求得经济生产批量

$$Q^* = \sqrt{\frac{2DS}{H}}\sqrt{\frac{p}{p-u}} \qquad (8\text{-}7)$$

此时, 总成本为

$$C_T(Q^*) = \sqrt{2DSH}\sqrt{\frac{p-u}{p}} \qquad (8\text{-}8)$$

生产次数为

$$n = \frac{D}{Q^*} = \sqrt{\frac{DH}{2S}}\sqrt{\frac{p-u}{p}} \qquad (8\text{-}9)$$

当生产速率 p 趋于无穷大时, EPQ 模型与 EOQ 模型一样, 可将 EOQ 模型看作 EPQ 模型的特例。

例 8-3 一家机械装配厂通过市场预测得知, 市场对其某种产品的年需求量为 18 000 件。这家机械装配厂采用批量生产方式, 工作制度为 300 天。生产速率为每天 100 件, 每次生产准备费用为 100 元, 单位产品的持有费用为 4 元。试根据上述条件计算经济生产批量、总成本、全年生产次数。

解:

(1) 从已知条件可知, 使用速率为 18 000/300=60 (件/天), 根据式 (8-7), 可得经济生产批量

$$Q^* = \sqrt{\frac{2DS}{H}}\sqrt{\frac{p}{p-u}} = \sqrt{\frac{2 \times 18\,000 \times 100}{4}}\sqrt{\frac{100}{100-60}} = 1\,500(\text{件})$$

（2）根据式（8-8），可得全年总成本

$$C_T(Q^*) = \sqrt{2DSH}\sqrt{\frac{p-u}{p}} = \sqrt{2 \times 18\,000 \times 100 \times 4}\sqrt{\frac{100-60}{100}} = 2\,400(元)$$

（3）根据式（8-9），可得生产次数

$$n = \frac{D}{Q^*} = \sqrt{\frac{DH}{2S}}\sqrt{\frac{p-u}{p}} = \sqrt{\frac{18\,000 \times 4}{2 \times 100}}\sqrt{\frac{100-60}{100}} = 12(次)$$

经济生产批量
模型及其应用

8.3.3 经济订货（生产）批量模型的应用

尽管 EOQ 和 EPQ 模型是在理想假设前提下提出的，但在实际中，可借助这种模型找到近似解。此外，应用这些模型可帮助企业找到降低总成本的着力点。

减少订货（生产）批量，会直接减少持有费用，但会增加订货（或生产准备）次数，从而导致订货（或生产准备）费用增加。如果企业能够通过采取先进的生产组织方式并采用先进的技术手段，把订货（或生产准备）费用降下来，那么减少订货（生产）批量将是优先选项，而且减少批量也是满足顾客多样化需求的必然趋势。例如，准时生产制强调持续改进，减少库存，减少持有费用，甚至追求零库存。为消除因此而带来的生产准备费用，提出了"三分钟换模"，而这正是经济生产批量模型的应用。

实际中，或多或少要对利用经济批量模型计算出来的订货或生产批量进行调整。特别地，在下列 3 种情况下，需要对计算出来的批量做出较大的调整。

（1）战略性物料，特别是容易受到外部环境影响或者缺货会造成严重后果的物料或产品，如高端核心芯片或医用、消防用品。

（2）订货或生产准备费用受订货或生产批量影响比较大的物料或产品。

（3）因技术规范，对运输批量或仓储空间有特殊规定的物料或产品。

8.3.4 数量折扣模型

1. 数量折扣模型的假设与推导

在物资采购与供应中，供货商为扩大销售量往往会给大量采购者一定的优惠，即数量折扣。这种情况在买方市场环境下的大宗原料的采购或批发业务中更为常见。

因为有数量折扣存在，与没有数量折扣的情况相比，经济订货批量会有增加的趋势。对于采购商，得到数量折扣的结果是：享受了价格优惠，减少了订货次数和订货费用，但增加了库存水平和持有费用；而放弃数量折扣的结果是：放弃了价格优惠，减少了库存水平和持有费用，但增加了订货次数和订货费用。因此，采购商需要在这种利害关系中找到平衡点，确定合理的订货批量。

在没有数量折扣时，价格是一常数，在年需求量已知的前提下，物资自身的价值也是一常数。因此，在总成本函数中是否考虑物资本身的价值都不影响经济订货批量的计算。但在有数量折扣的情况下，物资的单价不再是一个常数。因此，在总成本函数中需要加上物资本身的价值，记为 C_P。于是，总成本为

$$C_T = C_H + C_O + C_P \tag{8-10}$$

数量折扣模型又分两种情况，一种是持有费用是常数，不随价格而变，如劳动含量比较高的物资多属于这种类型；另一种是持有费用是价格的线性函数，如技术和资金含量比较高的物资多属于这种类型。

（1）持有费用是常数。图 8-7 表示了持有费用是常数时的总成本曲线。

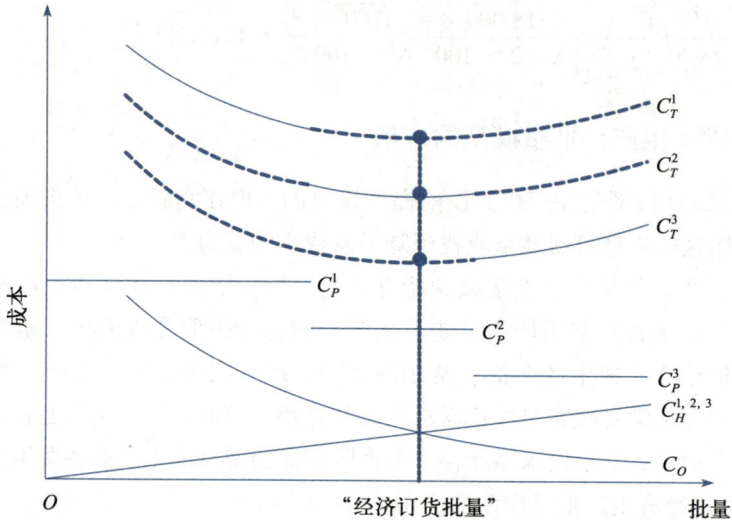

图 8-7　持有费用是常数时的总成本曲线

当持有费用是常数时，各个数量折扣区间的"经济订货批量"相等，求解经济订货批量的步骤如下。

第一，计算公用的"经济订货批量"。在图 8-7 中，三个数量折扣区间对应的"经济订货批量"相等。

第二，确定"经济订货批量"的可行域。在图 8-7 中，"经济订货批量"的可行域为第二个数量折扣区间。在第一个数量折扣区间，采购商不愿意按"经济订货批量"采购；在第三个数量折扣区间，采购商不能够按"经济订货批量"采购。

第三，计算可行的经济订货批量所对应的总成本和所有更低的数量折扣区间的起折点所对应的总成本。

第四，比较上述总成本，最低总成本所对应的采购批量即为经济订货批量。

（2）持有费用是价格的线性函数。图 8-8 表示了持有费用是价格的线性函数时的总成本曲线。

当持有费用是价格的线性函数时，各个数量折扣区间的"经济订货批量"不等，求解经济订货批量的步骤如下。

第一，计算价格最低的数量折扣区间的"经济订货批量"，如果可行，该"经济订货批量"即为所求。否则，转入下一步。在图 8-8 中，价格最低的数量折扣区间对应的"经济订货批量"不可行，采购商不能按"经济订货批量"采购。

第二，向上找到可行域。在图 8-8 中，第二个数量折扣区间即为可行域。

第三，计算可行域的"经济订货批量"所对应的总成本以及所有价格更低的数量折扣区间的起折点所对应的总成本。

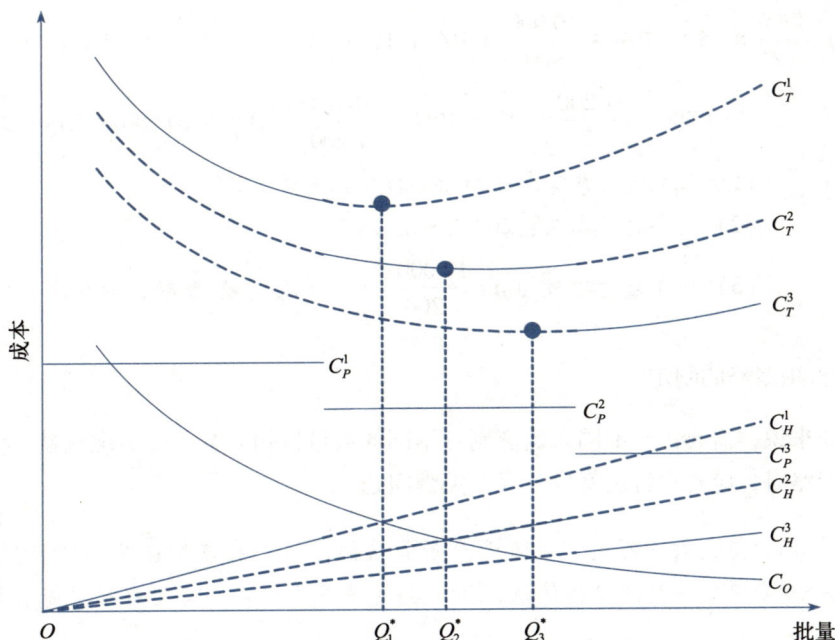

图 8-8　持有费用是价格的线性函数时的总成本曲线

第四，比较上述总成本，最低总成本所对应的采购批量即为经济订货批量。

例 8-4　一家饮料批发商采购某种碳酸饮料，年需求量为 10 000 箱。供货商给出的价格策略如表 8-4 所示。如果已知每次订货费用为 100 元，单位持有费用为单价的 10%，试计算经济订货批量、全年总成本和全年订货次数。

表 8-4　某种碳酸饮料的价格折扣策略

订货批量/箱	每箱价格/元
1~899	30
900~1 199	25
1 200 以上	20

解：

（1）计算经济订货批量。

计算最低价格的数量折扣区间的"经济订货批量"

$$Q^*(20) = \sqrt{\frac{2 \times 10\,000 \times 100}{20 \times 10\%}} = 1\,000（箱）$$

每次订购 1 000 箱不能享受 20 元/箱的优惠，所以该"经济订货批量"不可行。向上找到可行域

$$Q^*(25) = \sqrt{\frac{2 \times 10\,000 \times 100}{25 \times 10\%}} \approx 894.4（箱），取 895 箱。895 不在本折扣范围之内。$$

$$Q^*(30) = \sqrt{\frac{2 \times 10\,000 \times 100}{30 \times 10\%}} \approx 816.5（箱），取 817 箱。817 箱在本折扣范围之内。找到$$

可行域。

计算可行域的"经济订货批量"所对应的总成本以及所有价格更低的数量折扣区间的折扣点所对应的总成本：

$$C_T(817) = \frac{817}{2} \times 30 \times 10\% + \frac{10\,000}{817} \times 100 + 10\,000 \times 30 \approx 302\,450（元）$$

$$C_T(900) = \frac{900}{2} \times 25 \times 10\% + \frac{10\,000}{900} \times 100 + 10\,000 \times 25 \approx 252\,236(元)$$

$$C_T(1\,200) = \frac{1\,200}{2} \times 20 \times 10\% + \frac{10\,000}{1\,200} \times 100 + 10\,000 \times 20 \approx 202\,033(元)$$

比较上述三个成本，可知经济订货批量为 1 200 箱。

（2）全年总成本为：202 033 元。

数量折扣模型
及其应用

（3）全年订货次数为 $n = \dfrac{10\,000}{1\,200} \approx 8.2$（次），取整数，为 9 次。

2. 数量折扣策略的制定

对供应商来说，需要针对不同采购商制订不同的数量折扣方案，以实现收益最大化。在制定数量折扣策略时，应着重解决好以下 3 个关键问题。

- 折扣区间数量，供货商通常设置两个折扣区间，即一次订货在某一数量以内不打折，超过一定数量给一定的价格优惠，为了实施精准化销售，有些商家可能会设置更多的折扣区间。
- 折扣区间的跨度，如果设置的折扣区间不止一个，就涉及折扣区间的跨度问题。
- 折扣幅度，对于每一个折扣区间，是象征性地给一个折扣幅度，还是进行大幅度的打折，需要供货商给出具体的方案。

在制定数量折扣策略时，应考虑以下五个方面的影响因素。

（1）产品的需求价格弹性。不同产品，需求价格弹性系数不同；同一产品对不同顾客，需求价格弹性系数不同；同一产品对同一顾客，在不同的环境下需求价格弹性系数不同。因此，应针对不同的采购商，制定不同的数量折扣策略。如果产品本身的需求价格弹性小，采购商对价格又不敏感，那么折扣区间的数量要少，折扣区间的跨度要大，折扣幅度要小。

（2）持有成本。成本包括资本成本、保管费用等。对某类物资，持有成本越高，折扣幅度就应越大。

（3）历史数据。应参考一定时期的历史数据，分析不同数量折扣策略下的收益情况，实施动态调整。

（4）竞争对手的价格策略。对同质产品，还应充分考虑竞争对手的价格策略，以便在实现盈利的情况下争取更多的市场份额。

（5）心理因素。对高端客户，过度打折绝不是一个聪明的选择。

8.4 随机库存问题的订货量与订货点

8.4.1 随机库存问题描述

1. 需求率和订货提前期的随机性

前面介绍的几种库存模型都是确定型库存模型，即假定需求率和订货提前期都是确定的。

大多数情况下，需求率或提前期是随机变量，这就是随机库存问题。

2. 要解决的问题

随机库存问题要确定的仍然是订货批量和订货点。但是，由于需求或提前期变化的不确定性，不可避免地会发生缺货。因此，随机库存模型要解决的问题是：在给定的缺货水平下，订货批量应该多大，订货点应该多少才能使包括缺货费用在内的总成本最小。

3. 假设条件

随机库存模型的假设条件如下。

（1）年平均需求量（D）已知。

（2）对库存的需求率（d）和提前期（LT）为已知分布的随机变量。

（3）订货费用与订货批量无关。

（4）持有费用是库存量的线性函数。

（5）全部订货一次交付。

（6）无数量折扣。

4. 库存量的变化

在上述假设条件下，随机库存问题的库存量变化可用图 8-9 来表示。

从图 8-9 可以看出，对库存的需求率和提前期都是随机变量。在第一次提前期内没有发生缺货，但在第二次和第三次提前期内都发生了缺货。

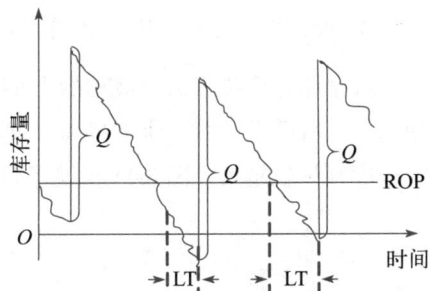

图 8-9　随机库存问题的库存量变化

5. 总成本及订货批量

由于缺货的存在，在总成本函数中必须考虑缺货费用。缺货费用反映了由于需求大于持有的库存而导致的失去销售机会的损失、信誉的降低以及使生产过程中断所造成的损失。缺货费用也是一个随机变量。

设缺货费用为 C_S，则总成本为

$$C_T = C_H + C_O + C_S \tag{8-11}$$

此时，持有费用为单位持有费用与周期内库存量期望值之积，缺货费用为单位缺货费用与提前期内缺货期望值之积。根据式（8-11）求解经济订货批量十分复杂，难以在实际中应用，而且实际数据并不一定很精确，用精确的方法去处理不精确的数据，必然得出不精确的结果。实际中，常直接用 EOQ 公式计算经济订货批量。下面主要介绍如何根据服务水平和安全库存确定订货点。

8.4.2　服务水平与安全库存

1. 服务水平

服务水平是衡量随机库存系统的一个重要指标，是指提前期内的库存需求不超过库存供给的可能性。如 98% 的服务水平就表示提前期内库存需求不超过库存供给的可能性为 98%，即有 2% 的缺货风险。服务水平关系到库存系统的竞争能力，在服务业中尤其如此。例如，对零售商店，考虑到竞争因素和顾客等待的耐心，冰镇啤酒的服务水平可能需要 99%，而新鲜面包的服务水平可能 95% 就足够了。服务水平的设定还取决于运营管理策略，例如对同一种物资，管理者可能会提高或降低其下一个时期的服务水平。

服务水平有很多表示方式，如整个周期内供货数量占需求量的百分比，提前期内供货量占需求量的百分比，顾客订货得到满足的次数占整个订货次数的百分比，现有库存可供应的时间占总服务时间的百分比等。

2. 安全库存

安全库存是为应对需求的不确定性及其他风险而设置的库存。图 8-10 说明了安全库存的概念。值得指出的是：即使设置了安全库存，仍然可能发生缺货。在图 8-10 中，在第二个订货提前期内，实际需求率大于预测需求率，导致了缺货发生。

3. 服务水平与安全库存之间的关系

安全库存取决于需求波动的大小、提前期的长短、服务水平的高低。需求波动越大，提前期越长，所要求的服务水平越高，就越需要规避未来需求意外变化所带来的风险，从而设置的安全库存量就越大。图 8-11 说明了订货提前期内服务水平与安全库存之间的关系。

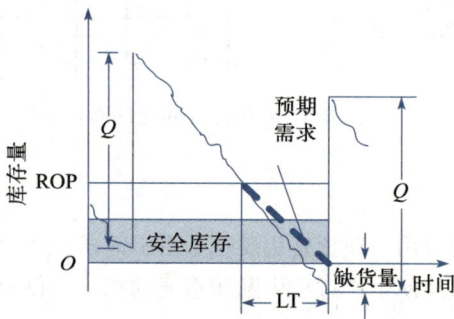

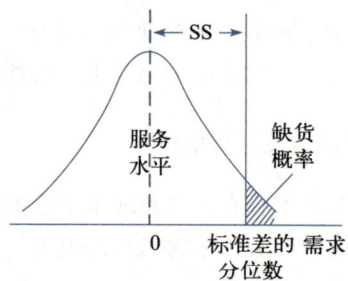

图 8-10　安全库存　　　　　　　图 8-11　服务水平与安全库存之间的关系

8.4.3　订货点的确定

以下讨论只有需求变化的情况下如何确定订货点。

所确定的订货点要满足提前期内预期的需求和安全库存的需求。提前期内预期的需求即平均需求 d 与提前期（LT）的乘积。需求在多数情况下服从正态分布，确定安全库存的前提是需求变化的标准差已知，不妨设为 σ_d。为了使订货点满足安全库存的需求，需事先设定一个服务水平，然后根据服务水平确定标准差对应的分位数 z。表 8-5 是标准正态分布曲线下从 $-\infty$ 到 z 的累积概率 $\left(\Phi(z) = \int_{-\infty}^{z} \frac{1}{\sqrt{2\pi}} e^{-\frac{u^2}{2}} du \right)$，从中可以查到给定服务水平下的分位数。例如，如果设定了 95% 的服务水平，那么查表可知标准差对应的分位数 $z = 1.64$。

表 8-5 正态分布累积概率

z	0.00	0.01	0.02	0.03	0.04	0.05	0.06	0.07	0.08	0.09
+0.0	0.500 00	0.504 00	0.508 00	0.512 00	0.516 00	0.519 90	0.523 90	0.527 90	0.531 90	0.535 90
+0.1	0.539 80	0.543 80	0.547 80	0.551 70	0.555 70	0.559 60	0.563 60	0.567 50	0.571 40	0.575 30
+0.2	0.579 30	0.583 20	0.587 10	0.591 00	0.594 80	0.598 70	0.602 60	0.606 40	0.610 30	0.614 10
+0.3	0.617 90	0.621 70	0.625 50	0.629 30	0.633 10	0.636 80	0.640 60	0.644 30	0.648 00	0.651 70
+0.4	0.655 40	0.659 10	0.662 80	0.666 40	0.670 00	0.673 60	0.677 20	0.680 80	0.684 40	0.687 90
+0.5	0.691 50	0.695 00	0.698 50	0.701 90	0.705 40	0.708 80	0.712 30	0.715 70	0.719 00	0.722 40
+0.6	0.725 70	0.729 10	0.732 40	0.735 70	0.738 90	0.742 20	0.745 40	0.748 60	0.751 70	0.754 90
+0.7	0.758 00	0.761 10	0.764 20	0.767 30	0.770 40	0.773 40	0.776 40	0.779 40	0.782 30	0.785 20
+0.8	0.788 00	0.791 00	0.793 90	0.796 70	0.799 50	0.802 30	0.805 10	0.807 90	0.810 60	0.813 30
+0.9	0.815 90	0.818 60	0.821 20	0.823 80	0.826 40	0.828 90	0.831 50	0.834 00	0.836 50	0.838 90
+1.0	0.841 30	0.843 80	0.846 10	0.848 50	0.850 80	0.853 10	0.855 40	0.857 70	0.859 90	0.862 10
+1.1	0.864 30	0.866 50	0.868 60	0.870 80	0.872 90	0.874 90	0.877 00	0.879 00	0.881 00	0.883 00
+1.2	0.884 90	0.886 90	0.888 80	0.890 70	0.892 50	0.894 40	0.896 20	0.898 00	0.899 70	0.901 50
+1.3	0.903 20	0.904 90	0.906 60	0.908 20	0.909 90	0.911 50	0.913 10	0.914 70	0.916 20	0.917 70
+1.4	0.919 20	0.920 70	0.922 20	0.923 60	0.925 10	0.926 50	0.927 90	0.929 20	0.930 60	0.931 90
+1.5	0.933 20	0.934 50	0.935 70	0.937 00	0.938 20	0.939 40	0.940 60	0.941 80	0.942 90	0.944 10
+1.6	0.945 20	0.946 30	0.947 40	0.948 40	0.949 50	0.950 50	0.951 50	0.952 50	0.953 50	0.954 50
+1.7	0.955 40	0.956 40	0.957 30	0.958 20	0.959 10	0.959 90	0.960 80	0.961 60	0.962 50	0.963 30
+1.8	0.964 10	0.964 90	0.965 60	0.966 40	0.967 10	0.967 80	0.968 60	0.969 30	0.969 90	0.970 60
+1.9	0.971 30	0.971 90	0.972 60	0.973 20	0.973 80	0.974 40	0.975 00	0.975 60	0.976 10	0.976 70
+2.0	0.977 30	0.977 80	0.978 30	0.978 80	0.979 30	0.979 80	0.980 30	0.980 80	0.981 20	0.981 70
+2.1	0.982 10	0.982 60	0.983 00	0.983 40	0.983 80	0.984 20	0.984 60	0.985 00	0.985 40	0.985 70
+2.2	0.986 10	0.986 40	0.986 80	0.987 10	0.987 50	0.987 80	0.988 10	0.988 40	0.988 70	0.989 00
+2.3	0.989 30	0.989 60	0.989 80	0.990 10	0.990 40	0.990 60	0.990 90	0.991 10	0.991 30	0.991 60
+2.4	0.991 80	0.992 00	0.992 20	0.992 50	0.992 70	0.992 90	0.993 10	0.993 20	0.993 40	0.993 60
+2.5	0.993 80	0.994 00	0.994 10	0.994 30	0.994 50	0.994 60	0.994 80	0.994 90	0.995 10	0.995 20
+2.6	0.995 30	0.995 50	0.995 60	0.995 70	0.995 90	0.996 00	0.996 10	0.996 20	0.996 30	0.996 40
+2.7	0.996 50	0.996 60	0.996 70	0.996 80	0.996 90	0.997 00	0.997 10	0.997 20	0.997 30	0.997 40
+2.8	0.997 40	0.997 50	0.997 60	0.997 70	0.997 70	0.997 80	0.997 90	0.997 90	0.998 00	0.998 10
+2.9	0.998 10	0.998 20	0.998 30	0.998 30	0.998 40	0.998 40	0.998 50	0.998 50	0.998 60	0.998 60
+3.0	0.998 65	0.998 69	0.998 74	0.998 78	0.998 82	0.998 86	0.998 89	0.998 93	0.998 96	0.999 00
+3.1	0.999 03	0.999 06	0.999 10	0.999 13	0.999 15	0.999 18	0.999 21	0.999 24	0.999 26	0.999 29
+3.2	0.999 31	0.999 34	0.999 36	0.999 38	0.999 40	0.999 42	0.999 44	0.999 46	0.999 48	0.999 50
+3.3	0.999 52	0.999 53	0.999 55	0.999 57	0.999 58	0.999 60	0.999 61	0.999 62	0.999 64	0.999 65
+3.4	0.999 66	0.999 67	0.999 69	0.999 70	0.999 71	0.999 72	0.999 73	0.999 74	0.999 75	0.999 76
+3.5	0.999 77	0.999 78	0.999 78	0.999 79	0.999 80	0.999 81	0.999 81	0.999 82	0.999 83	0.999 83

标准差对应的分位数与标准差的乘积即为安全库存水平，于是

$$\mathrm{SS} = z\sqrt{\mathrm{LT}}\sigma_d \tag{8-12}$$

加上提前期内的需求，即得订货点

$$\text{ROP} = \bar{d} \times \text{LT} + z\sqrt{\text{LT}}\sigma_d \qquad (8\text{-}13)$$

例 8-5 一家城建公司近期抽取了有关砂土需求的样本数据，统计结果表明：提前期内对砂土的需求服从日平均值为 15t、标准差为 5t 的正态分布，订货提前期为 4 天。如果管理者愿意承担的缺货风险不超过 3%，试计算这家公司对砂土应设置的安全库存和订货点。

解： 缺货风险不超过 3% 意味着服务水平为 97%，查表 8-5 可得，$z = 1.88$。

根据式（8-12），安全库存为

$$\text{SS} = z\sqrt{\text{LT}}\sigma_d = 1.88 \times \sqrt{4} \times 5 = 18.8(\text{t})$$

随机库存模型及其应用

根据式（8-13），订货点为

$$\text{ROP} = \bar{d} \times \text{LT} + z\sqrt{\text{LT}}\sigma_d = 15 \times 4 + 18.8 = 78.8(\text{t})$$

8.5 单期库存管理模型

8.5.1 单期库存管理问题描述

有些物品是易腐的，如新鲜水果、蔬菜、海鲜、鲜花等。有些物品的时效性很强，如报纸、杂志、比赛用的物品等。对于这类物品，如果未能及时售出，将会给卖方带来损失。腐烂的果蔬和过期的面包只能丢弃，过期的报刊只能降价处理。同时，保管和处置这些剩余的物品还会产生相关的费用。这类问题就是单期库存管理问题。

单期库存管理要解决的问题是，一次订购多少才是最合适的。由于未来的需求总存在着不确定性，为了确定单期库存问题的最优订货量，必须对未来的需求做出预测。报纸的销售是典型的单期库存问题，所以，单期库存问题常被称为报童问题。

8.5.2 单期最优订货量的确定

显然，对于报童问题，最理想的情况是订货量正好等于需求量。但是，需求总是不确定的。需求的不确定性可能是近似于离散的，例如大型演唱会上用的荧光棒。此时，可用均匀分布（等概率分布）来描述需求的变化。需求的不确定性也可能是近似于连续的，例如充填大型活动用气球的气体量。此时，可用正态分布来描述需求的变化。

因为需求的不确定性，为了确定报童问题的最优订货量，可以采用边际经济分析的方法。其基本思路是在对未来需求进行预测的基础上，对欠储成本（shortage cost）与超储成本（excess cost）进行估算，然后分析少订购一件物品所带来的损失或多订购一件物品所带来的损失。

欠储成本是指因为订货量少于实际需求而带来的损失。具体包括因错过销售机会所造成的直接损失和因信誉降低所带来的间接损失。欠储成本通常用 C_s 来表示。

超储成本是指因订货量超过实际需求而带来的损失。具体包括购买成本与残值的差额和处置过量物品所产生的费用。超储成本通常用 C_e 来表示。

现假设 $P(Q)$ 为需求量小于 Q 的概率。那么，超储成本的期望值为 $P(Q) \times C_e$，而欠储成本的期望值为 $[1-P(Q)] \times C_s$。现在尝试逐步减少 Q，直到超储成本的期望值等于欠储成本的期望值，即

$$P(Q) \times C_e = [1 - P(Q)] \times C_s$$

此时的 Q 用 Q^* 来表示，于是

$$P(Q^*) = \frac{C_s}{C_e + C_s} \tag{8-14}$$

报童问题的最优订货量就是满足式（8-14）的 Q^* 的值。$P(Q^*)$ 即为超订的概率。

利用式（8-14）寻找最优订货量的思路其实是一种"减法"思路，即通过逐步减少批量来寻优。照此可推出寻优"加法"思路。

1. 需求呈现均匀分布的情况

下面以算例说明在需求呈现均匀分布的情况下，如何确定最优订货量。

例 8-6　还有不到 3 个月就是中秋佳节了，一家超市开始订购月饼。对于这种典型的单期消费食品，根据超市往年的销售经验，顾客一般会在中秋节到来之前 20 天左右购买月饼。但是一过中秋节当天的中午，月饼的价格就会跳水。

往年，这家超市会订购多种规格的月饼。其中，有一款经典的、几年来顾客一直心仪的中档月饼的订购量会占到总量的 80%。这款月饼今年的进价为 100 元/盒。经过市场调查，在中秋节当天中午之前的热销价可定为 200 元/盒。对当天中午之前没有销售出去的月饼，超市就得大幅降价才能销售出去。经过调查，顾客在中秋当天午后的购买意愿为 50 元/盒。

顾客对这款月饼的需求呈均匀分布，需求为 200~500 盒，期望目标需求为 350 盒。

试确定这款月饼的最优订货量。

解：

（1）计算超储成本与欠储成本。

过高估计顾客对这款月饼的需求将会订购过量。订购过量将导致因为不得不在中秋节当天午后大幅降价销售而造成的损失，即超储成本。在本例中，超储成本为进价与倾销价之差，即 $C_e = 100-50 = 50$（元/盒）。

过低估计顾客对这款月饼的需求将会导致订购不足。订购不足将导致有需求但没有存货而造成的损失，即欠储成本。在本例中，欠储成本为正常销售价格与进价之差，即 $C_s = 200-100 = 100$（元/盒）。

（2）计算最优订购量对应的概率。

利用式（8-14），最优订货量必须满足以下条件

$$P(Q^*) = \frac{C_s}{C_s + C_e} = \frac{100}{100 + 50} = \frac{2}{3}$$

（3）确定最优订货量。

因为顾客对这款月饼的需求服从均匀分布，Q^* 的值是从 200 到 500 的 2/3 处，即 $Q^* =$

200+（500-200）×（2/3）= 400（盒）月饼。所以，最优订购量为 400 盒月饼。此时，超订的概率为 2/3。

这一求解过程及结果如图 8-12 所示。

图 8-12　月饼最优订货量求解过程及结果示意图

我们注意到，在本例中，$C_s > C_e$，按最优订货量进货将导致更高的超储风险。如果 $C_s < C_e$，则正好相反，按最优订货量进货，将导致更高的欠储风险。

此外，在本例中，假设顾客对这款月饼的需求服从均匀分布。如果不是均匀分布，也可用同样的方法确定最优订货量，即最优订货量 Q^* 仍然必须满足 $P(Q^*) = 2/3$ 这一条件。

2. 需求呈现正态分布情况下最优订货量的求解

下面以算例说明在需求呈现正态分布的情况下，如何确定最优订货量。

例 8-7　某酒吧出售一种圣诞节畅销的调制饮料。这种饮料的主要成分为樱桃汁。根据往年的销售情况，对这种樱桃汁的需求近似于正态分布，均值为 $\bar{d} = 200$L，标准差为 $\sigma_d = 10$L。根据测算，$C_s = 4.2$ 元/L，$C_e = 1.4$ 元/L。试计算樱桃汁的最优订货量。

解： 根据式（8-14），最优订货量必须满足以下条件

$$P(Q^*) = \frac{C_s}{C_s + C_e} = \frac{4.2}{4.2 + 1.4} = 0.75$$

查表 8-5 可知，0.75 对应的 z 值在 +0.67 与 +0.68 之间，且更接近于 +0.67。取 $z = +0.67$，则最优订货量为

$$Q^* = \bar{d} + z \times \sigma_d = 200 + 0.67 \times 10 = 206.7（\text{L}）$$

单期库存管理
模型及其应用

当订货量为 206.7L 樱桃汁时，超订的概率为 0.75。

◉ 习题

1. 简述库存理论的提出与发展过程。
2. 何为库存？
3. 按作用，可把库存分为哪些类型？
4. 试述库存的作用。
5. 库存控制的目标是什么？
6. 为使库存控制系统有效，需要具备哪些必要条件？
7. 试述定期盘存系统与定量盘存系统的区别。
8. 定期盘存系统适合哪类物资？
9. 定量盘存系统适合哪类物资？
10. 简述需求预测和提前期信息在库存控制中的作用。
11. 持有费用和订货费用分别包括哪些项目？
12. 何为库存的 ABC 分类管理方法？
13. 试述库存 ABC 分类管理的步骤。
14. 试述如何通过规范物资的收发存管理流程来提高库存控制的有效性。

15. 简述快消品行业的典型特征。

16. 简述快消品供应链的协同制造方案。

17. 简述实施快消品供应链协同制造方案可预期的收益。

18. 简述实施快消品供应链协同制造方案的条件。

19. 结合实例说明如何通过数字化技术赋能库存管理创新。

20. 何为经济订货批量？

21. 民康制药有限公司对淀粉的年需求量为1 000t。近年来的历史数据统计表明，每次订货费用为500元。考虑到损耗，单位持有费用为25元/t。求EOQ、订货次数、全年与库存有关的总费用（持有费用与订货费用之和）。

22. 经济订货批量模型要解决的基本问题是什么？

23. 为什么说批量大小的确定是成批生产方式要解决的一个关键问题？

24. 经济生产批量模型的基本假设有哪些？

25. 试利用微积分的知识推导经济生产批量。

26. 试从降低成本的角度说明经济订货（生产）模型的应用。

27. 在什么情况下，需要对计算出来的经济订货或生产批量做出较大的调整？

28. 简要说明数量折扣模型的应用。

29. 从供货商的角度，说明制定数量折扣策略要解决的关键问题。

30. 从供货商的角度说明制定数量折扣策略时，要考虑的主要因素。

31. 简述当单位持有费用是一常数时，经济订货批量的求解过程。

32. 简述当单位持有费用是价格的线性函数时，经济订货批量的求解过程。

33. JST医院每年要购入1 200箱液体清洁剂。供应商的价格策略如下：①订货量大于或等于75箱时，单价为32.50元；②订货量小于75箱时，单价为35.00元。每次订货费用为8.00元，单位产品的年库存维持费用为单价的12%。试求经济订货批量。

34. 简述随机库存模型要解决的问题和假设条件。

35. 何为服务水平、安全库存？

36. 试分析服务水平与安全库存之间的关系。

37. 服务水平一定越高越好吗？举例说明。

38. 某产品每天的需求服从均值为60单位、标准差为7单位的正态分布。供应来源可靠，提前期为6天，保持不变。每次订货费用为10元，年单位持有费用为0.5元。不计缺货成本，缺货时的订单在库存补充后即得到满足。假设工作制度为365天。设定95%的服务水平。试计算订货批量和订货点。

39. 简述单期库存模型要解决的管理问题。

40. 简述单期库存管理的基本思路。

41. 某种具有典型季节性的商品，其单季需求为500~800件，服从目标期望值为650件的均匀分布。已知欠储成本和超储成本分别为20元/件与30元/件。试计算最优订货量。

📍 案例分析

华北联合电力有限公司的库存管理

为降本增效，华北联合电力有限公司近期在全公司范围内推广应用先进管理模式。在库存管理方面，物资供应部的刘部长决定选择某种型号的阻垢剂进行详细的成本分析，以确定更好的订货策略，待取得一定经验后，在全公司范围内推广先进的库存管理方法。

考虑到周末、节假日以及设备大修等，该电厂每年的运行时间约为8 000h。

根据近几年的需求统计，公司对这种阻垢剂的需求量相对稳定，平均值为 0.006t/h，标准差为 0.000 9t。公司物资供应部的采购经理一直以来都是采取每次 4t 的订购模式采购这种阻垢剂。

目前，这种阻垢剂的市场价格为 5 000 元/t，并且没有数量折扣。经过测算，保管这种阻垢剂的成本为其价格的 6.8%。这种阻垢剂的订货成本约为 800 元/次，而且这一成本与订货批量关系不大。

讨论题

1. 应用定量盘存系统来管理库存时，阻垢剂的经济订货批量（EOQ）是多少？

2. 按照目前的订购策略，即每次订购 4t，全年的总成本（持有费用与订货费用之和）是多少？按照 EOQ 订购时，全年的总成本又是多少？按照经济订货策略，仅这一型号的阻垢剂，每年可以为该电厂降低多少成本？

3. 合作供应商承诺，这种阻垢剂的订货提前期为 225h。另外，物资供应部要求这种阻垢剂总体上达到 97% 的不缺货水平。试确定这种阻垢剂的安全库存及再订货点。

第9章 综合计划及其分解

◦ 引 例

宁波欣依服装有限公司的插单生产

宁波欣依服装有限公司制造部的生产与物料控制（production material control，PMC）主管老田放下电话后自言自语道："这已经是本月第6个紧急订单了，而且这个紧急订单来得真不是时候呀！要命的是，对应计划期在生产系统时间围栏冻结区与刚性区的边缘，待分配库存只有这个紧急订单要交付数量的1/10不到。新的主生产计划刚刚送下去。人员、设备及配套设施、面料及其他辅料、仓储及运输等诸多需求已经形成正式文档上传到 ERP 系统。"经询问，这次插单指令来自公司主管运营的副总经理。该副总经理亲自下达插单指令，这种情况在公司真的不多见。看来，这是一个来自重要客户的订单，必须安排紧急生产。

老田想到了业务外包。但是，去年那次外包商推迟交货的痛苦经历给他留下的"伤痕"至今仍然没有愈合。虽然外包商承担了客户对公司的所有索赔，但公司的信誉受到了重大影响，客户把公司的供应商等级降低了两个级别，由 A 级供应商直接降低为 C 级。

接着，他想到了安全库存。他推算了一下，如果在分配待分配库存的基础上，动用安全库存来满足这批紧急订单，就意味着本月的安全库存水平会降低到预设的75%。安全库存是经过详细计算后确定的，降低安全库存将带来巨大的缺货风险。

那就只有进行插单生产一条路了。但一想到相关采购部、运输部、能源动力部、市场部等业务部门的不配合，一想到车间主任、工段长、管理人员和作业人员的抱怨，一想到本月制造部的业绩考核结果，老田真是一筹莫展。

制造部本月的业绩考核就别指望会有什么好的结果了。安抚了车间的领导、管理人员及一线作业人员，开了几次主生产计划变更协调会，吵了几次架，总算把这个紧急订单安排下去了。

回过头来，老田在想，为什么会有这么多的紧急订单？插单生产肯定是无法避免的，但如何减少插单生产现象的发生？又如何管理插单生产呢？

讨论题

1. 给出减少欣依服装有限公司紧急订单的建议。

2. 当对应档期的待分配库存不能满足紧急订单时，一般会有几种处理紧急订单的办法，试比较这些办法的优缺点。

3. 站在公司全局的角度，给出不得不进行插单生产时的生产物流管控方案。

从综合计划到主生产计划，再到物料需求计划和作业计划，构成了完整的生产计划体系。追逐策略与平准策略是两种编制综合计划的基本策略。影响需求与调整生产能力是处理需求与生产能力这一对矛盾的两条途径。编制综合计划的数学方法使计划的制订更加科学、更加快捷。如果说综合计划的单位是虚拟的，那么主生产计划就具体到了每一规格或型号的产品，而且细化到了每一个月、每一个月的上中下旬甚至是每一周。待分配库存的计算为能否接收新近到达的订单找到了依据。服务业有其特殊性，导致服务业综合计划的编制更为困难。

9.1　综合计划

9.1.1　生产计划体系

企业生产计划体系由运营能力规划、需求预测、综合计划、主生产计划（master production schedule，MPS）、物料需求计划（material requirement planning，MRP）、作业计划等构成，是以生产过程中的信息反馈为基础而构成的，具有一定层次关系的计划体系。生产计划的层次关系如图 9-1 所示。

从图 9-1 中可以看出，企业首先根据市场和科技信息开发产品并选择工艺，然后根据所开发的产品对企业的运营能力做出规划，再结合需求管理和资源管理编制综合计划和相应的主生产计划，接下来，在库存管理基础上制订物料需求计划，并把物料需求计划分解为作业计划。本章主要介绍处于中间阶段的综合计划及其编制与分解。

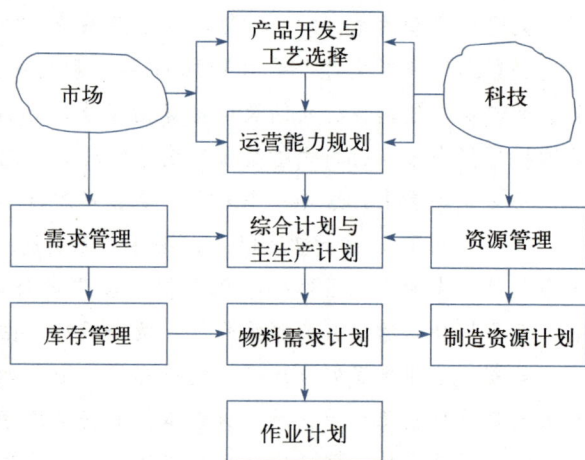

图 9-1　生产计划层次关系

9.1.2　综合计划及其编制策略

1. 综合计划的概念

综合计划是企业一年左右的中期生产计划。这里"综合"的含义就是把企业的主要产品或服务归为一类，视为一种产品。例如，一家钢铁公司根据其全部转炉的公称容量，下达了明年的综合计划：炼钢 500 万 t。一家电动自行车厂根据其产品生产线的产能，下达了明年的综合计划：装配电动自行车 5 万辆。一所大学根据其师资和教育基础设施制订了明年的招生计划：录取 8 000 名新生。一家文具有限公司根据生产能力和需求预测，确定了明年的生产计划：生产铅笔刀 20 万个。事实上，自行车是分为不同类型和规格的。综合计划所指产品或服务在多数情况下是抽象的，实际中并不存在这样抽象的产品或服务。综合计划在生产计划体系中起到承上启下的作用：首先，落实运营能力规划方案；其次，提出对计划期资金、人力资源等的需求；最后，综合计划是制订主生产计划、物料需求计划和生产作业计划的前提。

综合计划是企业中长期生产计划，而未来的需求和生产能力都会发生变化，因此在编制综合计划时，通常采用滚动计划法。滚动计划法就是根据计划执行情况和环境变化，来调整和修订未来计划的方法。具体做法如下。

（1）计划分期。把整个计划期分为几个时间段，其中第一个时间段为执行计划，后几个时间段的计划为预计计划。

（2）计划执行。执行计划较具体，要求按计划实施。预计计划比较粗略。

（3）计划调整。经过一个时间段，根据执行计划的实施情况以及企业内外条件的变化，对原来的预计计划做出调整与修改，原预计计划中的第一个时间段的计划就变成了执行计划。

2. 编制综合计划的两种基本策略

需求与生产能力很少完全一致，有时还相差很大。企业在编制综合计划时，通常采取两种策略来应对需求的波动，即追逐策略和平准策略。

（1）追逐策略。**追逐策略**是指在计划期内，通过调整生产能力来匹配需求的策略。当需求变化时，通过雇用或解雇员工使生产能力与需求达到一致。这一策略成败的关键在于：当需求增加时，是否有一批容易培训、可供雇用的工人。这种策略的优点是存货水平相对低，主要缺点是缺乏运营的稳定性。

（2）平准策略。**平准策略**是指在计划期内使生产能力保持相对稳定，通过库存的缓冲作用、提前或延迟交货来应对需求波动的策略。这种策略的最大优点是人员稳定、产出均衡，缺点是当需求低于正常生产能力时，导致存货，资源利用不平衡。

3. 平衡需求与生产能力的具体措施

企业无论采取哪一种策略，编制综合计划的目标都是尽可能地使整个计划期的需求和生产能力达到大致平衡。为此，可通过影响外部需求或调整内部生产能力，或双管齐下来实现这一目标。

（1）影响外部需求。影响需求通常有以下 3 种方法。

- 改变价格，这对需求价格弹性系数比较大的产品或服务尤其有效。
- 促销，具体方式有展销或馈赠礼品等，采用这种手段时，要选择好时机。
- 推迟或提前交货，在一定时期内，总有一些顾客对交货期要求不太严格，就可通过提供优惠的价格来推迟交货。有时则考虑提前交货。当然，这需要征得顾客的同意。

（2）调整内部生产能力。调整生产能力的常用方法有以下 5 种。

1）调整劳动力。当需求超过生产能力时，临时招聘一些工人；当需求低于生产能力时，临时解雇一些工人。这种手段应谨慎采用，而且在采用时，要考虑以下影响因素：工会对解雇工人的限制；高级技工的可获得性；招聘、培养的代价；解雇工人的直接和间接损失等。

2）调整作业时间。调整作业时间即忙时加班，闲时培训或实施技改技措。今天，公司更加倾向于采用这种方法。

3）临时工的使用。如果某项工作的技术含量不是很高，使用临时工不失为一个明智的选择。

4）利用库存。当需求超过生产能力时，就动用原来的库存；当需求低于生产能力时，就保有一定量的库存。

5）外包。外包可使企业获得临时的生产能力，但涉及商业机密或合同方资质不明时应谨慎采用。

9.2 编制综合计划的方法

编制综合计划的方法有很多，如经验法、试算法、线性规划法和计算机仿真等。经验法就是管理者根据过去的统计分析资料确定生产计划。试算法是通过计算不同生产计划的成本来选择较好的方案。线性规划法是通过建立线性规划模型，促进资源合理利用的有效方法。计算机仿真由计算机控制的生产系统来实现。以下介绍编制综合计划的数学方法。

9.2.1 线性规划法

这种方法的思路是在需求和生产能力既定的前提下，如何合理安排各种生产方式来达到总费用最低。

一般线性规划模型由决策变量、目标函数和约束条件三部分组成。

（1）决策变量。决策变量是指实际系统中有待确定的未知因素，也是指系统的可控因素。一般来说，这些因素对系统目标的实现和各项经济指标的完成起决定性作用，故称其为决策变量，如生产计划中产品的品种和数量等。

（2）目标函数。目标函数是指系统目标的数学描述。线性规划的目标是利润最大、效率最高，或成本最低、消耗最低等。

（3）约束条件。约束条件是指实现系统目标的限制条件，包括系统内部和外部两个方面的限制条件，如订单约束、生产能力约束、原材料与能源约束、库存水平约束等。此外，决策变量还必然满足非负约束。

线性规划法尤其适用于生产多品种的企业制订生产计划。

例9-1 新兴科技公司计划生产4种产品（分别设为A、B、C和D）。这些产品分别由5个车间顺序加工而成。表9-1给出了新兴科技公司有关生产经营的数据。

表9-1 新兴科技公司生产经营数据

车间	单位产品工时定额				全年可用工时
	产品A	产品B	产品C	产品D	
1车间	0.6	3.0	1.0	2.0	8 000
2车间	0.6	1.2	—	1.0	4 000
3车间	0.5	1.0	0.5	1.2	5 000
4车间	0.4	2.0	0.3	1.2	4 500
5车间	0.3	0.6	0.2	0.5	4 000
需求范围/件	4 000~6 000	≤500	1 500~3 000	100~1 000	
单件利润/元	400	1 000	500	600	

又已知产品 B 和 D 要使用一种进口的金属板，产品 B 和 D 对这种金属板的需求量分别为 $1m^2$ 和 $0.6m^2$。这种金属板的年度最大供应量为 $1\,000m^2$。

试根据上述条件制订下一年度的生产计划。

解：

（1）确定决策变量。设 x_1、x_2、x_3 和 x_4 分别为 4 种产品的计划产量。

（2）目标函数。根据表 9-1，可得目标函数

$$Z_{\max} = 400x_1 + 1\,000x_2 + 500x_3 + 600x_4$$

（3）约束条件。

①需求方面的约束。

$x_1 \geqslant 4\,000$，$x_1 \leqslant 6\,000$，$x_2 \leqslant 500$，$x_3 \geqslant 1\,500$，$x_3 \leqslant 3\,000$，$x_4 \geqslant 100$，$x_4 \leqslant 1\,000$

②计划期间可用工时的约束。

1 车间：$0.6x_1 + 3.0x_2 + 1.0x_3 + 2.0x_4 \leqslant 8\,000$

2 车间：$0.6x_1 + 1.2x_2 + 1.0x_4 \leqslant 4\,000$

3 车间：$0.5x_1 + 1.0x_2 + 0.5x_3 + 1.2x_4 \leqslant 5\,000$

4 车间：$0.4x_1 + 2.0x_2 + 0.3x_3 + 1.2x_4 \leqslant 4\,500$

5 车间：$0.3x_1 + 0.6x_2 + 0.2x_3 + 0.5x_4 \leqslant 4\,000$

③进口金属板供应量约束。

$x_2 + 0.6x_4 \leqslant 1\,000$

④非负约束。

x_1、x_2、x_3、$x_4 \geqslant 0$

建立模型后，可手工计算求得最优解，对于复杂的模型，也可借助计算机软件求得最优解。就本例，通过计算机软件求解，可得 $x_1 = 5\,500$，$x_2 = 500$，$x_3 = 3\,000$，$x_4 = 100$。此时利润最大，为 $4\,260\,000$ 元。

9.2.2　表上作业法

对于约束条件较少的生产计划问题，可采用表上作业法求得最优解。表上作业法实际上是线性规划法的一种特殊形式，这种方法简便易行、直观明了，广泛应用于编制企业计划。

综合生产计划的目标是使总成本最小。成本分为正常成本、加班成本、外协成本和持有费用。

（1）正常成本。正常成本是指在正常生产状况下的单位产品的生产成本，主要包括原辅材料费用、动力费用、直接人工费用和制造费用。

（2）加班成本。加班成本是指包括正常成本、因在生产时间之外增加了劳动时间所产生的成本在内的全部成本。

（3）外协成本。外协成本是指自制改为外协时，所支付的外协加工费和外协管理费等。对于短期的临时外协加工，其加工费可能大大高于本企业的正常生产成本。

（4）持有费用。持有费用包括因持有库存而产生的资金费用、保管费用和保险费用。

表上作业法的基本假设是：每一个计划期内正常生产能力、加班生产能力以及外协量均有

一定限制；每一个计划期预测的需求量是已知的；全部成本都与产量呈线性关系；不允许缺货。

在利用表上作业法时，要标出生产方式、每一计划期的需求量、生产能力、初始库存量以及可能发生的成本。表9-2是表上作业法编制综合计划的规范用表。

表9-2　表上作业法编制综合计划的规范用表

计划期			计划期				生产能力	
			1	2	3	4	未用	全部
期初库存			0	h	$2h$	$3h$		I_0
计划期	1	正常生产	r	$r+h$	$r+2h$	$r+3h$		R_1
		加班生产	c	$c+h$	$c+2h$	$c+3h$		O_1
		外协	s	$s+h$	$s+2h$	$s+3h$		S_1
	2	正常生产		r	$r+h$	$r+2h$		R_2
		加班生产		c	$c+h$	$c+2h$		O_2
		外协		s	$s+h$	$s+2h$		S_2
	3	正常生产			r	$r+h$		R_3
		加班生产			c	$c+h$		O_3
		外协			s	$s+h$		S_3
	4	正常生产				r		R_4
		加班生产				c		O_4
		外协				s		S_4
需求			D_1	D_2	D_3	D_4		

在表9-2中，h表示单位计划期内单位产品的持有费用；r表示单位计划期单位产品的正常生产成本；c表示单位计划期单位产品的加班生产成本；s表示单位计划期单位产品的外协成本；I_0表示计划期初库存；R_i表示第i个计划期的正常生产能力；O_i表示第i个计划期的加班生产能力；S_i表示第i个计划期的外协生产能力；D_i表示第i个计划期的需求量。

表中每一行表示一个计划方案，如第一行表示期初库存，它可以用来满足四个单位计划期内任一期的需求。第二行是第一个计划期内正常工作时间的生产量，它也可以用来满足四个单位计划期内任一期的需求。接下来的两行是第一个计划期的加班生产量和外协量，也可以用来满足四个单位计划期内任一期的需求，其余类推。

表中各列分别表示计划所覆盖的各单位计划期、各计划期未使用的生产能力和总生产能力。每一单元格右上角的数字表示包括生产成本和库存成本在内的单位成本。例如，在第一个计划期，正常时间的生产成本是r，如果在第一计划期生产出来的产品用来满足第二个计划期的需求，因为又产生了一个计划期的持有费用 h，则成本为 $r+h$。第一计划期生产的产品，如果用来满足第三个计划期的需求，则成本为 $r+2h$，依此类推。

显然，成本最低的方案是当期以正常生产方式生产，当期销售，但是，由于需求的波动性与生产能力的限制，这一点并不是总能达到的。表上作业法的具体步骤如下。

（1）将有关需求、生产能力以及成本的数据填入规范用表中。

（2）在规范用表中列出"未用生产能力"，在编制综合计划开始时，未用能力与可用能力相等。

（3）在第 1 列（即第 1 个单位计划期）寻找成本最低的单元，尽可能将生产任务分配到该单元，但不得超出该单元所在行的生产能力和该单元所在列的需求。

（4）如果该列仍然有需求尚未满足，重复步骤（3），直至需求全部满足。

（5）在其后的各单位计划期重复步骤（3）和（4），注意在完成一列后再继续下一列。

表上作业法的使用原则为：一行内各单元记入量的总和应等于该行的总生产能力，而一列内各单元记入的总和应等于该列的需求。遵循这条原则才能保证未超过生产能力，并且全部需求得以满足。

从编制综合计划的过程可以看出，编制综合计划的表上作业法体现出一种重要的管理思想，概括为八个字就是：面向成本，产销平衡。

例 9-2　顺德力文具有限公司生产各种文具。其中，包括近 10 种型号的手摇铅笔刀。手摇铅笔刀的市场需求、生产能力和成本数据如表 9-3 所示。注意到每年 2 月春季学期和 9 月秋季学期开学前夕为文具需求旺季，所以第一和第三季度对手摇铅笔刀的需求较高。此外，第一季度为高等院校的毕业季和农闲时期，容易招到实习生和临时工人，所以第一季度生产能力可以高于其他季度，这里假设可以达到 50 000 个的生产能力。如果顺德力文具有限公司下一年度手摇铅笔刀的期初库存为 4 000 个，期末库存预设为 5 000 个。试用表上作业法为该公司编制综合计划。

表 9-3　手摇铅笔刀的市场需求、生产能力和成本数据

项目		计划期			
		1	2	3	4
市场需求/个		60 000	43 000	65 000	50 000
生产能力/个	正常生产	50 000	45 000	45 000	45 000
	加班生产	10 000	9 000	9 000	9 000
	外协	3 000	3 000	3 000	3 000
单位成本/元	正常生产	10			
	加班生产	15			
	外协	19			
	单位持有费用	3			

解：根据表上作业法的操作步骤，得到表 9-4 的结果。

表 9-4　顺德力文具有限公司综合计划计算表

			计划期				生产能力/个	
			1	2	3	4	未用	全部
期初库存		4 000	[0]	[3]	[6]	[9]	0	4 000
计划期	1	正常生产	50 000 [10]	[13]	[16]	[19]	0	50 000
		加班生产	6 000 [15]	[18]	[21]	[24]	4 000	10 000
		外协	[19]	[22]	[25]	[28]	3 000	3 000
	2	正常生产	✕	43 000 [10]	2 000 [13]	[16]	0	45 000
		加班生产	✕	[15]	9 000 [18]	[21]	0	9 000
		外协	✕	[19]	[22]	[25]	3 000	3 000
	3	正常生产	✕	✕	45 000 [10]	[13]	0	45 000
		加班生产	✕	✕	9 000 [15]	[18]	0	9 000
		外协	✕	✕	[19]	[22]	3 000	3 000
	4	正常生产	✕	✕	✕	45 000 [10]	0	45 000
		加班生产	✕	✕	✕	9 000 [15]	0	9 000
		外协	✕	✕	✕	1 000 [19]	2 000	3 000
市场需求/个			60 000	43 000	65 000	55 000	15 000	238 000

根据表 9-4 可得到如表 9-5 所示的该公司的综合计划表（草案）。

表 9-5　顺德力文具有限公司综合计划表（草案）　　　　　（单位：个）

计划期	1	2	3	4
正常生产	50 000	45 000	45 000	45 000
加班生产	6 000	9 000	9 000	9 000
外协	0	0	0	1 000
周转库存	0	11 000	0	5 000

其中，周转库存计算如下

第一季度：4 000+（50 000+6 000+0）−60 000＝0（个）

第二季度：0+（45 000+9 000+0）−4 3000＝11 000（个）

第三季度：11 000+（45 000+9 000+0）−65 000＝0（个）

第四季度：0+（45 000+9 000+1 000）−50 000＝5 000（个）

该计划的总成本是各单元生产任务乘以相应单元单位成本之和，即

库存成本：$4\,000 \times 0 = 0$（元）

第一季度：$50\,000 \times 10 + 6\,000 \times 15 = 590\,000$（元）

第二季度：$43\,000 \times 10 + 2\,000 \times 13 + 9\,000 \times 18 = 618\,000$（元）

第三季度：$45\,000 \times 10 + 9\,000 \times 15 = 585\,000$（元）

第四季度：$45\,000 \times 10 + 9\,000 \times 15 + 1\,000 \times 19 = 604\,000$（元）

总成本为：$2\,397\,000$（元）

该计划草案要提交首席运营官，由其根据明年可落实的资金情况，并在考虑关键人力资源及关键设备能力的前提下签发执行。值得注意的是，综合计划只是明确了未来一笔对资金、关键人力资源和关键设备的需求，在确定每一具体品种产品的产量和生产时期时，需要根据最新的市场需求和已落实的订单以及届时的库存和能力信息来进行。

综合计划的
编制

9.3 主生产计划

9.3.1 从综合计划到主生产计划

如前所述，多数情况下综合计划所指产品或服务是抽象的。实际中并不存在抽象的钢材，只存在某一钢种、某一型号的钢材；并不存在抽象的电动自行车，只存在不同规格的电动自行车；不存在抽象的新生，只存在某一专业、攻读一定学位的新生；不存在抽象的手摇铅笔刀，只存在某一款式的手摇铅笔刀。因此，要对综合计划进行分解。分解综合计划的结果是主生产计划。

所谓 MPS，是指根据预期产品到达量、订货提前期和现有库存等因素而确定的计划期内必须完成的具体产品的数量和进度。MPS 的时间跨度为 2~3 个月，并按月进行更新。MPS 规定了每周的生产批量。制订 MPS 的目标是在满足订单需求的前提下，有效利用现有生产能力，以最低的成本按进度生产出最终产品。

9.3.2 制订 MPS 的程序

图 9-2 给出了制订 MPS 的程序。

从图中可以看出，制订 MPS 的过程就是对综合计划进行分解的过程，而且制订 MPS 是一反复试算的过程。当一个方案制订出来以后，需要与所拥有的资源（如设备能力、人员、加班能力、外协能力等）进行对比。如果 MPS 超出了资源约束，就必须修改原有方案，直至得到符合资源约束条件的方案。如果经过反复试算和协调，资源条件仍不能满足计划要求，就需要增加资源，或者对综合计划做出修改。最后，把切实可行的 MPS 交由管理机构审批，形成并下达粗能力计划（rough-cut capacity planning，RCCP）。进一步，分解 MPS，编制 MRP。

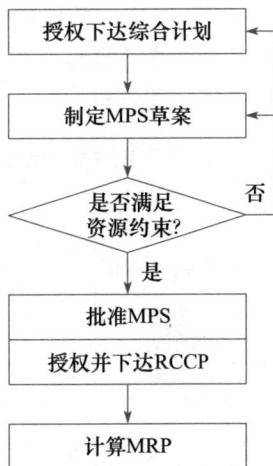

授权下达综合计划

制定MPS草案

是否满足
资源约束?　否

是

批准MPS

授权并下达RCCP

计算MRP

图 9-2　制订 MPS 的程序

9.3.3　MPS 的输入、计算逻辑与输出

1. MPS 的输入

MPS 的输入包括：从综合计划分解出来的每一种产品的产量、修正的市场需求（包括已承诺的订单）、预期库存信息、生产能力等。

2. MPS 的计算逻辑

MPS 涉及量和期两个关键指标，即生产批量和生产时期。生产批量可通过对经济生产批量进行修正得到。为确定生产时期，引入一个中间变量，即预期库存（projected on-hand inventory，POH），其计算公式如下

$$I_t = I_{t-1} + P_t - \max(F_t,\ CO_t) \tag{9-1}$$

式中，I_t 表示第 t 期的 POH；I_{t-1} 表示第 $t-1$ 期的 POH；P_t 表示第 t 期的 MPS 生产量；F_t 表示第 t 期的预测量；CO_t 表示在第 t 期要发货的订单数量。

在式（9-1）中，之所以选择需求预测与顾客订单两者之间的较大者，就是为了使所编制的主生产计划能够满足未来可能到达的订单需求。

POH 是判断是否启动 MPS 的指标，一旦 POH 变为负数，就启动 MPS。下面以顺德力文具有限公司某款手摇铅笔刀的 MPS 为例说明其计算逻辑。

例 9-3　顺德力文具有限公司生产的手摇铅笔刀中，有一款变形金刚手摇铅笔刀，是该公司的主打产品，占手摇铅笔刀总产量的大约 20%。第一季度为变形金刚手摇铅笔刀的需求旺季，总产量大约为 12 000 个。在第一季度中，在春季学期开学的 2 月需求最多，紧接着的 3 月最少，1 月的需求则介于 2 月与 3 月之间。以上为需求预测信息。

该公司将根据上一年 10 月底下达的综合计划，并根据最新的需求预测及已经落实的订单，编制变形金刚手摇铅笔刀 1~3 月三个月的 MPS。

表 9-6 给出了该公司 1~3 月三个月变形金刚手摇铅笔刀的需求预测和订单数据。同时，给出了期初库存信息，即期初有 1 000 个库存。又已知该公司这种铅笔刀是按照 1 500 个这一经济批量进行生产的。

表 9-6　顺德力文具有限公司变形金刚手摇铅笔刀 1~3 月需求预测与顾客订单

（单位：个）

期初库存：1 000	1 月				2 月				3 月			
	周次				周次				周次			
	1	2	3	4	5	6	7	8	9	10	11	12
需求预测	900	900	900	900	1 400	1 400	1 400	1 400	700	700	700	700
顾客订单	800	700	700	750	1 000	600	800	550	300	0	200	0

试根据已知信息编制顺德力文具有限公司变形金刚手摇铅笔刀 1~3 月三个月的 MPS。

解：根据式（9-1）可计算出各期的 POH，进而确定了 MPS 的时期，即分别在第 2、3、5、6、7、8、10、12 共八期启动 MPS（见表 9-7）。

表 9-7　顺德力文具有限公司变形金刚手摇铅笔刀各期 POH 及 MPS　（单位：个）

期初库存：1 000	1 月				2 月				3 月			
	周次				周次				周次			
	1	2	3	4	5	6	7	8	9	10	11	12
需求预测	900	900	900	900	1 400	1 400	1 400	1 400	700	700	700	700
顾客订单	800	700	700	750	1 000	600	800	550	300	0	200	0
POH	100	700	1 300	400	500	600	700	800	100	900	200	1 000
MPS 量		1 500	1 500		1 500	1 500	1 500	1 500		1 500		1 500

从表 9-7 中还可以看出，在各 MPS 到达之前，会有数量不等的库存，而且这些库存中有些已经有订单关联，有些却没有订单关联。例如，期初的 1 000 个库存中，有 800 个已经有订单关联，余下的 200 个却没有订单关联。这些没有订单关联的库存会始终存在，除非在各 MPS 到达之前又接到新的订单。这种没有订单关联的库存即为待分配库存（available-to-promise，ATP）。从 ATP 的含义可以看出，只需计算第 1 周和启动了 MPS 那些周次的 ATP。各期 ATP 等于本期 MPS（如果有的话）减去直到下一个 MPS 到达为止的全部订单。对第 1 周，则需另外加上期初库存量。在变形金刚手摇铅笔刀一例中，各期的 ATP 如表 9-8 所示。其中，第 1、2、3 周的 ATP 计算过程分别如下：1 000–800＝200，1 500–700＝800，1 500–（700+750）＝50。其余各期的 ATP 采取同样的方法进行计算。

表 9-8　顺德力文具有限公司变形金刚手摇铅笔刀 ATP　（单位：个）

期初库存：1 000	1 月				2 月				3 月			
	周次				周次				周次			
	1	2	3	4	5	6	7	8	9	10	11	12
需求预测	900	900	900	900	1 400	1 400	1 400	1 400	700	700	700	700
顾客订单	800	700	700	750	1 000	600	800	550	300	0	200	0
预期库存	100	700	1 300	400	500	600	700	800	100	900	200	1 000
MPS 量		1 500	1 500		1 500	1 500	1 500	1 500		1 500		1 500
ATP	200	800	50		500	900	700	650		1 300		1 500

值得注意的是：如果计算出来的某一期的 ATP 为负数，则取消当期 ATP 的计算，并且更新上一期的 ATP，即从上一期的 ATP 中减去所欠缺的数量。例如，在上例中，假设第 4 周已经落实订单所要求交付的数量不是 750 个，而是 900 个（在某些情况下，甚至会超出了需求预测），那么，就要重新计算 ATP。按照上述原则，计算结果见表 9-9。

表 9-9　假设第 4 周订单的交付数量为 900 个的 ATP　（单位：个）

期初库存：1 000	1 月				2 月				3 月			
	周次				周次				周次			
	1	2	3	4	5	6	7	8	9	10	11	12
需求预测	900	900	900	900	1 400	1 400	1 400	1 400	700	700	700	700
顾客订单	800	700	700	900	1 000	600	800	550	300	0	200	0
预期库存量	100	700	1 300	400	500	600	700	800	100	900	200	1 000
MPS 量		1 500	1 500		1 500	1 500	1 500	1 500		1 500		1 500
ATP	200	700			500	900	700	650		1 300		1 500

计算待分配库存的一个主要目的是用来判断能否接收未来到达的新订单。例如，如果顺德力文具有限公司在计划期到达之前，又接到了一个交付数量为 300 个的新订单，要求在第 1 周

交货，根据表 9-8 的结果，该公司就不能再接受这一订单。这是因为：生产单位已经为近期的主生产计划做好包括人员、材料、动力、设备等方面的生产准备工作。如果接收了这个订单，因其比 ATP 的数量多了 100 个，必然要更改 MPS，结果将是一系列的连锁反应，最后导致不必要的损失。但是，如果公司接到了一个交付数量为 700 个的新订单，要求在第 5 周交货，虽然订单所要交付的数量比 ATP 多出了 200 个，但由于订单的交货期比较靠后，不会对生产程序造成太大的影响。这就是 MPS 的时间围栏概念，如图 9-3 所示。所谓时间围栏是指用于判断在 MPS 形成以后是否可以接收未来新的订单的一种时间框架。在这个时间框架里，越靠近当前的时间段，越倾向于保持主生产计划不变。

主生产计划
的编制

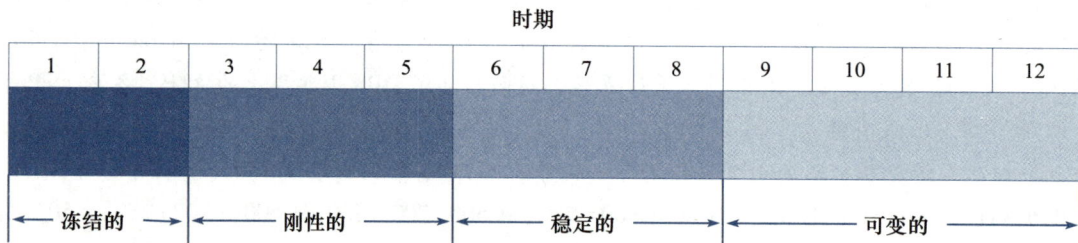

时期

| 1 | 2 | 3 | 4 | 5 | 6 | 7 | 8 | 9 | 10 | 11 | 12 |

←— 冻结的 —→   ←— 刚性的 —→   ←— 稳定的 —→   ←— 可变的 —→

图 9-3　MPS 的时间围栏

3. MPS 的输出

通过制订 MPS，要输出预期库存、包含量与期两个标准的 MPS、ATP。

从 MPS 的生成过程可以看出，MPS 的这种编制方法体现了一种重要的管理思想，概括为八个字就是：按需生产，适度调整。

9.4　服务业的综合计划

服务业的综合计划需要考虑目标顾客的需求、服务设施与劳动力的能力。由于服务业中作业过程多数是劳动密集型的，劳动力水平对生产能力有重大影响，因此与制造业的计划相比，**服务业的综合计划**是一个以时间为基础的服务员工需求计划。

与制造业相比，服务业有一些自身特点。

（1）服务需求难以预测。除顾客需求呈现出一定的淡旺季特征，有些时候需求是随机的，如消防、警务、急救等，需求的发生具有不确定性，难以预测，这使得合理利用运营能力变得困难。

（2）服务能力难以测量。一般来说，服务能力是以劳动力数量和劳动效率来测量的，但在实际中，由于劳动效率受顾客参与的影响，加之为适应市场需求的变化，组织所提供的服务种类也不断变化，所以实际中准确测量服务能力就很困难。这种困难性增加了计划的难度。现在很多组织为了适应市场需求的变化，通过培训使员工成为多面手来提高劳动力的柔性，这不失为一种明智的选择。

（3）服务能力与需求相匹配更重要，也更困难。服务只在提供时发生，而且服务无法储存——饭店星期一早上空闲的座位不能储存下来以备星期六晚上顾客盈门时再去使用，空闲的服务能力是一种现实的浪费。此外，不能因为要满足需求就降低服务水平，这会使需求发生转移，影响组织经营业绩，所以制订服务业的综合计划时应尽可能地使服务能力与需求相匹配。

根据服务业的上述特点，在制订服务业的综合计划时，一方面运用收益管理来调节需求、管理能力，另一方面在全职员工、兼职员工和业务外包三者之间找到最佳组合。

9.5　收益管理

9.5.1　收益管理方法的提出和含义

1. 收益管理提出的背景

对于固定投资较大，单位可变费用较低的企业，应通过调节需求来最大化服务能力利用率。那么如何达到这个目的呢？经过实践经验的总结和理论研究，人们提出了一种新的运营管理模式，这就是收益管理。

最早应用收益管理方法的当属航空公司。1978 年，美国放宽对航空客运的管制，允许航空公司开辟新的航线，允许航空公司制定浮动票价。1985 年，美国航空公司（American Airlines）开发出一种计算机软件系统，对机票价格实行动态管理，标志着收益管理的产生。美国航空公司的具体做法是实时掌握同一航线上不同航空公司的航班情况，及时调整本航空公司的票价，采取超预订策略，控制折扣机票，通过机票价格调整不同航线上的客流量等。颇具戏剧性的是，当美国航空公司于 1992 年利用收益管理这一"秘密武器"挑起史上规模最大的价格大战（即"92 航空血战"）时，美国航空公司并未从中捞到任何好处，反而被大陆航空公司捡了便宜。但大陆航空公司实在让人失望：它并未能利用这次胜利来发展壮大自己，最终于 2010 年因为运力不足和高额负债而投入美国联合航空公司（United Airlines）的怀抱。

后来，这种管理方法从航空公司推广应用到了酒店、旅游公司、文体公司等。

2. 收益管理的含义

所谓收益管理是指利用时间的"一维性"特征，在市场细分、消费者行为模式分析、供求关系预测的基础上，通过市场、产品、价格多种组合方案提高运营能力利用率，进而提高收益的管理方法。也就是在适当的时间（time），把适当的产品（product），以适当的价格（price），卖给适当的顾客（market）。

收益管理是一种与能力利用和价格制定有关的系统的管理方案。收益管理不是制定淡旺季价格策略。收益管理也不是价格管理。收益管理的核心是制定合理或最优价格组合。假设有 5 种细分市场、根据细分市场设计了 4 种区别可能很大或可能微不足道的产品或服务，进而又设计了 3 种价格，那么，可能的价格组合就是 60（＝4×5×3）种。收益管理的核心就是从 60 种可能的价格组合中找出合理或最优价格组合。

3. 收益管理在服务业制订综合计划中的应用

从收益管理提出的背景以及收益管理的含义可以看出，通过收益管理可以更加有效地调节需求，管理能力。而这正是服务业制订综合计划时要做的一项重要工作。在实施收益管理的基础上，制订服务人员的用工方案，并合理地安排服务人员的班次，进而制订出科学的服务业的综合计划。

9.5.2   实施收益管理的基本条件

收益管理最适用于具有以下特征的服务业企业。

- 固定投资较大，运营能力不易改变。
- 单位可变成本较低。
- 可对市场进行细分。
- 产品不易储存。
- 产品可预售。
- 需求波动较大。

显然，航空行业具有上述全部特征。这也是航空行业能够成功应用收益管理的原因所在。除航空行业外，餐饮业、出租业、旅游业、演艺业等也具备上述特征。今天，随着先进信息技术的应用和管理水平的提高，收益管理可以应用到几乎所有的服务业中。

9.5.3   实施收益管理的基本策略

1. 市场细分

消费者的需要和欲望、购买行为和购买习惯总会有不同之处，正是根据这些不同，我们可以把某一产品的整体市场划分为若干个消费者群。每一个消费者群就是一个细分市场，每一个细分市场都是由具有类似需求倾向的消费者构成的群体。市场细分的标准通常有 4 个，即地理因素、人口统计因素、心理因素、行为因素。

2. 为不同的细分市场提供不同的产品

市场不同，就应为其提供不同的产品，哪怕不同产品之间的差异性非常细微。

假设乘客从北京飞往上海，从其拿起行李出发到抵达目的地，航空公司所能提供的服务不会有太大的差异：在同一航班上的不同乘客的飞行高度是一样的，飞行速度也是一样的，不可能有人比别人早起飞，也不可能有人比别人早落地。但正是因为同一航班上有不同的乘客，他们代表着不同的乘客群体，从而需要对航空客运服务进行细分：候机时有免费的饮料，即使这些饮料只有几元钱；有些座位稍许宽敞一点；所能阅读的报纸多一种；早 1 分钟送来枕头和毯子，不一而足。

又假如顾客入住一家酒店，酒店所能提供的服务不会有太大的差异。睡在一张特大号的床上与睡在一张普通的床上，当顾客进入梦乡之后，不会有太多的差异：不是睡在一张特大号的床上就一定会做美梦，而睡在一张普通的床上就一定会做噩梦。但正是因为同一酒店入住的顾客不同，他们代表着不同的顾客群体，从而酒店需要对提供的服务进行细分：观景不同，哪怕窗外只是多了一片树林；有免费的水果，即使这些水果在酒店门口的路边花不到 5 元钱就可以买到；免费牙刷比别的房间质量好一些，尽管也都是一次性的，不一而足。

3. 基于市场需求定价而非成本加成定价

相同的产品，对同一个顾客而言，在不同的时期其价值是不同的，同样，对某一个公司而言，同一个顾客在这个时期是有价值的，但在另一个时期却可能是无价值的。收益管理的基本策略之一就是价格差异化策略，即把产品销售给最有价值的顾客。这一策略可用图9-4来描述。

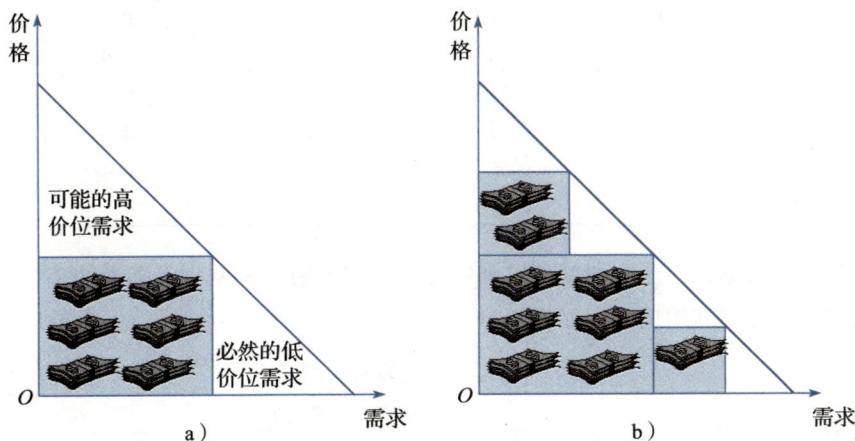

图 9-4　价格差异化前后的效果对比

从图9-4中可以看出，价格差异化前后的效果相差很大。通过价格差异化，增加了可能的高价位的需求和必然的低价位的需求，从而提高了收益。例如，寒冷的冬季是旅游淡季，但是比如世界闻名的故宫，既可以通过推出低价票来增加国内的客流量，又可同时推出高价票以让顺道而来的国外朋友实现参观中国古代皇宫的心愿。

企业有许多定价方法，为有效实施收益管理，应以市场需求定价为主，而非成本加成定价为主。以市场需求定价就是在细分市场的基础上，确定不同顾客的支付意愿，根据支付意愿确定最合适的价格。

如果把所细分产品这一因素考虑进去，针对不同的市场（顾客），价格差异化将会起到更大的作用。

4. 业务流程优化基础上的超额预售

（1）超额预售。超额预售是在实施收益管理时常用的一种策略。超额预售的基本出发点是担心预订的顾客届时爽约。显然，超额预售会有一种风险，那就是预订的顾客全部到来。以下举例说明如何合理地确定超额预售量。

每年的"五一黄金周"对北京的租车行业来说绝对是一个不容错过的机会。5月的北京春暖花开，历来就是一个旅游旺季。通达租车服务有限公司（以下简称"通达公司"）专营轿车租车业务。通达公司以向外出租中型轿车为主。为应对不测，公司还拥有少量的小型车和大型车。在卖方市场情况下，签约量的确定是个关键问题：如果签约量太小，顾客取消了预约的车辆，每空闲一辆轿车，通达公司就损失 800 元；如果预约量太大，履约的顾客超过了签约量，通达公司就必须以中型车的价格向顾客提供一辆大型车。而这些大型车本来可以以更高的价格出租，所以通达公司将损失掉由于出租这辆大型车可能得到的额外收益。如果连大型车也不能提供给顾客，公司就会面临赔偿。假设每一辆大型车因此为公司带来的损失为 2 000 元。

通达公司早在几年前就引入了收益管理系统，已经积累了大量历史数据。根据近 5 年的数据，通达公司估算出"五一黄金周"一定数量的顾客取消预约的概率，如表 9-10 所示。

表 9-10 顾客取消预约的概率

取消预约的人数	概率	累计概率	取消预约的人数	概率	累计概率
0	0.04	0.04	6	0.11	0.81
1	0.06	0.10	7	0.07	0.88
2	0.10	0.20	8	0.06	0.94
3	0.15	0.35	9	0.04	0.98
4	0.20	0.55	10	0.02	1.00
5	0.15	0.70			

有了这些基础数据，通达公司就可以确定在已有中型轿车的基础上多签约多少辆才是最理想的。为此需要计算超签约成本，如表 9-11 所示。

表 9-11 超签约成本计算结果

取消预约的人数	概率	超签约数量/辆										
		0	1	2	3	4	5	6	7	8	9	10
0	0.04	0	2 000	4 000	6 000	8 000	10 000	12 000	14 000	16 000	18 000	20 000
1	0.06	800	0	2 000	4 000	6 000	8 000	10 000	12 000	14 000	16 000	18 000
2	0.10	1 600	800	0	2 000	4 000	6 000	8 000	10 000	12 000	14 000	16 000
3	0.15	2 400	1 600	800	0	2 000	4 000	6 000	8 000	10 000	12 000	14 000
4	0.20	3 200	2 400	1 600	800	0	2 000	4 000	6 000	8 000	10 000	12 000
5	0.15	4 000	3 200	2 400	1 600	800	0	2 000	4 000	6 000	8 000	10 000
6	0.11	4 800	4 000	3 200	2 400	1 600	800	0	2 000	4 000	6 000	8 000
7	0.07	5 600	4 800	4 000	3 200	2 400	1 600	800	0	2 000	4 000	6 000
8	0.06	6 400	5 600	4 800	4 000	3 200	2 400	1 600	800	0	2 000	4 000
9	0.04	7 200	6 400	5 600	4 800	4 000	3 200	2 400	1 600	800	0	2 000
10	0.02	8 000	7 200	6 400	5 600	4 800	4 000	3 200	2 400	1 600	800	0
超签约成本/元		3 560	2 872	2 352	2 112	2 292	3 032	4 192	5 660	7 324	9 156	11 100

在表 9-11 中，超签约成本的计算如下：

0.04×0+0.06×800+0.10×1 600+0.15×2 400+0.20×3 200+0.15×4 000+0.11×4 800+0.07×5 600+0.06×6 400+0.04×7 200+0.02×8 000＝3 560（元）

0.04×2 000+0.06×0+0.10×800+0.15×1 600+0.20×2 400+0.15×3 200+0.11×4 000+0.07×4 800+0.06×5 600+0.04×6 400+0.02×7 200＝2 872（元）

余者类推。

表 9-11 显示，当超签约数量为 3 辆时，超签约成本最低，为 2 112 元。

从本例中可以看出，为保证收益管理中超额预售策略的有效实施，必须较准确地估算违约概率。这需要公司进行多年的数据积累与分析。

实际中，收益管理远比这个例子复杂，体现在违约成本具有不确定性，爽约概率的变动。需要采用更专业的优化和仿真方法以及专用的软件包来辅助求解。

（2）业务流程优化。可以看到，基于多年的信息积累，执行所确定的超额预售数量，只是达到了预期的收益，或者减少了预期的成本。但是，仍然会有顾客全部出现或者有更多顾客取消订单的情况。为了应对这两种情况的发生，就需要建立有效的协调机制，必要时，建立标准的处置流程。这是有效实施收益管理的基础工作。例如，在航空公司离港管理中，应建立登机与出票流程的协调机制。同时，授予服务人员即时返还现金（因超额预售而对无法登机顾客的补偿）或免费升舱的权力。

应当注意的是，收益管理方法应用不当，可能会带来负面影响。应力求避免以下几个方面的问题。

1）对顾客需求把握不准而错误地细分了市场，或者没有注意到顾客需求特性发生了变化。

2）产品变化不明显，而价格差异化过大，即没有做好价格屏蔽。

3）价格变动过于频繁。

4）超额预售不是建立在流程优化的基础之上的。

◉ 习题

1. 试说明生产计划体系的层次关系。

2. 举例说明综合计划的含义。

3. 为什么编制综合计划要采取滚动计划模式？简述滚动计划模式。

4. 试述编制综合计划的两种基本策略。

5. 追逐策略与平准策略的优缺点分别有哪些？

6. 企业影响需求的方法有哪些？

7. 企业通过什么方式来调整生产能力？

8. 用线性规划法编制综合计划的思路是什么？

9. 利用表上作业法编制综合计划要考虑哪些成本？

10. 简述编制综合计划的表上作业法所体现的管理思想。

11. 何为 MPS？

12. 制订 MPS 的程序是什么？

13. MPS 有哪些输入？有哪些输出？

14. POH 的含义是什么？

15. 计算 ATP 的目的何在？

16. 电冰箱生产企业生产三种不同规格的冰箱。根据企业以往订单情况预测，160L冰箱 4 月的需求为 200 台，5 月为 240 台。目前已知 4 月顾客订单情况如表 9-12 所示。4 月期初库存为 45 台，如果按固定批量（经济生产批量）80 台安排生产，试制订 4、5 月的 MPS。

如果又有如表 9-13 所示的新订单到达，请判断是否可以接受这些订单。

表 9-12　160L 电冰箱的库存与需求信息表　　　　　　　　（单位：台）

期初库存：45	4 月				5 月			
	周次				周次			
	1	2	3	4	5	6	7	8
需求预测	50	50	50	50	60	60	60	60
顾客订单	33	25	18	14	0	0	0	0

表 9-13　160L 电冰箱的新订单汇总表

订单序号	订货量/台	交货时间（周序号）
1	50	3
2	90	7
3	30	5

17. 为什么要设置 MPS 的时间围栏？

18. 为什么说时间围栏中冻结时间越短的公司越具有柔性，从而越具有竞争力？

19. 简述主生产计划编制方法所体现的管理思想。

20. 简述服务业综合计划要解决的主要问题。

21. 何为收益管理？

22. 为什么说收益管理不是淡季旺季策略？

23. 简要说明如何通过收益管理来调节需求，管理能力，从而使制订出的服务业的综合计划更科学。

24. 实施收益管理的基本条件有哪些？

25. 简述实施收益管理的基本策略。

26. 结合实例说明在淡季制定部分高价位的可能性。

27. 结合实例说明在旺季制定部分低价格的合理性。

28. 简述超额预订的基本思路。

29. 就你所熟悉的某一酒店，分析其经营现状。简单说明酒店行业的基本特征，提出利用收益管理改善经营业绩的思路。

30. 分析论证收益管理在除航空公司、酒店之外其他行业应用的可能性和基本思路。

📍 案例分析

中国城市地面公共交通工具优化管理

1. 中国城市地面公共交通工具现状

中国城市地面公共交通工具（以下简称"城市公交车"）是指在城市范围内定线运营的公共汽车。中国城市公交车承担了超过 50% 的市内客运量，在没有地铁的城市甚至超过 90%。可是，其运营现状很不理想。突出表现为公交线路忙闲不均，在热点线路上，早晚高峰时段乘客上不去、走不了。以下以北京市 81 路公交车为例说明热点线路存在的典型问题。

北京市 81 路公交车是海淀区宝盛里地区到朝阳区北土城东路地区的一条公交线路。线路长度为 11.00km，单一票制为 2.0 元，是目前不经过换乘从宝盛里地区到南沟泥河的两路公交车之一。

这条公交车线路从北土城公交场站到永泰小区的首末车时间为：5∶30—22∶30。高峰时段为晚高峰。沿途各站点为：北土城公交场站→地铁北土城站→华严里→北辰西桥南→北辰西桥北→国家体育馆→科学园南里→南沟泥河→奥运村西→林萃路口北→澳

林春天小区→倚林佳园东门→京师园→地铁林萃桥站→龙岗路东口→宝盛路口北→宝盛北里→怡清园小区→地铁永泰庄站→永泰庄北路→前屯路→清河小营东路东口。

这条公交车线路从清河小营东路东口到北土城公交场站的首末车时间为：6∶00—23∶00。高峰时段为早高峰。站点与去程相比，有个别调整，沿途各站点为：清河小营东路东口→地铁永泰庄站→永泰小区→清缘东里→永泰庄东路→宝盛西里→宝盛里小区→龙岗路东口→地铁林萃桥站→京师园→倚林佳园东门→澳林春天小区→林萃路口北→奥运村西→南沟泥河→科学园南里→国家体育馆→北辰西桥北→北辰西桥南→华严里→地铁北土城站→北土城公交场站。

下面介绍从清河小营东路东口到北土城公交场站早高峰时段的热门站点。早高峰时段，这条公交车的乘客主要是宝盛里地区的居民。乘客的主要去向是换乘坐地铁 8 号线和去往南沟泥河换乘其他公交车。

上车人数多的站点有 2 个：宝盛里小区和龙岗路东口。平均起来，这两站上车人数

约占总上车人数的 75%，尤以龙岗路东口上车人数为最多。下车人数多的站点有 2 个：地铁林萃桥站和南沟泥河。平均起来，这两站下车人数约占总下车人数的 80%，尤以南沟泥河为最多。注意到，在南沟泥河停靠的公交车除 81 路外，还有多达 14 趟公交车：143 路、145 路、319 路、379 路、425 路、450 路、466 路、484 路、510 路、518 路、607 路、695 路、夜 14 路、机场大巴 6 线。南沟泥河成了名副其实的公交枢纽。这是早高峰时段 80% 的乘客在南沟泥河下车的主要原因。

显然，按照目前的运营模式，在早高峰时段，将出现"上不去，走不了"的局面。上不去是指在龙岗路东口上车的乘客将上不去，因为在第一个上车人数多的宝盛里小区公交车站多数情况下只能勉强关上门，有时甚至已经关不上门。"走不了"是指车上车下的乘客都难以按时出发。在龙岗路东口上车的乘客因上不去而走不了，已经在车上的乘客也走不了，因为要在龙岗路东口上车的乘客奋力挤上车会使公交车在此站耽误少则 2 分钟，多则 5 分钟的时间。

在晚高峰时段正好与早高峰时段相反，从北土城公交场站到清河小菅东路东口方向的 81 路公交车在南沟泥河和地铁林萃桥站是乘客上车的热门站点，在龙岗路东口和宝盛里小区是乘客下车的热门站点。

事实上，这是城市公交车的普遍特点。每一条线路都会有少数几个上车热门站点和下车热门站点。那么，在现有公交车硬件的条件下，即不改变已有道路和运输设备，有没有破解这种困局的方案呢？

2. 城市公交车行业的特征

为了在不改变或少改变城市交通硬件的条件下，找到切实可行的破解城市交通拥堵的方案，需要总结城市公交车的特征。城市公交车具有以下 6 个显著特征。

（1）固定投资较大，运营能力不易改变。不可能在短时期内解决道路建设和运输设备的升级问题。

（2）单位可变成本较低。城市公交车所产生的可变成本包括公交车司机的工资及附加费、油耗、座位的清洁费等。这些费用与固定费用比较起来非常低。

（3）可对市场进行细分。就早晚高峰来说，乘客中有上班和下班的中青年、上学和放学的青少年、休闲锻炼的中老年、少数旅游访亲的外地乘客。此外，还有潜在的商务人士，他们虽然很少乘坐公交车，但是，只要极大地提高公交车的舒适度，他们中的一部分也会改乘公交车出行。

（4）产品不易储存。城市公交车所提供的产品就是运输服务，服务无法储存。

（5）产品可预售。乘车费用不必一定等到实际乘车时再支付，可以提前预支。

（6）需求波动较大。城市公交车呈现出典型的"季节"性，不但有淡季旺季之分，还有这个行业所特有的早晚高峰。

可以看到，城市公交车具备实施收益管理的全部条件。

3. 应用收益管理优化城市公交车的思路

根据城市公交车所具备的典型特征，可以给出应用收益管理优化城市公交车的一些思路。

（1）市场细分。可以先按年龄段把乘客分为几个大类。然后派出专业调查小组每天早晚高峰到上车热门站点当面询问乘客的出行需求，在此基础上对乘客进行细分。

（2）根据不同乘客的需求，提供不同的客运服务。可能的方案如下。

第一，优化公交线路，截弯取直。原来的绕行段增加迷你公交。

第二，在截弯取直基础上，早晚高峰时

段开设点到点班车，中间站点不停靠。如81路公交车就可以在早高峰时段开设宝盛里小区到地铁林萃桥站、宝盛里小区到南沟泥河、龙岗路东口到地铁林萃桥站、龙岗路东口到南沟泥河4趟点到点班车。

第三，在截弯取直基础上，早晚高峰时段开设微循环公交，停靠中间站点。如81路公交车就可以在早高峰时段开设从宝盛里小区到龙岗路东口之间的微循环班车。

（3）价格细分。对不同的乘客，不同的客运服务就要有不同的价格与之对应，点到点班车以最快的速度，用最舒适的方式把乘客送达目的地，价格应定得最高。微循环公交满足了特定顾客群体的特定需求，价格也应定得高些。

（4）点到点商务班车的超额预售。预售是指销售会员卡年卡。超额是指在班车定员的基础上多售出一定额度的会员卡。因为点对点商务班车采用的是会员制，乘客购买了会员卡但未上车（以下简称"爽约"）就会导致座位空闲，从而给运营方带来不必要的损失。为避免这种损失，通常采取超额预售的做法。

第一，乘客爽约概率的估算。超额预售的核心问题是确定其额度，进而计算不同额度下的机会成本。为此，需要估算乘客爽约的概率。爽约概率越大，乘客上车后无座的概率就越小，空出座位的可能性就越大，为达到乘客满意和运营方获得收益双重目标，所设置的额度就应越大；反之，爽约概率越小，乘客上车后无座的概率就越大，空出座位的可能性就越小，为实现乘客和运营方双赢所设置的额度就应越小。

以下情况都会导致乘客爽约：到外地出差；因故不能到单位上班；搭乘同事私家车上班或下班等。运营方无法准确地知道哪一位乘客在哪一天会爽约。不过，乘客爽约率可以通过商务班车开通后一段时间内（如一年或更长）乘客的上车率来测算。

第二，超额预售机会成本的计算。为了计算超额预售的机会成本，除了统计乘客爽约的概率，还要测算因座位空闲所造成的损失。这项损失可以根据会员卡的会费来确定。以年卡为例，设年费为 x，则每个座位每天的价值为 y，$y=x/365$。此即因座位空闲每天给运营方造成的损失。

此外，还要计算因无法提供事先规定的乘车服务而造成的损失。点到点商务班车实行会员制，乘客是因为运营方所提供的高端服务才购买年卡的。如前所述，除不可抗拒力之外，非因乘客因素导致乘客未能享受到规定的乘车服务，由运营方按年费折合到每次费用的数倍补偿乘客。补偿金额即为因无法提供规定乘车服务所造成的损失。

为了计算超额预售的机会成本，假设乘客爽约概率分布如表9-14所示。具体到每一路商务班车乘客爽约的实际数据，可以通过一年或更长时间乘客的上车率统计测算得到。

表9-14　乘客爽约的概率

爽约乘客人数	概率	累计概率
0	0.03	0.03
1	0.06	0.09
2	0.10	0.19
3	0.15	0.34
4	0.22	0.56
5	0.13	0.69
6	0.11	0.80
7	0.08	0.88
8	0.06	0.94
9	0.04	0.98
10 及以上	0.02	1.00

又假设某路单程商务班车的年卡费用为3 650元，因乘客原因未乘车不退费。按日历折算，每次乘车费用为10元。所以，每空闲一个座位给运营方带来的损失为10元。除不可抗拒力之外，非因乘客因素运营方未能提供规定服务，按每次乘车费用的3倍补偿乘

客，即退还乘客 30 元现金。

下面根据乘客爽约概率以及因座位空闲造成的损失与因无法提供规定乘车服务给乘客的补偿费用，来计算不同超额预售额度下的机会成本。如果额度为 0，即不超额预售，那么，有 1 位乘客爽约就会给运营方带来 10 元的损失，而有 1 位乘客爽约的概率为 0.06，所以，有 1 位乘客爽约的机会成本计算如下：$10 \times 0.06 = 0.6$（元/天）。依此类推，可计算出不同爽约乘客数所对应的机会成本。把这成本加总就得到超额预售额度为 0，即不超额预售的机会成本，此例为 45.0 元，即 16 425 元/年。同样的方法，可计算出其他超额预售额度所对应的机会成本，如表 9-15 所示。

从表 9-15 中可以看出，超额预售额度为 3 时，机会成本最低，为 27.4 元/天，即 10 001 元/年，比起不进行超额预售每年可节省 6 424 元。所以，在本例中，运营方应该超额预售 3 张会员卡。这样，在不降低乘客服务水平的前提下，运营方所获得的收益为最大。

讨论题

1. 收益管理最核心的内容是什么？

2. 确定本案例中细分市场、产品（公交车）设计方案、价格方案。

3. 确定超额预售额度的关键信息是什么？如何获得这一信息？

表 9-15　不同超额预售额度的机会成本

爽约乘客人数	概率	超额预售额度/（元/天）										
		0	1	2	3	4	5	6	7	8	9	10
0	0.03	0	30	60	90	120	150	180	210	240	270	300
1	0.06	10	0	30	60	90	120	150	180	210	240	270
2	0.10	20	10	0	30	60	90	120	150	180	210	240
3	0.15	30	20	10	0	30	60	90	120	150	180	210
4	0.22	40	30	20	10	0	30	60	90	120	150	180
5	0.13	50	40	30	20	10	0	30	60	90	120	150
6	0.11	60	50	40	30	20	10	0	30	60	90	120
7	0.08	70	60	50	40	30	20	10	0	30	60	90
8	0.06	80	70	60	50	40	30	20	10	0	30	60
9	0.04	90	80	70	60	50	40	30	20	10	0	30
10 及以上	0.02	100	90	80	70	60	50	40	30	20	10	0
机会成本		45.0	36.2	29.8	27.4	31.0	43.4	61.0	83.0	108.2	135.8	165.0

第 10 章　从 MRP 到 ERP

● 引　例

困难重重的 ERP 系统建设

拥军公司是一家专门制作军用服装的企业。企业用到的物料有 2 000 多种。不但呆滞物料的处置令运营主管头疼，日常的采购、入库、出库也困扰着仓库主管：台账、统计、报表不但多头管理，而且层次多，数量、品种方面的差错时有发生。

为了彻底解决物料管理混乱的局面，公司决定投资上马 ERP 项目。前期的调研、选型已基本结束。经过几次动员会，项目进入了业务设计阶段。然而，在这一阶段遇到的阻力远远超出了预料。

运营主管并不想掩盖这个问题，但一向总经理汇报就会招来一通批评。

讨论题

1. "解剖"一款夹克，统计制作这种夹克需要的物料，说明物料管理的复杂性。
2. 给出多品种物料管理的基本思路。
3. 规划建设 ERP 系统的阻力来自哪些方面？

用处理独立需求的方法去解决相关需求问题显得苍白无力，物料需求计划（material requirement planning，MRP）的输入—处理—输出逻辑为此找到了一个可行的解决方案。产销平衡向来是企业运营管理的重要内容之一。如果能力规划与综合计划致力于达到战略层面的平衡，那么能力需求计划加上反馈机制，不但使处理的问题更加具体，也更加理性。如果闭环 MRP 弥补了开环 MRP 局限于物料管理的不足，那么，从闭环 MRP 到制造资源计划（manufacturing resource planning，MRP Ⅱ）实现了生产、营销、财务、物资供应等职能的集成。进一步，从 MRP Ⅱ 到企业资源计划（enterprise resource planning，ERP）则把价值流扩展到企业外部，实现了订单、采购、库存、计划、生产制造、质量控制、运输、分销、服务与维护、财务、人事、工程技术等的有效管理。

10.1　MRP 概述

10.1.1　独立需求与相关需求

独立需求就是不依赖其他需求的自主需求。例如，顾客对企业最终产品的需求即独立需求。独立需求最显著的特征是需求的对象和数量不确定，只能通过预测或顾客订单来确定。解决独立需求问题的有效方法是经济订货批量模型。这种方法通过确定何时订货和订多少来控制库存。

相关需求是指与其他需求有内在联系的需求。例如，构成最终产品的零部件和原材料就是相关需求。

10.1.2　经济订货批量模型用于解决相关需求问题的局限性

那么，能否用经济订货批量模型来解决相关需求问题呢？当用经济订货批量模型解决相关需求问题时，至少存在以下两个局限。

（1）经济订货批量模型直接根据对某种物料的需求来确定订货时机及订货数量，但相关需求的数量需要通过产品结构关系计算得出，而且经济订货批量模型也不能解决物料需求的时序问题。

（2）经济订货批量模型假设需求是连续的、均衡的，但相关需求是成批的、非均衡的。

10.1.3　MRP 的产生及要解决的关键问题

相关需求比独立需求更为普遍，而经济订货批量模型无法解决相关需求问题，这就要求提出新的方法。

现代产品的结构极其复杂，常常由成千上万种零件和部件构成，用手工方法不可能在短期内确定众多的零件部件及相应的制造资源的需要数量和需要时间。根据产品的需求确定其组成物料的需求数量和需求时间极其复杂。为此，必须知道各种相关数据，如销售计划或顾客订单情况，物料的现有库存，各种产品的组成结构，材料消耗定额，自制零部件的生产周期，外购件和原材料的采购周期等。同时，由于企业处于不断变化的环境之中，实际情况必然偏离计划的要求。例如，对产品需求预测的偏差，外协件、外购件和原材料的供应不及时，产品质量、设备故障、工人缺勤等都会引起产品的交货数量和交货时间的改变。

正是在这种背景下，20 世纪 60 年代，IBM 的约瑟夫·奥列基（Joseph Orlicky）博士在划分独立需求和相关需求的基础上提出了 MRP 的新思路，并组织实施了第一个 MRP 系统。所谓 MRP，是指根据主生产计划、物料清单、库存信息和已下达但未完成订单的情况，计算出来的相关需求物料的需求信息。奥列基的主要思想是打破产品品种台套之间的界线，把企业生产过程中所涉及的所有产品、零部件、原材料等物料，根据产品的需求数量和需求时间进行展开，按时间段确定不同时期各种物料的需求。辅料、包装物、标签、产品说明书、设备备件、劳保用品、办公用品都作为物料在 MRP 系统中实现统一管理。

概括起来，MRP 要解决三个关键问题：需要什么、需要多少以及何时需要。

10.2　MRP 的处理逻辑

10.2.1　MRP 的输入

MRP 有三个主要输入，即 MPS、物料清单和库存信息。

1. MPS

MPS 是根据需求预测或顾客订单确定的，具有独立需求的特征。MPS 说明了企业最终要生产哪些产品（或独立需求的配件或零件），何时生产以及生产多少。表 10-1 是某种产品的 MPS，它表明在第 4 周需要 100 个单位，在第 8 周需要 150 个单位。

表 10-1　某种产品的 MPS

周次	1	2	3	4	5	6	7	8
数量				100				150

2. 物料清单

物料清单（bill of materials，BOM）又称产品结构文件，是包含了生产每单位产成品所需的全部零件、组件与原材料等的清单。它表示了产品的组成及结构信息，反映了产品项目的结构层次以及制成最终产品的各个阶段的先后顺序。如果把产品组成部分的层级关系用图形的方式直观地表示出来，就形成了一种树形结构图。在产品结构树中，配件之间呈现出一定的层级关系。图 10-1 是椅子的装配图与产品结构树。

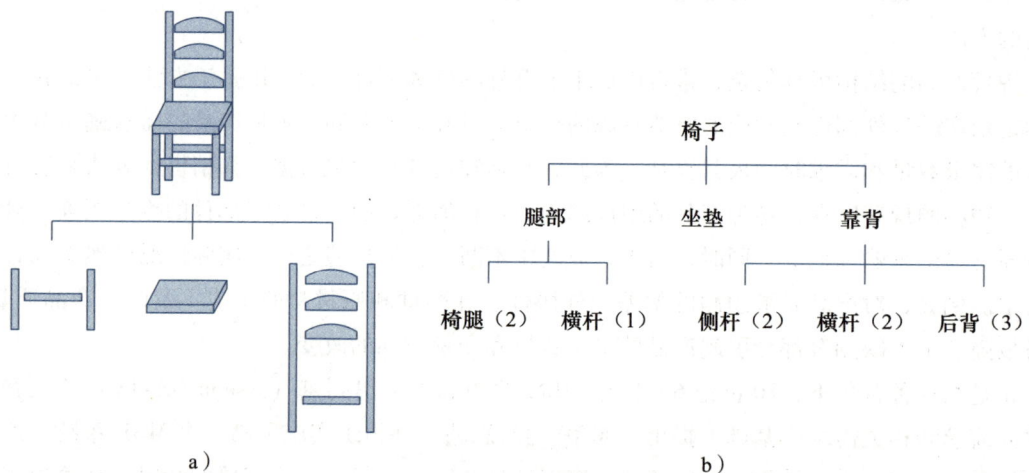

图 10-1　椅子装配图与产品结构树

从图 10-1 可看出，每装配 1 把椅子，需要 1 个腿部、1 个坐垫和 1 个靠背。而加工 1 个腿部，需要 2 只椅腿和 1 只横杆；加工 1 个靠背，需要 2 个侧杆、1 个横杆和 3 个后背。

BOM 中所包含的物料可分成两类：一类是自制项目，另一类是采购项目（包括所有的原材料、外购件和外协件）。MRP 展开后，自制项目的物料需求计划便形成相应的生产作业计划，采购项目的物料需求计划形成相应的采购计划。

基于 BOM 的层级关系，引入了低位码（low level code，LLC）的概念，用于识别物料在 BOM 的层次。在产品结构中，最上层的位码为 0，下一层部件的位码为 1，依此类推。一种物料有一个 MRP 低位码。所谓低位码是指出现在同一 BOM 的不同层级或出现在不同 BOM 的物料所处的最底层的位码。引入低位码的重要目的是避免重复计算。

3. 库存信息

库存信息包括供货商信息，供应或生产提前期，订货批量，预测到货量，预期库存量，因入库、出库引起的库存变动，盘存记录（如报亏报盈）等。库存信息是计算物料需求的主要依据之一。

10.2.2　MRP 的运算逻辑

实际中，计算物料需求并不是一件容易的事情，要考虑以下 5 个因素。

- 最终产品及作为产品的中间配件的需求。
- BOM 的层次和比例关系，例如，在图 10-1 中，后背处于第三个层次，且每 1 个靠背需要 3 个后背。
- 已有库存，在计算物料需求时，首先检查库存记录，如果有可用的库存，物料的需求就会减少。
- 时序要求，各种物料的需求时间是根据其上一层物料的需求时间及提前期来确定的。
- 同一种物料可能会出现在不同的层次上，这使计算物料需求变得复杂。

在制订物料需求计划时，首先要求出各物料在各个时期的净需求，其计算公式为

$$净需求 = 总需求 - 预期库存 + 安全库存 \tag{10-1}$$

所计算的物料不但要满足量的需要，还要满足时序上的要求。如图 10-2 所示的装配进度示例说明了这种时序要求。图中的数字是物料的比例关系。实质上，这是一种带有时间坐标的产品结构树。要满足时序要求，在规定的时间发货，就必须倒推进度。

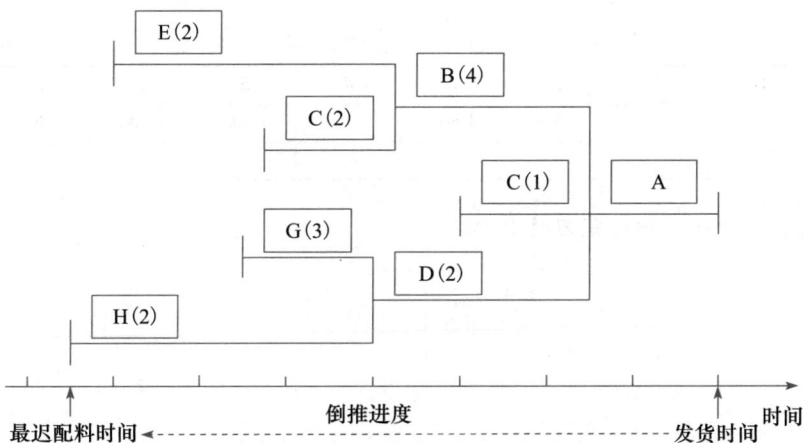

图 10-2　装配进度示例

为说明 MRP 的运算逻辑，需要事先介绍几个重要的指标。

（1）总需求。总需求是在考虑了作为商品或直供给其他企业的物料的基础上，根据产成品的数量及物料需求比例关系计算出来的全部需求。

（2）预期到货。已发订单，预计本期到货的数量。

（3）预期库存。预期到货加上本期期初库存。

（4）净需求。计算公式见式（10-1）。

（5）计划订单入库。在规定时间内必须到货的物料数量。

（6）计划订单下达。在规定的时间内必须发出的订单数量。

根据这些指标就可借助一定的数据表来制订 MRP。MRP 数据表的形式如图 10-3 所示。表中采用相对周，第 0 周表示期初，用于存放期初库存。

计划期（如周次）	0	1	2	3	4	5	6	7	8	9
总需求										
预期到货										
预期库存										
净需求										
计划订单入库										
计划订单下达										

图 10-3　MRP 数据表的形式

注意，在实际计算物料需求时，还要考虑已向库房发出提货单，但尚未由库房发货的物料，即已分配量。

下面举例说明 MRP 的运算过程。

例 10-1　顺德力文具有限公司生产一种变形金刚手摇铅笔刀，这款产品是该公司的主打产品。根据已落实的订单和需求预测，顺德力文具有限公司制订并下达了变形金刚手摇铅笔刀 1—2 月两个月的 MPS，如表 10-2 所示（参见表 9-7 中的源数据）。

表 10-2　变形金刚手摇铅笔刀 1—2 月 MPS　　　　　　（单位：个）

计划期	0	1	2	3	4	5	6	7	8
计划出产			1 500	1 500		1 500	1 500	1 500	1 500
计划投入									

图 10-4 是变形金刚手摇铅笔刀的 BOM。

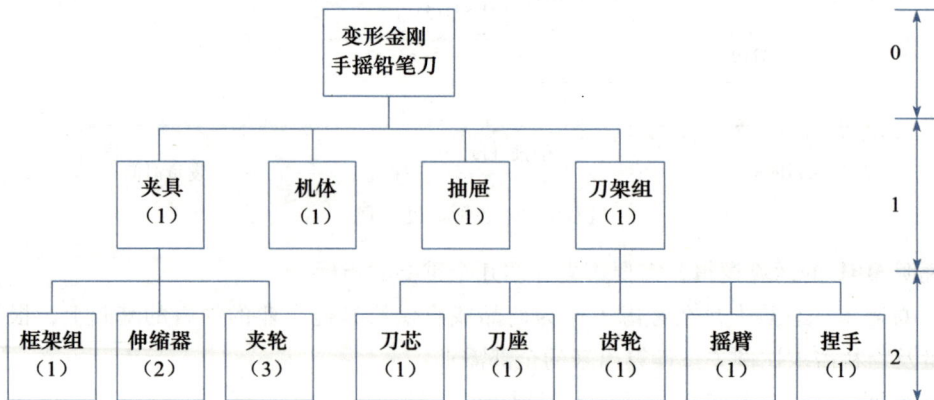

图 10-4　变形金刚手摇铅笔刀的 BOM

其中夹具、机体、抽屉、刀架组的低位码为 1。框架组、伸缩器、夹轮、刀芯、刀座、齿轮、摇臂、捏手的低位码为 2。

根据生产工艺方案，这种变形金刚手摇铅笔刀的生产周期是 1 周。

有关夹具、框架组、伸缩器、夹轮的物料编码、提前期、安全库存、经济（订货/生产）批量、已分配量等信息如表 10-3～表 10-6 所示。表中同时给出了各物料的预期库存与预期到货。除注明外，表中数据的单位均为"个"。

表 10-3　夹具的相关信息

物料编码：	A1		提前期：		1		低位码：		1
安全库存：	100		经济批量：		1 000		已分配量：		0
	0	1	2	3	4	5	6	7	8
总需求									
预期到货		1 000							
预期库存	800								
净需求									
计划订单入库									
计划订单下达									

表 10-4　框架组的相关信息

物料编码：	B1		提前期：		1		低位码：		2
安全库存：	400		经济批量：		1 500		已分配量：		0
	0	1	2	3	4	5	6	7	8
总需求									
预期到货			1 500						
预期库存	3 500								
净需求									
计划订单入库									
计划订单下达									

表 10-5　伸缩器的相关信息

物料编码：	B2		提前期：		2		低位码：		2
安全库存：	600		经济批量：		1 200		已分配量：		0
	0	1	2	3	4	5	6	7	8
总需求									
预期到货		3 600							
预期库存	1 000								
净需求									
计划订单入库									
计划订单下达									

表 10-6　夹轮的相关信息

物料编码：	B3		提前期：		1		低位码：		2
安全库存：	200		经济批量：		1 600		已分配量：		0

	0	1	2	3	4	5	6	7	8
总需求									
预期到货			3 200						
预期库存	6 800								
净需求									
计划订单入库									
计划订单下达									

试根据上述条件，制订夹具以及框架组、伸缩器、夹轮的 MRP。

解：首先根据已下达执行的 MPS 及 LT 确定变形金刚手摇铅笔刀的计划投入，如表 10-7 所示。

表 10-7　变形金刚手摇铅笔刀的计划投入（LT=1 周）

计划期	0	1	2	3	4	5	6	7	8
计划出产			1 500	1 500		1 500	1 500	1 500	1 500
计划投入		1 500	1 500		1 500	1 500	1 500	1 500	

其次，根据变形金刚手摇铅笔刀的计划投入与变形金刚手摇铅笔刀的 BOM，利用总需求、预期到货、预期库存、净需求、计划订单入库与计划订单下达 6 个变量之间的逻辑关系，在保证夹具安全库存的前提下，运用夹具的提前期和经济批量信息，就可以确定夹具的计划订单下达的数量与时期，夹具 MRP 如表 10-8 所示。

表 10-8　夹具 MRP

物料编码：	A1		提前期：		1		低位码：		1
安全库存：	100		经济批量：		1 000		已分配量：		0

	0	1	2	3	4	5	6	7	8
总需求		1 500	1 500		1 500	1 500	1 500	1 500	
预期到货		1 000							
预期库存	800	300	800	800	300	800	300	800	800
净需求			1 300		800	1 300	800	1 300	
计划订单入库			2 000		1 000	2 000	1 000	2 000	
计划订单下达		2 000		1 000	2 000	1 000	2 000		

其中，第 1 期的预期库存计算过程如下：（800+1 000）−1 500＝300。第 2 期的预期库存 800 是这样计算出来的：

第 1 期的预期库存 300 转入第 2 期；

第 2 期的总需求为 1 500，所以，净需求如下：（1 500−300）+100＝1 300；

经济批量为 1 000，所以，计划订单入库如下：2 000；

预期库存如下：（300+2 000）−1 500＝800。

其余各期的预期库存照此计算，不再一一给出计算过程。

最后，根据夹具的计划投入与变形金刚手摇铅笔刀的 BOM，利用总需求、预期到货、预期库存、净需求、计划订单入库与计划订单下达六个变量之间的逻辑关系，在保证框架组、伸缩器与夹轮安全库存的前提下，运用三种物料的提前期和经济批量信息，就可以确定框架组、伸缩器与夹轮的计划订单入库及计划订单下达的数量与时期，如表 10-9~表 10-11 所示。

表 10-9　框架组 MRP

物料编码：	B1		提前期：		1		低位码：		2
安全库存：	400		经济批量：		1 500		已分配量：		0
	0	1	2	3	4	5	6	7	8
总需求		2 000		1 000	2 000	1 000	2 000		
预期到货			1 500						
预期库存	3 500	1 500	3 000	2 000	1 500	500	1 500	1 500	1 500
净需求					400		1 900		
计划订单入库					1 500		3 000		
计划订单下达				1 500		3 000			

表 10-10　伸缩器 MRP

物料编码：	B2		提前期：		2		低位码：		2
安全库存：	600		经济批量：		1 200		已分配量：		0
	0	1	2	3	4	5	6	7	8
总需求		4 000		2 000	4 000	2 000	4 000		
预期到货		3 600							
预期库存	1 000	600	600	1 000	600	1 000	600	600	600
净需求				2 000	3 600	2 000	3 600		
计划订单入库				2 400	3 600	2 400	3 600		
计划订单下达		2 400	3 600	2 400	3 600				

表 10-11　夹轮 MRP

物料编码：	B3		提前期：		1		低位码：		2
安全库存：	200		经济批量：		1 600		已分配量：		0
	0	1	2	3	4	5	6	7	8
总需求		6 000		3 000	6 000	3 000	6 000		
预期到货			3 200						
预期库存	6 800	800	4 000	1 000	1 400	1 600	400	400	400
净需求					5 200	1 800	4 600		
计划订单入库					6 400	3 200	4 800		
计划订单下达				6 400	3 200	4 800			

　　值得指出的是，由于企业产品种类、规格型号众多，产品结构及物料之间的关系复杂，订单数量较多，同时，经常有不同的产品共用同一种物料的情况，所以实践中 MRP 的计算要比本例复杂得多。不过，MRP 的基本运算逻辑都是一样的，根据基本运算逻辑，早已有成熟的软件系统来实现 MRP 的计算。

　　从 MRP 的生成过程可以看出，MRP 的这种编制方法体现了一种重要的管理思想，概括为八个字就是：按需供应，集中管控。

物料需求计划
的编制

10.2.3 MRP 的输出

MRP 的输出分为两大部分，即主报告和次报告。

（1）主报告。主报告的内容涉及包括量与期指标的计划订单入库，经由管理层授权的包括量与期指标的计划订单下达，经由管理层授权的 MRP 变更等。

（2）次报告。次报告的内容包括计划执行结果报告、例外报告等。

综上所述，MRP 的逻辑关系如图 10-5 所示。

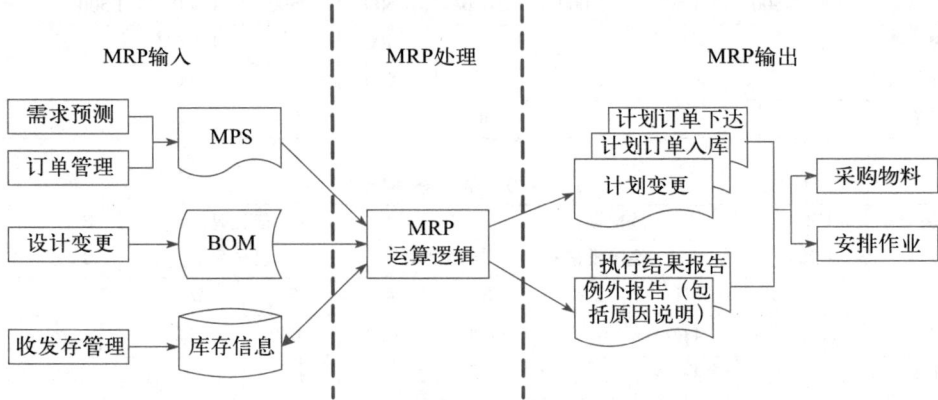

图 10-5　MRP 的逻辑关系

从图 10-5 可以看出，MRP 实质上是根据输入信息，经过计算机的动态运算，输出计划结果的过程。向前延伸到需求预测、订单管理与设计变更及物资的收发存管理，向后延伸到物料采购与作业安排。物料采购已在第 8 章中介绍，为安排作业计划，首先要核算工作中心的能力，即进行能力需求计划。

10.3 CRP

能力需求计划（capacity requirements planning，CRP）是对 MRP 所需能力进行核算的一种计划管理方法，即通过计算各工作中心所需的各种资源，确定对人力、设备等资源的需求。

10.3.1 工作中心及其能力

工作中心是各种生产或加工能力单元和成本单元的统称，它可以是一台功能独立的设备，一组功能相同的设备，一条生产线，成组生产中的成组单元，由若干工人组成的班组，一定的装配面积，甚至可以是生产单一产品的封闭车间。对外协工序来讲，对应的工作中心则是厂外协作单位。由于工件经过每一个工作中心时都要产生费用，产生成本，因此工作中心与成本中心联系在一起，并将工作中心作为成本核算的最小单位。

工作中心的能力是指可用机器数或人数、每日工作班次、每班可用的工作小时、工作中心平均效率以及工作中心的利用率。其中，工作中心利用率是指实际投入工时占计划工时的百分比，工作中心效率是完成定额工时占实际投入工时的百分比。

工作中心的作用体现在：工作中心是平衡负荷和能力的基本单元，是车间分配作业任务和安排详细进度计划的基本单元，是车间作业计划完成情况的数据采集点，是计算加工成本的基本单元。

10.3.2　编制 CRP 所需的信息

1. 已下达车间的任务单

已下达车间的任务单是指已授权并已下达到车间的订单，它占用了一部分能力，所以在编制能力需求计划时必须从工作中心的定额能力中扣除。

2. MRP 的计划订单下达

MRP 的计划订单是 MRP 输出的尚未释放的订单，其中需要本企业加工的物料将占用工作中心的能力。

3. 工艺路线

工艺路线即工艺流程或加工路线，是描述某一项目加工方法及加工次序的文件。工艺路线不是一个纯技术文件，而是一个用于编制计划的管理文件。所以，其中并不详细说明加工作业的各项具体技术条件和操作要求，而主要说明实际加工和装配的工序顺序，具体包括：加工工序描述、工序顺序、每道工序使用的工作中心、定额时间（准备时间和加工时间）、外协工序的时间和费用、主要的工具或工艺装配、可替换工序、可替换工作中心等。

工艺路线的作用主要表现为以下几点。

（1）它是 CRP 的计算依据。工序消耗工作中心的能力，系统根据工艺路线文件中工序所占用工作中心的定额工时、工序开始和完工日期，计算各个时段工作中心的负荷。

（2）它是计划排程的计算依据。

（3）提供计算加工成本的标准工时数据。

（4）跟踪在制品。

由于工艺路线的重要作用，生产计划系统对工艺路线的准确性有很高的要求。在实际生产中，如何保证工时定额数据的准确性是生产计划系统实施过程中的一个难点。

对一个加工件，可设定若干种工艺路线，以便在负荷与能力发生矛盾时替代主要工艺路线。

4. 工作日历

工作日历是用于编制计划的特殊形式的日历，由普通日历去除每周的双休日、节假日、停工检修日等非工作日期。

5. 工作中心文件

工作中心文件是指包含计算工作中心能力所需信息的文档。

10.3.3   CRP 的编制方法

编制 CRP 的方法就是根据物料需求计划输出的计划订单和工艺路线文件，求出生产这些物料在各个时段要占用某一工作中心的负荷小时数，再与工作中心的能力进行比较，生成能力需求报表。具体而言，编制能力需求计划就是要确定以下方面。

- 生产什么？何时生产？
- 占用什么工作中心？何时占用？占用负荷是多少？
- 工作中心可用能力是多少？

10.4   MRP Ⅱ

10.4.1   从开环 MRP 到闭环 MRP

1. 开环 MRP 及其局限性

开环 MRP（inputs-process-outputs MRP，IPOMRP）就是根据 MPS、产品结构、库存信息、预期到货、经济批量及提前期，确定原材料、外购件、零部件的采购计划，给出计划执行结果报告和例外报告等，但并不考虑全部 CRP，也不对内外部变化做出响应的物料管理方案。上述系统通常被称为 IPOMRP。从输入信息、处理过程以及输出信息中可以看到 IPOMRP 基于以下三个方面的假设。

（1）已有了主生产计划，并且 MPS 是可行的。

（2）生产能力是可行的，即生产设备和人力能保证生产计划的实现。

（3）物料采购计划是可行的，即供货能力和运输能力能保证完成物料的采购计划。

2. 闭环 MRP 的形成

在现实生产环境中，IPOMRP 的假设难以完全成立。此外，IPOMRP 的应用仅局限于物料管理，还不能满足企业生产管理的要求。为了克服上述局限，需要引入闭环 MRP（closed-loop MRP，CLMRP）。所谓闭环 MRP 是指在开环 MPR 的基础上，考虑全部能力需求计划，同时设置了对内外部变化响应机制的动态系统。CLMRP 系统是一个集计划、执行、反馈为一体的综合系统。它能对生产中的人力、设备和材料等各项资源进行计划与控制，超越物料需求计划的范畴，成为生产管理系统。CLMRP 的流程如图 10-6 所示。

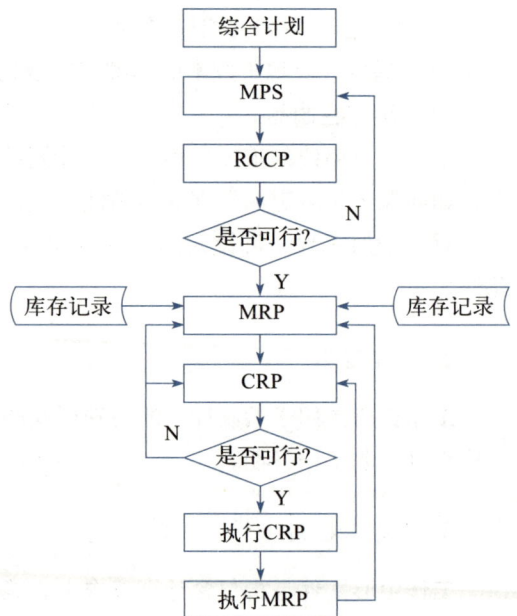

图 10-6   CLMRP 的流程

10.4.2 从 CLMRP 到 MRP II

在 CLMRP 的基础上，如果以 MRP 为中心建立一个生产活动的信息处理系统，则可以利用 MRP 的功能制订采购计划。生产部门将销售计划与生产计划紧密配合来制订、修订 MPS 表，并将其不断细化。设计部门不再孤立地设计产品，而是将改良设计与以上生产活动信息相联系。进一步，将以上一切活动与财务系统结合起来：将库存记录、工作中心文件和物料清单用于成本核算的依据；根据由 MRP 得到的采购信息，建立应付账，根据销售信息，建立合同和应收账，把应收账与应付账同总账相关联，在此基础上产生各种报表。

在上述过程中，系统的信息共享程度和业务范围不仅超越了开环 MRP 的物料计划范畴，也超越了 CLMRP 的生产管理范畴，使生产、销售、财务、采购和工程技术紧密地结合在一起，组成了一个包括销售、制造和财务等功能的全面生产管理集成优化系统，这就是 MRP II，又称广义 MRP。MRP II 的逻辑流程如图 10-7 所示。

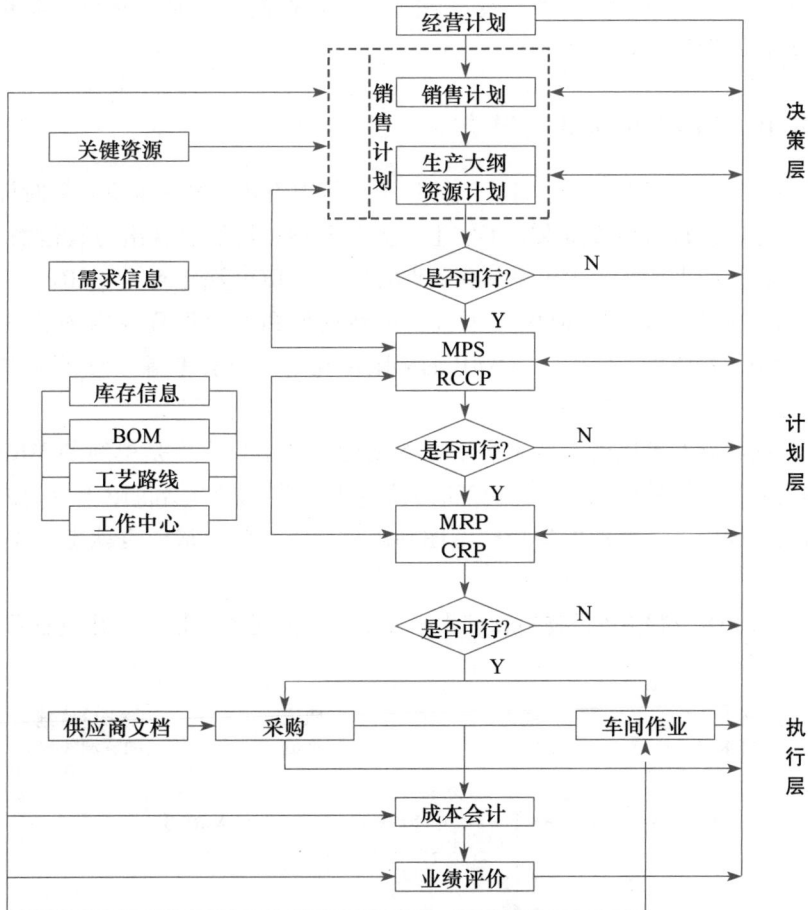

图 10-7　MRP II 的逻辑流程

在 MRP II 逻辑流程图中，包括了决策层、计划层、执行层等企业经营计划及生产中物料需求和生产能力需求的基础数据和主要财务信息。其中，经营计划是 MRP II 的起点，它根据市场需求和企业现有条件，确定企业的产量、品种、利润等指标。根据经营计划制订包括产品销售计划，各种物料、资金、人工等在内的需求计划，进而制订出企业的具体生产计划，确定生产何种产品及生产产量和投产时间。在制订生产计划的同时还需对生产能力进行平衡，以保证生产计划能够实际完成。然后，根据生产计划制订产品生产计划，规定每种产品的生产数量和生产时间。流程图中的业绩评价，是对 MRP II 系统绩效进行评定，以求进一步提高和改善业绩。

10.4.3　从 MRP II 到 ERP

在历史上，从 MRP 到 MRP II 的发展方向有两个：一是资源概念内涵的不断扩大；二是企业计划闭环的形成。但是，在这个发展过程中，始终存在两个局限：资源集成局限于企业内部，决策方法局限于结构化问题。正是为了克服这些局限性，ERP 应运而生。

ERP 的概念最先由美国著名的计算机技术与评估公司 Garter Group 于 20 世纪 90 年代初提出。ERP 已经不局限于企业内部，而是把供应链中的供应商、客户等外部资源也作为管理对象，并实现订单、采购、库存、计划、生产制造、质量控制、运输、分销、服务与维护、财务、人事、工程技术等的有效管理。

10.4.4　从 ROP 到 ERP 的演化过程

让我们回顾一下库存管理中的再订货点（ROP）管理模式。虽然解决了何时订、订多少的问题，但是没有考虑物料的相关需求。事实上，大部分物料恰恰表现出与其他物料的相关性。当考虑了一大类物料的需求所表现出来的相关性时，就从 ROP 演化到 IPOMRP。

当把能力需求加入 MRP，同时引入了包括更新周期和权限设置在内的反馈机制后，就从 IPOMRP 进化到 CLMRP。不过，CLMRP 的局限性在于，没有考虑运营系统中其他职能的集成。

当立足于各项职能的集成时，就发生了质的变化，其结果不再是单纯的 MRP，而是制造资源的集成解决方案。但是仅限于此，仍然有其局限性。资源的整合仅限于企业内部，没有站在价值链的高度实现内外部资源的集成。考虑到内外部资源的集成，也就走上了 ERP 的正确轨道。

总结起来，从 ROP 到 ERP 是物料管理水平逐步提升的过程。这一演化过程可用图 10-8 来说明。

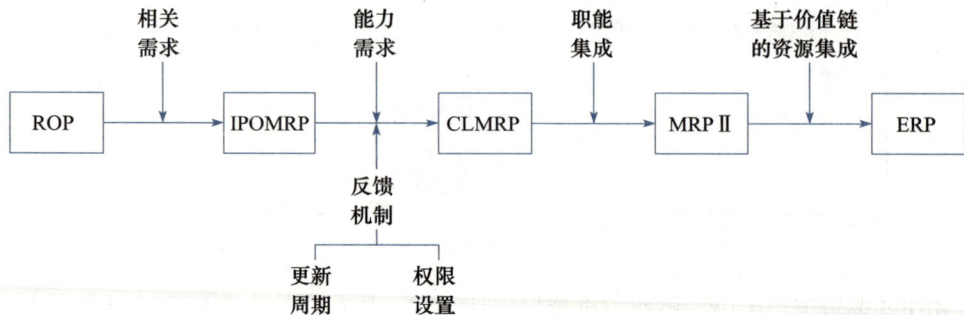

图 10-8　从 ROP 到 ERP 的演化过程

10.5 ERP

10.5.1 ERP 概述

ERP 是通过数据库技术、图形用户界面、第四代查询语言、客户/服务器结构、网络通信、可移植的开放系统等信息技术,对企业的物流、人流、资金流、信息流实施高效、统一的受理,从而实现供应链整体绩效最大化的集成管理方案。

定义中的信息技术包括计算机硬件系统和软件系统。

归纳起来,ERP 有以下四个特点。

(1)集功能之大成。ERP 系统把企业内部的各项专业管理职能集成于一体。

(2)可对市场做出快速响应。由于坚持了面向市场、面向销售的管理思路,借助最先进的信息技术,能够对市场做出快速响应。

(3)面向供应链。ERP 系统对供应链上的供应商、制造商、分销商、客户等所有环节进行有效管理。

(4)适用范围广。它不但适用于多品种小批量生产类型,还支持项目类型和大批量流水生产类型。从生产模式上说,不但支持**按库存生产模式**(make to stock),而且支持**按订单制造模式**(make to order)、**按订单装配模式**(assembly to order)、**按订单设计模式**(engineer to order)。

10.5.2 ERP 的功能模块

ERP 集成了企业各项职能管理。其中,营销管理、生产计划、产品研发、车间管理、采购管理、库存管理、财务管理、人力资源管理是一般制造业的八项基本职能。图 10-9 描述了八项基本职能的逻辑关系。

值得注意的是:企业类型不同,各项职能管理的重要性也不同。制造业与服务业就有很大的区别。例如,零售、银行、医疗保健、教育、物流、房地产等均与制造业要完成的业务有很大的不同。即使同属制造业,不同类型企业的业务范围也不同。例如,服装、化工、食品、冶金、制药、机械加工等企业要完成的业务就有很大的区别。就是同一类型的企业,其管理重点也不同。例如,有些企业把质量管理作为一个模块进行重点管理,有些企业则更关注物料管理、计量管理、工程管理、安全管理或会计核算等。正是由于这些不同,ERP 要实现的功能就有很大的区别。

但是,无论如何,任何一个企业的基本业务或职能之间必然存在着一定的逻辑关系,厘清这些逻辑关系有助于从全局视角实现企业的有序、高效经营。

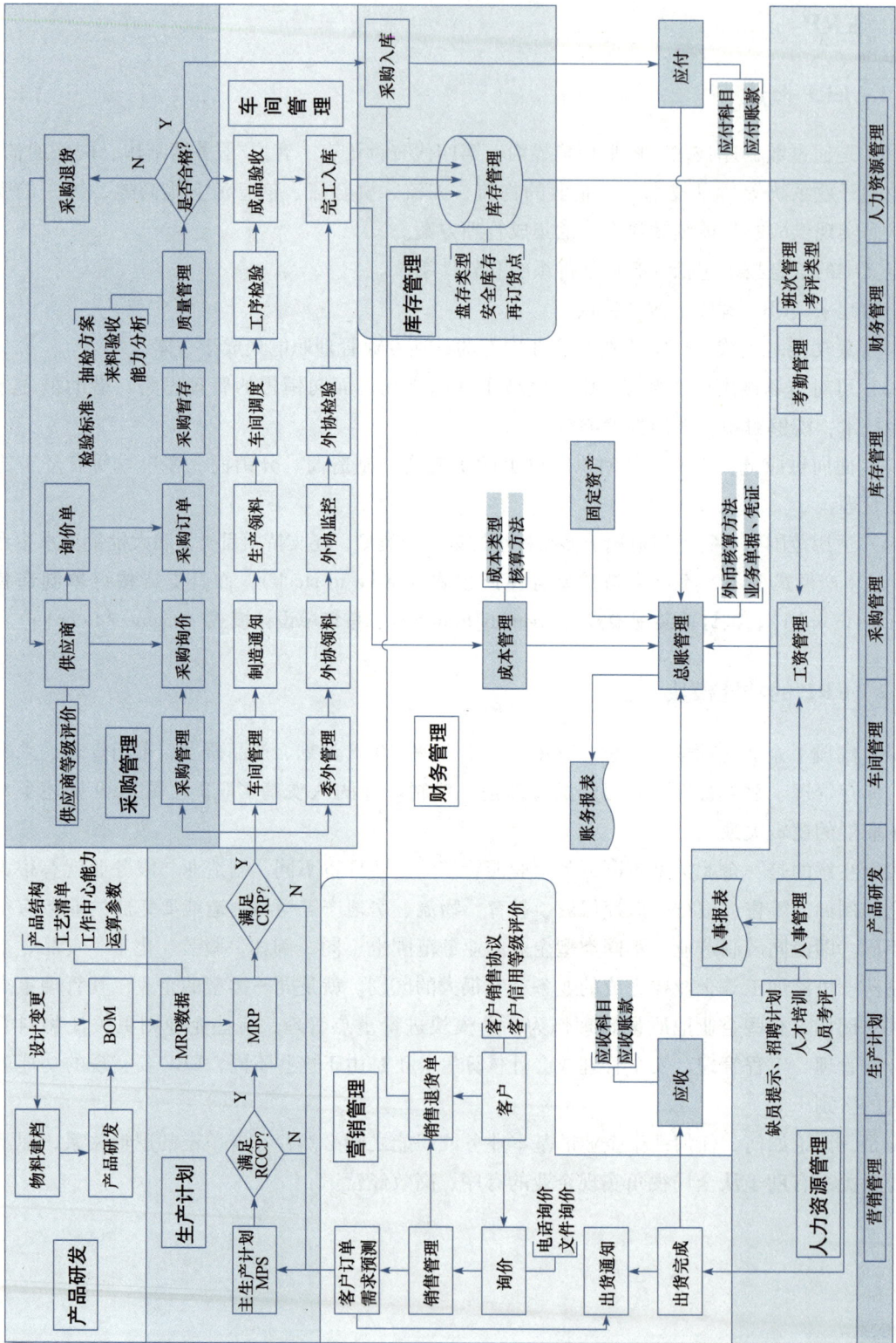

图10-9　企业八项基本职能的逻辑关系

10.5.3 ERP 系统建设的基本步骤

ERP 几乎成了企业经营管理的标准配置。企业在规划建设或改造升级 ERP 系统时，必须遵循一定的步骤。

（1）企业主要业务关系描述。必要时抽调主要业务部门的骨干，以图形方式描绘企业主要业务的逻辑关系，确定核心业务的起点、终点，识别并确认企业的管理重点。

此外，还要摸清企业生产系统和管理业务信息技术应用的现状、存在的问题及造成问题的原因。

（2）确定项目预算。如果项目预算充分，可考虑一步到位，实现各项功能的集成。如果预算不充分，应根据企业的实际需求，瞄准核心业务及管理重点。同时，考虑系统的扩展性。

（3）系统选型。在进行系统选型时应处理好先进性与专业性的关系。世界知名品牌的供应商的系统固然好用，但是，如果企业的业务比较特殊，就应选择那些专门为本行业开发的系统。一方面，可以最大限度地减少二次开发；另一方面，有典型的企业应用实例可以借鉴。事实上，最合理的是选择那些在与本企业非常相似的企业中有实际应用的软件系统。

（4）系统开发与数据上线运行。任何一个企业的 ERP 系统，均需要进行二次开发。系统开发的关键是业务或工艺设计。为顺利完成系统开发，应营造一个能够充分沟通、交流的环境，以使各主要业务部门的参与者能够站在全局观点进行业务或工艺设计。

数据上线运行主要包括以下内容。

- 数据上线和数据核对，按照规定的格式上传数据，并核对数据是否错误。
- 数据运行性能分析，主要是分析系统运行的稳定性，即数据上线后系统能否正常运行，是否会出现各种错误，如逻辑上的问题，当前的软硬件能否满足系统运行的需要。
- 错误监控能力测试，即分析系统对人工操作错误或系统设计错误的检出能力。
- 数据读写、运算、传递，即通过数据的读写与处理来验证 ERP 系统能否满足实际需要。

（5）系统的维护与完善。ERP 系统的维护包括例行和突发事件的处理。例行的维护是指包括软硬件在内的维护以及系统对应用环境和流程改变的适应性维护。ERP 系统的完善是指扩大系统应用的功能，提高系统安全等级，提高运行效率，最终提升系统总体目标。

10.5.4 ERP 带来的管理创新

通过 ERP 的实施，必然带来管理的创新。

（1）从集成企业内部资源转换为集成供应链资源。如果 MRP Ⅱ 实现了企业内部各种资源的集成，那么，ERP 就实现了供应链上下游成员企业资源的集成。

（2）从面向职能配置资源转换为面向流程配置资源。无论是人力资源管理、设施布置，还是组织的配置，都从面向专业职能转向了面向流程。一切资源都是用来支持订单履行的。特别地，当局部目标与订单履行的总体利益出现矛盾时，应保证整体利益的实现。

为使这种转换的效能发挥到最大，就需要对所有业务流程进行优化设计，使流程达到规范、有效的最基本的要求。在组织配置上，则以精简、高效为驱动，实现组织扁平化。

（3）从以产品为中心转换为以客户为中心。为实施 ERP，就要改变以产品为中心的管理思路，转而实施以客户为中心的管理理念。以客户为中心，就要求整个企业运营的起点是客户订单的获得，终点是客户订单的履行。

10.5.5　ERP 的新发展

今天，随着数字化技术的发展与应用，ERP 系统有了新的发展，其功能得到了进一步扩展。具体表现为以下两个方面。

（1）从系统搭建上，实现了云端轻量化部署。作为全球领先的企业，思爱普（SAP）可以为企业提供集成式业务管理的智慧云解决方案：SAP S/4 HANA。这个解决方案可以为企业提供全球化的托管业务服务，包括提供硬件、网络基础架构、数据库管理、安全管理、应急响应等。特别地，企业可以享受定制的系统更新，获取最新的功能和技术，始终处在数字化时代的前沿。SAP 还打造了一个包括实施合作伙伴、技术合作伙伴、行业解决方案合作伙伴等在内的广泛的合作伙伴生态系统。这些合作伙伴共同为用户的系统实施、定制开发、集成连接、运营维护等提供支持。

（2）在产品数据管理（product data management，PDM）的基础上，通过联机事务处理（on-line transactional processing，OLTP）和联机分析处理（on-line analytical processing，OLAP）实现实时决策。其中，PDM 是指将企业产品实现全过程中的各种数据和文档组织在统一的环境中，以实现设计数据、产品结构信息、工艺方案等的共享。OLTP 即面向交易的处理过程。OLAP 是指按照管理人员的要求，快速、灵活地进行大数据量的查询与处理，以使他们准确地掌握企业的经营状况，做出正确的决策。这样，用户就具备了实时企业（real-time enterprise，RTE）的功能。

◉ 习题

1. 何为独立需求、相关需求？
2. MRP 要解决什么样的问题？
3. MRP 有哪些输入？
4. 何为 BOM？
5. 库存记录的内容有哪些？
6. 计算物料需求要考虑哪些因素？
7. 某企业主要生产 A 型产品，上个月收到了一个数量为 120 台的订单，要求在第 5 周交货。图 10-10 是 A 型产品的结构树。

　　已知，装配 A 型产品和所需的 B 和 C 两种配件的生产周期均为 1 周。B 配件的经济生产批量为 80 单位。装配 B 配件所需物料 D 的经济订货批量为 80 单位。采购物料 D 订货提前期为 2 周，所需 E

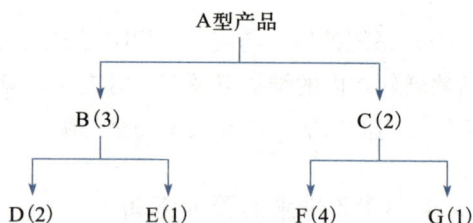

图 10-10　A 型产品的结构树

配件的生产周期为 2 周。装配 C 配件所需求的物料 F 和 G 均需外购，订货提前期都是 3 周。又已知，在第 2 周有 60 单位的 B 配件可以装配完毕，在第 1 周有 100 单位的 D 物料到货。如果采用按需配货的方式，为满足订单需求，试制订 D 物料的需求计划。

8. 实际中，计算 MRP 的复杂性表现在哪些方面？

9. MRP 的输出包括哪些内容？

10. 简述 MRP 的逻辑关系。

11. 何为工作中心？

12. 何为工作中心的能力？

13. 编制 CRP 需要哪些信息？

14. 工艺路线的作用何在？

15. 能力需求计划要解决什么问题？

16. 简述 IPOMRP 的局限性。

17. CLMRP 与 IPOMRP 的区别何在？

18. 简述 CLMRP 的流程。

19. 何为 MRP Ⅱ？

20. 试述 MRP Ⅱ 的逻辑流程。

21. 简述从 ROP 到 ERP 的演化过程。

22. 何为 ERP？

23. 简述 ERP 的特点。

24. 简述 ERP 带来的管理创新。

25. 选择你熟悉的某一家企业，绘制其主要职能逻辑关系图。

26. 简述规划建设 ERP 的基本步骤。

27. 简述 ERP 的新发展。

28. 有一种说法是错误的，却很流行。那就是"不上 ERP 等死，上 ERP 找死"。简要分析为什么会有这种说法。

📍 案例分析

豫达汽车配件有限公司的 MRP

豫达汽车配件有限公司是一家年产值 2 000 万元左右的民营企业。该企业主要生产中低档乘用车灯具，包括各种照明灯和信号灯。公司的主要客户是三四线城市的汽车修理站。

该企业自成立之初就将产品质量放在首位。正是由于其自身的良好信誉，它的配件不用赊销。更让同行望尘莫及的是，它生产的灯具 80% 是面向订单的。

认识到管理和技术创新对公司生存与发展的重要意义，该企业在去年 6 月筹措了 500 万元资金用于 ERP 系统的建设。经过半年来的设计、开发，其 ERP 系统已于今年 1 月正式上线运行。配合 ERP 系统的建设与上线运行，该企业对组织结构进行了前所未有的改革，实现了组织结构的扁平化。同时，该企业对主要管理流程进行了再造或优化。

ERP 系统上线运行以来，MRP 模块一直没有达到预期的功能，甚至对预期到货的管理仍然需要人工干预。系统对物料信息变动的反应要么太过敏感，要么过于迟缓，缺少时间窗口意识。此外，至今仍然缺乏对某些信息变更授权的明确规定，时不时还会出现主管领导以命令形式要求更改系统物料信息的情况。

讨论题

1. 为了对有关物料因企业内部或外部因素而发生的变化做出响应，ERP 系统中的 MRP 应具备什么功能？

2. 结合豫达汽车配件有限公司的例子，设计 ERP 系统中 MRP 响应物料变化的管理方案。

第11章　作业计划

◉ 引　例
贝科数据的智能排课系统

1. 问题的提出

大学课程排课涉及班级、课程、教师、教室、时段五大要素。

其中，课程包括必修课和选修课。选修课中的学生多数来自同层级不同的专业班。少数情况下，选修课中的学生来自本科、研究生等不同的层级。教师可分为唯一和非唯一两类。对非唯一的情况，又分为AB角或者多位教师。在时段上，有的学校分为五大时段。这时，通常两个45min为一个大的时段。有些学校则分为四大时段。这时，通常两个50min为一个大的时段。教室这一要素则涉及是学校的公共教室还是学院可以自主安排的教室。

试想，同一个班级会有不同的课程，同一门课程可由不同的教师来授课，而且可以安排在不同的教室，在不同的时段来进行。既要满足课程教学的若干硬性约束，又要充分利用有限的教学资源，还要最大化地方便学生和教师，这对教务处的排课人员来说注定不是一件轻松的事情。

下面是某大学的排课方案给教师带来不便的实例。

胡老师至今还记得上学期"战略管理"课程的第二次课发生的事。"战略管理"第一次课是周一上午8:00开始，排在了逸夫楼301，第二次课是周三下午13:30开始，排在了教五楼301。在逸夫楼上完第一次课后，上第二次课时，胡老师没多想又来到了逸夫楼，眼看着到了13:20，还不见一个学生来上课。胡老师这才意识到周三的课可能排在了其他教学楼。胡老师一通电话确认完，气喘吁吁跑到教五楼，刚把电脑打开，上课铃声就响了，算是有惊无险。

下课后，胡老师在想，为什么不把我的两次课排在同一个教室？何况周三下午13:30逸夫楼301是没有课的。退而求其次，就是排在同一个教学楼的同一层也可以。再求其次，排在同一个教学楼的不同楼层也要方便得多呀。

2. 贝科数据的智能排课解决方案

贝科数据的全称是贝科网络科技（北京）有限公司。该公司致力于智慧校园产品的研发与应用，综合运用云计算、大数据、物联网、移动互联网、人工智能、区块链、虚拟仿真等数字化技术，为高等院校提供智慧校园整体解决方案。智能排课系统（intelligent course scheduling system，ICSS）更是贝科数据的一款金牌产品。根据需要，用户既可以购买智能排课软件，也可以通过 SaaS 模式购买服务。

贝科数据一直致力于实现从以产品为中心向以客户为中心的转变。在开发 ICSS 的过程中，贝科数据更是在身份转换上做足了功课。为此，贝科数据做了两件实实在在的事情，以便努力把自己变成客户。第一件事情是由公司出资，派出一名一线开发人员到一所大学就读 MBA。第二件事情是邀请同一所大学的一名一线教师成为该公司的兼职产品经理。

有付出就有回报，通过努力把自己变成客户，贝科数据锁定了大学排课以下四个方面的硬性约束。

- 教室座位数大于等于选课人数。
- 除二学位外，本科课程每次只能排一大时段。
- 除二学位外，本科课程不能排在连续两天，即排在周一就不能排在周二，排在周二就不能排在周三，以此类推。
- 除二学位外，本科课程不能排在周末。

根据派出的 MBA 学员和引进的兼职产品经理的反馈，贝科数据找到了大学排课的若干痛点：手工操作工作量太大、教室资源利用不均衡、上午与下午的第一大时段与第二大时段课程之间学生与老师的流动量太大等。针对这些痛点，贝科数据开发的 ICSS 在以下三大功能方面遥遥领先于竞品。

- 由系统自动生成可行的排课方案初稿。
- 前 8 周与后 8 周（有些大学是前 9 周与后 9 周）课时相对均衡。
- 学生每两大时段的课程之间的移动距离最短。例如，第一大时段排在了逸夫楼的 1 层，第二大时段就尽量排在逸夫楼的同一层或较低的楼层，不会排在其他教学楼。

问题

1. 大学排课应追求的目标是什么？
2. 大学排课有哪些硬性约束条件？
3. 如何用数学方法描述大学的排课问题？

从物料需求计划到作业计划，使生产计划落到了实处，规定了每个基本生产单位在每一个时段的作业任务。单一作业中心的计划安排似乎没有排序问题：无论如何安排作业顺序，总的加工周期都是一样的，但作业对象的平均等待时间因不同的排序而有很大的变化，这给人们以启发：就是这样简单的问题中也蕴含着如此深刻的道理。对作业排序，历来不鼓励花费很大的代价去寻求所谓的"最优"排序方案，如果能够沿着正确的方向，找到了切实可行的、比较好的排序方案，又何乐而不为呢？"智者千虑，必有一失。"生产作业控制无处不在，无时不有。生产作业控制就是根据生产实际，不断地分析实际与计划之间的差距，并采取措施减少差距。作业控制的重要性由此可见一斑。如果能够找到这样一种方法该有多好呀：在满足基本需要的前提下，可以估算所需员工的最小数量，还能保证每位员工都能连休两天。通过任务指派，可以把任务分配给最合适的员工。

11.1　作业计划要解决的问题及作业排序

11.1.1　作业计划要解决的问题

作业计划把企业的作业任务分解为短期的具体任务，规定每个环节（如车间、工段、生产线和工作站）、每个单位时间（周、日、班或小时）的具体任务，此外，组织计划的实施也是它的一部分。作业计划的目标不仅在于安排并完成作业任务，而且要使每个作业环节达到均衡，进而全面完成各项技术经济指标。

生产类型不同，作业计划要解决的问题的侧重点也不同。

1. 大量生产系统的作业计划

大量生产系统的产品包括汽车、家用电器、玩具、器械、石化、制药、造纸等。在服务业中，也有大量生产的例子，如自助餐、大规模接种疫苗、新闻广播等。大量生产系统采用的是标准化的设备，实行了高度专业化的劳动分工。

大量生产系统总是采用流水生产线，其核心是生产线平衡。这些工作属于系统设计的内容，但是，大量生产系统也有进度安排问题。在实际生产中，企业很少只生产一种产品或提供一项服务，即使同一种产品，也有不同的规格与型号。例如，在汽车生产线上要装配不同型号和配置的汽车：手动挡或自动挡，两门车或四门车，带天窗的或不带天窗的，真皮内饰或布料内饰，VCD 或 DVD 影音系统，等等。此外，实际生产中还会有质量问题、工人缺勤、设备故障等现象发生。所以，要想在有限的生产线均衡地生产规格型号各异的产品，不可避免地会改变投入的材料，工序也会改变。

为了使生产线连续流畅地进行，应最小化设备的调整时间，最小化在制品库存，在实际生产中应做好以下六项工作。

（1）最优化产品组合。利用线性规划等技术确定最佳产出组合，使转换时间最短，制造成本最低。

（2）采取预防性维修制度。把设备维持在最佳运行状态，使作业流中断次数降到最少。

（3）授权。把尽可能大的权限给予一线工人，以快速消除故障。例如，在丰田的生产线上，当发现任何自己无法解决的异常情况时，任何工人都有权利和义务拉动"生产停止拉线"。

（4）把质量问题降到最小。生产线上一旦出现质量问题，不但产品不合格或必须降级处理，还浪费了材料、工时、动力等资源。

（5）资材供应的精益化。一种有效的方式是对不同的资材采取不同的供应策略。例如，北京现代汽车公司的资材就有三种主要供应模式："一般大品""直序列"和"准序列"。一般大品即大宗物料，订单到达后进入自备仓库；直序列物料由供应厂家根据企业的作业计划直接供应；准序列则介于一般大品与直序列之间。

（6）多面手的培养与使用。专业化的劳动分工与多面手的培养与使用并不矛盾，在生产线上使用一些多面手不但可以减少工人数量，而且可以更灵活地应对需求的波动。

2. 成批生产系统的作业计划

成批生产系统的产品包括印刷品、罐头食品、日化产品、颜料等。在服务业中的典型例子是会务。成批生产系统的产量比大量生产系统的低，比单件小批生产系统的高，间歇性轮番生产更为经济。这种生产类型的作业计划的核心是如何更经济地从一项作业转换到另一项作业，即如何确定每一种产品的生产批量，经济生产批量模型为这种生产方式找到了有效的解决方案。

此外，模块化设计与制造、作业排序、离线备料是成批生产系统作业计划与生产控制的有效手段。

3. 单件小批生产系统的作业计划

单件小批生产系统的产品包括定制化的服装、非标配件等。单件小批生产系统的产品品种、数量和交货时间都不稳定，产量少、很少重复生产，生产的数量完全取决于订单需求。

单件小批生产系统的作业计划要解决的主要问题有两个：任务指派和作业排序。以下介绍任务指派，作业排序将设专题讨论。实际中，一般先进行任务指派，然后进行作业排序。

任务指派可以分为有限能力载荷和无限能力载荷。有限能力载荷是指分配给作业中心的任务不能超过该作业中心能力的限制；无限能力载荷是指分配给作业中心任务时不考虑作业中心的能力限制。

甘特图是一种直观的用于任务指派的方法，一般人员不需经过培训就可使用。甘特图的形式多种多样，图 11-1 是一种表示作业中心负荷的甘特图。

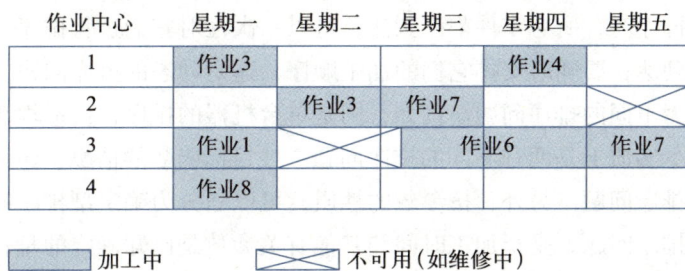

作业中心	星期一	星期二	星期三	星期四	星期五
1	作业3			作业4	
2		作业3	作业7		
3	作业1		作业6		作业7
4	作业8				

▭ 加工中　　　☒ 不可用（如维修中）

图 11-1　表示作业中心负荷的甘特图

在图 11-1 中，作业中心 3 在整整一个星期中都处于负荷或维修状态，不能再指派任务到该作业中心。自星期二开始，随时可向作业中心 4 指派任务。另外两个作业中心的空闲时间则分散在不同的时段。根据这种直观的图示，计划人员就可以把作业任务分配到各个作业中心。

11.1.2　排序问题描述

排序就是确定各个作业在作业中心的处理顺序。所以，单件小批生产系统的作业计划就是排序问题。在服务业中也涉及排序问题，例如，大学里的排课就是典型的服务业排序问题，要把班级、课程、教师、教室和时段全部确定下来。

1. 排序的任务和目标

排序要完成的任务有两个。

- 分配作业、机器、人员到作业中心或者其他特定地点。
- 决定作业执行的顺序。

排序的目标有以下四个。

- 满足顾客或下一道工序的交货期要求。
- 流程时间最短，即各项作业在加工过程中所消耗的时间最少。
- 准备时间最短或成本最小。
- 在制品库存最低。

上述目标往往不能同时达到。

2. 排序问题的分类

排序问题有不同的分类方法。最常用的分类方法是按机器、零件和目标函数的特征分类。按机器的种类和数量不同，可以分成单台机器的排序问题和多台机器的排序问题。对于多台机器的排序问题，按零件加工路线的特征，可以分成单件作业排序问题和流水作业排序问题。零件的加工路线不同是单件作业排序问题的基本特征；而所有零件的加工路线完全相同，则是流水作业排序问题的基本特征。按零件到达车间的情况不同，可以分成静态的排序问题和动态的排序问题。当进行排序时，所有零件都已到达，可以一次性对它们进行排序，这是静态的排序问题；若零件陆续到达，要随时安排它们的加工顺序，这是动态的排序问题。按目标函数的性质不同，也可划分为不同的排序问题。例如，同是单台机器的排序，使平均流程时间最短和使误期完工零件数最少实质上是两种不同的排序问题。按目标函数的情况，还可以划分为单目标排序问题与多目标排序问题。另外，按参数的性质，可以划分为确定型排序问题与随机型排序问题。所谓确定型排序问题，是指加工时间和其他有关参数是已知确定的量；而随机型排序问题的加工时间和有关参数为随机变量。这两种排序问题的解法本质上不同。因此，机器、零件和目标函数的不同特征以及其他因素上的差别，构成了多种多样的排序问题。

3. 排序准则

为了得到所希望的排序方案，人们提出了很多排序准则。迄今为止，人们已提出了100多个排序准则，在实际情况中常用的有以下几种。

（1）**先到先服务**（first come first served，FCFS）**准则**。优先选择最早进入可排序列的作业，也就是按照作业到达的先后顺序进行加工。

（2）**最短作业时间**（shortest processing time，SPT）**优先准则**。优先选择作业时间最短的作业。

（3）**交货期最早**（earliest due date，EDD）**优先准则**。优先选择完工期限最紧的作业。

（4）**最短松弛时间**（shortest slack time，SST）**优先准则**。优先选择松弛时间最短的作业。

所谓松弛时间，是指当前时点距离交货期的剩余时间与工件剩余加工时间之差。

（5）**最长剩余作业时间**（most work remaining，MWKR）**优先准则**。优先选择余下作业时间最长的作业。

（6）**最短剩余作业时间**（least work remaining，LWKR）**优先准则**。优先选择余下作业时间最短的作业。

（7）**最多剩余作业数**（most operations remaining，MOPNR）**优先准则**。优先选择余下作业数最多的工件。

（8）**最小临界比**（smallest critical ratio，SCR）**优先准则**。优先选择临界比最小的作业。所谓临界比，是指作业允许停留时间与余下作业时间之比。

（9）**随机**（random）**准则**。随机地挑选出一项作业。

这些排序准则各具特色。FCFS 准则适用于服务业的排队。按 SPT 准则可使作业的平均流程时间最短，从而减少在制品量。EDD 准则、SCR 准则及 SST 准则可使作业延误时间最短。MWKR准则使不同工作量的作业的完工时间尽量接近。LWKR 准则使工作量小的作业尽快完成。MOPNR准则与 MWKR 准则类似，但更多地考虑了作业在不同作业中心上的转运排队时间。

4. 排序问题的基本假设条件

为了便于分析研究，建立数学模型，必须对排序问题给出一些假设条件。下面给出六个最基本的假设条件。

（1）一项作业不能同时在几个作业中心加工。

（2）作业在加工过程中采取平行移动方式，即当上一个作业中心加工完后，立即送到下一个作业中心加工。

（3）不允许中断。一项作业一旦开始加工，必须一直进行到完工，不得中途停止插入其他作业。

（4）每个作业过程只在一个作业中心完成。

（5）作业数、作业中心数和加工时间已知，作业时间与加工顺序无关。

（6）每个作业中心同时只能加工一项作业。

此外，在考虑排序问题时，假定作业中心数有限，劳动力充足，不考虑由于劳动力缺少而使作业中心无法运转的现象。

5. 排序问题的数学表示

1967 年康维（R. W. Conway）等人首先提出用 4 个参数表示排序问题的方法，即 4 参数表示法，其公式为

$$n/m/A/B \tag{11-1}$$

式中，n 表示作业数；m 表示作业中心数；A 表示车间类型；B 为目标函数。

在 A 的位置若标以"F"，则表示流水作业排序问题；若标以"p"，则表示流水作业排列排序问题；若标以"G"，则表示一般单件作业排序问题。当 $m=1$ 时，则 A 处为空白。在 B 的位置，通常规则是使目标函数达到最小。

有了这 4 个参数，就可以简明地表示不同的排序问题。例如，$n/3/p/C_{max}$ 就表示：n 项作

业经 3 个作业中心的流水作业排列排序问题，目标函数是使最长完工时间 $C_{\max}$ 最短。

11.1.3　一般条件下的排序问题

有 n 个作业要在 m 个作业中心进行加工，并且所有的作业要经过所有的作业中心，如果不考虑先行约束，那么就有 $(n \times m)!$ 种可能的排序方案。例如，有 5 个作业要在 8 个作业中心加工，就有 $(5 \times 8)! = 40! = 8.159\,15 \times 10^{47}$ 个方案。所以，处理这种问题唯一可行的方法是进行计算机模拟，以此来找到次优解。

11.2　单一作业中心的排序

对于多个作业在一个作业中心加工的情况，无论以什么样的顺序把待加工作业安排到作业中心，都不会影响作业中心的负荷，即作业中心的资源占用都是一样的。但是，如果考虑全部作业的平均流程时间、作业的延迟时间等指标，就有了作业排序问题。

以下介绍三种常用的排序准则及其主要优缺点。

11.2.1　FCFS 准则

FCFS 准则是服务业排队中最常用的一种准则。可以把这种准则推广应用到制造业，即按照作业到达作业中心的先后顺序进行加工。

FCFS 准则的主要优点是可以简化企业内部的物流组织。这种准则的主要缺点是当一项作业时间过长时，会使其他作业延迟。

11.2.2　SPT 准则

SPT 准则就是把加工时间短的作业排在前面，其效果是作业平均流程时间最短。为说明这一结论，设 t_j（$j = 1, 2, \cdots, n$）为安排在第 j 个位置的作业的加工时间，设 t_i（$i = 1, 2, \cdots, n$）为第 i 项作业的加工时间，则安排在第 k 位加工的作业的全部流程时间为

$$F(k) = \sum_{i=1}^{k} t_{(i)} \quad (k = 1, 2, \cdots, n) \tag{11-2}$$

而全部 n 项的平均流程时间为

$$\begin{aligned}
\overline{F} &= \Big[\sum_{k=1}^{n} \sum_{i=1}^{k} t_{(i)} \Big] / n \\
&= \Big[\sum_{j=1}^{n} (n - j + 1) \Big] / n \\
&= \Big[n t_{(1)} + (n-1) t_{(2)} + \cdots + 2 t_{(n-1)} + t_{(n)} \Big] / n
\end{aligned} \tag{11-3}$$

当且仅当满足以下条件时，式（11-3）达到最小

$$t_{(1)} \leq t_{(2)} \leq \cdots \leq t_{(n)} \tag{11-4}$$

式（11-4）的含义即加工时间短的作业排在前面。

SPT 准则的最大优点是可使作业平均流程时间最少和在制品库存最少。这种准则的主要缺点是，当新的加工时间短的作业不断到达作业中心时，会使加工时间长的作业一直等待。

11.2.3 EDD 准则

EDD 准则就是把交工时间最紧迫的作业安排在最前面。这种准则贯彻优先为下一道工序服务的管理思路。

EDD 准则的主要优点是使平均延迟时间最短。这种准则的主要缺点是没有考虑作业的加工时间，可能造成某些作业等待加工的时间过长，从而增加在制品库存。

例 11-1 表 11-1 是在某作业中心等待加工的 6 项作业的加工时间（包含换产时间）与预定交工日期。假设作业的到达顺序与表中顺序一致，试根据以下规则确定作业顺序，并分别从平均流程时间和平均延迟时间两个角度对排序方案进行评价。

（1）FCFS 准则。

（2）SPT 准则。

（3）EDD 准则。

表 11-1   作业信息

作业	加工时间/天	预定交工日期/天[①]	作业	加工时间/天	预定交工日期/天[①]
A	2	7	D	10	17
B	8	16	E	5	15
C	4	4	F	12	18

① 预定交工日期为相对天数，例如，A 的预定交工日期是 7 天，即以作业开始时间为第 1 天，第 7 天交工。

解：

（1）排序方案为 A-B-C-D-E-F，其作业信息如表 11-2 所示。

表 11-2   FCFS 准则排序方案

作业	加工时间/天	实际交工日期/天	预定交工日期/天	延迟时间/天
A	2	2	7	0
B	8	10	16	0
C	4	14	4	10
D	10	24	17	7
E	5	29	15	14
F	12	41	18	23

平均流程时间为：（2+10+14+24+29+41）/6 = 20（天）

平均延迟时间为：（0+0+10+7+14+23）/6 = 9（天）

（2）排序方案为 A-C-E-B-D-F，其作业信息如表 11-3 所示。

表 11-3   SPT 准则排序方案

作业	加工时间/天	实际交工日期/天	预定交工日期/天	延迟时间/天
A	2	2	7	0
C	4	6	4	2
E	5	11	15	0
B	8	19	16	3
D	10	29	17	12
F	12	41	18	23

平均流程时间为：（2+6+11+19+29+41）/6＝18（天）

平均延迟时间为：（0+2+0+3+12+23）/6＝6.67（天）

（3）排序方案为 C-A-E-B-D-F，其作业信息如表11-4所示。

表 11-4   EDD 准则排序方案

作业	加工时间/天	实际交工日期/天	预定交工日期/天	延迟时间/天
C	4	4	4	0
A	2	6	7	0
E	5	11	15	0
B	8	19	16	3
D	10	29	17	12
F	12	41	18	23

平均流程时间计算如下：（4+6+11+19+29+41）/6＝18.33（天）

平均延迟时间计算如下：（0+0+0+3+12+23）/6＝6.33（天）

11.3   多项作业中心的排序

11.3.1 n 项作业在两个作业中心的排序

这种情况是指作业序列中有 n 项待确定加工顺序的作业，这些作业要顺次经过两个作业中心，即都是先在第一个作业中心加工，然后移动到第二个作业中心加工。

解决 n 项作业由两个作业中心来加工的排序问题有**约翰逊和贝尔曼准则**（Johnson and Bellman rule），常称 **Johnson 准则**。在这种情况下，其目标函数是加工周期最短，这种规则的算法程序如下。

步骤1：在全部作业中，找出加工时间最短的作业（当有作业加工时间相同时，任意选取其中的一项）。

步骤2：如果最短的加工时间发生在第一个作业中心，则把相应的作业排在第一位；如果最短的加工时间发生在第二个作业中心，则把相应的作业排在最后一位。

步骤3：把所确定的作业从作业序列中去掉，再重复步骤1和步骤2，直至确定了全部作业的加工顺序。

值得说明的是，按照 Johnson 准则确定的排序方案可能不止一个。当然，所确定的排序方案对应的加工周期都相等且最短。

例 11-2   给定6项作业，它们顺序经过两个作业中心，其各自的加工时间如表11-5所示。试给出最优加工顺序。

表 11-5   6 项作业的加工时间   （单位：h）

作业中心	作业					
	作业 1（J_1）	作业 2（J_2）	作业 3（J_3）	作业 4（J_4）	作业 5（J_5）	作业 6（J_6）
I	5	1	8	5	3	4
II	7	2	2	4	7	4

解： 按照上述步骤，可得到以下三种排序方案：

$$J_2 \to J_5 \to J_6 \to J_1 \to J_4 \to J_3$$
$$J_2 \to J_5 \to J_1 \to J_6 \to J_4 \to J_3$$
$$J_2 \to J_5 \to J_1 \to J_4 \to J_6 \to J_3$$

要指出的是，虽然排序结果不同，其总的加工周期都一样且最短。图 11-2 是第一种排序方案的甘特图。此时，总加工周期达到最短，为 28h。

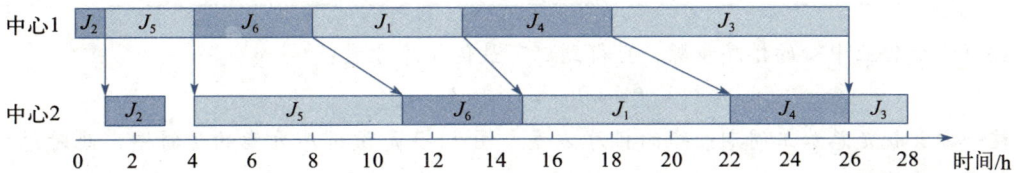

图 11-2　第一种排序方案的甘特图

11.3.2　特殊条件下三个作业中心的排序问题

当作业中心为三个时，排序问题就开始变得复杂起来，至今仍然没有一个通用的求解方案，只能用试算法寻优。这种情况是指作业序列中有 n 项待确定加工顺序的作业，这些作业要顺次经过三个作业中心，即所有作业都是先经过第一个，再经过第二个，最后经过第三个作业中心。

不过，当下面两个特殊条件只要有一个成立时，就可以按以下通用步骤进行排序：

$$\min t_{i1} \geqslant \max t_{i2} \tag{11-5}$$

或者

$$\min t_{i3} \geqslant \max t_{i2} \tag{11-6}$$

式中，i 表示作业号；1、2、3 表示作业中心号。

此时，可引入虚拟作业中心和虚拟作业时间。

设

$$T_{i1} = t_{i1} + t_{i2} \tag{11-7}$$
$$T_{i2} = t_{i2} + t_{i3} \tag{11-8}$$

每项作业在第一个虚拟作业中心的作业时间等于其在第一个作业中心加工的时间加上其在第二个作业中心加工的时间；每项作业在第二个虚拟作业中心的作业时间等于其在第二个作业中心的加工时间加上其在第三个作业中心加工的时间。这样，就可用两个作业中心的排序方法寻求最优排序方案。

例 11-3　给定 5 项作业，它们顺序经过 3 个作业中心，其各自的加工时间如表 11-6 所示。试给出最优加工顺序。

表 11-6　5 项作业的加工时间　　　　　　　　（单位：h）

作业中心	作业				
	作业 1 (J_1)	作业 2 (J_2)	作业 3 (J_3)	作业 4 (J_4)	作业 5 (J_5)
I	3	5	6	5	7
II	2	3	3	1	2
III	5	3	4	2	6

解：从表中可以看出，加工时间满足式（11-5），引入虚拟作业中心，其虚拟加工时间如表 11-7 所示。

表 11-7   虚拟作业中心的虚拟加工时间   （单位：h）

作业中心	作业				
	作业 1（J_1）	作业 2（J_2）	作业 3（J_3）	作业 4（J_4）	作业 5（J_5）
虚拟作业中心 I	5	8	9	6	9
虚拟作业中心 II	7	6	7	3	8

按照两个作业中心的排序步骤，可得到以下最优排序方案：

$$J_1 \rightarrow J_5 \rightarrow J_3 \rightarrow J_2 \rightarrow J_4$$

这一方案就是总加工周期最短的排序方案。图 11-3 是该排序方案的甘特图，此时总加工周期最短，为 29h。

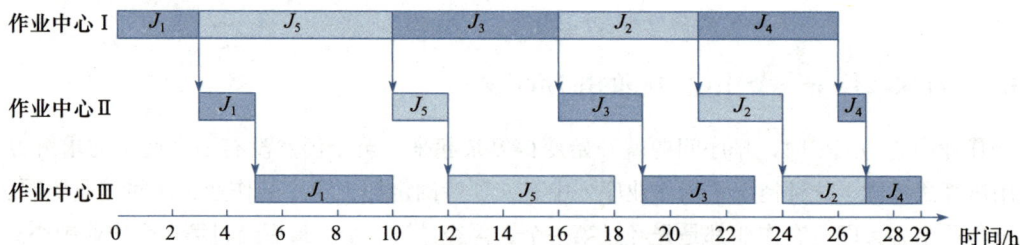

图 11-3   3 个作业中心排序方案甘特图

11.4   生产作业控制

11.4.1   概述

生产作业控制就是对作业计划的实施情况进行监控，发现作业计划与实际完成情况之间的偏差，采取调节和校正措施，以确保计划目标的实现。如果说作业计划的功能是预先安排作业活动，那么生产作业控制的功能就是根据产量、质量、进度、成本、收益等评定生产业绩的各种标准，对与生产相关的活动实施实时调度。生产作业控制是生产管理的重要职能，是实现生产计划和作业计划的重要手段。

11.4.2   生产进度控制

生产进度控制就是依照预先制订的作业计划，检查各种零部件的投入和出产时间、数量以及配套性，保证产品能准时装配出厂。生产进度控制的目标应是准时出产，即只在需要的时间，按需要的品种生产需要的数量，既不拖期，也不提前。生产进度控制是生产作业控制的中心任务之一，贯穿于作业准备到作业结束为止的全部生产过程。生产预计分析和生产均衡性控制是生产进度控制的两项主要内容。

1. 生产预计分析

生产预计分析是指根据进度统计资料所反映的计划完成进度和生产计划趋势，对本期计划指标可能完成的程度做一种预测，再根据预测结果，采用不同的调度措施，适时增加或减少资源的投入。下面介绍生产预计分析常用的一种方法：差额推算法。

差额推算法常用于对产量、产值等绝对指标的预测。应用差额推算法，首先要计算出实际完成产量与计划完成产量的差额，然后根据生产条件分析趋势，从而推算出计划期末可能达到的数量和计划完成程度。差额推算法的具体步骤如下。

（1）根据报告期已经完成的每日（或月）的生产统计数据，计算从报告期至当前时间实际累计与计划累计的差额以及计划完成的程度。

（2）初步预测期末生产计划完成的可能性。计算到预计日（即报告期末）为止的计划完成及尚需完成的计划产量，再按平均日（或月）产量的初步计划完成尚需的日（或月）数和期末计划可能完成程度。

（3）根据所掌握的情况及生产发展趋势，调整初步预计数据。

例 11-4　某装配车间 2 月计划装配甲产品 8 500 台，本月上旬的计划和实际装配量如表 11-8 所示。全月 24 个工作日，试预测 2 月计划完成情况。

表 11-8　装配车间日产量资料

项目	日期							
	1	2	3	5	6	7	8	9
计划日产量/台	220	290	330	250	340	420	500	400
实际日产量/台	200	300	400	250	300	450	500	400

注：当年 2 月 4 日为星期日。

解：

（1）从表 11-8 可计算得到 2 月上旬累计计划产量为 2 750 台，累计实际产量为 2 800 台。对比实际产量与计划产量，看起来，为达到准时生产，应该把目前的生产率降下来，否则会导致本月产品积压，从而增加库存费用。

（2）整体计划完成情况分析。时间正好过了 1/3，但累计计划产量占全月计划产量的比率为 32.35%（＝2 750/8 500×100%），不到 1/3，累计实际完成产量占全月计划产量的比率为 32.94（＝2 800/8 500×100%），也不到 1/3。所以在中下旬，不但不能降低生产率，而且应该适当提高生产率。

（3）计划进度。实际（上旬）平均日产量为 350（＝2 800/8＝350）台/天，到本月末还应完成的产量为 5 700（＝8 500-2 800）台。所以，2 月中、下旬的平均日产量应为 357（＝5 700/16）台，对比实际完成产量与计划完成产量可知，在中、下旬的生产中，应在目前产率的基础上增加 2%（＝（357-350）/350×100%）的生产率。否则，无法完成全月计划。

从以上计算可以看出，差额推算法简明实用，一般工人就可掌握，而且可根据时间进程随时更新，以最大限度地保证准时生产。

2. 生产均衡性控制

所谓**生产的均衡性**，就是不仅要完成整个计划期的生产任务，而且要完成每个具体时段（如周、日、小时）的生产任务，即实现均衡生产。企业类型不同，时段的细致程度会有区别。但随着科技水平的提高，企业普遍采用了柔性加工单元，所以至少要控制每天的实际产量，使其与计划产量相一致。下面介绍生产均衡性控制常用的一种方法：图表法。

图表法是根据企业（或车间、工作地）在各时期的计划产量、实际产量和产量完成的百分比，绘制成产量动态曲线图和产量计划完成曲线图，以此反映生产均衡性。图 11-4 是实际与计划产量对比分析曲线，表示了偏差的绝对量。从图 11-4 中可以看出，每日实际产量偏离计划产量较大，生产的均衡性较差，应加强对该生产过程的均衡性控制，防止这种波动性一波一波地扩散下去。

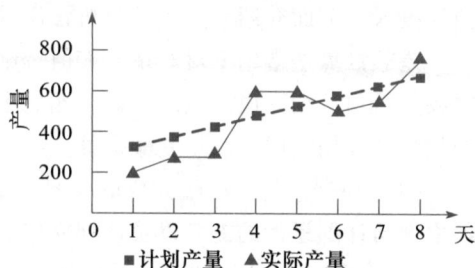

图 11-4　实际与计划产量对比曲线

11.4.3　生产调度

生产调度是指生产调度部门行使调度权力，协助各级行政领导指挥生产，协调各部门工作，处理生产中出现的问题。**生产调度**是执行生产作业控制的重要职能。

1. 生产调度的作用

生产调度主要有三个作用。

- 检查作业计划的执行情况，掌握计划执行情况，及时采取必要的调整措施。
- 检查作业的准备情况，督促和协调有关部门做好生产准备工作。
- 根据生产需要，合理调配生产资源，保证各生产环节协调、均衡地进行生产。

2. 生产调度要坚持的原则

生产调度通常要坚持五个原则。

（1）计划性原则。以计划指导生产、全面完成计划是生产调度的主要目标。

（2）预见性原则。生产调度要有预见性，及时准确掌握生产信息，预测和推断生产发展趋势，及早发现生产中出现的问题，并进行纠正。

（3）集中性原则。影响生产过程的变化因素很多，生产调度经常涉及企业多个部门，必须坚持集中性原则，保持调度的权威性。

（4）关键点原则。生产调度工作应将重点放在关键工序（瓶颈）或环节上。

（5）及时性原则。在生产调度中，发现偏差就及时采取措施纠正，以免造成更大的损失。

3. 生产调度的工作制度

生产调度包括值班、会议和报告三项制度。

（1）值班制度。为了随时掌握生产情况，应建立调度值班制度。工作班、车间和工厂都要设值班调度员，以便及时发现并随时处理生产中临时出现的问题，并填写调度值班记录，做好调度工作的衔接。

（2）会议制度。调度会议是解决生产过程中问题的一种团队管理方法。日常调度会议会定期举行，主要通报一段时间的生产进展情况以及需要解决的问题。除日常调度会议之外，还经常召开现场调度会议，及时解决现场突发性与临时性的问题。

（3）报告制度。为了使企业各级管理者都能及时了解生产进展，需要建立生产调度的报告制度。调度报告有书面的正式报告和口头的非正式报告两种方式。正式调度报告一般是指按照企业调度工作要求，定期对某段时间的生产调度情况进行总结性报告，把存在的问题与解决措施和建议作为报告的内容提交给主管生产的经理。非正式报告就是指在调度过程中随时向上级或有关部门报告出现的异常情况。

11.5 服务业作业计划

11.5.1 影响服务业作业计划的因素

服务的特殊性决定了服务业作业计划与制造业作业计划有很大的差异。影响服务业作业计划的主要因素有两大类：服务的易逝性，顾客参与服务过程。

1. 服务的易逝性对服务业作业计划的影响

服务的易逝性对服务业作业计划的影响体现在以下两个方面。

（1）计划内容。在服务业中，作业计划要规定服务交易的时间或地点；而制造业中，作业排序仅仅涉及产品的生产加工过程。

（2）人员规模。因服务的易逝性，加之顾客的到达及服务时间都是随机的，所以服务的输出与劳动力的最佳规模之间的关系很难确定；而在制造业中，两者之间有紧密联系，因此可通过计算寻求最优作业排序方案。

2. 顾客参与服务过程对服务业作业计划的影响

顾客参与服务过程对服务业作业计划的影响体现在以下三个方面。

（1）顾客参与使得服务系统难以实现标准化，这在一定程度上影响了服务效率。

（2）有时为了满足顾客心理需求，需要服务人员与之交谈，这就增加了控制服务时间的难度。

（3）对服务的评价往往是基于主观判断的。由于服务是无形的、服务质量与顾客感觉有关，不准确的评价信息反馈影响员工的工作积极性，甚至影响服务质量的进一步提高。

11.5.2 服务运营策略与计划制订方法

1. 服务运营策略

为使服务的易逝性及顾客参与服务过程的影响降到最低，通常采取以下两种策略。

（1）在顾客需求调查的基础上，提供模块化的服务产品，如饭店的菜单或快餐店的食品。

（2）将部分作业与顾客分离。例如，酒店的服务员总是在顾客不在时才清扫房间，以做到互不干扰。再如，饭店总是设置前台和后台，以减少顾客不必要的参与。

2. 计划制订方法

针对不同类型的企业，应采用不同的制订服务业作业计划的方法。一般来说，制订服务业作业计划有两种基本的方法：将顾客需求分配到服务能力的不同时段内，即安排顾客需求；将服务人员安排到顾客需求的不同时间段内，即安排服务人员。

(1) 安排顾客需求。安排顾客需求就是根据不同时间可利用的服务能力来对顾客排序。在这种方式下，服务能力保持一定，而适当地安排顾客的需求，以提供准时服务和充分利用能力。实际上常用的方法有三种：预约、预订和排队等候。

1) 预约。通过预约给予顾客特定的服务时间。这种方法的优点是能为顾客提供及时的服务并提高服务系统和服务人员的效率。医生和律师是使用预约系统提供服务的典型例子。采用这种方法时应注意设计好预约时间，否则当顾客到达后等待时间过长时，会导致顾客不满。同时，还要制订好顾客迟到或没有赴约的预案。

2) 预订。预订系统类似于预约系统，但它通常应用于顾客接受服务时需占据或使用相关的服务设施的情况，如酒店、飞机经常使用预订系统。预订系统的主要优点在于：给予服务管理者一定的提前期来做出服务计划，以充分利用服务设施，而且，预订时通常要求顾客支付一定数额的抵押金，这样可减少毁约的发生。

3) 排队等候。由于顾客到达的随机性与服务时间的随机性，即使服务能力再充分的系统也会出现排队现象。排队分析已在服务系统设计中做了较详细的介绍。

(2) 安排服务人员。安排服务人员就是将服务人员安排到顾客需求的不同时间段内。它是通过适当安排服务人员来调整服务能力，以满足不同时间段内的不同服务要求。这种方法通常用于需要快速响应顾客的需求，且需求总量可以预测的情况。采用这种方法的典型例子有：邮局营业员、护士、警察、商场营业人员、公交汽车的司售人员的工作日以及休息日的安排。

一般说来，类似于制造业企业的生产计划，服务业企业也要首先制订全年、每个月甚至每周的人员需求计划，在此基础上，通过作业排序方法把人员计划转换成每个人的日常轮班计划。

下面介绍一种安排服务人员的方法，它可以保证在满足需要的前提下，使每位员工都能连续两天休班。这种方法的具体步骤如下。

第一，确定需求。明确一个周期内，每天需要的员工数量。这里的周期可以是一周，也可以是 10 天，还可以是一个月。

第二，找数组。在一个周期内，把相邻的两个数看作一个数组。找到这样的数组：其中大的那个数不会超过其他任意一个数组中大的数。如果有不止一个这样的数组，就选择数组中两个数之和最小的那个数组。如果数组中两个数之和也相等，就随机选择一个数组。不妨把选中的数组称为小数组。

第三，确定休班日期。就每一个员工，让其在剩余需求数中的小数组对应的两天休班。

第四，更新需求员工的人数。安排完一名员工休班后，将没安排休班的日期对应的需求量减掉 1，即得到新的人员需求量。

依此类推，直至把全部员工的休班时间都确定下来。

例 11-5　一家大型租车公司的电话预订部门对每天需要的接线员数量如表 11-9 所示。为保证每位接线员都能连续休息两天，该公司最多需要多少名接线员？并给出每位接线员都能连休两天的排班计划。

表 11-9　一周内对接线员的需求　　　　　　　　　　　　（单位：人）

项　目	星期一	星期二	星期三	星期四	星期五	星期六	星期日
需要接线员的数量	8	8	7	7	6	5	4

解：对第 1 名接线员，通过找到符合条件的数组，确定其休班日期，如表 11-10 所示。

表 11-10　第 1 名接线员休班方案　　　　　　　　　　　（单位：人）

项　目	星期一	星期二	星期三	星期四	星期五	星期六	星期日
需要接线员的数量	8	8	7	7	6	5	4
安排第 1 名接线员时的需求	8	8	7	7	6	5	4

可以看到，（4，5）构成的数组中大的那个数不会超过其他任意一个数组中大的那个数。所以，安排第 1 名接线员在星期六和星期日连休。

更新需求数据，如表 11-11 所示。

表 11-11　安排第 2 名接线员星期日和星期六休班后的需求　　（单位：人）

项　目	星期一	星期二	星期三	星期四	星期五	星期六	星期日
需要接线员的数量	8	8	7	7	6	5	4
安排第 1 名接线员时的需求	8	8	7	7	6	5	4
安排第 2 名接线员时的需求	7	7	6	6	5	5	4

此时，（5，5）和（5，4）两个数组中大的那个数都是 5，这时选择后面一个数组，因为该数组中两个数之和小于另一个数组中两个数之和。因此，应该安排第 2 名员工在星期六和星期日连休，如表 11-11 所示。

依此类推，直至安排完全部员工。结果如表 11-12 所示。

表 11-12　全部接线员的休班方案　　　　　　　　　　　（单位：人）

项　目	星期一	星期二	星期三	星期四	星期五	星期六	星期日
需要接线员的数量	8	8	7	7	6	5	4
安排第 1 名接线员时的需求	8	8	7	7	6	5	4
安排第 2 名接线员时的需求	7	7	6	6	5	5	4
安排第 3 名接线员时的需求	6	6	5	5	4	5	4
安排第 4 名接线员时的需求	5	5	4	4	3	5	4
安排第 5 名接线员时的需求	4	4	3	4	3	4	3
安排第 6 名接线员时的需求	3	3	3	3	2	3	2
安排第 7 名接线员时的需求	2	2	2	3	2	3	1
安排第 8 名接线员时的需求	2	1	1	2	1	2	1
安排第 9 名接线员时的需求	1	1	1	1	0	1	0
安排第 10 名接线员时的需求	0	0	0	0	0	1	0

从表 11-12 可以看出，在保证需要且每位接线员都可以连续两天休班的前提下，电话预订部门最多需要 10 名接线员。

从表 11-12 倒数第 2 行还可以看到，第 9 名接线员实际上只需要工作 4 天，因为星期五已不再需要接线员值班。从表 11-12 倒数第 1 行可知，第 10 名接线员只工作了 1 天。如果考虑节约人工成本，可以少聘用一名接线员，即让一位接线员（如第 9 名）星期五和星期日休两天班。因为该名接线员不是连休，可考虑给予适当的补偿，如表 11-13 所示。

表 11-13　聘用 9 名接线员的休班方案（其中一位不能连休）　　（单位：人）

项　目	星期一	星期二	星期三	星期四	星期五	星期六	星期日
需要接线员的数量	8	8	7	7	6	5	4
安排第 1 名接线员时的需求	8	8	7	7	6	5	4
安排第 2 名接线员时的需求	7	7	6	6	5	5	4
安排第 3 名接线员时的需求	6	6	5	5	4	5	4
安排第 4 名接线员时的需求	5	5	4	4	3	5	4
安排第 5 名接线员时的需求	4	4	3	4	3	4	3
安排第 6 名接线员时的需求	3	3	3	4	2	3	2
安排第 7 名接线员时的需求	2	2	2	3	2	3	1
安排第 8 名接线员时的需求	2	1	1	2	1	2	1
安排第 9 名接线员时的需求	1	1	1	1	0	1	0

如果排班周期是旬、半月、月或更长的时间段，而且对员工的需求数较大，那么手工排班就变得比较烦琐。此时，可设计算法模型，并借助整数规划软件来实现。下面以旬为例介绍解决这一问题的整数规划模型的三个组成部分。

决策变量为

x_1——安排第 1 天和第 2 天休班的员工数量；

x_2——安排第 2 天和第 3 天休班的员工数量；

$\vdots$

x_{10}——安排第 10 天和第 1 天休班的员工数量。

目标函数为

$$\min Z = x_1 + x_2 + \cdots + x_{10}$$

约束条件为

$$x_2 + x_3 + x_4 + x_5 + x_6 + x_7 + x_8 + x_9 > b_1$$
$$x_3 + x_4 + x_5 + x_6 + x_7 + x_8 + x_9 + x_{10} > b_2$$
$$x_1 + x_4 + x_5 + x_6 + x_7 + x_8 + x_9 + x_{10} > b_3$$
$$x_1 + x_2 + x_5 + x_6 + x_7 + x_8 + x_9 + x_{10} > b_4$$
$$x_1 + x_2 + x_3 + x_6 + x_7 + x_8 + x_9 + x_{10} > b_5$$
$$x_1 + x_2 + x_3 + x_4 + x_7 + x_8 + x_9 + x_{10} > b_6$$
$$x_1 + x_2 + x_3 + x_4 + x_5 + x_8 + x_9 + x_{10} > b_7$$
$$x_1 + x_2 + x_3 + x_4 + x_5 + x_6 + x_9 + x_{10} > b_8$$
$$x_1 + x_2 + x_3 + x_4 + x_5 + x_6 + x_7 + x_{10} > b_9$$
$$x_1 + x_2 + x_3 + x_4 + x_5 + x_6 + x_7 + x_8 > b_{10}$$

式中，b_i 表示第 $i(i=1，2，\cdots，10)$ 天需要的员工数量。

利用上述模型，利用整数规划软件可以很容易算出最多需要的员工数量以及安排在任意连续两天休班的员工的数量。

11.5.3　员工任务指派

1. 员工任务指派问题描述

实际工作中经常会遇到这样的问题：有数个工程项目，可以由几个工程小组来完成，但每个工程小组完成不同工程项目的成本或效率不同。那么，如何把工程项目分配给不同的工程小组呢？类似的问题还有很多，如把不同的区域分配给不同的营销团队，把不同的设备维修任务分配给不同的维修工人等。这类问题所涉及的就是员工任务指派。概括起来，员工任务指派就是把不同的任务分配给不同的工程小组。

表 11-14 以直观的形式描述了这类问题。表中数据为不同员工完成不同任务所需的时间（时间单位）或成本（费用单位），这里假设为成本。例如，由员工 A 完成第 1 项任务需要 8 个单位费用，完成第 2 项任务则需要 6 个单位费用，依此类推。表 11-14 中任务项数与员工人数相等，称为标准的任务指派问题。如果任务项数与员工人数不等，则称为非标准的任务指派问题。

表 11-14　典型的员工任务指派问题

项目		员工			
		A	B	C	D
任务	1	8	6	2	4
	2	6	7	11	10
	3	3	5	7	6
	4	5	10	12	9

这一问题乍看起来并不难解决。就表 11-14 的数据，应该把第 3 项或第 4 项任务分配给员工 A，因为成本最低，为 3 或 5 个单位费用。但是采用这种方法很难找到一个使每项任务只分配给一个员工，又使总成本最低的方案。当然，为找到总成本最低的分配方案，可以把各种组合都试验一下。但是，如果任务数或员工数不是个位数，这项工作几乎是不可能完成的事情。事实上，把 n 项不同的任务分配给 n 个员工，将有 $n!$ 种不同的方案。试想，如果 $n=12$，就有 $n!=4.79$ 亿种不同的方案。

值得庆幸的是，对这类问题可以运用一种叫作匈牙利算法（Hungarian algorithm）的方法快速地找到最优解。

2. 解决员工任务指派问题的匈牙利算法

匈牙利算法是求解极小型指派问题的一种方法，这种方法最初由美国数学家哈罗德·W.库恩（Harold W. Kuhn）提出，后经改进而成，解法因基于匈牙利数学家康尼格（Dénes König）和亚哥法利（Jenö Egerváry）给出的一个定理而得名。

匈牙利算法适用于一对一配对组合。要求每项任务都必须只分配给一位员工，每位员工都有能力完成任一任务，各分配方案的成本已知，且固定不变。

匈牙利算法的步骤如下。

（1）找到每行的最小数，每行的数减去最小数，得到一个新表。

（2）就新表，找到每列的最小数，每列的数减去最小数，得到一个新表。

（3）用总数最少的横线或竖线覆盖最新得到的表中所有的0，如果横线与竖线的数量之和等于表的行数，则得到最优表，转向（6），否则转向（4）。

（4）把表中所有未被覆盖的数减去其中的最小数，并将这个最小数加到横线与竖线交叉点上的数上，被覆盖的其他非交叉点上的数不变，得到一个新表。

（5）重复（3）和（4），直到获得最优表，即覆盖其中所有0的横线与竖线之和等于表的行数。

（6）从只有1个0的行或列开始，这个0所对应的行与列就给出了一个分配方案，把这个0所对应的行与列划去。重复这一步骤，直到把全部任务都分配完毕。

匈牙利算法是面向极小型指派问题的。如果要解决的是效率或利润最大的问题，只需要把表中所有数据减去其中的最大值，然后再按照上述6个步骤即得最优分配方案。

例11-6　就表11-14所描述的问题，给出任务分配方案，并测算绩效。

解：

（1）找到每行的最小数，每行的数减去最小数，得到一个新表，如表11-15所示。

表 11-15　每行减去对应行的最小数所得新表

项目		员工				行最小数
		A	B	C	D	
任务	1	6	4	0	2	2
	2	0	1	5	4	6
	3	0	2	4	3	3
	4	0	5	7	4	5

（2）就表11-15，找到每列的最小数，每列的数减去最小数，得到一个新表，如表11-16所示。

表 11-16　每列减去对应列的最小数所得新表

项目		员工			
		A	B	C	D
任务	1	6	3	0	0
	2	0	0	5	2
	3	0	1	4	1
	4	0	4	7	2
列最小数		0	1	0	2

（3）用总数最少的横线或竖线覆盖最新得到表中所有的0，如表11-17所示。线条总数为3，小于表中的行数。转向（4）。

表 11-17 用横线与竖线覆盖表中的 0

项目		员工			
		A	B	C	D
任务	1	6	3	0	0
	2	0	0	5	2
	3	0	1	4	1
	4	0	4	7	2

（4）将表中所有未被覆盖的数减去其中的最小数，并将这个最小数加到横线与竖线交叉点上的数上，被覆盖的其他非交叉点上的数不变，得到一个新表。再用总数最少的横线与竖线覆盖表中所有的 0，如表 11-18 所示。这时，线条总数为 4，等于表的行数，得到最优表。

表 11-18 表格数据调整

项目		员工			
		A	B	C	D
任务	1	7	3	0	0
	2	1	0	5	2
	3	0	0	3	0
	4	0	3	6	1

（5）从只有 1 个 0 的行或列开始，这个零所对应的行与列就给出了一个分配方案，把这个零所对应的行与列划去。重复这一步骤，直到把全部任务都分配完毕。本例最优分配方案如表 11-19 所示，即分别把第 1、2、3、4 项任务分配给 C、B、D、A 四位员工。

表 11-19 任务分配方案

项目		员工			
		A	B	C	D
任务	1	6	3	⓪	0
	2	0	⓪	5	2
	3	0	0	3	⓪
	4	⓪	3	6	1

按此分配方案，总成本为：2+7+6+5＝20（单位费用）。

可以看到，这个方法简捷明了，不用计算机软件就可以很快给出分配方案。

习题

1. 作业计划要解决什么样的问题？
2. 为什么在大量流水生产线上也存在作业计划问题？
3. 为了使生产线连续流畅地进行，最小化设备的调整时间，最小化在制品库存，在实际生产中应做好哪些工作？
4. 成批生产系统作业计划的核心是什么？
5. 单件小批生产系统作业计划要解决的主要问题是什么？
6. 作业排序的任务和目标分别是什么？
7. 实际中常用的排序准则有哪些？
8. 试比较分析单一作业中心 FCFS、SPT 和 EDD 三种排序准则的优缺点。
9. 表 11-20 是一批同时到达的，需要在一种万能机床上加工的 8 个工件的加工时间（包含机器整理时间）与这些工件预定交工的时刻。试分别利用 SPT 准则和 EDD 准则确定 8 个工件的作业顺序，并分别从平均流程时间和平均延迟时间两个角度对排序方案进行评价。

表 11-20 8 个工件加工信息

工件	加工时间/min	预定交工时刻/min[①]
A	5	15
B	10	22
C	14	28
D	4	18
E	8	16
F	20	32
G	12	26
H	19	34

① 预定交工时刻为相对时间，例如，A 的预定交工时刻是 12 分钟，即以加工开始时间为第 1 分钟，第 12 分钟交工。

10. 简述两个作业中心排序的步骤。

11. 三个作业中心排序问题在什么情况下有通用的寻优方法？

12. 给定 5 项作业，它们顺序经过 3 个作业中心，其各自的加工时间如表 11-21 所示。

试给出最优加工顺序，并画出排序结果甘特图。

13. 试述生产作业控制的重要性。

14. 试述差额推算法的具体步骤。

15. 生产调度与作业计划的区别何在？

16. 生产调度的作用是什么？

17. 生产调度应坚持哪些原则？

18. 简述生产调度的工作制度。

19. 服务业作业计划的影响因素有哪些？

20. 结合实例说明安排顾客需求与安排服务人员有何区别。

21. 结合实例说明预约与预订的区别。

22. 一家超市在一周内所需要的理货员的数量如表 11-22 所示。如果要求每位理货员都能够连续休两天班，那么这家超市最少需要多少名理货员才能满足需求？如果你是这家超市的老板，你准备招聘多少名理货员？根据你的招聘方案，给出排班计划。

23. 就表 11-23 给出的有关成本的数据，给出最优任务分配方案，并计算最优任务分配方案对应的总成本。

表 11-21 加工时间 （单位：h）

作业中心	作业				
	作业 1（J_1）	作业 2（J_2）	作业 3（J_3）	作业 4（J_4）	作业 5（J_5）
I	3	5	4	5	2
II	2	3	3	1	2
III	5	3	4	3	6

表 11-22 一周内对理货员的需求 （单位：人）

项目	星期一	星期二	星期三	星期四	星期五	星期六	星期日
需要理货员的数量	3	4	6	5	3	7	6

表 11-23 不同组合成本

项目		员工				
		A	B	C	D	E
任务	1	4	5	9	8	7
	2	6	4	8	3	5
	3	7	3	10	4	6
	4	5	2	5	5	8
	5	6	5	3	4	9

🔍 案例分析

驿站停车管理有限公司停车场现场人员的排班计划

驿站停车管理有限公司是从事停车场的规划、设计、建设、运维的专业公司。"为了服务，不计成本"是驿站停车管理有限公司最为客户所称道之处。

正是由于把停车服务放在了首位，该公司的业务不断得到拓展。其中，停车场运营管理业务的增长最为迅速。但是，该公司的利润并没有随着营业收入同步增长，甚至出现了下降的苗头。显然，人工成本居高不下是主要原因。事实上，随着近年来一线员工工资的逐年递增，人工成本越来越成为公司所不能承受之重。毋庸置疑，服务第一的定位无论如何不能有丝毫动摇。对劳动密集型行业而言，提高服务水平就意味着专业人员的充足配置。但是，用更好、更多的员工，其结果必然是更高的人工成本。

那么，有没有在保持服务水平的前提下降低人工成本的可能呢？为此，让我们把关注点集中在人工成本占比最大的停车场运营管理这个业务模块上。停车场运营管理涉及的现场人员包括：停车收费员、停车场保安（兼任停车引导员）、停车场清洁工（兼任设施保养工）、闭路电视监控员等。其中，每天24小时内都必须有停车收费员、停车场保安。另外，停车场对现场人员的需求还是有一定规律的。总体上，节假日与周末是不同的，星期一到星期五上班时间与节假日和周末也是不同的。值得注意的是，不同类型的停车场，对现场人员的需求模式是不一样的。有些在工作日对员工的需求较多，而有些则在周末和节假日对员工的需求较多。例如，会议中心与写字楼地面停车场对现场人员的需求模式就正好相反。

下面分析一下驿站停车管理有限公司承担的某中型写字楼地面停车场的用工情况。该停车场每天24小时开放。周末停车量较小，对现场管理人员的需求也较小；星期一到星期五工作时段停车量较大，对现场管理人员的需求也较大。对写字楼地面停车管理来说，节假日是一种特殊情况，驿站停车管理有限公司对人员的安排有特殊的解决方案。注意，在该停车场每天24小时的开放时间内，又分为两个时段，即早班（7:00—19:00）、晚班（19:00—7:00）。显然，每天的早班停车需求比晚班停车需求要大得多。一直以来，驿站停车管理有限公司为该停车场配置的常备现场人员为8名。其中包括1名带班长、7名现场人员。

那么，实际人员需求情况如何呢？表11-24是上述写字楼地面停车场对现场人员需求的统计数据。这些数据是根据近3年来这个写字楼地面停车场对现场人员的实际需求情况统计得到的。由于该地面停车场有完善的扫码收费系统，每班只需要1名收费管理员就够了。表中星期一早班的6名现场人员包括1名停车收费员、1名闭路电视监控员、3名停车场保安、1名停车场清洁工。其他每天早班的数据不再一一进行说明。每天晚班所需的2位员工包括收费管理员和保安各1名，即晚班不需要闭路电视监控员和车场清洁工。由于每班工作12个小时，因此每名员工都必须能够至少连续休息两天。

从表11-24可以看出，驿站停车管理有限公司为该停车场常备的7名现场人员，是能够满足该写字楼地面停车场对现场人员的需求的。虽然星期一早班加上晚班有8名现场人员的需求，但是驿站停车管理有限公司的处理办法是，每逢星期一临时调配1名现场人员到该写字楼的地面停车场。服务水平是绝对不能有任何降低的。但是，除了星期一、星期二、星期五，其余每天对现场人员的需求都少于7人。那么，真的需要为该地面停车场常备7名现场人员吗？如果从保质降本角度考虑，减少常备人员又如何满足星期一、星期二、星期五对现场人员的需求？如果也采取临时调配的办法，又会出现什么问题呢？

讨论题

1. 简要分析写字楼地面停车场对现场人员需求的情况。

2. 在每名停车场现场人员都能够连续休班两天的前提下，给出驿站停车管理有限公司承担的那家写字楼地面停车场的用工方案。

3. 给出这家写字楼地面停车场现场人员的排班计划。

表 11-24　某中型写字楼地面停车场对现场人员的需求数据　（单位：名）

星期一		星期二		星期三		星期四		星期五		星期六		星期日	
早	晚	早	晚	早	晚	早	晚	早	晚	早	晚	早	晚
6	2	5	2	4	2	4	2	5	2	3	2	3	2

第四篇 运营系统的更新与改善

第 12 章　项目管理

● 引　例

装修房子，这事有点儿复杂

手里拿着 101 米^2 新房的钥匙，老赵脸上露出的不是喜悦，而是忧愁。新房是毛坯房，马上要进行的装修让老赵再也高兴不起来了。

因为买房子已经欠下了一笔钱，老赵不想以大包的形式装修新房，能省点儿是点儿。当然了，省钱的代价必然是耽误工夫。试想，筹款、找装修队、买装修材料、监工、买家具、买电器，这哪一项也不省事呀！

老赵与家里商量了一下装修的规格，计划用 15 万元做个简装修。另外，工期初步定为 2 个月。

老赵正盘算着如何既按期装修完新房，又经济实惠，装修队的曹经理打来电话。曹经理说装修队的入驻时间至少得推迟半个月。这个电话打乱了老赵的所有计划。因为本想着装修完新房后回一趟湖北老家的，这可好，这可如何是好？

讨论题

1. 梳理一下，装修房子大概有几项重要的工作。
2. 估计一下每一项工作的持续时间，绘制装修房子的网络图。
3. 测算装修房子的整个工期。

项目管理知识体系（PMBOK）提出的十大知识领域使项目管理实践者有了明确的方向。项目计划的主要内容包括：需求分析、确定项目目标、任务分解、资源规划和作业计划。完成这些任务有赖于网络计划技术的应用。关键链技术突破了关键线路法（CPM）与计划协调技术（PERT）的局限，通过识别瓶颈和设置缓冲来有效实现项目计划管理。网络计划技术的路线是：按照作业顺序表绘制网络图，在此基础上计算网络时间，根据网络时间找出关键路线，通过"时间-成本"或"时间-资源"优化向关键路线要进度。

12.1　项目管理概述

12.1.1　项目与项目管理

项目是指在特定的时间、预算、资源限定内，按照一定规范完成的一种独特而复杂的活动。项目可以是建造一栋大楼，建设一个新工厂，合并两家工厂，设计和安装一个计算机系统，开发和推广一种新产品，推进 ERP 系统的规划、建设、实施，制造飞机、轮船或大型机器，安排一个演出活动，策划一个聚会，主持一次会议等。项目包括许多制造和服务活动，其内容千差万别，但所有的项目都具有以下特点。

（1）目标性。任何项目最终结果都要实现一定的目标，其结果可能是一种期望的产品，也可能是一种所希望得到的服务。项目目标的制定通常要依照一定的工作范围、进度计划和成本、资源约束。

（2）多元性。项目由多个部分组成，需多方合作完成。如新产品的开发，需要由技术、工艺、制造、采购、财务等部门共同完成。

（3）新颖性。项目通常是为了追求一种新产物才组织的，一般很少或没有以往经验可借鉴。

（4）计划性。项目的可利用资源有明确的预算。

（5）时限性。项目有严格的时间限制。

（6）聚散性。项目组成员来自不同专业、部门或组织，与项目同聚同散。

（7）排己性。项目产物的保全或扩展通常由项目以外的人员进行。

（8）生命周期性。每个项目都有其生命周期，一般包括四个阶段：识别需求、提出方案、实施项目、项目结束。项目生命周期如图 12-1 所示。项目生命周期的长度从几星期到几年不等，依项目内容、复杂性和规模而定。

项目管理是指利用专业的知识、技能和方法，对项目活动进行计划、组织、指挥、协调、控制等，以达成预期目标的过程。

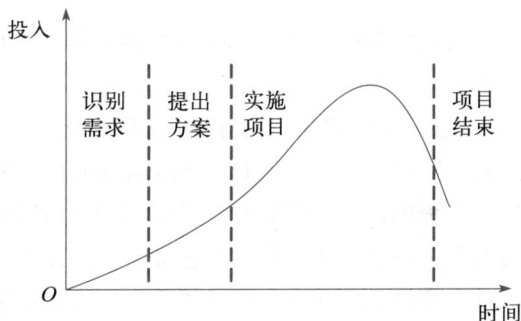

图 12-1　项目生命周期

12.1.2　项目管理的产生与发展

尽管项目实践可以追溯到几千年前，如我国古代的都江堰水利工程、万里长城、故宫古建筑群等，但是将**项目管理**（project management）作为一门科学来进行分析研究，其历史并不长。通常认为，项目管理是第二次世界大战的产物，如曼哈顿计划。20 世纪 50 年代，在美国，以 CPM 和 PERT 为代表的网络计划技术被提出，并在 60 年代得到应用。1950—1980 年，项目管理主要应用在美国国防建设部门和建筑公司。从 80 年代开始，项目管理的应用扩展到其他工业领域（行业），如制药、电信、软件开发等。项目管理是一种特别适用于那些责任重大、关系复杂、时间紧迫、资源有限的一次性任务的管理方法。近年来，随着国际、国内形势的发展，这类任务越来越多，人们对项目管理越来越重视。目前有两大项目管理的研究体系：以欧洲为代表的体系——国际项目管理协会（IPMA）；以美国为代表的体系——项目管理协会（Project Managemet Institute，PMI），它们分别制定了 PMBOK。国际标准化组织则制定了关于项目管理的国际标准 ISO 10006。

我国对项目管理的系统研究和实践起步较晚，一些高校 20 世纪 70 年代末开始这方面的工作，到 1991 年才成立全国性的项目管理研究会。财政部于 1994 年得到世界银行的赠款，专门用于项目管理人才的培养。在实践上，20 世纪 80 年代后，我国项目管理体制首先在建设项目上有所突破。鲁布革水电站是利用世界银行贷款的项目，1984 年在国内第一次采用国际招标，推行项目管理，缩短了工期，降低了造价，工程质量优良，取得了明显的经济效益。随着我国工业化进程的加快，项目管理在我国必将越来越受关注。

12.2　项目管理标准与项目管理知识体系指南

今天，云计算、大数据、物联网、移动互联网、人工智能、区块链、虚拟现实等数字化技术和先进的管理方法驱动着项目管理领域的发展，促进了项目管理团队架构甚至组织模式的不断变革。这就需要采用一系列系统的方法来管理项目。

为此，PMI 不断更新着项目管理标准和 PMBOK。其中，就 PMBOK，指南已经更新至《PMBOK 指南》（第七版）（以下简称新版 PMBOK 指南）。新版 PMBOK 指南从系统视角重新界定了项目管理的知识体系。

12.2.1　项目管理标准

项目管理标准确定了项目管理原则，用以指导项目专业人士和参与项目的其他干系人的行为。

项目管理标准适用于任何行业、地点、规模或交付方式（预测型、混合型、响应型）的项目，明确了治理、职能、环境以及项目管理和产品管理之间的关系。

新版项目管理标准确立了 12 项项目管理原则。这 12 项项目管理原则分别是：成为勤勉、尊重和关心他人的管家；营造协作的项目团队环境；有效的干系人参与；聚焦于价值；识别、评估和响应系统交互；展现领导力行为；根据环境进行裁剪；将质量融入过程和可交付物中；驾驭复杂性；优化风险应对；拥抱适应性和韧性；为实现预期的未来状态而驱动变革。

1. 成为勤勉、尊重和关心他人的管家

项目参与者应在遵守内部和外部准则的基础上，以正直、关心、可信、合规的态度来开展业务活动，以承担财务、社会、技术、环境责任。

2. 营造协作的项目团队环境

项目是由项目团队交付的。项目团队由具有多种技能、知识和经验的个人组成。创建具有协同工作特征的组织文化与团队文化，可以实现以下成效：与其他组织文化和指南保持一致；实现个人和团队的学习与发展；为交付期望成果做出最佳贡献。

3. 有效的干系人参与

干系人是指影响项目组织、项目集、项目的决策、活动或成果的个人、群体或组织，以及会受或自认为会受这些决策、活动或成果影响的个人、群体或组织。

干系人会影响项目、绩效、成果。干系人积极参与到项目管理中，会促使项目成功和提升客户满意度。

4. 聚焦于价值

价值是指某种事物的作用、重要性、实用性。

在定位价值时，应在客户价值优先的前提下，考虑如何为每个干系人群体带来不同的价值，并将这些价值与整体价值进行平衡。

5. 识别、评估和响应系统交互

项目参与者应该从整体角度识别、评估和响应项目内部条件和外部环境的动态变化，从而积极地影响项目绩效。

随着项目的开展，内部条件和外部环境会不断变化。任何变化都会给项目实施带来或多或少的影响，有时是重大的影响。例如，在大型施工项目中，需求的变更多半会导致与主要承包商、分包商、供应商等的合同发生变更，进而对项目的成本、进度、范围和绩效产生影响。项目参与者只有从整体上系统地应对这些变化，才能实现整体绩效最大化。

6. 展现领导力行为

项目对有效领导力有独特的需要。领导者和项目团队成员都应在诚实、正直和有道德的基础上展现出并调整其领导力。

当多个项目参与者试图在若干不一致的方向上对项目施加影响时，就会出现冲突。对卓越的项目管理，每位影响者是以互补的方式来展现或者调整其领导力的。

注意，领导力与职权不同。后者是赋予组织内某些人员以领导地位，以便其有效地履行其职能。在相对混乱的场景下，通过职权来解决问题比强调协作更有效。在相对有序的场景下，如果员工具有高度的胜任力，授权或协调则比集权可以更为高效地解决问题。

7. 根据环境进行裁剪

这里的裁剪是指对有关项目管理方法、治理、过程做出深思熟虑的调整，使其更适合特定环境和当前任务，以实现最大的价值，即通过使用"刚好够"的过程、方法、工件等来取得项目预期的成果。这里的工件是指模板、文件、输出或项目可交付物。其中，可交付物在这里定义为完成某一过程、阶段或项目而必须产出的任何独特并可核实的产品。

在进行裁剪时，要考虑的主要因素有项目复杂性、内部条件和外部环境、团队规模、所面对的不确定性等。

在进行裁剪时，要与涉及的干系人进行充分沟通。

8. 将质量融入过程和可交付物中

项目参与者要对产生可交付物过程的质量、可交付物的质量予以足够的关注，以确保其符合项目目标，最终满足干系人的需求。

将质量融入过程和可交付物中可以产生诸多积极成果：可交付物能够满足干系人的需求；可降低运营成本；与供应商的关系更融洽；能够提高项目团队的士气；决策更科学。

9. 驾驭复杂性

项目复杂性主要来源于人类行为与内部条件和外部环境的不确定性。项目参与者要不断评估和驾驭项目的复杂性，以便成功地完成项目生命周期的各项活动。如果能够在积累已有工作经验的基础上，识别并确认造成项目复杂性的迹象，则可以以事半功倍的效果来驾驭复杂性。

10. 优化风险应对

这里的风险是指一旦发生会对一个或多个项目产生积极或消极影响的不确定事件或状态。项目团队应力求促进会产生积极影响的风险（机会）发生，尽力减少会产生消极影响的风险（威胁）的出现。

机会可以带来诸多收益，如进度加快、成本下降、声誉提高、绩效改进等。威胁则会导致诸多问题的发生，如进度延迟、成本超支、质量降低、声誉受损、绩效下降等。

在给出风险应对措施时，应满足以下基本要求：与风险重要性的匹配性、经济性、与实际的符合性、与干系人达成的共识程度、责任人是否明确。

11. 拥抱适应性和韧性

这里的适应性是指应对不断变化的能力。韧性是指化解冲击和从挫折或失败中快速恢复的能力。

在项目实施过程中始终保持适应性和韧性，可以使项目团队在内部条件和外部环境发生变化时，快速地从冲击、挫折、失败中恢复过来，以更好地达到期望成果。同时，也有助于项目团队在学习中不断成长。

12. 为实现预期的未来状态而驱动变革

变革是一种综合性与结构化的方法。变革可使个人、群体、组织从当前习以为常的状态过渡到一种新的、更理想的状态。

在项目管理中，变革推动者应善于调动变革的积极要素并勇于克服对变革的抵制，促成项目经理、团队成员、干系人共同拥抱变革，以便更好地获取预期的项目成果。

12.2.2　PMBOK 指南

1. 新的变化与结构

与第 6 版 PMBOK 指南把项目管理知识体系分为五大过程和十大领域不同，第 7 版即新版 PMBOK 指南明确了 8 个项目绩效域。

新版 PMBOK 指南的创新之一是推出了 PMIstandards+™ 交互式数字平台。这个平台整合了当下和未来可能的应用案例、方法、工具及其他有用信息。平台的数字化内容更好地反映了项目管理知识体系的动态性。作为指南的重要组成部分，该平台可以更好地帮助项目团队成员以主动、创新和灵活的方式交付项目结果。

从结构上，新版 PMBOK 指南除了第 1 章引论和第 2 章项目绩效域外，新增了第 3 章裁剪和第 4 章模型、方法和工件。此外，还有 5 个附录、术语表、索引。

2. 8 大项目绩效域

新版 PMBOK 指南确定的 8 大项目绩效域分别是：干系人绩效域、团队绩效域、开发方法和生命周期绩效域、规划绩效域、项目工作绩效域、交付绩效域、测量绩效域、不确定性绩效域。8 大项目绩效域中的每个绩效域都与其他绩效域相互依赖，共同构成了一个统一的整体，从而促使成功地交付项目及其预期成果。

（1）干系人绩效域。干系人绩效域涉及干系人相关的活动和功能。

有效执行干系人绩效域可以产生以下预期成果：在整个项目期间与干系人建立富有成效的工作关系；让干系人认同项目目标；作为项目受益人的干系人会支持项目开展，并对项目成果感到满意，而对项目或其可交付物可能表示反对的干系人不会对项目成果的交付产生负面影响。

（2）团队绩效域。团队绩效域涉及与负责生成项目可交付物以实现商业成果的人员相关的活动和功能。

有效执行此绩效域将产生以下预期成果：共享责任；构建卓越绩效团队；所有团队成员都展现出相关领导力和其他人际关系技能。

（3）开发方法和生命周期绩效域。开发方法和生命周期绩效域涉及与项目的开发方法、节奏和生命周期阶段相关的活动和功能。

有效执行开发方法和生命周期绩效域可以产生以下预期成果：与项目可交付物相符的开发方法；由从项目开始到结束的各个阶段组成的项目生命周期，这些阶段将业务交付与干系人价值联系起来；由促进生成项目可交付物所需的交付节奏和开发方法的阶段组成的项目生命周期。

（4）规划绩效域。规划绩效域涉及为交付项目可交付物和项目成果所需的与初始、持续进行和演变的组织和协调相关的活动和功能。

有效执行规划绩效域可以产生以下预期成果：项目以有条理、协同一致和经过周密考虑的方式推进；有一种交付项目成果的整体方法；可对不断演变的信息做出详细说明，以生成开展项目所寻求获得的可交付物和项目成果；规划所花费的时间适合于相关情况；规划信息足以管理干系人期望；根据新出现的和不断变化的需要或条件，在整个项目期间有一个对计划进行调整的过程。

（5）项目工作绩效域。项目工作绩效域涉及与建立项目过程、管理实物资源和营造学习环境相关的活动和功能。

有效执行项目工作绩效域可以产生以下预期成果：有效的项目绩效；适合项目和环境的项目过程；干系人适当的沟通和参与；有效管理实物资源；对采购进行有效管理；通过持续学习和过程改进提高团队能力。

（6）交付绩效域。交付绩效域涉及与交付项目要实现的范围和质量相关的活动与功能。

有效执行交付绩效域可以产生以下预期成果：项目有助于实现业务目标和推进战略；项目可交付预期的成果；可在规划的时间框架内实现项目收益；项目团队对需求有清晰的理解；干系人接受项目可交付物，并对其感到满意。

（7）测量绩效域。测量绩效域涉及与评估项目绩效和采取适当行动维持可接受绩效相关的活动和功能。

有效执行测量绩效域可以产生以下预期成果：对项目状况有可靠的理解；促进决策的可操作数据；及时采取适当行动，确保项目绩效处于正常状态；根据可靠的预测和评估做出明智而及时的决策，来实现目标并产生商业价值。

（8）不确定性绩效域。不确定性绩效域涉及与风险和不确定性相关的活动与功能。

有效执行不确定性绩效域可以产生以下预期成果：可了解项目的运行环境，包括但不限于技术、社会、政治、市场和经济环境；能够积极探索和应对不确定性；可了解项目中多个要素的相互依赖性；能够预测机会和威胁并了解问题的后果；项目交付很少受到或不会受到不可预见事件或情况的负面影响；可利用机会改进项目的绩效和成果；能够有效利用成本和进度储备，从而与项目目标保持一致。

3. 裁剪

裁剪对象包括：生命周期和开发方法、过程、参与人员、方法和工件。

注意，并不能从字面上把裁剪简单地理解为"做减法"。通过裁剪可以积累经验与教训，并在裁剪过程中发现改进的甚至新的过程、方法、工件等。

4. 模型、方法和工件

新版 PMBOK 指南新增"模型、方法和工件"一章，用一整章的篇幅来介绍开发方法和流程，详细解析了用到的工具和技术。

这里，模型是指解释过程、框架或现象的一种策略。方法是指获得成果、输出或项目可交付物的方式。工件是一种模板、文件、输出或项目可交付物。

（1）模型。常用的模型有：情境领导力模型、沟通模型、激励模型、变革模型、复杂性模型、项目团队发展模型、其他模型。

（2）方法。常用的方法有：数据收集和分析方法、估算方法、会议和活动方法、其他方法。

（3）工件。常用的工件有：战略工件、日志和登记册、计划、层级图、基准、可视化数据和信息、报告、协议和合同、其他工件。

具体模型、方法、工件的解析可参考 PMI 的有关新版 PMBOK 指南方面的出版物。

与任何过程一样，模型、方法、工件的使用都有成本。成本高低与这些模型、方法、工件的使用时间、使用者的专业水平或熟练程度有关。

12.3 项目管理的计划与控制

12.3.1 项目计划

项目管理首先要制订一个详尽的项目计划，以确定项目的范围、进度和费用。在整个项目生命周期，项目计划是最基本、最重要的功能之一。但由于制订项目计划是在决策的初始阶段，不确定性大，因此在实施中应逐步展开、修正。项目计划主要回答以下几个问题：①什么

（what），即项目经理与项目团队应当完成哪些工作；②怎样（how），即如何完成这些工作；③谁（who），即确定承担工作分解结构中每项工作的具体人员；④何时（when），即确定各项工作何时开始，需要多长时间，需要哪些资源等；⑤多少（how much），即确定工作分解结构中每一项工作需要多少经费；⑥哪里（where），即确定各项工作在什么地方进行。一般情况下，项目计划的步骤或内容有：需求分析、确定项目目标、任务分解、资源规划和作业计划。

1. 需求分析

需求分析就是明确市场对项目的需求和业主对项目的要求。项目的需求通常分为两类：基本需求和附加需求。

基本需求包括项目的范围、质量、成本、进度，即项目的四项核心内容。此外，法律法规方面的要求也属基本要求。质量、成本、进度三者是相互制约的。

附加需求是指对市场开辟、争取支持等方面的要求，如对环境影响、施工噪声等方面所提出的要求等。

2. 确定项目目标

项目目标就是实施项目所要达到的期望结果。确定项目目标的作用是明确项目以及项目团队共同努力的方向，产生一定的激励作用，为实施项目计划奠定基础。项目目标是评判项目是否成功的基准。确定项目目标必须遵从 SMART 原则，包括目标明确（specific）、可衡量（measurable）、可达成（attainable）、相关性（relevant）、时限性（time-bound）。

3. 任务分解

为了提高估算成本、时间和资源消耗的准确性，提供测量和控制执行情况的标准，便于明确职责和进行资源分配，将整个项目按照工作内容详细分解，分成独立的可衡量的活动。**工作分解结构**（work breakdown structure，WBS）是一种将项目最终交付的硬件、软件或服务等成果，分解为各组成要素，再将各组成要素（或子系统）一直分解到能够描述项目任务之间关系的数据结果，并对其编码的工具。WBS 是预算、作业计划、工作说明书及可行性分析的基础。工作分解结构的形式如图 12-2 所示。

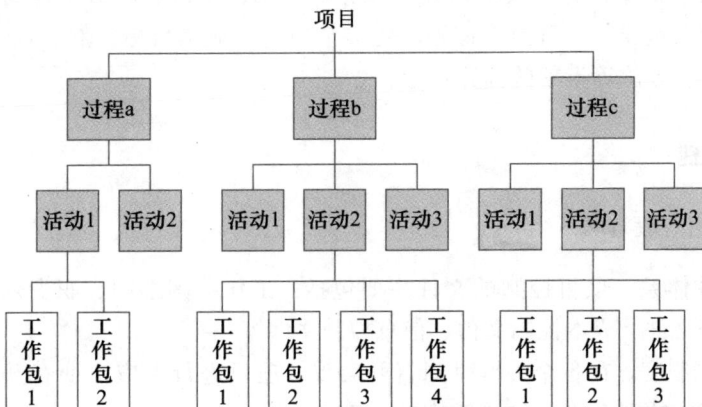

图 12-2　工作分解结构的形式

4. 资源规划

资源规划就是确定实施项目活动需要哪些有形资源（人力、设备、材料）以及每种资源需要多少的活动。资源包括自然和人造资源、内部和外部资源、有形和无形资源。

5. 作业计划

作业计划是确保项目按期完成的重要依据。作业计划主要包括工作说明，确定活动顺序，任务和责任分派，项目预算和成本估算等。

（1）工作说明。工作说明（statement of work，SOW）是对需要进行的每项工作的一个精确说明，要说明的各项工作在 WBS 中都有一个确定的编码。工作说明是任务和责任分派的依据。工作说明的内容包括任务描述，该任务的结果和可交付成果的形式，完成该任务应参照的标准、指南、程序以及有关文件，完成该任务的各种投入等。

（2）确定活动顺序。根据工作组合关系、产品结构、拥有的资源（设备、人员等）以及管理目标，确定组成项目的各项活动的先后顺序。甘特图是描述活动顺序的一种实用方法。如之前章节所述，甘特图就是通过活动列表和时间刻度直观地表示项目的该项活动的顺序与持续时间的条状图。图 12-3 是某项目的甘特图示例。

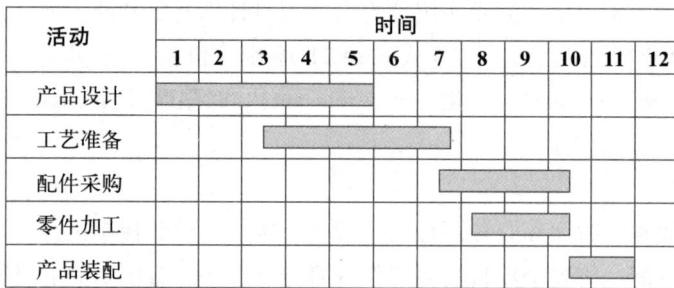

活动	时间											
	1	2	3	4	5	6	7	8	9	10	11	12
产品设计												
工艺准备												
配件采购												
零件加工												
产品装配												

图 12-3　某项目的甘特图示例

（3）任务和责任分派。任务和责任分派是将 WBS 中规定的各项任务和 SOW 中规定的任务要求，分派给组织中的部门或个人。任务和责任分派的结果是任务矩阵。

（4）项目预算和成本估算。成本估算是预算的基础，项目预算对于控制资源投入和取得预期的项目收益至关重要。项目预算首先确定整个项目的成本目标，然后在 WBS 的基础上确定有关人力、材料、差旅等事项的预算目标。

12.3.2　项目控制

1. 项目控制的一般方法

（1）建立文件体系。项目控制的文件主要包括：工作范围细则、职责划分细则、项目程序细则、技术范围文件、成本控制文件、信息控制文件等。

（2）建立会议制度。在各个关键时刻召开会议。项目进行中应定期召开例会，如每月一次。还有些非定期的特别会议，在必要时随时召开。

（3）建立信息控制制度。加强通信联系、沟通各方面信息是搞好项目的关键性一环。通常的联系方式和工具有信件、电话、谈话、电传、图纸等。

2. 以计算机为基础的项目管理信息系统

在大型项目中，资源昂贵，技术条件复杂，涉及的人数、机构和职能相互依存程度高，传统的专业或职能信息系统不能满足要求，应建立项目管理信息系统。

3. WBS 在项目控制中的应用

将细分化的所有项目要素统一编码，使其代码化，WBS 还可以充当共同的信息交换语言，在此基础上实现信息系统之间所有信息的沟通。其优点是为所有管理人员提供了一个基准，不会因人员的变更而变化。

12.4　网络计划技术

12.4.1　网络计划方法及其步骤

随着科技日新月异，社会经济快速发展，出现了许多庞大而复杂的科学和工程项目，它们工序繁多、协作面广，常常需要动用大量的人力、物力和财力。因此，如何合理而有效地把它们组织起来，使之相互协调，在有限的资源下，以最短的时间和最低的费用，最好地完成整个项目，就成为一个突出的问题。正是在这种背景下，人们开始研究和发展网络计划方法。1957年，美国杜邦公司和兰德公司首先提出并开始应用一种新的计划管理方法——CPM。CPM 的第一次应用就为相关公司节约了 100 多万美元，这一金额相当于用于研究开发 CPM 所花费用的 5 倍以上。1958 年，美国海军特种计划局和洛克希德航空公司在规划和研究从核潜艇上发射"北极星"导弹时，提出并应用了另一种计划管理方法——PERT，使工期由计划的 10 年缩短为 8 年。PERT 在阿波罗登月计划中也取得了巨大成功。1961 年，美国国防部和国家航空署规定，凡承制军品必须用 PERT 制订计划并上报。统计资料表明，在人力、物力、财力既定的条件下，采用 PERT 就可以使进度提前 15%～20%，节约成本 10%～15%。在 CPM 和 PERT 应用过程中，为满足某些特别需要，又发展出优先网络（precedence network）、概率网络（probability network）等技术。这些技术的出现使网络计划方法的应用更加广泛和深入。其中，CPM 与 PERT 最具代表性。

CPM 是一种网络计划技术。它用网络图表示项目的各项活动之间的相互关系，找出决定工期的关键路线，在一定工期、成本、资源条件下获得最优项目计划方案。PERT 是一种类似于 CPM 的网络计划技术。两者的主要区别是，CPM 利用最可能值来估计活动时间，而 PERT 用乐观时间、最可能时间和悲观时间的加权值来估计活动时间。

网络计划方法各具特点，但实质相同，统称**网络计划技术**。网络计划技术就是利用网络图表示计划任务的进度安排和各项活动之间的关系；在此基础上进行网络分析，计算网络时间值，确定关键路线；利用时差，不断改进网络计划，求得工期、资源与成本的优化。网络计划技术一般包括以下五个步骤。

（1）应用前的准备工作。确定 WBS 中各个活动之间的逻辑关系，绘制活动关系表，确定活动所需的时间及其他资源。

（2）绘制网络图。通过网络图的形式来准确描述各个活动之间的独立性和从属性。

（3）计算网络时间。计算各个活动的最早开始和最迟结束时间，以及最早结束和最迟开始时间，进而计算总时差，并确定关键线路。

（4）网络的优化。在相关资源的约束条件下，按某一衡量指标（时间、成本、资源等）寻求最优方案，保证在计划规定的时间内以最少的人力、物力和财力实现项目目标；或在人力、物力和财力限制的条件下，寻求最短时间的进度计划。

（5）项目控制。在计划执行过程中，不断收集、传送、分析信息，根据进度情况及时调整计划。

12.4.2　网络图

网络图是一种由活动、事件和路线三要素组成的图体模型。网络图有两种形式：一种是以箭线表示活动的**箭线式网络图**（activity-on-arrow，AOA）；另一种是以节点表示活动的**节点式网络图**（activity-on-node，AON）。本书主要介绍箭线式网络图。图 12-4 就是一种箭线式网络图。

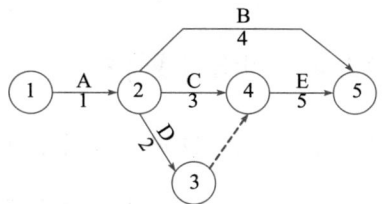

图 12-4　箭线式网络图

1. 网络图的组成要素

（1）活动。**活动**是指一项工作（工序）或一项作业。它需要消耗一定资源（人力、物力、财力）和时间。在箭线网络图中用箭线表示活动，箭尾表示活动开始，箭头表示活动结束，箭线上方标示活动的名称，箭线下方标示该活动所需的时间。在不设时间坐标的网络图中，箭线的长短与活动所需时间无关。有时为了正确反映各项活动之间的逻辑关系，需要引入虚活动，用虚箭线表示。所谓虚活动，是不消耗时间与资源的活动，仅表示活动的逻辑关系。

（2）事件。**事件**指一项活动的开始或结束的瞬间，不消耗资源，也不占用时间，用圆圈表示，是两条或两条以上箭线的交接点，又称节点。[⊖]第一个事件指网络的始点事件（源），表示计划任务的开始。最后一个事件指网络的终点事件（汇），表示计划任务的结束。介于始点和终点之间的事件称为中间事件，表示前一活动的结束、后一活动的开始。

（3）路线。**路线**是从网络始点事件开始，沿箭线方向，到网络终点事件为止的路径，中间有一系列首尾相接的节点和箭线组成的通道。路线所需时间是路线中各项活动的活动时间之和。时间最长的路线（或时差为 0 的路线）为关键线路。

2. 网络图的绘制原则

（1）方向性。各项活动从左至右，不能反向。

（2）活动有始有终。箭线的首尾必须有节点，不能从一条箭线中间引出另一条箭线。

（3）两点一线。相邻两个节点之间只能有一条箭线直接相连，如存在两个以上的活动，其余活动应使用虚活动来表示。

———————

　　⊖ 本书中的节点均指事件，不再另外说明。

（4）顺序编号。从小到大，从左至右，不能重复。

（5）源汇合一。一个网络图中，只能有一个始点事件和一个终点事件。如出现几道工序同时开始或结束，可用虚箭线把始点事项或终点事项连接起来。

12.4.3 网络时间计算

1. 确定各项活动的作业时间

完成一项活动所需的时间即活动时间。以 $t(i, j)$ 表示以第 i 个节点为起点，以第 j 个节点为终点的事件的时间。活动时间的单位可以是小时、日或周、月等。它是计算其他各项时间值的基础。

确定活动时间的常用方法有单一时间估计法和三种时间估计法。

（1）单一时间估计法（又称单点估计法）。单一时间估计法即对活动时间只确定一个时间值，以可能性最大的活动时间为准。这种方法适用于有类似的工时资料或经验数据，且影响活动完成的各有关因素相对确定的情况。

（2）三种时间估计法（又称三点估计法）。对于不确定性较大的问题，可预先估计三个时间值，应用概率的方法计算活动时间的平均值和方差。三个时间值的具体含义如下：最乐观时间，以 a 表示，是指在顺利情况下最快可能完成的时间；最保守时间，以 b 表示，是指在不利情况下最慢可能完成的时间；最可能时间，以 m 表示，是指在正常情况下可能完成的时间。则活动时间为

$$t = \frac{a + 4m + b}{6} \tag{12-1}$$

以此估计活动时间的方差为

$$\sigma^2 = \left(\frac{b - a}{6}\right)^2 \tag{12-2}$$

2. 计算节点时间

节点本身并不占用时间，它只是表示某项工作应在某一时刻开始或结束。因此，节点有两个时间：节点最早开始时间和节点最迟结束时间。

（1）节点最早开始时间。**节点最早开始时间**是以该节点开始的各项活动最早可能开始的时间，以 $ET(j)$ 表示。在此时间之前，各项活动不具备开工条件。计算时，从网络图的起始节点开始，按节点编号顺向计算，直至网络图的终止节点。一般假定网络图的起始节点的最早开始时间为零，即 $ET(1) = 0$。其余节点的最早开始时间按下式计算

$$ET(j) = \max\{ET(i) + t(i, j)\} \tag{12-3}$$

（2）节点最迟结束时间。**节点最迟结束时间**是以该节点为结束的各项活动最迟必须结束的时间，以 $LT(i)$ 表示。若不能在此时间结束，将影响后续活动的按时开工，甚至会影响整个项目的工期。计算时，从网络图的终止节点开始，按节点编号逆向计算，直至网络图的起始节点。一般假定网络图的终止节点最迟结束时间等于其最早开始时间，即 $LT(n) = ET(n)$。其余节点的最迟结束时间按式（12-4）计算

$$LT(i) = \min\{LT(j) - t(i, j)\} \tag{12-4}$$

3. 计算活动时间

（1）活动最早开始时间。**活动最早开始时间**代表该活动的箭线的箭尾节点最早开始时间，以 $ES(i, j)$ 表示，即 $ES(i, j) = ET(i)$。因为 $ET(1) = 0$，所以，$ES(1, j) = 0$。

（2）活动最早结束时间。**活动最早结束时间**是指该活动可能结束的最早时间，以 $EF(i, j)$ 表示，等于该活动最早开始时间与其活动时间之和，计算公式为：

$$EF(i, j) = ES(i, j) + t(i, j) = ET(i) + t(i, j) \tag{12-5}$$

（3）活动最迟结束时间。**活动最迟结束时间**代表该活动的箭线的箭头节点最迟结束时间，以 $LF(i, j)$ 表示，即 $LF(i, j) = LT(j)$。

（4）活动最迟开始时间。**活动最迟开始时间**是指为不影响紧后活动如期开工而最迟必须开始的时间，以 $LS(i, j)$ 表示，计算公式为

$$LS(i, j) = LF(i, j) - t(i, j) = LT(j) - t(i, j) \tag{12-6}$$

从上述活动的四个时间的含义可以知道，计算最早时间从左到右，先计算开始时间，再计算结束时间；计算最迟时间时从右到左，先计算结束时间，再计算开始时间。

4. 时差与关键线路

（1）活动总时差。**活动总时差**是指在不影响整个项目完工时间的条件下，某项活动的最迟开始时间与最早开始时间之差，以 $S(i, j)$ 表示。它表明该活动开工时间允许推迟的最大限度。它以不影响紧后作业的最迟开始时间为前提，可在整个线路上利用。总时差的计算公式为

$$S(i, j) = LS(i, j) - ES(i, j) = LF(i, j) - EF(i, j) \tag{12-7}$$

由式（12-5）或式（12-6）可得到总时差的另外一个计算公式

$$S(i, j) = LT(j) - t(i, j) - ET(i) \tag{12-8}$$

（2）活动自由时差。**活动自由时差**是指在不影响其紧后活动在其最早开始时间开工的前提下，本活动的完工期可能有的机动时间，以 $R(i, j)$ 表示。自由时差等于其所有紧后活动最早开始时间的最小值减去当前活动的最早结束时间。活动自由时差的计算公式为

$$R(i, j) = \min\{ES(j, k)\} - EF(i, j) \quad (i < j < k) \tag{12-9}$$

（3）关键线路。时差为零的活动即为关键活动，顺序把关键活动连接起来所得到的从起始节点到终止节点的线路就是**关键线路**。关键线路上全部活动时间之和即为工期。

控制关键线路是网络计划技术的重点。在关键线路上如果各项活动时间提前或延迟一天，则整个计划任务的完工日期便会提前或延迟一天。因此，要缩短项目的建设周期，就必须从缩短关键线路的持续时间着手。在网络图中，有时可能出现多条关键线路，关键线路越多，工期紧张的工作越多，便更要严格控制，以保证计划任务的如期完成。关键线路是在一定条件下形成的，不是固定不变的，关键线路和非关键线路有时是可以互相转化的。计算时差就是为了更好地掌握网络图中各条线路在时间上的轻重缓急，使项目管理者心中有数，必要时利用线路时差，抽调非关键线路上的人力、物力，以确保关键线路如期实现。

例 12-1　某一修理项目，其工程所需完成的活动及活动之间的关系如表 12-1 所示。

表 12-1 某修理工程各项活动及其之间的关系

活动名称	活动代号	紧前活动	活动时间/周
整机解体	A	—	2
检查电路	B	A	2
检查传动装置	C	A	1
修复电路	D	B	6
更换电源	E	C	4
装机	F	D, E	4

(1) 绘制该修理工程的箭线式网络图。

(2) 计算节点时间。

(3) 计算活动时间。

(4) 确定关键线路。

(5) 计算总工期。

解:

(1) 根据绘制网络图的原则,可得到如图 12-5 所示的网络图。

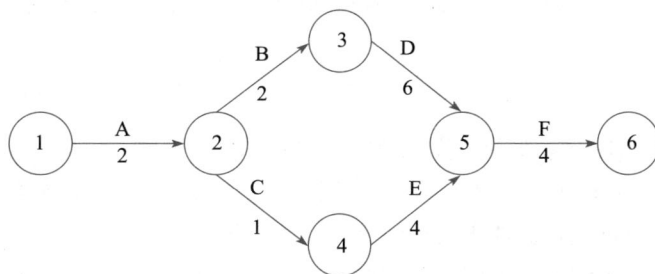

图 12-5 某修理工程网络图

(2) 节点时间计算。

①节点最早开始时间。

$ET(1) = 0$

$ET(2) = 0+2 = 2$ (周)

$ET(3) = 2+2 = 4$ (周)

$ET(4) = 2+1 = 3$ (周)

$ET(5) = \max\{[ET(3)+t(3, 5)], [ET(4)+t(4, 5)]\} = \max\{4+6, 3+4\} = 10$ (周)

$ET(6) = 10+4 = 14$ (周)

②节点最迟结束时间。

$LT(6) = ET(6) = 14$ (周)

$LT(5) = 14-4 = 10$ (周)

$LT(4) = 10-4 = 6$ (周)

$LT(3) = 10-6 = 4$ (周)

$LT(2) = \min\{[LT(3)-t(2, 3)], [LT(4)-t(2, 4)]\} = \min\{4-2, 6-1\} = 2$ (周)

$ET(1) = 2-2 = 0$

（3）计算活动时间。

有了节点时间，按照式（12-5）和式（12-6）就可以计算出全部活动的最早开始和最早结束、最迟结束和最迟开始时间，活动时间计算结果如表12-2所示。

表 12-2　活动时间计算结果

活动名称	节点编号		活动时间	最早开始时间	最早结束时间	最迟开始时间	最迟结束时间	总时差	关键作业
	i	j	t_{ij}	$ES(i, j)$	$EF(i, j)$	$LS(i, j)$	$LF(i, j)$	$S(i, j)$	
A	1	2	2	0	2	0	2	0	√
B	2	3	2	2	4	2	4	0	√
C	2	4	1	2	3	5	6	3	
D	3	5	6	4	10	4	10	0	√
E	4	5	4	3	7	6	10	3	
F	5	6	4	10	14	10	14	0	√

值得说明的是，当项目的活动超过 100 个时，用这种手工计算方法，不但费时、容易出错，而且当出现调整时，又要重新计算。此时，可用专业软件如 Ms-Project 来运算。

（4）确定关键路线。从表 12-2 可看出，A、B、D、F 的总时差为零，因此关键线路为 "A→B→D→F"。

（5）计算总工期。关键线路上的全部活动时间之和即为该工程的工期，计 14 周。

12.4.4　关键链

1997 年，以色列物理学家艾利·高德拉特（Eliyahu Goldratt）出版了《关键链》一书，将约束理论（theory of constraints，TOC）应用于项目管理领域，其核心思想是利用有限的资源来实现项目计划管理，通过设置缓冲来实现整个项目的有效执行。

与传统的项目计划管理技术不同，关键链技术不仅考虑了任务间的紧前、紧后约束关系，还考虑了任务间的资源冲突。关键链技术充分考虑了项目周期的制约因素和资源瓶颈，为项目管理人员缩短项目周期指明了方向。关键链技术通过项目缓冲、汇入缓冲和资源缓冲机制来消除项目中不确定因素对执行项目计划所造成的影响，以保证项目计划的有效执行。关键链技术强调把行为学的理论，如帕金森定律、"学生综合征"等应用于项目管理，真正实现了项目管理中的技术与人力资源的有效结合。

利用关键链技术进行项目管理的步骤如下：建立计划框架（WBS）；定义活动；绘制网络图；识别约束，确定关键链；设置缓冲；编制基准进度计划。

12.5　项目计划优化

通过绘制网络图，计算时间参数并确定关键线路，可以得到一个初始计划方案，但初始方案往往满足不了技术经济指标要求。项目计划优化就是在企业资源约束下，利用时差，不断改善网络计划方案。项目计划优化包括时间—成本优化和时间—资源优化。

12.5.1　时间-成本优化

时间-成本优化就是在考虑工期和费用之间关系的前提下，寻求以最低的项目总费用达到最佳工期的一种方法。项目成本可分为直接成本和间接成本。**直接成本**是指人工、材料、能源等费用。**间接成本**是指管理费用、销售费用等费用。一般来说，缩短工期会引起直接成本的增加和间接成本的减少，而延长工期会引起直接成本的减少和间接成本的增加。两种成本与时间的关系可用图 12-6 表示，其在实际中也可能呈现非线性关系。

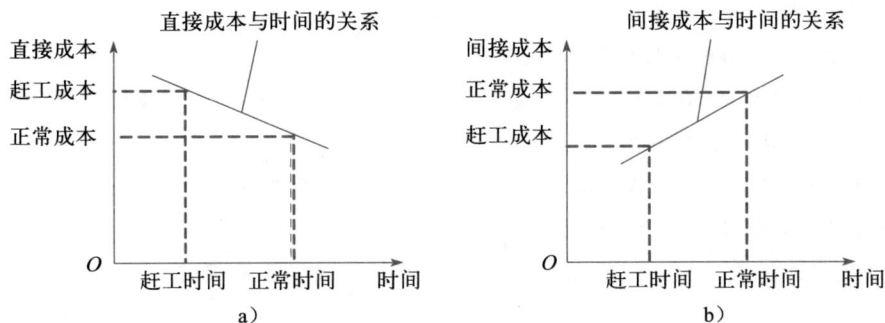

图 12-6　两种成本与时间的关系

时间-成本优化有手工算法或线性规划法等。手工算法的基本思路是通过压缩关键活动的活动时间来得到不同方案的总费用、总工期，从中进行比较，选出最优方案。其步骤如下。

（1）绘制网络图。

（2）找出关键路线，计算工期。

（3）计算正常时间的成本，即在不赶工的情况下，总的直接成本与间接成本之和。

（4）计算网络计划中各项活动的成本斜率，公式为

$$成本斜率 = \frac{赶工成本 - 正常成本}{正常时间 - 赶工时间} \qquad (12\text{-}10)$$

（5）选取关键线路上成本斜率最低的活动作为赶工对象进行赶工，在压缩工期时，确保本活动所在线路仍为关键线路。

（6）寻找新的关键线路，并计算赶工后的工期。

（7）计算赶工后的总成本，赶工后的总成本等于直接成本、间接成本与赶工成本之和。

（8）重复以上步骤，计算各种改进方案的成本。

（9）确定总成本最低的工期。

例 12-2　某工程计划共有四项活动，其成本和时间资料如表 12-3 所示。工程计划间接成本为 4 500 元/天。

表 12-3　工程成本和时间资料

作业项目	紧前作业	正常作业时间/天	赶工作业时间/天	正常作业成本/元	赶工作业成本/元	成本斜率/（元/天）
A	—	3	1	10 000	18 000	4 000
B	A	7	3	15 000	19 000	1 000
C	A	4	2	12 000	20 000	4 000
D	C	5	2	8 000	14 000	2 000

试进行时间-成本优化。

解：

（1）绘制网络图，如图 12-7 所示。

（2）找出关键线路为"A→C→D"，工期为 $S=3+4+5=12$（天）。

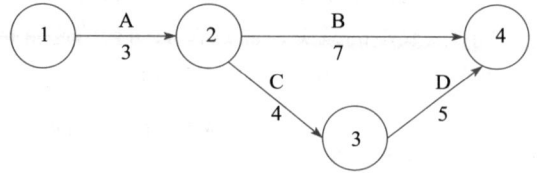

图 12-7 某项目网络图

（3）计算正常时间下的总成本。

$$总成本 =（10\,000+15\,000+12\,000+8\,000）+$$
$$4\,500 \times 12 = 99\,000（元）$$

（4）计算各活动的成本斜率。

依式（12-10）可计算出 A、B、C、D 四项活动的成本斜率分别如下：4 000 元/天、1 000 元/天、4 000 元/天和 2 000 元/天。

（5）选定赶工对象，关键线路上活动 D 的成本斜率最低，而且可压缩 2 天，此时工期为 10 天。

（6）新关键线路有两条，工期 $S=10$ 天。

（7）计算赶工后的总成本。

$$总成本 =（10\,000+15\,000+12\,000+8\,000）+4\,500 \times 10+2\,000 \times 2 = 94\,000（元）$$

（8）重复上述步骤，此时可能的方案如下：压缩活动 A 的时间，压缩活动 B 与 C 的时间，压缩活动 B 与 D 的时间。此时，活动 A 的成本斜率之和为 4 000 元/天，活动 B 和 C 的成本斜率之和为 5 000 元/天，活动 B 与 D 的成本斜率之和为 3 000 元/天。

可能的赶工方案如下：

①先赶工活动 B 与 D，D 只能再压缩 1 天，B 也压缩 1 天，得到赶工后的总成本：

$$总成本 = 45\,000+（1\,000 \times 1+2\,000 \times 3）+9 \times 4\,500 = 92\,500（元）$$

②再把活动 A 压缩 2 天，得到总成本：

$$总成本 = 45\,000+（4\,000 \times 2+1\,000 \times 1+2\,000 \times 3）+7 \times 4\,500 = 91\,500（元）$$

③再压缩活动 B 与 C（各 2 天），得到总成本：

$$总成本 = 45\,000+（4\,000 \times 2+1\,000 \times 3+2\,000 \times 3+4\,000 \times 2）+5 \times 4\,500 = 92\,500（元）$$

而此时总成本开始上升，所以最经济的项目工期为 7 天。

对活动数较少的项目，按照上述步骤，用手工方法寻找最优工期是可行的。对于复杂项目，一般根据约束条件，通过线性规划的方法，借助计算机软件来寻优。

12.5.2 时间-资源优化

时间-资源优化就是寻求工期与资源的最佳结合。**资源**包括人力、物力以及财力。资源是影响项目进度的主要因素。在一定条件下，增加投入的资源，可以加快项目进度，缩短工期；减少资源，则会延缓项目进度，拉长工期。资源利用得好，分配合理，就能带来好的经济效益。下面分两种情况来说明时间-资源的优化。

（1）资源一定，寻求工期最短。主要途径有：缩短关键路线上活动的活动时间；采取组织措施，关键路线活动交叉作业；利用时差，从非关键活动抽调资源用于关键活动。

（2）在工期一定的条件下，通过平衡资源，求得工期与资源的最佳结合。制订网络计划时，对资源平衡的要求是：按规定工期和工作量，计算所需资源，做出日程安排；将资源优先分配给关键线路活动，并尽量均衡、连续投入；充分利用时差，错开非关键线路活动的开工时间，以避开资源需求高峰；必要时调整工期，以保证资源的合理利用。

对于有限资源约束条件下的工期安排是一项十分复杂的问题。由于项目涉及资源众多，一般采用启发式算法，找到次优方案。

习题

1. 何为项目？
2. 何为项目管理？
3. 项目有哪些特点？
4. 简述项目生命周期。
5. 简述项目管理标准确定的项目管理的 12 项原则。
6. PMI 推出的 PMI Standards+™ 交互式数字平台的作用何在？
7. 简述 PMBOK 指南所确定的 8 大绩效域。
8. 简述 PMBOK 指南提出的"裁剪"的含义。
9. 在 PMBOK 中，常用的模型有哪些？
10. 在 PMBOK 中，常用的方法有哪些？
11. 在 PMBOK 中，常用的工件有哪些？
12. 简述项目计划的步骤或内容。
13. 试述如何对项目进行有效控制。
14. 试述网络计划技术的基本思想。
15. 网络计划技术的步骤有哪些？
16. 简述网络图的组成要素及绘制原则。
17. 节点的最早开始时间与最迟结束时间的含义分别是什么？
18. 活动最早开始时间、最早结束时间、最迟结束时间、最迟开始时间的含义分别是什么？

19. 何为活动的总时差？
20. 何为关键路线？
21. 控制关键路线的意义何在？
22. LXL 公司经过市场调查，认为笔记本电脑市场仍有很大需求，而公司现有的产品设计在体积、重量、尺寸及部分性能上不符合用户的要求，为此公司专门成立一个"设计、开发和制造新型笔记本电脑样机"的项目小组。表 12-4 给出了活动名称、代号、顺序及时间。
    (1) 画出项目计划网络图。
    (2) 计算活动顺序、时间及总时差。
    (3) 找出关键路线和工期。
23. 简述利用关键链技术进行项目管理的步骤。
24. 简述网络计划优化的基本思想。
25. 试述如何进行时间-成本优化。
26. 某房屋装饰工程由 7 项活动构成，有关活动顺序、时间、费用信息如表 12-5 所示。该工程间接费用为每周 1 000 元，在正常作业期间，人力、物力投入的直接费用为 40 000 元。试确定成本最低的完工期。

表 12-4 LXL 新型笔记本电脑研发计划表

活动名称	活动代号	紧前活动	活动时间/周
设计样机	A	—	21
样机试制	B	A	4
设备与工艺调查、评估	C	A	7
样机检测	D	B	2
编写设备工艺调查报告	E	C, D	5
编写试制报告	F	C, D	8
编写项目总结报告	G	E, F	2

表 12-5 某工程的活动顺序、时间及费用

活动名称	紧前活动	活动时间/周		直接费用/元		赶工费用/(元/周)= 增加的直接费用/压缩工期
		正常	赶工	正常	赶工	
A	—	6	5	5 000	7 000	2 000
B	A	3	1	4 000	5 000	500
C	A	8	4	6 000	9 000	750
D	B	4	3	3 000	5 000	2 000
E	B	5	3	8 000	11 000	1 500
F	C, D	7	4	10 000	12 000	670
G	E, F	2	1	4 000	6 000	2 000

案例分析

项目管理：团队，团队

赵卫东在某技术研究院技术咨询与信息中心（以下简称"中心"）工作已经有 10 个年头了。如果说他个人财富的积累速度相当于高铁，那么他的职务升迁速度顶多算是绿皮车。去年，他总算荣升为中心副主任了。

近一年来，角色的转变，让赵卫东不停地思考一个问题：中心到现在仍在实施的项目管理模式真的合适吗？

让我们看看中心是如何管理项目的吧。

作为一个事业单位，为鼓励全体员工争取项目，中心制订了一个以项目为导向的薪酬激励方案。简单说就是，谁争取的项目，谁就是项目负责人，负责谈判，负责签约（由研究院的法定代表人签约）之后项目团队的组建，负责项目交付。最后以入账经费的一定比例奖励项目负责人。也正是由于赵卫东出色的公关能力及协调沟通能力，在过去的 10 年中，赵卫东负责实施了大大小小十几个技术咨询及信息服务项目。得益于公司的以项目为导向的薪酬激励方案，赵卫东积累了相当可观的个人财富。

自从去年担任中心副主任以来，赵卫东的工作重心转移到中心的发展规划上，再具体负责某一个项目已是不可能的事情。同时，作为领导，他越来越多地听到了以前不常听到的各种负面消息。典型的负面消息有以下几种。

（1）谁争取的项目，谁负责组建团队，中心的人员，特别是骨干被东拉西扯，就某一具体项目而言是好事，但总体来看中心的收益却大为减少。

（2）以入账项目经费的一定比例奖励项目负责人，收入差距之大让人吃惊。

（3）最优秀的员工，因为拥有相当的资源，正在被别的公司挖走。

针对这些负面消息，今天站在中心副主任的位置上看，都是针针见血呀！

中心发展规划是大事，制订合理的激励方案、完善资源优化配置也绝对不是小事。想到这，赵卫东计划在下个月月初召集各事业部负责人开一个会议，讨论相关事宜。他首先要做的是拟订一个初步意见。

讨论题

1. 请为赵卫东制定一个会议议题。

2. 请针对会议议题拟订初步意见，提交下个月月初的会议讨论。

第 13 章　供应链管理

◐ 引　例

南华网络有限公司业务外包的风险管理

南华网络有限公司（以下简称"南华"）成立于 2011 年，目前有全职员工 82 名。南华是一家 IT 硬件设备及软硬件应用系统集成解决方案提供商。其主要业务包括：光纤通信网络的建设与优化、无线网络的建设与优化、网络安全管理、客户定制化软件开发与实施、通信与计量运维等。南华的主要客户为中国南方电网有限责任公司下属全资子公司。南华以其能够快速响应客户需求而成为所在行业的翘楚。

作为 IT 行业价值链中软硬件应用集成的核心企业，南华的内部业务逻辑关系如图 13-1 所示。其中，在现场施工与组织阶段，公司把施工与安装业务外包给了其他更专业的从事 IT 基础建设的公司，公司则主要进行施工的组织与监督。南华公司内部业务之间的这种逻辑关系体现了"一切从客户出发，一切以满足客户需求为归宿"的核心价值观。通过对这一核心价值观的践行，加上对客户需求的快速响应，南华的业务不断得到发展与壮大。

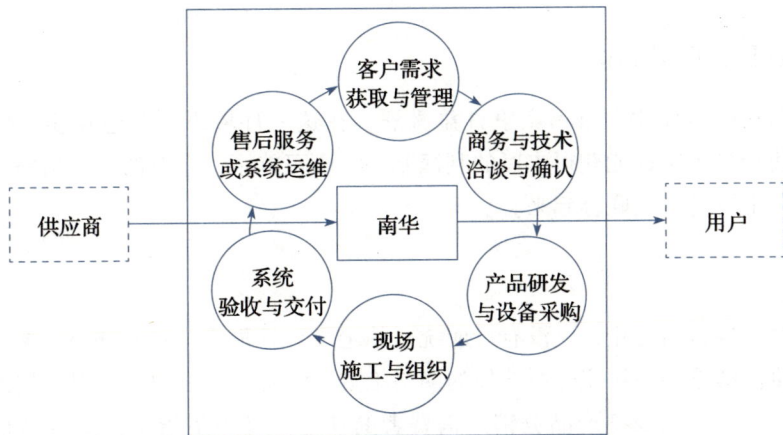

图 13-1　南华内部业务逻辑关系

越来越多的订单给南华带来了实实在在的利润，同时，也给其带来了现实的挑战。南华也曾考虑通过增加全职员工的办法来应对客户订单的增加，但考虑到广深地区劳动力成本不断攀升，公司并没有采取这项措施。事实上，通过增加全职员工来应对越来越多的订单还有一个现实的问题，那就是新入职的员工总是需要一段时间来熟悉南华的业务，而融入南华的企业文化就需要更长的时间了。

在订单越来越多的情况下，不增加全职员工就只有业务外包这一途径了。自去年开始，公司就已经把部分系统设计与实施业务外包给了第二方系统集成商。当然，需求确认、设备采购、系统验收与交付、售后服务或系统运维仍然由南华来实施。

正是部分核心业务的外包，给南华带来了诸多风险。就在上个月，发生了某个重要客户定制的光纤通信网络未能如期上线运行的严重事故。为此，南华赔偿了客户一笔高达150万元的违约费用。除了未按期交付系统方面的风险，还有其他风险，如系统未达到规定功能的风险、侵害南华知识产权的风险、泄露用户商业秘密的风险等。

讨论题

1. 站在供应链的角度看，南华在决定外包部分核心业务时，应综合考虑哪些关键绩效指标？
2. 外包部分核心业务必然存在一定的风险，试给出规避各种风险的有效措施。

今天，竞争已不仅仅在企业之间展开，更多地在供应链之间展开，供应链管理越来越显示出其必要性。供应链的扩展、响应速度的提高、成本的降低以及绿色供应链的构建是供应链发展的最新趋势。物流因其特殊性而在供应链管理中占有重要地位，有效物流管理有赖于节点企业信息的充分共享。物联网实现了物与物随时随地的互联，为供应链管理提供了更好的平台。在供应链环境下的采购模式表现为从基于库存采购转变为基于订单采购，从单纯的采购管理转变为外部资源管理，从一般买卖关系转变为战略协作伙伴关系。VMI、JMI、TPL以及多级库存优化与控制突破了传统库存的局限，致力于实现供应链整体最优的目的。

13.1　供应链管理概述

13.1.1　供应链管理的概念

随着顾客需求的多样化，市场竞争日益激烈，在这一环境下，要想在物资供应、产品生产、分销和零售全过程中都能获得丰厚的利润基本上不可能了。企业的唯一出路在于充分发挥自己的优势，与上下游企业联合起来。

1. 供应链

对于供应链，到目前为止，还没有形成统一的定义。甘尼香（Ganeshan）和哈里森（Harrison）认为：**供应链**是一种物流分布选择的网络工具，它发挥着获取原材料，把原材料转化成中间产品或最终产品，以及把产品分销给消费者的功能。马士华指出：供应链是围绕核心企业，通过对信息流、物流、资金流的控制，从采购原材料开始，制成中间产品以及最终产品，最后由销售网络把产品送到消费者手中的，将供应商、制造商、分销商、零售商直到最终用户整合成一个整体的功能网络结构模式。美国生产与库存控制协会（APICS）认为：供应链是一种全球性的网络，通过精心设计的信息流、物流和资金流，从原材料开始直到把产品和服务交到客户手中。综合上述定义，可以认为：供应链就是通过物流、资金流和信息流联系起来的从供应商到制造商、分销商、零售商直至最终消费者的联合体，供应链示意图如图13-2所示。

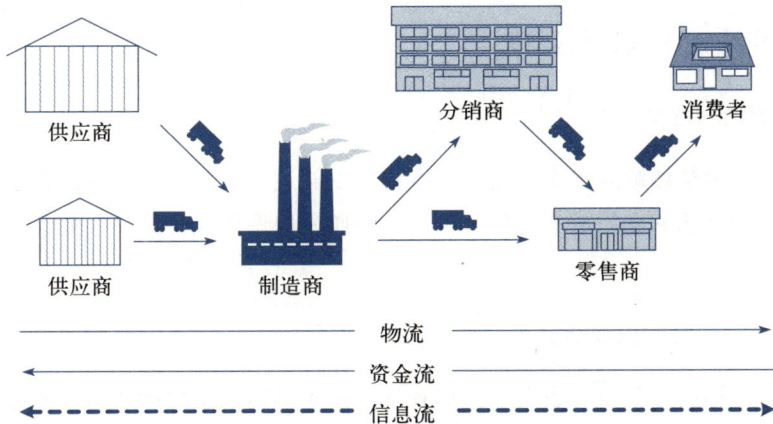

图 13-2　供应链示意图

与供应链相关的还有三个经常被提起的概念，即产业链、供需链、价值链。事实上，供应链与产业链、供需链、价值链是有区别的。前面已经定义了供应链。通常认为，产业链是指在时空布局上具有技术与经济关联性的不同产业之间所形成的网络。供需链则指供应链中上下游成员企业的供需网络。注意，从字面上看，供需链比供应链的含义更广泛一些，实则恰恰相反。供应链比供需链的含义更广泛，供应链不但明确了上下游成员企业的业务往来、资金与信息流动，而且明确了上下游成员企业的价值创造过程。价值链这一概念在 1985 年就由迈克尔·波特提出。价值链是指供应链中上下游成员企业的价值创造的网络。

2. 供应链管理

如上所述，为了满足消费者的需求，通过供应链建立了零售商、分销商、制造商、供应商之间低成本、高效率、多方共赢的业务联系。而供应链管理就是对供应链中的信息流、物流和资金流实行计划、组织与控制。

13.1.2　管理供应链的必要性

直到 20 世纪末，多数企业仍然把管理的重点集中在企业内部。但是，进入 21 世纪以来，越来越多的企业开始重视供应链的管理。促使企业重视供应链管理的因素很多，归纳起来包括以下两个方面。

（1）全球经济一体化与外部环境剧变的要求。进入 21 世纪以来，全球经济一体化又出现了新的特征：提供同质产品的竞争者空前增加；外部环境表现出更多的不确定性，社会、经济、政治环境更加多变，顾客在产品品种、质量、交货期等方面的需求更具不确定性，物资供应也更具不确定性。这一外部环境变化促使企业更多地借助其他企业的资源以达到快速响应市场需求的目的。

（2）不断提高运营水平的要求。产品生命周期加速缩短，产品品种飞速膨胀，交货期和对服务的要求越来越严格等，要求企业不断采取新的运营方式，如精益生产、大规模定制与 6σ 管理，这些新型运营方式更多地涉及采购、物流配送和库存控制等，而这些都与上下游企业发生着千丝万缕的联系。

13.1.3　高效供应链的设计与运行

1. 高效供应链的含义

高效供应链是指整体绩效水平最高的供应链。以储运为例，高效供应链追求的不是简单地使某个成员企业的运输和仓储成本达到最小，而是通过协调供应链成员企业，达到整个供应链储运收益最高。

2. 创建高效供应链的重要意义

创建高效供应链的重要意义表现在，只有整个供应链达到了最优状态，才能使其自身得以存续和发展，才能满足终端客户的各项需求，为他们创造价值。

3. 高效供应链的测评

测评一个供应链是否高效会有很多目标，但归根到底，要体现在质量、成本和交期上。这三个目标是企业竞争力的最终体现，也是供应链竞争力的最终体现。

（1）质量。供应链质量的基本内涵与通常的质量内涵是完全相同的，即一组固有特性满足要求的程度。但是，站在供应链的高度，质量又被赋予了新的内容。一方面，来自供应链上游（包括上游的上游）和下游（包括下游的下游）的要求具有了同等重要性。另一方面，来自产品和服务的需求具有了同等重要性。

（2）成本。站在供应链的高度，成本的定位便有了根本性的变化。成员企业所追求的不再是自身成本的最小化，而是整个供应链总成本的最小化。例如，供应链前置仓的设置，可能会增加下游成员企业的物料持有费用，但如果能够带来供应链整体成本最低，便是一个正确的选择了。

（3）交期。站在供应链的高度，提高准时交货率就变得更加困难。为提高准时交货率，就不能只盯着成员企业来思考先进技术应用和管理创新，而应从整个供应链来谋划。因内外部因素，订单状态随时会发生变化。提高供应链的柔性以增加供应链对一切变化的响应能力是创建高效供应链并保持其有效运行的一个重点和难点。

4. 高效供应链的绩效评价指标

评价供应链绩效的指标可以划分为财务与非财务指标，也可划分为内部与外部指标或者长期与短期指标。

供应链运营参考模型（supply chain operation reference model，SCOR）给出了供应链交货的可靠性、供应链的响应性、供应链的柔性、供应链的成本、供应链的资产管理效率五类共13个评价指标。这些指标最后都反映在供应链的质量、成本、交期上。

5. 创建并运行高效供应链的管理方法和工具

从顶层设计上，可选择的管理方法和工具有战略金字塔、SWOT、PEST、BSC等。

从专业职能上，可选择的管理方法和工具有 CRM、SRM、BPR、QFD、TQM、6σ、TPM、MRP、ERP 等。

6. 高效供应链的创建与运行的条件

（1）基于推拉协同的营销与订单管理、储运与物流配送、研发与流程设计、制造与过程控制、供应与采购管理五大业务流程的优化设计。以终端客户的需求为拉动，当合约形成后，实现推动式的产品制造与物流配送。

（2）综合考虑线上与线下业务的整合，实施工厂、配送中心及其他设施的选址与配置。在设施的选址上，必须站在全球供应链的高度去实施。在各级配送中心的配置上，应给出中央配送中心（central distribution center，CDC）、区域配送中心（regional distribution center，RDC）、前置配送中心（front distribution center，FDC）、中转中心（transfer center，TC）等的具体配置方案。

（3）实现信息在供应链上下游成员企业之间的开放与共享。明确要开放与共享的信息的具体内容与范围。

（4）建立利益共享与风险分担机制。高效供应链的建立与运行必然会带来供应链共同利益的提高。应根据对供应链价值创造的贡献在成员企业之间分配所获得的利益。风险总是与利益相伴相生。对可能发生的风险，应事先建立风险分担机制。

（5）综合应用工业互联网、物联网、移动互联网、大数据、云计算、区块链、人工智能等使能技术使供应链在高水平上得以运行。

13.1.4 供应链管理发展新趋势

为了更好地满足顾客多样化的需求，增强供应链上各个企业的竞争力，随着信息与通信科技领域新技术的不断涌现，供应链管理呈现出新的发展趋势：供应链的扩展又有了新的内涵；更加注重供应链的响应速度；降低供应链成本有了新思路；绿色供应链从理论转化为实践；物联网环境进一步丰富了供应链管理的内涵。

1. 供应链的扩展

供应链整合的范围已扩展到二级和三级供应商和客户。日新月异的信息与通信技术为供应链成员之间的信息共享提供了便利条件，也为供应链的深度整合提供了可能。

供应链扩展的另一个趋势是创建全球供应链。随着国际贸易壁垒的瓦解，越来越多的公司扩大了自己的业务范围，开始向全球拓展，不但在全球范围内建立了自己的生产基地和销售网点，还在全球范围内联合众多企业，组建全球供应链，并实现供应链企业的优势互补与集成，合理利用资源，以降低运输成本、生产成本和营运成本，进而增强企业的竞争力。为有效管理全球供应链，企业的运营系统应有足够的柔性以应对在零部件供应、分销或配送渠道、关税、汇率等方面的变化，企业必须应用最先进的计算机和传输技术以便对零部件（运进）和产成品（运出）的配送做出准确计划和管理，聘用当地的管理专家来处理税务、贸易、货运、关税甚至与经营有关的政治事务。

2. 供应链响应速度的提高

"准时制、敏捷制造、大规模定制、柔性系统"等都是为了快速地响应顾客需求的变化。

为此，企业必须识别终端顾客的需求，不断设计产品和服务，从供应链层面上做出运营系统规划与控制并改进业务流程。

3. 供应链成本的降低

通过在产品开发和服务设计中引入价值分析，优化物流配送网络、第三方物流等手段来最大限度地降低供应链成本。

4. 绿色供应链的构建

原料获取、生产、包装、储运、使用直至最后处置等各个阶段都会不同程度地对人类生存环境造成负面影响。随着供应链管理变得越来越普遍，绿色物流与绿色供应链已不再只是理论上要探讨的问题，而是实实在在地摆在了企业的面前。最广泛地使用可回收材料以及通用的工具、器具，规划城区运输路线，使用清洁能源等不但为企业带来了看得见的利益，而且极大地提高了企业的声誉。

5. 物联网环境下的供应链管理

物联网（the internet of things，IoT）是在互联网的基础上，利用无线射频识别（RFID）、二维码识读、红外感应、激光扫描、全球定位等信息传感技术，把人员、设备、商品、信息等以全新的方式联结在一起，实现物体智能化识别、定位、跟踪、监控与管理的一种新型网络。物联网被称为继计算机、互联网之后，世界信息产业的第三次浪潮。

物联网的体系架构分为三层：以 RFID、传感器和二维码为主的用于识别物体和采集信息的感知层；通过互联网及其他网络实现数据传输、分类、聚合的网络层；通过信息技术与专业技术的深度融合实现行业智能化管理的应用层。

物联网的主要特征表现为以下四个方面。

（1）物联网最广泛地应用了各种感知技术。物联网上部署的各种类型的传感器构成了最广泛的信息源。传感器所获取的信息具有实时性，实现了信息的实时更新。

（2）物联网是建立在互联网基础上的泛在网络。物联网通过各种有线和无线网络与互联网融合，按照各种网络协议将物体的信息实时、准确地传递出去。

（3）物联网实现了用户间的实时互动。物联网以手机互联网和云服务为平台，强化了用户之间的即时互动。

（4）物联网具备了智能处理能力。物联网不但能够利用云计算、模式识别等技术对从传感器获得的海量信息进行分析、加工和处理，而且能适应不同用户的需求，发现新的应用领域和应用模式，从而实现对物体的智能化控制。

物联网的应用极大地提高了供应链过程中的可视性，供货商、制造商、分销商、批发商、零售商、消费者各节点均可实现可视化操作。信息的实时性、一致性提高了供应链的反应速度，保证了上下游企业协作的有效性，提高了供应链的整体绩效。

物联网对供应链所产生的影响具体体现在以下四个环节。

- 采购环节：物联网中感知技术的全方位应用，减少了人员操作所造成的误差，同时，源头跟踪功能实现了产品的可追溯性。

- 制造环节：在制造过程中设置质量监控点，并部署传感器，实现生产过程的自动、实时、动态管控，保证了产品的质量。
- 配送环节：物联网通过全程信息编码和 GPS 定位系统，根据客户下达的订单，对装卸、运输、仓储实行全程监控，确保按时按地将货物送达客户。
- 售后环节：通过手机互联网及时获取顾客的反馈，处理异议更快捷、更准确。

13.2　基于供应链的物流管理

13.2.1　物流管理

物流是指为满足顾客需求而发生的从供应起点到需求终点的物质、服务及信息的流转过程。物流管理就是对物流进行计划、组织和控制。

物流管理是从后勤管理发展而来的。后勤管理在物流管理的起源和发展过程中扮演了重要角色。后勤管理最初起源于军事物资的供应管理。第二次世界大战期间，美国根据军事上的需要，在对军火进行供应时，首先采用了**后勤**（logistics）一词。后来后勤形成一个独立的分支并且不断发展，形成了**后勤工程**（logistics engineering）、**后勤管理**（logistics management）、**后勤分配**（logistics distribution）等应用领域，在军队的后勤保障方面取得了显著效果。广大企业管理者也逐渐认识到了后勤管理在企业运营方面的重要性，后勤管理遂走出军事应用领域而成为企业管理体系中的重要内容。

美国学者唐纳德·鲍尔索克斯（Donald J. Bowersox）在 1974 年出版的《物流管理》一书中把后勤管理定义为"以卖主为起点，有计划地将原材料、零部件和制成品在相关企业之间加以转运，最后到达最终用户，并对期间的一切活动实施控制的过程。"

从 20 世纪 70 年代起，后勤管理逐渐发展为物流管理。到了 90 年代，企业管理界开始考虑企业之间的物流集成，从而使物流管理成为供应链管理的一个重要部分。

13.2.2　供应链中的物流管理

1. 物流在供应链管理中的重要作用

供应链管理离不开物流、信息流、资金流的集成。其中，物流对供应链管理的影响最大。信息流和资金流都可以不受空间的限制，可以在不改变空间位置的情况下完成交换，但是物流一定要发生物理上的位移才能实现其功能。因此，如果供应链各节点企业之间不能协调一致，就会导致物流过程消耗更多的时间，产生更高的成本，从而影响物流功能的发挥。

2. 供应链中物流的表现形式

供应链中的物流管理有三种表现形式，即物流的物质表现形式、价值表现形式和信息表现形式。物流的物质表现是指物流是物质资源在时空和形态上的转移过程；物流的价值表现是指物流是一个增值过程；物流的信息表现是指物流是一个信息的采集、传递与加工过程。

3. 供应链中物流管理的目标

供应链中物流管理的目标就是把**恰当的产品**（right product），**按恰当的数量**（right quantity）和**恰当的条件**（right condition），在**恰当的时间**（right time），用**恰当的成本**（right cost）送到**恰当的地点**（right place）的**恰当的顾客**（right customer）手中，即通常所说的"7R"。这里，"恰当的成本"是指从供应链的整体出发，追求供应链的总成本最低，而不是局部成本最低。

4. 供应链中有效管理物流的可能性与措施

信息共享使物流管理更为有效。供应链中的物流系统与传统的纵向一体化物流系统有着显著的区别，在供应链环境下，需求信息和反馈信息不是逐级传递的，而是网络式传递的，供应链中各节点企业都可以通过电子数据交换（EDI）或互联网等手段很快掌握供应链上不同环节的供求信息。这使得在供应链中有效管理物流成为可能。例如，顺丰拥有先进的能够跟踪所运输物品的信息平台。这一平台构建在互联网上，只需知道正在运送的物品的跟踪号码，就可以登录顺丰 app 来掌握该物品的准确状态，包括物品在公司的网络节点间运输的信息，以及在系统中运送时每次收取的准确时间。

在充分共享信息的基础上，通过规划物流网络系统、快速重组与优化业务流程可有效地降低物流成本，提高物流系统的敏捷性。

13.3　基于供应链的采购管理

采购是从资源市场获取物质和非物质资源的经济活动。它在生产需求与资源供应之间建立起一定的联系。采购管理就是对这种经济活动进行计划、组织、协调与控制。采购管理的目的在于实现供应链系统各节点企业之间的无缝连接与协同化运作，最终达到双赢或多赢的结果。

13.3.1　传统的采购模式

传统的采购把重点放在价格谈判上，在供应商与采购部门之间经常要进行报价、询价、还价等多个回合的谈判，通过供应商的多头竞争，从中选择价格最低的供应商签订供货合同。

传统采购模式的特点主要体现在以下五个方面。

（1）采购活动完全由采购商主导。采购商的物资采购部门根据综合计划部门下达的采购计划，确定采购物资的种类、数量和质量，以及采购时机。供应商在整个采购过程中完全处于被动地位。

（2）供需双方不能充分分享彼此的信息。在采购过程中，供需双方为了在商务谈判中处于主动地位，往往隐瞒各自的信息，如有关采购商的信息、有关供应商的信息、真正供货提前期的信息等，从而增加了运营的不确定性。

（3）物资验收难度大。传统的采购模式下，品种、数量和质量的验收更多的是事后检验，当发现问题后再行处理为时已晚，供需双方要承担不同程度的损失。

（4）供需双方多是临时性的或短时期的合作关系，即一般买卖关系，而且竞争多于合作。这种关系的结果是供应双方不能正确处理采购过程中出现的问题。斤斤计较多，谅解让步少，在一些细节上浪费了过多的精力。

（5）对最终用户的需求响应滞后。在市场需求发生变化时，采购商一般不能改变已经签署的供货合同。当最终用户的需求减少时，采购商的库存增加；反之，当需求增加时，出现供不应求。

13.3.2　供应链环境下的采购管理

在供应链环境下，采购模式与传统的采购模式有所不同：从基于库存采购转变为基于订单采购；从单纯的采购管理转变为外部资源管理；从一般买卖关系转变为战略协作伙伴关系。

1. 从基于库存采购转变为基于订单采购

在供应链环境下，采购活动是以订单驱动方式进行的。制造订单是在用户需求订单的驱动下产生的，然后，制造订单驱动采购订单，采购订单再驱动供应商。这种采购模式类似于 JIT 的拉动方式，即 **JIT 采购方式**。在 JIT 采购方式下，供应链快速响应用户的需求，提高了整个供应链中物流的速度和库存周转率。

2. 从单纯的采购管理转变为外部资源管理

为实现外部资源管理，首先，应使供应链节点企业之间的信息得到充分共享；其次，应致力于与供应商建立一种长期的、互惠互利的战略协作伙伴关系，以提高供需双方合作及共同解决问题的诚意；此外，应积极参与供应商的质量保证与质量改进，及时反馈质量信息，把质量教育和培训延伸到供货商。

3. 从一般买卖关系转变为战略协作伙伴关系

在传统的采购模式下，供需双方是一种简单的买卖关系，因此无法解决一些涉及全局性、战略性的供应链问题。在供应链模式下，供需双方建立长期合作伙伴关系甚至是战略协作伙伴关系，共享库存和需求信息，共同抵御市场风险，共同研究制定降低成本的策略，把相互合作和双赢关系提高到全局性、战略性的高度。

13.3.3　供应商管理

1. 两种供应关系模式

在供需关系中，存在两种典型的关系模式：竞争关系模式和双赢（win-win）关系模式。

（1）竞争关系模式。**竞争关系模式**基于价格驱动。这种关系的采购策略表现为以下三个方面。

第一，采购商同时向若干供应商购货，通过供应商之间的竞争获得价格好处，同时也保证供应的连续性。

第二，采购商通过在供应商之间分配采购数量对供应商加以控制。

第三，采购商与供应商保持的是一种短期合同关系。

（2）双赢关系模式。**双赢关系模式**基于互惠互利和相互信任。这种关系的采购策略表现为以下四个方面。

第一，采购商给予供应商协助，帮助供应商降低成本、改进质量、加快产品开发进程。

第二，通过建立相互信任的关系提高效率，减少交易成本。

第三，通过长期的信任合作取代短期的合同。

第四，强调在供需双方之间分享信息，通过合作和协商协调彼此的行为。

2. 双赢关系模式对企业运营管理的积极作用

双赢关系建立在互惠互利和相互信任的基础之上。供需双方表现出了更多的诚意，合作更加持久，其结果是双方在供应活动中赢得利益。具体表现在以下两个方面。

（1）对供应商。增加对整个供应链业务活动的共同责任感和利益分享；增强对未来需求的可预见性和可控能力，长期的合同关系使供应更加稳定；高质量的产品增强了供应商的竞争力。

（2）对采购商。增加对采购业务的控制能力；通过长期的、相互信任的订货合同满足了采购要求；减少和消除了不必要的到货物资的检查活动。

3. 双赢关系的有效管理

双赢关系已经成为供应链节点企业之间合作的典范。为了有效管理这种合作关系，需要做好以下三个方面的工作。

（1）供应商评价与选择。供应商评价与选择是供应商管理的重要内容。其中，供应商评价是供应商选择的基础。以下是评价供应商的一些常用指标。

- 验收批次质量，包括合格批次、批中产品质量水平。
- 体现供应商内在质量的过程能力，如 C_{p_k}、σ 水平等。
- 验收批次数量。
- 到货状况，如托盘、包装状况等。
- 文书完整性，包括装箱单、批号文档、发票等的完整性。
- 供应商改进实录，包括对下游企业所承诺的提前期缩短的情况、下游企业采购成本的下降情况、供应商对下游企业遇到的采购问题的响应等。

企业应根据自身的具体情况及所处供应链的实际，确定具体指标并赋予每个指标不同的权重。特别地，为促进供应链各成员企业提升其内在质量水平，下游企业越来越看重供应商的过程能力。

（2）信息交流与共享。信息交流有助于减少供需的不确定性，从而提高整个供应链的绩效。为加强供需双方的信息交流与共享，应做好以下五个方面的工作。

第一，在供需双方之间经常进行有关成本、作业计划、质量控制信息的交流与沟通，保持信息的一致性和准确性。

第二，在产品设计中引入新的理念，采用新的开发技术。由供需双方共同贯彻“可制造性设计”“面向成本的设计”“可拆卸性设计”“绿色设计”“防差错设计”等新的理念。采取并行开发模式及质量功能展开技术，整合供需双方的资源以满足用户的需求。

第三，建立联合任务小组。由供需双方人员参与，组建专业任务小组，以解决供应与制造过程中遇到的各种问题。

第四，形成供需双方互访制度。供需双方应进行经常性的互访活动，以创造良好的合作气氛，及时发现并解决在合作过程中遇到的问题。

第五，先进信息技术的应用。先进信息技术主要包括：基础信息技术，如标识代码技术、自动识别与数据采集技术、射频识别技术、电子数据交换（EDI）、互联网技术、GIS 和 GPS 等；基于信息技术而开发的支持企业生产运营的信息系统，如销售时点信息系统（POS）、电子自动订货系统（EOS）、客户关系管理系统（CRM）、电子商务系统、MRP Ⅱ 系统和 ERP 系统等。

（3）供应商的激励机制。对供应商的激励是长期保持双赢关系的润滑剂。通常的做法是签署柔性合同、向供应商赠送股权等，以使供应商从合作中真正享受到双赢的好处。

13.3.4　采购中的道德问题

采购中的一般道德问题主要来源于以下两个方面：一方面，采购员权限很大；另一方面，采购活动中诱惑多多。随着采购业务的全球化，又出现了新的挑战，在一个国家被认为是风俗习惯的行为，在另一个国家可能被视为不道德。

为恪守采购业务中的道德规范，采购员应时刻牢记以下七条守则。

- 遵守与雇主的契约，忠于职守，一切交易从雇主的立场出发，不做损害雇主利益的事情。
- 不接受来自供应商的礼物或服务。
- 保守雇主和供应商的机密。
- 遵守当地的法律和风俗习惯。
- 避免采购"血汗工厂"的产品。
- 避免私下达成限制自由竞争的互惠协定。
- 支持小型、弱势或少数民族公司。

13.3.5　自制或外购

运营能力一旦确定下来，企业必须在自制或外购之间做出选择。为此，通常要考虑以下六个因素。

1. 企业已有的运营能力

如果一个企业已有现成的设备、必要的技术和作业时间，就选择自制。因为相对于外购或外包来说，自制的成本要低得多。

2. 专业技术

如果一个企业不具备生产产品所需的某一项专门技术，外购就不失为一种合理的选择。

3. 产品质量

专业厂家生产的产品质量往往比企业自制的产品质量要高。此时，应把加工任务外包给专业厂家。如果对产品质量有特殊的要求或者需要对质量进行更加直接的控制，那么就应该选择自制。

4. 需求特性

如果产品需求较高而且稳定，那么企业自制更合适。然而，如果需求波动很大或者批量很小，由专业厂家生产产品更为合适。

5. 成本

外购往往要产生附加的运输成本。如果通过自制节约的这部分成本不大于为生产这些产品而产生的固定成本，那么就应该选择外购。

6. 风险

业务外包至少存在两种风险：失去对运营的控制；泄露了企业的一些技术机密。为了把这些风险降到最低，企业可以选择部分自制，部分外包。

13.4　基于供应链的库存控制

通常的独立需求库存控制是指在给定的服务水平下，确定最经济的库存水平、库存补充时机与订货量。在供应链环境下，库存控制的目标不再是简单的需求预测和补给，而是在考虑供应链各节点企业利益的前提下，制定库存策略，通过充分了解库存状态来确定适当的服务水平，采用先进的建模技术评价库存效果。针对供应链环境下库存的新特点，人们提出了一些库存管理的新策略或方法，如供应商管理库存、联合库存管理、第三方物流、第四方物流、多级库存的优化与控制等。

13.4.1　VMI

长期以来，企业运作中的库存管理是各自为政的，每一个部门都是各自管理自己的库存。零售商有自己的库存，分销商有自己的库存，供应商也有自己的库存，供应链各个环节都有自己的库存控制策略。由于各自的库存控制策略不同且相互封闭，因此不可避免地产生需求扭曲现象，从而导致需求变异放大，无法使供应商准确了解下游用户的需求。针对上述困局，在管理上出现了**供应商管理库存**（vendor managed inventory，VMI）的策略。这种库存管理策略打破了传统的各自为政的库存管理模式，体现了供应链的集成化管理思想。

1. VMI 的含义

VMI 就是一种以最低成本为目的，在一个共同协议下由供应商管理库存，并不断监控协议执行情况和修正协议内容，以持续改进库存管理的合作性策略。精心设计与开发的 VMI 系统，不仅可以降低供应链的整体库存水平，而且能使用户得到更好的服务，进而更好地满足下游和终端用户的需求。

可以看到，VMI 与供应商寄售有实质性区别。供应商寄售只是供应商在保有物权的前提下，把货物存放在下游客户那里，很少参与补货决策。

2. 实施 VMI 的基本原则

为了有效实施 VMI，需要坚持以下四个基本原则。

（1）合作精神原则。供需双方要相互信任，共享彼此的信息，以行成良好的合作精神。

（2）最小化交易成本原则。VMI 的侧重点不是如何在供需双方间分配成本，而是致力于减少整个供应链上的库存成本，使双方都能获益。

（3）目标一致性原则。双方都明确各自的职责，不但在观念上有一致的目标，而且还明确库存的存放位置、支付时机以及保管费用的核定与分配。

（4）持续改进原则。供需双方共同努力，不断消除浪费，持续改进管理方式，不断提高库存管理水平。

3. VMI 的实施条件与托付订单处理模式

（1）VMI 的实施条件。为了有效实施 VMI，企业必须建立顾客情报信息系统，建立物流网络管理系统，达成供需双方的合作框架协议，进行相应的组织机构变革。

首先，为了有效实施 VMI，供应商必须获得顾客的需求信息，并且通过建立顾客信息管理系统来分析、处理这些信息。通过顾客信息系统把由销售商进行的需求预测与分析功能集成到供应商的管理系统中来。

其次，供应商必须建立完善的物流网络管理系统，保证物资信息流和物流的畅通。MRP Ⅱ 或 ERP 系统集成了物流管理功能，为有效实施 VMI 奠定了基础。

再次，供需双方经过协商，就订单处理的业务流程、库存信息的传递方式以及库存控制的有关参数，如再订货点、最低库存水平等达成一致。

最后，有效实施 VMI 有赖于组织机构的变革和职能的重新划分。在采购商方面，VMI 弱化了采购商的物资采购职能，但需要加强公共关系管理部门的职能；在供货商方面，营销部门行使了部分库存管理职能。

（2）托付订单处理模式。托付订单处理模式是实施 VMI 的典型方法，即由供需双方一起商定订单业务处理流程所需要的信息和库存控制参数，据此建立一种订单处理标准格式（如 EDI 标准报文），把订货、交货和票据处理各个业务功能集成在供应商处。采用这种模式时，供应商必须尽可能多地分享采购商方面有关用户的预测信息、订单信息、销售信息等，以便随时跟踪和检查采购商的库存状态，快速、准确地补充库存，进而对生产进度做出相应的调整，最终达到敏捷地响应市场需求变化的目的。

13.4.2 JMI

1. JMI 的起源与基本思想

联合库存管理（jointly managed inventory，JMI）源于分销中心的联合库存功能。传统的分销模式是分销商根据市场需求直接向工厂订货，比如汽车分销商，根据用户对车型、款式、颜色、价格等的不同需求，向汽车制造厂订货。在这种模式下，等到订货到达，再送达顾客时，已过去较长一段时间。为了减少顾客的等待时间，分销商不得不进行备货，大量的库存使其难以承受，甚至破产。正是在这种背景下，地区分销中心应运而生，其效果是大大减少了经销商的库存占用，大量库存由地区分销中心储备。

受到地区分销中心功能的启发，对现有供应链环境下库存管理模式进行拓展和重构，就形成了今天普遍应用的 JMI 模式。JMI 是一种在地区分销中心基础上发展起来的上下游企业责、权、利对等和风险共担的库存管理模式。JMI 强调供需双方共同制订库存计划，体现了战略供应商联盟的新型合作关系。JMI 原理如图 13-3 所示。

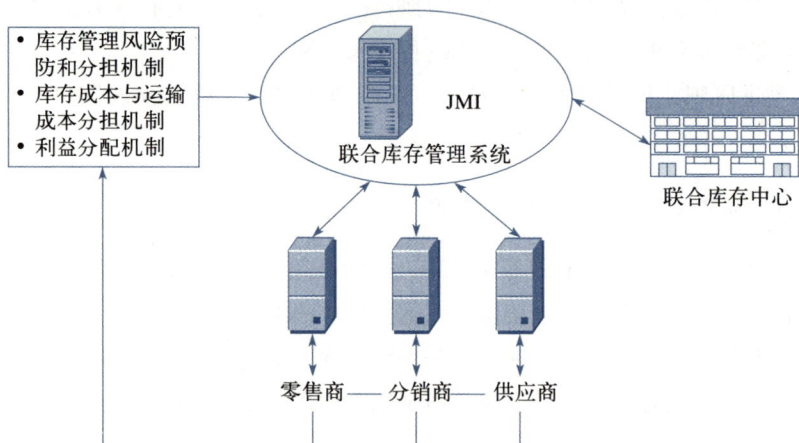

图 13-3 JMI 原理

2. JMI 的优点

JMI 削弱了**牛鞭效应**（bullwhip effect）的影响。如果供应链上每个企业只根据相邻企业的需求信息确定自己的采购和库存计划并进行生产，需求的变化就会沿着信息流方向逐级放大。偏差的累积导致处于供应链源头的供应商得到的需求信息与市场实际需求信息之间出现较大的出入。这种沿着需求信息的流动方向，在供应链上各个阶段产生的需求变化逐级放大的现象就是牛鞭效应。牛鞭效应直接影响供应链上各级供应商的库存量和库存时间，使库存成本大大增加，此外还影响产品的生产过程和交付时间，最终降低顾客满意度。JMI 不同于 VMI，它强调双方同时参与，共同制订库存计划，使供应链过程中的每个库存管理者（供应商、制造商、分销商）都从相互之间的协调性考虑，使供应链相邻的两个节点之间的库存管理者对需求的预期保持一致，从而减弱了需求变动放大的现象，有效地规避了牛鞭效应的影响。

3. JMI 的演化

JMI 的先进模式是无库存模式。在这种模式下，核心企业实行无库存的生产方式，由供应商直接向核心企业的生产线小批量、多频次地补充物料，从而实现"在需要的时候把所需要品种和数量的物料配送到需要的地点"。由于取消了库存，因此效率最高，成本最低。但是，这种模式对供应商和核心企业运营的标准化、配合程度、协作精神都有很高的要求。

13. 4. 3　3PL

1. 3PL 的概念与优点

第三方物流（third party logistics，3PL）是供应链集成的一种手段。3PL 是由生产经营企业把核心业务以外的物流活动，以合同方式委托给专业物流服务企业，同时通过先进的信息技术与物流企业保持密切联系，掌握物流全过程状态的一种物流管理模式。3PL 是由一些大的公共仓储公司通过提供更多的附加服务演变而来，另一种情形则是由一些制造企业的运输和分销部门发展而来。3PL 系统起到了联系供应商和用户的桥梁作用。

把库存管理的部分功能委托给 3PL 系统管理，可以使企业把更多的精力集中在自己的核心业务上。3PL 系统为企业带来诸多好处，如降低了成本，进一步发挥了企业的强势，获得了更充分的市场信息，获得了一流的物流咨询，改进了服务质量，更加快速地进入国际市场等。对整个供应链来说，面向协调中心的 3PL 系统使供需双方都取消了各自独立的库存，增加了供应链的敏捷性和协调性，极大地改善了供应链的用户服务水平和运营效率。

2. 对 3PL 的风险管理

3PL 也会给核心企业带来一些挑战。核心企业通常会面临所托付储运的产品保管不善、收货或交货延迟等风险。

以下以制药行业为例来说明这些风险及管控方案。

今天，随着信息技术与网络技术的发展与应用，作为核心企业的制药企业会利用这些先进的技术，对 3PL 企业所储运的药品就药品数量、药品位置、库、车、保温箱的温度与湿度进行实时监控。即使如此，制药企业仍然会面临以下两大风险。

（1）证照不全方面的风险。这些证照包括：承担仓储业务企业药品经营许可证、人员资质、承担运输业务企业的道路运输经营许可证等。

（2）制度与文件不完善方面的风险。这些制度与文件包括：各项规章制度、GSP 认证报告、操作规程、冷库、专用运输车辆、保温箱等清单、应急预案及演练报告等。

为管控以上两类风险，核心企业通常会对 3PL 企业进行证照审计以及制度与文件审计，并进行现场验证。

13. 4. 4　4PL

第四方物流（fourth party logistics，4PL）是指通过整合公司和相关服务提供商的各种资源，为供应链提供整体解决方案的供应链集成商。

其中，领导地位物流提供商（lead logistics provider，LLP）可以看作是一种 4PL。LLP 通常承担某个跨国公司在某个国家或地区的所有物流业务的外包业务。LLP 会把其不擅长或者没有能力提供的服务再次分包给其他的 3PL，但所有的物流服务都由这个 LLP 来管理。

例如，DHL 致力于以 LLP 的角色实现供应链的变革。DHL 会利用其丰富的经验、专业的知识与分析工具，在整合物流提供商的基础上，确保物流和供应链的快捷、高效。

13.4.5　多级库存的优化与控制

供应链管理的目标之一是使供应链的整体库存水平最低。如果仅从单个企业的角度去考虑库存问题，显然无法实现这一目标。为此，需要对多级库存进行优化与控制。根据配置方式的不同，有串行系统、并行系统、纯组装系统、树形系统、无回路系统和一般系统等多级库存优化控制系统。多级库存控制的方法有两种：一种是基于分布策略的；另一种是基于集中策略的。

分布策略下，各个库存点独立地制定并实施各自的库存策略。这种策略在管理上比较简单，其有效性取决于信息共享的程度。如果供应链节点企业信息共享的程度较低，就不能保证供应链的整体优化，只能得到次优结果。

集中策略是指在考虑各个库存点相互关系的前提下，同时确定所有库存点的控制参数，通过协调获得库存的优化的策略。集中策略在管理上协调的难度大，特别是当供应链的层次较多时，更增加了协调控制的难度。

多级库存优化与控制在技术上仍有一定的难度，加之多级库存优化与控制涉及多个企业，在利益及权益上的协调存在着诸多困难。因此，多级库存优化与控制还是一个正在被积极探索的管理问题。

13.5　供应链绩效评价

13.5.1　供应链绩效评价的作用

供应链绩效评价就是对供应链的运行状况进行必要的测评，并根据测评结果对供应链的运行绩效进行评价，针对所出现的问题提出改进方案，不断提高绩效水平。供应链绩效评价主要有以下三个方面的作用。

（1）掌握整个供应链的运行效果。市场竞争早已不仅仅是在企业之间展开，更多的是在不同供应链之间开展。所以，必须通过绩效评价来掌握整个供应链的运行状况，找出供应链运行方面的不足，及时采取措施予以纠正。

（2）奖优罚劣。通过评价节点企业，培植、扶持优良企业，剔除不良企业。

（3）促进节点企业之间的合作。以顾客满意度为出发点，发布评价结果，公示产品和服务质量，以此来促进上下游企业之间的合作。

13.5.2　供应链绩效评价应遵循的原则

为客观地反映供应链的运营情况，在评价供应链的绩效时应遵循以下三个基本原则。

（1）评价指标的全局性原则。设计的评价指标应能反映供应链的整体运营状况、节点企业之间的运营关系以及业务流程的改进。

（2）重点突出原则。对关联绩效指标进行重点分析，把重点放在整个供应链的突出问题上。

（3）动态性原则。尽可能地做到对供应链进行实时分析与评价，针对所发现的问题及时采取措施，提高供应链的整体效率。

13.5.3　供应链运营参考模型与绩效评价指标

供应链运营参考模型（supply chain operation reference model，SCOR）是由美国供应链协会在总结多数《财富》世界 500 强企业的供应链管理实践和经验教训的基础上提出的，是唯一的供应链管理的国际标准。SCOR 将组织最高层的四个基本商业流程（计划、资源获取、制造、交付）逐层分解下去，采用流程参考模式，通过分析公司目标和流程现状，量化作业绩效，对照目标数据，寻求改进机会。SCOR 6.0 版给出了供应链绩效评价的关键指标（KPI），共有 13 个。这些指标可用于评价供应链交货的可靠性、供应链的响应性、供应链的柔性、供应链的成本和供应链的资产管理效率。SCOR 评价指标如表 13-1 所示。

表 13-1　SCOR 评价指标

评价内容	指　标
供应链交货的可靠性	交货能力、订货满足率、订货提前期、订单完全执行率
供应链的响应性	供应链响应时间
供应链的柔性	生产柔性
供应链的成本	供应链管理总成本、产品销售成本、增值生产率、担保成本或退货处理成本
供应链的资产管理效率	现金周转期、资产周转率

表 13-1 中各指标的含义如下。

（1）**交货能力**（delivery performance）。交货能力是指按照客户要求的日期，或在客户要求的日期之前，或在原计划的交货日期之前执行订单的百分比。

（2）**订货满足率**（fill rate）。订货满足率是指在收到订单的 24 小时内用库存发货的订单百分比。

（3）**订货提前期**（order fulfillment lead time）。订货提前期是指从客户放单到收到订货实际所需的平均时间。

（4）**订单完全执行率**（perfect order fulfillment）。订单完全执行率是指满足全部交货要求的订单完成百分比。满足全部交货要求是指按质、按量交货，具有完整的和准确的单证并且没有发生货损。

（5）**供应链响应时间**（supply chain response time）。供应链响应时间是指供应链系统对需求的非正常或显著变化的响应时间。

（6）**生产柔性**（production flexibility）。对上游企业，生产柔性是指达到所能承受的非计划的 20% 增产能力所需要的天数。对下游企业，生产柔性是指在没有存货或成本损失的情况下，在交货期 30 天之前企业所能承受的订货减少百分比。

（7）**供应链管理总成本**（total supply chain management cost）。供应链管理总成本是指供应链相关成本总和，包括管理信息系统、财务、计划、存货、物料采购和订单管理等成本。

（8）**产品销售成本**（cost of good sold）。产品销售成本是指购买原材料和加工制造成本，包括直接成本和间接成本。

（9）**增值生产率**（value-added productivity）。增值生产率也就是人均增值率，其计算方式为用产品销售总额减去物料采购总成本，除以用工总人数。

（10）**担保成本或退货处理成本**（warranty cost or returns processing cost）。担保成本或退货

处理成本是指物料、劳动力和产品缺陷的问题诊断成本，或退货处理成本。

（11）**现金周转期**（cash-to-cash cycle time）。现金周转期的计算方式为存货供应天数加上销售未付款天数，减去采购原料的平均付款天数。

（12）**资产周转率**（asset turns）。资产周转率的计算方式为产品销售总额除以净资产总额。

13.5.4　供应链激励模式

激励是提高供应链绩效的有效途径。常用的激励模式主要有以下六种。

1. 价格激励

价格激励就是通过价格调整来调动节点企业的积极性。在供应链环境下，节点企业在战略上是相互合作的关系，但是不能忽视各个企业的自身利益。供应链各个企业间的利益分配主要体现在价格上。但是，价格激励本身也隐藏着一定的风险。例如，如果制造商在谈判中过分强调价格，往往会选中报价较低的供应商，而将一些整体素质较好的企业排除在外，导致影响产品质量、交货期等。

2. 订单激励

能够获得更多的订单是一种极大的激励。制造商拥有不止一个供应商，制造商能够满足更多的订单是对供应商的一种激励。当然，**订单激励**也存在风险，供应商在接受订单之前一定要调查和评估制造商的持续经营能力。如果下游企业缺乏持续经营能力，上游企业盲目接受一时到来的大订单带来的可能不是商机，而是风险。

3. 商誉激励

商誉是企业极其重要的无形资产。来自供应链内合作伙伴的评价和在公众中的声誉反映了企业的社会与经济地位。声誉越好，订单越多，收益越大。

4. 信息激励

在信息时代，企业获得更多的信息意味着企业拥有更多的资源和机会，企业因此而获得激励。**信息激励**虽然是间接的，但其作用不可低估。如果能够获得合作企业的供需信息，就能主动采取措施提供优质服务，结果会大大提高合作企业的满意度。

5. 淘汰"激励"

淘汰"激励"即淘汰机制，是一种负激励。优胜劣汰是生存的自然法则。为了使供应链的整体竞争力保持在一个较高的水平，必须在供应链中建立起对成员企业的淘汰机制。淘汰机制是供应链系统形成的一种危机制度，其目的是让所有合作者都有一种危机感，防止短期行为，减少供应链群体风险。

6. 共同投资和开发新产品或新技术

共同投资和开发新产品或新技术也是一种激励机制。共同开发可以使合作企业全面掌握新产品的开发信息，有利于新产品或新技术的推广和应用。供应链管理实施得好的企业都将供应商、制造商、经销商甚至用户整合到产品的研究和开发中来，按照团队的工作方式展开全面的合作。

13.6 供应链的协调

1. 供应链失调的危害

供应链上下游成员企业协调共处是一种理想状态，现实却总是存在着或多或少的失调。供应链失调的危害直接体现在产生了牛鞭效应，最终体现在供应链整体绩效的下降。这种危害及其传递机理如图 13-4 所示。

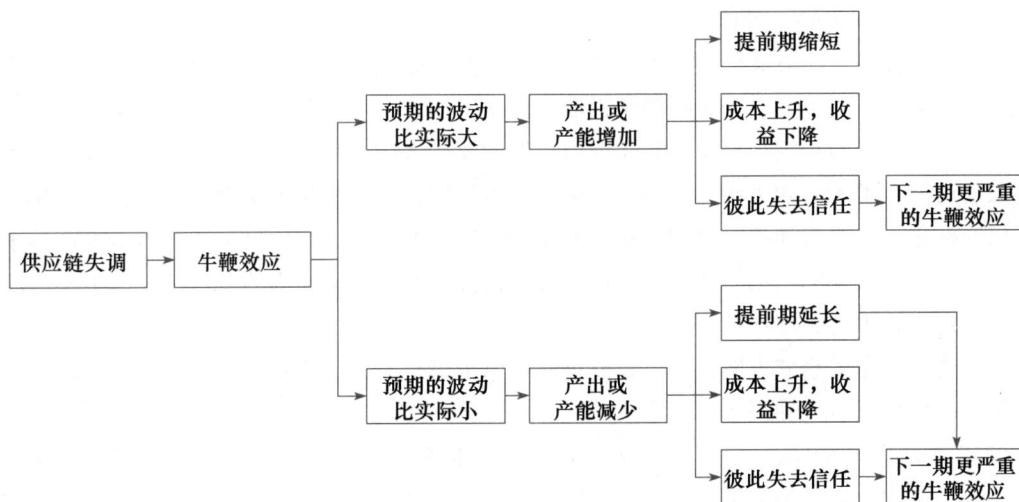

图 13-4　供应链失调的危害及其传递机理

2. 供应链失调的原因

归纳起来，供应链失调是由于在以下三个方面出现了问题：成员企业只关注局部绩效、上下游企业在信息共享上存在缺失、成员企业的能力柔性不够。

（1）成员企业只关注局部绩效。分销商可能会只关注其发货量，而不关心这些货物是否能够销售给最终顾客。以物流企业为例，为了追求自身的利益，其会通过增加运输批量来降低运输成本。

（2）上下游企业在信息共享上存在缺失。在信息共享上，可能会存在三个方面的问题。

第一，信息研判错误。例如，把随机性的上升或下降误判为是系统性的。

第二，不愿共享信息或信息共享不充分。例如，下游企业不愿意把其销售点的信息分享给上游企业，或者下游企业未能与上游企业分享其促销活动的信息。

第三，信息的传递存在延迟。虽然成员企业与上下游企业分享了与需求有关的信息，但这些信息发生了延迟，等上下游企业收到相关信息，需求的波动已经被放大。

信息共享方面存在的上述三个方面的原因，就必然导致上游企业在订货提前期上留下的余地过大。为了使自身处于主动地位，上游企业可能会给自己留出更多的余地，一个主要的做法是向下游企业承诺更长的提前期。例如，相对10天的提前期，当提前期为15天时，需求波动的放大效应会更为严重。在预期比需求少的情况下，这种放大的波动又会进一步延长提前期，从而带来恶性循环。

（3）成员企业的能力柔性不够。试想一下，如果成员企业的运营能力富有柔性，即使它们过多地考虑了自身利益，即使在信息分享方面存在这样那样的问题，也不会产生太严重的牛鞭效应。退一步说即便是产生了牛鞭效应，成员企业进行了适当的调整后，也不会对供应链造成太大的伤害。正是因为企业运营能力的刚性强，所以免不了会对供应链存在的波动做出过度响应，并且一旦产生牛鞭效应，又不能很好地应对，从而影响了供应链整体绩效。

3. 解决供应链失调问题的管理与技术方案及实施保障

（1）运营方案创新。具体如下：

一是制造商的生产方案创新。为了使供应端能够更好地响应外部需求的变动，可以在产品生产方案上做出一些创新。一种选择是提前生产出定制化程度不高或需求相对稳定的产品，预留出生产能力来应对呈现出更多定制化或需求波动比较大的产品。例如，际华集团股份有限公司在服装产品大类上有两大细分市场，一个是军警制服，另一个是民用服装。这样，际华集团就可以选择集中一段时间把需求相对稳定的军警制服生产出来，预留出生产能力来生产需求更具定制化、更具波动的民用服装。该公司也可以选择提前生产出通用的零部件，等下游产品方案最终确定后再生产最终产品。

二是物流企业的仓储方案创新。物流企业可以考虑在减少订货费用的基础上，设计组合装车方案，以提高重装率和回程满货率。

（2）能力柔性的创建。在顾客需求呈现出越来越多的多样化和外部市场呈现出越来越多的不可预见性的今天，能力柔性比以往任何时候都显得更为关键。通常，通过柔性制造系统的创建、多面手的培养、机动灵活聘用制度的建立来形成能力柔性。

（3）上下游协同定价策略的实施。需求总是呈现出一定的波动性，产能又是相对稳定的。但是在需求呈现出或多或少的波动面前，企业还是可以有所作为的。一个立竿见影的办法是通过价格来调节需求。但是，只有上下游协同定价才能更好地实现这一目标。事实上，也只有实施协同定价才可以实现供应链的整体利益与长期绩效。

下面以降价促销为例来说明这种上下游协同的必要性。通常，企业会在需求淡季以较大幅度的降价促销来刺激消费，以实现"淡季不淡"。有时，企业也会在需求旺季以小幅度的降价促销，通过拉新来实现"旺季更旺"。此时，如果只有末端零售环节的降价，上游却没有协调一致相应地降价，甚至按照旺季的策略实行了小幅度的涨价，那么，就会挫败末端零售商小幅度降价的计划，也就不可能达到"旺季更旺"的目标。

（4）供应链供需变动预警机制的设置。为了使销售和生产计划的调整更具主动性、更有针对性，需要供应链上下游企业建立协调一致的预警机制。为此，应设置预警标准。一旦警报拉响，就启动供需调整的预案。

（5）信息与网络技术的应用。如果有关需求和供给以及各种调整需求或供应的活动信息在整个供应链各成员企业之间都是透明的，那么，就不会有牛鞭效应的产生。所以，为了激励成员企业分享信息，就需要建设信息与网络基础条件。

ERP 的功能升级。重点是识别并打通上下游的接口。业务流程的设计也是面向整个供应链，而不是局限在成员企业内部。

基于 5G 通信技术的移动互联供应链协同生态的构建。为了实时共享供应链上下游企业的与需求或供应有关的信息，避免信息的误判或信息传递的延迟，需要创建云端供应链协同生态。

（6）组织保障与高层领导的承诺具体如下：

一是组织保障。为有效实施供应链的协调，供应链成员企业在组织结构上需要进行相应的变革，即从以职能为导向改变为以流程为导向来配置业务部门及其相应的职责划分。这里的流程是面向供应链全局的。

二是高层领导的承诺。供应链协调完全不同于成员企业内部各业务部门之间的协调，所以，需要得到成员企业高层领导的承诺。例如，正是由于沃尔玛与宝洁公司两家公司高层领导的支持，才成功地实施了供应链的协同、计划、预测、补货（collaborative planning forecasting and replenishment，CPFR）。在制订 CPFR 方案之前，沃尔玛和宝洁公司双方共同组建协作团队。这个协作团队有点像管理上下游成员企业的"超级集团"的高层领导团队。这一协作团队克服了局部利益最大化的局限性，给出了真正以协同为驱动的、实现上下游多赢的供应链协同方案。

CPFR 是在 1995 年由沃尔玛与其供应商 Warner Lambert、管理信息系统供应商 SAP、供应链软件商 Manugistics、美国咨询公司 Benchmarking Partners 等 5 家公司联合成立工作小组，共同提出的一种先进的供应链协同解决方案。其中，协同（collaborative）强调，供应链上下游企业只有确立共同目标，才能使双方的绩效都得到提升，进而取得供应链整体绩效。计划（planning）强调，为了实现共同的目标，需要供应链上下游企业协同制订促销计划、研发计划、生产计划、配送计划、仓储计划等。预测（forecasting）强调，供应链上下游企业必须进行协同预测，以减少牛鞭效应给整个供应链带来的不利影响。补货（replenishment）强调，必须在共同预测的基础上，综合考虑订货提前期、订单批量、安全库存、配送能力等限制条件来制订具体的补货方案。

（7）战略合作伙伴的建立。事实上，造成供应链失调的原因，归根结底是成员企业属于不同的利益主体。利益不同，必然导致博弈现象。所以，供应链失调的根本解决方案是构建战略伙伴关系和利益共同体。在这方面沃尔玛是个典范。例如，在与供货商签订购回合同的基础上，沃尔玛以实际销售金额向惠普支付货款。特别地，沃尔玛还把惠普作为打印机品类的"领导者"来制订所有沃尔玛销售的打印机补货的具体方案：补什么、何时补、补多少。

值得指出的是，制订并启动了规避方案，并不能完全避免供应链的失调，只会把这种失调的可能性降低到最小。这就应了这样一句话：没有最好，只有更好。

4. 供应链协调的实践

（1）以零售商为核心企业的销售拉动式供应链协同模式。零售商时常主动发起促销活动，在淡季时尤其如此，而在旺季则可能会发起限购。下面以促销为例，来说明如何设计供应链协同模式。促销时，通常会出现短时期的缺货和促销结束后的库存积压。为最大化地避免缺货或库存积压，销售商应该与上游企业充分共享有关促销品种、目标市场、时间、价格、手段等的信息。这样，就以销售为拉动，引导上游分销商制订分销和配送方案，进一步引导制造商制订生产计划。事实上，沃尔玛总是通过这种协同模式来完成各种促销活动。

（2）以分销商为核心企业的推拉结合的供应链协同模式。分销商与零售商实施同步预测，以顾客的最终订单拉动，锁定订单后与制造商协同制订生产计划。产品出产后，以推动模式出货和配送。一旦转换为推动模式，当在这个过程中出现了需求的波动时，一方面，可以与零售商协调启动临时促销或限购活动；另一方面，可以与制造商协同，启动针对品类、数量或交期变化的柔性生产方案。

13.7　供应链金融

13.7.1　供应链金融产生的背景

信贷业务是商业银行最重要的资产业务。一个普遍的现象是：越是不需要钱的企业，银行越追着向其贷款；越是需要钱的企业，反而越借不到款，对中小企业来说尤其如此。从贷款风险、银行收益、业务成本等诸方面考虑，这也是合情合理的。但是，正是来自数量众多的中小企业的货款需求，才是银行真正需要分享的一块大蛋糕。金融服务的困局与破解方案由此而产生。

我们注意到，任何企业都是供应链的一个节点。此外，为数众多的中小企业持有的存货和应收账款远比其不动产价值高得多。这样一来，站在供应链的视角，考虑金融产品的创新，供应链金融就从金融服务的困局中破土而生了。

13.7.2　供应链金融的概念、内在逻辑关系与融资模式

1. 供应链金融的概念

关于供应链金融，至今尚没有权威定义。通常认为，供应链金融是指将供应链上核心企业和上下游企业结合在一起，在对供应链的商流、物流、资金流、信息流进行管理的基础上，提供系统性金融产品和服务。

2. 供应链金融的内在逻辑关系

从风险管控角度，供应链金融业务源于核心企业的资信拉动。在此基础上，以金融科技创新和银行产品设计来推动金融业务的顺利开展。毫无疑问，信用建立与信息共享是供应链金融的基础。供应链金融的这种内在逻辑关系如图 13-5 所示。

3. 供应链金融的融资模式

从融资的切入点可把供应链金融分为三种融资模式，即采购阶段的预

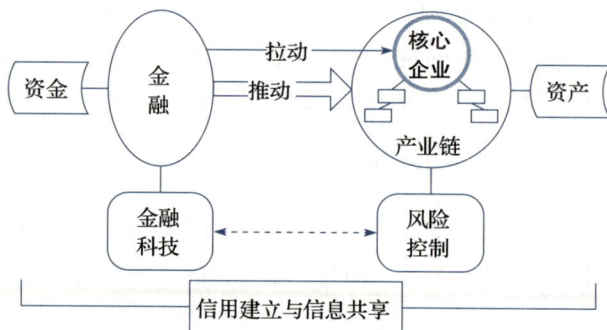

图 13-5　供应链金融的内在逻辑关系

付款融资、运营阶段的存货融资、销售阶段的应收账款融资。这些融资模式又以各种具体形式出现。例如，保兑仓就是一种预付款融资形式，仓单质押就是一种存货融资形式，商业承兑汇票保贴就是一种应收款融资形式。从供应链金融的内在逻辑关系可以看出，站在供应链金融角度，上述融资形式被赋予了新的含义。

采购阶段核心企业的资金需求源于供应商的强势地位，强势的供应商要求核心企业不得拖延支付货款。运营阶段核心企业的资金需求源于库存的积压占用了大量流动资金。销售阶段核心企业的资金需求源于实力强大的客户对货款的拖期支付。

习题

1. 何为供应链？
2. 何为供应链管理？
3. 试述供应链管理的必要性。
4. 简述高效供应链的含义。
5. 简述创建高效供应链的意义。
6. 简述高效供应链的目标。
7. 简述高效供应链的绩效评价指标。
8. 简述高效供应链的实现条件。
9. 为什么说绿色供应链越来越显示出其生命力？
10. 简述物联网的特征。
11. 物联网给供应链管理带来了什么影响？
12. 简述物流管理的目标。
13. 试述供应链中有效管理物流的措施。
14. 传统采购模式有哪些特点？
15. 试分析供应链环境下采购管理的特征。
16. 双赢关系模式下的采购策略表现在哪些方面？
17. 双赢关系对企业运营管理有哪些积极作用？
18. 如何有效管理双赢关系？
19. 如何在合作者之间实现信息的交流与共享？
20. 列举一些常用的评价供应商的指标。
21. 采购员在采购过程中应恪守哪些道德守则？
22. 企业如何在自制和外购之间做出选择？
23. 解释下列术语：VMI、JMI、TPL、4PL。
24. 为了有效实施 VMI 策略，应坚持哪些基本原则？
25. 实施 VMI 的条件有哪些？
26. 简述托付订单处理模式。
27. 简述 JMI 的原理。
28. JMI 的优点何在？
29. TPL 的优点何在？
30. 举例说明 TPL 可能面临的风险。
31. 举例说明 LLP 对物流和供应链的贡献。
32. 简要说明多级库存控制的两种方法：基于分散策略的方法和基于集中策略的方法。
33. 简述供应链绩效评价的作用。
34. 评价供应链绩效应坚持哪些原则？
35. 简述 SCOR 模型下供应链绩效评价指标。
36. 常用的供应链激励模式有哪些？
37. 说明供应链失调的危害。
38. 简述供应链失调的原因。
39. 简述解决供应链失调问题的管理与技术方案。
40. 说明如何创建柔性能力。
41. 简要说明 CPFR 的管理思想。
42. 以零售商为核心如何实现供应链的协同？
43. 以分销商为核心如何实现供应链的协同？
44. 何为供应链金融？
45. 以图形方式描述供应链金融的内在逻辑。
46. 简要说明供应链金融的预付款融资模式。
47. 简要说明供应链金融的存货融资模式。
48. 简要说明供应链金融的应收账款融资模式。

📍 案例分析

数字化时代的开放式资源生态系统

如果说工业互联网重构了运营管理模式，那么云计算、大数据、物联网、移动互联网和人工智能等数字化技术的综合应用及协同管理模式的创新带给运营管理的影响将是颠覆性的。

未来已来，抢抓机遇，勇立潮头。让我们展望一下，在数字化时代，从个性化订单的投放到产品的研发与制造，再到产品的配送与交付，呈现在我们面前的将是一个运营管理全新场景。

数字化时代的开放式资源生态系统有以下三个方面的内涵。

（1）资源。这个系统提供无限的资源。其中，能力、需求、产成品、零部件、数据都以资源的形式呈现。

（2）开放。开放即信息开放。因为开放，系统里的每一个实体都是平等的。例如，一旦系统的成员以用户的身份把需求投放到该系统，系统的任何一个实体都有可能成为供应商。

（3）生态。生态即进化生态。系统在不断进化和迭代中实现各项 KPI 的改善。

下面说明开放式资源生态系统的运行过程与迭代机制。

1. 订单投放

用户在移动端把需求上传到开放式资源生态系统，经过大数据中心分析匹配后，确认生产企业，并生成初始订单。

2. 上下游资源匹配与合同生成

在大数据分析基础上进行上下游资源匹配是数字化工厂与数字化运营的关键。在数字化工厂里，将以用户需求为驱动，根据用户提出的产品或服务的规范，依据一定的算法来匹配最佳供应商。这实际上建立了一种激励机制，通过这种机制激励，生态系统中的成员追求卓越性能，进而实现卓越绩效。

经过上下游若干次反馈，待所有资源需求得到满足后，应用区块链技术生成正式合同。

3. 智能化设计与制造

依据合同规定的产品或服务规范，相关企业利用虚拟仿真技术对部件（产品）的研发或加工制造进行模拟仿真。以串行与并行相结合的模式，在数字化工厂里实现智能化制造。在数字化工厂里，设计、加工过程以及产品、装备都是智能的。

4. 产品的配送与交付

利用物联网技术，对已加工的产品实现智能化的配送与仓储配置，并送达最终用户。订单履行后，用户生成反馈意见经加密后投放到开放式生态资源系统，供应商解密后获知用户意见。通过快速轻量化迭代升级，在开放式资源生态系统里，新的循环又开始了。

讨论题

1. 就某一个顾客个性化需求程度高的应用场景，绘制从订单投放到订单履行的路线图。

2. 识别数字化时代的开放式资源生态系统的风险点，并给出相应的风险管控方案。

第 14 章 精益生产

乐购的精益生产实践

1996 年，乐购供应链主管格雷厄姆·布斯邀请丹尼尔·琼斯设计用于优化乐购的配送业务的精益生产方案。琼斯主导组建了由乐购相关部门的领导及乐购的饮料供应商博瑞特维可的运营与供应链主管参加的调查团队。1997 年 1 月，这个调查团队选择乐购的 8 罐装可乐，开始逆向追踪其配送流程。

当时（改进前），乐购的罐装可乐配送流程如图 14-1 所示。

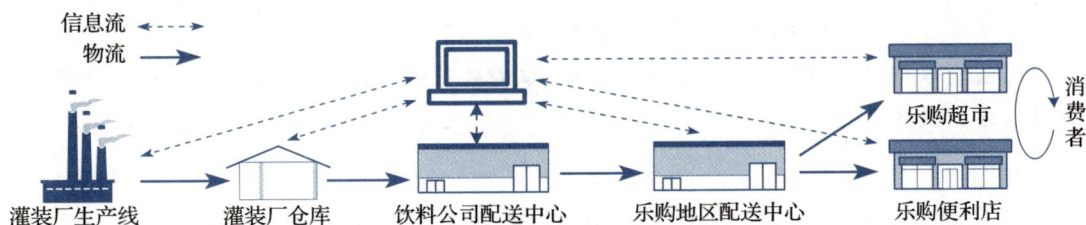

图 14-1 改进前罐装可乐配送流程

调查揭示了可乐配送的真实情况，具体表现在以下四个方面。

（1）可乐从金属冶炼（用于铝罐的制作）到乐购的货架需要的时间长达 319 天。仅从灌装厂到乐购的货架也需要 20 天的时间。

（2）从灌装厂到乐购的商店共有 4 个存货点，即商店的临时仓库、乐购地区配送中心、饮料公司配送中心、可乐灌装厂仓库。

（3）需求从乐购的商店传递到灌装厂放大了 4 倍。

（4）可乐的服务水平只有 98.5%。在一个典型的包含 40 个品种商品的购物篮中，如果每种商品的服务水平都是 98.5%，那么购物篮满足率只有 55%。

认识到原有的流程存在诸多不创造价值之处，尤其是未能快捷地满足消费者的需求，调查团队决定对可乐的配送流程进行重新设计。具体在以下五个方面进行了优化。

（1）就可乐这种商品，不再采取由乐购地区配送中心向饮料公司配送中心订货，再由可乐灌装厂仓库向饮料配送中心发货的做法，改为按照乐购的商店的需要，直接由灌装厂生产线通过传送带传递到送货卡车，然后运往乐购地区配送中心。

（2）对可乐的外包装进行改造，将原来的纸箱改为简易货架。这些货架可以直接推到乐购的商店。

（3）乐购地区配送中心向乐购的商店送货也由一店一车的直供模式改为循环取货（milk run）模式。此外，在运货卡车返回途中收集空出的货架。

（4）优化配送到各个商店的顺序与路线。

（5）除商业机密外，与供应商，甚至是供应商的供应商分享商品的销售信息。

改进后的罐装可乐配送流程如图 14-2 所示。

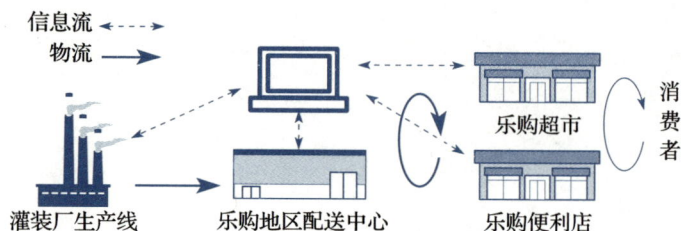

图 14-2　改进后罐装可乐配送流程

经过测评，改进后的效果体现以下四个方面。

（1）从灌装厂到乐购的货架的时间由 20 天缩短为 5 天。

（2）配送过程的存货点减少为 1 个，即乐购地区配送中心。

（3）需求从乐购的商店传递到灌装厂只放大了 2 倍。

（4）可乐的服务水平提升到 99.5%。在一个典型的包含 40 个品种商品的购物篮中，如果每种商品的服务水平都是 99.5%，那么购物篮满足率达到了 82%。

正是在所取得的这些成果的鼓舞下，乐购尝试对各种商品的配送流程进行了优化设计，均取得了显著的成效。

讨论题

1. 精益生产产生于汽车制造行业，为什么乐购能够很好地应用精益生产方法来改善其经营业绩？

2. 在交通、教育、餐饮三个行业中选择一个，说明应用精益生产方法改善其业务流程的基本思路。

精益生产源于丰田生产方式。以持续改善为基础，以丰田生产方式为核心，以并行工程产品开发、稳定快捷供应链为支撑，以卓越绩效为目标，构成了精益生产的体系。准时化与自働化是丰田生产方式的两大支柱。价值流图以直观、生动的方式提供了改善价值流程的手段。精益生产是对汽车工业生产管理成功实践的总结，现早已应用到其他制造业，进而推广到了服务业。精益生产也必将在医疗行业取得巨大的成功。

14.1　丰田生产方式

精益生产起源于丰田生产方式，其核心是丰田生产方式。下面介绍丰田生产方式产生的背景、两大支柱、基本思想以及实施。

14.1.1　丰田生产方式产生的背景

丰田生产方式是指以准时化和自働化为支柱，杜绝浪费，以获得显著经济效益的生产方式。

丰田生产方式源于丰田汽车公司前社长丰田喜一郎的第二次世界大战后日本汽车工业用三年赶上美国的设想。在另一位社长丰田英二的支持下，大野耐一提出了丰田生产方式。1973年10月爆发的第一次石油危机加快了丰田生产方式的实践。

丰田生产方式的提出绝非偶然，有着鲜明的时代背景。1945年8月15日，日本宣布无条件投降。如何从战后的一片废墟走向新生，这不仅是日本政府要思考的问题，也是日本企业家要思考的问题。当时，丰田汽车公司社长丰田喜一郎就提出三年赶上汽车王国美国的设想。这一设想的实现其实非常困难。一方面，当时日本汽车工业与美国汽车工业的差距巨大。当时日本的生产力只有美国的八分之一，就汽车工业，则只有十分之一。另一方面，当时日本经济现状是：市场规模小但种类多、劳动力流动性小但短缺、物资匮乏、汽车工业基础薄弱、出口受到欧美的限制、资金特别是外汇短缺等。这里要指出的是，1950年6月爆发的朝鲜战争确实给日本丰田汽车公司带来了短时期的、大量的军用车辆订单，但这并没有从根本上改变日本市场规模小的基本态势。更何况，这种需求的增加是短暂的。在上述背景下，用三年的时间使日本的汽车工业赶上美国，除了先进技术的创新与应用，就必须在管理创新上有大的作为。丰田生产方式就是在这个背景下提出的。丰田生产方式一经实践，就取得了巨大的成功。

1973年10月爆发了第一次石油危机，经济由持续高速发展转向低速增长，丰田汽车公司能够在这种经济环境下保持良好的发展态势引起了人们的广泛关注，从而加快了丰田生产方式的推广与应用。

让我们再回到与规模生产有关的话题上。

1959年，英国经济学家马克西和西尔伯斯通合著的《汽车工业》一书出版。在这本书中，马克西和西尔伯斯通提出了汽车工业长期平均成本曲线，即著名的马克西-西尔伯斯通曲线。该曲线解读了规模经济问题，根据马克西和西尔伯斯通的分析，一种车型的长期平均成本与它的生产批量之间存在着如下关系：当年产量由1000辆增加到5万辆时，单位成本将下降40%；当年产量由5万辆增加到10万辆时，单位成本将下降15%；当年产量由10万辆增加到20万辆时，单位成本将下降10%；当年产量由20万辆增加到40万辆时，单位成本将下降5%；当年产量超过40万辆时，单位成本下降的幅度急剧降低；当年产量达到100万辆时，再扩大规模就不存在规模经济了。

马克西-西尔伯斯通曲线表明，单位产品的成本随着产量的增加而下降，开始时下降得比较快，后面比较慢，达到一定的规模时，可以认为单位产品的成本不再下降。

在《丰田生产方式》第1章第4节"恐怖的'低速增长'"中，大野耐一提到了马克西-西尔伯斯通曲线应用的局限性。他说："进入经济低速增长时期，我们必须尽早打消多多益善的想法，因为增大批量以求得更好量产效果的生产方式已经行不通了。以冲压加工为例，我们用同一个模具在单位时间内尽量多地连续冲压，这种方法已经不再能有效降低成本了。现在，我们已经进入了一个新的时代，我们必须明白这样的生产方式不仅行不通，而且会产生各种情况的浪费。"[⊖]

那么，大野耐一为什么认为马克西-西尔伯斯通曲线的应用存在局限性呢？他是在质疑规模经济这一普遍规律吗？难道他是在怀疑反映产量与单位成本之间关系的具体数字吗？抑或是

⊖　大野耐一. 丰田生产方式 [M]. 谢克俭，李颖秋，译. 北京：中国铁道出版社，2016.

他认为当同车型的汽车产量达到百万辆后，再通过增加规模来降低成本已没有太大的意义吗？显然这些都不是。

事实是，他在思考，以大批量方式生产的同样的产品一定都是顾客需求的产品吗这一问题，而答案显然不是。在需求越来越多地呈现出个性化的今天，大规模生产同样的产品并无意义和必要，未来的生产模式只能是多品种小批量。

企业可以采用多种生产批量方案来满足顾客多样化的需求。例如，以月为周期，企业可以采取最大生产批量方案来生产顾客需要的各种产品，即一旦启动设备，就把当月的某种产品全部生产出来，然后再生产另一品种的产品。企业也可以采取最小生产批量方案来生产顾客需要的各种产品，即对每种产品，都以最小的批量来生产。

下面举例说明多品种大批量与多品种小批量两种生产模式。

假设一家企业某一个月生产 100 辆汽车，其中 A 型汽车为 50 辆，B 型汽车为 20 辆，C 型汽车为 30 辆。企业生产批量最大的方案是连续生产 50 辆 A 型汽车，再连续生产 20 辆 B 型汽车，最后生产 30 辆 C 型汽车。对同样的 100 辆汽车，还可以采取小批量的生产方案。例如，按 AAAAABBCCC 的组合进行生产，循环 10 次。

我们知道，顾客对每种产品的需求不可能都集中每个月的某个时段，而且在每个月的每个时段的需求不可能都一样。考虑到不能提前也不能推迟生产顾客需要的产品，采取最大生产批量方案的后果是某种型号的汽车造成积压，另一种型号的汽车却必须推迟交付。这两种情况都会给企业带来损失。所以，只要可能，就应该采取生产批量尽可能小的方案。

正是在继承丰田佐吉、丰田喜一郎、丰田英二生产管理理论的基础上，再加上从多品种大批量转换到多品种小批量的实践中，大野耐一总结出了丰田生产方式。

14.1.2　丰田生产方式的内涵与两大支柱

丰田生产方式的内涵可总结如下：以准时化与自働化为支柱，通过持续改善以杜绝浪费、提高效率，进而获得显著的经济效益。

大野耐一认为丰田生产方式有两大支柱，即准时化与自働化。大野耐一还形象地用棒球比赛来说明两大支柱的关系：准时化强调的是球队团体的协同性，而自働化强调的是每个球员的技能。

1. 准时化

（1）准时化（just in time，JIT）概念的提出。准时化由丰田汽车公司的创始人丰田喜一郎最早提出，后来的企业家和学者继承和发展了他的思想。

（2）准时化的含义。准时化就是将需要的零部件，在需要的时间，按需要的数量供给后一道工序。

准时化有以下三个含义。

- 不需要的零件不能往下输送。
- 需要多少输送多少，既不多，也不少。
- 在需要的时间立即输送，既不推迟，也不提前；

（3）实行准时化的意义。实行准时化的意义在于，通过准时化可以更好地响应真正的需求，并应对需求的变化。真正的需求如何体现？真正的需求不是通过生产业绩，而是通过能够销售出去或至少有把握在未来能够销售出去的产品来反映的。

生产系统很容易应对确定性的需求。问题是需求的变化是绝对的。需求的变化来自两个方面：一是预测总是与实际有所出入；二是供需双方对已经签约的订单在交货品种、交货时间或交货数量上提出的变更。其中，供应方提出变更的主要原因包括：人员缺勤、设备故障或能力欠缺、原材料不合格、产成品不合格等。企业通过技术与管理创新可以不断减少这些原因的发生。顾客提出变更请求的原因更为复杂，更难掌控。

无论如何，企业要对预测与实际的差异，特别要对顾客提出的在交货品种、交货时间或交货数量等方面的变化做出即时响应。否则，不但顾客的需求不能得到很好的满足，而且会因为停工待料或多余的库存而导致企业自身利润减少。

准时化不但为即时响应需求的变化提供了一种崭新的管理思路，而且可以在第一时间暴露生产过程中因操作技能、沟通协作、设备管理、采购管理、配送仓储、工艺管理、现场管理等导致的成本过高、质量太差、交货不准时等问题。

（4）准时化的实现条件。准时化的实现条件是形式上的看板驱动下的拉式生产方式以及基于小批量生产的上下游的协作生产。

实行准时化就是要解决是否需要、何时需要、需要多少的问题，而这些问题都是来自后道工序。所以，只能采取后道工序向前道工序提出需要的方式来实现准时化。这就是大野耐一提出的拉式生产方式。而实现拉式生产方式的一个可视化工具就是看板。

前道工序总是根据事先掌握的需求信息来安排生产，但需求是变化的。如果不需要，前道工序不生产就是了。如果需要的零部件前道工序已经备好或者能够在规定的时间生产出来，这都不是问题。问题在于，当前道工序无法满足后道工序的需求时该如何解决？这是准时化生产方式面临的最大挑战，也是当初大野耐一推行丰田生产方式时遇到的最大阻力。为此，大野耐一提出了基于小批量生产的协作生产的管理思想。这种协作不但包括同一工序工人之间的团队协作，而且包括上下游工序之间的协作以及总装厂与外部企业的协作。大野耐一提出的这种协作生产可认为是协同制造的萌芽。大野耐一进一步指出，只有企业各级领导，特别是高层领导在思想上进行了彻底的革命才能真正实现拉式生产方式和团队协作，进而实行准时化。

2. 自働化

丰田生产方式中的自働化来自日语单词"自働化（Jidoka）"，含义就是赋予机器人的智慧，并发挥人的主观能动性。自働化不同于传统意义上的自动化，而是考虑了人的因素的自働化。赋予机器人的智慧，发挥人的主观能动性以共同处理生产线上出现的各种问题是其全部含义。

（1）赋予机器人的智慧。赋予机器人的智慧的自働化最早由丰田公司的创始人丰田佐吉提出。丰田佐吉发明了一种自动织布机，在经线断了或者纬线用完的时候织布机就立即停止运行。

后来，在丰田公司的所有工厂都安装有自动停止装置，并且这种赋予机器人的智慧的思路得以扩展，形成了多种防差错设计方案。例如，在机器设备上安装一种装置，能够在工人操作失误、加工工件不符合要求或设备本身出现严重问题等情况下，使设备自动停止运行。就某些操作，也有类似的防差错设计方案。例如，工件未能安装到位就无法启动设备。通过设计一种装置，当容器未装满或遗留零件时不能合上盖子。或者，当一个工位所用的零件未被取出或取出数量不够时，盛放零件的容器上的警示灯就会一直闪烁。

赋予机器人的智慧，充分利用了机器程序化地、不知疲倦地执行预先设定的操作规程的优点。这样，当加工任务完成或出现了预先定义的问题时，机器就自动停止运行。

理论上，传统意义上的自働化的效率更高。但在实际中，生产过程总会受到各种各样因素的影响，如人员、机器本身、原辅材料、工艺装备、作业环境等。传统自働化设备都是高速化的，如果是单纯的自働化，当加工任务完成或因为人员、设备本身、工艺装备等出现了问题而机器却没有停下来，就会造成机器空转或瞬时生产大量的不合格品。赋予机器人的智慧，当出现预先定义的问题时机器自动停止运行，表面上看，效率降低了，但不合格品率会大幅降低，返工就更少了，效率反而更高。

（2）发挥人的主观能动性。通过安装自动停止装置不可能发现所有的问题。特别地，当出现没有预先设定的问题时，机器就不会停止。此外，当手工作业所占比重较大时，就更应该发挥人的主观能动性。

为了让发挥人的主观能动性由设想变为现实，大野耐一创建了独特的安灯（Andon）系统。当工人发现生产线出现了没有预先定义的问题而机器不会自动停止时，即刻拉动绳索停止机器的运行。安灯系统除可以显示出现问题的位置外，还可以通过灯光的颜色来显示生产线的状态。例如，灯光的颜色是绿色表明生产线是正常的；黄色表明生产线出现了问题，正在检修中；当红灯闪烁时，则说明所出现的问题非常严重，一时无法修复，需要停下整个生产线。对于比较严重的问题，如果所在岗位的工人不能解决出现的问题，其他人员便形成合力来共同解决这一问题。

不同于大批量生产的汽车公司，只有总装线的高级管理人员才有权停下整个生产线，在丰田汽车的生产线，每位工人都被授予可以停下整个生产线的权力。

安灯系统已由最初的拉绳模式发展到按钮模式，进一步发展到触屏模式。通过触屏模式让信息更加明确、更加快捷地传递出去，以减少时间浪费。另外，需要指出的是，现在安灯的用途扩大了，不再专用于故障报警，还用于指示生产状态。

归纳起来，安灯系统是指利用声光报警系统实施生产线上工艺、设备、质量等管控的管理工具。

正是借助安灯系统，实现了大野耐一倡导的可视化管理。

此外，丰田的自働化克服了只能一人看管一台设备的局限性，可以实现一人看管多台设备。当某台设备自动地或者在人的干预下停止运行后，工人就可以从容地在其他设备上加装工件或使用工具，当设备开始运行后，再去启动原来停下来的设备。这种多设备看管是优化用工的一个主要内容。

14.1.3 丰田生产方式的基本思想

丰田生产方式的基本思想是杜绝浪费。大野耐一认为降低成本的根本出路就在于杜绝浪费。他不同意通过增大产量来降低成本的做法。

成本高的直接原因是浪费太多。可是人们普遍认为，考虑到在减少浪费方面已经做得相当到位了，差不多已经把毛巾中的最后一滴水都拧出来了，所以减少浪费不再是降低成本的根本出路。那么，通过扩大生产批量来降低成本呢？答案应该就在于此。规模经济是一个普遍性的规律，通过扩大生产批量来降低成本不但立竿见影，而且效果显著。大野耐一的英明就在于，他不同意上述看法。他认为人们在消除浪费方面还做得远远不够。此外，他认为通过大批量生产来降低成本已经不合时宜。特别地，他给出了降低成本的新视角。

1. 重新定义浪费

在大野耐一的眼里，所有不创造价值的活动或事物都是浪费（Muda）。他总结了 7 种常见的浪费：多余的产品；无为的等待；无用的搬运；无效的加工；多余的库存；无谓的动作；不合格产品。

这里把 7 种浪费简称为"四无二多一不会"。

可以把无为的等待、无用的搬运、无效的加工、无谓的动作归为一类，统称为不合理的作业。任何人都会认同不合理的作业和不合格品是浪费。

那么，多余的产品呢？下面通过分析两种过量生产的情况来说明为什么多余的产品是浪费。

第一种情况，后道工序即刻不需要零件，而前道工序的工人又没有其他必要的事情可做，那么他是等待还是继续加工零件呢？答案是：等待！这似乎有悖于我们的常识。现在来分析一下，如果他继续加工零件，那么他就造成了浪费。加工多余的零件占用了原材料、人工、机时、动力、运输、作业场所、仓储空间等各种资源。更进一步，继续加工零件掩盖了他处于闲置状态的问题及造成这一问题背后深层次的原因，如工人与岗位不匹配、上下游工序不均衡、工人之间缺乏协作等。

第二种情况，某一生产单元有 10 名工人，每天生产 100 件产品，平均每人生产 10 件产品。经过分析发现，每天只需要生产 90 件产品即可，另外的 10 件是过量生产的产品。那么，为了生产真正需要的 90 件产品，这一生产单元是不需要 10 名工人的。这一生产单元上是不是需要 9 名工人呢？多数情况下，连 9 名工人也不需要。这 10 名工人中，有的业务能力高于平均水平，假设其中的 7 名工人的平均水平达到每天可以生产 13 件产品，那么，这一生产单元只需要 7 名工人就可以生产超过 90 件的产品。注意到，优化用工不是裁员。一方面，通过优化用工，提高了现有生产单元的生产效率；另一方面，把减少的 3 名工人调到更适合他们的工作岗位上。

大野耐一把多余的产品视为浪费真是耐人寻味，值得我们深思。避免过量生产产品，不但可以减少无效劳动，而且可以优化用工。当然，优化用工还包括多设备看管，通过优化用工就实现了减少浪费与提高效率的完美结合。

刚才的两种情况主要是从人员来分析过量生产的产品是浪费，从设备的利用上也可以得出类似的结论。大野耐一特别强调设备的开动率与可动率的区别。如果开动设备所生产的产品是多余的，那么这不但没有意义，而且有害，甚至是犯罪。可动率指标则反映了设备的状况，可动率高，说明设备的状况良好，随时可以启用。

再来分析"多余的库存是浪费"这一观点。

这里想特别指出的是，多余的库存不但是浪费，而且会掩盖甚至滋生各种管理问题。这正是为什么有人把多余的库存视为"万恶之源"。

如图 14-3 所示，图中的船代表企业的运营，水面代表库存水平，水下的礁石代表各种各样的问题，如废品、物料不能送达、人员缺勤、机器不能得到正常维护、工艺落后等。这些现实存在的管理问题被过高的库存所掩盖，因此，必须采取技术的、管理的措施减少库存，以暴露问题并解决问题。丰田生产方式就是通过这种减少库存→暴露问题→解决问题→减少库存的循环模式不断提高运营管理水平的。

图 14-3　过高的库存会掩盖甚至滋生管理问题

大野耐一对浪费的新看法让人们清醒。人们开始意识到，在减少浪费方面，我们其实做得远远不够。我们只注意到了那条还含有一点点水分的毛巾，却全然没有注意到旁边还有一条含有大量水分，甚至正在不停地滴着水的毛巾。大野耐一还提醒人们，减少浪费这个目标让企业"永远在路上"。

2. 降低成本的新视角

大野耐一通过重新定义浪费、质疑大批量生产在降低成本方面的可行性找到了降低成本的根本出路，在这个过程中，让我们眼前一亮的是他给出了降低成本的新视角。

时至今日，我们降低成本的惯性思维仍然是"加法"。企业总是要获得一定的利润。根据成本加成法确定价格，如果确定的价格太高，没有竞争力，那么就必须降低成本；如果确定的价格市场可以接受，降低成本的动力就不会太大，或者错误地认为现实成本已经比较低。

我们惊喜的是大野耐一给出了一个降低成本的"减法"思路。从终端需求出发，根据顾客的价值判断来确定价格，减去预期的利润后便是企业目标成本。如果现实成本比目标成本高，就想尽办法来降低成本。

可以看到，同样是降低成本，"加法"思路与"减法"思路的效果是完全不同的。前者是被动的，后者是主动的；前者追求的是小富即安，小成即满，后者追求的是没有最好，只有更好。

按照"减法"思路来降低成本，持续不断地减少浪费，抛弃通过大批量生产来降低成本的老路，转而实现小批量多品种的生产，就一定能够不断地降低成本，制定更有竞争力的价格，满足顾客越来越多的个性化需求，使顾客满意。

3. 快捷与质量同样重要

通过杜绝浪费来降低成本对企业获得成本竞争优势至关重要。以快捷的方式为顾客提供高质量的产品或服务同样重要。

（1）提高快捷的条件。毫无疑问，快捷绝不是尽可能早地生产产品，快捷也不仅仅是速度快。快捷就是该快就快，该慢就慢，该停就停。大野耐一在《丰田生产方式》中并没有明确地强调快捷的概念，但其所总结的准时化与自働化都包含着快捷的含义。

在丰田生产方式下，提高生产系统的快捷性，绝不是通过增加投资购置硬件设施来实现的，而是通过准时化与自働化等管理创新来实现的。那么实现准时化与自働化的基本条件又是什么呢？如果就是单一的一项作业或操作，只要提高了每个工人的技能就可以了。对于一个涉及多道工序的高度复杂的生产系统，除了提高每个工人的技能，还必须提高上下游工序之间、同一工序不同工人之间的协同性。

（2）提高质量水平的途径。提高质量水平的根本出路在于科学的质量管理方法的应用，而不是喊口号、贴标语。

大野耐一对汽车工业大批量生产的适用性提出了质疑。但是，日本企业对美国质量管理专家提出的质量管理理论与方法却推崇备至。特别地，为了纪念美国质量管理专家戴明博士在日本推广与应用统计质量控制方面所做出的巨大贡献，日本把质量管理的最高奖命名为戴明奖。此外，日本还总结出自己的质量管理理论与方法，如全公司质量管理（company-wide quality control，CWQC）、QC 小组、田口质量理论、质量功能展开等。事实上，只有通过这些科学的质量管理方法的应用，才能获得高质量的产品或服务。

14.1.4 丰田生产方式的实施

向福特汽车公司的大规模生产挑战，大野耐一最终要建成丰田生产方式的汽车流水线。丰田生产方式的实施条件包括基于看板管理的拉式生产方式、均衡化、可视化管理、团队协作等。

1. 基于看板管理的拉式生产方式

（1）拉式生产方式。拉式生产方式就是整个生产过程以需求为牵引力，通过下游拉动上游来实现按需生产的生产方式。

要想真正实现准时化，必须实行拉式生产方式。与拉式生产方式相对应的是推式生产方式，即由上游向下游推送在制品或零部件。注意到，在推式生产方式下，除了信息的延迟外，还会受到内部绩效考核的影响。所以，即使在信息公开和共享的情况下，推式生产方式也不能实现准时化。为实现准时化，只能采取由后道工序根据需要（品种、时间、数量）向前道工序拉动在制品或零部件的方式。在汽车生产线上，正在加工或装配的汽车是在下游工序的拉动下移动的。大野耐一把后道工序向前道工序传递的需求信息的载体形象地称为看板（Kanban）。

以装配线为例，以看板为载体，以顾客到供应商的拉动顺序为"顾客→成品库→成品暂存区→装配生产线→装配生产线边仓（"超市"）→加工零件暂存区→机械加工生产线→机械加工生产线边仓（"超市"）→材料仓库→供应商"。

拉式生产方式与推式生产方式的比较见图 14-4。

从图中可以看出：在拉式生产方式中，信息流与物流方向相反，实际生产数量与计划生产数量相一致，没有多余的库存；在推式生产方式中，信息流与物流方向相同，实际生产数量大于计划生产数量，会产生多余的库存。

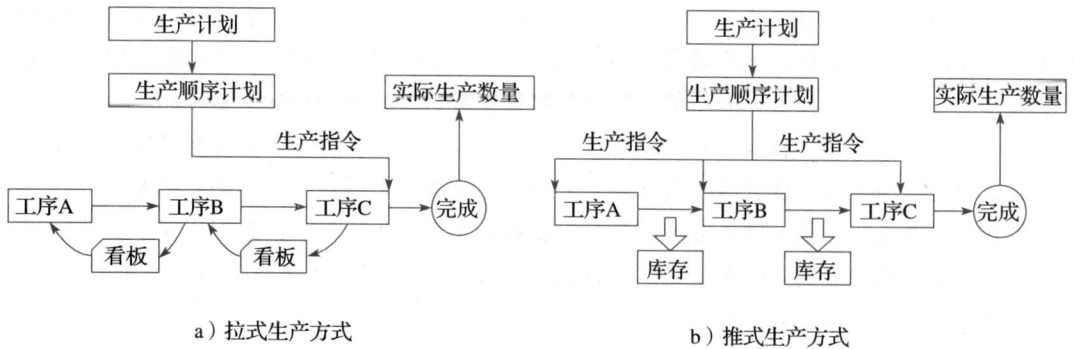

图 14-4 拉式生产方式与推式生产方式的比较

（2）看板。下面简要介绍一下看板这种方法。

第一，看板的提出。顾客去超市购物，什么时候需要，就什么时候去；需要什么，就取什么；需要多少，就取多少。受到顾客在超市购物的启发，大野耐一认为在汽车装配线上可以采取根据需要去零件货架上取件的方式。这种零部件上件的"超市方式"进一步演化为看板管理。

看板成为实现拉式生产方式的基本手段。事实上，看板管理也是一种新的管理思想。任何新生事物的发展都会遇到阻力，看板也不例外。仅仅在丰田汽车公司内部全面推行看板管理就花费了 10 年以上的时间。

第二，看板及其分类。看板泛指能够传递信息的各类指示板、卡片、公告栏等标识物。看板是实现准时化的重要技术手段。以看板为载体，把需求向上游梯次传递到上游，以实现拉式生产方式，进而实现准时化。

根据其在生产控制中的作用，看板分为生产指示看板、取货看板（或搬运看板）和其他看板三类。

生产指示看板是指载明生产指示的详细信息，如生产数量、质量要求、生产时段、交付时点、生产单元、关键设备、生产方式、作业班组等的标识物。

取货看板是指标有详细的取货信息，如零件名称、需要数量、需要时间、传送部门、传送方式、传送地点、所用容器等的标识物。就汽车装配而言，从后道工序返回的装运专用部件的空容器、以"超市方式"上件的空出的货位实质上也是看板。

其他看板是指当出现缺件紧急情况时，需要投入使用的紧急看板和用于满足临时增产需要的临时看板。

第三，看板的使用原则。使用看板时，应坚持以下 6 项原则：①后道工序在需要的时候通过看板到前道工序领取零件，没有看板不能领取零件，数量不能超过看板规定的数量；②按看板出现的顺序及其规定的数量生产；③追求百分之百的合格品，如有不合格品流入后道工序，立即返回到前道工序；④改进作业过程，创建更多连续流，以逐步减少看板的数量，以降低生产系统的库存水平；⑤利用看板的微调功能，通过增减看板的数量适应产量的小幅度变化；⑥利用看板追踪不合格品的功能，改进作业流程。

第四，看板的使用方法。以下以生产指示看板与取货看板为例说明看板的使用方法。如图 14-5 所示，取货看板按①→②→③的路径移动。按照取货看板调度规划，取货人带着相应数量的取货看板和容器到紧前工序的零件存放处 A，把带来的空容器放到指定的地点。A 处每个装有零件的容器内，有一张生产指示看板系于零件上。取货人解下系在所取容器零件上的看板，并按顺序放入生产指示看板箱内。然后，把取货看板系到所取的零件上，连同所取的零件一起运回零件存放处 B。当取回的零件投入使用时，解下取货看板按顺序放入取货看板箱。生产指示看板按④→⑤→⑥的路径移动。紧前工序每隔一定时间，对来自不同紧后工序的生产指示看板进行调度，并按调度结果进行生产。在加工过程中，生产指示看板与零件同步移动。零件生产出来后装入规定的容器，并把生产指示看板系到某个零件上。然后，生产指示看板连同零件一起被放置于存放处 A。按同样的做法逐步向前推进，整个生产过程就实现了适时适量的生产。

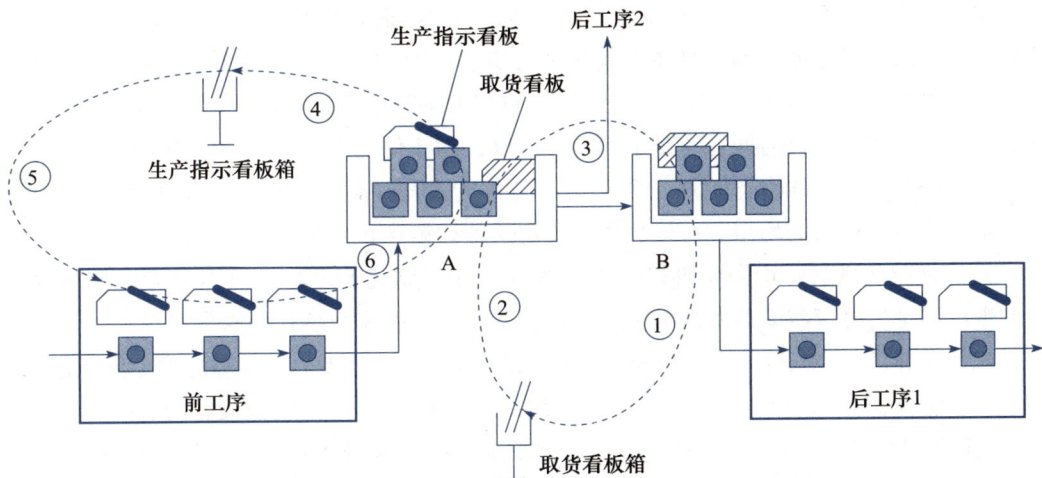

图 14-5　看板使用方法示意

第五，看板数量的确定。在看板控制的生产系统中，各加工中心的在制品的数量是由投放的看板数量控制的。生产总是以一定批量方式进行的，以容器来运输物料时，可把装满物料的一个容器看成一个批量。此时，一个容器就是一个看板。看板（容器）的数量应保证不出现缺货现象，且使生产系统的库存水平最低。生产指示看板的数量可用以下公式计算

$$N = \frac{DT(1 + \alpha)}{C} \qquad (14\text{-}1)$$

式中，N 表示生产指示看板（容器）的数量；D 表示每天消耗量，实际中是从主生产计划（MPS）中分解出的每天生产量；T 表示生产周期，包括容器内全部零件的加工时间、生产过程中的准备和等待时间以及送达下一工序的时间；α 表示安全系数；C 表示容器容量。

例 14-1　某加工中心的日耗量为 300 个零件，每个容器最多可装 25 个零件。生产周期为 0.12 天。设定 0.20 的安全系数。试计算所需的生产指示看板（容器）的数量。

解： 根据式（14-1），可得：

$$N = \frac{300 \times 0.12 \times (1 + 0.20)}{25} \approx 2（个）$$

即所需的生产指示看板（容器）的数量为 2 个。

计算看板数量的意义在于，通过看板数来测算出运营系统中的最大在制品量，分析通过缩短生产周期或降低安全系数来减少看板数量，进而减少最大在制品量的可能性。

2. 均衡化

（1）均衡化的真正含义。从表面上看，均衡化是指按照准时化的要求，每个时段生产的数量是均衡的。最理想的均衡化是：不但一年的每一个季度，一个季度的每个月生产的数量是一样的，而且一个月的每一天，一天的每个小时生产的数量也是一样的。如果不考虑准时化，不考虑需求或不考虑库存，这种均衡化实现起来是轻而易举的。

问题在于，现实中有不同的顾客，顾客的需求是多样化的，需求的时间、数量也是不确定的。例如，某公司只生产 A 和 B 两种型号的产品，经过汇总，在某个月的 25 日公司需要交付给不同的顾客两种型号的产品，具体数量和时段如下：10:00—11:00 需要交付 1 个 A 型产品，11:00—14:00 需要交付 4 个 B 型产品，14:00—17:00 需要交付 2 个 A 型产品和 1 个 B 型产品。此外，这些产品的生产提前期通常是不同的。所以，均衡化绝不是产品数量的均衡化。

丰田生产方式下，均衡化的真正含义是：在满足顾客对品种、时间、数量要求的前提下，实现设备、人力等负荷的均衡。可以想象，实现这种均衡化将是怎样一个艰巨的任务。

（2）均衡化的意义。均衡化可以使生产线的产能得到均衡利用，可以最大化地减少过量生产或生产不足，可以减少浪费或损失，可以更好地满足顾客个性化的需求。

（3）均衡化的实现条件。实现均衡化的前提条件是生产系统要具有足够的柔性和稳健性。为提高生产系统的柔性，需要通过培养多面手来提高人员的柔性，通过专用设备的通用化（如在通用设备上添加可拆卸的工具）来提高设备的柔性。此外，均衡化是以生产系统的稳健为前提的，这种稳健性包括人员的技能要高，质量有足够的稳定性，设备得到了充分的维护等。最后，在上下游之间设置必要的库存。

3. 可视化管理

可视化管理就是通过可视化的方式来呈现生产过程中工人、设备、加工过程等的实时状态，以提高管理效率的生产管理方法。可视化管理也叫目视化管理。

可视化管理是丰田生产方式的主要管理手段。可视化、准时化、自働化一起构成了丰田生产方式的"神经反射系统"。"神经反射系统"的建立与运行有助于生产系统对生产过程中的微小变化做出自动反应。

可视化管理的主要表现形式是标准作业表。标准作业表可以被认为是现在广泛应用的标准操作规程（standard operating procedure，SOP）的雏形。看板、安灯系统、一些防差错设计方案也是可视化管理的具体形式。

可视化管理还表现在其他方面，例如，质量可视化、成本可视化。大野耐一反复强调的到现场去，根据看到的情况做出决策，就是可视化管理的思维模式。

大野耐一会要求工人把所有的不合格品都摆放在大家都能看到的地方。他认为，零不合格是致力追求的目标，但可怕的不是生产线上出现了不合格品，可怕的是出现不合品后不去立即查明原因，进而做出改进，以防止类似问题的发生，更可怕的是把不合格品藏匿起来。

大野耐一还要求工人把现场散落的零件、废弃的零件都收集起来并展示，进一步让工人计算这些零件给工厂带来的损失。

在计划编制、业绩评估、设备置换上，不能仅在办公室对数据进行测算，必须到现场，根据亲眼看到的生产状况、库存情况、工人状态、设备运行情况给出决策方案。

下面介绍大野耐一提出的标准作业表。

标准作业表是指描述作业对象、设备和工人之间协同关系的规范。丰田汽车公司的标准作业表有三项核心内容，即周期时间、作业顺序、标准在制品。

按照大野耐一对周期时间的解释，周期时间是指生产一辆汽车所需要的时间。从字面上理解，应该是从下料到汽车开下装配线的时间。作业顺序是指工人在当班时间内包括等待在内的各项活动的顺序。其中，等待就是需要通过流程优化或团队协作来减少的部分。标准在制品是指按照作业顺序，为完成整个作业任务，在理想状态下工序内必然存在的在制品数量。

把包含周期时间、作业顺序、标准在制品方面的信息张贴在工人容易看到的地方，可以让工人实时掌握工作进度，一旦出现偏差就在第一时间做出调整。

4. 团队协作

在一切生产组织中起决定作用的是人。

注意，即使通过作业改善形成了标准作业，要想实现准时化仍然存在着诸多挑战。一方面，标准作业明确了理想状态下的作业规范。现实中这样的理想状态是不存在的。无论是原料与动力供应，还是设备与设施状态都不可能一直处于理想状态。就是起关键作用的人员也有技能或工作状态上的差异。另一方面，即使生产系统都是理想的，来自顾客的需求也时常发生变动。

大野耐一的伟大之处就在于他找到了破解生产系统内外不确定性的有效方案。他不是回避工人在技能上的差异，恰恰相反，他提出要借力这种人员上的差异。这就是他在《丰田生产方式》中多次提到的团队协作。

即使经过优化用工，把每一个工人都配置在了他最擅长的岗位上，在同一种岗位上的不同工人之间仍然有差异。大野耐一从接力赛跑中受到启发，为什么不可以让能力强的工人多干点？他要求打破一个工人只能操作一台设备的常规，实行多设备看管，并采取团队协作的方式来完成作业任务。一个工人在某些方面可能比其他工人差一点，但可以在其他方面弥补回来。不受制于工人在技能上的差异，反而把这种差异作为一种调节器。如果说准时化与自働化是丰田生产方式的两大支柱，那么团队协作就是丰田生产方式的精髓之所在。值得说明的是，强调团队协作，不是不要人员分工，而是分工基础上的协作。

14.2　精益生产概述

14.2.1　精益生产产生的背景

1985 年，美国麻省理工学院设立了国际汽车计划组织（International Motor Vehicle Program，IMVP）。自 1986 年，IMVP 的研究人员用 5 年的时间对全球 17 个国家的 90 多家汽车工厂进行了全面、深入的调查，结果发现，以丰田汽车公司为代表的日本汽车公司，与美国的汽车公司相比，只需大约一半的人员、一半的生产场地、一半的投资、一半的工程设计时间、一半的新产品开发时间和少得多的库存，就能生产出质量更高、品种更多的轿车。詹姆斯·沃麦克（James P. Womack）、丹尼尔·琼斯（Daniel T. Jones）、丹尼尔·鲁斯（Daniel Roos）对大野耐一提出的丰田生产方式进行了总结和提炼，提出了精益生产（lean production，LP）的概念，并于1990年出版了《改变世界的机器：精益生产之道》一书。

14.2.2　精益生产的概念

精益生产是以持续改善为基础，以丰田生产方式为核心，以并行产品开发和稳定快捷供应链为支撑，依据顾客需求准确定义价值，使产品从最初的设计到配送至顾客的过程中流动起来，最终实现卓越绩效的生产方式。

上述定义体现了沃麦克和琼斯等确定的精益生产的五项原则。

- 根据客户需求，重新定义价值。
- 识别价值流，重新优化或设计企业流程。
- 使价值流动起来。
- 根据客户需求拉动价值流。
- 持续改善，追求尽善尽美。

从精益生产的定义和五项原则可以看出，精益不是少，也不是单纯的精简，而是站在顾客角度看的精致。

定义中强调精益生产以丰田生产方式为核心是表明：精益生产是对丰田生产方式的总结和发展，甚至可以说，精益生产就是丰田生产方式。

14.2.3　精益生产的特征

我们通过对比精益生产与大批量生产来说明精益生产的特征。精益生产与大批量生产的区别主要表现在以下7个方面。

（1）价值定位。价值根据顾客需求来定义，由企业来实现。企业应分析从产品构思到把产品配送至顾客的价值创造过程。通过消除一切浪费来降低成本，进而制定更低的价格，以便让顾客有更多的所得。

价值工程把价值定义为"对象所具有的功能与获得该功能的费用之比"，即 $V = F/C$。精益生产从另一个角度分析了价值。以 V 代替产品或服务对顾客的效用，以 P 代替价格，以 C 代替成本。V 减去 P 就是顾客获得的价值，P 减去 C 就是企业获得的利润。C 越低，就可以制定越低的 P。这样，不但顾客获得的价值更多，企业的利润也更高。

在精益生产方式下，坚持根据顾客的需求来定义价值。例如，航空公司准确地识别到了乘客的核心需求，那就是以最快捷、最安全的方式到达目的地。认识到这一点，采取精益生产的航空公司会把管理重点放在为乘客提供快捷的登机通道、直航、空中简餐服务，从而降低了机票价格，减少了运营成本，为乘客创造了价值，也为航空公司带来了更多的利润。

在大规模生产方式下，像一些美国的公司那样，把价值定位于能够为企业带来利润是错误的。像一些德国的公司那样，站在工程师的立场尝试为顾客提供精致而复杂的产品的价值定位也是错误的。

同样是航空公司，有些航空公司为了追求自身利润，尝试减少单个乘客的成本，会考虑采取转机方案，为此，会设置奢华的候机室、搭配丰盛的餐品。遗憾的是，尝试为乘客提供与出行没有太大关系的五星级候机服务和无与伦比的空中餐饮并不能安抚乘客因为长途旅行而疲惫的心。

（2）对浪费的理解。根据精益原则，未创造价值的事与物都是浪费。大野耐一特别强调，过量生产的产品、多余的库存不是创新价值，而是浪费。为此，在精益生产方式下，通过频繁更换模具来实现多品种小批量生产。

在大批量生产方式下，人们认为只要生产出来，哪怕放在仓库里也是资产，只有额外的消耗才是浪费。福特汽车公司的 T 型车的流水装配线淋漓尽致地展示了大批量生产的高效。但是大批量生产的产品如果不是顾客需要的，或者不是顾客马上需要的，就是浪费。

（3）分工与协作。在精益生产方式下，一方面，同一工种的工人之间互帮互助，这就是大野耐一在《丰田生产方式》一书中多次提到的接力棒的思想；另一方面，操作人员同时承担清扫、检修、质检等多项任务。

在大批量生产方式下，生产线上的工人只负责自己工位的操作，同一工种的工人之间缺少互帮互助，清扫、检修、质检等则由另外的工人来负责。

（4）工人的权限。在精益生产方式下，一线工人被赋予足够的权力。在丰田汽车公司，必要时，任何一个工人都可以通过防差错设计把整个生产线停下来。

在大批量生产模式下，只有负责总装线的高级管理人员才有权力停下整个生产线。

富有戏剧性的是，在丰田汽车公司，虽然一线工人都有权力使整个生产线停下来，但几乎不曾发生过整个生产线都停止的情况。相反，需要总装高级管理人员才有权力停下整个生产线的公司却时常发生这种情况。究其原因，与采取大批量生产的汽车公司相比，因为一线工人被赋予了足够的权力，所以这些最了解情况的一线工人就有了荣誉感和动力来第一时间解决现场出现的问题。

把足够的权限赋予工人至少有以下两个方面的好处。

第一，只有一线工人才最了解生产情况，其最有资格决定生产线是否要停下来。

第二，当赋予工人更多权限时，就增强了他们的主人翁意识，特别地，当利用被赋予的权力解决了一个比较大的问题时，工人的成就感就油然而生，进而会激励他们第一时间发现问题，而后分析问题，解决问题。

（5）问题的解决。问题总是存在的，只是大小不同罢了。问题确实是麻烦，但问题也是改进的机会。

在精益生产方式下，鼓励员工发现问题、分析问题、解决问题。

在大批量生产方式下，因为批量较大，为了保证生产线正常运行，无形地就造成了回避问题的结果。

（6）与供应商的关系。在精益生产方式下，核心企业与上游供应商是合作伙伴关系。例如，丰田汽车公司就与多数供应商形成了合作伙伴关系。这种合作伙伴关系表现在很多方面。例如，互相参股、互相让利、合作进行产品的开发等。

大批量生产方式下，上下游是一种纯粹的买卖关系，多了讨价还价，少了合作共赢。

（7）生产组织。精益生产的核心是丰田生产方式。丰田生产方式的两大支柱之一是准时化，为了实现准时化，就必须采用拉式生产方式，即由最终顾客通过需求拉动最后工序的生产，再逆向梯次向前面的工序拉动生产、配送或供给。

与精益生产相反，在大批量生产方式下，是推式生产方式。

精益生产与大批量生产在上述 7 个方面的区别如表 14-1 所示。

表 14-1　精益生产与大批量生产的区别

比较项目	精益生产	大批量生产
价值定位	从客户需求出发	从公司利润出发
对浪费的理解	未创造价值的事与物	直接造成的损失
分工与协作	多面手在分工基础上的协作	强调专业化，协作不够
工人的权限	可以停下整个生产线	只能停下自己的工作
问题的解决	鼓励发现问题，问 5 个为什么，当即改正	回避问题，问题分析不深入，改正不及时
与供应商的关系	合作伙伴关系	纯粹的买卖关系
生产组织	拉式生产方式	推式生产方式

14.3　精益生产的体系结构与实现条件

14.3.1　精益生产的体系结构

1. 基础

持续改善是精益生产的基础。

十全十美的生产系统是不存在的，尽善尽美是我们要尽力实现的终极目标。任何生产系统都会出现这样或那样、或大或小的问题。不正常的是不能发现问题，不能发现造成问题的真正原因。更为不正常的是不想去发现问题。最为不正常的是发现了问题却视而不见或力图掩盖所发现的问题。在精益生产方式下，鼓励发现问题，在揭示造成问题原因的基础上，给出改进方案。所以，在精益生产方式下，需要对生产系统进行改善，而且是持续改善。这体现了"没有最好，只有更好"的重要管理思想。

（1）三个层面的持续改善。精益生产方式下的改善遵循先实施作业改善，再进行设备改善，最后实施工程改善的顺序。当然三者是相互联系的，没有纯粹的作业改善、设备改善或工程改善。

第一，作业改善。作业改善就是通过作业流程优化，形成作业标准。然后，在更高层次上对作业做进一步的改进。

为有效实施作业改善，大野耐一提出了著名的"5 个为什么"。5 个为什么不是问 5 个方面的问题，而是就某一个问题，采取抽丝剥茧的方式追问 5 个问题。当然，如果追问 4 个问题就把造成问题的真正原因找到了，就不需要再追问下去。如果追问 5 个问题仍然没有找到造成问题的真正原因，就需要接着追问。

下面是《丰田生产方式》一书中给出的实例。该实例是有关机器停止运行的，通过追问 5 个为什么，丰田汽车公司找到了造成问题的真正原因。

1）问：为什么机器停了？答：因为超负荷，保险丝断了。

2）问：为什么超负荷了？答：因为轴承部分的润滑不够。

3）问：为什么润滑不够？答：因为润滑泵吸不上来油。

4）问：为什么吸不上来油？答：因为油泵轴磨损松动了。

5）问：为什么磨损了？答：因为没有安装过滤器，混入了铁屑。

这个例子极具代表性，如果没有问够 5 个问题，例如，只问到第 2 个问题，就这次的机器停止运行，给出的解决方案很可能就是：加注更多的润滑油。这一解决方案不但不能解决这次机器停止运行的问题，还会造成润滑油的浪费甚至设备的损坏。

在评价作业改善的效果时，最有说服力的指标是用工更少了，作业时间更短了。但这绝不意味着作业改善的目的是增加工人的劳动强度。正好相反，通过作业改善，在劳动效率提高的同时，工人的劳动强度也降低了。

第二，设备改善。在《丰田生产方式》一书中，大野耐一所说的设备改善是指新设备，特别是自働化设备的购置。他多次提到，在淘汰老设备、购置新设备时要做经济性分析与论证，不能根据设备的使用年限和型号的新旧来评定其价值，而应根据设备的保养程度和可动率来评定其价值。

遗憾的是，对高精尖设备的购置与使用，至今仍然存在一些错误的看法。人们认为一次多花些钱购置一台高精尖的设备，必定会大幅度地减少用工，增加产量，提高质量。为了提高高精尖设备的使用率，配套工程也需要开足马力生产。如果所生产的产品并不是顾客马上就需要的，甚至未来一段时间都不需要，那么大量生产这些产品不是贡献，是浪费！

第三，工程改善。工程改善是系统的，是工业工程的任务。工业工程（industry engineering，IE）是对由人员、物料、设备、现场、流程、标准等所组成的系统进行设计与改进的一门学科。

丰田式的工业工程强调了两点：一是工业工程的出发点应该是能够带来盈利；二是比起技术手段的改善，管理方法的创新对改善更为重要、收效更大。

（2）持续改善的任务。该任务的具体内容如下。

第一，不断提高生产系统的柔性。提高生产系统的柔性是实现精益生产的根本保证，也是实现精益生产面临的最大挑战。从满足顾客需求出发，在多品种小批量要求下，既要实现均衡化又要实现单件流，还要避免一切浪费，处处是矛盾，处处是困难。唯有不断提高生产系统的柔性才能实现精益生产。

为提高生产系统的柔性，人员需要逐步从一专走向多能，设备需要逐步实现专用设备通用化，建立并逐步完善生产系统的即时响应机制。这里特别强调了逐步，就是要说明这种改进是渐近的螺旋式上升的过程。例如，要求人员从一专走向多能，不但在客观上要求员工要掌握更多的技能（每种工种都有各自的标准作业规范），而且在主观上要求员工能够接受这种多工种操作模式。可以想象，随着改进的推进，阻力会越来越大。

第二，不断提升设备的稳健性。以事后维修或预防维修为主导的设备维修模式显然是无法实现精益生产的。全面生产维修（total productive maintenance，TPM）这种科学的设备维修方法成熟而有效，但实施起来并不容易。TPM 已经不再是单纯的设备使用问题，而是涉及了设备全生命周期的管理问题。它也不再是单纯的设备管理问题，而是涉及了人员、作业环境、原材料、工艺方案等方方面面。从设备全生命周期考虑，从与设备相关的方方面面考虑，逐步提高设备的稳健性自然成为企业一个永久的课题。

第三，不断完善现场秩序。规范的现场秩序是精益生产最直接的保证。这里包括三层含义：①现场秩序不好，根本就谈不上精益生产；②不断完善现场秩序不只是为了追求表面上看起来精简、整洁、有序、规范，而是为了在完善现场秩序的基础上使更深层次的生产作业达到规范有序；③要想发现改进的机会，必须到现场去，通过观察现场掌握第一手资料，这也是大野耐一所极力倡导的。

兴起于日本的 5S 现场管理法为不断完善现场秩序提供了有效的工具。

1955 年，日本的一些企业提出了"安全始于整理、整顿，终于整理、整顿"的观点。这是现场 5S 活动的发轫。后来，为满足生产管理的需要，又在整理、整顿两项活动的基础上，提出清扫、规范、素养三项活动。20 世纪 80 年代，随着现场管理理论的发展与企业实践，形成了系统的 5S 现场管理法（也称五常法），即对生产现场的人员、设备、物料、方法、环境等要素进行全面改善的管理方法。之所以把这套方法称为 5S 现场管理法，是因为整理、整顿、清扫、规范、素养 5 个词语的日语的罗马拼音都是以 S 开头的。

现在也有提出 6S、7S，甚至更多 S 的管理方法，但核心仍然是 5S 现场管理法。

下面简要说明 5S 现场管理各项活动的含义。

①整理（seiri）。它是指通过区分需要的与不需要的物品，处理掉不需要的物品，现场只保留需要的物品，再把需要的物品细分为现在在用的和现在不用的。实际中，还要进一步把需要的物品按使用频次来细分，以供下一步在整顿时参考。这里有一个很有趣的案例，某公司通过整理，清除了很多早已过了保管期的文件资料，腾出几个文件柜。这几个文件柜便成了不需要的物品而被处理掉。这样一来，不但更容易找到需要的文件资料，办公区也变得宽敞明亮。

②整顿（seiton）。整顿是指把现场必要的物品按规则定位放置并加以标识。其中，现在在用的、使用频次高的物品尽量放在触手可及的明面之处，现在不用的尽量放在仓库里。定置管理是整顿的一项基本内容。注意，在整理之前进行整顿毫无意义。

③清扫（seiso）。清扫是指清除现场内的废料、垃圾、脏污，形成并保持清新的环境。注意，这里的清扫不是通常意义上的春季大扫除。通过清扫可以发现生产过程需要改进之处，特别地，通过清扫来发现现场各种设施在维护方面存在的问题。

④规范（seiketsu）。规范是指总结出整理、整顿、清扫好的做法，使之规范化、制度化。规范的重要成果之一是形成各项标准。所以也有人把规范称为标准化。

⑤素养（shitsuke）。素养是指促成员工依规行事，有修养、有内涵。素养的另一层含义是保持并推广前四项活动已取得的成果。

第四，不断提高质量水平。无论采取什么样的生产方式，最后都要交付给顾客特定的产品或服务，顾客在对产品或服务进行评价时，质量永远是第一位的。不断提高质量水平永远在路上，而不断提高质量水平的唯一出路是利用科学的质量管理方法去发现质量问题、分析质量问题、解决质量问题。

精益生产以"零不良品"为质量管理目标，通过建立以质量保证为核心的质量管理体系，综合利用各种质量管理方法，尽一切可能保证生产系统的各工序都能生产出百分之百的合格品。

质量管理新老七种工具也好，PDCD（PDSA）、TQM、SPC、6σ 等系统的质量管理方法也好，都早已被证明是科学的质量管理方法。但这些方法本身并不是灵丹妙药，只有实实在在地使用才变得有价值。

2. 核心

丰田生产方式是精益生产的核心。事实上，即使说丰田生产方式就是指精益生产也未尝不可。

以准时化和自働化为支柱，丰田生产方式使以下不可能变成了可能：以顾客需求为拉动、多品种小批量、均衡化、单件流方式生产、避免一切浪费。

3. 支撑

并行产品开发和稳定快捷供应链是对精益生产的支撑。

（1）并行产品开发。并行产品开发是指由设计人员、工艺人员、生产人员、市场销售人员和质量管理人员等组成跨部门、多学科的开发团队，并行地设计产品及其制造过程的系统方法或综合技术。

开发团队按照并行工程的做法，同时考虑产品设计、工艺、制造等上下游各种因素的要求，进行平行交叉设计。通过实时信息交换，及早发现并协同解决设计阶段的错误，使产品具有良好的可制造性、可装配性、可检测性、可生产性（按需要进行产品生产时，企业的设备、人力资源能否满足要求）、可使用性、可维修性，实现设计一次成功，达到缩短开发周期、降低产品成本和提高产品质量的目的。

日本的汽车制造业采用并行工程开发新产品取得了良好效果，表 14-2 是采用并行产品开发的日本汽车公司与没有采用并行产品开发的美国汽车公司的对比结果，该对比直观体现了并行产品开发效果。

（2）稳定快捷供应链。精益生产要实现产供销之间的协同性，在物料供应方面实施准时化采购，在销售方面实施即时销售。因此，稳定快捷供应链是对精益生产的支撑。

丰田汽车公司与供应商之间是长期合作、共同发展的互利共生关系。通过长期合作，丰田汽车公司向供应商提供生产技术与管理方面的指导，帮助其引入准时化生产方式，不断消除浪费，提高产品质量，降低成本。在使供应商受益的前提下，保证丰田汽车公司能够适时适量地获得所需的物料。

表 14-2　并行产品开发效果

项目	日本汽车企业	美国汽车企业
每种新车型平均设计工时/百万 h	1.7	3.1
每种新车型平均开发时间/月	46.2	60.4
项目团队人员数/人	485	903
样车制造先导时间/月	6.2	12.4
模具开发时间/月	13.8	25.0
投产至第一辆销售时间/月	1.0	4.0
新车型投产后到达到正常生产率的时间/月	4.0	5.0
新车型投产后到达到正常品质的时间/月	1.4	11.0

丰田汽车公司建立了由销售商和专营店组成的覆盖整个日本的销售网，并通过信息网把销售商、专营店、企业三者联系起来，及时获得汽车市场的各种信息和销售商的订货信息，按订单组织生产，实现产销之间的即时性。销售商和专营店利用信息网互通有无，调剂余缺，减少库存，提高服务水平。

4. 目标

精益生产的目标就是以价值驱动，通过持续改善，减少浪费，获得价值，实现卓越绩效。

在精益生产方式下，对价值进行了重新定位，因而也就重新定义了浪费。简而言之，不能为顾客提供价值的一切事物或活动都是浪费。精益生产的最终目标是实现卓越绩效。

基础、核心、支撑和目标四个方面共同构成了精益生产体系结构，如图 14-6 所示。

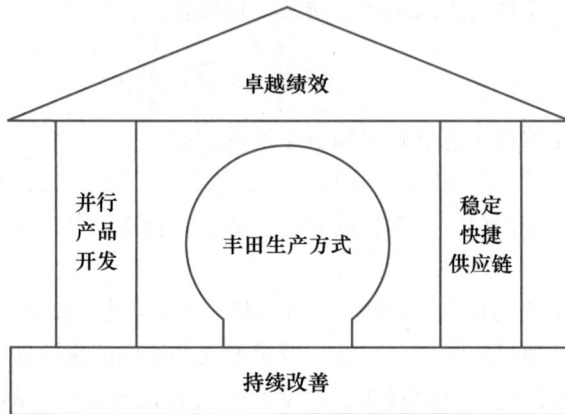

图 14-6　精益生产体系结构

14.3.2　精益生产的实现条件

1. 流程要素

（1）单件流。具体如下。

第一，单件流的含义。单件流也叫一个流，是指生产线上连续不断逐件加工产品，即在生产线上，只有一件产品在不停地流动，把一件产品加工完后再加工另一件产品。从这个定义可以看出，单件流一定是连续流，没有连续性的一件一件的出产是没有任何意义的。此外，这里的"件"更多的是一个最小存质单位（stock keeping unit，SKU）。

第二，单件流与批量生产的比较。与单件流相对应的是批量生产。下面举例说明单件流与批量生产的区别。

假设一种产品需要连续在Ⅰ、Ⅱ、Ⅲ、Ⅳ四个工位上进行加工后才能成型。现有 5 件产品需要加工，每件产品在每个工位上的加工时间都是 10min。

采用单件流时，第一个产品的出产时间计算如下：$4 \times 10 = 40$（min），第二件产品的出产时间计算如下：$40 + 10 = 50$（min），依此类推，第五件产品的出产时间计算如下：$40 + 4 \times 10 = 80$（min）。

采用批量生产方式，并且是最大批量生产方式，即把 5 件产品在第一个工位都加工完后再传递到第二个工位，依此类推。这样，第一个产品的出产时间计算如下：$5 \times 10 + 5 \times 10 + 5 \times 10 + 10 = 160$（min），第二件产品的出产时间计算如下：$160 + 10 = 170$（min），依此类推，第五件产品的出产时间计算如下：$160 + 4 \times 10 = 200$（min）。

可以看到，采用单件流时，无论是第一件产品的出产时间，还是最后一件产品的出产时间，都远比采用最大批量生产方式时少。

当然，批量生产方式也有其好处。例如，可以节约单位运输成本，对多品种生产可以避免频繁转换工种，可以在一段时间专注于完成一项操作。但是，批量生产方式只有在产品的出产时间没有限制且加工的产品是一种或品种极少的情况下才有意义。遗憾的是，这种情况在现实中是不存在的。

归纳起来，与批量生产相比，单件流有以下五个方面的优点。

- 在第一时间满足顾客的需求。
- 缩短了提前期。
- 减少了在制品。
- 更容易发现瓶颈环节。
- 可以在第一时间发现人员、物料或设备等方面存在的问题（如果有的话）。

第三，单件流的实现条件。当顾客需要的产品都是一样的，或者品种很少而每种的数量很大，而且对产品出产时间没有严格要求时，实现单件流并不必要，真要实现起来也极其容易。问题就在于顾客的需求越来越多地呈现出多样化，每个品种的数量越来越少。要想采取单件流就需要不断地改变加工对象，调整加工设备，甚至更换工人。那么，在多品种小批量情况下如何实现单件流呢？归纳起来，需要具备以下三个方面的条件才能实现单件流。

- 快速换模技术，这是新乡重夫⊖最早提出的生产管理方法，是单件流的必要支撑。
- 对工序间的运输方式进行改进，例如，改车辆运输为传送带输送。
- 工人之间，特别是不同工序之间工人的协作是按照同一节拍生产的保证。

（2）流程设计与改善。在精益生产方式下，把流程分为以下三类。

- 直接创造价值的流程。
- 不直接创造价值，但又不能缺少的流程。
- 完全多余的流程。

在设计流程或对现有流程进行改善时，应该尽量减少第二种流程，立即取消第三种流程。这是精益生产追求价值创造的必然要求。

2. 生产计划与控制

丰田生产方式下的拉式生产、作业计划的均衡化、可视化管理等方法是实施精益生产在生产计划与控制方面的保证条件。

3. 人员要素

人员是企业最宝贵的资源或资产。精益生产方式下的人员要素管理至少有以下八个方面的特征。

（1）不是首先要求员工必须具备什么样的条件，而是首先思考把其放在哪里最合适。

（2）赋予一线工人最大的权限，例如，在丰田汽车公司，任何工人都有权停下整个生产线。

⊖ 日本工程师，工业工程品质管理专家。

（3）基于事实，陈述与上级领导不同意见的员工会得到器重。

（4）主动报告企业中存在的问题会受到表扬，即使问题是报告者所造成的；相反，尝试隐藏问题者会受到处罚，即使问题不是隐藏者所造成的。

（5）更多地强调协作，而不是分工。

（6）更多地考虑团队的整体绩效，而非个人绩效。

（7）强调一专多能，着力培养多面手。

（8）强调省力，而不是少人，更不是省人。这里的少人与省人是指大野耐一给出的界定。少人是指预先配置尽可能少的人，省人是指用机器来代替人工。

14.4 价值流图

价值流图是一种用于精益流程设计与优化的图形化工具。价值流图最早由丰田汽车公司提出。价值流图是指用统一的图标，以可视化的方式把产品从最早的原料采购到加工制造，再到产品配送到客户的全部流动过程及信息流描述出来的图形。除加工步骤和物流外，用于计划和实现控制的信息流也在图中显示出来。此外，在价值流图中还显示出人员、每天可用时间、提前期、加工时间、换产时间、停滞时间、平均库存等信息。

应用价值流图，可以客观、直观地描述当前的流程现状，在员工之间达成共识：产品是如何制造出来的，价值是如何实现的。在这种共识的基础上，找到现有流程中不创造价值或创造价值少的环节，进而改进并描述未来理想的流程。因此，价值流图实现了精益生产与流程优化的有机结合。

价值流图广泛应用于制造业和服务业，只要有流程或业务的地方，就可以应用价值流图。以下结合实例来说明如何应用价值流图。

图14-7给出了价值流图中16种常用的图标。需要说明的是，针对具体的流程还可以增加图标，所使用的图标易懂易记，并且要保持一致性。

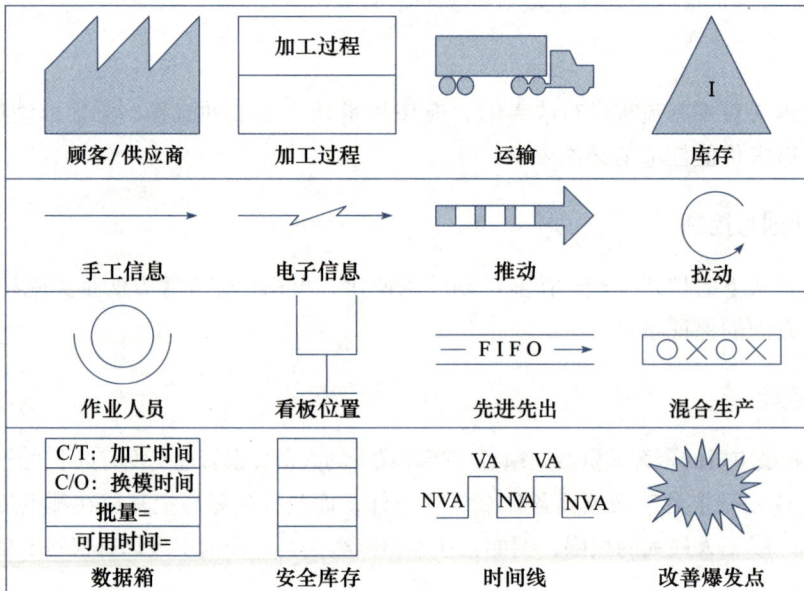

图14-7 价值流图常用图标

下面以一个实例来说明价值流图的应用。[一]这一实例描述的是如何应用价值流图对门闩生产流程进行分析与优化。

图 14-8 描述了门闩的生产流程现状，每周发货量为 7 500 个。图中给出了 15 个工序的周期时间和准备时间、各个库存点的库存水平，还给出了钢材供应商、门闩消费者以及进行生产排程的管理层之间的信息流动。增值时间（即加工时间）总和由各个工序的增值时间加总得到，每一工序的时间值在时间线的底部标出，本例的加工时间总和为 28.88s。各个库存点的提前期可以通过库存水平除以日生产需求（也就是每天 1 500 个门闩）计算出来。把这些提前期加在一起就可以得到整个生产提前期，本例中整个生产提前期为 66.1 天。这个时间就是从最初生产到成品出货的全部时间。

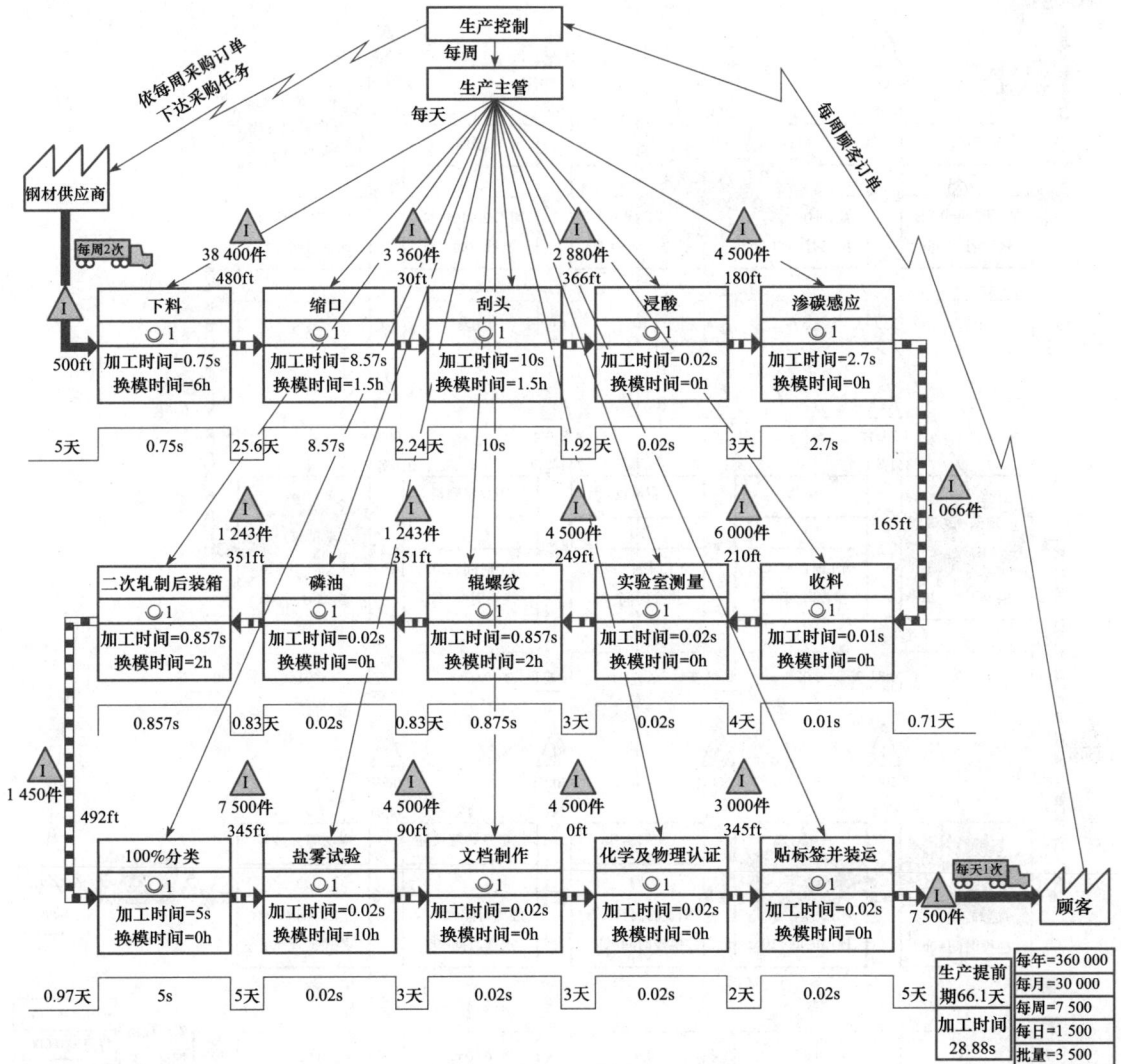

图 14-8　门闩生产流程现状

注：1ft=0.304 8m

─ 雅各布斯，蔡斯. 运营管理：原书第 15 版［M］. 苏强，霍佳震，邱灿华，译. 北京：机械工业出版社，2020：368-371.

现有生产流程中存在多个改善爆发点，如图 14-9 所示。例如可以把缩口和刮头合并，创建一个数控加工中心。可以对硬化方法进行改进调整。可以取消收料、二次轧制后装箱、100% 分类、盐雾试验 4 个工序。

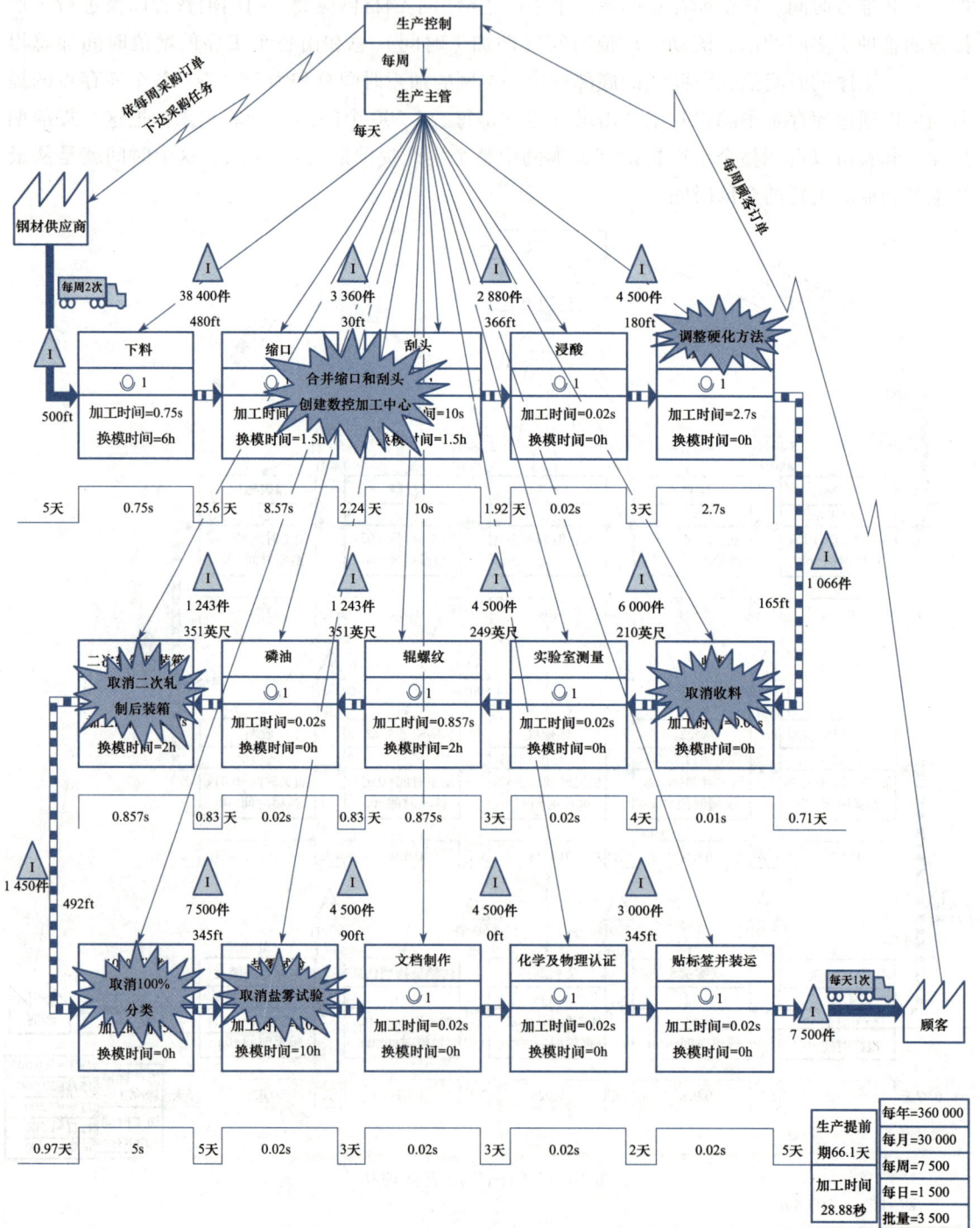

图 14-9　门闩生产流程存在的改善爆发点

专注于这些改善爆发点，就可以设计门闩生产流程的未来状态，如图 14-10 所示。可以看出，经过改进，生产提前期缩短到 50.89 天，缩短了 23%。事实上，如果在多个位置引入拉动计划模式，生产流程状况还可以得到进一步的改进。

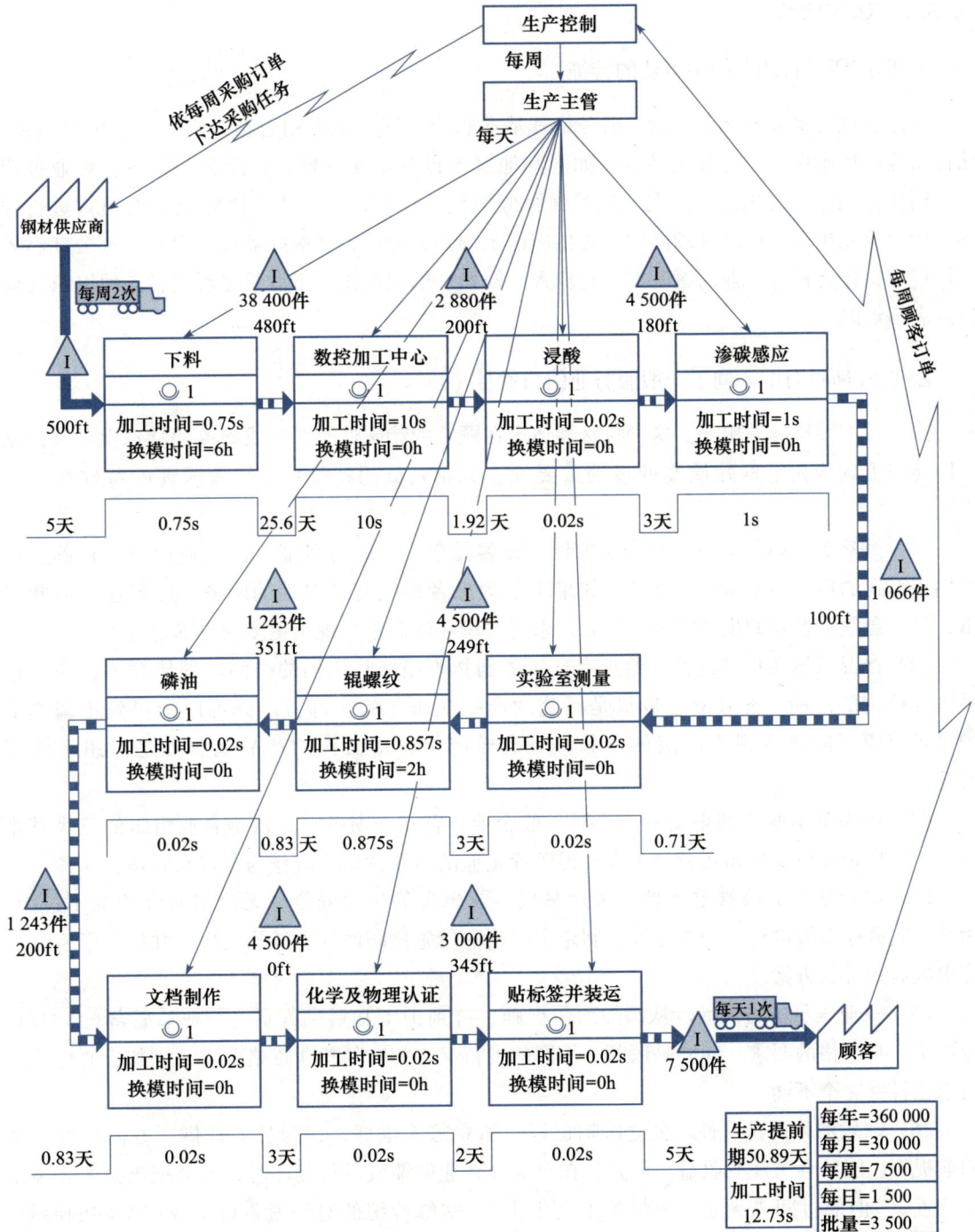

图 14-10　门闩生产流程未来状态

14.5 精益医疗

14.5.1 认识医疗

1. 医疗所具有的一般服务业的特征

医疗企业有诸多职能，运营、财务是其基本职能，其他职能则包括人力资源、市场营销、法律事务、后勤保障、公共关系等。如同其他服务行业企业一样，医疗企业存在各种业务流程，同样存在流程优化设计问题。像其他服务类企业一样，也需要对医疗企业的绩效进行测评。医疗企业也有供应链管理问题。该供应链上游是各种药物、医疗器械、食品、办公耗材等的供应商，作为核心企业的医院本身是输入—转换—输出系统，下游是患者或者各种组织（体检或者培训时）。

2. 医疗所具有的不同于一般服务业的特殊性

医疗是一种特殊的服务。这种特殊性体现在顾客的特殊性、产品或服务的特殊性、医院基本职能的重新界定、医疗质量的极端重要性、执业人员的特殊性、绩效测评的特殊性六个方面。

（1）顾客的特殊性。对医疗企业来说，顾客是患者。顾客可能无法表述或无法正确表述其期望得到的服务（诊治）。此外，如果不能为患者提供有针对性的服务，后果往往非常严重，甚至会危及患者的生命安全。最后，患者对诊疗的需求呈现出更多的不确定性。

（2）产品或服务的特殊性。给患者配置的药物不是医疗机构的产品。即使真要说药物也是医疗机构的产品，充其量它也只是医院的产品或服务的一部分。你可以把得到正确诊治的患者或康复的患者视为医院的产品。但这样定位医疗机构的产品或服务是对患者的不尊重。

（3）医院基本职能的重新界定。对一般企业，营销、财务、运营是企业组织的三大基本职能。医疗企业也要做市场营销工作，但医疗企业的市场营销不应作为重点来管理。

（4）医疗质量的极端重要性。医疗事故涉及患者的生命安全，无论如何强调都不过分。为此，对医疗事故进行了分级分等，制定了严格的措施预防医疗事故的发生，并拟订了发生医疗事故后的补救方案。

（5）执业人员的特殊性。从医师到药剂师，再到护士和后勤人员，行业监管部门对其执业资格均有严格的要求。同样是医师，不同的专科又有特殊的执业资格要求，例如，心血管科与消化科就完全不同。

（6）绩效测评的特殊性。公立医院也好，私立医院也好，在为患者提供更好的医疗服务的前提下，医院会关注其收益。但是，在对医疗企业的绩效进行测评时，不会把收益放在突出的位置。"但愿世间人无恙，不惜架上药生尘"，这幅传统的对联就告诉了我们医院的愿景。医院企盼的不是经济效益，而是人民的身体健康。

对医疗企业的绩效考核，首先要测评患者满意度，具体体现在治疗效果、医疗事故、等待时间、医疗费用等方面。其次是社会责任的履行，具体包括义诊查体、医疗保健知识宣传、健康扶贫、公共卫生服务、环境保护、在重大传染病防治方面的特殊贡献等。最后才是医院的成本收入，具体包括人员经费、卫生材料、药物、固定资产折旧等。

14.5.2 医院实施精益管理的紧迫性

1. 医疗事故

可能有些患者的运气比较好，诊疗全过程没有任何等待，而且医生实施的是最有效的治疗方案。可更多的是，患者花费了很多的精力、浪费了很多的时间，但经过治疗，总算是康复了。

可怕的是，有时会发生医疗事故。其中，有些医疗事故是严重的，有些则是极其严重的。需要指出的是，这里只是把医疗事故分为严重和极其严重两类。事实上，医疗事故有严格的分级分等标准。例如，一级医疗事故是指造成了患者死亡、重度残疾，其中一级甲等医疗事故是造成了患者死亡，一级乙等医疗事故是指造成了患者重要器官缺失或功能完全丧失，其他器官不能代偿，存在特殊医疗依赖，生活完全不能自理。本书不去界定与描述医疗事故的分级分等，如果需要，读者可以查阅有关国家标准。

以下 10 项属于严重的医疗事故。

（1）预约的检查或手术被临时取消了。

（2）让患者做了违禁事项，虽没有给患者造成伤害，但延误了正常治疗。

（3）检验报告未能在规定时间生成，影响了后续治疗。

（4）没有告诉患者药物的正确服用方法。

（5）泄露了患者的隐私。

（6）防护措施未达到规定级别的要求。

（7）因办理个人事务，让患者长时间地等待。

（8）医护人员在操作医疗设备时出现了严重失误。

（9）患者输液已经结束，护士还没有出现在病房。

（10）给患者配送了违禁的餐饮。

以下 10 项属于极其严重的医疗事故。

（1）患者到达医院后，因为医院延误抢救时间，导致了患者死亡。

（2）因为注射了错误的药物或注射剂量过大导致患者死亡或伤残。

（3）患者呼救，医护人员没有及时应答，导致患者死亡或伤残。

（4）切除了正常的器官，带有病灶的器官却保留下来。

（5）在外科手术中把纱布或手术器械遗留在患者体内。

（6）因医院行为导致患者术后跌倒并对患者造成伤害。

（7）生成了错误的化验报告。

（8）处方上的药物出现了剂量、过敏违禁等方面的错误。

（9）药剂师在配置药物时出现差错。

（10）发生了医源性感染。

2. 其他问题

除上述两类医疗事故外，在医疗过程中，还会经常发生其他各种各样的问题。例如，不合理的医院业务部门的布局、在诸多环节发生的超常规的等待、愈后剩余太多的药品、餐饮送到病房已经凉了、没有回答患者关切的病情问题、医疗器材被挪用、医用设备维修不力和运行不良，等等。

至此，我们看到了医疗企业实施精益管理的必要性与紧迫性。

14.5.3　精益医疗之旅回望

早在 1996 年，西雅图儿童医院就曾对医疗精益化做过尝试。2001 年，罗伯特·伍德·约翰逊（Robert Wood Johnson）基金会的执行副总裁刘易斯·桑迪（Lewis Sandy）开始寻找他心目中的医疗行业的"丰田"。

我们回到 20 世纪初，吉尔布雷斯夫妇成功地把工业工程的理论应用到了医院系统。他们在 1914 年提出建议，为保证准确、快捷地进行手术，托盘里的器具应该有规律地摆放，以便于拿取，还建议在手术过程中，应安排助手来传递主治医生所需要的器具。这些建议虽然在 16 年后才被认可，但毕竟还是被正式采纳了。事实上，这些实践就是为了实现标准化，即实现定置化管理、减少医护人员不经济的动作和行为。

1945 年，大野耐一提出了丰田生产方式。20 世纪 80 年代，以丰田生产方式为核心的精益生产的概念被提出。从此，人们开始不懈地探索精益生产在工业企业、服务业、政府管理部门中的应用，当然也包括在医院实现精益管理的实践。

2005 年，国际公认的精益医疗专家，世界精益医疗保健组织的创立者、顾问和主要发言人马克·格雷班（Mark Graban）开始在医疗健康领域践行精益理念。

2008 年，格雷班的《精益医院：世界最佳医院管理实践》出版发行，这本书不但系统地总结了有关精益医疗的理论，而且结合许多实施精益医疗的医院的成功经验，告诉我们医院精益化的具体做法。这些医疗机构包括：美国的泰德康医院（威斯康星州）、西雅图儿童医院、丹佛医院（科罗拉多州）、弗吉尼亚·梅森医疗中心、宾夕法尼亚大学医疗中心、匹兹堡大学医学中心、赫尔希医疗中心（宾夕法尼亚州）、盖辛格医疗中心（宾夕法尼亚州）、圣玛格丽特医院（宾夕法尼亚州）、汉诺威地区医疗中心（北加利福尼亚）、BJC 医护中心（密苏里）、普莱森斯医护中心（伊利诺伊州）、纽约卫生和医院集团、圣弗朗西斯医护中心（印第安纳州）、达拉斯儿童医学中心、麦克劳德区域医疗中心，加拿大红河谷医院，以及我国的广东省中医院，等等。

遗憾的是，上述精益医疗的成功实践并没有给一些人以鼓励和启发，他们还在思考精益医疗到底会有多大作为。更让人不解的是，到了今天，仍有人怀疑医疗行业推行精益管理的必要性。这些人无视了残酷的事实：在世界范围内的医疗行业中，有关时间、人员、药品、器材、空间等的种种浪费还是普遍存在的，手术、用药、化验等流程中涉及的种种医疗事故还在时不时地发生。

14.5.4　精益医疗未来之路探索

1. 价值定位

任何一个医疗机构都会牢记自己的使命：治病救人，也都能从患者的角度来定义医疗的价值：第一时间诊断出疾病，第一时间以最佳的方案治疗疾病并使患者得以康复，如果有可能，确切地告知患者是什么原因导致了疾病。

遗憾的是，医院虽然都准确地定义了自身使命，但在多数情况下没能兑现这一使命中蕴含的价值。

注意，因为医疗行业的特殊性，患者多半不能准确地界定其心目中的效用，所以，尝试通过以效用减去医疗费用来测量价值是没有意义的。另外，患者对所谓"第一时间"的描述可能是不正确的。患者可能会根据"病来如山倒，病去如抽丝"的老理去定义其"第一时间"，也可能会根据当时不太明显的症状去定义其"第一时间"。医院要做的是，以行动而不是口号，以其专业技能而不是直觉来兑现对"第一时间"的承诺。

下面以医院接到 120 呼叫后的处置为例来说明如何进行第一时间救治。救护车到达患者住所后，如果发现可以采取现场救治加必要的后续联系的方式就不必非要把患者拉到医院急诊室。例如，对不是很严重的酒精中毒就可以采取这种处置方式。这种现场救治方式就实现了第一时间救治，减少了患者往返医院的次数，减少了治病费用，减少了对医院稀缺资源的占用。现实情况却是，呼叫 120 的患者，几乎百分之百都被救护车拉到了医院急诊室。背后的原因是什么呢？

再如，患者因阵发性剧烈牙痛去医院就诊，并希望拔掉有症状的牙齿。经过诊断，有两个治疗方案：一是拔掉有症状的牙齿，治疗时间较短；二是不拔牙，进行较长时间的保守治疗。从患者角度考虑（不是根据患者的要求），绝大多数情况下应该选择第二个方案。现实的情况却是，多半的治疗方案是拔牙。背后的原因又是什么呢？

兑现承诺的价值还表现在一些细微之处。

在出现患者排队时，可考虑由专人提前检查必备的证件、预约信息等，这样患者到达窗口时，就能用最短的时间办理相关手续。

在候诊区，可以考虑由医生助理或护士提前做一些必要的检查项目，如测量体温、测量血压等。当然，对一些治疗过程，提前做好一些事情反而隐藏着巨大的风险，例如，不能因为手术过程中可能需要随时注射某种药剂而提前把药剂注入注射器。2004 年发生在弗吉尼亚·梅森医疗中心（经过彻底改进，后来成为精益医院的典范）的玛丽·麦克林顿死亡事件就是典型的事例。麦克林顿本来要注射对比剂，却因为有人提前把防腐剂注入标有对比剂标签的注射器里导致麦克林顿被注射了防腐剂。

总之，医院不能让承诺给患者的价值只停留在口头上，而应通过先进的医疗技术和设备的应用、诊治流程优化设计、医护人员专业素质的提升来兑现其所定义的价值。

2. 小批量模式

在诊疗服务过程中，患者普遍不满意的是遇到的各种各样的延迟。延迟通常又具有传导效应。这样一来，本来在当天或次日就可以完成的诊断或治疗可能就推迟到了一周后，甚至更长时间之后。

每个患者的情况都是不一样的，大多数患者所患的疾病都不同，即使是同一种疾病，症状的表现和轻重也不一样。理论上，按照先后顺序就诊，是不应该存在延迟的。那么，导致经常延迟的原因何在？你可能会说，医疗机构的能力有限、医院各业务部门布局的不合理导致了各种各样的延迟。然而，真相并非如此。导致延迟的主要原因是医院在某些环节采取了大批量作业模式。

采取大批量作业模式的典型环节是各种各样的检查。

下面以门诊检查为例来说明检查的大批量作业模式是如何导致诊治延迟的。一家医院为了以大批量作业模式进行核磁共振检查，规定只在每周的周二和周四的上午做核磁共振检查。一位脚踝严重扭伤的患者周五看了医生，并且医生给他开出了核磁共振检查通知单，那么这位患者需要等上三天才能做这项检查，检查结束后医院通常要批量生成检查报告，规定检查的次日才能拿到检查报告。也就是这位患者只能在下周三才能拿到他的检查报告。遗憾的是，那位初诊医生只在周二和周五出诊。如此一来，这位患者整整等了一周才知道脚踝损伤的结果。如果这位患者需要做手术，还要做术前的其他检查。更多的延迟也就无法避免了。

再如2020年新冠病毒在全球肆虐。以尽可能小的批量对所采集的样本进行检测，以尽可能小的批量生成检测报告，可以对检测结果呈阳性的患者在第一时间进行隔离治疗。中国实现了24h内生成检验报告，有效地防止了新冠病毒的扩散，同时使流行病学调查更精准，这也是中国能有效控制新冠病毒扩散的重要经验之一。试想，如果采样后采取大批量检测，大批量生成检测报告，超过4天甚至7天才能告知检测结果，不但不能及时切断传染源，也使流行病学调查变得异常困难。

当然，除检查环节之外，还有其他环节也可能存在作业批量过大的问题。例如，有些医院在药房的药品配置环节采取了专人以小推车批量配送药品到窗口，再由窗口的药师分发给患者的方法，这个做法导致患者在取药环节出现了等待。有些医院在出院手续的打印与分发环节采取了批量处理方法，导致了最后环节的延迟。

考虑到医疗规范限制及经济性，难以在所有环节采取单件流的模式，在检查环节就更不可能。但是，如果在检验、药品配置、出院手续办理等环节广泛地进行管理创新并引进先进技术，就有可能使批量减少到最小，进而大幅度地减少诊断或治疗的延迟时间。可能的方案包括创建柔性能力、培养多面手、引进自働化设施、实施业务流程优化等。

下面以门诊检查为例来说明如何通过管理与技术创新尽可能地减少检查的批量，进而减少延迟。门诊检查的整个操作流程中，批量的形成类似于仓储物流的波次管理。检查波次生成的规则有很多，例如，同检查项目、同检查设备、同检查人员、同时段、同患者、同科室等。为减少延迟，一个可行的方案是主治医生在出具检查申请单时标示检查报告紧急级别，然后增加"级别"波次生产规则，并提高这种波次的优先级，减少这种波次的容量。在此基础上，引进条码技术和自働化导轨，就可以实现窗口样本及检查结果的小批量分拣与配送，从而减少延迟。

事实上，为了减少批量以减少诊疗的延迟，有时并不需要在固定资产上进行太大的投资，只需要改变管理思路就行了。为最大化减少患者在取药环节的等待时间，北京大学人民医院在药房药品配置环节引进了传送带配置药品的方法。每位患者的药品通过传送带传送到每个窗口，装有药品的小筐到达指定窗口后，由药师捡拾到身后的药品架上。扫码后，患者的名字便出现在窗口上方的显示屏上。然后，药师等候患者呈递处方后从窗口递出药品。

3. 准时化与自働化

丰田生产方式是精益管理的核心，准时化与自働化是丰田生产方式的两大支柱。

（1）准时化。医院的主营业务毫无疑问是以患者诊治需求拉动的。此外，医院根据患者的病情、到达医院的时间来启动诊治流程，不可能在不需要的时间提供医疗服务（保健常识培训除外）。所以，医疗行业不存在制造业或其他服务业那样提前提供服务的现象。但是，经常出现延迟，医院往往不能在第一时间为患者提供诊治服务。解决这一问题的唯一途径是：在提升医疗机构的整体运营能力的基础上，在包括检查在内的各个环节尽可能地减少作业批量。

（2）自働化与防差错设计。赋予机器以人的智慧的自働化在医疗服务中可以大有作为。自働化更多的是以防差错设计方案呈现出来。考虑医疗行业的特殊性，即使有了各种有效的防差错设计方案，也丝毫不能弱化人在诊疗过程中的干预作用。

在医疗行业，防差错设计方案随处可见。例如，病床床头上方中心吸氧装置和中心负压吸引器的形状是不同的，以防止用错气体。还有具有自动纠正键入剂量错误功能的输液泵。对某些特殊药品或器材，设置安全库存水平，一旦动用了安全库存，立即报警进行补足也是一种有效的防差错设计方案。如果这种防差错设计方案与可视化管理结合起来，效果就更好了。例如，医护人员可以通过平板电脑实时掌握仓库里某些药物或器材的库存情况，当快要动用安全库存时，可以提前准备，申请补足。

4. 对医护人员的尊重

一项研究表明，没有受到尊重的医护人员发生的医疗失误比受到尊重的医护人员发生的医疗失误高出 2/3。[⊖]

如何处理医护人员出现的差错最能反映是否给医护人员足够的尊重。这也是医院文化的一个重要组成部分。

在医疗系统，可以把差错分为以下四类。

（1）合理的差错。顾名思义，合理的差错是指虽然出现差错，但差错是合理的。例如，按规定某项操作必须戴上手套，但情势万分危急，如果戴手套会占用抢救时间，因此操作时就没有戴手套，最后的结果是挽救了患者的生命，但也给患者造成了一定的伤害。这里对患者造成了一定的伤害就是合理的差错。

·（2）无意的差错。无意的差错是指虽然不合理，但这种差错的出现是无意造成的。例如，流行病暴发期间，主治医生连续加班，导致身体极度疲惫，结果在执行某项作业时，遗漏了一个操作步骤。

（3）系统的差错。系统的差错是指这个差错在不同的医护人员、不同的患者身上均发生过，出现这个差错的原因是某项医疗流程的设计不合理。例如，因为手里拿着东西而未按要求洗手；因为医院开发的信息系统不完善，医护人员未按要求在信息系统中记载医疗失误事项；因为工作负荷过大，护士未按要求通过扫描患者腕带上的条码来配置药品，而是通过集中扫描腕带条码复制品来配置药品等。这些差错都属于系统的差错。

（4）有意的差错。有意的差错是指明知故犯造成的差错。例如，明知患者提供的是虚假证明而开出了违禁药品。对发生了有意的差错的医护人员，任何医院都是不能容忍的，也一定会做出最严厉的惩处，涉及刑事犯罪的，有关部门还要追究其刑事责任。

对前三类差错，有两类处理方式：一类是第一时间责怪当事人，并追究其责任，然后才调

⊖　格雷班. 精益医院：世界最佳医院管理实践：原书第 3 版［M］. 张国萍，王泽瑶，等译. 北京：机械工业出版社，2018：35.

查发生差错的原因；另一类是首先了解出现准差错的原因，并立即给出改进方案，防止再一次出现同样的差错，最后才是说明教育当事人。显而易见，第二种方式就给医护人员以足够的尊重。采取这种方式，不但能给医护人员以温暖，而且可以营造一种发现问题、分析问题、解决问题的良好氛围。

5. 持续改善

（1）医院持续改善的重要意义。持续改善对任何类型的企业都是一个永恒的话题。医疗企业持续改善的一个主要任务是通过诊疗业务流程的改善，形成作业标准，并建立诊疗业务的迭代优化机制。

（2）持续改善的目的。需要特别注意的是，提高速度不是持续改善的目的，持续改善的目的是提高质量，提高安全性，提高患者的满意度。

（3）准确理解作业标准化。作业标准化不是指一成不变，一方面，作业标准化的水平应该不断提高；另一方面，随着设备、作业环境、器材、药品等的变化，应修订标准，例如，一种离心机的标准旋转时间是 4min，调整样本量后，标准旋转时间可能变成了 5min，不但标准旋转时间变化了，操作方法也变化了。

在提高作业标准之前，一旦形成标准作业规范，就应一以贯之。下面通过两个反例来说明严格执行作业标准的重要性。

患者第一次做糖耐量测试，护士送来一个带刻度的塑料杯和装有温开水的暖壶，详细口述葡萄糖溶液的服用方法（如葡萄糖溶液应在 5min 内服用完）后离开。第二次做糖耐量测试，在同一家医院，另一个护士送来的是一个纸杯和装有 80℃ 左右热水的暖壶，简要口述葡萄糖溶液的服用方法并强调严格按化验通知单的要求服用后离开。

患者做血常规化验，一坐下，护士就问患者叫什么名字，可是在另一次做同样的化验时，护士却什么也没有问。

在第一个例子中，会有患者兑水量不合适且服用葡萄糖溶液超过 5min 的风险。而在第二个例子中，则少了一道避免混淆样本的步骤。

（4）到现场从点滴做起。为了实施持续改善，当然需要运用专业的管理理念和工具，如顾客心声（VOC）、价值流图（VSM）、5W1H、5S 现场管理法、PDCA 循环、SPC、6σ 管理、A3 管理法、意大利面条图，等等。但其前提条件是到现场去，掌握第一手材料。

下面以两个看似微不足道的例子来说明如何通过现场调查来改善诊治业务流程。

第一个例子是有关患者用餐的。餐食在被送到二层的病房时已经凉了，这件事情对一些患者来说可能不算什么，但对某些患者可能就是大事，甚至是医疗事故。消化道疾病患者忌讳生冷饮食应该是个常识。

那么该如何解决这个问题呢？唯一的办法是到现场去做些调查。经过到现场调查，有医院发现了背后的原因。原来，保温箱的恒温器坏了，餐食在取出时已经不太热了，护理人员在准备好餐食后才把餐具、调料等置在托盘中，另外，餐食是放在小推车中送到三层后才返回到二层的。

查明了原因，解决这个问题的答案已经不言自明了。

第二个例子是做试验出现排队问题。作为医院公共关系部的负责人，你总是接到消化内科就诊患者的投诉。患者说消化内科碳 13 呼气试验室门口的秩序太混乱了，做试验的患者在门口走来走去，还大声喧哗，对候诊区的患者造成了不良影响。投诉的情况是真实的吗？为什么会有这样的投诉？答案是：到现场去。

经过调查，你发现了真正的原因。原来，9:00 以后，碳 13 呼气试验室门口会很快变得秩序混乱，门口没有电子屏，有张小桌子，上面放些检查通知单，偶尔会有医生出来拿起放在门口小桌子上的检查通知单，患者在耐心地等着叫名字。然而，时不时有人不等待直接进入试验室，门口等待的患者就开始抱怨了：还排队吗？什么时候叫到自己呢？刚才那个人怎么不排队直接就进试验室？

真相大白。不能责怪多数患者对这种试验不知情。不少人确实不知道做碳 13 呼气试验需要间隔 30min 吹两次气。那些后来直接进入试验室的患者是去吹第二次气的，却被别的患者认为插队了。原因找到了，解决起来就极其容易，花很少的钱设计一个电子屏就把问题彻底解决了。

习题

1. 简述丰田生产方式产生的背景。
2. 什么是丰田生产方式？
3. 简述丰田生产方式的目标。
4. 简述丰田生产方式的两大支柱。
5. 何为准时化？
6. 简述准时化的含义。
7. 简要说明实行准时化的意义。
8. 简述准时化的实现条件。
9. 何为自働化？
10. 如何在自働化的基础上，充分发挥人的主观能动性？
11. 简述大野耐一总结的七种常见的浪费。
12. 结合实例说明为什么多余产品是浪费。
13. 如何理解多余的库存是万恶之源？
14. 为什么说通过大批量生产来降低成本已经不合时宜？
15. 简述降低成本的根本出路。
16. 提高快捷的条件有哪些？
17. 实施丰田生产方式的条件有哪些？
18. 何为拉式生产方式？
19. 简要说明拉式生产方式与推式生产方式的区别。
20. 何为看板？
21. 看板的使用原则有哪些？
22. 何为均衡化？
23. 简述实现均衡化的意义。
24. 简述实现均衡化的条件。
25. 何为可视化管理？
26. 举例说明可视化管理的具体形式。
27. 简要说明可视化管理的好处。
28. 简要说明团队协作的意义。
29. 简述精益生产产生的背景。
30. 什么是精益生产？
31. 简述精益生产的五项原则。
32. 与大批量生产方式比较，精益生产有哪些典型的特征？
33. 结合实例简要说明精益生产对价值的定位。
34. 结合实例简要说明精益生产对浪费的界定。
35. 在精益生产方式下，如何处理分工与协作的关系？
36. 赋予一线工人足够的权限有什么好处？
37. 在精益生产方式下，以什么样的态度来对待出现的管理问题？
38. 与供应商建立战略协作关系的好处何在？
39. 为什么说持续改善是精益生产的基础？
40. 简述在精益生产方式下，作业改善、设备改善、工程改善的含义。
41. 简述大野耐一提出的著名的"5 个为什么"的准确含义。
42. 简要说明持续改善的任务。

43. 结合实例说明不断提高生产系统的柔性的途径。

44. 简要说明如何不断提升设备的稳健性。

45. 简要说明5S现场管理各项活动的含义。

46. 简述不断提高质量水平的意义和思路。

47. 为什么说丰田生产方式是精益生产的核心？

48. 为什么说并行产品开发和稳定快捷供应链是对精益生产的支撑。

49. 简述并行产品开发的好处。

50. 如何创建稳定快捷供应链？

51. 简述精益生产的目标。

52. 以图示方式描述精益生产系统结构。

53. 简述精益生产的实现条件。

54. 简述单件流的含义。

55. 简述单件流的好处。

56. 简要说明实现单件流的条件。

57. 在精益生产方式下，把流程分为直接创造价值的流程、不直接创造价值但又不能缺少的流程、完全多余的流程三类，其意义何在？

58. 简述为实施精益生产，在生产计划与控制方面的保证条件。

59. 简述在精益生产方式下，人力资源管理的特征。

60. 何为价值流图？

61. 就你所熟悉的某一作业流程，应用价值流图描述其现状，寻找改善爆发点，绘制未来状态图。

62. 乐购罐装可乐配送流程优化给我们带来了哪些启示？

63. 简述医疗行业的特殊性。

64. 患者这种特殊顾客群体的特殊性表现在哪些方面？

65. 结合实例说明医疗质量的极端重要性。

66. 结合自己或家属的经历或者你了解到的某位患者的经历，介绍在诊疗过程中在某一方面所遇到的问题，并说明所造成的后果。

67. 精益生产早已在各行各业得到了广泛的应用，为什么到今天，还有人在怀疑医疗精益化不会有太大的作为？

68. 医院应该为患者提供什么样的价值？

69. 用效用减去诊疗费用来测评医疗企业为患者提供的价值的局限性何在？

70. 各种各样的延迟会导致不能为患者提供及时的诊疗，如果不考虑能力限制，主要的症结何在？

71. 在医疗过程中，不考虑经济性，有没有可能实现单件流？

72. 简要说明在检验环节减少批量的意义。

73. 举出一些医疗系统实施自働化的例子。

74. 举出一些在诊疗过程中应用防差错设计的例子。

75. 简要说明充分尊重医护人员的重要意义。

76. 尊重医护人员应体现在哪些方面？

77. 在医疗系统中，把差错分为合理的差错、无意的差错、系统的差错、有意的差错的意义何在？

78. 为体现对医护人员的尊重，应如何处理合理的差错、无意的差错、系统的差错？

79. 简要说明医院实施持续改善的重要意义。

80. 简要说明医院持续改善的目的。

81. 如何准确理解作业标准化？

82. 举例说明为改善诊治业务流程，到现场做调查的重要性。

📍 案例分析

在N医院做的一次不成功的脚踝手术

魏先生酷爱网球运动，上次脚踝受伤治好还不到一个月，因为参加网球比赛脚踝又受伤了。这次非常严重，基本上不能正常行走。他决定到N医院找一个月前给他看脚踝的副主任医师何大夫。下面按照时间顺序梳理一下魏先生这次诊疗的经历。

（1）预约挂号。打开这家医院的服务号小程序，点开"导诊"，点开"预约挂号"，选择"外科"，再选择"运动医学门诊"，默认是"全部日期"——他近乎"绝望"，别说何大夫，就是普通门诊显示的也是他最不愿意看到的"约满"两个字。定好闹钟，第二天早上 7 点第一时间打开小程序，运气不错，何大夫还有号。按提示，一路勾选，最后通过微信支付后成功挂上了他的号。

（2）诊断。这注定是一个痛苦的在定点医院的诊断历程。

按预约的时间，魏先生打车到达医院，通过自动扶梯到达门诊二层（电梯就别坐了，时不时有病床推进推出），走过长长的走道来到运动医学门诊室。

然后是扫条码，其后经过长时间的候诊，他的名字终于被机械地叫到了，请他到第 3 诊室候诊。又是一段时间的等候，第 3 诊室的门开了，一个患者被搀扶着走了出来。魏先生的名字再次被机械地叫到，请他到第 3 诊室就诊。他下意识地看了一下时间，从到达医院到进入这间"神秘"的诊室已经两个小时过去了。

他总算来到医生面前。何大夫一眼就认出了魏先生，了解到他是因为昨天参加了一场网球比赛后导致脚踝再次受伤，连路也不能走了。何大夫用近乎责怪的口吻说："为什么不等脚踝彻底好了再打网球？""彻底好了以后？什么才算是彻底好了，好像上次何大夫也没说这事儿来着。"魏先生心里嘀咕着。何大夫用手捏了捏魏先生的脚踝，摁了摁脚面，扭动了几下脚，其间，他询问了魏先生的感觉。随后，何大夫在电脑上做了一些操作，很快把一份核磁共振检查通知单递给了魏先生。魏先生说了声谢谢，走出了第 3 诊室。粗略估计一下，从进入第 3 诊室到

出来，也就 4 分钟的时间。

魏先生去外面排队，交费，取出交费单据，回到门诊大楼一层，到检验科，排队，递上检查通知单，工作人员在电脑上进行了必要的操作，然后在检查通知单上盖上显示检查日期的方章，签字。魏先生收好带着红章、签好字的检查单，打车回到了家中。

（3）检查。按预约的检查时间，他又来到了医院，这次直接去一层，刷号、等候，终于他的名字被机械地叫到。按要求完成核磁共振检查，大夫说明天来取片。第二天，魏先生再来医院，取到了片子。

（4）第二次预约挂号。魏先生费了不少功夫才预约到何大夫。

（5）第二次诊断。魏先生"轻车熟路"，把片子拿给何大夫看，看后，何大夫没有任何商量余地地说："做手术！"

（6）做手术。痛苦才真正开始，魏先生不想回忆从预约住院、做手术到出院，再到拆线、换药，最后办理出院手续那段历程了。他跑了太多次！走了太多的路！花了太多的时间！接触到了太多的医护人员！

自出院一个月后，魏先生能够走路了。这是一次成功的手术吗？不，这是一次不成功的手术！这次在定点医院做脚踝手术的痛苦经历留给魏先生的心理阴影迟迟无法散去。

讨论题

1. 试梳理出魏先生在整个诊疗过程中出现等待的环节。

2. 脚踝第一次受伤经治疗后很快就不痛不肿了，这很有欺骗性，如果不休养足够的时间，未等脚踝积液完全被吸收就做剧烈运动，大概率会第二次受伤，而且要比第一次严重，甚至需要做手术。那么，魏先生第二次脚踝受伤，并导致做手术的原因是什么？

第15章 互联网运营

● 引 例

快捷宝的智能柜变得真正智能

"快捷宝变得越来越人性化了，这段时间以来，我的快件差不多都被放在同一个快递柜中。"取出了在京东上订购的无线耳机，小宋自言自语道。这不是一种巧合吧。小宋最近几次的快件差不多都被投放到了快捷宝4号柜018号小快递柜中。只有两次例外，一次是快件被放入了同一个柜子的019号小快递柜中，另一次是从老家寄来的一箱特产被放在了4号柜018号小快递柜正下方的021号中快递柜中。

USTB快捷宝的快递柜放置在校园里的两个区域。其中，1~10号柜放在了南3门附近的腐蚀楼（腐蚀与防护中心）南侧。11~16号柜位于体育场北侧，这里离学生宿舍区比较远，又不在去教室或餐厅的路上。快捷宝刚设立时，小宋的快件曾被投放到体育场北侧的快递柜。为此，小宋还向同学们报怨过："并不指望快件每次都放在同一个快递柜，但最好都能放在离宿舍近的腐蚀楼南侧的快递柜中。"

现在，4号柜018号小快递柜差不多成了自己专属的快递柜，这种待遇可是小宋从来没敢"奢求"过的。

就在昨天，一则快讯引爆了快捷宝社群：2024年1月1日起，"小捷"同学就要正式上岗了。"小捷"是快捷宝设计出的一款送货机器人，"他"会在征求用户同意的前提下将其快递送到校园的任何约定地点。

快捷宝这是要"云端起舞"呀！智能分拣系统也就算了，还开始探索端对端无人送货。

讨论题

1. 为了实现快件智能化投放，如何做好用户运营、产品运营、数据运营？

2. 为了实现快件智能化投放，如何在通信技术应用和管理创新上有所突破？

3. 除了根据用户信息优化快件投放外，快捷柜还可以在哪些方面呈现出智能化？

互联网运营呈现出越来越多传统运营所没有的管理问题。我们必须回答如何做好用户运营、产品运营、活动运营、数据运营。我们也必须思考这些运营之间的逻辑关系。"云大物移智"已经向我们走来，数字化时代的信息技术正在重塑互联网运营的生态。

15.1　互联网运营概述

15.1.1　互联网运营问题的提出

本章介绍的内容既包括互联网公司的运营管理，也包括互联网+企业中的互联网业务的运营管理。

互联网公司包括搜索引擎、即时通信、数据服务、娱乐休闲、电子商务、综合门户类的互联网公司。互联网+企业中的互联网业务主要是指制造业或服务业的线上业务。例如，制造企业的线上订单管理业务，航空公司的线上订票业务，书店的线上电子书店，互联网移动终端制造商的网上研发业务等。

互联网运营与实体零售店、银行、物流配送、饭店、酒店、医疗、民用航空、旅游、教育培训等以线下为主的服务业的运营是有一定区别的；它与机械加工、汽车装配、冶金、化工、制药等制造业的线下运营更是有较大区别。例如，从业务内容上看，运营管理经典内容中的选址规划与设施布置问题在互联网公司已变得不重要。互联网公司的能力管理则与传统企业的能力管理有着本质上的区别，已经没有必要编制一般意义上的生产大纲与主生产计划，在传统企业里非常重要的 MRP 在互联网运营中也不重要了，甚至经典的经济订货批量问题也可以不予考虑。相反，用户运营、产品（内容）运营（以下统称产品运营）、活动运营、数据运营在互联网运营中则变得极其重要。

那么，什么是互联网运营？互联网运营有哪些特定的内容？这些内容之间有什么内在的联系？本章将围绕这些问题来介绍相关知识。

15.1.2　互联网运营的概念

关于互联网运营，还没有一个统一的定义。有的从产品功能设计与实现的角度，更多地将互联网运营解读为以产品运营为主的一系列活动；有的则从"满足用户就是王道"出发，把互联网运营解读为以用户运营为主的一系列活动。这里，我们把互联网运营描述为通过互联网平台把用户的需求转化为互联网产品或服务。在这个过程中，输入的是包括人力、数据、资金等在内的各种资源，转换过程包括用户运营、产品运营、活动运营、数据运营等，输出的是顾客需要的互联网产品或服务。

15.1.3　互联网运营的目的

互联网运营的目的是拉新、留存、促活、转化。

1. 拉新

拉新即拉来新用户。在互联网运营中，没有用户、没有流量就没有一切。反映拉新绩效的主要指标是每日新增用户量。

引流是拉新的一个主要手段，例如，内部邀请机制、转发朋友圈获得回馈都是引流的具体实现形式。

2. 留存

留存就是留着已有的用户。只有开源，没有节流，互联网运营也是失败的。反映留存情况的主要指标是留存率。留存率是指经过一段时间后，保留下来的用户占当时新增用户的比例。具体指标有次日留存率、周留存率、月留存率、渠道留存率等。

次日留存率是指 24h 后还留下来的用户占当日新加入用户的比率。该指标反映了用户对产品的认可程度。如果这个指标达到 40%，就表明产品是优秀的。

周留存率是指一周后还留下来的用户占当日新加入用户的比率。该指标反映了在一个完整周期内留存用户的情况。

月留存率是指一个月后还留下来的用户占当日新加入用户的比率。通常一个月就要对互联网产品进行迭代更新，所以，该指标可以从侧面反映产品的更新对用户的影响。

渠道留存率是指在观测时间结束后仍然留下来的用户占当日通过某渠道新加入用户的比率。该指标可以分析用户来源渠道的质量情况。

与留存用户相对的是流失用户。对流失用户，有不同的定义。有的定义中流失用户是指一段时间内未登录或访问的用户，有的定义中则是指注销的用户。对定义为未登录或未访问用户的，有的把时间界定为一个月，有的则把时间界定为三个月等。

本书把流失用户定义为注册后又注销的用户。未登录或者未访问的用户应定义为不活跃的用户。在互联网运营情景下，用户即使未登录或未访问，如果没有注销，毕竟还在生态系统中，还有通过活动运营被促活的可能。当然，促活已有用户，进一步实现其转化是互联网运营的最终目的。

3. 促活

促活就是让留下来的用户变得活跃起来，哪怕他的活动只为公司带来很少的收入。用户再多，没有登录、没有发言、没有点击、没有响应，无论如何也不能说互联网运营是成功的。

反映促活绩效的主要指标是活跃数。具体指标有日活跃数（daily active users，DAU）和月活跃数（monthly active users，MAU）。DAU 是指平均起来，一日之内登录或使用了某个产品的用户数（去除重复登录的用户）。MAU 是指平均起来，一月之内登录或使用了某个产品的用户数（去除重复登录的用户）。

此外，使用强度也在一定程度上反映了促活的绩效。

4. 转化

转化是指在促成用户活跃的前提下，对用户进行消费引导，促成其转化成能为公司带来价值的用户。如果在促活的基础上，用户能为公司带来价值，那么，这个业务或产品线将是可持续性的。

反映转化绩效的主要指标是平均用户收益（average revenue per user，ARPU）。ARPU 是指一段时期内平均每个用户贡献给企业的收入。

15.2 互联网运营的主要内容

互联网运营的具体内容因互联网公司的类型而异，电商与门户网站不同，搜索引擎与即时通信不同，专注做数据与计算的互联网公司与其他类型的互联网公司又有很大的区别。即便如此，互联网运营仍然有一些共同的内容。无论如何，互联网运营都必须以用户运营为出发点，都需要以产品运营为基础，都必定通过活动运营来聚拢流量，都一定要实施数据运营。

互联网运营除用户运营、产品运营、活动运营、数据运营外，对一些特定的互联网公司，其他运营管理职能则显得非常重要，如商务运营（O2O 类）、社区运营（即时通信类）、新媒体运营（传媒类互联网）等。此外，还有属于营销管理范围的品牌运营、渠道运营等。还有的公司把产品运营与内容运营作为两种独立的业务进行管理。本书则只介绍一般互联网公司或互联网+企业线上业务都必须完成的用户运营、产品运营、活动运营、数据运营等四个方面的运营管理，并把内容运营归为产品运营统一介绍。

15.2.1 用户运营

1. 用户及用户运营的定义

（1）用户。互联网运营中的用户有别于通常企业的用户。在通常企业中，购买企业产品的单位和个人才是用户，但在互联网运营中，只要被引流，就是用户。

（2）用户运营的定义。用户运营是指创建包含组织管理、流程优化、指标监控、技术规划在内的用户管控体系，它的具体内容包括确定目标用户，针对不同目标用户挖掘其真正需求，准确表述用户需求，分析用户心理与行为，收集用户反馈意见，提出改进用户服务的建议，配合产品运营、活动运营、数据运营，实现拉新、留存、促活、转化，借助数据运营结果，勾勒用户画像，撰写用户分析报告。

2. 用户运营的目的

用户运营的目的是通过提高用户黏性，实现开源节流。用户运营是由用户需求驱动的。用户运营的重点和难点是挖掘出用户的真正需求并准确地表述用户需求。用户运营是互联网运营的出发点。只有做好用户运营，才能保证产品运营的精准性、活动运营的针对性、数据运营的可靠性。另外，用户运营又与活动运营和数据运营相互关联，相互促进。

开源节流是用户运营的永恒话题。爆款诱饵是开源的一个特别有效的手段。QQ 是爆款诱饵的经典之作——超越竞品的基本功能的终身免费制+用户极佳体验。为了节流，需要在超越竞品的基本功能的基础上不断对产品进行迭代升级。

3. 用户运营的工作内容

（I）市场定位。与制造业和服务业的线下业务相比，互联网公司的运营或一般企业线上业务运营的目标群体更单一。例如，童装的用户运营、产品运营、活动运营均应把关注点放在中年女性身上，调查男性只会适得其反。同样是服装，如果是乒羽专用运动服，就应锁定从事乒乓球或羽毛球运动的群体。此外，职业、年龄段、地域、文化程度等也是在市场定位中要充分考虑的因素。

锁定细分市场后，一项主要工作是用户画像。用户画像即用户信息标签化。最终形成的画像是目标用户的综合原型，是一个虚拟的代表人物，不是一个真实的用户。画像中一般包括姓名、性别、年龄、职业、收入、消费习惯（品牌倾向、价格倾向、支付方式）、兴趣爱好、性格、地域、经常访问的网站、访问次数、访问时段、访问时长、互联网操作习惯等。

用户画像的作用是建立起用户需求与产品设计之间的联系，使用户运营团队和产品运营团队对目标用户达成一致理解、形成用户具体形象以引起用户的感性共鸣。

（2）用户需求分析。用户需求分析就是在确定细分市场，特别是在用户画像的基础上，通过线上线下结合的方式掌握用户的真正需求。

我们可以把用户需求分为直接需求与间接需求。所谓直接需求是指顾客当下就需要得到满足的需求。所谓间接需求是指不必立刻予以满足，对某些用户甚至不需要予以满足的需求。

无论如何，不要尝试去创造需求。创造需求就说明你把自己的意愿强加给了用户。不过也有一种情况是，你满足了用户没有提出的需求。这不意味着你创造了这种需求，而是你找到了用户某种潜在的需求。

（3）用户维护。特权、身份标识、优惠等激励是维护用户行之有效的手段。发帖权就是一种特权。皮肤是一个直观的身份标识。优惠通常反映在返利或扩容上。

15.2.2　产品运营

1. 产品运营的概念

（1）产品。产品是指过程的结果。网站、平台、小程序这类产品是过程的结果，内容也是过程的结果。所以，这里把内容视为产品，不再区分产品与内容。

任何类型的互联网公司，都可以把内容视为产品。对电商类互联网公司，其产品与内容相依相伴。以线上服装销售为例，一方面，一款服装其本身的面料、款式等品质再好，如果没有精彩的推介内容相伴，这款服装很可能也不会被顾客发现；另一方面，如果产品没有内涵，仅靠华丽的推介内容，也终究会被顾客所抛弃。新闻门户网站上的音视频、文字图片，知乎网站上的问与答等内容，其本身就是这类互联网公司的产品。事实上，音视频也好，文字图片也好，问与答也罢，其实质都是过程的结果，即产品。所以，内容运营在本质上就是产品运营，即内容型产品运营。当然，对内容提供类网站，如果真要区分产品与内容的话，网站本身就是产品。

互联网产品具有一定特殊性。京东、天猫、淘宝、四大新闻门户网站（新浪、搜狐、网易、腾讯）、今日头条、E-mail、QQ、微信、腾讯会议、5G消息、支付宝、百度、知乎、罗辑思维、抖音、快手等互联网产品虽摸不着，但能看得见，与通常的产品并没有实质性的区别。但是，与通常的产品相比，互联网产品至少表现出以下四个方面的特殊性。

第一，传统的产品的物理属性在消失。例如，网页、平台、app、游戏、游戏中的装备与道具、电子书籍、音视频、直播、线上演唱会、流量包、文案、家电云端监控方案、生产过程云端监控方案、身份特权，这些都是实实在在的产品，但已全然没有了产品的任何物理属性，没有了重量、尺寸、厚度等质感。

第二，产品的形态也在变化。例如，共享单车的骑行分时租赁方案、网上教育的应用场景、通信的套餐或流量包。

第三，产品与内容的界限越来越模糊。这在主打内容分享的社区平台上尤其如此。例如，抖音、知乎、喜马拉雅、小红书，以 UGC（user generated content）或 PGC（professional generated content）方式生产的内容，其实质也是产品，即内容型产品。此时，用户是以浏览内容的方式来消费产品的。

第四，产品的层级变得复杂。例如，微信平台是一个产品，微信聊天室、微信朋友圈是微信平台的子产品，微信聊天室里的"@""拍一拍"、微信朋友圈里的图片拍照是微信的功能，也可以看作更深层次的产品。这种层级关系既不同于实体产品的成品与零部件的关系，也不同于产品及其要实现的功能之间的关系。加上这些产品与用户的实时互联互通，互联网运营中的产品更像是一种生态。

（2）产品运营的定义。产品运营是指创建包含组织管理、流程优化、指标监控、技术规划在内的产品管控体系，规划互联网产品线，与用户运营相结合，确认目标用户的需求，与产品研发人员一起进行产品功能设计，协助研发人员进行产品测试，配合产品经理进行新品上线与竞品分析，内容选题、采集、创作、编辑、呈现、评估与互联网产品或活动有关的文字、图片、音频、视频，针对热点事件创作、整理、撰写相关话题内容，通过社群引导用户生产高质量内容。

2. 产品运营的目的

产品运营的目的是通过产品运营人员与用户运营人员、产品研发人员、活动运营人员等的协同，提升产品的内在质量，强化品牌标识，讲述品牌故事，传承品牌基因，塑造品牌调性，以提升产品价值。

3. 产品运营的工作内容

（1）竞品分析。竞品分析的重点是分析用户在使用竞品时的表现与反馈，借此来了解同类产品中哪些功能是必要的，哪些功能是多余的，哪些功能是缺失的。竞品中必要的、缺失的功能就是在产品或产品迭代升级时必须实现的。必要、不缺失未必形成核心竞争力，能够给用户以惊喜才能形成核心竞争力。例如，一些公司开发了网上课堂，经过一轮又一轮的培训，教师仍然不得要领。腾讯会议极简的 3min 上手操作设计让教师大呼上瘾。事实上，极简不是简单，之所以能够做到极简是因为腾讯的研发人员读懂了教师，他们知道以下问题的答案：用户是谁？用户对专业软件平台了解多少？用户线下上课的基本步骤是什么？用户现在手里有什么？用户最需要什么功能？用户为什么最需要那些功能？

（2）功能设计。功能设计解决的是与竞品比较问题，即针对已确认的用户的真正需求，开发的产品要实现哪些基本功能和附加功能的问题。产品的功能需要由产品来实现，所以，功能设计必须要有产品研发人员的参与。对某些规模不大的互联网公司，功能设计与产品研发由同一个团队来完成。

用户界面的设计、注册引导的规划、着陆页的设置都是功能设计要完成的任务。就注册引导而言，每增加一次注册引导，注册转化率会下降 10%。注册超过 3 个步骤，用户至少流失一半。所以在注册引导规划时，需要做出选择：是在用户注册时设置尽可能多的引导事项，还是在注册后逐步完善用户信息。

（3）参与产品测试。产品测试通常是在产品研发人员的主导下进行的。一款工具软件通常要进行 3 项测试，即 α 测试、β 测试和 γ 测试。其中，α 测试是指用户到开发者场所进行内部测试，β 测试是指用户在多个场所进行公开测试，γ 测试是指对软件改进进行测试。

在产品测试中，A/B 测试是一种优化用户体验的常用方法。所谓 A/B 测试，是指在同一时间段里，让组成成分高度相似的访客群组访问两个或多个版本，通过用户体验统计分析来确定正式上线的产品版本。这种测试可以是对按钮颜色进行的测试，也可以是对完全不同的版本进行的测试。

（4）内容选题、制作、呈现与评估。内容运营即内容型产品运营，它的工作内容还涉及内容的选题、制作、呈现与评估。

首先，内容选题与制作。内容制作是为实现特定目标服务的。所以，内容选题是内容制作的前提，好的选题才能产出好的内容。选题不对路，即使花费人力、财力制作出了精致的内容，也未必能达到预期的目标，有时甚至会起反作用。例如，在抖音上展示某种精密加工的工匠技艺，通常就不宜配置摇滚音乐作为背景音乐。

不像行业专家、关键意见领袖（key opinion leader，KOL）主导的 PGC 场景，在 UGC 场景下，内容运营人员的一项重要工作是对 UGC 进行维护。这里，KOL 是指为某一群体所信任，并对该群体购买行为有较大影响的人。UGC 即用户提供内容，PGC 即专业人员提供内容。实际上，也应通过差异化报酬、荣誉称号等激励措施对 PGC 进行引导，使产生的内容更好地服务于特定的目标。与 UGC 和 PGC 不同，OGC 则是由以生产内容为职业，进而获得报酬的人士生产内容。

今天，AIGC 的发展日新月异。AIGC 是利用人工智能基于规则或者基于机器学习生产内容。例如，借助 ChatGPT，由人工智能生产文本、图像、音频、视频等。AIGC 在新闻媒体行业和各类企业营销领域发挥着越来越重要的作用。例如，用户在线上直播间会发现，不少"数字人"主播已经出现。接入 AI 后，"数字人"在智能应答方面有质的飞跃，生产的内容越来越精准。

内容的稀缺性永远是内容选题与制作要考虑的主要因素。

其次，内容的呈现与评估。制作完内容后，就需要把内容呈现出来。为此，要对内容做结构化信息处理，即抽取产品所包含的结构化信息。例如，一首歌曲所包含的演唱者、词作者、曲作者等。进一步设定内容标签，形成特色栏目。

评价内容型产品运营效果的主要指标有：拉新阶段的新增用户量、留存阶段的留存率、促活阶段的活跃数、转化阶段的平均用户收益等。

（5）产品推广。对互联网产品运营，推广是以线上为主，线上与线下结合的方式来开展的。其中，线下部分通常以宣传活动、传单发放、礼品赠送等地推形式呈现出来。

（6）产品维护与迭代升级。产品运营的一项主要工作是提出产品维护与迭代升级方面的需求，并由产品研发人员实现。维护是指对产品核心功能进行维护，例如，微信的即时通信功能就是其核心功能。通过维护进一步简化操作步骤，以更好地响应用户对"即时"的核心诉求。迭代升级是增加新的功能。在对产品进行迭代升级时，一方面，要维护产品核心功能的地位不动摇；另一方面，坚持快速轻量化原则。例如，微信的"拍一拍"、腾讯会议的"开启等候室"都是非常成功的案例。

15.2.3　活动运营

1. 活动及活动运营的定义

（1）活动。活动是指为了达到特定的目标，通过资源调配来引导用户的行为，并对符合条件的用户进行激励的过程。

活动的分类。按照活动的目的可以把活动分为拉新活动、留存活动、促活活动、转化活动。这样分类可以使活动更具针对性。

活动的时机选择。做活动的一个重要决策是时机选择。各种节假日永远是做活动的最佳档期，如元旦、春节、情人节、五一、端午、七夕、中秋、十一、圣诞节等。各种重大事件也是做活动的重要窗口期，如春晚、两会、高考、世界杯、奥运会等。

自造热点事件。有实力的互联网公司可以通过自造热点事件来做活动。例如，2009 年 11 月 11 日天猫举办了网络促销活动，营业额远超预想的效果，于是每年的 11 月 11 日成为天猫举办大规模促销活动的固定日期（被称为"双 11"）。2019 年天猫"双 11"开场 14s 销售额破 10 亿元；成交额破 100 亿元仅用了 1.6min。现在，"双 11"已成为中国电子商务的年度盛事。此外，各大电商的"双 12"购物节、"京东 618"全民疯抢网购盛宴、支付宝的集五福、滴滴打车的返现金等都是自造热点事件成功的案例。

产品是活动成败的关键。特别要注意的是，活动运营能否成功，终究取决于有没有一个好的产品。如果没有一个好的产品，寄希望于通过活动来弥补产品的功能不足，会适得其反。例如，嘀嗒出行的"嘀嗒 66 大顺节"终究因为其出行平台的功能不完善而未能形成爆点，摩拜单车的红包车活动也以失败告终。

此外，为使活动有效、可延续、作用持久，在发起活动时，应坚持三个基本原则，即简单，一看就会；有趣，有玩头；具备谈资，为用户所津津乐道。

（2）活动运营的定义。活动运营是指创建包含组织管理、流程优化、指标监控、技术规划在内的活动管控体系，针对特定的产品来策划与实施活动，并对所实施活动的效果进行评估，借助数据运营结果，提出典型活动流程优化及风险管控方案，挖掘用户深层次的需求，制订并实施差异化的活动运营方案。

2. 活动运营的目的

活动运营的目的是改善关键绩效指标（KPI），如拉新活动实现的新增用户量、留存活动实现的留存率、促活活动带来的活跃数、转化活动带来的平均用户收益等。活动运营也是服务于用户运营的。活动运营可以提升产品价值。

3. 活动运营的阶段

一项活动的开展通常分为三个阶段，即活动策划、活动执行、活动总结。

（1）活动策划。活动策划具体包括活动主题策划、活动形式策划、活动奖品策划等。其中，在进行活动主题策划时，要使活动的主题有创意、有亮点，并结合时下热点激发用户的参与热情。活动的形式则宜少不宜多，并应呈现出与其他公司的不同。在进行活动奖品策划时，实惠永远是第一位的。奖品可以是现金、优惠券、免单卡、实物或特殊荣誉等。

在策划活动时，首先要确认活动目的和具体目标。活动目的不同，活动内容、形式、时机也不同。例如，如果活动的主要目的是拉新，那么，活动内容就以推介产品的功能为主。如果活动的主要目的是转化，那么，活动内容就以促销、礼品赠送为主。活动的具体目标不同，活动的规模、资源配置也会不同，活动的规模与活动目标及资源需求成正比。

（2）活动执行。活动执行就是对上线活动进行管控，具体包括活动引导、爆点挖掘与形成、活动跟踪与调控。

在进行活动引导时，重点做好三个方面的工作，一是引导用户沿着预先设定的路线图参与活动；二是引导高质量用户带动其他用户参与活动；三是利用积极的、有意义的评价来影响活动的开展。

为挖掘并点燃爆点，除了利用在活动中出现的抢眼的人物或事件，还要借力社区平台的推广作用。

活动跟踪与调控就是实时记载用户参与活动的状态，并对意外发生的情况进行调控。

（3）活动总结。活动结束后，要对活动效果、活动形式、资源消耗情况进行总结。毫无疑问，总结包括经验与教训两个方面的内容。好的方面应在下一次组织活动时，形成经验并发扬光大；差的方面应在下一次发起活动时设法避免，吸取教训。事实上，只要善于总结，教训对公司来说有更大的价值。公司应营造一种企业文化氛围，鼓励员工总结过往的教训与不足。

活动复盘是活动总结行之有效的方法。通过复盘来呈现典型事件及结果，回顾活动目标实现情况，分析造成差异的原因。

注意，对特别发起的规模较大的活动，应该按照项目的主要管理事项的要求来做好活动运营。这类项目的主要管理事项包括用户研究、方案创意、商业招商、资源的配置、活动数据监控、客服跟进、活动上线、活动总结。此外，还要做好项目的风险识别、风险评估、风险管控。可能发生的风险包括项目延期、服务器宕机、用户量不足、网络犯罪或争议行为的发生等。

15.2.4　数据运营

1. 数据及数据运营的定义

（1）数据。数据是指显示客观事物性质、状态及相互关系的文字、字母、数字、图形、表格、音频、视频等的物理符号。数据经过加工成为信息。

这里的定义不同于《现代汉语词典》上的定义。在那里，数据被定义为"进行各种统计、计算、科学研究或技术设计等所依据的数值"。

（2）数据运营的定义。数据运营是指创建包含组织管理、流程优化、指标监控、技术规划在内的数据管控体系，监测、收集、整理有关用户及其需求与行为、产品与竞品及其交易、活动及其效果、业务及其开展情况、渠道及其流通情况、合作伙伴及其动态等方面的数据，编写并提交数据运营分析报告。

2. 数据运营的目的

数据运营的目的是使互联网的各项业务定量化，为业务优化乃至战略决策提供支撑。用户运营、产品运营、活动运营是数据运营的重要数据来源；反过来，数据运营又对用户运营、产品运营、活动运营形成支撑。进一步，数据运营的结果为用户运营、产品运营、活动运营的效果评估提供了量化的依据。

3. 数据运营的工作内容

（1）数据收集。数据收集是指对数据进行采集和存储。数据收集的重点是获取与用户需求有关的数据。线上与线下相结合的用户访谈、问卷调查、24 小时客服、数据埋点等都是获取这些数据的有效方法。

埋点是一种前端数据收集工具，通过特定的代码标记或日志收集用户各种线上行为数据，如用户点击、浏览、输入等事件，以更好地了解用户的行为习惯、兴趣爱好等信息，为优化产品功能，提升用户体验、精准营销提供数据支持。

（2）数据处理与分析。数据处理。数据处理是对数据进行检索、加工和传输。数据处理的重点是数据加工，即通过加工，模糊的、复杂的、冷冰冰的数据变得清晰、简约、有意义。这项工作通常需要借助专门的数据处理工具来完成。

数据分析。数据分析是指在数据处理的基础上，提取数据所包含的有用信息，分析信息所表达的管理意义。数据分析的重点是有关用户行为的数据分析。可以从两个角度来分析用户行为方面的数据。一是分析有关用户对产品功能、产品价格、销售渠道、促销方式等方面的响应；二是分析有关用户注册、登录、点击、浏览等方面的数据。

（3）数据分析结果呈现。数据分析完成后，就要以可视化的数字、文字、图、表等方式来呈现数据分析结果。柱状图、折线图、饼图、雷达图、统计表等都是简明直观的信息表达工具。

15.3　互联网四大运营之间的关系

从上述用户运营、产品运营、活动运营、数据运营的定义、目的及工作内容可以总结出互联网这四大运营之间的关系。具体有以下 5 个方面。

（1）用户运营是互联网运营的出发点和归宿。事实上，对互联网公司，没有用户就没有流量，没有流量就没有收入。

（2）只有通过产品运营才能为互联网用户提供值得信赖的产品。用户运营要实现的功能，如拉新、留存、促活、转化要通过产品本身来实现。

（3）活动运营不但可以尽快达成互联网运营的关键指标，还可以提升产品的价值。

（4）用户运营、产品运营、活动运营互相叠加，互相促进。例如，作为产品运营的产品推广，其本身也是活动运营的一部分。此外，通过产品推广，可以进一步了解用户的真正需求。从这个意义上说，产品推广又是用户运营的一部分。

（5）数据运营是对用户运营、产品运营、活动运营的支撑；反过来，通过数据运营又促进了用户运营、产品运营、活动运营的开展。

根据上述结论，可以绘制互联网四大运营的内在逻辑关系，如图 15-1 所示。

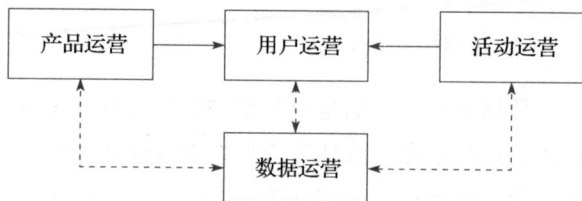

图 15-1　互联网四大运营的内在逻辑关系

习题

1. 解释下列概念：互联网运营、用户运营、产品运营、活动运营、数据运营。
2. 分别简述拉新、留存、促活、转化的主要测评指标。
3. 简述互联网运营中用户运营、产品运营、活动运营、数据运营各自的目的。
4. 简述用户运营的主要工作内容。
5. 用户画像一般包含哪些要素？
6. 简要说明找到用户真正需求的意义。
7. 在互联网运营中，为什么可以把内容视为产品？
8. 互联网产品的特殊性体现在哪些方面？
9. 简述产品运营的工作内容。
10. 竞品分析的重点是什么？
11. 简述产品运营中功能设计的主要内容。
12. 简述产品运营中内容运营的主要内容。
13. 在产品运营中，对产品进行快速轻量化迭代的意义何在？
14. 简述 OGC 与 PGC 的区别。
15. 简要说明 AIGC。
16. 简述活动运营成败的关键。
17. 说明活动运营三个阶段的主要工作内容。
18. 简述数据运营的工作内容。
19. 简述数据埋点的作用。
20. 简要说明互联网四大运营的内在逻辑关系。
21. 假设经过反复论证，你决定面向高档小区设置一种新鲜水果自动售卖柜。从互联网四大运营角度，给出相关解决方案。

案例分析

三大运营商与 5G 消息

2020 年 4 月 8 日，随着《5G 消息白皮书》的发布，5G 消息重磅来袭。5G 消息对移动互联生态的重构的影响将是颠覆性的。

5G 消息是一种富媒体产品（rich communication suite，RCS），是在原短信功能基础上升级形成的具有更多功能的新产品。

通过 5G 消息，传统电信业务被赋予了移动互联网的新属性。基础通信业务的产品形态丰富多样，用户体验全面升级，个性化、智能化、交互式等功能将从设想变为现实。

MaaP（Messaging as a Platform）意味着消息即平台，平台即服务，服务即生态，一个开放共赢的移动互联生态将成为现实。

从行业渗透上看，5G 消息将应用于电商、门户网站、搜索引擎、即时通信、实体机构等，无一例外。

从万物互联上看，通过 5G 消息，人与人、人与产品、人与设备、设备与设备等将实现万物互联互通，无所不能。

从端口上看，三大运营商在 5G 消息上的互联互通及所遵循的全球统一标准，无疑为大规模引流并激活 C 端用户提供了强有力的基础。同时，也为 B 端的企业用户带来无限商机。

作为终端用户，你可能最关心的是：5G 消息的个人商用价值在哪里？

5G 消息将以比微信更快捷的方式实现更丰富的功能。不需要注册，不需要添加好友，不需要小程序，更不需要 app，通过 5G 消息，即可一键收发文字、图片、音频、视频、地理位置信息等。此外，通过 5G 消息，可以像借助微信、支付宝和其他 app 那样快捷地实现订餐、订车票、订酒店、移动支付。

无论如何，用户希望看到的不再是从短信到彩信与飞信，到易信，再到企业短信的自成一派的武功修炼，而是 5G 消息背后的一场高手云集的武林大会。

5G 消息在重构移动互联生态的同时，也将极大地促进云计算、大数据、物联网、人工智能、区块链等相关技术的落地。最为关键的是，用户体验正在并将不断得到提升。

随着 5G 消息的闪亮登场，难道微信、抖音、快手、B 站、小红书等都要"凉凉"了吗？app 真的会被云端的服务机器人（Chatbot）取代吗？实践表明，资费方案出台之前，三大基础运营商的裂缝弥合之前，电信运营商与诸多合作伙伴通过迭代升级形成开放共享的移动生态之前，隐私安全解决方案落地之前，微信、抖音、快手等一众 app 一定还会在那里。毕竟，只要企业真的在乎用户，就一定能够找到生存和发展的机会。

时间来到了 2024 年初。自《5G 消息白皮书》发布已过去三年多了，我们翘首以盼的 5G 消息仍没有真正走入我们的生活。它迟迟不来的原因是数字化技术偏爱微信、抖音、快手吗？

讨论题

1. 5G 消息迟迟不来的根本原因何在？

2. 从用户运营、产品运营、活动运营、数据运营的角度说明 5G 消息如何顺利走进用户的生活。

附　录

附录 A　部分习题参考答案

扫码阅读
附　录　A

附录 B　教学参考

扫码阅读
附　录 B

参考文献

[1] 约翰逊，弗林. 采购与供应管理：原书第 15 版[M]. 杜丽敬，译. 北京：机械工业出版社，2020.

[2] 雅各布斯，蔡斯. 运营管理：英文版：原书第 15 版 [M]. 北京：机械工业出版社，2020.

[3] 泰勒. 科学管理原理 [M]. 马风才，译. 北京：机械工业出版社，2007.

[4] 胡佛. 愿景 [M]. 薛源，夏扬，译. 北京：中信出版社，2003.

[5] 克拉耶夫斯基，里茨曼. 运营管理：流程与价值链 [M]. 刘晋，向佐春，译. 北京：人民邮电出版社，2007.

[6] 施罗德. 施罗德运营管理 [M]. 任建标，译. 北京：中国人民大学出版社，2009.

[7] 戴维斯，阿奎拉诺，蔡斯. 运营管理基础 [M]. 汪蓉，等译. 北京：机械工业出版社，2004.

[8] 格雷班. 精益医院：世界最佳医院管理实践：原书第 3 版 [M]. 张国萍，王泽瑶，等译. 北京：机械工业出版社，2018.

[9] 麦克里斯特尔，科林斯，西尔弗曼，等. 赋能：打造应对不确定性的敏捷团队 [M]. 林爽喆，译. 北京：中信出版集团，2017.

[10] 乔普拉，迈因德尔. 供应链管理：原书第 6 版[M]. 陈荣秋，等译. 北京：中国人民大学出版社，2017.

[11] 史蒂文森，张群，张杰，等. 运营管理：中国版：原书第 13 版[M]. 北京：机械工业出版社，2019.

[12] 汤普森，彼得拉夫，甘布尔，等. 战略管理：概念与案例：原书第 21 版 [M]. 于晓宇，王家宝，等译. 北京：机械工业出版社，2019.

[13] A. 菲茨西蒙斯，J. 菲茨西蒙斯. 服务管理：运作、战略与信息技术 [M]. 张金成，范秀成，译. 北京：机械工业出版社，2003.

[14] 沃麦克，琼斯，鲁斯. 改变世界的机器：精益生产之道 [M]. 余峰，张冬，陶建刚，译. 北京：机械工业出版社，2015.

[15] 沃麦克，琼斯. 精益思想：珍藏版 [M]. 沈希瑾，张文杰，李京生，译. 北京：机械工业出版社，2011.

[16] 沃麦克，琼斯. 精益解决方案：公司与顾客共创价值与财富 [M]. 张文杰，译. 北京：机械工业出版社，2006.

[17] 大野耐一. 丰田生产方式 [M]. 谢克俭，李颖秋，译. 北京：中国铁道出版社，2016.

[18] 特罗特. 创新管理与新产品开发 [M]. 焦豪，陈劲，等译. 北京：机械工业出版社，2020.

[19] 阿格特，英格兰，范霍夫，等. VeriSM 数字化时代的服务管理 [M]. CIO 创享，译. 北京：清华大学出版社，2019.

[20] COLLIER D A, EVANS J R. Operations management: good, services and value chains [M]. 2nd ed. Chula Vista, California: Thomson South-Western, 2007

［21］ HEIZER J, BENDER B. Operations management［M］. 7th ed. New Jersey：Pearson Education, Inc., 2003.

［22］ 艾永亮，刘官华，梁璐. 腾讯之道：我们应该向腾讯学什么？［M］. 北京：机械工业出版社，2016.

［23］ 陈良猷. 管理工程学（上、下）［M］. 北京：北京航空航天大学出版社，1995.

［24］ 陈荣秋，马士华. 生产运作管理［M］. 6 版. 北京：机械工业出版社，2022.

［25］ 陈维贤. 跟小贤学运营［M］. 北京：机械工业出版社，2017.

［26］ 丁华，聂嵘海，王晶. 互联网产品运营：产品经理的 10 堂精英课［M］. 北京：电子工业出版社，2017.

［27］ 豆大帷. 新制造："智能+"赋能制造业转型升级［M］. 北京：中国经济出版社，2019.

［28］ 方爱华. 生产与运营管理［M］. 武汉：武汉大学出版社，2005.

［29］ 工业互联网产业联盟，中国信息通信研究院. 工业互联网综合知识读本［M］. 北京：电子工业出版社，2019.

［30］ 顾颐，张海红，杨瑾，等. 决战数字化运营：策略与实战［M］. 北京：电子工业出版社，2018.

［31］ 郭晓科. 大数据［M］. 北京：清华大学出版社，2013.

［32］ 韩福荣. 现代质量管理学［M］. 2 版. 北京：机械工业出版社，2017.

［33］ 郝志中. 用户力：需求驱动的产品、运营和商业模式［M］. 北京：机械工业出版社，2016.

［34］ 何晓群. 六西格玛及其导入指南［M］. 北京：中国人民大学出版社，2003.

［35］ 黄杰民. 运营的秘密：解码大公司的运营方法论［M］. 北京：电子工业出版社，2018.

［36］ 金璞，张仲荣. 互联网运营之道［M］. 北京：电子工业出版社，2015.

［37］ 李培根，高亮. 智能制造概论［M］. 北京：清华大学出版社，2021.

［38］ 刘劲松，胡必刚. 华为能，你也能：IPD 重构产品研发［M］. 北京：北京大学出版社，2015.

［39］ 刘选鹏. IPD：华为研发之道［M］. 深圳：海天出版社，2018.

［40］ 刘源张. 效率与效益：中国工业生产率的问题［M］. 北京：科学出版社，2014.

［41］ 马士华，林勇. 供应链管理［M］. 6 版. 武汉：华中科技大学出版社，2016.

［42］ 孟亚洁，孙丽. 生产计划管理实操手册［M］. 北京：中国电力出版社，2012.

［43］ 彭俊松. 工业 4.0 驱动下的制造业数字化转型［M］. 北京：机械工业出版社，2016.

［44］ 石晓庆，卢朝晖. 华为能，你也能：IPD 产品管理实践［M］. 北京：北京大学出版社，2019.

［45］ 宋志平. 企业迷思：北大管理公开课［M］. 北京：机械工业出版社，2020.

［46］ 孙新波，李金柱. 数据治理：酷特智能管理演化新物种的实践［M］. 北京：机械工业出版社，2020.

［47］ 许正. 工业互联网：互联网+时代的产业转型［M］. 北京：机械工业出版社，2015.

［48］ 许正. 与大象共舞：向 IBM 学转型［M］. 2 版. 北京：机械工业出版社，2013.

［49］ 阎子刚，刘雅丽. 供应链物流管理［M］. 北京：机械工业出版社，2007.

［50］ 杨尊琦，林海. 企业资源规划（ERP）原理与应用［M］. 北京：机械工业出版社，2006.

［51］ 余峰，张冬，徐佳盈. 从战略到执行：精益六西格玛管理实践［M］. 厦门：鹭江出版社，2009.

［52］ 张继辰. 腾讯的企业文化［M］. 深圳：海天出版社，2015.

［53］ 张继辰，王乾龙. 阿里巴巴的企业文化［M］. 2 版. 深圳：海天出版社，2015.

［54］ 张力. 麦当劳标准化作业与管理细节［M］. 深圳：海天出版社，2008.

［55］ 张群. 生产与运作管理［M］. 3 版. 北京：机械工业出版社，2014.

［56］ 郑刚. 元宇宙：如何引领未来世界的变革［M］. 北京：东方出版社，2022.